JN436822

기억의 장소 ②

민족

나남
nanam

한국연구재단 학술명저번역총서
서양편 288

기억의 장소 ②
민족

2010년 8월 15일 발행
2010년 8월 15일 1쇄

지은이_ 피에르 노라 외
옮긴이_ 김인중 · 유희수 외
발행자_ 趙相浩
발행처_ (주) 나남
주소_ 413-756 경기도 파주시 교하읍
출판도시 518-4
전화_ (031) 955-4600 (代)
FAX_ (031) 955-4555
등록_ 제 1-71호(79.5.12)
홈페이지_ http://www.nanam.net
전자우편_ post@nanam.net
인쇄인_ 유성근(삼화인쇄주식회사)

ISBN 978-89-300-8479-6
ISBN 978-89-300-8215-0 (세트)
책값은 뒤표지에 있습니다.

'한국연구재단 학술명저번역총서'는 우리 시대 기초학문의 부흥을 위해
한국연구재단과 (주)나남이 공동으로 펼치는 서양명저 번역간행사업입니다.

기억의 장소 ②

민족

피에르 노라 외 지음
김인중·유희수 외 옮김

나남
nanam

권두언

《공화국》에서 《민족》으로, 우리는 단지 부만 바꾸지 않고 어조와 취급방법도 바꾼다.[1)]

공화국은 민족이 마침내 도달한 형태였다. 그런 이유로 인해 공화국은 민족과 구분할 수 없으면서도 그것과 구별되었다. 공화국은 민족의 모든 유산을 흡수하려는 자신의 분명한 의지를 통해 민족과 뒤섞였다. 그것으로부터 오로지 공화국의 정당성을 추구하는 해석만을 만들어 낸다고 하는 위험을 무릅쓰면서 말이다. 또한, 한편으로는 학교의 주요 교과과정, 보통선거, 군복무가, 다른 한편으로는 — 그리고 이것이 제 1부의 주제였는데 — 축제, 기념제, 공민적 기념물, 상징적 몸짓의 의도적인 정치가 이제는 잘 알려진 방식으로 확보해 주었던 통합적 대중동원에 의해 이 메시지를 대중 속에 침투시킨다는 위험을 무릅쓰면서 말이다. 그러나 민족개념과 공화국은 근본적으로 구분되는데, 왜냐하면 공화국은 그것이 시삭한 날짜를 추정할 수 있고, 그것이 수립된 단계들과 그것의 계획(*projet*) 속에서 포착할 수 있기 때문이다. 이것이 그것에 대한 연구대상을 그것의 가장 중심적인 진원지 — 제 3공화국 초기의 성과들 — 에 한정짓도록 허용해 주었고, 그 결과 그 표본들 가운데 가장 대표적인 것만을 다루게 해주었다.

---

1) 《기억의 장소》와 그것이 상정하는 역사의 유형에 대한 전반적인 소개말을 보려면 독자들은 제 1부 《공화국》을 참조하기 바란다.

반대로, 민족은 아주 다른 시선과 아주 다른 취급방법, 즉 체계적이고 계서적인 것을 요구한다. 그것은 단지 민족의 기원 그 자체가 하나의 기억의 장소로서 토론의 쟁점이 될 정도로 연대(年代)적 범위가 무한정 늘어나고 심지어는 바닥도 없기 때문만은 아니다.[2] 그것의 천주년이 이 책의 출간과 거의 일치하는 위그 카페의 즉위식을, 요즘 언론매체에서 말하는 바대로, 프랑스 민족의 시작점으로 인정한다면, 여하튼 그 연대적 범위는 10세기에 이른다.[3] 또한 그것은 단지 우리의 민족적 신화의 대표적인 주제들이 너무도 많고 심지어 수치화하기 어렵기 때문만도 아니다. 그것은 민족 그 자체가 완전히 하나의 표상이기 때문이다. 하나의 체제도, 하나의 정치도, 하나의 교리도 아니요, 하나의 문화도 아닌 그 모든 표현의 틀(*cadre*)이요, 하나의 순수한 형식(*forme*)이요, 다른 나라의 모든 근대적 사회공동체처럼 우리 사회공동체의 확고부동하면서 계속 변화하는 공식(*formule*)이다. 아마도 그것은 시간이 경과하면서 끊임없이 진화하고, 상상할 수 있는 모든 강생(降生)이 다 일어날 수 있다(신이 그리스도로 강생하듯, 민족은 온갖 모습으로 강생할 수 있다는 의미 - 옮긴이). 민족은 민족주권의 한계 안에서 변화하고, 민족의 권력을 책임진 정권에 따라 민족이 취한 국가형태에 따라 민족을 요구한 정당성에 따라 민족이 고취한 감정에 따라 다양하다. 하지만 민족은 그것이 만들어낸 준거(準據)범위 안에서는 그리고 종족들, 제국들, 도시들, 종교적·문화적·이데올로기적 영역들에 대해 그것이 표상하는 인간사회 본래의 정치형태 안에서는 항구적이다. 유산이든 계획이든, 꿈이든 현실이든, 축하를 받든 비난을 받든, 거기에는 민족이 있고 그것은 하나의 소여(所與)이다. 민족

2) 이 점은 제3부 《프랑스들》에서 검토될 것이다.

3) Laurent Theis, *L'Avènement de Hugues Capet, 3 juillet 987*, Paris, Gallimard, coll. "프랑스를 만든 30개의 날들", 1984를 참조하라.

은 역사적이면서 법적이고, 구체적이면서 추상적이다. 그것은 사람들이 그것에 대해 품는 감정의 문제이며 사람들이 감내하는 법의 문제이다. 또한 자신의 단일성과 특수성에 대한 확신의 문제일 뿐만 아니라, 여타 민족들로 이루어진 집합, 모자이크, 사회 또는 조직 속에서의 그것의 위상과 세력관계의 문제이다. 그것은 사람들이 그에 대해 가지는 인식의 문제일 뿐만 아니라 세대에 따라 사람들이 그로 말미암아 겪게 되는 행복할 수도 그렇지 않을 수도 있는 경험의 문제이다. 또한 그것이 당신에게 요구하거나 당신이 그것을 위해 기꺼이 치를 각오가 되어 있는 희생의 문제이며, 그것이 당신에게 베풀거나 아니면 거부하는 혜택의 문제이다. 민족은 우리의 겉옷(*tunique*)이자 우리 자신이며 우리 안에 있는 것이다. 민족은 우리의 '더불어 삶'(*être-ensemble*), 특히 우리 프랑스인들에게는 딱히 언제부터라고 말할 수 없는 '더불어 삶'의 양식이다.

그러므로 민족은 그 기억의 역사가를, 원칙적으로 그리고 애초부터, 그것의 표상의 역사 안에 자리 잡게 만든다. 개념의 역사도 아니요, 감정의 역사도 아니요, 운동의 역사도 아니요, 한 나라, 한 국가, 한 문화, 한 사회의 역사도 아니요, 역사의 역사도 아니다. 민족은 표상의 역사이다. 현재의 역사인식의 실험실에 내어놓기 위해서 고려하지 않을 수 없는 대상들을 강압적으로 지시해 주는 것이 바로 민족이다. 이 대상들은 우리의 신화와 우리의 전통으로 온통 구성되고 역사에 의해 우리에게 전수된 블록들(*blocs*)[4]과 같은 것이다. 수많은 블록들이 있지만—이로 인해 이 책이 예상 밖으로 두꺼워졌다[5]—우리는 그것들을 엄격하게 재편하고 주제별로 분류하지 않을 수 없다. 사소한 것을 빼버

4) 〔역주〕 블록에는 여러 의미가 있지만 여기서는 주로 기억장치를 의미한다.

5) 처음에 예고된 프로젝트에서는 《민족》은 2권으로 예정되어 있었으나, 그 실행 과정에서 이처럼 결국 3권이 되었다.

리거나 이러저러한 요소를 포함시킨 것이 과연 적절한가에 대해 반론이 있을 수 있을 것이다. 어떤 것들이 빠진 데 대해 애석해할 수도 있을 것인데, 그것에 대해서는 이 사업의 설계자만이 책임질 수 있고 또 그 설계자가 그 애석함을 가장 먼저 의식하고 있다. 그러나 여타의 어떤 선택도 개인의 자의라는 불가피한 부분을 더 많이 줄일 수 있을 것 같지는 않다. 그것 역시 논의의 여지가 많다.

*

이 세 권의 책은 세 권으로 나누어져 있지만 하나다.[6] 그럼에도 불구하고 그것을 세 권으로 나눈 것을 정당화하고 싶다면, 쉽게 그 논리를 발견할 수 있을 것이다. 각 권은 부제를 붙일 수 있다. 각각 비물질적인 것, 물질적인 것, 관념적인 것이라고.

첫 번째 권을 구성하는 세 주제는 사실 직접적으로 이해할 수 없는 현실만을 문제 삼는다. 보다 정확히 말해 그런 주제들을 만들어낸 그 현실들은 무형(無形)의 범주에 속한다. 즉 첫 번째 권의 주제는 '유산', '역사서술', '풍경'이다. 첫 번째 것은 일종의 편입(*incorporation*)이고, 두 번째 것은 일종의 해석(*traduction*)이며, 세 번째 것은 일종의 구성(*construction*)이다. 이 세 주제는 공통적으로 민족자산 중에서 더 현재적인 것, 더 결정적인 것, 그리고 아마 더 민감한 것이지만 동시에 덜 유형(有形)적이며 덜 실제적인 것에 속한다. 유산은 다른 나라에서보다 아마 프랑스에서 더 많고 다양한 흔적들을 도처에 남겨놓았을 것이다. 그리고 모든 기억의 장소는 우리의 유산에 속한다. 그러나 이 모든 것들과 이 단어로 정확하게 특색을 드러내고자 했던 것은

---

6) 〔역주〕 프랑스 원본에서는 제2부 《민족》이 3권으로 나뉘어져 있으나 이 번역서에서는 1권으로 묶여 있다.

바로 말할 것도 없이 시간적으로 아주 멀어진 유산 가운데 가장 강렬한 기억의 중핵, 즉 대관식의 신성(神聖), 가문의 족보, 성소의 권위, 최초의 연대기의 의례주의와 같은 것들이다. 아마도 프랑스의 역사들은 역사적 생산의 가장 오래 지속된 장르 가운데 하나를 보여주리라. 그러나 우리가 오로지 발굴하고자 한 것은 민족적 기억의 기반 그 자체가 완전히 다시 짜이는 아주 중요한 순간들이다.[7] 이를테면 다음과 같은 것들이다. 13세기에 루이 9세가 생드니의 수도사인 프리마(Primat)에게 집필을 명한 '왕들의 이야기', 즉 우리의 민족 기원의 호메로스 서사시에 해당하는《프랑스 대(大) 연대기》. 종교전쟁이 극에 달했고 군주정에 대한 국가주의적 재정의가 이루어진 시기인 16세기 후반에 쓰여진 에티엔 파스키에의《프랑스 탐구》의 골자를 이루는 골족의 발견. 오귀스탱 티에리의《프랑스사에 관한 편지》를 필두로 하여 미슐레의《프랑스사》가 그 서정적 정점을 이루고 라비스의《프랑스사》에 이르러 결정적으로 확립된, 오귀스탱 티에리의 표현을 따르면, "애국심과 학문의 엄정한 결합". 민족적 현상의 학문적 해체에 오랫동안 독보적인 행보를 보였던 아날(*Annales*), 하지만 50년 후에, 대지에 뿌리내리려는 관심, 인간과 수에 대한 고려, 더 넓은 세계로의 시야확대 등을 통해 민족 기억의 더없이 풍부하고 심원한 쇄신을 이루어 냈다고 최종적으로 평가될 수 있고 또 그래야 마땅한 아날의 시대. 이 각각의 중요한 순간들에 대해서, 드물고 게다가 대개 영어로 쓰여진 것이지만, 아무튼 단편적인 개론서들이 존재한다.[8] 그러나 이것들

7) 이러한 관점에서 고미술 전통은, 민족 고증학에 그것이 기여한 바의 중요성에도 불구하고, 단절되지 않았으며, 이런 사실은 이 책에서 여러 차례 강조될 것이다.

8) 특히 G. M. Siegel, *The Chronical Tradition of Saint-Denis : A Survey*, Brookline, Mass., et Leyde, 1978 ; Donald D. Kelley, *Foundations of Modern Historical Scholarship. Language, Law and History in French*

중 그 어느 것도 우리의 집단정체성의 그렇게 많은 굴절렌즈들을 이루는 이 순간들의 연쇄에는 정작 주의를 기울일 필요를 느끼지 않았다면, 그것은 그와 같은 연속조명을 정당화해 주는 관점이 결여되어 있었기 때문이다. 이 역사서술의 갤러리는 거의 책 속의 책이다. 우리는 그에 걸맞은 충분한 전시공간을 마련하는 데 주저하지 않았다.

끝으로, 풍경보다 더 비물질적인 것이 어디에 있겠는가? 아마 이것이야말로 민족의식의 모든 소여(所與)들 가운데서 가장 직접적인 것일 것이다. 이름 없는 농촌마을을 배경으로 한 프랑수아 미테랑의 선거벽보가 1981년의 그의 경쟁자에게서 똑같은 구도를 도용해올 수 있었다면, 그리고 이 두 선거벽보가 페탱의 같은 벽보(이 책에 실린 〈화가의 풍경〉을 보라)를 무의식적으로 답습한 것이라면, 이는 일드프랑스의 완만한 구릉들이 펼쳐지는 '정겨운 프랑스'(*doulce France*)의 풍경과 같은 어떤 민족적 풍경의 원형이 있다는 것을 의미한다. 그리고 그것을 응시하는 사람들에게 늘 경탄을 자아내게 하는 프랑스 풍경의 놀라운 다양성은 프랑스의 '지리적 존재'의 유기적 단일성을 가로막지는 않는다. 그러나 풍경을 학문적으로 정의하는 수고를 지리학자에게 떠넘기고,[9] 우리는 풍경에 관한 기억 형성의 네 가지 도구들의 참신한 면모를 집중조명했다. 이 도구들은 화가의 눈, 학자의 시선, 여행객의 발걸음, 그리고 끝으로 미슐레의 《프랑스의 모습》의 아들이자 프랑스 인문지리학의

Renaissance, New York, Columbia Univ. Press, 1970 ; R. M. Smithson, *Augustin Thierry : Social and Political Consciousness in the Evolution of a Historical Method*, Genève, Droz, 1973 ; William R. Keylor, *Academy and Community. The Foundation of French Historical Profession*, Cambridge Mass., Harvard Univ. Press, 1975를 유념하라.

9) 이에 관해서는 많은 문헌이 있는데, 최근의 것으로는 Jean-Robert Pitte, *Histoire du paysage français*, Paris, Tallandier, 1983, 2 vol이라는 흥미로운 저작에서 분석된 바를 볼 수 있을 것이다.

아버지인 비달 드라블라슈의 《프랑스의 지리적 모습》(1903)이라는 우회할 수 없는 표적(表迹)이다.

반면, '영토', '국가', '문화재'로 구성된 제 2권은 민족의 가장 물질적인 것, 대지에 아주 단단히 뿌리내리고 있는 민족의 표상들, 권력에 가장 밀착된 것들, 과거의 동산(動産) 가운데서 가장 가산(可算)적인 것들을 모은 것이다. 그것들은 민족의 정체성 그 자체에 내재해 있는 무거운 현실들을 가리키는 테마들이다. 그러나 각 테마는 다른 접근방법을 전제로 한다.

영토에 관해서? 우리는 프랑스의 지리학적 발견에 대한 애정 어린 목록표를 작성하거나 그 다양성을 강조하는 것을 조심스럽게 피하려고 했다.[10] 프랑스의 다양성은 부정할 수 없는 사실이다. 프랑스가 특수성의 전형이라고 하려면, 모든 이웃나라들의 경우와 사정이 다르다는 것을 입증할 필요가 있는데, 이는 분명하지가 않다. 민족의 영토적 정체성을 이해하는 데, 프랑스를 답사하는 것은 아무리 매력적일지라도 소용없는 일이다. 우리는 프랑스가 자기 자신에 대해 만들어낸 관념에서부터 시작해야 한다. 바로 이러한 이유로 국경과 분할의 개념을 강조할 필요가 있는데, 특히 프랑스의 경우 이 개념은 한편으로 민족의 국가주의적 정의와 국경 유형의 복수성에 결부되어 있고,[11] 또 한편

10) 그러므로 이 책에서 취한 관점은 페르낭 브로델이 *L'Identité de la France*, t. I, *Espace et Histoire*, Paris, Arthaud-Flammarion, 1986에서 취한 관점과 완전히 다르다.

11) 국경의 유형들에 관한 연대기적 설명은 Bernard Guenée가 쓴 Michel François, dir., *La France et les Français*, Paris, Gallimard, Encyclopédie de la Pléiade, 1972, "Les limites", pp. 50~69에 잘 설명되어 있다. 그래서 그것에 관해서는 여기서 다루지 않았다.
〔역주〕 프랑스 왕이 영토를 계속 확대함에 따라 국경이 계속 바뀌었고, 그래서 과거에는 별개의 정치체를 가지고 있던 사람들이 프랑스 민족으로 통합되

으로 골(Gaule)이 대변한 기억의 토대에 결부되어 있기에, 무겁고도 다양한 기억의 내용들로 가득 차 있다. 실제로 베르됭의 분할(843) 이후로 국경들의 설정이 골에 대한 기억과도, 영토병합 전략과도, 전형적 방어전략과도 아무 상관이 없었다고 하더라도, 골과 프랑스의 동일시는, 일찍이 르네상스 시대부터 적어도 지식인들과 국왕의 천문지리학자들 사이에서 일어난 독창적인 현상이다(제 2권에 실려 있는 〈국가의 경계선에서 민족의 국경으로〉를 보라). '네모꼴 성채'(*pré carré*)[12] 의 모서리가 점차적으로 '원주형'(*arrondissement*)으로 변형되는 것에 기억의 토대를 제공한 원형적이고, 존귀하며, 거의 기하학적인 형상, 그리고 영토적인 요구에 대한 신화적인 정당화 따위가 다루어질 것이다. 이탈리아와 독일이 그들의 제국적 또는 로마적인 역사유산을 천명한 것은 오직 19세기라는 뒤늦은 민족적 통일의 순간에 가서였다. 프랑스는 훨씬 전에 그런 논법을 중요시했다. 게다가 유럽의 대국들 가운데 동시에 방어해야 할 대륙과 해양 방면의 국경들을 그 정도로 지닌 나라는 하나도 없다. 여러 전선에서의 이 부단한 노력은 끊이지 않는 군사적·재정적 동원을 요구했는데, 이것은 민족의 역사적 기억에 오래된 불안감이 깃들게 된 이유를 잘 설명해 준다. 그러나 기억과 국경의 긴밀한 관계는 아마도 한 걸음 더 나아간다. 그 깊이를 파악하기 위해서는 유럽인이 이민해서 만든 신생국, 예컨대 미국에서 국경이 겪은 의미의 급변을 생각해 보면 충분할 터인데, 미국에서 미래의 상징이자 야만에 대한 문명의 지속적인 정복의 상징인 국경은, 지난 세기 말의 터너[13] 이래로, 민족적 도약의 재활성화를 낳은 정기적인 도약대의

는 과정을 겪었기 때문에 프랑스인들의 기억은 각 지방에 따라 달랐다는 사실이 이 책의 주장을 뒷받침하고 있다는 것.

12) 특히 최근의 유익한 저서인 Alfred Fierro-Domenech, *Le Pré carré, géographie historique de la France*, Paris, Robert Laffont, 1986를 참조하라.

역할을 하였다. 유럽에서 그리고 특히 산으로 이루어진 장벽을 제외하고는 침략에 노출된 프랑스에서, 국경은 과거의 상징, 푸아티에(Poitiers)[14]에서 부빈(Bouvines)[15]에 이르는, 발미(Valmy)[16]에서 베르됭(Verdun)[17]에 이르는 민족의 운명과 밀접히 연관된 역사적 불행의 이미지이기도 하다.

민족형성 그 자체의 주도자이자 매개자인 국가에 관해서?[18] 우리는 국가의 일련의 형태 — 팔레루아얄에서부터 혁명재판소 또는 공안위원회, 나폴레옹 시대의 지사 또는 퇴역근위병, 투표함 또는 국민의회를 거쳐, 하나 더 보태자면 비시 정부를 거쳐, 제 5공화국의 엘리제 궁에 이르는 — 가운데서 가장 대표적인 장소들을 연이어 다루는 연대기적 해결책을 의도적으로 피했다. 정치사의 이 지루한 나열보다 우리는 국가 편재성(偏在性)의 모든 표현형태가 프랑스에 압축적으로 나타난다는 사실과 정치적, 사법적, 경제적, 심지어는 문학적인 선택폭이 넓게 펼쳐져 있었다는 사실을 선택하였다. 마르셀 모스가 총체적인 사회적 사실에 대해 이야기할 수 있었던 바로 그런 의미에서 총체적인 기억이 저장된 각각의 장소들을 선택하였다. 예컨대 페르시 에른스트 슈람이 게르만 제국에 대해 연구했던 것들[19]과 같은 왕국의 상징적 이미지

13) Frederick Jackson Turner, *La Frotière dans l'histoire des États-Unis* 〔1893〕, 프랑스어 번역본, Annie Rambert가 번역하고 René Rémond이 서문을 씀, Paris, P.U.F., 1963.

14) 〔역주〕 732년 카롤루스 마르텔루스(샤를 마르텔)가 이슬람의 침공을 막아낸 곳.

15) 〔역주〕 1214년 프랑스의 존엄왕 필리프가 영국의 존 왕과 그 지지세력의 군대를 물리친 곳.

16) 〔역주〕 1792년 9월 20일 혁명 프랑스를 쳐들어온 외국군을 공화국이 처음으로 물리친 전투가 벌어진 곳.

17) 〔역주〕 1914년 프랑스군과 독일군 간에 치열한 전투가 벌어진 곳.

18) 특히 *Politique et histoire au Moyen Âge*, Paris, Publications de la Sorbonne, 1981의 제 1부에 모아놓은 Bernard Guenée의 논문들을 참조할 것.

들, 예컨대 베르사유의 기념물 단지, 예컨대 나폴레옹 민법, 프랑스의 일반통계, 예컨대 국가의 보고서들, 이 모든 것들은 한 전체 사회(*tout-société*)의 전체 국가(*tout-état*)를 구현하고 상징하며 이해하고 표현하려는 의지를 담은 발견법적인 관점들이다.

끝으로 문화재에 관해서? 동일한 방식이다. 그러므로 우리는, 오늘날 국립도서관[20]과 국립기록보관소를 위시한 도서관들과 기록보관소들에 대한 개설사가 지닌 흥미에도 불구하고, 그리고 이 책에서 언급한 루브르와 지방박물관들을 위시한 박물관들과 수집물들의 역사[21]가 지난 흥미에도 불구하고, 기억의 제도들에 대한 체계적인 목록작성을 단념했다. 민족 전통의 가장 괄목할 만한 상징 및 실현물들과 이러한 전통 형성의 도구들을 대등하게 놓고 동일한 시선으로 바라보는 것—예컨대 베르사유 역사박물관과 나폴레옹 유해 송환을 나란히 다루는 것—을 하나의 기본지침으로 하는 《기억의 장소》의 원칙에도 불구하고 그러한 목록작성을 단념했다. 그러나 제도들을 나란히 기술하는 것은 이 책의 기획 취지와 거리가 멀고, 우리의 관점에서 볼 때 반복적인 병

---

19) Percy Ernst Schramm, *Herrshaftszeichen und Staatssymbolik*, Stuttgart, Hierseman Verlag, 1954~1957, 3 vol. 이 책을 프랑스어로 소개한 글로는 Philippe Bramstein, "Les signes du pouvoir et la symbolique de l'État", *Le Débat*, juillet-août 1981, no 14를 참조하라. 특기할 만한 것은, 프랑스 측에는 이와 동일한 유형의 분석이 Marc Bloch, "Les formes de la rapture de l'hommage dans l'ancien droit fésdal", *Nouvelle Revue historique de droit français et l'etranger*, 1912, *Mélanges historiques*, Paris, vol. I (pp. 189~209)에 재수록, Jacques Le Goff, "le rituel symbolique de la vassalité", dans *Pour un antre Moyen Âge*, Paris, Gallimard, 1977, pp. 349~420 이후에 거의 없다는 것이다.

20) 국립도서관에 대해서는 Jean-François Foucaud, *La Bibliothèque royale sous la monarchie de Juillet*, Paris, Bibliothèque nationale, 1978을 참조하라.

21) 1987년에 출판예정인 Krysztof Pomian, *Collectioneurs, amteurs et Curiieux, Paris-Venise, XVIe-XVIIIe siècle*, Paris, Gallimard를 참조하라.

렬로 귀착될 따름일 것이다. 그러므로 기억의 주요 제도들은 그 자체로서는 여기에 등장하는 않는다. 물론 충분히 언급되기는 하겠지만 대개의 경우 그 제도 창안의 근원 또는 그 제도 발전의 고리에 놓인 '기억과 일체화된 인간들'과 교차하면서 언급될 것이다. 이를테면 클뤼니 박물관과 생제르망앙레 국립 고미술품 박물관의 전신인 전설적인 프랑스 기념물 박물관의 혼(魂)이라 할 알렉상드르 르누아르,[22] 노르망디의 유명한 고미술학회의 설립자인 아르시스 드코몽[23]이 첫 삽을 뜬 전문 학회들, 또 프로스페 메리메[24]가 처음으로 추진한 역사 기념물 지정, 기조가 밑그림을 그리고 왕성하게 추진한 프랑스 역사학회와 역사연구위원회,[25] 끝으로 문화재 복원 가능성 자체의 기초를 세운 이념논쟁을 집약하고 있는 비올레르뒤크(Viollet-le-Duc)[26]를 다룰 때처럼 말이다.[27] 이와 같은 세분화된 접근의 단점은, '문화재'의 개념이 그 자체로서 구성하고 있는 이 기억의 장소에 대한 역사적 논의에 의해 보완된다. 그런데 문화재개념은 대혁명기에 교회나 성채와 같은 옛 프랑스의 '케케묵은' 기념물들을 중심으로 형성되었는데 1980년에 '문화재의 해'

---

22) 〔역주〕 1761~1839. 프랑스 기념물 박물관을 세운 프랑스 고고학자.

23) 〔역주〕 1802~1872. 1834년 프랑스 고고학회를 창설하고 중세예술에 관한 새로운 지식을 전파한 프랑스 고고학자.

24) 〔역주〕 1803~1870. 역사기념물 조사관으로 전국을 돌아다녔고, 단편소설 〈카르멘〉을 쓴 프랑스 작가.

25) Robert-Henri Bautier가 역사과학 프랑스위원회의 150주년을 기념하여 조직한 국제 콜로키엄, *Le temps où l'histoire se fit science, 1830-1848*, Paris, Institut de France, 17-20 décembre 1985을 참조하라. 거기서 발표된 논문은 잡지인 *Storia della storigrafia*에 게재될 예정이다.

26) 〔역주〕 1814~1879. 독학으로 중세건축에 열광하다가 친구인 메리메를 따라 전국을 여행하고 베즐리(Vézelay) 바실리카, 생제르망데프레, 노트르담드파리, 카르카손 시(市) 등을 복원하고 고딕건축을 이론화한 인물.

27) 전시회 카탈로그인 *Viollet-le-Duc*, Paris, Grand-Palais, 1980을 참조하라.

를 치른 오늘날에 와서는 민족적 과거의 있을 수 있기도 하고 없기도 한 모든 흔적까지 포괄하게 되었다. 반면에 이러한 접근방식의 커다란 이점은 민족 기억의 형성에 있어서 여전히 우리 위에 드리워져 있는 복고왕국 및 7월왕국의 짙은 그림자를 두드러지게 부각시킨다는 것이다.

그러므로 유사한 물질적 표상들에 대해 서로 다른 해결책이 필요하다. 영토에 대해서는 외형틀(*cadre*)이, 국가에 대해서는 팔레트(*palette*)가, 문화재에 대해서는 거미집(*toile d'araignée*)이 필요하다.

끝으로, 제 3권은 '영광'(*gloire*)이든 '말들'(*mots*)이든 관념적인 것을 문제 삼는다. 다시 말해 민족이 스스로에 대해 투영하고 스스로에게 부여하고자 하는 개념을 문제 삼는다. 자신의 일련의 정치형태를 봉건적이고 왕조적인, 혁명적이고 공화국적인 전쟁과 매우 강하게 동일시했던 나라에서 이 두 개념보다 더 의미심장한 개념은 아마도 없으리라. 또한 그토록 끊임없이 그 문화를 자신의 정체성에 대한 정의와 통합했던 그리고 자신의 언어를 자신의 보편성의 열쇠로 삼으려 했던 나라에서 말이다. 어떤 의미에서 이 테마들은 서로 혼동될 정도로 가깝고 그래서 하나의 테마는 다른 테마 없이는 성립되지 않는다. 그러나 민족에 대한 그것들의 관계는, 영광이 다소간의 모든 국민들과 모든 민족들이 공유하는 위대함과 영예라는 야망을 실천하는 하나의 삶의 방식인 반면, 말들은 프랑스에만 고유하지는 않은 언어와 국가의 밀접한 관계를 가리키는 만큼, 아주 다른 성격을 지닌다.

그런데 관건은 영광이지 영화(榮華, *grandeur*)가 아니다. 그것이 오로지 영화를 문제 삼았다면, 기억의 장소들은 가장 화려한 순간들에 지나지 않았을 것이다. 그러나 스스로를 평가하고 스스로를 비교하는 가치, 즉 스스로 부과하는 세속적 가치인 영화와는 달리, 영광은 현세에서조차 현세에 속하지 않는다. 그것은 성스러운 것에 속하고, 사회공동체의 가장 높고 가장 잘 정립된 가치에 따라, 내세에서 그 보상을 받고 쟁취되는 하나의 작위이다.28) '자신의 자녀들을 알아보는 하느님'으로부터 '감사하는 조국'으로 향하면서, 영광은 세속화와 민주화라는 이중의 변화를 겪었다. 한편으로, 그리스도교적 희생이 애국적 희생으로 전이되었는바, 그러한 전이의 첫 번째 수혜자는 위대하고 거룩한 국왕들과 저명한 장군들이었는데, 이들은 삶의 포기를 통해 — "조국을 위해" 죽은 전몰자 기념비 위에 줄줄이 씌어 있는 보잘것없는 이름들에 이르기까지 —, 신분과 지체의 영화에다가 그러한 영화에 대한 자발적 단념을 덧붙였다. 다른 한편으로, 기억할 만한 것의 가치가 모든 형태의 전국적·지역적 유명사례들에, 그리고 모든 지적·예술적·과학적·애국적 명망들에까지 확장되었다. 우리가 부각시키고자 한 것은 바로 이러한 이중의 경로였다. 먼저 우리는 중세로부터 베르됭(제1차 세계대전을 의미함 - 옮긴이)에 이르기까지, 전쟁을 민족국가 형태들의 공고화와 철저히 동일시함에 따라 요구된 피의 희생의 오랜 잉태기를 살펴본다. 그리고 마지막으로 그 과정의 두 궁극적 형태, 즉 제1부 《공화국》에서 다룬 전몰자 기념비에 뒤이어서 파리의 동상들과 거리 이름들을 주목한다. 그럼에도 이 두 단계 사이에 있는 기억의 장소들은 영광의 형상들이 다음과 같이 전자에서 후자로 이행하는 것을 포착할 수 있게 해준다. 즉 전자는 특히 복고왕국 및 7월왕국 아래서 나폴레옹 유해의 송환식, 쇼비니즘의 익명 창시자인 병사 쇼뱅 신화의 생성, 끝으로 베르사유에서 "프랑스의 모든 영광에 바쳐진" 전쟁화 갤러리의 개관과 같은 군사적 영광의 세속화와 민주화 과정이며, 후자는 루브르와 팔레루아얄이 예술의 전당으로 바뀐 것이라든가 순국영령에 대한 연설

---

28) 이 문제에 관한 최초의 접근방식으로는 Maria Rosa Lida de Malkiel, *L'Idée de gloire dans la tradition occidentale* (*Antiquité, Moyen Âge, Castille*), trd. franç, Sylvia Roubaud, Munich-Paris, Klinckdieck, 1968을 참조하라.

에서 추모기도가 학문적인 찬사나 간결한 고인약력으로 옮아간 것에서 나타나는 바와 같은 시민적 영광의 세속화와 민주화 과정이다.

민족에 의한 민족의 기념이 하나의 경로를 내포한다면, 말들(*mots*)은 차라리 하나의 특수성, 하나의 영속성을 파악하도록 요청한다.[29] 다시 말해 민족을 결정하는 데에 있어서의 문화의 너무나도 자명한 영속성이 아니라 공식적이고 교육되는 말과 언어를 위시하여 프랑스의 전통에서 문화현상들이 가지는 정치적·국가적·공민적인 특별한 함의를 파악하도록 요청한다. 문화재를 제도의 관점에서 접근하지 말도록 권유하는 이유들이 거꾸로 프랑스가 자신의 성격을 정의함에 있어서 문화에 부여해온 특별한 위상이 바로 그 제도들을 통해서 명확히 드러나도록 영향을 미치게 된 것은 바로 이 때문이다. 말과 권력의, 문학과 정치의 독특하고 미묘한 밀착관계처럼, 언어의 정치적 절대필요성이 더없이 분명하게 드러나는 제도들을 정확히 선택한다는 조건에서 말이다. 공식적으로 국가에 의해 사전편찬 책임을 맡은 아카데미 프랑세즈가 바로 이런 경우인데, 아카데미 프랑세즈의 회원으로 선출되는 것은 그 작가를 국가의 고위관리로 만들고 역으로 과학자, 성직자, 귀족과 같은 다른 회원들에게 문인의 아우라를 전파시켰다. 그리고 군주를 통해 직접 후원을 받는 콜레주드프랑스의 경우도 마찬가지인데, 이곳에서는 학문의 자유가 권력에 의해 권력 그 자체에 반대할 수 있게 보장된다. 끝으로 가장 비밀스럽고 가장 일시적이지만 그래도 분명한 방식으로 존재했던 것이 1880년대부터 1960년대까지 존재했던 고등사범학교 입시준비반인데, 여기서는 중등교육이라는 지옥과 문학이라는 천국 사이에서, 고전주의 교과서의 도움으로 온갖 용법의 수사학에 대한 숭배가 어렵사리 만들어졌다. 이러한 제도들은 외국에서는

29) 〔역주〕 이 번역서에는 '말들'에 속한 8편의 논문이 모두 빠져 있다. 가능하다면 다음 번역서에서는 포함시켜야 할 것이다.

그 예를 찾아볼 수 없다. 그 제도들 위로 낱말들의 마술사의 그림자가 떠돈다. 위대한 작가의 안수(按手)는 덜 위대한 작가들에게는 하나의 진정한 기사(騎士) 서임식을 의미하게 되었고, 그래서 그 작가 집의 방문은, 볼테르, 루소, 뷔퐁의 집을 사람들이 방문한 이래로, 사실상 작가입문의 의례가 되어 버렸다. 위대한 연설가의 말은 그것이 강단에서 나온 것이든 변호사석에서 나온 것이든 연단에서 나온 것이든, 전통적으로 프랑스에서는, 그리고 결정적으로 프랑스혁명 이후부터는, 사람들을 설득하기보다는 사람들의 마음을 얻는 그것의 능력에 의해, 정치의 진정한 장소가 되었다.

*

이 책에 실린 어떤 논문도 정치를 직접적으로 다루지 않지만 그럼에도 불구하고 이 세 권의 책에 전체적인 의도와 깊은 단일성을 부여하는 것은 바로 정치이다.

실제로 우리가, 겉보기에는 파편화된 이 많은 주제들의 뜻하지 않은 상호연관을 정당화하고 그 주제들의 집합이 동질성을 띠고서 같은 범주의 현상에 속하게끔 해주는 것의 근거를 찾고자 한다면, 우리는 그 주제들이 정치의 차원을 뚜렷이 드러내는 공통의 방법 속에서 그 근거를 찾을 수 있을 것인데, 우리가 밝혀내고 있는 바에 따르면 이 정치의 차원은 아마도 자신의 마지막 진실인 상징적 차원을 구성한다.

예컨대 적어도 여기서 살펴본 바대로의 특정한 기념물, 서적, 제도, 이를테면 생드니, 《조안(Joanne)[30]의 여행안내서》, 콜레주드프랑스의 공통점은 무엇인가? 의례, 표어, 박물관, 전기, 조각상, 지역, 사전의

30) 〔역주〕 1813~1881. 지리학자이자 여행가이자 작가.

공통점은 무엇인가? 그리고 여기 수록된 48편의 이 논문들로 말하자면, 그것들의 직접적인 논지를 넘어 이야기하고 민족의 조각상 본질적인 측면, 더불어 사는 공동체의 조직, 그것의 형태와 정신을 점차로 끌어들이는 어떤 의미를 수반하는 것이 아니라면, 그 논문들 각각의 공통점은 무엇이겠는가? 민족은 단지 법적인 개념도 아니요, 단지 하나의 영토적 단일체도 함께 살려는 의지도 아니요, 단지 “기억의 풍부한 유산”도 르낭이 말했던 “매일 매일의 국민투표”도 아니다. 민족은 그 지표들을 재발견하고 그 회로들을 밝히는 것이 문제인 인간집단의 하나의 상징적 조직체이다. 예컨대, 풍경예술의 미학과 역사를 위해 우리가 연구할 수 있는 프랑스의 풍경화들이 있다. 그리고 이 동일한 그림들은 갑자기 정치적 정체성의 표시자료를 구성하는 제도들과 의미들의 일반적 조직망 속에 걸려든다. 수천 번 연구된 그러나 수세기에 걸쳐 자력(磁力)을 발휘한 권력의 표상의 핵심이자 프랑스인들에게는 여전히 권력의 상징이기도 한 베르사유가 있다. 예컨대 하나의 지방인 알자스가 있고, 민족사 안에서, 전략적·경제적·종교적·문화적인 모든 관점에서 그 지방이 가지고 있는 역할이 있다. 그래서 알자스는 프랑스라는 실체의 구성에서 특수한 것을 구현한다. 아카데미 프랑세즈가 있고, 제도들의 역사 속에서의 그것의 역할과 그것의 무게, 회원선출의 음모와 수락연설의 계승. 그리고 아카데미 프랑세즈가 모든 문학의 발전의 단정적·묵시적 계서제에 직간접적으로 부과했던 최초의 모델이 있다. 예컨대 우리는 각 논문을 고칠 수 있고, 그것들의 가능한 다양성의 무한히 많은 접근방법의 반대쪽에서, 그것들의 원칙과, 민족의 정치적 정체성의 구성과 사회들의 삶에 관한, 보이지 않지만 결정적인 그것들의 무게와 상징들의 이 활동적인 힘을 밝혀내는 것으로 수렴되는 그것들의 의도를 지적할 수도 있다.

역사, 철학, 법학, 문학을 통해 정치적인 것에 대한 재(再)질문이 오늘날 자리 잡고 있는 위치는 가장 덜 연구되고 아마 가장 새로운 이러한 상징적 차원 안이다. 민족사가 혁신과 새로운 프로그램이라는 자원을 끌어낼 수 있는 것은 바로 이러한 차원 안에서이다. 상징학은 사회들의 생존의 가장 물질적인 기반과 문화와 성찰의 가장 정교한 생산물들 사이의 접합을 가능케 해준다. 상징적 역사에 그것의 역동성과 그것의 높은 생산성을 부여하는 것은 동일한 분석적 시선으로 사회적 현상의 역사와 문화현상의 역사를 한꺼번에 파악하고 총체적으로 엮어낼 수 있는 바로 이러한 능력이다. 예술, 문학, 정치, 법, 경제, 인구의 역사가들은 이 책에서 공동작업의 기반을 발견하였다.

아이러니한 일은 '전체'사가 정치사와 정치사의 협소함에 반(反)하여 정의되었다는 것이다. 이제는 정치가 한층 더 포괄적인 역사의 도구로 그리고 우리가 일찍이 알지 못했던 어떤 모습으로 다시 떠오르고 있다.

피에르 노라

기억의 장소 ②
민 족

차
례

기억의 장소 ① 공화국 차 례

기억의 장소 ③ 프랑스들 1 차 례

기억의 장소 ④ 프랑스들 2 차 례

기억의 장소 ⑤ 프랑스들 3 차 례

비달 드라블라슈의 《프랑스의 지리적 모습》

1903년 출판된 폴 비달 드라블라슈[1]의 《프랑스의 지리적 모습》[2]은

1) 비달은 1845년 페즈나스에서 탄생했다. 1865년 고등사범학교에 수석으로 합격하였다. 그는 역사교사 자격시험에서도 수석으로 합격했고, 뒤리는 그를 아테네에 있는 에콜 프랑세즈에 보냈다. 그는 1867년부터 1870년까지 이곳에서 지냈다. 1872년에 심사받은 그의 학위논문은 전통에 따라 여전히 역사에 관한 것이었다. 그러나 전쟁의 패배에 마음의 상처를 입은 그는, 여러 면에서 비달에 선행했던 지리학자인 에밀 르바쇠르가 당시 제출한 보고서, 즉 독일에서는 지리학을 중시하는 데 반해 프랑스 교육에서는 지리학을 강조하지 않음으로써 파괴적인 결과가 초래되었다는 보고서에 영향을 받았던 것 같다. 1873년에 퓌스텔 드쿨랑주의 후임으로 스트라스부르 대학의 교수가 되었고, 그 후 낭시 대학으로 자리를 옮겼다. 그는 지리학에 전념하기로 결심하고 1877년까지 지리학에 매진하였다. 이해에 모교 교수로 임명되었고, 부학장까지 올랐다. 그는 20년 동안 이 학교에서 근무하면서 새로운 프랑스 지리학파를 형성했다. 17세기 이래로 지속된 전통에 따라 구태의연한 역사지리학을 고집하던 오귀스트 앵리가 1898년에 은퇴하자 비달은 소르본 대학의 교수가 될 수 있었다. 그는 이 대학에서 자신의 개념들을 확립하였으며, 1907년 은퇴할 때까지 후학을 양성했다. 1918년 4월에 사망할 때까지 비달은 프랑스 지리학을 지배했다. 《프랑스의 지리적 모습》 외에, 《지도서》(*Atlas*, 1894)와 유명한 벽걸이 지도들, 그리고 《프랑스 동부지역》(1917) 등의 유명한 저작들이 있다. 그의 수많은 강의와, 뤼시앵 갈루아와 더불어 그가 1891년에 창간한 〈지리학 연보〉에 실린 논문들은 상당한 반향을 불러일으켰다.

2) 《프랑스의 지리적 모습》은 라비스가 책임을 맡고 아셰트 출판사에서 발행한 《프랑스사》(19부로 구성된 9권, 1900~1911)의 제 1권이다. 그렇지만 《프랑스의 지리적 모습》은 이 총서 중에서 가장 먼저 출판된 것은 아니다. 왜냐하면 《프랑스의 지리적 모습》이 출판되기 전해인 1902년까지, 프랑스의 기원부터 17세기를 다룬 7권의 책이 이미 출판되었기 때문이다. 《프랑스의 지리적 모습》(395쪽, 63개의 지도와 도표 포함)은 내용이나 편제의 변화 없이 여러 차

"프랑스란 무엇인가", 더 나아가 "국가란 무엇인가"라는 문제를 프랑스 혁명 이래 끊임없이 재검토한 기본 텍스트들 가운데 하나다. 이 명저는 국가적 규범이 되다시피 했다. 이 책을 읽지 않으면 드골의 《회고록》 같은 저서에 생기를 불어넣은 정신을 이해할 수 없다. 왜냐하면 《프랑스의 지리적 모습》은 다음의 질문에 답하려는 것이기 때문이다. "반도도 섬도 아니며, 게다가 자연지리의 관점에서 볼 때 엄밀히 말하면 하나의 단위도 아닌 지표면의 한 부분이 어떻게 하여 국가의 지위를 얻고 결국 조국이 되었는가?"(8쪽)[3)]

모든 프랑스 지리학처럼 비달의 지리학도 훔볼트와 리터가 19세기 전반에 지리학을 하나의 독립된 학문분과로 발전시킨 독일 지리학에서 나왔다.[4)] 그러나 이러한 독일 지리학이 내세운 환경결정론은 확고한 바탕 위에 세워진 것이 아니었다. 훗날 생명체를 설명하는 데 시간이 핵심요소라는 점을 인식한 다윈의 영향으로 지리학이 여태까지 미흡했던 통일성을 갖출 때까지는 그러했다.[5)]

라첼은 생태학의 창시자로서, 헤켈의 영향을 받았고 1869년에는 다윈에 관한 저작인 《유기체 세계의 존재와 형성》을 썼다. 이런 생태학

례 재인쇄되었다(1905년, 1908년, 1913년, 1930년). 체제를 달리한 판이 《프랑스 : 지리적 모습》(*La France : Tableau géographique*)이라는 제목으로 1908년에 출판되었다. 이 판은 원판과 큰 차이가 없다. 더 이상 총서의 일부가 아니며 서문이 덧붙여졌다는 점이 유일한 차이점이다(주 26을 참조할 것). 이 모든 판들에는 프랑스와 유럽의 컬러 지도가 실려 있는데, 이 지도는 "토지 점유의 역사"를 보여주는 것이다. 1903년판에는 별도의 쪽수가 매겨진 이 지도가 빠져 있다. 이 1903년판이 폴 클라발이 쓴 서문과 부록을 덧붙여 출판업자 쥘 탈랑디에(Jules Tallandier)에 의해 1979년에 출판되었다. 이 글에서 인용 쪽수는 이 1979년 판에 따른 것이다.

3) 괄호 안의 쪽수는 1979년판 《프랑스의 지리적 모습》의 쪽수를 가리킨다.

4) Numa Broc, "La géographie française face à la science allemande, 1870-1914", *Annales de géographie*, 86, 1977. *Encyclopaedia Britannica*의 〈Ratzel〉 항목도 참조할 것.

5) Paul Claval, *Essai sur l'évolution de la géographie humaine*, Cahiers de géographie de Besançon, 12, Paris, Les Belles Lettres, 1964.

1. 폴 비달 드라블라슈.

은 강력하고 지속적인 성향에 따라 서서히 변하는 안정된 환경이라는 지리학의 핵심개념을 확립시켰다. 비달은 독일 지리학자들의 학설을 결코 무비판적으로 받아들이지 않았다. 그는 독일 지리학에서 받아들인 것을 풍요롭게 하고 약간 변형시켰으며, 몇몇 부분에서는 독일 지리학과 다른 점을 보여주었다. 그렇지만 독일 지리학의 영향은 비달에 있어서 중요하다.[6] 환경이 지역생활의 지속을 표현하는 것인 생활양식을 결정한다. 이것이 《프랑스의 지리적 모습》에 유기적 통일성을 부여하는 중심사상이다.

환경은 내적·외적 요소의 결과요, 이 두 요소 사이의 관계의 결과다. 비달의 일반 지리학의 기본원리는 여기서 나온 것이다. 즉 어떤 한 지방은 이 지방의 환경 속에서만, 그리고 그 환경을 통해서만 이해될 수 있다는 것이다. 그렇기 때문에 비달은 그 책의 제1부("프랑스의 지리적 특성")에서 프랑스와 프랑스의 유럽적 환경 사이의 관계에 초점을 맞추고 있다. 비달은 "가장 방대한 유럽대륙의 덩어리를 둘러치는

---

6) 라첼의 환경결정론이 비달에게 끼친 영향은 복잡한 문제로서, 이 글의 나머지 부분에서 이 문제를 규명하려고 한다. 마리엘 장 브뤼네 델라마르(Mariel Jean-Brunhes Delamarre)는 "비달과 그의 제자인 장 브뤼네(Jean Brunhes)가 라첼의 결정론을 완강하게 거부했다"("Géographie humaine et ethnologie" dans Jean Poirier, ed., *L'Ethnologie générale*, Paris, Gallimard, 1968, p. 1477)고 썼다. 나는 이런 견해에 동의할 수 없다. 라첼 사상의 여러 상이한 측면들을 구분해야만 한다. 독일의 '생활공간'의 필요를 정당화시키기 위해 인용된(라첼의 의도를 다소 왜곡하면서) 라첼의 저작들에 대해서는, 《프랑스: 지리적 모습》에서 볼 수 있는 것처럼 비달이 의구심을 품었음에 이론이 있을 수 없다. 그러나 비달은 계속해서 라첼을 인용했으며, 1898년에 〈지리학 연보〉에 "라첼의 저작에 대한 정치 지리학"(La Géographie politique à propos des écrits de M. Frédéric Ratzel)이라는 논문을 실었다. 이 논문은 "현상의 상대성과 거의 관계없는 도그마적인 형식주의"에 대한 조심스러운 경계를 포함하고 있다. 그러나 비달은 이 논문에서, 그의 표현을 빌리면 "현재의 과학 상태"에 부합하는 "정치지리학"(p. 111)을 제시한 위대한 독일 지리학자 라첼의 저작들을 호의적으로 추천하고 있다. 이 논문은 비달이 지정학에 대해 라첼보다 더 세련된 견해를 가지고 있었지만, 그럼에도 불구하고 그가 동료 지리학자인 라첼의 저작을 인정하고 있었음을 보여준다.

선들이 서로 가까워져 거의 한 점에 모여 집중되고, 그래서 지중해와 대서양 사이에 일종의 다리〔橋〕를 그릴 수 있는"(9쪽) 공간에 프랑스가 위치하고 있다고 보았다. 바로 이러한 입지가 프랑스의 "지리적 존재"(22쪽)를 결정하고, 동시에 프랑스를 "두 대양의 교차로에 위치한 나라"로 정의하도록 하는 것이다. 이처럼 비달은 19세기 모든 프랑스인들에게, 특히 미슐레[7]에게 소중했던 사상, 즉 프랑스는 문명화된 사람들의 교차로라는 사상을 새롭게 표명했다.

그렇지만 곧 한 가지 문제가 제기된다. 왜냐하면 비달이 실제로 다루고 있는 외적 영향은 그 두 대양이 아니라 지중해와 유럽대륙이기 때문이다. 독일어에 능통했고 라인 강 건너까지 자주 여행하여 수많은 동료 지리학자들을 만났던 비달은, 프랑스가 그 북쪽과 동쪽으로 유럽대륙과 연결되어 있는 것이 두 대양과 연결되어 있는 것보다 훨씬 더 중요한 구조적 요소라고 생각했다. 이런 관점은 그 책의 제 2부를 차지하고 있는 지역분석의 구도에 잘 나타나 있다. 즉 지역분석을 싣고 있는 제 2부의 제 1장은 플랑드르와 아르덴에서 시작하여 프랑스의 북부와 동부를 다루고 있다. 제 2장은 알프스 산맥과 대서양 사이에 있는 프랑스를 다루고 있는데, 대서양 방면에 대해서는 아주 간략하게만 언급하고 있다. 제 3장은 프랑스 서부를, 제 4장은 프랑스 남부를 다루고 있다.

두 대양의 가교로서의 프랑스라는 원리와, 유럽대륙에 연결된 프랑스라는 실제 연구 사이의 괴리는 중요한 결과를 초래했다. 비달은 특히 프랑스 서부와 대서양 연안 지역을 소홀하게 다루었다. 비달은 프랑스 서부를 어디에 위치시켜야 될지 알지 못했던 것 같다. 그래서 프랑스 서부는 턱없이 부족한 30여 쪽이 할애되어 다루어지고 있다. 이런 현상이 발생한 것은 비달이 서부에 프랑스 전체에서의 유기적 위치를 할당할 수 없었기 때문이다. 게다가 그는 1905년 에밀 뒤르켐과의 논쟁에서, "나는 서부 지방이 우리나라에서 가장 특이한 곳이라고 기

7) Juels Michelet, *Introduction à l'histoire universelle.*

꺼이 믿는다"[8]고 말했다.

프랑스 서부와 브리튼 제도(諸島)의 1,000여 년의 관계를 고려해 볼 때, 프랑스 서부에 대한 비달의 상대적 무관심은 앵글로 색슨 군도(群島)에 대한 그의 부정적 평가와 연관이 있을지 모른다. 실제로 놀랍게도 프랑스의 환경에 대한 비달의 분석에서 브리튼 제도에 대한 언급은 거의 전무하다. 이런 사소한 의문의 답은 59쪽에 나오는 "가장 침략적인 새로운 형태의 게르만주의, 즉 해양적이고 섬나라적인 게르만주의"(아주 차분한 어조의 그 책에서 이런 독설은 아주 특별한 경우다)에 대한 다소 공격적인 비판을 읽으면 알 수 있다. 이 구절 조금 뒤에서 영국의 형성에 관해 다음과 같이 서술되어 있다. "해안을 따라 뿌려진 씨앗에서 영국이라는 한 국가가 탄생했다. 그래서 프랑스는 격퇴된 켈트주의 대신에 맞은편 해안에 형성된 게르만주의에 직면하게 되었다"(59쪽). 이러한 평가는 비달의 일반적인 사고방식의 경향이다. 《유럽의 국가와 국민》(1886)의 영국에 관한 장(章)에서도 그런 평가를 다시 찾아볼 수 있다. 그 장에서 비달은 영국인의 활기차고 독특한 개성을 인정하면서도 영국인의 "게르만적 특색"을 지적하고, 영국인의 이기주의를 강력하게 비난하고 있다. 바로 이런 입장 때문에, 비달은 프랑스 북쪽으로 대서양과 북해가 펼쳐져 있는 것을 분석하기 어려웠다. 그런데 이런 분석이 없으면 프랑스 서부를 이해할 수 없다.

그 저서의 전체구도와 상반되는 마지막 특징은 다음과 같다. 즉 남프랑스가 중요하게 다루어질 것 같지만, 비달은 대서양에 접해 있는 남부 지방과 지중해에 접해 있는 남부 지방을 총괄해서 아주 간략하게 언급하고 있다. 프랑스를 '우리의 바다'[9]와 연결하는 가장 중요한 관문이기 때문에 중시되어야 마땅할 마르세유가 이 책에서는 거의 다루어지지 않고 있다. 비달은 근본적으로 바다가 아니라 육지를 중요시한 사람이

8) "Débat sur la nationalisme et le patriotisme"(1905), Émile Durkheim, *Textes*, III, Paris, Éd. de Minuit, 1975, p. 180.

9) 〔역주〕 지중해를 의미한다. 고대 로마인들은 지중해를 '우리의 바다'라고 불렀다.

다. 사실 그에게 지중해는 북부 지방만큼 중요하지 않았다. 그래서 그는 57쪽에서 다음과 같이 서술하고 있다. "지중해는 우리의 기원을 밝혀준다. 그러나 프랑스라는 국가가 형성된 곳은 바로 북부 지방이다." 이런 관점은 비달이 역사가가 되기 위해 받은 교육이 무의식적으로 작용한 결과일까? 아니면 그가 아테네에 있는 에콜 프랑세즈에서 공부한 영향일까? 어쨌든 《프랑스의 지리적 모습》은 프랑스를 유럽의 교차로라고 정의하는 것부터 시작하고 있으며, 프랑스가 이런 교차로가 된 데에는 지리적 요소 이외의 다른 요소들이 작용했다고 보고 있다.

비달은 프랑스와 그 주변환경의 관계를 분석하여 그 저서 제1부의 중요한 결론을 제시하였다. 프랑스의 모든 것이 자연에 의해 선험적으로 결정된다는 사상을 받아들일 수 없다는 것이다. 프랑스가 개별화된 하나의 단위를 형성하는 것은 기후에 의한 것이 아니며, 특정 지역 특유의 식물군(群)이나 동물군에 의한 것도 아니며, 지리에 의한 것도 아니다. 이처럼 비달은 환경이론을 거부했을 뿐 아니라, 19세기 내내 아주 지배적이고 매력적이었던 자연경계이론도 거부하였다. 이것이 《프랑스의 지리적 모습》의 중요하고 영속적인 업적이다. 비달은, 인문지리의 관점에서 본다고 해서 프랑스에서 더 많은 근본적 통일성을 찾을 수 있는 것은 아니라고 보았다. "프랑스의 내부 어느 곳에 분포의 중심지가 자리 잡고 있다는 생각은 근거가 없는 것이다"(7쪽). 따라서 미슐레는 파리가 오케스트라 지휘자의 역할을 한다고 보았지만, 비달이 보기에는 그런 역할을 하는 곳이 없다.

그러나 비달은 즉시 미슐레에 동의하여 프랑스를 "하나의 인격"으로 정의하고, "개성"은 지리학의 영역과 어휘에 속하는 용어라고 강조한다. 그렇다면 그는 지표면상의 무엇을 뽑아내어 그것을 프랑스 특유의 것이라고 하였는가?

이 질문의 답은 비달이 그의 일반 지리학의 원리들을 프랑스의 분석에 적용한 방법에서 찾아야 한다. 그의 설명에 따르면, 프랑스의 통일성을 낳은 것은 바로 프랑스의 다양성이었다. 여기에서 그는 1896년에 〈지리학 연보〉에 게재한 중요한 논문인 "일반 지리학의 원리"에서 설명한 라첼의 원리를 적용하였다. 즉 전체의 여러 부분들은 "작용하고 있는 힘의 상호중심"10) 이며, 대조가 운동을 발생시킨다는 것이다. 그리고 이러한 자연의 대조에 의해 결정되는 생산물과 인구의 교환을 통해, 자연환경이 다른 지역들 사이에 균형 아니 오히려 균등화가 생겨난다는 것이다. "어떤 문명화된 지방도 그 문명의 독점적 창조자가 아니다"(17쪽) 라고 비달은 《프랑스의 지리적 모습》에서 강조하고 있다.

비달에 따르면, 프랑스는 "다른 곳에서는 찾아볼 수 없는 다양성"(49쪽) 때문에 "유럽에서 독특한 모습"(41쪽) 을 가지고 있다. 상대적으로 제한된 공간에서 지형학적 진화로 상당히 다양한 생활조건들이 생겨났다. 이런 다양한 생활조건들의 상호작용으로 프랑스 국가가 탄생했다. 《프랑스의 지리적 모습》의 문체, 그리고 이 책이 독자들에게 발휘하는 매력은 모든 것이 서로 연관되어 있다는 이런 통찰력에서 나왔다. 비달은 어떤 지역이 그 인접지역과 대조를 이루는 모습, 어떤 계곡과 그 인접한 고원의 대조적인 모습 등의 식으로 수평적이고 수직적인 대조를 아주 세심하게 묘사한다. 국가는 일상생활의 수많은 반복적 관계들에 의해 형성되며, 세월이 흐름에 따라 새로운 관계의 가능성에 의해 다양해진다. 따라서 프랑스 국가는 "상호인접성의 작용"(15쪽) 의 결과다. 이 말에는 진정한 사회윤리가 함축되어 있다. 11) 즉 국가는 연대성이 발휘되는 곳이며, 보완성이 실행되는 곳이라는 것이다.

비달의 저작들에서 라첼의 환경결정론은 뤼시앵 페브르 이후 흔히 "가능주의"12) 라고 불리는 것으로 변형되었다. 비달 자신은 "가능주의"

---

10) *Annales de géographie*, 5, 15 janvier 1896, p. 138.

11) 윤리와 지리의 관계에 대해서는 Vincent Berdoulay, *La Formation de l'école française de géographie (1870-1914)*, Paris, Comité des travaux historiques et scientifiques, Bibliothèque nationale, 1975, pp. 9~23을 참조할 것.

12) 〔역주〕 환경결정론이 인간이 물리적 환경을 문화형성의 중요한 결정요인으로 주장하는 반면에, (환경) 가능주의는 환경이란 인간의 선택 가능성을 창출하는

라는 말을 결코 사용하지 않았으며, 그의 사상을 하나의 주의(主義)로 축소하는 것은 그의 사상을 왜곡하는 것이다.[13] 폴 클라발이 강조했듯이 "먼저 서술하고 나서 정의하고 설명하라"[14]는 말을 모토로 삼는 비달에게는 자신의 사상을 하나의 주의로 축소하는 일이 있을 수 없다. 그러나 가능주의는 비달의 일면을 보여준다. 왜냐하면 비달에 있어서 "지방은 하나의 보고(寶庫)로서, 자연이 이 보고의 씨앗을 뿌렸지만 그 보고를 어떻게 사용하는가는 인간에 달려 있기 때문이다. 바로 인간이 자연을 자신의 필요에 맞게 변형시킴으로써 자신의 개성을 드러낸다. 인간은 상이한 특징들 사이의 연결을 확립한다. 인간은 지역환경들의 상이한 효과들을 힘의 체계적 협력으로 대치시킨다"(8쪽). 여기서 '연결', '힘의 협력', 그리고 위에서 언급한 '작용하는 힘의 상호 중심'이라는 용어들을 잠시 살펴볼 필요가 있다. 비달을 이해하기 위해서는 가능성이라는 사고만이 아니라, 카미유 발로와 장 브륀 등 그의 제자들에게서 더욱 체계적으로 나타나는, 그 시대 물리학의 영향도 살펴보아야만 한다.

위에서 인용한 구절은 비달의 지역분석을 풍요롭게 해주는 핵심적인 진술이다. 따라서 그는 파리에 대한 장(章)을 다음과 같은 말로 시작하고 있다. "따라서 여기에 정착한 사람들은 이곳에 내재해 있는 다양한 장점을 손쉽게 조금씩 이용할 수 있었다. 강의 굴곡, 언덕 중턱의 골짜기, 숲 속의 공터에는 수많은 가능성들이 정착민들의 창의성과 선택에 열려 있었다"(139쪽). 이런 일련의 가능성들로 인해 자연스럽게 그 지역에 항구적인 거주와 정착이 이루어졌다. 이런 진술은 도시의 탄생에 영향을 끼치는 요소들을 분석하는 데 더 분명하게 적용된다.

데 불과하다고 주장한다.

13) 이 주제에 대해서는 다음 저서에서 필리프 팽슈멜(Philippe Pinchemel)이 비달에 대해 쓴 장(章)을 참조할 것. *Les Géographies française. Bulletin de la section de géographie du Comité des travaux historiques*, tome LXXXI, Paris, Bibliothèque nationale, 1975, pp. 9~23.

14) Paul Claval, *op. cit.*, p. 48.

즉 도시들은 방어시설이 있는 곳이 아니라 통행이 빈번하고 다양한 영향들이 집중되는 지역들에서 발전했다. 이런 다양한 영향들이 아주 오래된 중심부를 조밀하게 했던 것이다. 마찬가지로, 가장 활기 넘치는 지역은 가장 폭넓게 외부에 개방되어 있는 곳이다. 북부 지방, 리옹 지역, 그리고 무엇보다도 투렌과 파리 분지의 남부 등이 그런 지역이다. 비달은 이들 지역에 가장 긴 한 장(章)을 할애하고 그 저서에서 가장 화려하게 서술하고 있다.

"프랑스는 다양성으로 둘러싸여 있었고 또 그런 다양성이 프랑스에 스며들었다." 프랑스는 "동화력"으로 이러한 다양성에 대처했다. 이런 다양성 덕택에 "프랑스는 받아들인 것을 변형시킬 수 있었다"(40쪽). 따라서 비달은 프랑스를 "이곳으로 이주한 사람들의 상당수를 흡수할 수 있도록 되어 있는 것처럼 보이는 땅"(15쪽)으로 보았는데, 이런 표현은 《프랑스의 지리적 모습》의 도처에서 찾아볼 수 있는 눈에 띄는 관용표현들 가운데 하나다.

이러한 표현들이, 매우 강하게 연결되어 있고 프랑스의 자연과 개성을 설명하는 것을 목표로 하는 비달의 입장들(여기서 여러 요소들과 프랑스적인 것이 유기적으로 연결되어 있다)의 총체를 형성한다. 의심할 여지 없이 이런 입장은 19세기의 역사학적·지리학적 전통과의 결별을 나타내는 것이다.[15] 따라서 비달의 《프랑스의 지리적 모습》을 미슐레의 《프랑스의 모습》(*Tableau de la France*)과 비교하는 것은 흥미롭다. 왜냐하면 비달은 자신의 책 제목을 미슐레의 책 제목에서 따옴으로서 미슐레의 계보를 잇고 있음을 인정했기 때문이다. 그러나 비달은 자신의 저서에 "지리"라는 단어를 덧붙임으로써 미슐레와의 차별성을 보였다.

미슐레의 《프랑스의 모습》[16]은 그의 《프랑스사》 제2권의 첫 부분

---

15) Jean-Yves Guiomar, "Le désir d'un tableau", *Le Débat*, 24, mars 1983, pp. 90~106.

16) 이 글에서는 샤를 모라제(Charles Morazé)가 서문을 쓴 다음 판을 인용하고

으로서, 1833년 12월에 출판되었다. 《프랑스의 모습》은 제1권(기원부터 12세기를 다루고 있고 주요 관심사는 프랑스인을 형성한 민족들이다)을 《프랑스사》의 다른 부분들과 연결시키려는 의도를 가진 것이었다. 미슐레는 민족 문제에서 오귀스탱 티에리와 의견을 달리했다. 그 결과 폴 비알라네가 지적하고 있듯이 "지리학자가 됨으로써 미슐레는 민족 이론이 불충분하다는 점을 최종적으로 입증했다".[17] 사실, 미슐레는 어떻게 프랑스가 민족적 구성요소들을 초월하여 프랑스인을 창조했는가를 보여줄 역사에 착수하면서, 민족의 물질적 기반에 주목하고 이것이 통합기능을 수행한다고 보았다.

하지만 미슐레의 《프랑스의 모습》이 진정으로 지리학적인 연구였을까? 미슐레는 프랑스를 일주했다. 그는 브르타뉴를 출발하여 대서양 연안을 따라 내려갔고, 피레네 산맥에서 랑그도크를 거쳐 프로방스로 갔다. 이곳에서 론 강과 뫼즈 강 유역으로 올라가서, 프랑스 북부와 중부를 거쳐서 파리에 도착함으로써 일주를 마쳤다. 이 여정 가운데 그 어떤 것도 지리학적인 고려를 한 것이 아니었다(혹자는 당시의 저작들, 예컨대 마트-브랭의 저작을 언급할지 모르지만). 오히려 정반대였다. 즉 그는 처음부터 켈트족의 땅이고 여전히 순수한 "왕국의 장녀"인 브르타뉴에서 출발하여, 로마인과 게르만인 침략자들이 정복한 "혼합된" 지역들로 나아갔다. 그래서 그는 다음과 같이 쓸 수 있었다. "우리는 이제 연대순으로 지리학을 연구할 것이고, 공간적·시간적으로 여행할 것이다."[18] 미슐레 연구의 구성을 감안해 보면, 미슐레의 방법은 비달의 방법과 상당한 차이가 난다. 미슐레는 비달의 방법과 한 가지 점에서만 일치하는데, 미슐레가 "강력한 생동감은 북부 지방에 있다"[19]고 강조할 때 그러하다.

있다. Jules Michelet, *Tableau de France*, Paris, Bibliothèque de Cluny, Armand Colin, 1962, pp. 82~161.

17) Paul Viallaneix, *La Voie royale*, Paris, Flammarion, 1971, p. 256.

18) J. Michelet, *Tableau de France*, *op. cit.*, p. 85.

더구나 미슐레는 지리적 관점에서 각 지방들을 구분하지 않았다. 서부의 아르모리크[20]에서 루아르 강 남쪽 지역들로의 이행은 세 연대기적 요소들에 의해 특징지어진다. 브르타뉴의 지리적 경계에 있는 앙제의 석판 채석장들, 소뮈르에 있는 "드루이드교"[21] 기념물들, 그리고 중세에 브르타뉴의 종교 중심지였던 투르가 그러한 세 요소다. 나중에 그는 차분하게 다음과 같이 언급한다. "나는 남프랑스의 웅장한 계곡을 거쳐 루에르그로 들어갈 수 있었다. 〔…〕 그러나 나는 카오르를 거쳐 들어가는 것을 더 좋아한다."[22] 이것은 분석가라기보다는 여행가의 발언이다. 그러나 이 점에서도 미슐레는 비달과 의견이 일치함을 알 수 있다. 왜냐하면 미슐레는 "프랑스에서 부르고뉴보다 더 매력적이고 북부 지방과 남부 지방을 더 잘 융화시킬 수 있는 지방은 없다"[23]고 지적하고 있기 때문이다. 그러나 이런 평가는 미슐레의 저술에서 예외적인 것이다.

사실 미슐레는 지방단위들이 꽉 짜여 있으며 서로 연결되어 있다기보다는 병렬되어 있는 것으로 보았다. 미슐레는 각각의 지방에 가능하면 많은 역사적 의미를 부여하려는 듯이 각 지방을 묘사하고 있다. 리옹에 관한 세 쪽은 그 좋은 예이다. 각 지방에 이처럼 가능하면 많은 역사적 의미를 부여하는 것(빅토르 위고도 1842년에 쓴 《라인 강》에서 이렇게 했다)은, 각 지방의 오랜 세월에 걸친 특징을 전달하고 그 지방의 본질적인 것을 이끌어내고, 프랑스를 특징짓는 생명력을 묘사하려는 의도를 가진 것이다. 그러나 미슐레에 있어서 프랑스라는 존재는 그 구성요소들이 상호작용한 결과가 아니다. 오히려 구성요소들의 중심지이자 "그 주변에 모든 것이 집결하는 핵"[24]인 일드프랑스에서 구

---

19) Id., *Ibid.*, p. 82.

20) 〔역주〕 브르타뉴의 켈트식 옛 이름.

21) 〔역주〕 고대 갈리아 및 브리튼 섬에 살던 켈트족의 종교.

22) *Ibid.*, p. 104.

23) *Ibid.*, p. 138.

성요소들을 초월한 결과다. 또다시 역사가 가장 중시된다. "중심 중의 중심인 파리와 일드프랑스를 잘 아는 데는 한 가지 방법밖에 없다. 그것은 왕정의 역사를 상술하는 것이다."[25] 차후에 살펴보겠지만 이 견해는 비달의 견해와 아주 다른 것이다.

미슐레 저서의 나머지 부분은 다음과 같은 장엄하고 유명한 경구들로 요약된다. "중심지는 그 자체를 알고 있고 모든 나머지를 알고 있다. 지방들은 중심에서 자신들을 쳐다본다. 중심에서 지방들은 자신들을 사랑하고, 고상한 형태로 자신들을 찬미한다."[26] 미슐레는 이런 프랑스 찬가를 통해서 지방생활과 전체로서의 국가 사이의 관계라는 문제를 그 나름의 방식으로 해결한다. "보편적이고 공통적인 생활을 위해서, 지방적이고 특정한 생활을 파괴하지는 말고 축소해라. 〔…〕"[27] 이것은 타당한 말이다. 그러나 이 문장의 진가는 그다음 쪽에 나오는 다음과 같은 말과 대조해 봐야 드러난다. "갈수록 지방정신이 사라졌다. 토양, 풍토, 인종의 영향은 사회적·정치적 행동에 의해 압도당했다. 특정 지역의 숙명은 극복되었으며, 인간은 물질적 환경의 억압에서 벗어났다."[28] 이런 문장들은 광범한 영향을 끼치는 것이다. 이런 문장들은 미슐레의 민족적 열정, 즉 비달에게서도 찾아볼 수 있으며 이 두 사람을 위대한 창시자로 만드는 그런 민족적 열정을 표현하고 있다. 그러나 비달은 특정 환경의 억압에 대해 말할 수 없었다. 비달은 그러한 환경이 풍부하고 다양하며, 그 성격이 결코 숙명적이지 않다는 점도 보여주고 있다. 그리고 그는 특히 프랑스에 대하여 위계적 관점, 다시 말하면 중심지역이 구성요소들을 초월한다는 관점을 제시하지 않았다. 반대로 그는 절대적으로 평등적인 관점을 제시했다. 그가 친구인 피에르

24) *Ibid.*, p. 151.
25) *Ibid.*, p. 155.
26) *Ibid.*, pp. 156~157.
27) *Ibid.*, p. 159.
28) *Ibid.*, p. 160.

퐁캥과 함께 지방의 이념을 열렬하게 지지하였고, 지방의 이익을 옹호하는 내용의 법률안을 제시한 것은 우연이 아니다.[29)]

미슐레의 휴머니즘이 비달에게 전달되었다. 비달이 위대한 역사가인 미슐레의 제자들과 공부했기 때문이다. 미슐레의 《프랑스의 모습》과 비달의 《프랑스의 지리적 모습》은 모두 총서인 《프랑스사》의 일부분이다. 그렇지만 이 두 저서 모두 총서의 일부분으로서가 아니라 그 자체로서 명저가 되었다. 여러 가지 점에서 그 두 저서의 유사점을 확인하는 것은 쉬울 것이다. 그러나 미슐레는 종합에 열중했다. 반면에 비달은 분석에 열중했으며, 이러한 분석에서 종합은 분명하게 드러나지 않는다.

19세기에서 20세기로의 전환기에 역사학과 지리학 사이의 관계는 언제나 논란이 되는 문제였다. 프랑스의 새로운 지리학파는 이 문제에 해답을 제시했다. 이 해답은 지리학에서 커다란 인식론적 진전이 이루어졌음을 보여주는 것이었다. 《프랑스의 지리적 모습》은 그러한 해답을 가장 인상적으로 보여주는 저서였다. 카미유 줄리앙은 이런 점을 기억했다. 그래서 그는 《골의 역사》(1908)의 제1권에서 비달의 그 저서를 참조하여 다음과 같이 쓰고 있다. "한 국가의 궁극적 모습은 자연이 제시한 견해와 인간이 이룩한 사실들의 결과 사이의 타협이다."[30)] 이런 맥락에서 《프랑스의 지리적 모습》의 가장 중요한 부분은 제1편(《라인 지역》)의 제3부이다. 여기서 비달은 1871년에 독일에 넘어갔던 지역들을 특별한 언급 없이 포함시켰고, 프랑스가 라인 강 유역 평원의 중

29) Vincent Berdoulay, *op. cit.*, chap. IV. 비달은 지역주의에 대해 다음과 같은 중요한 논문을 썼다. "Les régions françaises", dans *la Revue de Paris*, 15 décembre 1910. 피에르 퐁캥에 대해서는 다음 저작에 실려 있는 그의 전기를 참조할 것. J.-B. Huthil, dans *la Revue de géographie comerciale de Bordeaux*, 1925~1926.

30) Chapitre II du tome I, "Situation de la Gaule dans le monde ancien", pp. 40~56.

앙에서 끝나야 할 자연적 혹은 필연적 이유가 없다는 점을 완벽하게 보여준다.

*

어떻게 이러한 구조적 요소들이 지역분석을 구성하고 있는지 상세하게 검토해 보기로 하자.

비달의 문체는 유연하며 그의 저서에는 다양한 뉘앙스가 포함되어 있다. 그렇지만 일정한 도식을 찾아볼 수 있다.[31] 이 도식은 그가 분석한 첫 번째 지역인 플랑드르에서 파악할 수 있다. 우선 그는 어떤

---

31) 《프랑스의 지리적 모습》에 실려 있는 아르곤에 대한 다음의 서술(120~121쪽)은 이 저서에서 채택하고 있는 미시적 지역분석의 좋은 본보기이다.
"아르곤은 동질의 성격을 지닌 지방이다. 이 지방이 움푹 파인 것처럼 보이는 것이 아니라 돌출되어 있는 듯이 보인다면, 이는 혼합된 규토(硅土)로 점토가 생겨나고 이런 점토가 아주 끈적끈적한 중질 토양인, '해면암'(海綿巖)이라고 불리는 일종의 조밀한 점토층을 형성하기 때문이다. 동부 지역에서 소도시인 클레르몽 위에 솟아 있는 돔들은 예외적으로 아주 뚜렷한 형태를 보여준다. 돔의 형태는 일반적으로 일정하지 않다. 아르곤 지방의 경사면은 그 정상과 마찬가지로 숲이 우거져 있고, 불쑥 위로 솟아 있다. 물의 흐름에 따라 이런 점토 언덕들이 분리되고 지형도 물의 흐름에 따라 형성되었다. 하지만 언덕들 한가운데로 흐르는 물은 없다. 점토 언덕들을 관통하는 계곡도 드물다. 이슬레드(뫼즈 도의 코뮌 - 옮긴이)의 협로가 긴 협곡을 가로지르고 있으며, 5리외(리외는 거리 단위로서 약 4km - 옮긴이)에 걸쳐 있는 그 지역에서 어떤 다른 통로도 없다. 이곳에서 사람들은 끈적거리고 희끄무레한 오솔길을 따라 숲의 장막 사이로 걸어간다. 벽토와 들보로 축조된 이 지역의 집들의 지붕은 툭 튀어나온 형태인데, 이 지역은 비가 많이 오는 곳이기 때문에 지붕이 이런 형태를 띠게 된 것이다. 이런 집들을 보고 있노라면 '나무의 친구들', 즉 숯쟁이, 선반공, 대장장이, 벽돌 제조인, 도기 제조인 등이 세운 '오두막집'이 생각난다. 사람들은 화가 르냉이 그의 작품 〈대장간〉에서 묘사한 것과 같이 조금은 조소적이고 이국적인 모습을 한 덥수룩한 얼굴을 저절로 떠올린다. 사실 이러한 아르곤의 주민들과 그 인접 지역의 농부들 사이에는 오래전부터의 적의가 있으며, 이런 적의는 불신에서 비롯된 것이다. 오늘날까지도 아르곤의 주민들은 방랑하고 편력하는 기질을 간직했다. 그들은 여러 곳을 왕래하고 여름에는 거주지를 바꾸며, 운송에 관련된 일에 종사하고 있으며, 외지에서 자신들의 팔목을 자랑한다."

지역을 전반적으로 묘사를 할 때 시각적인 요소를 중요시했다. 그래서 "우리는 ~을 본다"(61쪽) 라든가 "우리의 눈앞에 ~이 펼쳐져 있다"(62쪽) 혹은 "직감적으로 ~을 본다"(128쪽) 등의 표현이 자주 등장한다. 이어서 다음과 같이 내용을 전환하는 표현이 등장한다. "그러나 지리학자는 현재의 것에만 관심을 가져서는 안 된다"(72쪽). 이어서 그는 구조 연구로 나아가며, 여기서 구조지질학보다는 지리학을 강조한다. 그 후에 그는 다양한 토양과 경관, 거주지의 분포와 유형, 그리고 도시들의 위치를 분석하고, 종종 지역적 특성에 관한 심리적 분석으로 끝맺는다.

이 모든 분석에서 지형은 중심적 위치를 차지한다. 그런데 비달은 지형이 거대한 구조지질학적 힘의 결과 못지않게 물〔水〕의 영향이라고 보았다. 물이지 수리학(기후학은 더더욱 아니다)이 아니다. 모리스가 제시한, 곧 표준적이 된 수리학의 개념들이 특히 엠마뉘엘 드마르제리 덕택에 당시 프랑스에 도입되고 있었지만 말이다.[32] 침식의 주기, 기준면, 횡단면, 지형구조와 연관되는 강의 위치 등이 당시 도입된 수리학의 개념이었다. 분명히 비달은 이런 개념들을 모르고 있었다. 그러나 그는 비전문가 독자들을 대상으로 글을 썼을 뿐 아니라, 어떤 경우든 그를 매혹시킨 것은 무엇보다도 물이 지표면의 위와 아래에서 흐르는 다양한 방식이었다. 그가 보기에 솜 강은 "그 존재가 지구의 역사까지 거슬러 올라갈 수 있는 강들 가운데 하나"(96쪽)였다. 그는 파리에 대해서 "센 강은 성장하는 그 도시의 영혼이었으며", 센 강은 "그 도시를 가로질러 공기와 빛의 커다란 흐름을 나타낸다"(141쪽)고 쓰고 있다. 베리 지방의 강들은 "드물지만 맑고 풀이 무성하다"(155쪽). "골족(族)이 선호한 모든 지역들처럼, 베리 지방의 석회암 지대에는 드물

32) 1890년부터 1914년 사이의 프랑스 자연지리학의 발전에 대해서는 다음 저작을 참조할 것. André Meynier, *Histoire de la pensée géographique en France*, Paris, 1969 ; Numa Broc, "Les débuts de la géomorphologie en France : le tournant des années 1890", *Revue d'histoire des sciences*, 28, 1975.

지만 풍부한 샘이 있다"(156쪽). 그리고 푸아투의 석회암 지대에 "동굴들 때문에 맑은 물의 원천인 훌륭한 샘들이 생겨났다"(515쪽).

그러나 특히 다음의 훌륭한 구절을 인용해야만 한다. 이 구절은 비달이 파리 분지 동남부에 있는 강들 가운데 센 강의 중요성에 대해 자문하는 것이다. "사람들은 어느 강이 더 중요하냐를 판단할 때 기사나 수리학자와는 다른 기준을 적용한다. 사람들을 이주하도록 하는 것은 물이며, 그래서 사람들은 가능하면 물의 기억을 기념한다. 그리고 물은 그 원천의 신비나 아름다움으로 사람들의 상상력을 자아낸다. 분명 이것이 센 강이 탁월한 이유다. 그 강은 근처 산악의 좁은 길 한가운데 있고 지하의 수맥층에 의해 공급되는 아름다운 수원(水源)에서 솟아나는 첫 번째 마르지 않는 강이다. 센 강의 그러한 첫 번째 샘(*douix*)[33]은 놀라운 곳으로서, 강을 둘러싸고 있는 고원의 후미진 좁은 곳에 위치하고 있다. 그것은 이 황량한 지역에서 유일한 삶의 원천이다. 방앗간, 마을, 수도원, 대장간이 그 주위에 늘어서 있으며, 훌륭한 목초지가 강을 따라 펼쳐져 있다. 지류가 별로 없는 것은 사실이다. 어떤 지류는 도중에 말라 있다. 그러나 샤티옹의 바위 밑에서 장엄한 샘이 갑자기 솟아나 부족한 물을 보충한다. 마치 지구에서 솟아나는 것처럼, 처음에 센 강은 맑고 깊게 둘러싸여 있는 분지에서 천천히 흐른다. 초원과 나무를 가로질러 센 강은 더욱 속도를 낸다. 우리 조상들의 자연주의적 종교들에서 성소들이 센 강에 기인하는 것을 알고 있기나 한 것처럼"(116~117쪽).

비달은 수원(水源)을 좋아했지만, 강의 망(網)은 감정적 주제 이상의 것이었다. 그것은 비달 지리학이 가장 잘 구현되는 곳이다. 그것은 자연지리(토지구조의 영향, 그리고 부드럽고 단단한 층들의 상이한 침식의 영향을 밝혀주는)와 인문지리(거주지와 교역의 분포를 결정하는 데 핵심요소인)의 바로 교차점에 위치하고 있다. 비달은 아르덴의 묘사에서

33) 부르고뉴에서 물이 분출하는 샘을 일컫는 말.

이런 점을 보여주고 있다. "이런 형태의 강의 에너지는 숙고해볼 필요가 있다. 왜냐하면 강의 에너지에 따라 경작지의 입지와 협소한 유역에 있는 인간 정주지의 입지가 결정되기 때문이다"(66쪽). 종종 강의 망은 비달이 어떤 지역을 설명하는 틀로 이용되기도 한다. 파리 분지가 이런 경우에 해당한다. 파리 분지를 서술한 부분의 제3장 제목은 〈파리에서 거슬러 올라가는 파리 분지〉다. 그다음 장은 다음 문장으로 시작된다. "강의 흐름을 따라가면 파리가 성장한 지역에 도달한다." 비달은 18세기에 필리프 뷔아쉬가 발전시킨 분지 이론을 거부했지만, 그는 여전히 강 유역에 사로잡혀 있었고 심지어 매혹되었다.

비달은 프랑스의 모든 강들을 '기념'했지만, 루아르 강만큼 사랑과 존경으로 그렇게 한 강은 없다. 그의 글을 보면 그가 루아르 강가를 따라 멀리까지 걸어갔음을 잘 느낄 수 있다. 그는 구불하게 흐르는 그 강의 모든 굴곡을 잘 보고 또 잘 묘사하는 수완을 보여주고 있다. 지질 제3기에 지구구조의 변형으로 루아르 강은 북쪽으로 향하던 코스에서 벗어나 서쪽으로 흘렀고, 이어서 결코 동쪽으로는 아니지만 북쪽으로 흘렀다. 그리고 마침내 최근의 지질시대에 크게 선회했고, 그 결과 이전에 연결되어 있던 파리 분지와 단절되었다. 여기서 비달은 "센 강의 지류와 루아르 강의 지류가 서서히 분리된" 이야기를 한다. 이 이야기에서 그는 "서부·남부의 영향력이 북부의 영향력과 경쟁한다"(152쪽)고 유추하고 있다. 그는 이것을 중요한 문제로 보았다. 즉 그는 이것이 지리의 역사와 인민·국가의 역사가 만나는 매듭지점에 있는 복잡한 문제이며, 국가의 통일을 위해서 극복되어야 할 난관으로 보았다. 그는 거듭해서 이 문제를 다루고 있다. 왜냐하면 이 문제는 유명한 프랑스 남부와 북부의 연결과 연관되어 있기 때문이다. 《프랑스의 지리적 모습》에서 프랑스 서부를 피상적으로 다루고 있는 것은 이러한 루아르 강의 코스라는 문제와 무관하지 않을 것이다. 혹자는 비달이 그의 프랑스 '읽기'에서 처음부터 끝까지 분석하지 못했기 때문에 프랑스 서부를 피상적으로 다루었다고 말할지 모른다.

프랑스, 아니 오히려 프랑스의 지표면은, 이처럼 물의 작용의 결과다. 왜냐하면 지형이 다양하고 지리적 역사가 복잡하기 때문에, 침식으로 고도에 따라 심지어 동일 고도에서도 대조적인 성격의 지역들이 생겨났고, 그래서 여러 유형의 경작이 행해지고 보완성이 생겨나고 교환과 생활에 물질적 기반을 제공하였기 때문이다. 비달은 계곡의 비탈에 자리 잡고 있고, 불투과성 지층의 높이로부터 솟아나오는 샘에 가까이 있는 마을들의 존재 여부를 아주 강조했다. 노르망디를 다루면서, 그는 "바로 계곡 때문에 노르망디가 산업화되었다"(175쪽) 고 쓰고 있다. "경사지에는 샘이 솟는 곳도 없고, 중간에 마을의 설립을 용이하게 할 수 있는 지표 기복의 변화도 없다. 그래서 계곡들과 고원들은 거의 고립되어 있다"(176쪽). 그러므로 계곡을 따라서 새로 이주한 혁신자인 노르만인들과 그 이전부터 계곡들에 살았던 보수적인 사람들 사이에 사회적 분열이 생겼다. 그는 "노르망디만큼 내적 영향과 외적 영향 사이의 반목이 현저한 곳은 없다"고 쓰고 있다. "바다를 벗어나자마자 전망이 달라진다"(179쪽). 코(Caux) 지방은 노르망디의 나머지 지역과 다르며, "농민들은 그런 점을 알고 있다"(174쪽). 코 지방 사람들은 계곡들에서 이방인들이다. 이것은 강의 망의 위치·조직·영향을 생활양식과 연관시킨 조밀한 분석의 좋은 예이다.

지역분석과 관련해서 위에서 서술한 비달의 접근방법의 한 가지 중요한 결과는《프랑스의 지리적 모습》이 근본적으로 향토들(*pays*)로 구성된 프랑스, 달리 말하면 농촌적인 프랑스를 묘사한 것이라는 점이다. 더 정확하게 말하자면, 그 책은 이러한 농촌적인 프랑스의 생활과 그 풍경을 묘사한 것이다.34) 비달의 설명에서 물이 중요시되고 있지

34) 지리학자가 볼 때 풍경은 자연적 자료와 인문적 자료의 종합이다. 아셰트 출판사에서 *La France. Tableau géographique*라는 제목으로 출판한 1908년의 호화장정판에는 이 책의 풍부한 사진에 대한 안내글이 실려 있다. "풍경은 변화하는 시대와 모습의 요소들을 복잡하게 종합하는 것이다." 실려 있는 사진들은

만, 그는 산림과 동물군도 상세하게 다루었다. 이와는 대조적으로 농업생산은 피상적으로 다루어지고 있으며, 밀과 포도주 수확량을 나열한 교과서와는 거리가 멀다(《프랑스의 지리적 모습》에서 통계는 아주 드물다). 예컨대 투렌 지방을 묘사할 때처럼 비달이 포도주에 대해 언급하고 있는 것은 "포도재배자의 즐거운 생활과 이들에 비교해서 가틴(Gâtines)과 고원 지대의 가련한 사람들"(168쪽)을 언급하려는 것이다. 언제나 대조적인 묘사가 등장한다.

앞에서 지적했듯이 《프랑스의 지리적 모습》에서 도시에는 별 관심이 기울여지지 않고 있다. 파리와 리옹에 대해서는 기본적인 분석을 한다. 릴, 마르세유, 낭트, 툴루즈, 클레르몽페랑, 루앙 등에 대해서는 이런 도시들의 입지와 탄생조건에 대해서 몇 줄 언급하는 것으로 그치고 있다. 재정과 상업의 국제중심지로서 리옹의 역할을 언급하고 있기는 하지만, 그의 결론은 이 도시의 생활에서 "중요한 역할은 알프스 산맥에 속하는 것"(255쪽)이라는 것이다. 파리조차도 "오늘날과 마찬가지로 과거에도 내륙도시"(143쪽)였다. 비달의 유일한 관심은 도시와 그 인근지역과의 관계다.

잘 알려져 있고 앞에서 지적한 것과는 상이한 《프랑스의 지리적 모습》의 또 다른 특징은 산업활동을 별로 언급하지 않고 있다는 것이다. 《프랑스의 지리적 모습》 최근 판의 서문에서, 폴 클라발은 1894년에 라비스가 비달에게 부과한 과제에 아주 충실했기 때문에 이런 일이 발생했다고 지적했다. 라비스가 비달에게 부과한 과제란 《프랑스사》(원래 계획에서 이 책은 혁명으로 끝나게 되어 있었다)의 서설을 쓰는 것이었다. 비달은 그의 역사가 동료들의 영역을 침해하지 않으려고 했던

그 지리학자의 풍경에 대한 인식의 성격을 보여주고 있다. "철학적으로 연구하는 것의 즐거움은 보는 것의 즐거움과 뒤섞여 있다. 교육받은 사람의 눈은, 여행객 심지어 예술가에게도 중요하지 않거나 범용한 것으로 보일 수 있는 풍경에서 흥미로운 점을 간파할 수 있다." 그러나 사진은 "자연을 염탐할 줄 아는 사람들에 의해 지리에 대한 정신을 가지고 찍혀야 한다".

것 같다. 이는 사실이다.

경제지리학, 도시지리학, 정치지리학이 발전하지 않았던 것은 사실이다. 제1차 세계대전 이후에야 비달의 제자들, 특히 알베르 드망종[35]의 연구 덕택에 이런 지리학들이 발전했다. 그리고 최근에야 사회계급의 대립과 자유경제의 법칙들이 지역과 국가의 생활에서 소위 자연적 사실들보다 훨씬 중요한 역할을 한다고 인식하기 시작한 것도 사실이다.[36] 그렇지만 비달은 심지어 산업혁명을 손대지 않으면서도, 프랑스의 전경을 형성하는 데도 기여한 시장·무역로·광산·왕정의 대규모 공공사업(도로, 운하, 항만 등)을 자세하게 다룰 수 있었다. 게다가 그는 로마 시대의 도로들에 대해 종종 언급하고 있다. 따라서 그 책에 경제와 도시의 연구에 약점이 있는 것은, 이 책이 라비스 총서의 한 권이라는 점 못지않게 저자인 비달의 개인적 선택 때문이었다고 할 수 있다.

비달은 근대산업에 대한 자신의 느낌을 드러내는 경우가 있다. 보주 산맥 계곡에 원래 거주했던 사람들의 후손들에 대해 그는 다음과 같이 쓰고 있다. "근대산업의 가공할 힘과 일반적으로 이러한 근대산업이 초래한 것으로 보이는 관습이, 이러한 흩어져 있는 생존자들에게 최후의 일격을 가했을 것이다"(193쪽). 보주 산맥에 대해 다음과 같이도 쓰고 있다. "예전에는 광산이 중요했기 때문에 그곳에 인위적인 식민화가 이루어져 외부에서 잡다한 사람들이 들어왔다"(196쪽). 이처럼 산업화에 관한 한, 특정 시기에 토지의 잠재력 개발에 기인하

---

35) 알베르 드망종(Albert Demangeon)은 전적으로 비탈의 이론을 추종한, 피카르디에 대한 1905년의 논문 이후에 상당히 진전하였다. 그는 15장에서 "인간의 정착, 가옥, 촌락, 대촌락, 도시"를 차례로 검토하고 있다. 저지 브르타뉴 지방에 관한 카미유 발로(Camille Vallaux)의 1906년의 논문은 이미 변화가 시작되었음을 보여주고 있다. 이 논문의 11장 제목은 〈도시, 도로, 무역〉이다. 그러나 발로는 훗날 자신의 입장을 바꾸었다.

36) Michel Denis, "La géographie et les origines des déséquilibres régionaux en France", *La Pensée géographique française contemporaine (Mélanges offerts à André Meynier)*, Saint-Brieuc, Presses Universitaires de Bretagne, 1972, pp. 683~691을 참조할 것.

는 인구변동은 비달 자신이 이끌어낸 "법칙들"을 더 이상 따르지 않았다. 즉 인구변동은 인위적인 것이 된다. 비달의 이러한 적대감은 산업에 국한되지 않고, 농업생활을 포함한 모든 생산활동에 확대된다. 마시프 상트랄[37]의 밤나무 숲에 대해 말하면서 그는 인간을 "산림파괴의 주범"(281쪽)으로 규정했고, "지나친 경작과 방목으로 인한 파괴"(281쪽)의 책임이 인간에게 있다고 비판했다. 이런 언급들은 그가 프랑스를 "심원하게 인간화되었지만 문명화로 인해 천박해지지 않은 나라"(4쪽)로 묘사하겠다는 그 책의 서문에 나오는 구상을 이해할 수 있게 해준다.

비달이 심지어 농업에, 그리고 먼 옛날부터 지금까지 계속되며 교환의 원천이기도 한 광업에 진정으로 관심을 기울이지 않았다면, 《프랑스의 지리적 모습》의 진정한 요지는 무엇인가? 그것은 "생활양식"이라는 개념으로 요약될 수 있다. 이 개념은 비달이 고안한 것이 아니지만, 그는 이미 1880년의 저서인 《마르코 폴로》에서 이 개념을 사용했다. 그 후에 뤼시앵 페브르가 그 개념의 이론을 제시하려고 했다.[38]

페브르는 경제가 그 개념에서 중요한 역할을 한다고 보았지만, 비달은 그렇지 않았다. 비달의 책에서 생활양식은 인간이 어떤 곳에 정주하는 방식, 그들의 주거형태, 주택양식에 의해 표현되며, 이 모든 것은 토질의 성격이 직접적으로 반영된 것으로 이해된다. 비달의 흑백지도들은 기본적으로 상이한 유형의 거주분포와 관련된 것이다. 이런 면에서 비달의 그 책은 사회학에 가깝다.[39] 그리고 그는 생활양식이라는 그의 개념을 정교화하기 위해, 《프랑스의 지리적 모습》을 집필하면서 민족학에 많은 관심을 가졌다. 그래서 그는 예컨대 가옥들이 보

37) 〔역주〕 프랑스의 중앙 산악지역.

38) Lucien Febvre, *La Terre et l'évolution humaine*, 1922, rééd., Paris, Albin Michel, 1970, IIIe partie.

39) 비달의 다음 논문들을 참고할 것. "Les conditions géographiques des faits sociaux", *Annales de géographie*, 11, 1902 ; "Rapports de la sociologie avec la géographie", *Revue internationale de sociologie*, 12, mai 1904.

다 밀집해 있는 곳에 사는 촌락민과 보다 고립되어 있는 곳에 사는 농민을 대조하기를 좋아했다. "로렌, 부르고뉴, 샹파뉴, 피카르디에서 농촌의 주민들은 대체로 촌락민이다. 서부에서 그들은 농민이다"(311쪽). 특히 그는 토양-경작-점유-집-심리적 특징이라는 일련의 인과적 연쇄를 강조한다. 그리고 그는 이런 일련의 연쇄가 절대적 필연성에 기인하는 것이 아니며, 특별한 세부적인 면에서 상이할 수 있다(세부적인 면에서는 상이할지라도, 이 경우에도 일련의 연쇄는 존속한다)는 점을 상기시키고 있다. 르플레 —《프랑스의 지리적 모습》에 인용되고 있는— 가 창설한 사회경제협회에서의 1904년 강연[40]에서, 지리학자는 지속적인 것과 변화하는 것을 구분하는 데 도움을 주어야 하며, 프랑스 토양에서 비롯된 "사상, 기억, 인상을 가지고 그 토양에 전념하는 사람들"을 안심시켜야 한다고 그는 설명했다.

비달은 "인문지리에서의 생활양식"이라는 논문을 썼다. 이 논문은 1911년에 발표된 것이지만 처음부터 끝까지 《프랑스의 지리적 모습》을 반영하고 있다. 핵심구절은 다음과 같다. "따라서 농업은 우리에게 한 가지 방식, 즉 인간이 토양에 뿌리박고 그것에 흔적을 남기는 그런 방식을 보여준다. 이것이 '아인뷔르첼룽'(*Einwürzelung*), 즉 자신을 지구의 한 부분에 합체시키는 것으로서, 페쉘과 라첼이 아주 상세하게 설명한 것이다. 농촌 영역의 지속성은 옛 지도들의 연구를 통해 프랑스에서 관찰될 수 있는 사실이다."[41] 그러나 이 주장의 균형을 잡기 위해 그는 즉시 다음과 같은 말을 덧붙이고 있다. "그러나 진화의 법칙이 모든 것을 지배하며, 심지어 아주 굳건히 확립된 것처럼 보이는 판단과 금언도 문제 삼을 수 있다." 분명히 비달의 경우 다른 점에서처럼 이 점에서도 '이의제기'는 연구에 핵심적 원칙이라기보다는 가설적인 것이다. 그는 지나치게 결정론적인 주장을 항상 수정해야만 했

40) "Les pays de France" paru dans *La Réforme sociale* des 1er-16 semtembre 1904.

41) *Annales de géographie*, 20, 1911, p. 297.

다. 왜냐하면 그는 지리학에 있어서의 결정론 문제를 진정으로 만족스럽게 해결하지 못했으며, 부적절하고 위험하다는 점을 잘 알고 있으면서도 19세기 개념들에 여전히 의존하였기 때문이다. 《동부 프랑스》(1917)와 그의 사위인 마르톤이 1922년에 출판한 《인문지리학의 원리》 등 1910년부터 사망할 때까지 쓴 저서들은 《프랑스의 지리적 모습》과 같은 시기에 쓴 저작들보다 라첼의 환경결정론에 더 분명하게 거리를 두었다.

비달은 지역생활을 상세하게 묘사했고, 그럼으로써 주민들이 자신의 향토에 대해 갖는 심리상태에 세심한 관심을 갖게 되었다. 그는 주민들이 붙인 지명[42]과 경관의 유형을 아주 중시하였다. 그는 그런 것들을 지적할 기회를 결코 놓치지 않았으며, 이탤릭체를 사용하여 그것들을 강조하였다. 그런 예를 살펴보자. "지리학자가 '**포실**'(Faucilles)이라고 부르고 농민들이 '**보주**'(Vôges)라고 부르는 지역에서 〔…〕"(237쪽), "일반인들이 '**보카주**'(Bocage)[43]라는 부르는 명칭으로 표현했던 특징들 〔…〕"(307쪽). 그는 토지와 그 주민들 사이의 밀접한 관계에서 비롯되지 않은 명칭들도 지적하고 있다. "마시프 상트랄, 이 용어는 대부분의 총칭적 용어들이 그러하듯이 학자들이 만들어 낸 것이다"(276쪽).

주민들이 자신들의 생활터전에 대해 갖는 의식에 대한 현대적 관심도 그 책의 매력 중 하나다. 비달은 민중이 붙인 명칭에 관심을 기울였지만, 꿈과 신화의 세계의 원천이 되는 민중의 상상세계에 더 관심을 기울였다. 그는 심지어 이데올로기 형성의 메커니즘이라는 접근방

42) 그의 친구이자 협력자인 뤼시앵 갈루아(Lucien Gallois)는 1908년에 다음과 같은 중요한 저작을 출판하였다. *Régions naturelles et noms de pays*. 비달은 이 책의 서평을 *Journal des Savants* (septembre-octobre 1909)에 실었다.

43) 〔역주〕 노르망디와 앙주 등의 프랑스 서부지방에서 전형적으로 나타나는 농가형태로서, 경지 가운데 농가가 위치해 있고 경지 주위를 다시 나무들이 에워싸고 있는 특이한 농가형태.

TYPES D'ÉTABLISSEMENTS ANCIENS

LE ROCHER DES EYZIES (VALLÉE DE LA VÉZÈRE).
Falaise de calcaire creusée de cavernes — entre autres celle de Cro-Magnon — qu'habitèrent les hommes primitifs. Le village moderne est installé au pied. (Cf. p. 369). Cl. Boulanger.

MONACO.
La péninsule rocheuse, abritant un port et facile à défendre vers la terre, est un type d'établissement phénicien. Là était un sanctuaire de Melkhart, que les Grecs remplacèrent par un sanctuaire d'Héraclès « Monœcos » (qui habite seul), d'où le nom de la ville.
Cl. Neurdein.

2. 폴 비달 드라블라슈, 《프랑스의 지리적 모습》, 1903. 고대 정주지의 유형:
에지에의 바위와 모나코.

BEAUCE ET BRIE

UNE COUR DE FERME.

Tableau de N. Lépicie, vers 1784. Type d'une ferme de Brie. Cour grouillante d'animaux et de gens, où se concentre la vie de la ferme. En arrière, un bouquet d'arbres. Cf. p. 126 et t. VIII, *2, pl. 22.* Cl. Lévy.

LA MOISSON EN BEAUCE.

Plaine uniforme dont le sol est fait de calcaire lacustre, recouvert de limon. Au fond, une ferme avec un bouquet d'arbres. Les nombreuses meules de blé témoignent de la richesse des moissons. Cl. Neurdein.

3. 보스와 브리 : 농가의 안뜰과 보스에서의 수확.

LE JURA

PATURAGE DU HAUT JURA.

Vers 1.200 mètres d'altitude, on trouve généralement des surfaces herbeuses, bossuées de roches calcaires, et parsemées de sapins ; elles portent le nom de prés-bois, et alimentent de nombreux troupeaux.

Cl. Hitier.

UN PLI DE CALCAIRE JURASSIQUE.

Le « Chapeau de gendarme » sur la route de Saint-Claude à Septmoncel. L'érosion a mis à nu la tranche des assises plissées en forme d'anticlinal, lors de la surrection du Jura.

Cl. Boulanger.

4. 르쥐라 : 르쥐라 고지대의 방목장과 석회암 지대에 있는 습곡.

식(이런 용어를 사용하고 있지는 않지만)에 착수하기도 했다. 다음 문장은 그 좋은 예이다. “이전에 우리 민중의 지리적 어휘는 제한되어 있었다. 이러한 지리적 어휘는 상인들과 순례자들이 반복해서 부른 명칭들로 구성되었다. 〔…〕 이것은 외부세계에 짙게 드리운 어둠 속의 한 줄기 빛이다. 전설은 이런 민중지리학에 의존한다. 전설은 어떤 대상이나 건축물에 대한 기억에 형체를 부여하였다. 그리고 도로가 관통하는 모든 지역에는 성소의 명성도 마찬가지로 관통하였다. 〔…〕 사고방식이 이러하였기 때문에 수많은 순례자들이 성소의 혜택을 누리려고 먼 곳에서 오는 것은 놀라운 일이 아니다. 이러한 것이 오랫동안 투르, 그리고 생마르탱 대성당이 명성을 떨친 이유였다. 생마르탱 대성당은 가장 신성한 곳이다. 이 성당의 신성함은 그 제단에서 서약한 협정에 전달되었다. 그래서 숭배되는 성소를 소유하는 것은 부러운 일이었다. 따라서 투르를 비롯하여 민중의 상상력이 유지되고 있는 곳을 지배한 자는 그렇지 않은 사람들보다 우위에 설 수 있었다. 랭스에서처럼, 그리고 필리프 존엄왕이 아주 능숙하게 왕령지로 편입시킨 몽셸미셸에서처럼, 투르에는 정치권력의 도구로 쉽게 변형될 수 있는 이러한 여론의 힘이 있었다. 골족의 옛 영토에서 가장 신성하게 여겨졌던 기억이, 당시 ‘프랑스의 왕’이라는 말이 불러일으킨 관념 속으로 들어갔다”(169~170쪽).

기독교를 다루고 있는 이 구절이 골을 언급하는 것으로 끝나는 것은 우연이 아니다. 기독교 이전 시대의 종교예식에 대한 암시가 여기저기서 등장하는 것을 이미 살펴보았다. 비달의 이 책은 이런 암시로 가득 차 있다. 예를 들면 퓌드돔에 대해서 비달은 다음과 같이 쓰고 있다. “이 지방 꼭대기는 옛 골의 성소로서, 잘 알려지고 유명한 곳 가운데 한 곳이었다. 그런 곳에서는 상상력이 전 지역에 대한 생각을 요약한다”(299쪽). 그러나 이런 점이 가장 명확하게 나타나는 곳은 브르타뉴다. “집회(이런 집회에서 사람들은 자기 향토에 대한 의식에 주기적으로 다시 빠져들었던 것 같다)의 장소로 선택된 곳은 가장 아름다운 곳이 아니라 고지에 있는 샘, 바위, 고립된 암괴, 광야였다. 시간이 천천히 흐르는 이런 곳에서 사람들은 무의식적으로 옛 종교예식으로 되돌아가고 그들의 옛 신으로 돌아갔다"(333쪽). 이 놀라운 구절에서 비달은 브르타뉴 순례제의 기독교적 성격을 단호하게 무시했다. 비달의 제자인 카밀 발로도 1906년에 심사받은 브르타뉴 저지(低地)에 관한 학위논문에서[44] 아르모리크의 이교에 세심한 주의를 기울였다. 하지만 발로는 가톨릭의 역할을 과소평가하지는 않았다. 비달은 지방생활에 뿌리를 두고 있는 것으로 본 수도원에 대해서는 적대적이 아니었지만, 가톨릭에 대해서는 다소 적대적이었다. 그는 파리 분지의 북쪽에서 플랑드르로 "기독교의 선전"이 확대된 것에 대해 말하고 있지 않은가? 《프랑스의 지리적 모습》에 자주 나오는 옛 종교예식에 대한 이러한 언급은 비달의 열렬한 자연주의에 중요하다. 이것이 비달의 명저를 미슐레의 명저와 연결시키는 특징이다. 즉 두 저서 모두 국가의 특성을 탐구하고 있다. 그러나 바쁜 여행가(밤에도 종종 여행했다)인 미슐레는 프랑스의 신성함을 찬양하기 위해 아주 대국적으로 국가의 특성이 갖는 의미를 전달하려고 하였다. 반면에 비달은 세심한 분석가의 태도를 견지하여 토양과 그 주민에서 비롯된 수많은 메시지를 받아들였고, 기꺼이 이런 메시지를 전달하였다. 쥘리앵 그락은 비달을 염두에 두고 다음과 같이 서술하였을 것이다. "모든 장엄한 풍경은 걸어 다녀야 얻을 수 있는 것이다. 즉 그러한 풍경이 전하는 열광은 여정의 도취다."[45]

예컨대 조르주 상드 같은 작가들이 지리학에 공헌할 수 있었지만, 《프랑스의 지리적 모습》은 오히려 작가와 예술가의 전유물인 자연에 대한 감수성의 영역으로 과감하게 들어간 완숙한 한 지리학자의 유일한 경우를 보여주고 있다. 그 누가 《프랑스의 지리적 모습》이 모리스

44) Camille Vallaux, *La Basse Bretagne, étude de géographie humaine* (1906). 당시 발로는 해군학교(École navale)의 교수였다.

45) Julien Graq, *En lisant, en écrivant*, Paris, José Corti, 1981, p. 87. 쥘리앵 그락(Juien Graq)은 역사학 및 지리학 교수였음을 상기할 필요가 있다.

주네부아, 장 지오노, 《뱀》을 쓴 마르셀 에메 같은 작가들에 어떤 식으로든 영향을 끼치지 않았다고 말할 수 있겠는가?

아름다운 샘과 맑은 강에 대한 비달의 찬가는 바로 자연주의의 영역에서 그 진정한 의미를 갖는다. 따라서 우리는 《프랑스의 지리적 모습》이 생산활동과 심지어 과거의 경제생활을 별로 강조하지 않은 이유를 이해할 수 있다. 경제생활은 시간의 리듬에 맞추어 전개되지만, 비달은 영원한 것에 빠져들었던 것이다.

우리는 《프랑스의 지리적 모습》의 내적 풍요로움이 갖는 의미를 파악하려고 했다. 그리고 토양과 그 주민 사이의 관계가 갖는 의미, 어떤 장소와 그 주민(그 장소에 살고 또 그 장소에 이름을 부여한)의 관계를 날카롭게 묘사한 것의 의미를 파악하려고 했다. 이제 그 책에서 프랑스에 대한 어떤 전체적인 개념이 나오는가를 종합적으로 검토해야만 한다.

우선, 프랑스란 무엇인가? 이것은 "어떻게 지리적 실체가 조국, 그리고 국가가 되었는가?"라는 앞에서 언급한 문제를 다시 제기하는 것이다. 비달은 이 질문에 전체적이고 포괄적인 대답을 하지 않고 있다. 그러나 그는 지역연구를 함으로써 정치적 통일체의 형성이라는 문제를 제한된 지역의 범위에서 논의할 기회를 가질 수 있었다. 부르고뉴는 "상당히 정치적인 지방"(245쪽)이다. 그러나 부르고뉴는 "이곳에서 전개된 관계들의 범위에 상응하는 영토적 기반이 항상 부족했다. 부르고뉴의 입지는 확장하고 강력해지려는 끝없는 욕망을 고취하기에 적절하였다. 〔…〕 그러나 부르고뉴에 권력기반을 마련하려는 세력에게 그것의 지리적 구조에는 근원적인 약점이 있다"(246쪽). 수많은 이러한 분석들을 통해 지정학이 묘사되고 있다. 이러한 지정학은 분명 개방되어 있지만 지리적 조건 때문에 권력의 소재지가 고정되어 있는 곳에서 어떻게 정치조직이 형성될 수 있었는가를 탐구하려는 것이다.

그 어떤 지역이나 향토도 지속적인 정치적 구성을 이룩하지 못했다. 그런데도 어떻게 해서 각 지역과 향토의 총체인 프랑스가 필요한 조건들을 결국 충족시킬 수 있었는가를 설명해야만 한다. 따라서 그 저서 전체에서 일종의 길잡이 역할을 하고 있는 루아르 강의 문제로 되돌아가야 한다. 왜냐하면 비달에 있어서 중요한 점은, 루아르 강 유역에서, 일단 루아르 강이 최종적으로 서쪽으로 향하게 되자 노르망디의 매력은 그 강의 남쪽에 있는 통과 지역, 즉 푸아투라는 유명한 입구를 압도하지 못했다는 사실이기 때문이다. "파리와 오를레앙 사이에서 두 강이 가까워져 두 강이 연결된다. 이렇게 두 강이 연결됨으로써 프랑스 중부 지방과 남부 지방에서 뻗어 나온 도로들이 파리로 향하게 되었다(물론 이런 결과를 초래하게 된 데에는 인간의 노력도 뒤따랐다). 다른 그 어떤 것도 파리를 '남부화'하는 데 더 공헌하지 않았다"(149쪽). 나중에 그는 다음과 같이 덧붙이고 있다. "오를레앙은 다양한 관계가 이루어지는 교차로다. 따라서 역사적으로 볼 때 오를레앙은 프랑스 영토의 핵심 중의 하나다"(162쪽). 따라서 왕권이 오를레앙을 장악하게 되자, "파리는 그때부터 돌이킬 수 없게 프랑스의 남부와 연결되었다"(163쪽). 따라서 루아르 강의 물길은 국가가 탄생한 북부와 문명의 요람인 남부라는 "프랑스의 두 주요부분을 오랜 세월에 걸쳐 연결한"(236쪽) 다양한 지리적 유대를 결집시켰다. 이러한 요충지에 투렌이 놓여 있었으며, 따라서 투렌을 분석하면 프랑스의 진수를 알 수 있다.

그러나 비달은 일정 지역의 자연적 특성들이 프랑스를 프랑스로 만들었는가라는 문제에 답하지 않았다고 할 수 있다. 그는 답할 수 없었을까? 아니면 답할 의도가 없었을까? 나는 후자의 가정이 맞는다고 생각한다(물론 그는 결코 이렇게 노골적으로 그 문제를 제기하지 않았지만). 그 문제는 복잡한 문제다. 많은 19세기 학자들이 과학적인 해답을 제시하려고 했으며, 그들 중에는 성공했다고 믿는 사람들도 있었다. 그러나 근본적으로 그 문제는 형이상학적인 것이며, 비달은 형이상학자가 아니었다.

게다가 그 문제에 답하기 위해서는 사회적·정치적 자료에 의존해야만 했을 것이며, 그렇게 해서 왜 지리적 요소들이 필연적이지 않음을 충분히 입증해야만 했을 것이다. 그러나 98쪽이 되어서야 프랑스 왕정이 간략하게 언급되고 있다. 왕정은 그 책 전편을 통하여 그리 눈에 띄지 않는다. 비달이 왕정에 대해 별로 언급하지 않은 것은 그가 역사가들을 대신하여 말하려 하지 않았기 때문이 아닌 것 같다. 왜냐하면 파리 주변의 광대한 산림을 논의하면서, 마치 그가 1767년에서 1807년에 걸쳐 구상되고 그려진 《국왕의 사냥 지도》라는 화려한 저서를 무시할 수 있는 것처럼, 그 산림은 "사냥과 영주들의 생활을 위해서 보존된 것이다"(128쪽)라고 언급하고 있기 때문이다. 그리고 루아르 강 유역 지방에 대해서 "영주와 군주의 생활이 성을 탄생시켰다"고 말하고 있다. 따라서 비달은 독특하게도 글을 쓸 때 "왕권"이나 "왕정"이라는 단어를 잘 사용하지 않는 성향이 있었다고 생각해야만 한다. 비달이 역사적 언급을 하고 있는 것은 이상의 것만이 아니다. 그는 수많은 구절에서 고지대에 축조된 볼썽사나운 봉건적 성과 대성당을 묘사하고 있다. 이런 성과 대성당은 지방생활을 지배하였지만, 다른 한편으로 지방생활과 단절된 건축물이었다. "다섯 개의 강(江)들이, 그 꼭대기에 부르주 대성당이 서 있는 나지막한 언덕의 기슭에서 서로 만난다. 이 언덕은 그 강들의 늪지와 무각호로 거의 둘러싸여 있다"(156쪽) (비달은 괴어 있는 물을 아주 싫어했다). 더 분명한 예는 알프스 산맥에서 정치조직을 결성하려는 시도에 대한 다음과 같은 언급이다. "위리처럼 주요통로들 가운데 하나를 지배한 브리앙송인(人)만이 정치조직의 결성에 근접하였다"(265쪽). 그러나 "궁극적으로 승리한 것은 봉건적 요새 즉 성이었다. 이러한 성은 오늘날에도 볼 수 있는 것으로서, 일부는 그대로 서 있고 일부는 폐허가 되었다. 그러한 성은 바위 위에 축조되어 있으며, 길을 막고 있다"(265쪽). 통로, 즉 비달의 이론에 따르면 접속점(비달이 자신의 《인문지리학의 원리》에서 서술하고 있는 것처럼)이 되기에 유리한 지점이 있다. 그러나 봉건적 성이 길을 막았다. 모든 문제가 여기에 있다.

따라서 왕정은 비달의 저서에 거의 등장하지 않는다. 봉건적 성들과 대성당들이 경관을 지배하지만, 경관을 풍요롭게 하지는 않았다. 옛날이든 보다 최근이든 정치와 군사 문제는 "실제 생활"을 초월해 있고, 사실상 "실제 생활" 밖에 있다. 그렇다면 "실제 생활"은 어디에 있는가? 그것은 농촌주민들에 있다. 이들에게서 "우리의 국가적 존재를 준비한 각 지방의 기풍(*genius loci*)"이 구체화되었다. 이러한 기풍은 "지역적 차이를 초월하는 것이 아니다"(51쪽).

이러한 기풍은 19세기의 목적론적 도식을 따르고 있는 것으로 보일 수 있고, 만능해결책으로 보일 수도 있다. 그러나 비달이 말하는 그러한 기풍은 사실 정반대의 의미를 가지고 있다. 비달(그리고 그의 동시대인들)은 프랑스에 대한 모든 "과학적인 설명"의 추구를 거부하였다. 다시 말하면 비달은, 사물에 함축되어 있고, 세월이 흐름에 따라 프랑스가 어떻게 달리 되지 못하고 오늘날의 프랑스가 될 수밖에 없었음을 입증해주는 필수적 원리를 발견하려는 시도를 거부하였던 것이다.

따라서 비달은 프랑스 전체에서 어떤 지역이 차지하는 위치를 정하려는, 얼핏 보면 놀라운 관점을 제시했다. 그는 노르망디에 대해서 다음과 같이 쓰고 있다. "새로운 지역이 북부 프랑스에 덧붙여졌다. 이러한 활기찬 새로운 형성이 기존의 지역구분에 중첩되었다. 그렇지만 기존의 지역구분들은 파괴되지 않았다"(181쪽). 알프스의 계곡들에 대해서는 다음과 같이 쓰고 있다. "그 계곡들은 아무리 적어 보여도 프랑스 외형에 한 가지 특징을 덧붙이고 있다"(266쪽). 그리고 남부 프랑스에 대해서는 다음과 같이 서술하고 있다. "남부 프랑스는 앞으로 더 연구되어야 할 지방이다. 이 지역들은 많은 다양한 요소들을 프랑스의 전반적인 모습에 덧붙였다"(339쪽). 중첩되고 덧붙여지는 것 외에 그 어떤 것도 필요 없었다. 그러나 이렇게 중첩되고 덧붙여짐으로써 증가된 것 때문에 프랑스의 핵심인 북부 지방과 루아르 강 유역 지방이 풍요로워졌다.

증가의 개념, 중첩되고 덧붙여지는 것의 개념은 비달에게 소중한 것이다. 그의 책에는 이런 개념이 종종 등장한다. 예를 들면 부르고뉴에 대한 다음과 같은 설명에 훌륭하게 표현되어 있다. "어떻게 코트도르가 부르고뉴의 특징이 드러나는 발광지점이 되었는가를 이해할 수 있다. 코트도르에는 평범한 번영 이상의 것이 있었다. 즉 지역적 특징이 만개하기 위해 필요한 어떤 여분이 있었다"(242쪽). 비달은 그 책의 다른 곳에서보다 "필요한 어떤 여분"이라는 표현에서 환경결정론에 대한 자신의 최종견해를 잘 표현하고 있다. 비달은 후함이 아주 잘 드러나는 생활을, 자유를 낳는 너그러움이 드러나는 생활을 높이 평가했다. 자유와 지역환경의 관계에 관해서 비달은 미슐레를 계승하고 있다. 그러나 실은 미슐레를 넘어서고 있다.

비달은 왕정, 봉건제, 도시생활, 심지어 경제생활을 최소화하거나 과소평가했다. 이런 분야들은 외부에서 비롯된 원리들에 의해 그 방향이 결정되고 나아가고 지배되기 때문이다. 그런데 비달은 토지와 그 주민들 사이의 긴밀하고 국지적인 관계를 강요하거나 변형시키는 그 모든 것을 거부했다. 그리고 그는 프랑스를 만든 자유로운 결집에 순서나 위계를 부여하는 그 어떤 것도 거부했다(이 점에서 역사가 프랑스의 건설에 대해 가르친 것을 무시했다). 근본적으로 비달은 일반화를 싫어했다. 그는 어느 부분에서 딱 멈추는 것도 싫어했다. 바로 이런 이유 때문에 국경지역에 대한 그의 분석들 가운데 그 어떤 것도 국경이 어떻게 정해졌는가를 설명하지 않고 있음을 잘 살펴보면 알 수 있다.

이제 그가 처음에 선언한 다음과 같은 프랑스 찬가를 이해할 수 있다. "노인들은 '땅의 재화'라는 표현을 즐겨 사용한다. 그런데 그들에게는 '땅의 재화'가 풍부하다는 것은 프랑스라는 이름과 동일한 것이다. 독일인에게 독일은 무엇보다도 민족적 개념이다. 프랑스인이 프랑스에서 지각하는 것은, 그가 프랑스를 떠나 멀리 있을 때 느끼는 애석함이 입증하듯이, 좋은 땅 그리고 이런 좋은 땅에 사는 즐거움이다. 프랑스인에 있어서 프랑스는 훌륭한 나라, 즉 생활에 대한 그들의 본능적 이상과 긴밀하게 연결되어 있는 나라이다"(50쪽). 이런 서술은 보다 웅변적인 자연주의 선언이 아닌가?

그렇지만 결국 이 선언이 의미하는 것은 무엇인가? 이 선언은 국가란 함께 살려는 그 주민들의 의지의 산물이라는, 프랑스혁명에서 비롯된 이념을 의미하는 것이 아니겠는가? 이러한 이념은 당시 독일에서 널리 퍼져 있던 환경결정론과 대비되는 것이다. 이 선언은, 전체로서의 프랑스 국가는 각각의 지역들을 다루는 지리학을 초월한다는 한 지리학자의 단언이다. 이 단언은 섬세한 정신이 빚어낸 훌륭하고 예리한 가르침이다. 비달은 지방을 분석할 때는 라첼의 환경결정론을 여전히 따랐다. 그렇지만 그는 국토 전체의 수준에서 말할 때는 라첼의 결정론을 완전히 거부했다.

비달이 다음 세대에 전하려고 한 것은 그가 서술한 내용 전부가 아니라 바로 이런 관점이었다. 다음과 같은 서술에서 볼 수 있듯이 결론에서 그는 환상에 빠지지 않고 있기 때문이다. "토양도 기후도 변화지 않았다. 그렇다면 왜 이 책의 내용이 시대에 뒤지는 것처럼 보일까? 왜 이 책의 내용이 더 이상 현실에 부합하지 않을까?"(385쪽) 이것은 자신이 다룰 수 없는 문제고 또 다루기를 원하지도 않는 문제라고 그는 덧붙이고 있다. 그 저서가 라비스 총서의 한 권이기 때문에 그런 문제를 다루어서는 안 되었다. 게다가 그는 그런 문제에 답하기를 원하지도 않았다. 왜냐하면 그는 19세기 산업과 상업에서 비롯된 "위대한 경제 혁명"(385쪽)의 효과를 잘 인식하고 있지만, 그럼에도 불구하고 여전히 다음과 같이 생각하기 때문이다. "우리가 목격한 위대한 변화들은 프랑스 체질의 핵심을 근본적으로 변형시키지 않을 것이다. 기후와 토질 때문에 프랑스는 농촌적 성격이 강한 체질을 지니게 되었고, 이런 체질은 자연환경 때문에 그리고 시간이 흐름에 따라 강화되었다. 그것은 다른 어느 나라와도 비교가 안 되는 토지 소유자의 수에서 드러난다"(385~386쪽). 그래서 그 저서의 최종문장은 다음과 같다. "프랑스의 지리적 조건들에서 고정되어 있고 항구적인 것을 세심하게 연구해야만 하고, 이런 연구가 이전보다 더 우리의 지침이어야만 하거나 지침이 되어야만 한다"(386쪽).

"고정되어 있고 항구적인", "~이어야만 하거나 ~이 되어야만 한다"는 이 두 가지 표현은 프랑스의 미래가 거의 영원한 그 어떤 것에 의해 정해진다는 점을 묘사하고 있다.

훗날 비달이 옳았음이 드러났는가? 과학적 학문분과로서의 지리학 차원에서는 논쟁의 여지가 있다. 왜냐하면 그가 창시한 프랑스 지리학파의 명성과 업적에도 불구하고, 경제적 접근법, 사회적 접근법, 도시적 접근법 등 많은 다른 접근법이 도입되어 인간과 토지의 관계에 대한 분석을 심원하게 변화시켰기 때문이다. 그의 결정론은, 그가 표명한 많은 유보에도 불구하고, 지나치게 19세기 지리학의 영향 아래 있는 것처럼 보이고, 또 지나치게 포괄적인 설명을 시도하는 것처럼 보인다. 비달의 《프랑스의 지리적 모습》은 오늘날의 프랑스 지리학 저서보다는 미슐레의 《프랑스의 모습》과 더 많은 공통점을 지니고 있다.

《프랑스의 지리적 모습》은 19세기 프랑스의 전통을 훌륭하게 요약하고 마무리하고 있다. 이 저서는, 프랑스라는 국가는 강요해서가 아니라 원해서 이룩된 통일체라는 프랑스혁명의 이념을 계승하고 일신하였다. 그 저서는 문명의 교차로로서의 프랑스라는 위대한 이념을 재공식화하고 있다(그러나 모든 다른 문명의 종합으로서의 프랑스라는 오만한 태도에 빠지지는 않았다). 비달은 19세기 이전까지 거슬러 올라가서, 수리학을 중시함으로써 강 유역에 대한 개념에서 도식주의를 배제했다. 이렇게 하여 그는 강 유역에 대한 개념을 쇄신했다.

그러나 비달의 《프랑스의 지리적 모습》은 엄격하게 지리학적인 관점만으로는 평가될 수 없다. 1905년부터 1979년 사이에 여섯 차례 재판이 나왔고 1908년에는 삽화가 포함되어 있는 호화판이 출판되었다는 사실은, 이 저서가 총서인 《프랑스사》의 서설이 아니라 그 총서에서 벗어나서 자체로 독립된 것임을 입증하고 있다. 그 저서의 영향을 정확하게 평가하기는 어렵다. 그렇지만 어떤 경우든 그 저서의 영향은 지리학의 범위를 크게 넘어서는 것이다.

《프랑스의 지리적 모습》을 비롯한 비달의 모든 저작은 역사가인 뤼시앵 페브르에게 매우 중요했다. 페브르는 비달의 저작을 읽음으로써 자신의 사고를 형성하고, 공시적인 것과 통시적인 것 사이의 관계를 생각했다. 《프랑스의 지리적 모습》은 페브르를 넘어서서 아날학파의 모든 역사가들에게 영향을 끼쳤다. 두 가지 증언만 들어 보기로 하자. 먼저 페르디낭 브로델은 다음과 같이 쓰고 있다. “에르네스트 라비스 편 《프랑스사》의 제 1권으로서 1903년에 출판된 《프랑스의 지리적 모습》은 프랑스 지리학파만이 아니라 프랑스 역사학파의 주요업적들 가운데 하나라고 말하고 싶다.”[46] 그리고 조르주 뒤비는 기 라르드로에게 〈아날〉에 대해 다음과 같이 털어놓았다. “내가 리옹대학에서 공부하고 있을 때 〈아날〉을 알게 해준 것은 역사교사들이 아니라 지리교사들이었다. 〔…〕 왜냐하면 오래전인 당시에 프랑스 지리학파는 인간과학의 선두에 있었기 때문이다.”[47]

뒤비는 덧붙여 말하기를, 프랑스 지리학파의 이런 지배적 위치는 상실되었는데, 자연지리와 인문지리가 점차 분리되었기 때문이었다. 《프랑스의 지리적 모습》의 ‘기적’은 바로 자연지리와 인문지리의 긴밀한 결합에 기인하며, 20세기 초 프랑스 지리학의 승리를 보여준다. 이렇게 된 것은, 비달이 민족학의 중요성을 십분 인식했고 그의 목적이 무엇보다도 인류학적인 것이었다(오늘날 시대에 뒤진 자연주의라는 대가를 치르기는 했지만)는 사실에 기인한다. 역사학과 오늘날의 다른 학문 분과들이 장기지속적으로 작용하는 물질적 · 심성적 힘을 계속해서 더 강조하고, 영웅 · 자율적 정치력 · 탁월한 정신의 영향력 등을 경시해

46) Fernand Braudel, *Écrits sur l'histoire*, Paris, Flammarion, 1969, p. 31.

47) Georges Duby et Guy Lardreau, *Dialogues*, Paris, Flammarion, 1980, p. 95.

왔는데, 이런 현상은 비달 같은 사람들 덕택이다.

바로 이러한 장기지속적 관점에서 볼 때 비달의 책은 매우 흥미롭다. 왜냐하면 그는 지리적 조건과 인간 사이의 상호작용에 항상 관심을 기울였는데, 이런 상호작용의 진정한 의미도 바로 장기지속적 관점에서 볼 때 제대로 드러나기 때문이다. 다시 한 번 보스에 대한 그의 말을 들어보자. "보스에는 평원의 생활만이 있다. 계곡의 생활에서 언제나 볼 수 있는 다양성은 찾아볼 수 없다. 평원의 생활은 물이 고여 있는 층에 도달하기 위해 깊게 파헤쳐져 있는 우물을 중심으로 밀집해 있는 대촌락에 집중되어 있다. 이런 대촌락에서는 피카르디 지방의 촌락에 펼쳐져 있는 나무들과 정원들이 없다. 보스에는 항상 지표면 가까이에 석회암이 있어 집을 짓고 길을 포장하는 데 쓸 수 있는 좋은 재료를 마련할 수 있다. 안락하게 거주하고 있는 보스의 농민들은 지평선으로 끝없이 뻗어 있는 길을 따라 마차로 여행한다. 풍요롭고 넉넉한 생활의 개념은 그들이 살고 있는 향토와 연관되어 있으며, 그들의 관습과 필요와도 관계가 있다"(147쪽).

이 구절은 경탄스러울 정도로 간결하지만 상당히 많은 요소를 다루고 있다. 즉 토양의 성격, 물에 끼치는 영향을 통해 상기되는 하층토의 구조, 경관의 모델과 유형, 주택과 도로에 의한 인간화, 농민들의 전반적인 풍요로움, 존재의 리듬과 사고방식의 창출. 그러나 이런 조밀한 구조에는 고속도로, 공업단지, 도시계획 우선지구 등을 설명하는 그 어떤 것이 들어설 여지가 없다. 왜냐하면 비달이 다른 그 무엇으로 대체할 수 없을 정도로 훌륭하게 묘사한 것은, 그 저서의 마지막 문장에서 밝힌 그의 계획과는 달리, 바로 제1차 세계대전 이전의 프랑스, 오직 이러한 프랑스이기 때문이다.

비달이 연구할 때의 지적·정치적 분위기는 잘 알려져 있다. 공화국의 아성인 고등사범학교와 소르본대학에서, 라비스, 랑보, 랑글루아, 세뇨보스 등이 그의 절친한 동료였다. 그는 결코 참여한 적은 없지만 분명히 드레퓌스 운동을 지지했다. 그의 주요저작들이 아르망 콜랭 출판사에서 출판된 것은 우연이 아니다. 콜랭 출판사는 공화주의 성향이 강했고, 델아그라브 출판사는 보다 보수적인 자유주의자들과 가톨릭 성향이 강한 저자들의 책을 출판했다. 또 다른 훌륭한 지리학 서적 출판사인 아셰트 출판사는 정치성향이 약했다. 비달의 사상은 제3공화국의 또 다른 위대한 기관인 정치학 자유학교에도 영향을 끼쳤다. 그는 1909년 이후 이곳에서 가르쳤으며, 그의 제자인 앙드레 시그프리가 그의 지리학 교수직을 계승하였다.[48]

그러나 르플레의 제자들과 비달의 관계, 식민지 문제[49]에 대한 비달의 관심, 특히 지방주의에 표현되어 있는 결속의 가능성에 대한 그의 관심, 그리고 온갖 단체들(예를 들면 쥐라에 있는 치즈협동조합)에 대한 그의 관심 등은 엄격한 정치적 차이를 초월해서 진정한 국가적 지위에 도달하기를 염원했던 한 인간을 시사하고 있다. 모라스 추종자들[50]이 미워하면서도 인정한 라비스의 경우도 마찬가지가 아닐까?[51]

비달의 지리학은 공화주의적 사고와 실천이 인간과학의 영역에서 직면해야만 했던 가장 시급한 과제에 일정한 역할을 하였다. 당시 가장 시급한 과제란 애국심을 고취하는 것이었다.[52] 비달은 동료인 역사학자 라비스보다 더 유연하고 미묘했지만, 《프랑스의 지리적 모습》과 라비스의 모든 저작을 고취했던 열렬한 민족주의 사상 사이에는 근본적으로 일치하는 점이 있다. 어쨌든 《프랑스의 지리적 모습》은 얼핏 보기보다 훨씬 정치적 색채가 짙은 책이다.

이 저서는 근본적으로 정신주의적인 사상, 즉 19세기 중반 이후 가

---

48) 이 모든 점들에 대해서는 Vincent Berdoulay, *op. cit.*, chap. III, IV, V에 실려 있는 광범한 논의들을 참조할 것.

49) Id., *ibid.*, chap. II.

50) 〔역주〕 극우단체 '악시옹 프랑세즈'의 단원들을 지칭한다.

51) Pierre Nora, "Lavisse, instituteur national", dans *Les Lieux de mémoire*, I, *La République*, pp. 285~286.

52) Numa Broc, "Histoire de la géographie et nationalisme en France sous la IIIe République, 1871-1914", *L'Information historique*, 32, 1970.

톨릭에 반대해서 새로운 도덕, 더 나아가 자연종교를 창설하려고 했던 위대한 경향의 매력적인 한 부분인 정신주의적 사상을 표현한 것이다. 뱅상 베르둘레가 자신의 논문에서 밝혔듯이,[53] 비달이 가능주의와 신칸트주의적 원리에 의존한 것이 의미를 갖는 것은 바로 이런 점 때문이다.

쿠르노, 앙리 푸앵카레와 가까웠던 비달과 그의 학파는, 바로 가능주의를 기반으로 하여 프랑수아 시미앙이 제기한 다음과 같은 문제에 답하려고 했다. 어떻게 지역이나 국가처럼 독특하고 유일한 것을 설명하고 그 인과관계를 밝힐 것인가?[54] 비달 학파의 답은, 지역지리학을 일반지리학과 분리시키지 않으면서 일정 지역의 특징과 전 지역의 일반적 모습을 결합시키라는 것이다. 그리고 비달 학파는 환경을 변수로 하여 맺어지는 연쇄에 의해 결합되는 일련의 현상들을 제시한다. 비달은 다음과 같이 쓰고 있다. "환경의 영향은 그것을 감추는 수많은 가능성을 통해서만 우리에게 그 모습을 드러낸다."[55] 《프랑스의 지리적 모습》은 이런 인식이 가장 엄격하게 경험적으로 검토된 비달의 저서임에 틀림없다.

뱅상 베르둘레는 비달의 이런 가능성의 철학과, 강베타와 페리의 시의주의 정치[56] 사이에는 일치하는 점이 있다고 지적한다. 바로 이런 점에서 《프랑스의 지리적 모습》과 비달의 사상 전반의 약점, 즉 비달과 의견을 달리한 그의 제자 카밀 발로가 비난했고 또 독일 사상의 지나친 영향 탓으로 돌린 예술적인 애매모호함이라는 약점의 근원을 찾아야만 할까? 오히려 비달은 지리학이 자연과학과 사회과학 사이에서 그

---

53) V. Berdoulay, *op. cit.*, chap. VI.

54) 이 질문은 20세기 초에 비달 계열의 지리학자들과 뒤르켐 계열의 사회학자들이 지리학의 기반, 방법, 대상을 둘러싸고 대립한 것과 관련 있다.

55) Vidal de La Blache, "Des caractères distinctifs de la géographie", *Annales de géographie*, 23, 1913, cité par V. Berdoulay, *op. cit.*, p. 211.

56) 〔역주〕 강베타에 의해 권고되고 페리에 의해 추종된 신중한 정치를 지칭한다. 1879~1885년, 1890~1895년의 프랑스 정부가 이를 채택하였다.

통일성의 문제에 의해 끊임없이 분열되었고 따라서 지리학의 개념적 기반이 허약하다는 점을 날카롭게 인식하고 있었던 것으로 보아야 할 것이다.

그러나 그 어떤 철학적 혹은 정치적 입장도 비달 고유의 영감과 《프랑스의 지리적 모습》의 매 문장에서 분명히 드러나는 다음과 같은 것들을 설명해주지 못한다. 어떤 것의 구체적 풍부함에 대한 그의 감각, 베르길리우스를 연상시키는 수사법, 프랑스 농촌의 근본적인 생활과 일치하는 탐구, 급진적인 에두아르 에리오부터 가장 보수적인 우파인사들에 이르기까지 그렇게 많은 사람들이 20세기의 격동으로부터 지키려고 애를 썼던 '향토'로 구성된 프랑스를 말이다.

간추린 참고문헌

주에서 인용한 논문과 저서 외에 다음과 같은 참고문헌이 있다.

비달에 관한 참고문헌 : 1920년 11월 27일 개최된 〈정신과학과 정치과학 아카데미〉의 회의에서 레옹 부르주아(Léon Bourgeois)가 발표한 비달의 생애와 저작에 관한 약술 ; Lucien Gallois, "Paul Vidal de La Blache", *Annales de géographie* (15 mai 1918) ; Paul Claval et Jean-Pierre Nardy, "Pour le cinquantenaire de la mort de Paul Vidal de La Blache", *Cahiers de géographie de Besançon*, 16 (Belles Lettres, Paris, 1968) ; 이 외에 폴 클라발(Paul Claval)이 서문을 쓴 《프랑스의 지리적 모습》의 1903년판에는 비달의 전기와 그의 저작 총목록이 실려 있다.

비달과 카메나 달메다(Camena d'Almeida. 캉 대학 인문학부 교수)가 1897년에 펴낸 《프랑스》라는 제목의 교과서에는 비달의 주요 논문인 "Les divisions fondamentales du sol français"가 실려 있다. 비달은 이 논문에서 프랑스 지리 연구의 과학적 기반을 제시하고 있다.

《프랑스의 지리적 모습》과 비달이 제기한 문제들에 대해서는 Jean Canu, "Les Tableaux de la France, premiers essais : Michelais, Reclus, Vidal de La Blache, Jean Brunhes", *Publications of the Modern Language Association*, 46, 1931, pp. 554~604 ; 비달의 저작과 비교에 대해서는, 가브리엘 아노토(Gabriel Hanoteaux)가 출판한 《프랑스 국가의 역사》(*Histoire de la nation français*, Paris, 1920)에 대한 장 브뤼네(Jean Brunhes)의 서평이 실려 있는 *Géographie humaine de la France*의 창간호를 참조할 것. 비달이 제자로서 자유주의적 성향이 강한 가톨릭신자인 장 브뤼네는 이 서평에서 그의 스승보다 더 풍부하고 폭넓으나 학문적으로는 덜 엄격한 견해를 제시하고 있다 ; s. v. "Géographie génerale" par André Journaux, Pierre Deffontaines et Mariel Jean-Brunhes Delamarre, dans *Encyclopédia de la Pléiade* (Paris, Gallimard, 1966).

국가의 경계선에서 민족의 국경으로

1.

프랑스의 경계선이 오랜 기간에 걸쳐 천천히 그 특성을 완성한 것은 1550~1560년경에 이르러서였다. 물론 실제로 그렇다는 것이 아니라 상징과 이미지에 있어서 그렇다는 것이다. 지방과 관련된 수많은 논란이 있었고, 해마다, 가끔은 세기마다, 이쪽에서는 숲이나 늪지가, 다른 쪽에서는 마을이나 요새가 편입됨으로써, 계속해서 새로운 논란이 일어났다. 그럼에도 불구하고 전체적인 모습은 지속적으로 뚜렷하게 드러나게 되었다. 수많은 상징이 하나로 수렴되었다. 그리하여 경계선의 개념이 역사가나 당시 사람들이 만든 환상이 아니라는 것을 보여주었다.

르네상스 시대에 인쇄술 덕분에 지리학자들의 숫자가 증가했는데, 이들이야말로 이 연구의 가장 좋은 안내자이다. 프랑스와 관련하여 경계선에 대한 기준이 얼마나 관례적이었는가를 알아보기 위해서는 세계와 유럽과 프랑스가 담겨 있는 거대한 폴리오판 책을 들춰 보는 것만으로도 충분하다. 당시에 프랑스는 곧바로 갈리아와 동일시되었다. 이것은 세바스찬 뮌스터의 경우에도 마찬가지였다. 독일의 스트라보(Strabo)[1]라고 할 수 있는 이 사람은 지역을 중심으로 묘사하는 지리학의 대표자로서, 그의 책은 1544년 (스위스의 - 옮긴이) 바젤에서 독

---

1) 〔역주〕 로마 시대의 지리학자.

일어로 출간된 이후 한 세기 동안 6개 국어로 번역되어 발행과 재발행을 거듭한 대작이다.

〔그는 갈리아의 세 지역을 설명하면서〕 벨기카는 이곳을 지배한 벨기우스 왕 때문에 그렇게 이름이 붙었다. 옛 문헌의 기록에 따르면 그 영역이 라인 강에 이르렀으며, 대부분의 지역에서 튜튼어(Teuthonicque)를 사용했다. 과거에 이 지역은 산과 강을 경계로 삼고 있었다. 이러한 이유로 갈리아는 라인 강까지 그 영역이 뻗쳐 있었다. 라인 강은 골족과 게르만족, 즉 알레마니족을 나눈다. 그러나 오늘날 언어와 영지가 이 지역을 나누고 있다. 각 지역의 범위는 주민들의 언어의 범위와 일치한다. 이러한 이유로 알자스, 웨스터리치, 브라반트, 헬더란트, 홀란트,[2] 그리고 다른 튜튼족들은 프랑스 민족에 속하지 않고 독일 민족에 속한다.[3]

그러나 지역으로 나누는 문제는 미묘한 것이다. 뮌스터 역시 몇 페이지 뒤에서 이렇게 설명할 정도였다.

플랑드르 지방이 과거에도, 그리고 오늘날에도 여전히 저지대 독일(남부 독일 - 옮긴이)에 포함되어 있지만, 나는 그 지방을 갈리아에 포함시킨다. 왜냐하면 그 지방의 조건을 보면 영토가 갈리아에 속하고 대부분, 특히 국경 지방에서, 프랑스어를 사용하며, 과거에 프랑스 왕의 사법권에 속했었기 때문이다.[4]

뮌스터가 묘사한 지리는 불확실하고 모순되기까지 한다. 그는 두 가

2) 〔역주〕 웨스터리치와 헬더란트는 네덜란드의 지명이며 홀란트는 오늘날의 남부 네덜란드와 벨기에에 해당한다.

3) Sebastian Münster, *La cosmographie universelle, contenant la situation de toutes les parties du monde, avec leurs propriétés et appartenances...* 〔Bâle〕, H. Pierre, 1565, pièces limin. + 1337 p., cartes, ill., pp. 79~80.

4) Id., *Ibid.*, p. 117.

지 원칙 사이에서 주저했다. 하나는 가장 많이 인용되는 카이사르의 설명이며 다른 하나는 당시의 언어분포였다. 놀라운 사실은 후자의 기준이 확실히 16세기 몇몇 문필가들 사이에서 널리 인정되었으나, 오랜 세월에 걸쳐 점점 사라진 반면, 고대로부터 이어져 내려온 고정된 틀은 지속적으로 지정학적 담론을 형성했다는 점이다.

이러한 관점은 1575년에 발간된 두 종류의 경쟁적인 우주론 저작에 반영되어 있다. 하나는 벨포레가 출판한 것으로서 다재다능한 벨포레는 뮌스터 책의 증보판을 출간했다. 벨포레는 과거에는 강과 산에 의해 지역이 나뉘어 있었으나 그가 살던 시대의 왕국은 언어에 의해 나뉘어 있다는 사실을 인정했다. 그리하여 독일어를 사용하는 모든 지역은 독일의 일부로 간주되었다. 즉, 독일은 뫼즈 강까지 뻗쳐 있었으며 심지어 "그 너머까지도" 독일이었다.[5] 그러나 더 좋은 예를 떠올릴 수도 있다. "벨기에" 역시 센 강, 대서양, 라인 강으로 구분되며, 라인 강은 게르만족을 골족과 구분해 준다. 그러므로 "바젤, 스트라스부르, 스피레, 마인츠, 그리고 라인 강을 따라 늘어선 다른 도시들은 게르마니아에 속한다기보다는 갈리아에 속한다 〔…〕".

> 그러나 다른 종족에 비해 신체조건이 우수하며 좋은 무기를 지닌 게르만족은 자신들의 국경선에 결코 만족하지 못하고 그 너머로 진출했다. 〔…〕 그 결과 예전에는 골족의 재판권에 속했던 벨기카의 거의 모든 민족들, 그리고 라인 강변의 모든 민족들이 지금은 독일, 즉 게르마니아의 재판권에 속하며 독일어를 사용한다. 그러므로 그들은 자신들이 한때 골족에 속했던 사실을 알지 못하며, 만약 이런 말을 듣게 되면 화를 낸다. 스위스인들 역시 오랫동안 독일어로 된 이름과 언어를 사용했다. 이리하여 게르마니아는 갈리아의 많은 부

5) François de Belleforest, *La cosmographie universelle de tout le monde...*, 저자는 부분적으로는 뮌스터였지만 프랑수아 벨포레와 코맹주아 등에 의해 대폭 증보 개편되었고 훨씬 더 장식되었다. Paris, M. Sonnius, 1575, 2 vol., cartes, t. 1, col. 887.

분을 차지하게 되었다.[6)]

그러므로 벨포레는 자신의 모체와도 같은 뮌스터의 책에 실려 있는 주제들을 끄집어내서 다시 생각해 봄으로써 그 주제들에 좀더 명확하고 공격적이며 좀더 민족주의적인 색채를 부여했다. 게르만족의 땅을 벗어나 프랑스로 와서는 국가에 대한 묘사가 국가에 대한 요구로 바뀌었다. 국왕의 천문학 교사였던 앙드레 테베는 같은 해 출판된 책에서 이와 유사한 생각을 펼쳤다.

> 프랑스, 즉 갈리아가 처음 우리 왕들에 의해 통치될 때 각 지방의 경계선은 하늘 아래 가장 뚜렷이 드러나 있었다. 솔스 강 너머 2~3리외[7)] 떨어져 있는 피레네 산맥의 자락, 페르피냥 옆으로부터 서쪽해안에 이르는 경계선, 그리고 산맥의 나머지 부분으로부터 비스케 만에 이르는 경계선으로 이루어져 있었다. 이탈리아와는 알프스 산맥, 네덜란드와는 라인 강, 그리고 북쪽으로는 바다가 경계선을 이루고 있었다. 이 중에서 왕자령(*apennage*)으로 분할되어 프랑스 왕실로부터 벨기에의 일부로 편입된 지역과 라인 강을 제외하면, 프랑스는 거의 모든 국경들을 여전히 유지하고 있다.[8)]

당시 이런저런 저작들에 나타난 핵심사항들은, 저자에 따라 약간 차이가 있기는 하지만, 다음과 같이 요약될 수 있다. 갈리아 지방에 대한 찬양, 중세의 영토분할에 대한 — 그리고 중세 전반에 대한 — 불신,[9)] 그리고 받아들이기 매우 힘든 수정주의적 견해가 그것이다. 아마도 사

6) Id., *Ibid.*, p. 165, col. 884~885.

7) 〔역주〕 과거의 거리 단위로 약 4km.

8) André Thevet, *La cosmographie universelle d'André Thevet cosmographe du roy, illustree de diverses figures...*, Paris, P. L'Huillier, 1575, 4 t. en 2 vol., t. III, f° 506 v°.

9) Bernard Guenée, *Histoire et culture historique dans l'Occident médiéval*, Paris, Aubier Montaigne, 447 p., cartes, pp. 9~10.

람들은 이러한 저작들이 너무 진지하고 현학적이기 때문에 이러한 작품들을 때때로 상기시키고 항상 이용하는 정치 엘리트, 특히 궁정 엘리트들의 견해 이외에 아무것도 보여주지 않는다며 반대할 것이다.

그러므로 이번에는 반대로 다른 책들, 즉 작은 판형으로 출판되어 여행자, 상인, 순례자들이 참고했던 책들을 살펴보자. 샤를 에티엔의 유명한 책 《가이드》는 분기점이 표시된 일련의 노정표(*itineraires*)이다. 그러나 연속된 노정이라고 해서 구분이 없는 것은 아니다. 한 지방에서 다른 지방으로 넘어가거나 프랑스의 한 지방에서 다른 나라로 건너갈 때 출입지점에 대해 언급하는 것을 잊지 않았다. 예를 들어 부르고뉴와 프랑슈콩테 지방을 가르고 있는 것은 문장(紋章)이 새겨진 커다란 돌이나 숲이라고 말하거나, 도피네와 사부아 지방이 강으로 나누어져 있다고 말하는 것이 그것이다. 《가이드》의 첫머리에서 에티엔은 베르뎅 조약에서 국경으로 언급되었던 네 개의 강, 즉 론 강, 손 강, 뫼즈 강, 에스코 강을 프랑스의 국경선으로 나열하고 있다.[10] 이 강들은 역사적인 경계선이지만, 조심스럽게 선택된 것이다. 그래서 몇 십 년 후에 다른 저작에서는 이러한 조심성이 보이지 않는다. 테오도르 드마예른 튀르케의 《가이드》는 덜 유명할 뿐만 아니라 표절까지 한 작은 책인데(*in-douze*),[11] 사람들은 걸어 다니건 말을 타고 다니건 문고판 책처럼 이 책을 들고 다닐 수 있었다. 그는 첫 페이지에서 고전적인 묘사방식으로 아래와 같이 말했다.

> 오늘날 프랑스 왕국은 과거 골족 시대의 프랑크족이 정복했던 땅의 일부분만 가지고 있다. 과거에 그 영토는 라인 강과 아펜니노 산맥을 경계로 하고 있었다. 갈리아에서 프랑스인들의 첫 번째 경작지이자 정착지는 트리어와 쾰른 주변, 그리고 라인 강 입구였다. 〔…〕

10) Numa Broc, *La Géographie de la Renaissance (1420-1620)*, Paris, Bibliothèque nationale, 1980, 263 p., p. 104.

11) 〔역주〕 전지를 12등분한 크기로서, 대형 판형인 폴리오의 1/6 크기의 책.

그러나 잘못된 조언을 받은 제후들은 여러 차례에 걸쳐 〔왕국을〕 여러 개의 주권국가로 분할하여 나눠 가졌다.[12)]

주목할 만한 사실은 프랑크족의 역사에 대한 우회적 관심이 오히려 라인 강에 대한 관심을 환기시켰다는 점이다. 그리고 프랑크족의 왕국(*Regnum Francorum*)이 아우스트라시아, 뉴스트리아, 아키타니아, 부르군디아로 분할된 것과 프랑크족의 쇠퇴가 관련되어 있다는 사실을 환기시켰다는 점이다. 게다가 16세기의 프랑스 역사가와 학자들은 골족의 기원을 상기시킴으로써 왕국의 토대 — 좀더 쉽게 말하면 "국민적" 토대를 찬양했다. 기욤 포스텔을 비롯한 이 역사가들과 학자들은 카롤루스 대제가 "골족의 왕이시며 세상의 큰아들인 갈리아 민족의 도움을 받으신 왕"[13)]임을 보여줌으로써 정통성을 확보하는 데 도움을 받았다는 사실을 알고 있었다. 그리하여 다양한 민족신화로 인하여 영역국가의 지리적 분포 역시 손상되지 않은 채로 남아 있었다.

그러나 이처럼 프랑스와 골을 동일한 것으로 보려는 데에는 주의가 필요하다. 특히 이러한 이미지를 통하여 프랑스의 모습은 오래되고 유서 깊을 뿐만 아니라 기하학적이며 이상적인 것으로 여겨졌고, 이와 동시에 라인 강이 국경이라는 관념은 과거지향적이며 비현실적임에도 불구하고 더욱더 친숙한 것이 되었다. 이러한 모습은 궁정이나 통치자 등 소수집단의 범위를 넘어서 확산되었다. 17세기 예수회 교단의 부속학교(*collèges des jésuites*)에서 사용하기 위해 쓰인 역사학 개론과 지리

12) Théodore de Mayerne-Turquet, *Sommaire description de la France, Allemagne, Italie et Espagne. Avec la Guide des chemins pour aller et venir par les provinces et aux villes plus renommees de ces quatre regions...*, Rouen, Cl. Le Villain, 1615, 288 p., pp. 1~2.

13) Claude-Gilbert Dubois, *Celtes et Gaulois au XVIe siècle. Le développement littéraire d'un mythe nationaliste avec l'édition critique d'un traité inédit de Guillaume Postel* "De ce qui est premier pour reformer le monde", Paris, Librairie philosophique J. Vrin, 1972, 207 p. 67.

학 개론에서도 이러한 프랑스의 이미지가 수도 없이 반복되었다. 1646년에 출간된 필리프 라브의 《왕립 지리학》(*Géographie royalle*) 이라는 책은 적어도 1681년까지 10판을 찍어냈다. 다른 많은 책들과 마찬가지로 이 책에서도 갈리아의 경계선은 동쪽으로는 라인 강, 알프스 산맥의 일부, 그리고 바르 지방이었다. 궁중사제(*aumônier du roi*) 이며 리슐리외의 측근이었던 르네 드세리지에는 그의 책 《프랑스의 타키투스》에서 이렇게 말했다 "독일을 보자. 라인 강은 우리에게 속해 있고, 우리의 경계선은 항상 라인 강 너머까지 뻗쳐 있다." 또한 그는 골 지방에 대해서는 이렇게 적고 있다.

> 유럽에서 이 지역은 알프스 산맥과 피레네 산맥, 두 개의 바다(지중해와 대서양 - 옮긴이), 그리고 라인 강에 의해 다른 세상과 분리되어 있는데, 예전에는 역사상 켈트족과 골족이라고 불리는 자들의 땅이었다. 그러므로 자연에 의한 이러한 경계는 주변의 탐욕스런 적들로부터 보호하는 방어막으로서, 그리고 자신들의 진출을 제약하는 한계로서 작용했다. 14)

자연에 의한 경계선이란 인간이 신의 섭리에 따르고 있음을 말해주는 것이다. 이 글에서도 이 점이 잘 나타나 있다. 아마도 이 주제에 대해서는 예수회의 교본들도 이처럼 명시적이지는 않을 것이다. 어쨌든 이 작품들 중 몇몇은 20판 이상 출간되었다. 게다가 이 문헌은 100쇄 이상 인쇄되었고, 15만~20만 권을 찍어냈다. 리슐리외의 생전에 예수회 4만 명의 신자들 중 얼마나 많은 신자가 잃어버린 이 고귀한 국경에 대해 꿈꾸었을까?

---

14) Jean Lecuir, "À la découverte de la France dans les abrégés d'histoire et de géographie des collèges jésuites du XVIIe siècle", in *La Découverte de la France au XVIIe siècle*, 9e colloque de Marseille organisé par le Centre méridional de rencontres sur le XVIIe siècle, 25-28 janvier 1979, Paris, Éd. du C.N.R.S., 1980, pp. 299~317.

리슐리외로부터 비롯된 이러한 자연국경설에 대한 논쟁은 사실 오래된 것이다. 반세기 전 이러한 이론은 어떤 신뢰도 받지 못했고, 16세기에서 18세기에 이르는 사이에 극소수의 작가들만이 자연국경에 대해서 썼을 뿐이었다.[15] 그러나 이것은 지나치게 시야를 좁혀서 본 것이며, 자연국경이 변치 않는 이미지임에도 불구하고 이를 교두보 확보와 같은 전략의 수준으로 단순화시킨 것이다. 리슐리외가 라인 강을 목표로 했던 것은 그것을 확정된 경계선으로 만들려는 명백한 계획에서 이루어진 것이 아니라,[16] 순전히 기회주의적 의도를 가지고 있었으며, 그렇기 때문에 시대에 따라 그 목표가 변했다는 것은 명백하다. 그러나 환상도 존재한다. 그리고 그것이 역사에 영향을 끼치기도 한다. 어쨌든 자연국경설은 리슐리외보다 훨씬 이전으로 거슬러 올라간다. 이 개념은 폭넓은 문학, 학자, 그리고 교육자들 사이에 확산되었고 폭넓은 대중에게까지 이르렀다. 결국 위대한 재상보다 더 오래 지속된 것은 대중의 여론이다.

지리적 대표성에 근거한 이러한 구조를 프랑스 왕정의 명백히 복잡한 정치상황과 비교해 보아야 한다. 특정 상황에서 왕권은 엄격한 규칙, 즉 경계선의 준수를 요구한다.

국왕의 순회여행 중에 국왕 자신이 몸소 그려내는 경계선이야말로 국경의 정확한 위치와 경계선의 존재를 가장 잘 보여준다. 국왕은 끊임없이 국경순회를 했으며 이것은 베르사유에 정착할 때까지 수세기 동안 지속되었다. 국왕이 영토의 구석구석을 돌아다니기는 했지만 국경을 넘는 법은 없었다. 물론 예외가 있는데 그것은 군사원정을 할 때이다. 국왕은 프랑스를 돌아다니면서 국경 근처에서 멈춘다. 때때

---

15) 가스통 젤러(Gaston Zeller)의 연구를 참조하라. 특히 "La monarchie d'Ancien Régime et les frontières naturelles", *Revue d'histoire moderne*, 8, 1933, pp. 305~333.

16) Hermann Weber, "Richelieu et le Rhin", *Revue historique*, 92 (239), 1968, pp. 265~280.

로 국왕은 구불구불한 국경을 따라 돌기도 하는데 이것은 자신의 권력이 행사되는 영토를 표시하는 행위였다. 궁정이 여전히 순회를 하던 16세기와 17세기에는 이러한 종류의 관습이 수없이 많았다. 예를 들어 두 번의 내전의 사이 기간이었던 1564년부터 1566년 사이에 샤를 9세와 카트린 드메디치가 벌였던 프랑스 대일주는 매우 큰 의미가 있다. 그들의 노정에는 부르고뉴와 에스파냐령 프랑슈콩테 사이 지역처럼 귀속이나 귀속주장이 명백하지 않은 수많은 마을이 있는 지역, 여기에 더하여 당시의 두 강력한 세력이 비다소아 강[17]과 같은 단순명료한 선에 의해 양편으로 갈라져서 서로 대립하고 있는 지역 등이 포함되어 있었으므로, 이것은 국경선을 명확하게 하고 그것을 축성하고 돌아다니는 것과 같았다. 경계선을 좀더 명확하게 하기 위해서는 이 젊은 왕이 자신들의 측근과 함께 오갔던 상세한 여정을 살펴보는 것만으로도 충분하다. 샤를 9세는 그의 어머니(카트린 드메디치 - 옮긴이)와는 달리 국경선 경계선을 결코 넘지 않았다. 1565년 1월 카트린 드메디치는 살세스(Salses)로 갔는데, 당시 그곳은 루시용과 국경을 이루고 있는 에스파냐의 요새였다. 몇 달 뒤 카트린은 에스파냐 영토에 진입했고 펠리페 2세의 왕비이자 자신의 딸인 엘리자베트를 방문했다. 그러나 샤를 9세는 프랑스의 영토를 결코 벗어난 적이 없다.[18] 1573년 카트린이 폴란드 왕국을 차지하게 될 아들 앙리를 대동하고 낭시와 블라몽까지 갔다. 이곳에서 그녀는 일단의 독일 제후들을 만났다. 샤를 9세는 같이 가지 않았는데 당시 와병 중이기도 했지만, 당시의 증언을 토대로 생각해 보면, 프랑스와 로렌의 경계선에 갔을 때 그가 실제로 국경을 넘을 의도가 있었던 것으로 보이지는 않는다. 예외적으로 국왕이 동시에 두 장소에 나타난 적이 있었다. 1570년 샤

17) 〔역주〕 서부 피레네 산맥에 있는 프랑스-에스파냐 국경의 강.

18) Jean Boutier, Alain Dewerpe, Daniel Nordman, *Un tour de France royal. Le voyage de Charles IX (1564-1566)*, Paris, Aubier Montaigne, 1984, 409 p., chap. V et VI.

를 9세는 그와 결혼할 엘리자베트 도트리슈를 만나기 위해 메지에르로 갔다. 그녀는 스당이라는 곳에 있었고, 스당은 독립적 성향이 있는 제후령이었다. 참을성이 없었던 국왕은 남몰래 스당으로 갔다. 이러한 탈출을 설명하고 있는 텍스트는 그러한 상황에서는 국왕이 아마도 변장을 했을 것이라고 지적하고 있다. 말하자면 국왕은 자신의 육체로부터 이탈했던 것이다.[19] 그러므로 이 일화는 오히려 규칙을 확인시켜 준다고 할 수 있다.

마지막으로 옛날 경계선 중 어떤 것은 변경되고 어떤 것은 그대로 남게 된 이후의 국왕의 노정을 비교해볼 필요가 있다. 샤를 9세의 긴 여행 이후 한 세기도 지나지 않아서, 페르피냥은 루이 13세에 의해 포위되었고 1642년에 마침내 정복되었으며, 젊은 루이 14세의 방문을 받게 되었다. 루이 14세는 피레네 조약 직후 미래의 신부를 만나기 위해 생장드뤼즈로 갔다. "전하께서 구 요새와 신 요새를 모두 방문하셨다. 전하께서는 이 요새들이 유럽의 강력한 성채에 속한다는 사실을 알고서 매우 만족하셨다."[20] 왕국에 편입된 지 얼마 되지 않은 루시용을 국왕이 방문했다는 것은 이 지역을 획득했다는 가장 명시적인 제례 행위라고 할 수 있다.

프랑스의 국경선을 따라 늘어서 있는 지역들은 풍부한 역사와 깊은 상징적 의미를 가지고 있다. 프랑스와 에스파냐 사이의 국경선에서 비다소아만큼 주권의 성취를 보여주는 표시들이 있는 장소도 없을 것이다. 비다소아는 중간 규모의 하천에서 일약 주요한 국경선을 이루는

---

19) Daniel Nordman, "Charles IX à Mézières : mariage, limites et territoire", *Cahiers Charles V*, 4, *Littérature britannique. Marches, bordures, limites, confins...*, Paris, Institut d'anglais Charles V—Université Paris VII, mars 1983, pp. 7~19.

20) *La suite du voyage des deux roys de France et d'Espagne et leur rendez-vous dans llsle de la Conjerence. Pour l'accomplissement du mariage de Sa Majeste. Ensemble leur route et les grands preparatifs pour iceluy...*, Paris, J. Brunet, 1660, 8 p., p. 4.

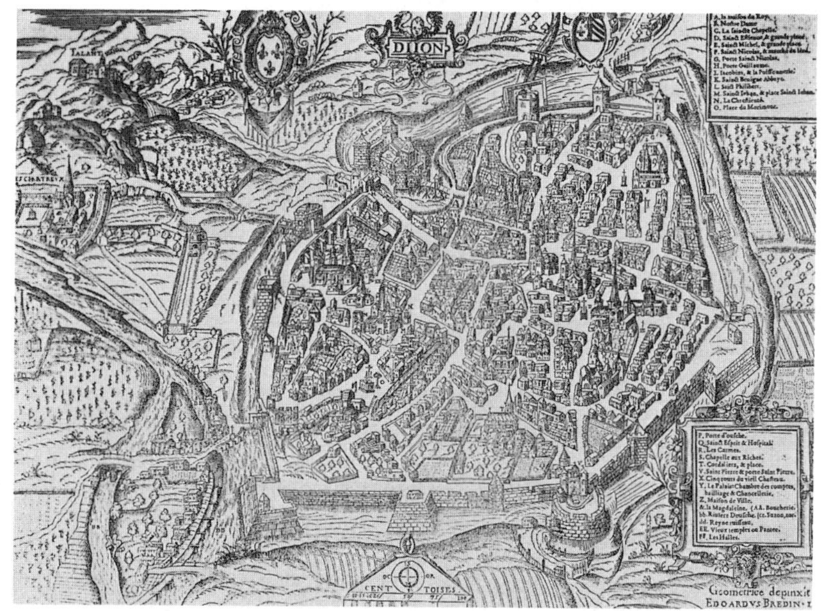

5. 디종 시 실화, 에두아르 브르댕 작. 성벽 서쪽 멀리 디종 공작의 묘소인 샹몰 샤르트뢰즈 수도원이 있다. 카트린 드메디치와 샤를 9세가 바욘에 이르는 국경도시 순방 당시 이곳에서 마음을 다잡았다.

6. 샤를 9세가 어머니 카트린 드메디치와 함께했던 국경도시 순방의 종착지인 바욘에서 에스파냐 여왕과 회담할 때, 여왕에게 주었던 금메달에 새겨진 그림.

강으로 간주되었다. 아마 회합과 교환의 장소를 꼽으라고 한다면 바로 이곳일 것이다. 바로 이곳에서 1463년 루이 11세와 카스티야의 엔리케 4세가 조약을 맺었으며, 1565년과 1660년에도 마찬가지였다. 마찬가지로 1526년 프랑수아 1세가 2명의 왕자를 볼모로 제공하고 풀려난 곳도 이곳이었다. 또한 1530년에는 이 두 왕자들이 장차 프랑수아 1세의 왕비가 될 엘레노어와 함께 막대한 보상금을 지불하고 풀려난 곳도 이곳이었다. 이러한 전례들은 영광스럽지 못한 것이었다. 그러나 1659년 8월부터 11월 사이에 마자랭과 돈 루이스 데 아로가 만나서 협상을 벌였던 것도 바로 이 국경선 위에서, 좀더 정확하게는 두 왕국 사이에서 가장 좋은 장소인 일데프장에서 이루어졌다. 두 인물은 상대방의 영토에 들어가지 않고서도 만날 수 있었던 것이다. 그러나 자존심과 예절의 문제를 해결하기 위해서 그 섬에 하나의 회의실과 두 개의 똑같은 방과 같은 편의시설을 우선 만들어야 했다. 몇 달 후 당시에 어떤 사람이 "행운"의 섬, "진정 프랑스인들의 약속된 땅"이라고 불렀던[21] 이 섬은 몇몇 존엄한 인물들, 즉 두 명의 왕과 두 명의 왕비를 맞이했다. 에스파냐의 펠리페 4세는 누이인 안 도트리슈와 조카인 루이 14세를 만나기 위해 왔다. 두 왕들은 모두 한 손에는 십자가, 다른 한 손에는 성경을 들고 평화조약의 조항들을 지킬 것을 맹세했다.[22] 마리아 테레지아와 루이 14세는 각자의 여정이 끝나는 시점에 섬에서 만나서, 생장드뤼즈에서 결혼식을 올렸다. 국제회의, 두 왕실의 상견례, 왕실 결혼예식 등 매우 중요한 일들이 진행되었고, 그 장소 또한 세심하게 준비되었다. 당시 사람들이 호기심에 가득차고 들떠서 넋을 잃은 채 수행원과 장식을 묘사했는데, 이 상황보고서들은 섬의 이름을 항상 평화와 연결시키거나 "세상에서 가장 강력한 군주 두 분"과 "유럽

---

21) *Ibid.*, p. 6.

22) *La pompe et magnificence faite au mariage du roy et de l'infante d'Espagne. Ensemble les entretiens qui ont esté faits entre les deux Roys, et les deux Reynes, dans l'Isle de la Conference...*, Paris, 1. Promé, 1660, 15 p., p. 5.

의 모든 아름다움과 권력과 존엄함"이 한데 모인 영광스러운 회합과 연결시켰다.[23]

샤를 9세, 카트린 드메디치, 그리고 그의 측근들은 가능한 한 왕국의 끝까지 여행했는데, 이것은 표현은 다르지만 프랑스를 "일주"(*tour*), "순회"(*rond*), 또는 "순환"(*circulation*)한 것이었다. 이렇게 만들어진 이미지는 여행이 예외적이었기 때문에 의미 있는 것이었을 뿐만 아니라 프랑스가 형태를 갖추어가고 있다는 점에서도 의미 있는 것이었다. 이미 프랑스는 완벽하며, 어떤 의미에서는 가장 단순하면서도, 매우 규칙적인 기하학적 형태로 표현되고 있었다. 즉 원, 또는 더 흔하게는 사각형이나 다이아몬드 등으로 표현되었다. "그 형태는 마름모꼴의 사각형이었다."[24] 좀더 복잡한 형태라고 할 수 있는 육각형이나 기타 다른 형태는 나중에 등장했다. 역사가들이 루이 14세 시절에조차도 프랑스가 얼마나 연속적이고 동질적이며 광대한지를 소축척 지도에서 본다고 한들 충분히 알 수 있을 것인가?[25] 또한 프랑스를 다른 국가와 구분 짓는 특징 중 하나인 지리적 집중이 변경의 불확실성이나 모호함보다 얼마나 더 강하게 나타나는지 알 수 있을 것인가? 국왕의 프랑스 일주는 프랑스의 긴밀함을 보여준다. 시간이 지나고 몇몇 지방들이 흡수됨으로써, 이러한 긴밀함이 결국 사라지게 되었는가? 그리고 지리적 형태가 복잡해졌는가? 정치적 변화와 영토상의 변화의 속도가 어떠했든 간에, 그것이 문헌 속에 나타나 있는 조화롭고 고귀한 프랑스라는 이미지를 흐리게 만들지는 못했다. 고전적이며 이상적인 프랑스의 존재를 사람들의 마음속에서 지속되도록 만든 것은 학자들의 기억, 학교에서의 교육을 통한 기억, 그리고 문헌에 기록된 기억이었

23) *La suite du voyage...*, *op. cit.*, p. 7.

24) Th. de Mayerne-Turque, *op. cit.*, p. 55.

25) Alphonse Dupron, *Europe et chrétienté dans la seconde moitié du XVIIe siècle*, "Les cours de Sorbonne", Paris, Centre de documentation universitaire, 1958, 222 + II p., pp. 124~125.

으며, 이러한 기억들은 고대의 지리학에 근거하여 지속적으로 강조되었다. 또한 그것은 장기지속의 기억이었다. 이러한 지리적 모델이 널리 확산되면서도 수세기 동안 지속된 것은 놀라운 일이다. 중세의 단절과 분할은 결국 이러한 기준이 작동하는 것을 오히려 강화시켰을 뿐이다. 이러한 오래된 이미지야말로 가장 화석화되어 있는 것이다. 왜냐면 프랑스의 국왕들은, 상황의 필요에 따라 신중함을 기하면서, 자신들의 여정을 통해 이러한 이미지를 표시하려고 했기 때문이다. 적어도 피레네 산맥 아래서는 문헌 속의 기억과 그 장소의 물리적이며 눈에 보이는 기억을 일치시켰다. 이런 식으로 기억은 점차 공간 속에서 현실화되고 실체를 갖게 되었다.

2.

프랑스의 국토는 루이 14세 치세에—특히 1648년 뮌스터 조약 이후에—오랫동안에 걸쳐서 조금씩 조금씩 형성되었다. 병합은 16세기나 18세기보다는 17세기에 광범위하고 더욱 빈번하게 이루어졌다. 16세기에 병합이 이루어진 곳으로는 메스, 툴, 베르됭(1552), 칼레(1558), 브레스와 르 뷔제(1601) 등이 있었고, 18세기에는 로렌(1766), 동브(1762), 코르시카(1768) 등이 병합되었다. 그 중에서도 알자스(1648, 1697), 스트라스부르(1681), 아르투아, 루시용(1659), 그리고 프랑슈콩테(1678)를 기억할 필요가 있다. 이것은 잘못된 것일 수 있다. 그것이 통합정책이 가져온 영토상의 복잡함, 북부의 경우 국경조약의 횟수와 연속성, 그리고 느리게 진행된 영토에 대한 조치 등을 정확하게 반영하고 있지 않기 때문이다. 구체적인 측면에서 국토의 외형은 면과 각을 형성해갔다. 그러나 축척을 바꿔 자세히 보고, 그 당시 사람들처럼 국왕의 "권리"를 끌어 대보면, 조각조각 이어 붙여진 부분이나, 다른 나라 영토 안에 고립된 부분, 또는 톱니처럼 생긴 부분 등이 드러난다. 이쯤 해서 이러한 외형을 확실히 해주면서도 미묘한 차이를 드러내 보여주는 예를 들어보는 것이 좋겠다.

책에서 얻은 지식과 교과서에 나타난 전통적인 견해에 따르면, 아르투아와 루시용은 통째로 프랑스에 편입되었다. 그러나 이런 방식으로 이야기하는 것은 근사치에 불과하며 그 당시의 어려움, 지역의 상황, 또는 법적·정치적·영토적 조건 등을 정확하게 설명해주지 못한다. 피레네 협정(1659년 - 옮긴이)에 사용된 단어들은 그다지 단순하지 않다. 협정에서는 광장, 마을, 지방, 성채, 영지, 토지, 영주령 등의 단어가 사용되었는데, 어떤 것들은 차례대로 언급되었다. 협정에 따르면, "매우 신실한 프랑스 국왕은 아르투아 백작령 내의 아라스 시 전체와 시내, 그 일대의 바이이 관할지역, 에댕과 그 주변의 바이이 관할지역, 바폼과 그 주변의 바이이 관할지역, 그리고 상기 아르투아의 다른 바이이 관할지역과 성채들이 어떤 상태이든, 그리고 그것들이 특별한 이름을 가지고 있지 않는 경우에도, 그것들을 갖게 될 것이다. 단 에르와 생토메르의 도시, 바이이 관할지역, 성채, 지사 관할지역, 그리고 여기에 딸린 부속지역(*appartenance*), 의존지역(*dependance*), 편입지역(*annexe*)은 우리의 가톨릭 전하(에스파냐 왕 - 옮긴이)에게 속한다". 플랑드르와 에노 백작령, 그리고 룩셈부르크 공작령에서도 마찬가지였다. 협정의 조항들은 편입된 지역들을 나열한다. 새로 편입된 지역은 무엇보다도 장소, 지역, 부속지역 등으로 이루어진 집합체였다. 조항을 빨리 끝맺기 위해 아르투아의 바이이 지역을 짧게 열거하는 경우에도, 조약은 영토의 구성을 잘 나타내고 있다. 심지어 다른 조약에서 피레네의 프랑스 쪽에 있는 "모든 루시용 백작령과 해당 사법관할(*Viguerie*)", "콩플랑 백작령과 해당 사법관할, 그리고 상기 루시용과 콩플랑의 백작령과 사법관할을 구성하고 있는 농촌, 도시, 광장과 성채, 읍, 마을, 장소(*lieu*)로 이루어진 것"으로 규정하는 경우에도 마찬가지였다.[26] 평화조약의 결과 세르다뉴의 33개 마을이 프랑스에 귀속되었다. 도시로 간주되었던 이비아는 이 명단에 포함되지 않았다. 이리하여 고대 지리학자들에 의해 제기된, 피레네 산맥을 경계로 한 자연국경에 대한 끝없는 논쟁이 벌어졌을 때조차, 이비아는 아름다우면서도 중요한, 그러나 프랑스 영토로 둘러싸인 에스파냐 영토로서, 인간적 공동체를 기반으로 하는 조직망을 말할 때마다 그 근거가 되었다.

그러나 장관과 외교관에 의해 이루어진 협정은 만족할 만한 것이 못되었다. 마을 공동체와 마을의 경계에 따라, 그리고 풍광에 따라 영토가 나누어져야 했다. 전권을 부여받은 대사는 추가정보를 미리 마련해 놓았다. 양국 관료들은 기록된 "증거"와 "증명서"를 그 자리에서 입증하거나 지역주민들의 증언을 통하여 관습과 전통에 대한 지식을 습득해야 할 임무를 부여받았다. 이 힘든 협상은 거의 항상 기록물, 서신, 단독 보고서, 긴 의사록 등을 남겼다. 노르 지방의 국경에 관련해서는 협상이 계속되었다. 이 협상은 2~3세기 동안 끝없이 반복되었다. 협정이 조정하려는 국경선에 따라 회의의 목적, 즉 내용물만이 달랐을 뿐이었다. 그러나 아르투아, 에노, 룩셈부르크, 로렌에서는 17세기의 국경 문제를 다룬 기록이 이미 존재하고 있었기 때문에, 이러한 기록물에서 도출된 원칙과 교훈이 그대로 효력을 발휘했다. 원칙적으로 기본단위를 이루고 있는 것은 마을이었다. 마을의 부속토지, 재판권, 세금 등에 관련하여 문제된 권리들은 권리주장의 근거로 이용되었기 때문에 매우 중요하게 다루어졌으며, 종종 부풀려지기도 했다. 그러나 근접성, 거리, "고립성"(*enclavement*), 범위, 도로 등 영토나 땅에 관련된 논의가 없었던 것은 아니었다. 권리 자체가 한 장소나 마을에 대해 행사되었다는 사실을 덧붙여야 할 필요가 있겠는가? 그러므로 국경의 지리적 변동과 국경에 대한 관념 자체를 구분하는 것이 중요하다. 국경의 지리적 변동은 의심할 여지가 없는 것이었다. 왕국이란 미완성

---

26) Henri Vast, éd., *Les Grands Traités du règne de Louis XIV publiés par...*, t.1, *Traité de Münster.—Ligue du Rhin.—Traité des Pyrénées (1648-1659)*, Paris, A. Picard et fils, 1895, XIV + 189 p.

인 것으로 여겨졌기 때문이다. 국경에 대한 관념은 뚜렷하고 명확한데, 이 관념은 마을공동체의 존재와 대지에의 소속감을 인식하면 할수록 더욱더 명확하고 뚜렷해진다. 이러한 변동은 권력관계의 변화를 나타내는 것이지, 사물을 혼동하거나 정신적 혼란을 일으켜서 일어나는 일이 아니다.

그러나 앞서 언급한 몇몇 예외를 제외하면 병합의 시기는 이미 18세기에 끝났다. 반대로 국경협정의 수는 급속히 증가했다. 이러한 경향은 유럽에서 일반적인 것이었다. 유럽의 여러 국가들은 적극적으로 자신들의 국경을 조정하려고 했다. 프랑스는 나름대로 끊임없이 협상을 벌였으며 북부에서 남부까지 모든 이웃국가들과의 협정에 서명했다. 오스트리아령 네덜란드, 리에주, 트리어, 바젤 주교령, 사르디니아, 에스파냐 등이 대표적인 국가이다. 이러한 조약들은 한 세기 이전에 중요했던 것과는 다른 일들이 관심사가 되었음을 보여준다. 루이 14세 치세에는 군사행동에 뒤이어 협상이 이루어졌는데, 이러한 협상의 목적은 치밀한 대규모 영토이전의 내용을 조정하려는 것이었다. 이와 달리 18세기의 협상은 여전히 주권이 불확실한 몇몇 마을에 대한 권리를 명확히 하며, 영토 교환정책을 추구했다. 옳건 그르건 아직 특정 주권의 범위에 포함되지 않았다고 생각되는 어떤 마을의 귀속성을 명확히 하는 것, 그리고 교환정책을 구사하는 것이 중요했다. 협상은 국가의 크기나 힘이 같지 않을수록 더욱더 뚜렷한 타협의 정신에 따라 이루어졌으며, 가장 강력한 국가는 피할 수 없는 마찰과 예견된 지체에도 불구하고 평등의 원칙을 받아들였다. 타협과 평화에 대한 열망이 더 우세했다. 국경형성 과정에 대해 미리 조사를 해보면, 영토의 조정에 대한 이러한 정책은 수많은 문서, 통계, 지도 등을 양산해 냈고, 이러한 문서, 통계, 지도에서는 법률적·역사적 논거보다는 지리적 제약이 더 중요한 역할을 했다.

그러나 이러한 협약이 완전히 혁신적인 것은 아니었다. 예를 들어 모젤 강과 사르 강 사이에는 지정학적 위치가 불분명한 지역이 있다.

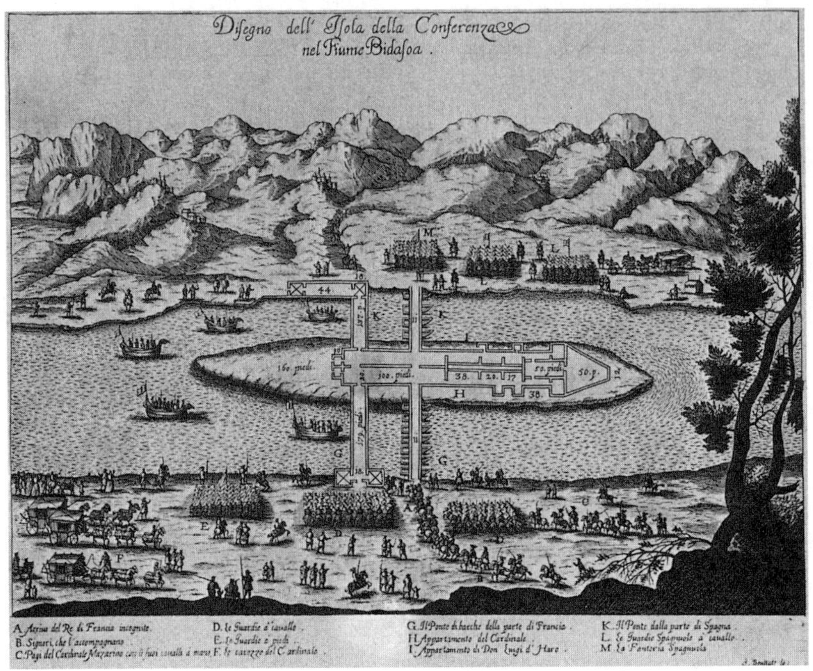

7. 비다소아 강에 있는 일드라콩페랑스(L'Ile de la Conférence).

1737년 한 보고서에 따르면 이 지역은 사다리꼴 지역으로서 122개의 읍과 마을로 이루어져 있었는데, 서로 다른 세력의 지배를 받고 있었다. 이 중 27개는 트리어 제후령, 29개 마을은 프랑스와 로렌, 18개 마을은 프랑스와 룩셈부르크 공작령, 16개 마을은 로렌과 트리어에 속해 있었다. 변경이 확정되지 않은 "공동국가"(*Pays indivis*)인가? 말하자면 '주인 없는 국가'(*res nullius*)인가? 그러나 당시 사람들은 어느 한 지역의 주변 마을들의 이름과 위치를 정확히 알고 있었다. 예를 들어 트리어에서 4리외(약 16km - 옮긴이) 떨어진 니텔 주변에는 14개의 마을이 있었는데, 사람들은 그 마을이 어느 정치권력에 속하는지를 완벽하게 알고 있었다. 마을들이 두 권력의 공동소유인지, 혹은 세 권력에 속하는지를 알고 있었다. 그러나 이 공동체들은 각기 다르지만 확실히 명시된 주권에 속하는 주택과 사람들로 이루어져 있었다.

말할 나위 없이 이것은 너무 복잡하다. 따라서 조정할 필요가 있다. 마을을 교환하거나, 고립지를 제거하거나, 또는 의사소통망의 연속성을 확보하기 위해 국경을 조정하려는 조치들이 체계적으로 이루어진다. 영토를 형성하는 데 있어서 이러한 노력은 두 가지 원칙 위에서 이루어진다. 첫 번째는 교환을 가능하게 만든 지역적 상황을 가능한 한 깊이 고려해야 할 필요가 있다는 점이다. 즉 양쪽 모두 마을이나 마을의 집합체가 가구 수에 있어서나, 면적에 있어서나, 혹은 그 토지의 질과 산출량에 있어서나 비교할 만한 것인가를 따져야 할 필요가 있다는 점이다. 이러한 점은 특히 오스트리아령 네덜란드와의 국경에서 중요한 문제였다. 역사적 권리에 근거한 주장은 끝이 없기 때문에, 직함에 근거한 논쟁은 중단되어야 했다. 이러한 사실은 1748년 프랑스와 제노바 사이의 국경을 협상하던 책임자가 인정한 바 있다. 이로부터 영토를 공간적으로 조직하는 일이 증가했다. 두 번째 원칙은 고대의 기억이 스며 있는 지리학이 지속적으로 전파하고 있는 끈질긴 개념을 재생시키는 것이다. 산과 강은 여전히 최고의 자연국경이었다. 오랫동안 지리적 상상력을 붙잡고 있었던 라인 강과 몇몇 교구 수준에서의 미세한 지역 조정 사이에, 이 관념을 지속시키는 국경선의 강들이 18세기에도 일정한 역할을 하고 있었다. 프랑스와 오스트리아령 네덜란드 사이의 리스 강, 트리어 선제후령과의 사이에는 사르 강, 바젤 주교령과의 사이에는 두 강, 사부아 가문의 영토와의 사이에는 바르 강이 있었다.27)

16세기로부터 18세기에 이르는 동안 국경에 대한 주장과 협상의 노력은 다른 종류의 기억에 근거하여 이루어졌다. 그것은 경험에 근거한 구전의 기억이며 좀더 넓은 의미에서는 "민중의" 기억이었다. 왜냐하면 이들 중 가장 중요한 마을사람들, 그리고 때때로 시골유지들은 자신들의 증거를 가지고 이 기억을 말하고 재생하며, 친숙한 대지에 그 기억을 각인한다. 이것은 매우 독특한 기억인데, 이 기억은 이중적인 기준에 의해서 결정된다. 첫째는 시간이다. 이것은 공동체의 기념물을 만드는 시간으로서, 일반적으로 몇 십 년을 거슬러 올라간다. 이것은 두 세대, 기껏해야 세 세대의 시간이다. 그 다음으로는 공간이다. 이것은 토지, 또는 근처 도시나 마을의 고유한 특성이다. 거리, 도로, 관습 등에 대해 말하는 사람들은 이미 그것들을 잘 알고 있는 것이다. 18세기에 협상의 결론을 빨리 내리기 위해 지위에 관한 끝없는 논란을 뒤로 미루었을 때, 신기하게도 영토는 공간과 관련된 모든 기억의 흔적을 받아들였다. 권리의 주장에 근거한 기억은 그것이 아무리 최근의 것이라고 하더라도 흐릿해지는 것처럼 보이는 반면, 행동, 관습, 노동, 일상적 이동에 의해 생긴 기억은 새로운 국경을 합리적인 것으로 만들어준다. 사실 역사가 — 모순된 증거들에 의해 만들어지는 왜곡 때문에 — 더 이상 공간적 대상과 관련하여 어떤 형식으로든 표현되지 않게 되면, 어떤 다른 풍경에 대해서도 그렇듯이, 역사는 이때부터 국경의 설계도를 보여주고 뚜렷한 자료들 사이에 자리 잡는다.

---

27) Jean-François Noël, "Les problèmes de frontières entre la France et l'Empire dans la seconde moitié du XVIIIe siècle", *Revue historique*, 90 (255), 1966, pp. 555~546.

의심할 바 없이 두 종류의 기억, 즉 텍스트를 통해 전달되는 기억과 증인들의 증언을 통해서 전달되는 기억은 서로 중첩되지는 않는다. 하나가 다른 하나를 포함하지도 않는다. 이 기억들은 서로 다른 질서를 가지고 있다. 가끔 서로 중첩되기도 하지만 그것은 단지 부조화일 뿐이다. 그러나 18세기에 이르러 역사적·자연적 경계에 대한 주장, 이와 관련된 현학적인 개념, 그리고 지역의 전통과 관습 등이 강줄기라는 하나의 주제로 집중되었다. 예를 들면 바르 강을 들 수 있는데, 이러한 경향은 강 양쪽 편 모두에서 나타났다.

3.

수세대 동안 고등학생들은 1789년의 프랑스에 대해 다음과 같은 단순한 교훈을 교육받았다. 국경은 일반적으로 불분명하며, 움직이며, 한마디로 정의하기 어렵다는 것이다. 그러나 수많은 연구에 따르면 사실은 그렇지 않다고 한다. 장기간의 조정정책 덕분에 북부 국경은 명확하게 잘 정돈되었다. 피레네 조약 이후 바다로부터 뫼즈 강에 이르는 지역에 약 350여 개 토지에 대한 귀속이 문제가 되었다. 혁명 직전 프랑스 내에는 빈약한 오스트리아령 고립지가 있었고, 프랑스가 외국에 가지고 있었던 고립지로는 바르방송, 필립빌, 마리앙부르 등 3개 토지가 있었나.[28] 동쪽 국경에서는 로렌으로부터 알자스와 공벨리아르에 이르는 지역의 상황이 매우 복잡했다. 그렇다고 해서 해결 못 할 정도는 아니었다. 알자스나 로렌의 경계지에 대해서도 1793년과 1917년 독일령 고립지에 해당하는 지역의 정확한 명단을 작성하는 것이 가능하다.

그러나 역사서술은 다르게 행해졌다. 국경 문제는 아주 쉽게 감정이

---

28) Nelly Girard d'Albissin, *Genèse de la frontière franco-belge. Les variations des limites septentrionales de la France de 1659 à 1789*, Paris, A. et J. Picard, 1970, 455 p., cartes, pp. 97, 559~560, 597.

나 신화로 인하여 혼란스러워졌다. 사실은 흐릿해지며 때때로 알아내기 힘들어졌다. 그러나 19세기와 20세기 대부분의 기간 동안에는 결국 구체제의 국경이 불안정하고 복잡하여 정확하게 지도상에 나타내려고 시도하는 것은 헛된 일이라는 생각이 지배적이었다. 이러한 점에서 뒤퐁 페리에에서 아르망 브레트에 이르는 역사가들은 1789년의 프랑스의 지도에 대해서 하듯이 중세 말에 대해서도 국경에 의한 구분뿐만 아니라 국내적인 구분을 하기에 이르렀다.[29] 제 1차 세계대전이 끝날 무렵 저명한 다른 학자는 북동쪽 국경에 대해 똑같은 논리로 옹호했다. 이처럼 국경에 관련된 모호함은 과거지향적이지만 여기에는 의미가 있다. 이것은 단순히 중립적이며 논쟁적인 언급이 아니다. 이것은 고유의 미덕을 가지고 있다. 국경이라는 개념은 다른 국면, 즉 18세기에 있었던 협상에 대한 의지에 뒤따라 생긴 열정과 요구라는 다른 국면으로 진입한 것이다. 특히 공유하건 분할소유하건 주권이라는 개념, 그리고 공동의 영토라는 개념은 사람들이 원하건 원치 않건 일종의 무기가 되었다. 이미 1907년 아르망 브레트는 1789년에 이루어진 국경 논쟁의 중요성을 과장했다. 프랑스와 독일어권 국가 사이에 있었던 이러한 불분명한 국경개념은 1917년 "연구위원회"가 개최한 회의에 제출되어 토론된 보고서에도 재현되어 있다. 이 위원회는 장차 있을 협상의 서류를 준비하기 위해 2월에 15명의 유명한 대학교수로 구성되었다. 그중 위원장은 라비스, 부위원장은 비달 드라블라슈였으며, 그 이외에 올라르, 갈루아, 쥘리앙, 드마르톤, 세뇨보스 등이 포함되어 있었다. 역사, 지리, 경제에 걸친 20여 건의 연구가 북동쪽 국경에 대해 이루어졌다. 역사분야에서는 구체제에서 19세기에 이르는 각 시대에

29) Bernard Guenée, "La géographie administrative de la France à la fin du Moyen Âge : élections et bailliages", *Le Moyen Âge*, 1961, pp. 295~525. *Politique et histoire au Moyen Âge. Recueil d'articles sur l'histoire politique et l'historiographie médiévale (1956-1981)*, Paris, Publications de la Sorbonne, 1981에도 실려 있음.

가지고 있었던 국경 문제에 대한 인식의 정도, 제1차 세계대전 중의 지정학적 주장에 대한 증거들, 그리고 국경개념의 좋은 본보기로서, 있는 그대로 표현된, 혹은 표현될 수밖에 없는 19세기의 국경개념 등을 동시에 표현했다. 비달 드라블라슈에 따르면 구체제 말기에 왕국과 트리어 선제후 사이에 이루어진 합의는 "사를루이 강 하류의 평원에 위치한 메르치히 지방이 처해 있는 공동주권이라는 독특한 체제"30) 에 종말을 고하는 것이었다. 뤼시앵 갈루아는 다음과 같이 적고 있다 "주권 문제는 항상 해결되는 것은 아니다. 주권이 공유되는 영토가 있다. 바로 그곳이 봉건제의 잔재가 남아 있는 곳이다. 자세히 들여다보면 복잡하기 이를 데 없다." 그러나 갈루아는 문제가 간단할 수 있으며31) 1789년의 영토상의 상황을 만드는 것이 불가능하지는 않다는 것을 인정했다. 모리스 팔렉스의 연구에 따르면 저지대 알자스의 북쪽 국경에 대한 논쟁은 독일의 제후들이 케슈 강을 따라 국경을 정할 것이라는 희망을 프랑스에게 준다면 해결될 수 있는 것이었다.32) 불확실성이란 그것이 더 이상 궁극적인 진보에 도움이 되지 않는 순간부터 멀어지고 밀려나게 된다. 19세기에는 지속적이며 되돌릴 수 없는 진보가 이루어짐에 따라, 국경개념이 유동적인 변경지역을 나타내는 것에서 정확한 선을 나타내는 것으로 변화했다는 것이 일반적인 생각이었다. 그러나

30) Paul Vidal de La Blache, "La frontière de la Sarre d'après les traités de 1814 et de 1815" (1917년 3월 19일 회기에 제출된 보고서). 이 글은 다음 논문에 근거한 것이다. Emmanuel de Martonne, "Note sur la carte à 1/200 000e de la frontière lorraine en 1814 et 1815", cartes, in *L'Alsace Lorraine et la frontière du Nord-Est* (Travaux du Comité d'Études), Paris, Imprimerie nationale, 1918, I, pp. 77~101, p. 84.

31) Lucien Gallois, "Les variations de la frontière française du Nord et du Nord-Est depuis 1789". 이 글은 다음 논문에 근거한 것이다. "Note sur la carte des frontières françaises du Nord et du Nord-Est à 1/600 000e", in *ibid.*, pp. 41~56, p. 54.

32) Maurice Fallex, "La question de la Queich et la frontière de la Basse-Alsace au XVIIIe siècle d'après des documents inédits", in *ibid.*, Supplément, 51 p., cartes.

역사는 이러한 규칙성을 입증하지 못했다. 이와는 달리 국경의 불확실성과 불가분성에 더욱더 큰 강조점을 두었다. 이 문제에서는 식민지의 국경선에서처럼 불분명한 것이 유리하다.

다른 점에서 보면 용어 문제에서의 혁신이 전에 없이 중요해졌다. 그 당시까지 지정학의 용어는 원칙적으로 용법이 뚜렷이 구분되는 두 단어로 이루어져 있었다. 국경(*frontière*)은 영토의 변동에 따라 축소, 확대, 이동할 수 있는 지역을 나타내는 것이었다. 이 단어는 일반적으로 군사적 맥락에서 사용되었다. 예를 들면 지방에는 국경 수비 성채가 있었다. 무력충돌이 줄어든다고 하더라도, 적대감이나 위기감, 혹은 단순한 역학관계가 코앞에 존재했다. 경계선(*limites*)이라는 용어는 아주 달리 사용되었다. 무엇보다 그것은 상징화된 추상적 언어로 나타낸 것이며 일반적으로는 좀더 정확한 지리적 선분을 의미한다. 즉 때때로 어렵기는 하지만 결국 합의에 도달하게 된 협상에서 공동의 합의에 따라 받아들여진 권력의 경계선이나 주권의 경계선을 의미한다. 국경이 공격성향을 띠는 용어인 반면, 경계선은 평화의 성향을 띠는 용어인 셈이다. (예를 들어 - 옮긴이) 17세기부터 18세기 동안 국가는 제후령이나 인접국가를 희생시켜 가며 이 국경선을 넓혀왔다. 그러나 두 국가는 서로 간에 경계선을 설정했다. 이 두 단어가 한 페이지에 나올 때 그 차이는 확연히 드러난다. 즉, 17세기에 군사적 충돌 직후에 국경을 결정하는 특사가 임명되고 여기서 (예를 들면 아르투아의) 경계선이 확정된다. 경계선은 (그것이 어떤 것이든 신의 뜻에 따라, 혹은 자연에 의해서 이루어졌다는 의미에서의) 자연적인 것이 아닐 때에도 국경의 변동과는 달리 고정된 것으로 간주된다. 이러한 특성이 너무도 강해서 정치적, 군사적 상황이 변화될 때에도 경계선은 지속된다. 예를 들어 혁명기의 연설가(베르니오, 로베스피에르, 생쥐스트)들이나 19세기의 역사가들이 '국경의 방어'나 '국경을 넘어선 공격'에서처럼 명확한 뜻을 나타내기 위해 사용했을 때 국경이라는 용어는 그 첫 번째 의미대로 사용된 것이다. 그러나 정해진 공간 내에 국가의 영토를 나타내기 위해 사용될 때에는, 여전히 경계선, 즉 자연적 경계선이라는 용어가 사용된다. 1793년 1월 31일 당통이 "프랑스의 경계선은 자연에 의해 표시되어 있다"고 했던 이 유명한 연설은 19세기에도 종종 인용되었다. 2월 14일 카르노는 "오래전부터 이어져 내려오고 있는 프랑스의 자연적인 경계선은 라인 강, 알프스 산맥, 그리고 피레네 산맥이다. 여기서 떨어져 나간 지역들은 강탈에 의해 그렇게 된 것이다"라고 했다. 신기하게도 수세기 후에도 이 주장은 반복되었다. 그러나 카르노는 "과거 영토에 근거한 이러한 외교적 주장은 이성의 눈을 통해서 보나 우리의 눈을 통해서 보나 아무런 가치가 없는 것이다"[33] 라고 정정했다. 1795년 여름 "라인 강까지 경계선을 밀어붙이는 것이 프랑스 공화국의 이해관계에 부합하는가"에 대한 논술대회(*concours*)가 열렸다. 답변은 종종 역사, 골 시대, 카이사르, 리슐리외 등에 근거했다. 그러나 이 답변들은 여전히 예전의 경계선에 반대되는 것으로서의 경계선, 즉 라인 강 경계선에 대해서 언급하고 있었다. 예를 들어 도르쉬는 "골족이 로마인들의 침략에 맞섰던 것과 같은 방어선을 가지고 있으므로 프랑스는 이 지역에서 강력하게 될 것이다. 사실 라인 강은 프랑스의 자연경계선 중 하나이다"라고 했다. 또한 데르셰는 "네덜란드와의 국경선이 있는 곳, 그곳에서부터 프랑스 제국의 경계선이 시작된다. 이 경계선은 자연의 산물이다"라고 했다. 대회 응시생인 어느 공학자가 쓴 다른 논문은 "라인 강이 프랑스의 자연경계선이라는 것을 납득하기 위해서는 지도를 한번 슬쩍 보는 것만으로도 충분하다"[34] 라고 했다. 리

33) *Réimpression de l'ancien Moniteur depuis la réunion des États-Généraux jusqu'au Consulat (mai 1789-novembre 1799)* M. Léonard Gallois의 설명 주석, Paris, Au Bureau Central, t. XV, 1840, 1er février 1795, p. 525 ; 17 février 1795, p. 455.

34) Georges-Guillaume Boehmer, éd., *La rive gauche du Rhin, limite de la République française, ou Recueil de plusieurs dissertations, jugées dignes des prix proposés par un négociant de la rive gauche du Rhin...*, Paris, Desenne, Louvet et Devaux, an IV, XII + 218 + VIII p., ill., pp. 66, 151, 174.

인란트의 병합을 강력히 주장한 알자스 출신의 뢰벨(Reubell) 역시 라인 강 좌안을 경계선으로 묘사했는데,[35] 이것은 혁명력 5년과 총재정부 시절에 작성된 보고서의 제목에서 나타내고 있는 것과 같은 용법이었다.[36] 그러므로 국경이 무력충돌의 가능성을 내포한 군사지역인 반면, 경계선은 신성불가침의 권리이자 의무로 간주될 수 있다. 비록 그 경계선을 점령해야 한다고 하더라도, 또는 뢰벨의 주장에서 볼 수 있듯이 전략적·경제적 고려에서 라인란트 정책이 출발한 것이라고 하더라도 그렇다.[37]

그러나 용어들도 천천히, 매우 천천히 바뀌었다. 그리고 국경과 경계선 사이의 간극이 점차 약해져서 적어도 특정한 경우에 거의 동의어로 사용될 정도가 되었다. 용어사용에 있어서의 이러한 변화는 매우 중요한 의미를 갖는다. 우선 경계선으로서의 국경을 보자. 그것의 첫 번째 단계는 18세기부터 이루어졌고, 특히 1770년대 영토조정에서 나타났다. 이전에는 사람들이 경계선의 확정, 또는 경계선의 조정이라고만 불렀는데, 이때부터 사람들은 그것이 더 이상 변경되지 않기라도 할 것처럼, 그리고 그것이 점차 안정화되거나 평화로워지기라도 하다는 듯이, 국경의 확정, 또는 국경의 설정을 협상한다고 쓰기 시작했다. 아마도 이것은 적어도 어떤 사람들에게 있어서는 협상의 성공으로 영토의 수립이 완성된 것처럼 여겨졌다는 표시이다. 자연국경을 보자. 이 표현은 18세기가 끝나도록 거의 사용되지 않았고, 라틴어로부터의 번역이나 완곡한 표현의 형태로 등장했다. 반면 19세기 후반과 20세

---

35) Albert Sorel, "Le Comité de salut public et la question de la rive gauche du Rhin en 1795", *Revue historique*, 7 (18), janvier-avril 1882, pp. 275~522 (lettre du 2 fructidor an III [19 août 1795], pp. 307~309).

36) Jean-René Suratteau, "Reubell et la frontière du Rhin", *Annales historiques de la Révolution française*, 40, 1968, pp. 553~556.

37) Jacques Godechot, *La Grande Nation. L'expansion révolutionnaire de la France dans le monde de 1789 à 1799*, Paris, Aubier Montaigne, 2e éd. entièrement refondue, 1985, 544 p., p. 81.

기에는 이 용어가 널리 사용되었고 역사가들의 구체제나 혁명에 대한 연구에서 소급되어 적용되었다. 언제 이것이 중요한 의미를 지니면서 언어로서 사용되었는가? 그 시점은 불확실하다. 아마도 혁명전쟁기부터 사용되었거나, 1814~1815년의 협정 이후 몇 년 사이일 것이다.

샤토브리앙은 1833년에 이렇게 썼다.

> 라인 강 건너 선제후령을 유람하면서 나는 이 지방이 예전에 프랑스의 도(道)였다는 점을 상기했다. 그리고 흰색 갈리아가 게르마니아의 푸른 스카프인 라인 강으로 둘러싸여 있었다는 것을 상기했다. 나폴레옹, 그리고 그에 앞서 공화국(제1공화국 - 옮긴이)은 우리 수많은 선왕들, 특히 루이 14세의 꿈을 실현했다. 우리가 우리의 자연국경을 유지하지 못하는 한, 유럽에는 전쟁만이 있을 것이다. 왜냐하면 영토를 보존하려는 프랑스가 독립을 유지하는 데에 필요한 경계선을 점령하려고 할 것이기 때문이다. 우리는 적절한 장소에서 적절한 시간에 그 지역에 대한 요구를 하기 위해 바로 이곳에 트로피를 꽂을 것이다.[38]

1840년경 이 표현은 신문과 논쟁적인 문학가들에 의해 채택된 것으로 보인다. "소위 '프랑스의 자연국경'에 대한 프랑스의 편견"이 확산되고 있다고 쾰른에서 이민 온 독일 애국자인 야콥 페네데이가 말했다.[39] 얼마나 놀랄 일인가? 당시는 프랑스와 독일 사이의 라인 강 조정 문제에서 비롯된 위기의 시기였다. 1814~1815년의 협정에 의해 생긴 쓰라린 경험은 잃어버린 라인란트에서 새롭게 전선을 형성했다. 국경에 대해서 여전히 여러 단어들이 사용되고 있기는 하지만, 국경은

38) *Mémoires d'outre-tombe*, Édition du Centenaire... établie par Maurice Levaillant, Paris, Flammarion, 2e éd. revue et corrigée, 1964, 4e partie, livre Ve, chap. IX, p. 303.

39) Jacob Venedey, *La France, L'Allemagne et la sainte alliance des peuples*, Paris, Dauvin et Fontaine, 1841, VII + 60 p., p. I ; cf. Id., *La France, L'Allemagne et les provinces rhénanes*, Paris, A. Le Gallois, 1840, 48 p., pp. 43~44.

자연국경설에 기대어 군사적 공격과 팽창을 계속했다. 반면 경계선은 왕정이 몰락하던 18세기의 휴지기에 이루어진 대로 고정되어 있었다. 마지막으로 언어상의 국경을 보자. 이 용어 역시 늦게 나타난 것이다. 미슐레는 그의 저서 《프랑스의 모습》(1833)에서 플랑드르를 "유럽인종과 유럽언어의 국경"이라고 했다.[40] 엄밀한 의미에서의 언어상의 국경 역시 나중에 나타났다. 아마도 제2제국 시기일 것이다. 이 개념의 확산 또한 매우 느리게 진행되었다는 것도 강조될 필요가 있다. 하나의 국민 또는 하나의 국가가 하나의 언어지역과 정확하게 일치해야 한다는 생각은 최근에 나타난 생각에 불과하다. 구체제 아래서 프랑스어 사용을 강요했던 조치는 명백히 병합지역에만 적용되었다. 그러나 르네상스 시대의 논쟁을 제외하면, 잘못된 해석에서 그랬건, 혹은 그 부분만 떼어내서 해석하는 오류 때문에 그랬건, 19세기 역사가들이 그렇게 주장했음에도 불구하고, 언어상의 국경에 대한 주장이 국제관계에서 영토에 대한 주장을 뒷받침하는 도구로 이용되지는 못했다. 같은 논리가 알자스에 대해 적용된다면 쉽사리 프랑스의 주장에 반하게 될 터인데, 어떻게 그렇게 할 수 있겠는가? 개념의 수준에서 보면 16세기에서 18세기에 이르기까지 언어의 경계선은 지리적 선분으로 받아들여지기보다는 사회집단 간의 구분, 즉 동일한 가문 구성원 사이의 구분의 형태로 받아들여졌다. 혁명기에도 여전히 뢰벨의 라인란트 정책은 언어 문제나 동화(*assimilation*)의 문제와는 상관없이 진행되었다.[41] 미슐레가 그의 지지학의 첫 머리에서 언어를 "국민성의 주요한 표시"라고 하며 이를 증명하기 위해 스트라스부르 서약[42]까지 거슬러 올라갔을 때, 그는 언어와 국민 사이의 관계가 역사 속에서 점점 정확

40) *Histoire de France*, livre III, *Tableau de la France*, in *Œuvres complètes*, éd. Paul Viallaneix, t. IV, préface par Jacques Le Goff, Examen des remaniements... par Robert Casanova, Paris, Flammarion, 1974, p. 375.

41) J. Godechot, *op. cit.*, loc. cit..

42) 〔역주〕 842년 카롤루스 마그누스 제국의 분할과 관련된 문서.

8. “자유의 나무”가 심어져 있는 풍경, “지나가는 이들이여, 이 땅은 자유롭다”라고 쓰여 있다. 1792년 모젤 강변의 프랑스 국경에서 괴테가 그린 수채화.

하게 묶여진다는 사실을 고려하지 않은 채 일종의 기억의 효과를 만들어 냈다.

그러나 다른 가치들은 서서히 등장하여, 언어상의 용법을 실질적으로 무시하고 점차 이런 종류의 기준에 근거한 이념적·역사적 구조를 드러내 놓고 문제 삼았다. 무엇보다도 혁명과 더불어 경계선은 국민들을 갈라놓기 시작했다. 특히 여전히 자유롭지 못한 사람들과 자유롭게 된 사람들을 갈라놓았다. 1792년 프랑스 국경 근처 모젤 강 위에 세워진 자유의 나무는 프리지아 모자와 삼색 테두리의 게시판으로 장식되어 있는데 이 게시판에는 "지나가는 이들이여, 이 땅은 자유롭다"는 말이 쓰여 있다. 그런데 이 말을 써 넣은 사람은 혁명적 소요를 원치 않았던 괴테였다. 민중주권, 즉 민중 스스로 행사하는 권리는 혁명이념의 근본원칙이 되었다. 이것은 전통적인 국제적 관습에서는 찾아볼 수 없으나, 18세기 계몽사상가들에 의해 준비되고 있었으며, 미국이 본보기를 보여준 바 있었다. 민중주권의 이름으로 왕정기에 이루어진 영토획득(코르시카는 1789년법에 의해, 알자스, 로렌, 그리고 프랑슈콩테는 1790년 6월에 이 세 지역의 국민방위군 대표가 스트라스부르에 모여서 행한 서약에 의해 획득됨)이 정당화되고 축성되었으며, 벨기에와 라인란트(마인츠에서 소집된 라인란트 회의), 니스 백작령에서 의회가 소집되었고, 예전의 고립지(1791년 아비뇽과 콩타브네셍, 1793년 몽벨리아르)와 국경지역(사부아와 니스에서 벨기에에 이르는 지역, 그리고 라인 강변지역은 국민공회 시절에 흡수됨)이 병합되더니, 마침내 총재정부에 이르러서는 입헌적 경계선의 개념이 창안되기에 이르렀다.[43] 민중의 정확한 소망과 의사표시가 있었는가 없었는가는 여기서 논의할 바가 아니다. 아비뇽에서와 같은 몇몇 경우를 제외하고는 민중은 병합을 원치 않았다.

국경선과 표현법은 다르지만 유사한 개념으로 탄생한 이 민중주권

---

43) Id., *ibid.*, pp. 67~81.

이라는 개념은 점차 명확해지며 확고해졌다. 한편으로 역사적 · 지리적 의미에서 이해되던 자연국경선은 국민 전체의 의지에 근거하지 못한다면 가상의 틀로서만 받아들여질 수밖에 없었다. 이러한 점에서 보면 1842년 〈두 세계〉라는 잡지에 실린 한 논문에서 라인란트 지방이 프랑스로의 편입을 받아들일지에 대해 의구심을 품으면서 내린 결론은 의미심장하다. "진정한 자연경계선은 산과 강에 의해 결정되는 것이 아니라 언어, 관습, 기억, 그리고 한 국민을 다른 국민과 구별 짓는 모든 것에 의해 결정된다."44) 1814~1815년에 프랑스에서 떨어져 나간 사부아는 이러한 개념상의 변천과 발전을 보여준다. 사실 나폴레옹 3세는 자연국경선이 가지고 있는 도구적 기능이나 군사적 · 전략적 역할을 모르지는 않았던 것 같다. 왜냐하면 그러한 방법으로 1866년 그는 라인란트 일부, 룩셈부르크, 벨기에와 더불어 북부 국경지대로 영토를 확장하기를 원했기 때문이다. "만약 우리가 알프스 방면에서 우리의 자연국경을 지켜내지 못한다면 프랑스의 전반적인 여론은 알프스 끝자락에 거대한 국가가 형성되는 것을 못마땅해할 것이다. 내가 보기에 두 가지 이념은 절대적이며 상호불가분의 것이다"라고 외무부장관이었던 에두아르 투브넬이 황제의 말을 전했다.45) 그러나 공개적으로 표명한 공식정책은 국적 정책이었다. 사부아의 병합은 여론 캠페인, 즉 (스위스를 지지하거나 프랑스를 지지하는) 위원회와 청원운동에 의해, 그리고 파리에 있는 유력한 대표들에 의해 준비되고 있었다. 이 문제는 협정으로 결론이 났다. 그러나 니스 백작령에서 그랬듯이 주민

---

44) Edmond de Cazalès, "Études historiques et politiques sur l'Allemagne", *Revue des Deux Mondes*, 4e série, t. XXIX, 1842, p. 79, cité par Klaus Wenger, "Le Rhin, enjeu d'un siècle", in *Une histoire du Rhin*, sous la direction de Pierre Ayçoberry et Marc Ferro, Paris, Éd. Ramsay, 1981, pp. 255~291, p. 264.

45) Lettre du 2 février 1860, Lynn M. Case, *Édouard Thouvenel et la diplomatie du second Empire*, trad. franç. par Guillaume de Bertier de Sauvigny, Paris, A. Pedone, 1976, 459 p., pp. 153~154.

투표에 의해 승인되었다.[46] 사부아와 니스를 획득하는 데 있어서, 특히 수세기 동안 국제적 관례였던 보상을 요구하는 데 있어서, 정치적 현실주의와 국가의 이해관계를 최소화하는 것은 확실히 불가능했다.[47] 그 이후로 민중의 의향은 조사대상이 되거나 참조되었으며, 심지어 사부아의 주민선거 때에는 스위스, 벨기에, 그리고 영국의 언론에서 격한 어조로 선거가 조작으로 얼룩졌다고 선언하기도 했다.[48] 그럼에도 불구하고 민중의 의향은 (국경의 - 옮긴이) 중요한 요소인 동시에 상징이 되었다. 그러나 다른 한편 여러 사건을 겪으면서 19세기에 나타났던 독일식 해석과는 다른 프랑스식 해석에 따른 국경과 이념이 등장하게 되었다. 이러한 경향은 괴레스와 같은 라인란트인들이 처음에는 자연경계선(프랑스의 경우 라인 강, 알프스 산맥, 피레네 산맥)의 정당성을 추종하다가 그 이후에는 국가에의 귀속이 자유롭고 집단적으로 선택될 수 있다는 이론에 빠지는가 하면, 나중에 전통과 언어에 근거한 정의를 받아들이는 것이 목격된 이후에는 더욱 강해졌다.[49] 이에 발맞추어 프랑스에서조차 언어를 기준으로 한 주장이 잠깐 동안 등장했다. 그 시기는 혁명기에 외국어의 사용이 배격되었을 때, 그리고 그 이후 언어의 문제가 여전히 복잡하고 불확실한 구문 속에서 나타날 때(앞서 인용한 카잘레스의 언어처럼), 그리고 마지막으로

---

46) Paul Guichonnet, *Histoire de l'annexion de la Savoie à la France et ses dossiers secrets*, préface par Henri Baud, Thonon, "Le Messager"/Roanne, Horvath, 〔1982〕, 〔VI〕 + 357 p., ill.

47) Id., "Théorie des frontières naturelles et principe des nationalités dans l'annexion de la Savoie à la France (1858-1860)", *Revue des travaux de l'Académie des sciences morales et politiques et comptes rendus de ses séances*, 2e semestre 1960, pp. 19~32.

48) Id., *Histoire de l'annexion..., op. cit.*, pp. 243~246.

49) Jacques Droz, *La Pensée politique et morale des Cisrhénans*, Paris, F. Sorlot, 1940, VIII + 79 p., pp. 15~24 ; T. C. W. Blanning, *The French Revolution in Germany. Occupation and Resistance in the Rhineland, 1792-1802*, Oxford, Clarendon Press, 1983, VIII + 353 p., pp. 283~284.

9. 다시 자기 땅의 주인이 된 골족의 후예들이 과거의 경계선을 되찾고 있다. 이들의 관심사는 그 경계선을 유지하는 것인데, 이들의 용기가 경계선을 지켜줄 것이다.
조르주 기욤 뵈메르, 《공화국의 경계선, 라인 강 좌안》(파리, 혁명력 5년) 중 삽화.

예외적으로 다중언어(*plurilinguisme*)라는 지역적 특징(니스 백작령의 특징인데, 이곳에서는 1860년 니스 방언, 이탈리어, 프랑스어 등 3개 언어가 나란히 사용되었다)이 투쟁으로까지 발전할 때 등이었다. "무엇이 사람들의 국적을 구분하는 가장 강력한 증거인가?"라고 카보우르는 물었다. "그것은 언어이다. 니스에서 사람들이 말하는 관용어는 이탈리아어와는 약간의 유사성만을 가지고 있다."[50] 그러나 크게 보면, 이러한 상황은 1840~1860년 이후에 중단되었다. 언어라는 기준은 국적에 대한 독일식 정의에는 포함되었고 영토, 국민, 그리고 국경에 대한 프랑스식 정의에서는 빠지게 되었다.

전쟁과 국가이성, 프랑크푸르트 협약, 그리고 국민적 상흔 등은 국경이라는 문제를 불러일으키고 관심을 끌도록 만든다. 공동체가 경험한 사건으로부터 국경의 개념과 감정은 새로운 강렬한 힘을 얻는다. 현재를 설명하고 반박하기 위해 역사를 상기시킨다. 그러나 이처럼 힘을 다시 얻음으로써 시간과 공간 사이의 관계는 아마도 변화가 일어날 것이고, 이것은 다시 단어와 표상의 관계를 변화시킬 것이다.

지리적 관점에서는 프랑스의 조화로운 육각형이 손상되었고 전체적인 모양도 변질되었다. 국경의 대표성 자체가 변화했다. 라인 강에서, 그리고 알프스 산맥에서조차, 국가 간의 경계선과 국경은 일치하게 되었다. 수세기에 걸친 노력으로 성취한 뒤 몇 십 년 만에 지정학은 국경의 통일성을 뚜렷하게 드러나도록 만들었다. 이 국경의 통일성은 적어도 세 가지 서로 다른 선분으로 이루어져 있다. 첫 번째는 협약(1871년 프랑크푸르트 협약 - 옮긴이)에 의해 만들어진 선으로서 보주에 있는 발롱 달자스에서 도농에 이르는 짧은 선이다. 국가 간(프랑스와 독일 - 옮긴이)의 경계선이며, 이 선을 따라서는 세관이 있다. 산 정상을 연결하는 푸른 선이며, 정복당한 자들(프랑스 - 옮긴이)에게는 상념을 불러일으키는 선이다. 또한 재구성된 영토들 사이의 실질적인 균열

50) P. Guichonnet, *Histoire de l'annexion...*, *op. cit.*, pp. 323~325.

을 나타낸다. 왜냐하면 보주에는 프랑스와 독일 양 방향에서 오는 철도가 있는데 서로 만나지 않기 때문이다. 반면 병합된 지역의 서부에서 물길과 철길이 남북으로 축을 형성하고 있다. 이 선 안에 단어의 고유한 의미, 즉 군사적 의미를 가진 국경이 새로운 방어체제로 건립되어 있다. 이 국경은 이중의 방어선으로 구성되어 있는데, 하나는 베르됭에서 툴과 에피날, 그리고 벨포르에 이르는 선이고, 다른 하나는 그 뒤에 있으며 라페르 광장, 랑, 랭스, 랑그르, 그리고 디종을 지나는 선이다. 그 너머에 자연국경이며 역사적 국경인 라인 강이 있다. 그때부터 독일의 강이 된 라인 강은 바로 그 이유로 전에 없이 국민적 만족감의 상징이 되었다. 이러한 만족감은 지금은 없어졌다. 정치적 경계선과 역사적 국경이 이렇게 분리됨으로써 현재는 중간, 즉 병합된 지역을 이용하고 있다. 그리하여 라인 강을 언급할 때, 아마도 그것은 고유한 의미의 강 자체보다는 그것이 가르고 있는 지역을 이야기하는 것이며 지역의 일부라기보다는 지역 전체를 의미하는 것일 것이다.

그러므로 현재의 불확실성에 반대하여 알자스와 로렌의 정체성을 확립하기 위해서는 기억과 역사의 교훈에 의지하게 된다. 그리고 이러한 점에서 독일의 주장과 논증에 맞선 프랑스의 입장은 명확하다. 언어는 거의 중요하지 않다는 것이다. 1870년 10월 이후 퓌스텔 드쿨랑주는 몸젠에게 답변하면서 이렇게 말했다 "국민을 가르는 것은 인종도 언어도 아니다. 인간은 생각, 이해관계, 애정, 기억, 희망의 공동체에 속할 때 같은 민족이라는 사실을 마음으로 느낀다."[51] 이러한 생각은 연구위원회 보고서에서 더욱더 명백하게 지지되었다. 라비스와 피스터는 로렌 문제에 대해서 이렇게 썼다. "언어를 조국의 본질적 인자로 만드는 궤변을 그만두어야 한다. 조국이란 공동의 기억이다. 〔…〕 여전히

51) Numa Denis Fustel de Coulanges, "L'Alsace est-elle allemande ou française? Réponse à M. Mommsen, professeur à Berlin", in *Questions historiques revues et complétées d'après les notes de l'auteur* par Camille Jullian, Paris, Hachette, 1893, pp. 505~512.

프랑스에 속해 있는 로렌과 독일에 빼앗긴 로렌 사이에 있는 국경은 모든 역사를 무시하는 것이다."[52] 비달 드라블라슈는 언어 문제에 대한 구체제의 무관심을 강조했다. "국가는 자신의 영역에 문제가 될 때에만 그것을 문제시한다. 오늘날 지배적인 이념은 유럽에서나 미국에서나 국가의 언어가 공동의 유산이며, 모든 사람이 이 공동유산을 공유해야 한다는 것이다. 이 이념은 아직 시대정신이 되지는 못했다."[53]

기억을 재구축할 때 강력하게 주장되어야 할 것은 바로 국경주민들의 자유로운 선택권이다. 몇몇 이미지와 주제는 과거의 이러한 재생에 기여한다. 지역과 장소를 의인화시켜야 한다. 구체제 하에서 "알자스는 스스로 프랑스 문화의 매력으로 빠져들도록 놔두었다". 1798년 "뮐루즈는 프랑스에 스스로 복속해 들어왔다".[54] 1815년 이후 "네(Ney)〔사를루이〕의 조국은 비탄에 잠겨 있었다."[55] 두 번째로는 선택의 유구함이다. 이것은 혁명기에 이루어진 공식적인 표현보다 앞서는 일일 것이다. 1552년 메스의 부르주아는 기꺼이 프랑스 국왕에게 서약했다.[56] 카이사르 시대에 트레비르족은 "항상 골족 연합체의 일부였다". 그리고 제국 시기에는 갈리아의 켈트족을 지지했다.[57] 마지막으로는 1871년 상실한 영토 너머에 프랑스의 기억이 살아남아 유지되는 것이 있다. "이 기억은 마인츠, 보름스, 코블렌츠, 그리고 트리어에서는 완전히 없어지지는 않았다."[58] 그리고 란다우와 사를루이에서도 많이

52) Ernest Lavisse et Christian Pfister, "La formation de l'Alsace-Lorraine", in *L'Alsace-Lorraine et la frontière du Nord-Est*, *op. cit.*, pp. 5~40, pp. 26~27.

53) Paul Vidal de La Blache, *La France de l'Est (Lorraine-Alsace)*, Paris, A. Colin, 1917, x + 280 p., cartes hors-texte, pp. 53~54.

54) E. Lavisse et Chr. Pfister, *op. cit.*, pp. 23, 28.

55) P. Vidal de La Blache, "La frontière de la Sarre...", *op. cit.*, p. 96.

56) E. Lavisse et Chr. Pfister, *op. cit.*, p. 7.

57) Camille Jullian, "Les populations rhénanes dans l'Antiquité" (Rapport présenté à la séance du 19 mars 1917), in *L'Alsace-Lorraine et la frontière du Nord-Est*, *op. cit.*, pp. 343~354, p. 346.

58) Philippe Sagnac, *Le Rhin français pendant la Révolution et l'Empire*, Paris,

사라지지는 않았다.[59] 결국 우리는 어떻게 해서 제 1차 세계대전이 끝날 무렵 국경지방의 격변이 과거의 기억을 불러일으켰고, 이것이 다시 국가의 경계선과 국경의 관계라는 문제를 제기했는가를 알아보았다.

복수란 바로 그곳, 언어와 단어 속에 있으며, 역사적 주장의 주제와 예제 속에 있다. 국경이라는 이 고전적인 개념과 단어는 그 자체에 요새와 투쟁의 이미지를 담고 있었지만, 18세기 후반 국가가 과도한 영토적 주장을 포기하고 보다 더 평화롭고 친근한 수준으로 스스로를 한정함으로써, 이 단어는 점차 그 의미가 완화되었다. 그러나 19세기와 20세기 초에 민족의 국경은 이러한 잠재적이면서 축적된 힘을 회복했고 당대의 목표에 집중했으며, 혁명정신의 원칙에 동화됨으로써 그 토대를 넓혀나갔다. 그리고 특히 수세기를 거슬러 올라갔다. 국민공회로부터 리슐리외에 이르기까지, 앙리 2세에 이르기까지, 그리고 카이사르에 이르기까지 국경은 과거에 매달리고 있다.

F. Alcan, 1917, 391 p., carte, p. 356.

59) P. Vidal de La Blache, "Persistance du sentiment français à Landau", in *L'Alsace-Lorraine et la frontière du Nord-Est*, *op. cit.*, p. 75 ; Alphonse Aulard, "Un témoignage sur la persistance du sentiment français à Sarrelouis (1815-1880)", *ibid.*, pp. 141~149. 이 문제에 관한 전체적인 관점을 알려면 다음을 참조하라. Werner Kern, *Die Rheintheorie der historisch-politischen Literatur Frankreichs im ersten Weltkrieg*, Sarrebruck, Université de la Sarre, 1973, multigr. 〔VI〕 + 629 p.

국경의 기억 : 알자스

1985년 2월에 주간지 〈르푸앵〉이 발표한 앙케트는 프랑스에서 알자스가 여러 면에서 예외적인 지방이라는 점을 잘 보여준다. 지역정체성에 대한 질문에 대해 알자스 주민의 92.3%가 강하다고 응답했다. 같은 질문에 대해 브르타뉴에서는 85.8%, 리무쟁에서는 64.4%가 강한 편이라고 응답했지만, 프랑스의 다른 대부분의 지방들에서는 강한 편이라는 응답이 50% 이하였다. 알자스의 강력한 개성에 대한 이러한 의식은, 달리 말하면 프랑스의 '내지'(內地)와 서로 공유하는 부분이 있음에도 불구하고 다른 한편으로 내지와는 다른 기억을 갖는다는 의식은, 우선 알자스에는 아주 무심한 방문자들에게도 강한 인상을 주는 몇몇 특징들이 있음을 의미한다. 첫째, 두 언어, 즉 프랑스어와 독일어 방언[1]이 공존하고 있다. 도시의 길가에서, 특히 농촌에서 독일어 방언을 흔히 들을 수 있다. 독일어로 쓴 술집 간판도 흔하다. 둘째, 여러 종교 공동체들이 공존하고 있다. 알자스에서는 가톨릭과 개신교, 개신교 가운데서도 특히 루터교가 공존해 왔다. 이곳에서는 루터교 신자들의 거주지역이 16세기 중반 이래로 단절 없이 유지되어 왔다. 다른 한편, 유대교의 가시적인 흔적들이 다른 대부분의 지역들보다 알자스에서 더 오래되었다. 공존하고 있는 것은 그 외에도 많겠지만, 마지막으로 들 수 있는 것은 오래전에 지중해에서 들여온 포도원과 알자스 과거의 심층에 뿌리를 내린 맥주양조장이 공존하며, 그 외에 겨자와

1) 〔역주〕 알자스어로 알려진 독일 방언.

10. 스트라스부르의 전경.
대성당과 덮개 다리들.

커민[2]이, 비프스테이크와 슈크르트[3]가 공존한다.

이런 많은 특징들에 눈에 덜 띄는 사실들을 덧붙일 필요가 있을까? 특히 사회분야에서는 비스마르크 제국의 공헌을 보존하고 있는 지방특례법의 장기적 유지, 교회와 국가의 관계에서 정교협약[4]과 조직조항[5]에 의해 정해지는 체제의 유지, 교육 문제에서는 1850년 팔루법[6]에 따른 가톨릭계 초등학교와 종파와 관계없는 공립초등학교의 공존 등을 들 수 있다.

알자스의 경관들과 독특한 도덕적 분위기를 통해서, 알자스는 첫눈에 프랑스와 독일 사이의 격동적 역사의 추억들과, 중세 이래 유럽사의 위대한 시기와 불행한 시기를 반영하는 국경의 기억들이 자리 잡고 있는 것처럼 보인다. 매우 역설적이게도 알자스는 독일 문화의 영향을 많이 받았음에도 불구하고 프랑스에 대한 애착을 아주 강하게 드러냈다. 또 다른 역설적인 사실은, 약 15년 전부터[7] 프랑스의 몇몇 지방들에서 지역주의 요구가 분출하여 국가에 대한 소속을 문제 삼는 데까지 나아갔고 적어도 일시적으로는 일정한 진전을 하기도 했지만, 알자스에서는 그와 유사한 운동이 일어나지 않았다는 점이다. 알자스에서 지역주의가 활기를 띠지 않았던 것은 아니지만, 극소수 주변집단의 경우를 제외하면 급진적 형태를 띠지 않았다.

이러한 역설들은 "국경의 기억"의 역설들이 아닌가? 이러한 국경의 기억은 소멸하지 않으려면, 알자스 특유의 요소와 프랑스 특유의 요소

2) 〔역주〕 일종의 향신료.

3) 〔역주〕 슈크르트는 본래 독일 전통요리로서, 새콤하게 배추를 절인 것이다.

4) 〔역주〕 1801년 교황과 나폴레옹 사이의 협약.

5) 〔역주〕 프랑스 정부는 정교협약에 조직조항이라 알려진 프랑스 교회 독립주의적인 규정을 덧붙였다.

6) 〔역주〕 1848년 2월혁명에 의해 수립된 제2공화국 헌법에는 교육의 자유가 명시되어 있는데, 이런 헌법정신에 입각하여 당시 교육부장관이던 팔루가 종교계의 교육참여를 인정하는 법안을 제안하여 팔루 법이 제정되었다. 이는 교육 영역에서 가톨릭의 영향력을 보장하기 위한 것이다.

7) 〔역주〕 이 책이 처음 출판된 해는 1992년이다.

사이의 관계를 끊임없이 재생산해야만 한다. 그런데 이 두 요소들은 알자스의 복잡한 정치적 기억과 알자스 역사의 기념비적 장소들에 일체가 되어 존재하고 있다. 그리고 이런 두 요소 사이의 긴장관계는 국민의 상상세계에 자리 잡고 있는 알자스의 예외적인 상징적 위치를 잘 설명해 준다.

I. 역사적 기억

스트라스부르. 이 도시를 바라보며 거니는 사람은 이러한 오랜 기억이 석조건물에 가시적인 형태로 퇴적되어 있음을 곧 깨닫게 된다.

우선 로마 시대 성채의 중심지를 차지했던 성소의 유적지에 세워진 대성당을 들 수 있다. 유럽의 건축물 가운데 이 대성당이 야기하는 것만큼 강렬한 종교적·국민적 열정에 대한 기억을 구체화하는 것은 별로 없다. 이 대성당은 마를렌하임과 와셀론 사이에 있는 크론탈의 채석장에서 운반한 적색사암으로 축조되었고, 에르빈의 작품[8]인 장미장식의 채광창이 있다. 1439년에 완성된 하나뿐인 첨탑[9]은, 나중에 교황 피우스 2세가 된 에네아 실비오 피콜로미니의 표현에 따르면, "구름 속에 그 끝을 숨기고 있다". 그 대성당의 중앙 홀은 "랭스의 특징이 현저하게 드러난다"(한스 하우그). 샤르트르의 아틀리에〔工房〕가 천사기둥[10]을 장식했다. 그러나 독일 신성로마제국의 추억은 북쪽 측

8) 그 이후 16세기 사람들은 그를 에르빈 폰 슈타인바흐(Erwin von Steinbach)라고 불렀으며, 낭만주의자들은 그가 그 대성당을 축조하였다고 생각했다. 그러나 그 대성당을 축조하는 데 그의 역할이 중요했지만 그가 혼자서 축조한 것은 아니었다. 그는 1284년부터 1318년까지의 시기에 활동했다. 그에 뒤이어 그의 아들이 1318년부터 1339년까지 활동했다. Hans Haug et al., *La Cathédrale de Strasbourg*, Strasbourg, *Dernères Novelles d'Alsace*, 1957 참조.

9) 〔역주〕 대부분의 프랑스 성당에는 정면에 두 개의 탑이 균형 잡히게 세워져 있지만 스트라스부르 대성당의 첨탑은 하나다.

랑의 스테인드글라스에 영원히 남아 있다. 황제들은 튜닉과 망토를 입고 황제 홀과 황금 옥[11]을 들고, "성상으로부터 신자들을 힐끗 쳐다보았다".[12] 오토 왕조의 황제들은 교권과 속권을 긴밀히 결합하였으며, 기사도 이상의 화신인 슈타우펜 왕조의 프리드리히 바바로사는 1187년 12월에 스트라스부르에서 십자군 병사의 징집을 담당하고 있던 교황 그레고리우스 7세의 특사들을 영접했다. 1524년부터 처음으로 스트라스부르에서 세속어로 미사가 집전되었다. 이것은 이 도시와 로마교황청의 분리를 나타내는 것인데, 루이 14세에 의해 1681년에 스트라스부르가 다시 프랑스로 합병될 때까지 그러했다. 그때까지 그 대성당은 개신교의 교회였다. 독실했던 루이 14세가 1681년 10월 23일에 그 도시에 들어갔을 때, 다시 가톨릭의 예배장소가 된 그 성당에서 〈테데움〉[13]이 울려 퍼졌다. 1771년에 청년 괴테는 스트라스부르를 방문하여 감탄했다. 그는 그곳에서, 진정으로 독일적인 시기에 그 이름이 독일 출신임을 보여주는 한 장인(에르빈을 지칭한다 - 옮긴이)에 의해 세워진 "고딕적이고 독일적인 예술"의 전형을 발견했다. 괴테는 그 대성당을 방문하여 독일 애국주의의 교훈을 얻었으며, 이 교훈을 《독일의 건축술에 관해서》라는 의미심장한 제목을 붙인 소책자에 실었다. 그의 동국인인 독일인은 19세기 초 이전에는 그 교훈에 주목하지 않았다. 그러나 그 교훈은 19세기 초부터 지속적인 영향을 끼치게 되었다.

나치에 의한 합병 시기에 그 대성당은 모든 종교적 기능을 상실했다. 1940년 여름에 히틀러가 그 대성당을 방문했다. 세속화된 그 성당

---

10) 〔역주〕 이 대성당의 신자석은 두 기둥으로 구분되어 있는데, 우측 기둥이 고딕예술의 걸작인 천사기둥이다.

11) 〔역주〕 윗부분에 불사조나 승리의 여신상 등이 새겨진 왕위의 상징.

12) Francis Rapp, *Toute des prétres, route des empereurs. Une histoire du Rhin*, Paris, Ramsay, 1981.

13) 〔역주〕 가톨릭의 감사와 찬송의 노래.

11. 스트라스부르에 있는 생토마 루터파 교회.

12. 로장빌레에 있는 유대인 묘지.

은 영화 뉴스에 의해 게르만주의의 역사적 장소로 제시되었다.[14] 그러나 민요 중에서 가장 잘 알려져 있고 알자스 자치주의자들이 소중하게 여기는 노래가 나지막하게 울려 퍼지고 있었다. "오, 슈트라스부르크, 슈트라스부르크, 참 아름다운 도시구나." 몇 달 뒤 리비아 사막의 오지인 쿠프라의 오아시스에서, 르클레르크는 그의 부하들에게 "우리의 국기가, 우리의 아름다운 국기가, 스트라스부르의 대성당에 펄럭이기 전까지는 무기를 내려놓지 않을 것"을 맹세하도록 했다. 스트라스부르가 해방된 다음 날인 1944년 11월 23일에 제 2기갑사단 사령관인 르클레르크가 공시한 〈스트라스부르 주민들에 대한 포고〉는 다음과 같은 심경을 밝혔다. "드골 장군의 영도 하에 치른 4년의 격전 동안 우리 대성당의 첨탑은 우리의 강박관념으로 남아 있었다." 다른 많은 레지스탕스 단원들도, 알자스 출신이든 아니든, 똑같은 심정이었을 것이다.

두 차례의 합병 기간 내내 프랑스 국민감정과 불가분의 관계에 있던 스트라스부르 대성당은, 프랑스와 독일이 화해한 시기에 기독교의 역사적 장소로서의 의미를 재발견하였다. 유럽회의 국가들이 1956년에 봉납한 막스 앵그랭의 작품, 즉 팔을 벌린 성모 마리아가 그려진 스테인드글라스가 이를 입증하고 있다.

대성당에서 우측으로 조금 떨어진 곳에 있고 과거에 예수회의 콜레주였던 퓌스텔 드쿨랑주 고등학교의 파사드[15]는, 대성당과는 반대로 고전양식이다. 이것은 조제프 마솔[16]의 작품이다. 이 학교의 이름이 된 퓌스텔 드쿨랑주는 1870년까지 스트라스부르에서 교편을 잡았던 인물이다. 그는 독일 역사가인 몸젠에게 다음과 같은 말을 던졌다. "알자스는 인종적으로나 언어적으로는 독일적일 수 있으나, 국민성이

14) 나치의 당시 현실을 보여주는 이 부분은 *Le Chagrin et la pitié* 라는 영화에 나오는 것이다.

15) 〔역주〕 도로나 광장 쪽의 주된 출입구가 나 있는 정면.

16) 〔역주〕 18세기 프랑스 건축가로서 스트라스부르의 여러 건축물을 축조했다.

나 조국에 대한 감정 면에서는 프랑스적이다." 그 고등학교 우측에 로앙 궁이 있는데, 이것 역시 조제프 마솔의 작품이다. 부로글리 광장에 접해 있는 18세기 저택들이 그러하듯이, 로앙 궁은 "프랑스를 외치고 있다"(뤼시앵 페브르).[17]

일 강(江)의 지류를 건너가 보자. 여기에 레퓌블리크 광장(공화국 광장)이 있는데, 이것은 합병 시대 도시계획의 유산이다. 라인 궁은 제국의 옛 궁전으로서, 이탈리아 만토바 궁을 모방한 것이다. 그 정면에 신고전양식의 건물이 두 채 있다. 하나는 대학도서관이고, 다른 하나는 국립고등음악원이다. 후자는 독일제국이 알자스에 어느 정도의 자치를 인정했던 시기에, 1911년부터 1918년까지 알자스-로렌 주 의회의 소재지였다. 그곳에 빌헬름 2세의 동상이 세워졌다. 1918년 스트라스부르에서 군의관으로 근무했던 알프레트 되블린은 프랑스에 이주하여 자전적 소설인 《부르주아와 병사》(1918년 11월)를 썼다. 그는 이 소설에서 1918년 11월의 혁명기에 그 동상을 무너뜨리는 군중들을 묘사하고 있다.

레퓌블리크 광장에서 출발하여 더 넓게 살펴보자. 대학 광장에 괴테의 동상이 세워져 있다. 괴테는 18세기 그 대학 출신 가운데 가장 유명한 사람이다.[18] 대학 본관의 파사드에 르네상스와 종교개혁기의 위대한 인문주의자들이 조각되어 있는 원형부조들이 있다. 조각되어 있는 인문주의자들 가운데 다수가 스트라스부르에 체류하거나 거주했던 사람들이다. 이 건물 역시 제 2제국의 도시계획과 문화적 야망의 결실이었다. 이 건물에서 유명한 거장들이 학생들을 가르쳤다.[19] 법

17) Lucien Febvre et Albert Demaneon, *Le Rhin. Problême d'histoire et d'économie*, Paris, Armand Colin, 1933.

18) 〔역주〕 괴테는 1770년부터 스트라스부르에서 법학 공부를 하였다.

19) Charles-Oliver Carbonell et Georges Livet (dir.), *Au berceau des Annales*, Toulouse, Presse de l'I. E. P., 1983, et John Craig, *Scholarship and Nation Building: the Universities of Strasbourg and Alsatian Society*, Chicago, 1984 참조.

학자인 파울 라반트, 사회학자인 게오르크 짐멜, 역사가인 프리드리히 마이네케 등이 그들이다. 1918년 이후, 가장 먼저 머리에 떠오르는 페브르와 마르크 블로크가 이곳에 와서 교편을 잡았다. 이 외에도 사회학자 모리스 알브박스, 법제사가이자 교회법학자인 가브리엘 르브라, 법학자들인 마르셀 프레로, 레이몽 카레 드말베르, 르네 카피탕 등이 있었다.

또다시 일 강의 흐름을 따라 구시가로 돌아가 보자. 바틀리에 부두와 페쾨르 부두는 일 강과 라인 강의 합류지점에 탄생한 그 도시가 풍요롭게 된 이유 중의 하나를 말해준다. 비달 드라블라슈가 관찰했듯이, 그곳에서 라인 강은 땅속으로 스며들지 않고 지표면에 흐르는 급류 덕택에 항해 가능하게 된다. 코르보 광장의 건너편에 알자스 박물관이 있다. 이 박물관은 예술과 민속의 훌륭한 박물관을 넘어서서 역사를 요약하고 있다. 조금 떨어진 곳에 소박한 장식의 거대한 생토마 교회가 세워져 있다. 이 교회는 알자스 루터교의 역사적 장소다. 종교개혁은 이곳에서 특별히 선택한 장소들 가운데 하나를 발견했던 것이다. 그러나 알자스는 그 종교적인 전통에 있어서 가톨릭과 개신교의 장소였던 것만은 아니다. 알자스 박물관에서 가장 감동적인 몇몇 전시관들과 옛 도로의 명칭들을 보면, 유대교도 알자스의 다종교 역사에서 한자리를 차지했음을 알 수 있다.

스트라스부르 이외의 다른 도시들도 알자스를 이해하는 데 도움을 줄 수 있다. 비상부르[20]는 혁명전쟁 및 1870년 패배의 추억과 불가분의 관계가 있는 곳이다. 가이스베르크[21]는 프랑스 혁명기에 오슈 장군이 "란다우[22]냐 죽음이냐"를 외친 곳이고, 1870년 8월 4일 알제리 병사들이 패배한 곳이며, 두에 장군이 전사한 곳이다. 콜마르는 운터린덴 미술관이 있는 곳이다. 이 미술관에는 마키아스 그뤼네발트가 앙

20) 〔역주〕 동부 알자스에 있는 도시.

21) 〔역주〕 비상부르 남쪽의 도시.

22) 〔역주〕 독일의 소도시.

토냉 디젠하임 수도원을 위해 그린 장식화[23]가 있는데, 이것은 중세 말 라인 지방 회화의 걸작이다. 셀라스타에는 옛 곡물시장에 도서관이 있다. 이 도서관은 인문주의 학교의 도서관으로서 거의 원상 그대로 보존되어 있으며, 남부 독일에서 첫 번째 도서관이기도 하다. 이곳에서 공부한 사람들 중에는 독일의 인문주의자인 빔펠링, 그리고 에라스무스의 친구이자 마르틴 루터의 친구이기도 했던 베아투스 레나누스가 있다.

그러나 알자스의 기억을 이해하는 데 도움이 되는 또 다른 것이 있는데, 로마 시대에 세워진 도시들보다도 훨씬 오래된 것이다. 라인 강이 바로 그것이다. 라인 강이라는 명칭조차도 선사시대까지 거슬러 올라가며, 그 강의 연안은 수세기에 걸쳐 계속된 개발의 흔적을 간직하고 있다. 라인 강은 고고학적 유물들로 점철되어 있다. 이 강은 포 강 유역의 평야와 북쪽 지방 사이에 있는 가장 짧은 가교이다. 하지만 골족(族)의 생각을 표현하는 것으로 보이는 카이사르에 따르면, 라인 강은 게르마니아에 대항해서 로마군단이 성채를 축조하여 방위선을 형성하고 방어해야만 하는 골 지방의 국경이기도 한다. 라인 강은 평화 시에는 두 지역의 가교이지만 전시에는 전력을 다해 넘지 못하도록 해야 하는 해자이기도 했다. 수세기 동안 프랑스의 몇몇 이론가들은 라인 강을 프랑스 왕국의 안전을 보장하기 위해 확보해야만 하는 '자연경계'로 생각했다. 이런 사고방식은 고대 저자들의 주장에 바탕을 두고 있다. 고대 저자들은 "바람직하게도 단호하고 명쾌하게 골 지방의 경계로 라인 강을 설정했다. 카이사르와 스트라보는 그러한 목표를 합법화하는 동시에 명확하게 했다"(로제 디옹). 분명히 "자연경계" 이론은 프랑스 왕국의 정치를 설명해 주지 못한다. 가스통 젤러와 조르주 파제[24]는 이런 생각을 반박했다. 리슐리외는 우선 방어에 전념했으며,

23) 〔역주〕 이것이 〈이젠하임 제단화〉인데, 세계에서 가장 끔찍하게 예수를 묘사한 것으로 유명하다.

프랑스 왕국에 "문"을 마련하고, "독일로 들어가는 출구를 획득하기 위해 가능하면 스트라스부르까지 진출하기"를 원했다(1629년 1월 〈국왕에 올린 진언〉). 당시 상황들이 알자스에서 리슐리외의 계획 및 이어서 마자랭의 방어계획을 설명해 준다.

그렇다고 해도 이론은 그 이후 정당화의 역할을 하였다. 1683년 스트라스부르의 '항복'[25]과 보방에 의한 요새 건설 이후에 주조된 메달에는 "게르마니아와 골 지방의 경계"라고 새겨져 있다. 고전문화에 의해 함양된 프랑스대혁명 주도자들은 이런 개념에 집착했다. 당통은 다음과 같이 외쳤다. "우리가 공화국에 아주 넓은 범위를 부여하는 것을 두려워하리라 기대하는 것은 헛된 일이다. 공화국의 경계는 자연에 의해 결정된다. 우리는 사방으로, 즉 라인 강변까지, 대서양 연안까지, 피레네 산맥까지, 알프스 산맥까지 도달할 것이다. 그곳에 프랑스의 경계가 있다. 인간의 그 어떤 힘도 그곳에 도달하는 것을 막지 못할 것이며, 그 어떤 권력도 그곳들을 넘어서게 하지 못할 것이다."[26]

19세기 초부터, 독일 낭만주의자들은 라인 강을 경계로 여기는 프랑스인들의 사고방식에 이의를 제기했다. 1813년 "해방전쟁" 때, 포메라니아[27]의 교수 에른스트 모리츠 아른트의 유명한 소책자의 제목은 바로 《라인 강은 독일의 강이지, 독일의 국경이 아니다》이며, 제목에 표현되어 있는 것처럼 라인 강을 독일의 강이라고 주장한다. 그 저자는 다음과 같이 설명하고 있다. "나는 이 제목으로, 라인 강의 좌안과

---

24) Georges Pagès, *La Guerre de Trente Ans*, Paris, Payot, 1939 참조. 예수회 교단의 수도사인 피에르 라베(Pierre Labbé)는 리슐리외에게 남긴 정치적 유언에서 그 추기경(=리슐리외)이 "갈리아를 자연의 정치적 국경으로 하는" 것을 원했다고 서술하고 있다(Louis André, ed. *Testament politique du cardinal de Richelieu*, Paris, Robert Laffont, 1947, p. 66에서 재인용).

25) 〔역주〕 독일제국의 자유도시였던 스트라스부르가 프랑스군에 항복하여 함락되었다.

26) Danton, discours à la Convention, 31, janvier 1793.

27) 〔역주〕 발트 해 남쪽 연안, 폴란드와 독일 북부에 걸친 지방.

우안 및 그 주변 지방들이 이전에 그러했던 것처럼 반드시 독일의 것이 되고, 우리가 빼앗긴 이 지방과 그 사람들을 조국을 위해 재정복해야 한다는 것을 의미하는 것이다. 라인 강이 없으면 독일의 자유는 존재할 수 없다."[28] 민족적 열정이 고조되었을 때인 1840년에, 쾰른의 재판소 서기였던 니콜라스 베케르는 그의 〈라인 찬가〉에서 프랑스인들에게 다음과 같이 외쳤다.

> 그들은 그것을 가지지 못하리,
> 독일의 자유로운 라인 강을,
> 마지막 한 사람의 유골을
> 라인 강 물결이 삼킬 때까지.

이에 대해 알프레드 드뮈세는 다음과 같이 응수했다.

> 우리는 그대의 독일 라인 강을 손에 넣었네,
> 그 강은 우리의 유리잔 안에 있네.

청년 엥겔스를 포함해서 수많은 저자들이 라인 강은 독일의 강이라는 주제를 거듭 다루었다. 라인 강을 주제로 해서 새로운 독일의 관념, 즉 그 경계가 독일어 사용 지역과 일치하는 통일된 국가라는 관념이 구체화되었다.

환상적이고 아름다운 라인 강은 네르발에서 빅토르 위고에 이르기까지, 그리고 귀스타브 도레의 판화들과 에르크만과 샤트리앙의 콩트

---

28) E. M. Arndt, *Der Rhein Deutschlands Strom aber nicht Deutschlands Grenze*, 1913. Fierro-Domenech의 흥미로운 저서인 *Le Pré carré, géographie historique de la France*, Paris, Robert Laffont, 1986, p. 24는 그 개념이 독일의 유명한 지리학자인 세바스티안 뮌스터(Sebastian Münster)의 저작의 프랑스판인 *Cosmographie*(1552년)에서 발견할 수 있지만, 독일이라는 국가가 존재하지 않았기 때문에 19세기 초까지는 이런 관점이 완성되지 못했다는 점을 보여준다.

들에 이르기까지, 프랑스 낭만주의자들의 상상을 키웠다. 그러나 라인 강은 프랑스에서는 "독일에서처럼 대중을 위한 신화"가 되지 못했다.[29] 라인 강은 외래의 아름다운 소재였다. 라인 강은 "낭만적인 여행기의 소재요, 전문가를 위한 문학 주제였다." 하지만 라인 강은 독일에서 국민정서에서 차지했던 것과 같은 위치를 프랑스에서는 차지하지 못했다. 게다가 프랑스의 낭만주의자들, 여행가들, 그리고 관광객들(첫 번째 여행안내서는 1832년에 출판되었고, 라인 강변을 전문으로 다룬 여행안내서는 1863년에 출판되었다)의 이러한 라인 강은 무엇보다도 라인란트의 대규모 편암의 웅장한 협곡인 라인 강이었지, 바젤에서 비상부르까지의 라인 강, 즉 건강에 해로운 산림에 접해 있는 알프스의 급류로서의 라인 강, 오랫동안 경원시되고 모기가 들끓는 지역으로서의 라인 강은 아니었다.

그러나 알자스의 보주 산맥에 있는 울창한 산림, 깊은 호수, 유적지들은 독일 낭만주의 신화에 등장하였다. 하지만 보주 산맥의 성채들은 라인 강에 반영되어 있지 않다. 샤미소의 시에 의해 불멸의 존재가 된 니덱 성(城)의 거인들, 폭포의 증기 속에 있는 물의 요정, 탄광의 요정들, 옥센펠트의 바르브루스[30]와 같은 잠자는 기사들 등의 민간전승은 오귀스트 스퇴베르 등에 의해 1840년 무렵에 알려졌고, 그림 형제에 영향을 끼쳤다. 그럼으로써 알자스의 전설들은 독일 전설들의 일부가 되었다.

스트라스부르의 레퓌블리크 광장을 지나가는 사람들 중에 라인 궁이 1919년 이래 라인 수운 중앙위원회의 건물로서 사용되었다는 것이나, 이 위원회가 현존하는 유럽의 국제적 결정기구 가운데 가장

29) Robert Minder, *Allemagne et Allemands*, Paris, Éd. du Seuil, 1948, p. 172.

30) *Histoire et légendes de l'Alsace mystèrieuse*, Paris, Tchou, 1969에 실린 피에르 슈미(Pierre Schmitt)의 머리말 참조.
〔역주〕 12세기의 전설적인 유명한 기사.

오래된 것이라는 사실을 아는 사람은 별로 없을 것이다. 그 위원회는 1808년에 나폴레옹이 라인 강의 항해와 관련된 문제들을 파악하기 위해 스트라스부르에 설치한 "라인 행정관"에서 유래한 것이다. 빈 조약 이후 이 심리기관은 마인츠로, 이어서 만하임으로 그 본거지를 옮겼고, 1868년에 라인 강에서의 자유운항을 도입하는 데 주도적 역할을 하였다.[31]

물론 그 위원회의 소재지로 스트라스부르가 선택된 것은 1918년 프랑스가 독일에 승리한 결과이다. 그리고 스트라스부르가 그 위원회의 소재지가 됨으로써 라인 강 교역에서 스트라스부르는 중요한 곳이 되었다. 여러 도로가 교차하고, 강에 인접해 있고, 일 강(江)의 두 지류 사이의 언덕 위에 있는 도시인 스트라스부르는 중세 이래로 라인 강 운송업의 중심지이기도 했다. 14, 15세기의 선박조합의 재산은, 1576년 6월 20일에 승선하고 있던 취리히인들에 의해 운송된 뜨거운 죽 냄비에 관한 에피소드처럼,[32] 스트라스부르의 수상운송 역사를 생생하게 보여준다. 또 한 가지 주목해야만 할 점은, 17세기부터 통행세의 증가와 해로교역 및 육로교역과의 경쟁으로 라인 교역이 쇠퇴했다는 사실이다. 19세기 중반부터 시작된 '하천 개수', 즉 강을 제방으로 둘러싸는 정비사업은 카를스루에[33]의 상류에서 항해를 더욱 어렵게 만들었다. 스트라스부르의 하류에서 하천 조정이 필요했다. 이 사업은 20세기 초에 시작되어 1924년에 종료되었다. 특히 알자스의 운하를 건설할 필요가 있었다. 이 사업은 1928년부터 1977년까지 시행되었다. 그리고 이 사업은 수력 댐의 건설과 관련 있었으며, 스트라스부르 항구의 소통을 개선하기 위한 것이었고, 또 바젤까지 항해할 수 있도

---

31) Jean-Claude Ailleret, "La liberté de navigation" in *Une hsitorie du Rhin*, *op. cit.*, pp. 375~383 참조.

32) 〔역주〕 스트라스부르에서 개최된 양궁대회에 당시 스트라스부르와 군사동맹을 맺고 있던 취리히 시민이 참가하였는데, 양 시민이 탄 배에서 죽이 데워져 이것이 식지 않을 동안 재빨리 대회장까지 운반되었던 사실을 가리킨다.

33) 〔역주〕 독일 남서부 바덴뷔르템베르크 주에 있는 도시.

록 하기 위한 것이었다. 이때부터 중세의 전통이 회복되었다.

도시들, 강, 그리고 시간: 19세기 이전 역사의 추억에는 오늘날까지 이어지는 현실들이 포함되어 있다. 토양 또한 그 기억을 가지고 있다. 펼쳐져 있는 밭들은 아케르베르즈(*Ackerberge*), 즉 "경작의 능선"(에티엔 쥘라르)에 의해 규칙적으로 물결치고 있으며, 이것은 그 비옥한 황토에서 천 년 이상 끊임없이 쟁기질이 행해졌음을 보여주는 것이다. 알자스라는 지명은 7세기에 등장했는데, 이 지명 자체도 이 시기에 형성된 공작령의 기억을 간직하고 있다. 상(上) 알자스와 하(下) 알자스 사이의, 즉 오랭과 바랭 사이의 현재 경계는 당시 공작령의 경계를 따른 것이다. 셀레스타와 콜마르 사이의 이 경계는 신석기시대로 거슬러 올라가며, 카롤루스 시대에 노르트가우 백작령과 준트가우 백작령으로 분리되었다.[34)]

공작령의 해체 이후 수세기 동안 알자스는 "지리적 표현"이었으며, 공국들, 영방들, 자유도시들의 집합체로서 독일 신성로마제국에 속하였다. 스트라스부르의 부르주아들은 트레브, 마인츠, 쾰른 등의 경우와 마찬가지로 이 도시의 주교들이 주교령을 세우지 못하게 했다.[35)] 라인 인문주의와 종교개혁의 활기찬 중심지였던 알자스는 16세기 종교전쟁이 끝나자, "영주의 종교는 곧 국민의 종교"(*cujus regio, ejus religio*)라는 관례에 따라 여러 종파가 공존하는 곳이 되었다.

16세기 말에는 중세 초의 국경을 기준으로 하는 두 알자스가 대조를 이루었다. 북부의 하(下) 알자스는 기본적으로 루터파가 강했다. 상(上) 알자스에서 가톨릭 지역은 라인 지역 가톨릭의 영향을 강하게 받

---

34) 〔역주〕 750년에 피핀은 공작령을 노르트가우와 준트가우로 나누었는데, 이들 지역은 대체로 오늘날의 오랭과 바랭에 해당된다.

35) 잊힌 책으로서 문화를 풍부하게 다루고 있는 *Les Libertés rhénanes. Pays rhénanes, Sarre, Alsace*, Paris, Perrin, 1922, p. 22 sq. 에서 장 드팡주(Jeans de Pange)는 이 점을 강조하였다.

았다. 뮐루즈[36]라는 개신교가 강한 지역[37]을 제외하면, 남부 알자스에서는 압도적으로 가톨릭이 강했다. 그리고 이 지방의 가톨릭은 독특하여 그 종교성의 형태들은 남부 독일이나 오스트리아의 오버외스터라이히 주(州)를 연상시킨다.[38]

1648년 이후 알자스는 프랑스 왕국의 지배를 받았다. 프랑스 군주정은 알자스를 조금씩 통합된 지방으로 만들었다. 에르네스트 라비스의 다음과 같은 유명한 표현은 다시 살펴볼 가치가 있다. 알자스는 "우리의 영토가 되기 이전에는 옛 독일만큼이나 무질서한 지리상의 한 지역에 불과했다. 우리가 알자스를 한 지방으로 만들었다". 18세기에 엘리트들은 프랑스 문화의 영향을 점차 강하게 받았는데, 당시의 초상화와 건축이 이런 사실을 입증해 준다.

그 이후 프랑스혁명이 발생했고, 이 혁명의 영향은 심대했다. 루제 드릴은 시장 디트리슈의 별실에서 라인 강 부대의 군가[39]를 작곡했고, 혁명파는 켈(Kehl)의 다리 입구에 다음과 같은 글을 써 붙였다. "이곳에서부터 자유의 나라가 시작된다." 이 문구는 프랑스 국민의 기억 속에 깊게 새겨진 알자스의 이미지이다. 그러나 이런 이미지는 알자스에서 더욱 공유되고 있던 한 가지 현실을 은폐하고 있다. 선서 거부 성직자들에 대한 지지가 그것으로서, 그것은 비기독교화를 추구한 공포정치에 대한 적대감에 의해서도 입증된다. 그렇다고 해도 혁명과 더불어 특히 도시들과 읍들에서 명확히 드러난 것은 진정한 민중적 애국심인데, 이것은 프랑스라는 국가의 일원으로 살아가려는 의지였다.

바랭과 오랭이라는 두 개의 도의 창설로 행정적 통일이 이루어졌다.

---

36) 〔역주〕 알자스의 북동부, 독일과의 국경 근처에 있는 도시.

37) 〔역주〕 이곳은 칼뱅파가 강한 곳이다.

38) Louis Châtellier, *Histoire du diocèse de Strasbourg*, Paris, Beauchesne, 1982의 결론을 여기서 다시 제시할 수 있다.

39) 〔역주〕 이것이 오늘날 프랑스 국가인 〈라마르세예즈〉인데, 당시 곡명은 〈라인 강 부대를 위한 군가〉였다.

13. “게르마니아와 골 지방의 경계.” 보방에 의한 스트라스부르의 요새와 켈 다리의 축조 이후 1683년에 주조된 메달.

관세의 국경은 라인 강으로 옮겨졌다. 자유도시였던 뮐루즈도 프랑스 공화국으로 들어갔다. 다른 한편 종교적 평화의 결실인 정교협약은 종교적 지리를 단순화시켰다. 스트라스부르 교구는 이 두 개의 도와 일치하게 되었다. 그 이전에 비상부르는 슈파이어[40] 교구에 속해 있었고, 상 알자스는 바젤 교구에 속하고, 스트라스부르 교구는 라인 강의 좌안에 뻗어 있는 지역을 관할했었다.

프랑스혁명의 원리들을 존중하고 경제적 번영을 위한 권위와 질서를 보증한 제국은 알자스 주민들에게 호의적으로 받아들여졌다. 알자스인 병사와 장교들(장군도 족히 70여 명이 넘었다)은 나폴레옹의 위업에 참여하였다. 이러한 참여는 사회적 지위향상과 영광의 기회를 제공했고, 알자스의 애국심에 지속적인 군사적 색조를 부여했다. 그리고 동시에 그러한 참여는 나폴레옹의 전설을 알자스 기억의 한 요소로 만들었다. 그래서 제 2제국은 별 어려움 없이 알자스 민중의 동감을 얻었다. 행정기관의 참을성 있는 정책과 국민생활로의 점증하는 통합 덕택에, 그 세기 이래로 알자스인은 프랑스인이라는 인식이 부지불식간에 확대되었다.

이러한 동화에도 불구하고 알자스의 종교적 기억은 변하지 않았다. 뤼시앵 페브르는 14세기 라인 지방의 신비주의자인 에크하르트에 대해 다음과 같이 기술하였다. "파리에서 공부하고 스트라스부르에서 설교하고, 쾰른에서 교편을 잡은 튀링겐인." 그리고 그는 에르크하르트의 제자인 도미니크회의 타울러에 대해 다음과 같이 덧붙였다. "쾰른에서 설교하고 스트라스부르에서 죽은 스트라스부르인."[41] 500년 후 알자스는 여전히 종교분야에서 프랑스와 독일을 잇는 가교 역할을 하고 있었다. 알자스인인 주교 콜마르는 프랑스대혁명 이후 마인츠 주교좌의 첫 번째 주임사제였다. 그는 신학교를 세웠고, 나중에 주교가 된

40) 〔역주〕 독일 라인란트팔츠 주에 있는 도시.

41) L. Febvre, *op. cit.*, p. 93.

레스가 1811년부터 1830년까지 이곳에서 가르쳤다. 레스는 1842년부터 1887년까지 스트라스부르의 주교였다. 그리고 레스는 마인츠에서 〈가톨릭〉을 창간했다. 독일계 대중은 이 잡지를 통해서 매스트르와 라므네에 대해 알게 되었다. 주지하다시피[42] 마인츠 학파는 19세기 전반기에 독일에서 종교적 쇄신을 이루는 데 중요한 역할을 하였다. 개신교의 역사에서도 또 다른 예들을 들 필요가 있을까? 스트라스부르의 개신교 신학부에서 36년간 가르친 쾨팅겐 박사인 에두아르 뢰스의 경력과, 1850년에 스트라스부르에서 창간되고 독일의 자유파 개신교도의 해석과 신학을 프랑스에 알린 〈기독교 신학과 철학 잡지〉를 상기하는 것으로 충분할 것이다.

중세 이래 알자스에서 유대교는 때로는 관용되고 때로는 격렬한 반유대주의에 희생되었으며, 알자스 역사에 깊이 삽입되어 있다. 프랑스혁명으로 해방되기 전 알자스 유대교[43]는 중동부 유럽의 유대인촌을 상기시킨다. 알자스 유대교는, 그 세력 범위가 프라하와 바르샤바까지, 그리고 리투아니아와 갈리시아[44]까지 뻗어 있는 라인 지방의 유대교 세계에 속했다. 경이적인 문화중계자인 알자스 유대교는 나름의 특징들을 지니고 있었다. 신비주의 신학까지 나아가지 않는 현실감각, 고양된 애국심, "유대인을 해방시킨 위대한 국민에 대해 감사하는 마음" 등이 그것이다. 에르크만과 샤트리앙[45]의 작품인 《친구 프리츠》에 등장하는 노인 레브만큼 19세기 초의 랍비의 모습을 잘 그린 것은 없을 것이다. 레브의 모델은 로베르 데브르[46]의 증조부였다. 랍비

---

42) 조르주 고요(Georges Goyau)의 독일 종교에 대한 고전적 저작들을 참조할 것.

43) Freddy Raphaël, et Robert Weyl, *Juifs en Alsace, culture, société, histoire*, Toulouse, Privat, 1977 참조.

44) 〔역주〕 에스파냐 북서부 지방.

45) Freddy Raphaël, "Présence du juifs dans l'oeuvre d'Erckmann-Chatrian", *Revue des science sociales de la France de l'Est*, n° 5, 1976, pp. 81~142 참조.

46) 〔역주〕 1882~1978. 프랑스 소아과 의사로서, 파리에 그의 이름을 딴 로베르

는 개신교의 목사처럼 지적 경력을 향한 길을 여는 한 단계였음을 쉽게 알 수 있을 것이다. 로베르 데브레는 랍비의 아들이고, 공화파 역사가로서 1865년에 셀레스타에서 태어난 조르주 바이유 역시 랍비의 아들이었다. 이러한 예들은 합병된 알자스와 로렌에서 온 유대인 이주민이 현대 프랑스 역사에서 중요한 역할을 했음을 시사한다.

II. 정치적 기억

합병 시대

1870년 전쟁은 기억에서 결코 소멸하지 않는 전쟁의 비극적인 장면들—종교개혁 초기의 농민전쟁부터 30년전쟁, 루이 14세의 전쟁, 1814년 침략에 이르는—을 되살린다. 독일로의 합병, 프랑스로의 복귀, 그리고 1940년 사실상 새로운 독일로의 합병. 프랑스 제2제국 시대에 태어나 1945년에 80대가 된 사람은 그의 일생에서 프랑스에서 독일로 네 차례나 국적이 바뀌었다. 알자스가 또다시 쟁탈의 대상이 되었다. 잘 알려진 이 역사를 재론할 필요는 없을 것이다.[47] 그 대신 알자스의 경우가 야기한 수많은 논쟁과 고찰들에서 알자스의 운명에 대한 다양한 이해와 알자스의 정치적 기억에 관한 해석을 도출하는 것은 중요하다.

데브레 병원이 있다.

47) F. G. Dreyfus, *Histoire de l'Alsace*, Paris, Hachette라는 종합 외에 Philippe Dollinger가 주도한 총서(Toulouse, Privat, 1970) 및 Philippe Dollinger, *L'Histoire de l'Alsace depuis 1900*을 참조할 것. 이 외에 Christian Baccler, *Le Parti catholique alsacien*, Université de Strasbourg, 1982와 François- Georges Dreyfus, *La Vie politique en Alsace*, Paris, F. N. S. P., 1969 그리고 Jean-Marie Mayeur, *Autonomie et politique en Alsace*, La Consitution de 1911, Paris, Armand Colin, 1970을 참조할 것.

프랑스와 독일 사이에 완충국가, 즉 일종의 새로운 아우스트라시아[48]의 탄생을 염두에 둔 자치의 전망을 언급한 사람들은 극소수에 불과했다. 이러한 전망은 이론적인 가설에 불과했지만, 1870년부터 아제나르 드가스파랭에 의해 표명되었고, 제1차 세계대전 종결, 전간기, 그리고 제2차 세계대전 등 다양한 상황에서 재론되었다. 가톨릭 정당인 공화인민연합의 자치파 지도자들 가운데 한 명인 조제프 로세는 독일 레지스탕스와 루즈벨트와의 접촉에서 또다시 이 생각을 제안하였다.

합병에 대한 '저항'을 포기한 후인 20세기 초에, 거의 대부분의 알자스 주민들은 프랑크푸르트 조약에 의해서 결정된 조치인, 독일제국에 속하는 연방국가의 지위를 받아들였다. 정치적 논쟁들 이면에 있는 다양한 자치의 개념들이 밝혀져야만 한다. 알자스의 자치를 독일-프랑스 화해의 출발점으로 보는 데에는 대체로 의견이 모아진다. 모두가 독일에 대한 충성심을 표명했으며 "민족주의자들"(따라서 열렬하게 친프랑스적인 인사들로 구성된) 도 예외가 아니었다. 그러나 스트라스부르 대학의 정치경제학 교수로서 독일인인 베르너 비티히의 표현에 따르면, 모두 혹은 대다수가 프랑스에 대해 "신앙적 감정"을 표명했다. 이런 프랑스에 대한 애정은 "민족주의자들"만의 감정은 아닐 것이다. 실제로 국민주의자들에 적대적인 가톨릭 중도파, 민주주의자들, 조르주 바이유나 자크 페이로트 같은 사회주의자들도 프랑스 문화와 전통에 대한 그들의 애정을 분명히 나타냈다. 조르주 바이유의 자매들은 프랑스에서 교수들이었다. 식자공인 페이로트는 나폴레옹 대군에 참가한 군인의 증손자였다.

20세기 초에 자치는 알자스의 거의 모든 사람이 원하는 것이었으나, 자치 자체는 사실 애매한 개념이다. 어떤 사람들에게 자치란 "저항의 합법적 형태"로서, 최후의 방어선이었다. 이 경우 자치는 저항의 후광

48) 〔역주〕 랭스를 중심으로 하는 중세 프랑크 왕국의 동북부 지방.

으로 포장되어 있다. 20세기 초부터 알자스에서 프랑스의 전통을 주장하는 데 크게 기여한 〈삽화가 들어 있는 알자스 잡지〉의 편집장인 피에르 뷔쉐의 말에 따르면, 자치는 "프랑스를 근간으로 하는" 것이었다. 베터를레 신부부터 콜마르의 민주주의자인 블뤼망탈에 이르는 국민연합의 지도자들이 이러한 개념의 자치를 주장했다.

그들은 소수파였다. 그들에 대비되는 또 다른 소수파가 있었다. 이들에 있어서 자치는 1871년에 기정사실들을 점진적으로 수용하기 위한 전제조건이었고, 또 알자스라는 작은 조국, 즉 고향에 대한 애정에서 독일제국에 대한 다소간의 애정이 생겨났다. 이런 태도는 비텐베르크, 라이프치히, 베를린, 튀빙겐을 의식하였던 일부 루터파 사이에서 나타났다. 당시 신학생이었던 청년 알베르트 슈바이처도 이런 사람이었다.

자치를 점진적 통합의 한 단계로 여기는 이러한 자치 개념은 일부 루터파 성직자들과 전투적인 가톨릭교도에서 우세했다. 이들은 민중 가톨릭 협회의 중심이었던 뮌센-글라드바흐, 중도파의 주요신문인 〈쾰른 국민신문〉의 본사가 있는 쾰른, 뷔르트부르크와 뮌헨 대학의 신학부를 지향하고 있었다.

그러나 절대다수의 사람들에게 자치는 기껏해야 프랑크푸르트 조약에 의해 부과된 "가설"로서, 장래에 대해 속단하지 않을 뿐 아니라 충성심과 전통을 희생시키지도 않고, 그리고 전부 아니면 전무라는 극단적인 선택을 거부하고 현재의 상황을 받아들이면서, 예외적인 상황에서 벗어나게 하는 방편이었다.

따라서 정치적 요구로서의 자치는 알자스와 독일의 관계, 알자스와 프랑스의 관계에 대한 여러 상이한 개념들, 특히 알자스 지역주의에 대한 상이한 견해들을 반영하고 있다. 이러한 알자스의 자치주의는 다양한 문화들을 그 원천으로 하고 있으며, 그 자체에 여러 기억들을 간직하고 있다. 어떤 기억들은 중세와 종교개혁기의 알자스를 저절로 떠올리게 한다. 가톨릭신자들은 독일 신성로마제국, 중세 기독교 세계의 유기적 조화를 그리워한다. 루터교 신자들은 종교개혁의 역사에서 자양분을 얻는다. 가톨릭신자들과 루터파 신자들 각각은 알자스가 독일세계의 운명과 연관되어 있는 시대의 기억을 전하는 사람들이다. 게다가 독일제국이 알자스에 축조한 건축물들, 즉 콜마르 역, 스트라스부르 우체국, 빌헬름 2세의 명령에 의해 재건된 오쾨니스부르 성(城) 등은 그러한 중세의 추억을 되살리는 것을 목표로 하고 있는 것들이다.

그 외에 일부 알자스 엘리트들은 프랑스 문화재, 즉 18세기 알자스와 계몽주의의 추억들, 혁명기와 나폴레옹 시대의 추억들을 중요하게 여겼다. 피에르 뷔셔 박사는 모리스 바레스의 친구로서, 바레스의 《독일의 공헌에 대하여》에 등장하는 주인공의 모델이 되었던 사람인데, 그는 대지와 고인(故人)들에 대한 알자스의 충성심을 주장했다. 그는, 필요를 미덕으로 치환하고 지나간 시간을 경멸하는 자로 자처하는 "뿌리뽑힌 자들"[49]을 비난하였다. 아그노[50]에 거처를 정한 호헨슈타우펜 왕조에 대해 그는 다음과 같이 평가했다. "13세기에 단절된 호헨슈타우펜 왕조가 오늘날 우리의 심성에 끼친 영향은, 알자스의 통일을 완성한 앙시앵 레짐이 끼친 영향이나, 알자스 주민들에게 그 진정한 정치적·사회적 공통성을 자각시킨 대혁명이 끼친 영향보다 적다."[51] 이 구절은 한편으로는 과거의 어떤 측면을 은폐하기도 하고 다른 한편으로 부각시키기도 하는 기억의 선택을 잘 보여준다.

콜마르의 데생 화가인 앙시[52]의 알자스 역사 해석도 동일한 특징을 보여준다. 그는 자신의 그림인 〈크나추케 교수〉의 모습을 통해 범게르만주의를 신랄하게 비판한 적이 있었다.[53] 그는 끝없는 범게르만주의를 자유의 메신저인 혁명적 프랑스에 대비시켰고, 사는 즐거움과 전

49) 〔역주〕 조국을 상실한 사람을 의미하며, 바레스의 작품명이기도 하다.

50) 〔역주〕 알자스 북부의 도시.

51) *Cahiers alsaciens*, janvier 1912.

52) *Histoire d'Alsace*, 1912, *Mon village*, 1913에 있는 그의 앨범들.

53) 1909년.

통적 가치를 가진 프랑스를 산업주의에 매몰된 잔혹한 독일과 대비시켰다. 그러나 이러한 친프랑스적인 기억의 가장 훌륭한 증인은 1909년 10월 17일에 비상브르에 세워진 기념물이다. 이 오벨리스크에는 구체제 시대의 전쟁, 혁명시대 전쟁, 제국시대 전쟁, 그리고 1870년 전쟁을 상기시키는 원형초상화들이 새겨졌다.

마지막으로, 알자스 자체를 그 고유의 기반으로 삼는 알자스 지역주의가 있다. 이러한 지역주의에서 '작은 조국'은 프랑스든 독일이든 '큰 조국'을 가리키지 않으며, 작은 조국이 조국 그 자체다. 알자스의 종교적 · 문화적 가치를 출발점으로 하여, 진정한 알자스의 국민감정이 서서히 표명되어야만 한다는 것이다. 20세기 초에 정치적 · 지적 생활에 참여한 세대의 일부가 이런 생각을 하였다. 알자스의 가톨릭에서 중요한 역할을 한 에지 신부 같은 사람은 '알자스 운동'의 고양이라는 형태를 취한 이러한 지역주의 개념을 구체화했다. 에지 신부는 작은 조국과 가톨릭을 긴밀히 연관시켰다. 그리고 그는 같은 시기에 슬로바키아에서 플랑드르와 바스크 지방에 이르기까지, 교회의 운명과 불가분의 관계에 있는 '인민'의 권리를 민족국가에 대항해서 주장한 다른 성직자들을 거론하였다. 성직자들을 중심으로 한 전간기의 알자스 자치주의가 묘사하고 있는 알자스 이미지는, 1921년 에지 신부가 창간한 잡지인 〈향토〉에 묘사되어 있다. 에지 신부는 자신을 "우선 가톨릭 교도가 먼저이고 그다음으로 알자스인"이라고 규정한 적이 있다. 그는 "독일 국가의 틀 안에서, 그리고 독일 국가에 대항해서, 신과 교회와 기독교도의 이익을 지켰다". 그리고 그는 "프랑스라는 국가에 대항해서" "알자스라는 작은 조국"에 동일한 봉사를 하려고 노력하였다.[54]

---

54) Christian Baechler, "L'abbé Haegy(1870-1932). Une politique au service de l'Église et du peuple alsacien", *Archives de l'Église d'Alsace*, 1984, pp. 287~339 참조. 그 편지는 327쪽에서 인용한 것이다.

전간기의 자치주의와 지역주의

"알자스의 정서불안"[55]의 기원, 그리고 1920년대와 1930년대의 자치주의 위기의 기원은 잘 알려져 있다. 조국에의 복귀는 열광적인 애국주의 분위기를 동반하였고, 이는 수많은 증인들에 의해 입증된다. 그러나 곧 프랑스로의 복귀에 기인하는 경제적·행정적 문제가 발생했다. 한편으로는 심리적 어색함이라는 문제, 다른 한편으로는 알자스가 반세기 동안 접하지 못했던 상이한 이데올로기적·문화적 세계에 동화하기 곤란하다는 문제도 나타났다. 각각의 파트너가 상대방에서 발견한 이미지는 그들이 꿈꿔오던 것과 완전히 일치하지는 않았다. 1924년에 좌파연합은 세속성의 원리에 의거한 동화라는 원칙에 따라 프랑스에 복귀한 도(道)들의 종교와 교육에 관한 법령[56]을 폐지시키려고 했다. 이 시도는 화약에 불을 지른 격이었다. 드센 항의에 직면하여 그 계획은 무산되었다. 그러나 이 사건을 계기로 하여 자치운동이 확연히 나타났다. 1926년 6월 8일에 향토연맹은, "알자스-로렌 주민"의 권리를 옹호하기 위해, 이들 주민들은 "소수민족으로서 프랑스의 틀 안에서 완전한 자치"를 획득해야 한다고 선언했다.

자치주의자들이라는 명칭은 사실 다양한 내용들을 포함하고 있다. 로세나 에지 신부의 교권적 자치주의, 달레 등 민주파의 전통에 입각한 세속적 자치주의, 프롤레타리아 국제주의라는 이름으로 프랑스의 제국주의를 비난하고 1934년까지 프랑스 공산당의 지지를 얻은 공산주의자들의 자치주의 등이 있었다. 따라서 1914년 이전과 마찬가지로, 그러나 정반대의 상황에서, 자치주의 각각의 입장을 체계적으로 묘사하고, 그것을 통해서 알자스의 장래에 대한 다양한 이미지를 분류할 필요가 있다.

55) 이것은 수필가인 르네 길루앵(René Gillouin)의 1929년 책의 제목이다.
56) 〔역주〕 공립학교에서 종교교육을 인정하는 법령.

자치주의의 극소수파는 친독일주의자들이다. 이들에게 있어서 자치주의는 독일로의 복귀, 즉 알자스가 깊게 뿌리내리고 있는 독일 문화로의 복귀를 위한 전단계에 지나지 않았다. 이런 부류의 사람들은 독일 문화에 심원하게 통합된 알자스인들로서, 1918년 스스로 독일로 떠났던 사람들 및 독일로 추방된 사람들과 교류하였다. 뮌센-글라드바흐에서 포교학과 교회사 교수였던 요제프 슈미들린이 그런 사람이었다.[57] 개신교 목사들 중에도 그런 사람들이 있었다. 목사의 아들로서 본과 튀빙겐에서 교수로 근무했던 구스타프-아돌프 알리히가 그런 인물이다. 그는 1924년부터 엘라스-로트링겐 제국과학연구소의 소장으로도 근무하였다. 로베르트 에른스트도 그런 사람이다.[58] 그는 알자스의 한 목사의 아들로서, 제1차 세계대전 때 독일군 장교였다. 그는 바이마르 공화국 시절에 독일 내에서 알자스 회복운동 단체의 지도자로서, 문화적 목적을 내건 알자스 자치운동을 지원하는 데 주도적인 역할을 하였다. 근본적으로 친독일적인 유일한 정치조직인 자치주의파(나중에 독립당으로 이름을 바꾸었고, 칼 로스[59]가 이끌었다)는, 알자스 북부의 루터교가 우세한 일부 지역들 등 아주 소수의 지지를 받았을 뿐이었다. "피"와 "영토"라는 나치의 신화는 본질적으로 '분리주의적인' 이러한 집단에게 매력을 발휘하였다.

진정한 자치주의자들은 리클린, 로세, 달레 같은 사람들이다. 이 세 국회의원들 가운데 앞의 두 명은 가톨릭 정당 출신이고, 달레는 민주적 급진주의당 출신이다. 이들은 우선 독일이나 프랑스가 아니라 알자스로 눈을 돌렸다. 그들은 1914년 이전에 독일제국에 충성을 표명했듯이 프랑스에 충성을 표명했다. 에지 신부를 그 대표적인 인물로 하는 이러한 자치주의는 광범하고 상당히 직접적인 영향력을 가졌다.

---

57) 그는 나치의 희생자로서, 슈트루토프(Struthof) 수용소에서 사망했다.

58) 그에 대해서 특히 다음 논문을 참조할 것. Lothar Kettenacker, "La politique de nazification en Alsace", *Saisons d'Alsace*, 1978.

59) 그는 스파이 혐의로 1939년 가을에 낭시에서 총살당했다.

그러한 자치주의는 어떤 시기에는 가톨릭 정당인 인민공화연합보다 더 영향력을 가졌다.

정치사는 상당한 열정을 불러일으켰지만 오늘날은 아주 낡은 것이 되어버린 느낌이 있다. 그러나 여기서 그런 정치사를 회상하는 것은 자치주의자의 심성을 밝히기 위해 필수불가결하다. 인민공화연합 내부에서 실제로는 미셸 왈테르, 토마 셀트, 제3공화국에서 국회의원이었던 앙리 매크 등을 중심으로 하는 지역주의자들이 우세했다. 그들은 조국 프랑스에, 그리고 알자스의 독립성에 애착을 가졌다. 그들은 독일 중도파와 국민협회의 접목에서 나온 이러한 사회적·민중적 기독교를 대표하는 인물들이다. 이러한 사회적·민중적 기독교는 프랑스 사회 가톨릭의 제도들에서 우호적인 요소들을 발견하였고, 앙리 메크는 제5공화국 시절에 그 조직에 관여하였다. 인민공화연합은 국가와 지역이라는 두 축 모두에 충성심을 가졌고, 다만 시대와 사람에 따라 그 중 어느 하나를 더 강조하였을 뿐이다.

인민공화연합이 자치주의자들에 대해서 확고한 태도를 취하지 않았다고 불만을 품은 가톨릭신자들이 1926년에 '알자스 국민행동파'를 결성했다. '알자스 국민행동파'는 알자스의 종교체제와 사회체제에, 그리고 알자스의 지역적 독자성에 애착을 가졌다. 그러나 그들의 애국주의는 국가주의적 색조를 띠었다. 그들은, 군대와 관련 있는 기억에 의해 육성되고 국경지역이기 때문에 더욱 열렬한, 프랑스에 대한 알자스 애국심을 대표하는 사람들이다. 그러나 인민공화연합 내의 기독교인들이 — 소수파인 자치주의자들을 제외하면 — 덜 애국적이었던 것은 아니었다. 다만 그들은 '알자스 국민행동파'와는 다른 형태로 애국적이었으며, 그들보다 더 열정적으로 알자스의 독자성을 주장했던 것이다. '알자스 국민행동파'의 민족적 가톨릭교도는 갈리카니슴[60]의 기질을 다소 지니고 있는 자유주의적 보수주의자들이었다. 이에 반해 인민공

60) 〔역주〕 교황의 절대권에 대하여 교회의 독립·자치를 요구한 프랑스 가톨릭교회의 사상. 갈리아주의라고도 한다.

화연합은 교황권 지상주의적이고 사회가톨릭적인 신자들로 구성되어 있었다. 그들은 19세기 초 이래로 로마교황청을 항상 의식하는 알자스 가톨릭의 전통에 가장 충실한 사람들이었다.

제 2차 세계대전의 비중

제 2차 세계대전은 1870년부터 시작된 드라마의 마지막 시련이었다. 그 비극적 추억은 오늘날에도 여전히 기억 속에 자리 잡고 있다. 프랑스의 처참한 패배, 사실상 독일로의 합병, 비시 정부로부터 버림받았다는 심정, 나치화, 전체주의의 압박. 완전히 점령당한 상황에서, 철학교수인 에밀 바스와 훗날 스트라스부르 대성당의 주임사제가 된 피에르 보켈 신부가 《기독교인의 증언, 프랑스 영토인 알자스와 로렌》이라는 책을 썼다. 이 책은 점령기 체제의 메커니즘을 서술하고 있다. 알자스인들은 다시 한 번 비극적인 선택을 해야만 했고, 서로 상반된 군복을 입었다. 즉 일부 주민들은 강제로 독일군에 징집되어 주로 소련과의 전투에 투입되었다. 반면에 일부 주민들은 자유 프랑스군에 지원하거나, 남부와 서부에서 구성된 알자스로렌 여단에 지원하여 베르제 대령, 즉 앙드레 말로[61]의 지휘하에 레지스탕스와 해방전에 참여하였다.

제 2차 세계대전의 결과는 알자스인의 의식에 상당한 영향을 끼쳤다. 강제합병,[62] 혹은 그야말로 전대미문의 전체주의 체제의 경험의

---

61) 〔역주〕 앙드레 말로는 프랑스 중부 지방에서 저항운동을 지휘할 때 '베제 대령'으로 불렸다.

62) Geneviève Herberich-Marx et Freddy Raphaël, "Les incorporés de force alsaciens. Déni, convocation et provocation de la mémoire", *Vingtième siècle*, avril 1985와 강제합병에 초점을 맞춘 Pierre Baral, "La tragédie des 'malgré nous'", *L'Histoire*, n° 80, 1985 참조.

비극과 관련된 기억의 일부가 억제되었다. 공산주의자였던 무레나 독립당 청년조직의 책임자였던 비케르 같은 일부 자치주의 지도자들은 나치에 동조했다. 인민공화연합 내의 자치파 인사들로서 전쟁 초에 프랑스 당국에 의해 투옥된 적이 있는 로세, 케피, 그리고 슈트르멜은 1940년 6월에 로베르트 에른스트의 압력으로 독일제국과 합병을 요구하는 트루아-제피 선언에 서명했다. 그들은 자신들의 기존노선에 벗어났던 것이 아니라, 승리한 독일에서 알자스의 독자성과 교회의 자유를 지키려고 했다.

그들의 생각은 이중의 착각이었다. 히틀러는 알자스를 오버라인 대관구에 합병했다. 그리고 모젤은 자르와 팔라티나와 더불어 베스트마르크 대관구를 형성했는데, 그 주도(州都)는 자르브뤼켄이었다. 이리하여 알자스-로렌의 신화는 끝났다. 히틀러는 '다른 민족의' 영향을 나타내는 모든 지역주의를 말살하려고 했다. 알자스의 지역주의는 독일화로 나아가는 여정의 한 단계이기는커녕 사라져야만 할 장애로 여겨졌다. 나치는 독일의 저항세력과 접촉하려고 한 로세와 같은 자치주의 성직자들을 불신했다.

그러나 패배에 충격을 받고 처음 몇 주 동안 관망주의, 적대적인 체념, 불복종 등 서로 다른 태도를 보였던 알자스 주민들은 점차 단호한 적대적 태도를 보이기 시작했다. 1943년 7월에, 대관구장의 정책에 대한 세밀한 보고서에서 슈투트가르트의 시장은 알자스에 널리 퍼져 있던 재담을 인용했다. "프랑스인들이 20년 동안 성공하지 못한 일, 즉 우리 알자스인들을 프랑스인으로 만드는 것을, 지금 독일인들이 실현하고 있다."[63] 나치의 억압에 비해서 자코뱅적 공화국의 결점들은 사소한 것으로 보였다. 그리고 자치주의 지도자들과 나치즘의 근본적인 혹은 우연한 공모로, 지역주의 이념은 아닐지라도 자치주의 이념은 심각한 타격을 입었다. 1945년 이래 알자스에서 자치주의가 다시 분

63) Fernand L'Huillier, *Libération de l'Alsace*, Paris, Hachette, 1975, p. 32에서 인용.

출하지 않은 첫 번째 이유가 여기에 있다.

그렇다고 해서 알자스인의 의식에서 비극의 상흔이 사라진 것은 아니었다. 전쟁이 끝난 후 8년 뒤에 오라두 사건[64]이 야기한 격렬했지만 오래 끌지는 않은 격앙이 이를 입증한다. 오라드 쉬르 글란 대학살에 연루되었던 13명의 강제징집병들이 1953년 1월에 다른 나치 친위대원들과 함께 보르도의 군사법정에 소환되었다. 이들 알자스인들은 5년 금고형에서 8년 강제노역에 이르는 유죄판결을 받았다.

알자스의 예리한 관찰자인 에밀 바스의 분석에 따르면, 이 소식은 "어떤 사람들에게는 비통한 경악을, 또 다른 사람들에게는 격렬한 분개"를 자아냈다.[65] 여론이 "비등하였다". 조기(弔旗), 조종(弔鐘), 상장(喪章)으로 덮인 위령비, 훈장의 공식반환, 예비역 장교들의 사임, 시의회의 항의. 2월 16일에 드골 장군은 자신의 입장을 밝혔다. "알자스의 고통을 이해하지 못할 프랑스인이 어디 있겠는가? 비시 정부의 항복 이후에 적에 의해 야만적으로 합병되고, 많은 젊은이들이 독일군에 강제징집되는 끔찍한 시련을 겪었기 때문에, 알자스인들은 그들에게 모욕적으로 비치는 이 재판의 결과를 감정적으로 받아들이지 못하고 있다." 2년 뒤 르네 플레방 수상의 권유에 따라 의회는 사면법을 가결했고, 이 법으로 급속하게 평온을 되찾았다.

강제합병의 비극에 대한 몰이해를 비난하는 여론이 일었다. 복잡하고 상처 입은 정서가 폭발하여 명백하게 드러났다. 에밀 바스가 지적하고 있듯이, 주목할 점은 프랑스에 대해 가장 애국적이었던 주민들이 항의를 시작하였다는 사실이다. 그들은 그 재판 때문에 합병 시기에 알자스인의 애국심이 의혹을 사게 되었다고 느꼈다. 강제합병의 치욕

---

64) 〔역주〕 1944년 6월 10일, 독일군이 프랑스 레지스탕스 전사들을 징벌하고자 오라드 쉬르 글란 마을의 주민 642명을 살해한 사건.

65) *Saison d'Alsace*, Strasbourg, 1953, pp. 69~72. 에밀 바스(Émile Baas)는 프랑스가 해방되었을 때, 전쟁 중에 집필한 *Situation de l'Alsace*를 출판했다. Jean-Pierre, *L'Histoire*, février 1984에 실린 한 논문은 오라드 재판에 자극받은 것이다.

이 다시 들추어졌고, 더 나아가 프랑스 공동체에서의 알자스의 지위가 다시 문제시되었다. 이런 격렬한 반발은 의식의 심원에 숨겨져 있던 추억들을 드러냈으며, 이러한 추억은 세월이 흘러야만 덜 민감해질 것이다. 그런 격렬한 반발은 "알자스의 관례를 건드려서는 안 된다"는 구체제 시대 한 행정가의 옛 교훈을 상기시켰다.

III. 상징적 기억

적어도 한 세기 이래로, 프랑스 국경 지역들 가운데 알자스만큼 국민이라는 상상영역에서 중요성을 가진 지역은 없다고 해도 과언이 아니다. 1870년의 합병으로 벨포르를 제외한 알자스의 2개의 도와, 뫼르트와 모젤의 일부는 하나의 운명이 되었다.[66] 이 지역들이 독일제국령 엘자스-로트링겐이 되었다. 그 이후 알자스와 로렌은 수십 년 동안 국민의 기억에서 하나의 지역으로 인식되었다. 패전의 비극과 영토할양으로 프랑스 민족주의는 그 기반을 재확인하게 되었으며, 그래서 알자스는 프랑스의 핵심이 되었다.

상징적인 순간인 "보르도 선언"을 재검토할 필요가 있다. 프랑크푸르트 예비조약이 체결되고 합병이 승인된 직후인 1871년 3월 1일에, 프랑스 의회에서 오랭의 의원인 그로장은 알자스와 로렌의 의원들이 작성한 항의문을 낭독했다. 바랭에서 의원으로 선출된 강베타는 항의문을 작성한 핵심인물들 가운데 한 명이었다.

> 모든 정의를 무시하고 가증할 권력남용에 의해 외국인의 지배를 받게 된 우리에게 마지막으로 수행해야 할 과제가 놓여 있다.

---

66) 샤토-살랭과 자르부르가 합쳐져 뫼르트 도가 되었고, 메스, 사르그민느, 티옹빌이 합쳐져 모젤 도가 되었다.

> 우리의 동의 없이 우리의 운명을 결정짓는 조약은 무효임을 다시 한 번 선언한다.
> 우리의 권리요구는, 우리의 도의심이 어떠한 저항의 형식을 추구하더라도, 영원히 누구에 의해서건 공유되는 것이다.

위의 항의문의 마지막 구절은 실업가이자 뮌스터의 시장인 프레데릭 아르트망이 말한 것으로서, 장차 당사자들의 행동자유의 원칙이 되는 것이었다. 중요한 것은 그 구절이 앞으로 끝없이 되풀이될 주제를 제기하는 원칙을 표명하고 있다는 것이다. 여기서 끝없이 되풀이될 주제란 강압에 대한 당위적 반대로, 퓌스텔과 르낭이 독일 역사가들에 대해 응답한 것처럼 국적의 기반은 오직 주민들의 동의라는 것을 공식적으로 선언하는 것이며, 앞으로 끊임없이 되풀이될 항의의 형태가 그 어떤 것이든 마음의 상처는 아물지 않을 것이라는 확신이다.

보르도 선언은 위대한 국가의 운명에 대한 신념을 표명하고, 그리고 조국에 대한 충성을 표명하는 것으로 끝맺음했다.

> 우리는 미래를 전적으로 신뢰하면서, 재생한 프랑스가 그 위대한 운명의 길을 다시 걷기를 고대한다.
> 지금 이 순간 공동의 가족에서 분리된 알자스와 로렌의 형제들은, 프랑스가 다시 돌아와 자신의 자리를 찾을 때까지, 고향을 떠난 프랑스에 대해서 자식으로서의 애정을 유지할 것이다.

그 이후 프랑스 민족주의, 더 정확히 말하자면 공화주의적인 애국심은 빼앗긴 지방들의 추억과 분리할 수 없는 것이 되었다. 1871년에 알자스 여성들이 강베타에게 보낸 장자크 에네르의 그림은 조그만 삼색기장과 검은 리본이 달린 모자를 쓰고 생각에 잠긴 모습을 하고 있는 알자스 여인을 그린 것이다. 이 그림의 제목은 〈기다리는 그녀〉다.

공화국 전설의 일부를 이루는 수많은 특징들로 점철되어 있는 이야

14. 〈기다리는 그녀〉. 에네르의 그림, 1871.

Après les « bombances » de ce genre, on éprouve souvent le besoin d'une émotion plus élevée, on recherche les endroits où l'on puisse communier avec l'âme de notre pays. Et pour cela, rien de plus sûr que de retourner à nos champs de bataille. Oh! il ne s'agit pas d'aller passer en revue les marbres et les bronzes colossaux, ornés d'aigles féroces, de lions grimaçants, pour y rencontrer toujours quelque société de vétérans d'outre-Rhin fêtant bruyamment un anniversaire quelconque; mais il faut aller voir les stèles, les petites croix qui marquent les places où les soldats de France ont fini par succomber. Là, pas d'orateurs, d'orphéons, ni de bannières, pas de couronnes de zinc ou de verroterie. Ceux qui ont voulu grouper les deuils autour de ces tombes ont été condamnés ou obligés de s'exiler. Mais vous y trouverez très souvent quelque enfant du pays, tout ému, qui s'éloigne discrètement à votre approche, en laissant sur la tombe un bouquet d'humbles fleurs des champs. Et nous, quand vers le soir, nous arrivons devant le monument français élevé sur cette terre où par trois fois les nôtres se sont battus contre l'envahisseur, alors une profonde émotion nous étreint. Les derniers rayons du couchant viennent dorer le fier coq de bronze, il semble s'animer et à son appel on croit voir accourir du fond de l'horizon les escadrons de sabreurs héroïques...

Cela, c'est une fête du cœur que nul gouvernement ne pourra nous empêcher de célébrer.

15. 《몽빌라주》에 게재된 앙시(장자크 왈츠)의 삽화.
비상부르의 기념물과 무덤, 후광, 언덕들이 보인다.

기를 여기서 재론할 필요는 없을 것이다. 강베타와 페리를 인용하는 것으로 충분할 것이다. 강베타는 "항상 그곳에 대해 생각하되 결코 말하지는 마시오"라고 했다. 페리는 젊은 시절 스트라스부르에서 고등학교를 다녔고, 여러 인연으로, 특히 결혼으로 알자스와 연관을 맺었던 사람이다. 이러한 페리는 1890년에 작성한 유언장에서, "보주 산맥의 푸른 능선에서 패자의 가슴 뭉클한 탄식이 밀려와 충직한 내 마음에까지 울려 퍼지는데, 그 푸른 능선을 마주하여 잠들기" 원한다고 썼다.

공화국과 알자스의 관련성을 이해하기 위해서는, 1873년에 발표된 알퐁스 도데의 《월요 이야기》에 수록된 〈마지막 수업, 한 알자스 소년의 이야기〉가 교과서에 실리고 장기간 성공을 거두었다는 점을 언급하는 것으로 충분할 것이다. 얼마나 많은 프랑스인들이 말없이 칠판에 "프랑스-알자스, 알자스-프랑스"를 쓰는 늙은 교사에 나타나 있는 이미지를, 아니면 팔스부르를 떠나 은밀하게 보주 국경지역을 여행하는 《두 어린이의 프랑스 일주》에 등장하는 주인공들의 이미지를 평생 간직하는가.

합병된 로렌의 조그만 요새도시로서 알자스 가까이에 있는 팔스부르는 제 2제국 말기부터 발표되기 시작한 에르크만과 샤트리앙의 소설들 덕택에 알자스로렌의 상징이 되었다. 《1813년에 한 신병이 겪은 일》, 《침략》, 《워털루》 등은 "국민소설"로서 대단한 대중적 성공을 거두었다. 이들 소설들은 알자스로렌의 이미지를 애국심이나 공화국의 이념과 결부시키는 데 큰 공헌을 했다. 르네 바쟁의 《오베를레 가족》을 비롯한 이 시기의 소설들도, 합병된 지방에 대한 조사나 여행기와 마찬가지로, 빼앗긴 지방들의 기억을 경쟁적으로 되살렸다. 1871년 이후에 발표된 에르크만과 샤트리앙의 소설들인 《포병 하사 프레데릭》이나 《추방당한 사람》은 망명자들의 비극적인 운명을 다루고 있다.

프랑스-프로이센 전쟁 패배 이후 몇 년간 알자스와 로렌 사람들의 프랑스로의 이주는 상당했다. 프랑크푸르트 조약에 따라 프랑스 국적을 택한 사람은 바랭에서 4만여 명, 오랭에서 9만 3천 명에 이르렀다.

그러나 그 이후에도 특히 독일에서 병역의무를 수행하지 않으려는 청년들의 이주가 계속되었다. 이러한 이주자들은 대체로 엘리트들이었다.[67] 즉 대학교수들,[68] 고위공무원들, 장교들, 때로는 자유전문직 종사자들과 실업가들이 이주했던 것이다.

'프랑스 국적을 선택한 자들'은 알자스로렌 협회 내에서 합병된 지방의 추억을 영속화하는 데 공헌했다. 로베르 데브레의 아버지는 1870년에 메스에서 파리의 보클랭 가(街)로 이전한 유대인 사제양성학교의 학생이었고, 프랑스 국적을 선택한 사람이었다. 이런 아버지의 아들인 데브레는 쥘페리 부인이 참석한 시르크디베르라는 서커스장에서 알자스로렌의 전통적인 크리스마스트리를 거론했다. 그리고 에밀 에르크만의 시에 곡조가 붙여져 노래되었다. "너의 고향이 어딘지 말해다오." 청중은 다음과 같은 후렴을 따라 부른다. "그것은 긴 역사를 가지고 있고 충성스런 알자스라오."

프랑스-프로이센 전쟁 패배의 결과로 1873년에 발표된 교육개혁의 일환으로 문을 연 알자스 학교[69]는, 1538년에 인문주의자인 요하네스 스투르미우스에 의해 창설된 스트라스부르의 개신교 김나지움을 중심으로 형성된 명사들의 발의에 의한 것이었다. 그 학교 출자자들과 교수들의 리스트, 스트라스부르에 있는 탕플네프의 목사의 아들이고 스트라스부르 고등학교의 교사였던 프레데릭 리에데가 1874년부터 1891년까지 그 학교 교장이었던 점, 심지어 그 학교의 창립정신조차도, 파

67) 알프레 발(Alfred Wahl)은 같은 주제를 다룬 그의 세 번째 논문에서, 파리의 중앙정부가 그런 사람들의 수치를 너무 높게 잡은 것은, 1870년 이전에 내륙의 프랑스로 이주하여 프랑스 국적을 획득한 알자스인들과 로렌인들을 통계에 포함시킨 것임을 밝혔다.

68) 크리스토프 샤를(Christophe Charle)은 *Intellectuels et élites en France (1880-1900)*에서 고등교육과 고위공직에서 알자스 출신 인사들의 중요성을 강조하고 있다.

69) Georges Hacquard, *Histoire d'une institution française : l'École alsacienne, Naissance d'une école libre (1871-1891)*, Paris, J.-J. Pauvert et Garneir, 1982 참조.

리의 아사스 로(路) 92번지에 위치한 그 사립학교에 알자스의 존재가 깊이 각인되어 있음을 입증하고 있다.

이러한 알자스에 대한 기억과 알자스의 존재는 합병과 제1차 세계대전 사이의 프랑스인의 의식에 심원하게 각인되었다. 그러나 그러한 기억과 존재로 인하여 부분적으로 부정확한 알자스의 이미지가 형성되었다. 이러한 부정확한 이미지는 제국령으로서의 알자스가 겪은 급격한 변화들을 반영하지 않은 것이다. 전간기에 프랑스인들이 알자스에 대해 가졌던 이미지와 현실의 알자스는 일치하지 않았던 것이다. 많은 오해와 알자스의 '정서불안'의 일부 원인은 그러한 불일치에 있다. 1918년에 '회복된' 알자스는 '옛' 알자스의 기억과 완전히 일치하지는 않았다. 클레베르 광장에 있는 옴드페르 약국 창립자의 아들로서, 1866년 스트라스부르에서 태어난 샤를 앙들레는 독일학 연구자로서, 그가 쓴 뤼시앵 에르—파리 고등사범학교의 유명한 사서였으며, 드레퓌스 사건과 프랑스 사회주의 형성에 중요한 역할을 한 인물로서, 그도 알트키르트의 준트가우 태생의 알자스인이다—의 전기(傳記)에서 이런 괴리가 잘 나타나 있다. 그들이 보기에 에르크만과 샤트리앙의 자유파 알자스조차 라인의 방향을, 즉 '성직자 거리'의 동향을 걱정하는 '교권주의의' 알자스가 되어 버렸다.

제2차 세계대전 이후 약간의 파문을 불러일으켰던 프레데릭 오페의 《알자스의 심리분석》을 비롯하여 알자스에 관한 수많은 시론들은, 두 국가 사이에서 요동치고, 분할될 운명을 타고났고, 그 운명이 언제나 불확실하고 불만족스럽다는 알자스의 이미지에 의해 지배되었다. 자신의 운명에 결코 만족하지 못하고 다른 것을 갈망하는 〈모기 한스〉의 신화[70]는 알자스의 모든 심리를 설명하는 원칙이 되었다. 수년

70) 되블린(Döblin)은 《부르주아와 병사》의 마지막 장에서 독일 지배가 붕괴되었을 때 부로글리 광장에 모여 정식 오케스트라의 연주에 맞추어 〈모기 한스〉를 부르는 군중을 목격한 것을 떠올리게 하고 있다.

동안, 가극작가 게르맹 뮐러가 알자스인들에게 제시한, 프랑스어와 독일어 두 나라 말로 쓰인 술집의 정경은 알자스인 자신들에게도 그런 견해를 갖게 했다. 이러한 이미지는 진실의 일면을 띠고 있지만, 점차 현실과 동떨어진 것이 되었다. 사실 상당한 변화, 으레 그러하듯이 당시 사람들이 단번에 의식하지 못하는 그런 변화가 발생하여 부지불식간에 알자스의 상황이 바뀌었으며, 그런 변화로 인하여 알자스의 정치적·문화적 기억에 잠재된 모순이 상당히 완화되었다. 이러한 변화는 다음과 같은 두 가지 일련의 현상들이 발생한 것과 연관이 있다. 즉 지역적 특수성을 존중하는 프랑스 공동체로 알자스가 점진적으로 통합된 것과 프랑스와 독일의 화해가 바로 그것이다.

1945년 이후 정권담당자들의 신중한 대응과 경제번영은 중요했다. 그것은 전간기의 경제침체, 생활양식과 심성의 획일화와는 대조적이었다. 알자스가 국민적인 정치문화로 통합되는 데 인민공화주의 운동과 드골주의가 중요한 역할을 했음을 강조해야 한다. 독일로부터 해방될 때 탄생한 기독교 민주주의의 영향을 받은 조직의 지도자들은 전간기처럼 지역정당이 복원되는 것을 피하려고 했다. 그들은 알자스의 활동가와 교분이 있었고, 1945년에 그런 생각을 가진 인민공화파의 지도자들에게 강요하기에 이르렀다. 결국 인민공화파의 지도자들은 전국적인 조직으로 통합하는 것을 받아들였다. 인민공화파는 파리에서 알자스의 독자성을 옹호할 것을 약속했다. 인민공화파의 지도자들 가운데 한 명으로서 1914년 이전에 모젤 가톨릭 운동의 희망이었던 로베르 슈만은 제4공화국과 외교 문제에서 중요한 역할을 하지 않았던가? 인민공화파로, 바랭의 젊은 하원의원인 피에르 플림랭은 해방 후 금방 장관이 되지 않았던가? 해방으로 탄생한 새로운 프랑스에서, 1914년 이전에 알자스로렌에서 그렇게 강력했던 민중적 기독교 전통은, 격변 속에서 연속성을 주장하면서도 거대한 전국적인 거대정당에 융합하는 데 성공했다.

드골주의도 알자스를 프랑스로 통합하는 데 큰 역할을 하였다.

16

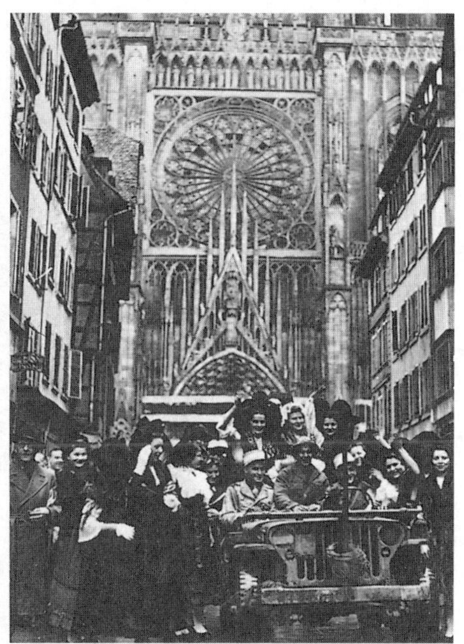
17

16. 제1차 세계대전. 포슈 장군의 스트라스부르 입성.
17. 제2차 세계대전. 1944년 11월 스트라스부르의 해방, 대성당 앞에 있는 르클레르크의 휘하의 병사들.

1944~1945년의 자유프랑스 지도자와 해방자들이 알자스에 대한 최종 공격 직후에, 1918년 해방자들로서 알자스의 군사적 영광의 주인공인 라프 장군과 클레베 장군과 마찬가지로, 알자스 애국자들의 반열에 올랐다는 점을 상기할 필요가 있을 것이다. 드골 장군, 르클레르크, 라트르 드트라시의 초상화들이 몇 년 동안 알자스의 상점들과 가정들에 걸려 있었다.

알자스의 완전 해방 2주년 기념일인 1947년 4월 7일에 드골 장군이 스트라스부르를 선택하여 시청 발코니에서 프랑스 국민연합의 창설을 선언하였을 때, 그는 권위와 민주주의를 동시에 바라는 수많은 알자스인의 지지를 얻었다. 드골은 애국심을 자극하여 그 어떤 형태의 자치주의 복귀도 불신하도록 했다. 다시 한 번 알자스는 국가적 목표에서 전국적인 동시에 지역적인 기억을 되살리는 데 공헌하였다. 드골 장군의 권력복귀와 제 5공화국 발족 이후에 알자스는 오랫동안 드골주의의 아성이 되었다. 그 이전 반세기의 정치상황을 기억하고 있는 사람들이 볼 때, 알자스의 정치문화는 그 특수성을 상실했다.

알자스 문제의 전제조건을 최종적으로 수정하게 된 것은 프랑스와 독일의 화해였다. 유럽에서 적대적인 국가 사이의 분쟁지이고, 방위권이고, 쟁탈의 대상이 되는 국경이었던 알자스가 그 역사의 여러 시기에 그러했던 것처럼 유럽의 가교요 교차로가 되는 영광을 얻었다. 임시정부 수반인 샤를 드골이 1945년 8월 5일 스트라스부르에서 한 말에 따르면, 라인 강은 "또다시 서구의 끈이 될 수" 있었다. 스트라스부르의 상징적 지위는 그 강도에서는 감소하지 않았지만 그 의미가 바뀌었다. 스트라스부르는 프랑스와 독일의 대립을 나타냈고, 또 스트라스부르 대성당의 첨탑은 1871년에는 그 자체로 굴욕을 상징하는 것이었다. 그런데 이런 스트라스부르가 프랑스와 독일의 합의로 유럽의회 본부의 소재지로 선정되었다. 바레스 가(家)의 마지막 사람이 꿈꾸었듯이, 스트라스부르는 '라인 강 정령'의 영향 하에 도로들이 교차하고 문화들이 합류하는 그런 도시가 다시 되었다. 알자스의 조각난 기억은

18. 생토딜 산과 생나보르.

알자스의 모든 역사와 다시 연결되는 동시에 원래의 모습을 되찾았다.

알자스의 역사란 평원 위에 솟아 있는 갑(岬)인 생토딜 산(山)이 상징할 수 있는 그런 역사를 의미한다. 켈트족 성채의 유적인 그 '이교도의 성벽'은 그 땅이 인간이 정주하기에 적합한 장소였음을 입증하고 있다. 알자스의 공작 아달릭(혹은 에티크)의 딸인 오딜[71]이 7세기에 호헨부르크 수녀원을 창설한 곳이 바로 그곳이다. 그리고 호헨슈타우펜 왕조 시대인 12세기에, 수녀원장인 에라드가 《지복의 정원》[72]을 쓴 곳 역시 바로 그곳이다. 성녀 오딜이 수호하는 그 수녀원은 제국 시대에 유명한 순례지였다. 황제 카를 4세는 1354년에 그 수녀원의 성유물인 성녀 오딜의 팔뚝뼈를 복원시켜 프라하 대성당에 주었다.[73]

알자스 가톨릭의 심장인 이 성지는 1871년 이후에 교회와 프랑스에 대한 이중의 애착을 체현하였다. 드골이 가장 어려웠던 때인 1968년에 심사숙고하여 독일군 지도자와의 회담을 구상한 곳이 이곳이었다. 드골이 고려했던 또 다른 곳이 있는데, 그곳은 알자스와 로렌의 경계에 위치한 다보의 암벽에 있는 대성당이다. 전나무 물결이 이는 곳 위에 위치하고 있고 사암으로 축조되었으며, 알자스가 배출한 유일한 교황으로서 11세기 중엽에 그레고리우스 개혁의 선구자였던 레오 9세가 된 브루노 폰 에기스파임-다게스부르크를 기리는 조그만 성당이 그 대성당을 굽어보고 있다. 그리고 몇 년 전에 라인란트 태생의 콜 수상[74]이 제5공화국 대통령을 만나기를 희망했던 곳이 바로 이 역사적 장소였다.

---

71) 〔역주〕 알자스의 수호성녀로서, 오틸리아라고도 표기한다.

72) 〔역주〕 채색된 수사본으로서 1870년 전쟁 때 스트라스부르의 도서관의 화재로 소실되었다.

73) Christian Pfister, *Pages alsaciennes*, Strasbourg, 1927, p. 111.

74) 〔역주〕 콜 수상은 라인 강 좌안에 있는 하항인 루트비히스하펜에서 태어났다.

베르사유, 그 기능과 신화

1682년 5월 6일부터 한 주 동안 베르사유에는 사륜마차들과 짐수레들이 연이어 도착했다. 궁정신하들과 대신의 사무관들, 왕과 귀족의 관리인들, 그릇 닦는 여자에서 추기경의 비서까지 온갖 서열의 하인들, 근위병들과 경찰들, 궁정사제들과 정원사들, 도서관 사서들과 마부들, 사냥개 담당자들과 조각가들이 밀려왔다. 그들과 함께 멧돼지 잡는 그물에서부터 대상서(*chancelier*)[1]의 관인이 찍힌 봉인납까지 엄청난 양의 잡동사니 도구들도 베르사유에 쏟아졌다. 그들 각각은 자신들의 이주를 오늘날 상징적으로 해석되는 것처럼 '최후의 이주'로 여겼을까? 그들은 절대군주정의 우의적이고 정교한 무대인 '태양의 궁전'[2]에 살게 된다는 확신을 갖고 그곳에 도착했을까? 프랑수아 1세나 루이 11세, 혹은 필리프 미남왕 이래 추진되어 온 그 절대군주정 말이다.

그 어느 편이건 의심의 여지가 있다. 그 이주는 파리와의 결정적인 결별을 뜻하는 것이 아니었으며 장기적인 관점에서 신중하게 이루어진 것도 아니다. 한편에서 보면, 이주 공고는 결과적으로 수도이전이나 마찬가지였지만 그것은 본래 의도가 아니었다. 왜냐하면 17세기에는 아직 수도의 법률적 개념이 존재하지 않았기 때문이다. 더구나 이주 공고는 실제보다 훨씬 먼저 그나마 여러 단계에 걸쳐 다양한 방식으로

---

1) 〔역주〕 사법관직의 총수이자 왕명의 기안과 작성, 시행을 총괄하던 앙시앵 레짐하의 최고 관직.

2) 오비디우스와 라퐁텐의 표현을 인용한 에두아르 기유 경의 책 제목(Edouard Guillou, *Versailles, le palais du Soleil*, Paris, Plon, 1960).

표출되었다. 1675년 혹은 1676년부터 가시화되고 알려지기 시작한 왕실의 이주가 공식화된 것은 1677년 이후이다. 그때부터 왕실은 베르사유의 건설현장을 통제하기 시작했다. 다른 한편에서 보면, 군주는 이미 꽤 오래전부터 파리인이 아니었다. 가령 군주가 한때나마 파리인이었다고 친다면 말이다. 그가 루브르에 마지막으로 체류한 것은 1666년이다.[3] 팔레루아얄을 동생인 대공의 재량에 맡긴 것은 이미 1661년부터이다.[4] 루이 14세 치세 초기에도, 1660년 8월 26일에 거행된 장엄한 도시 입성식과 함께 파리와의 화해가 확인된 순간에도 르보에 의해 웅장하게 개축된 뱅센 성[5]과, 대공사 중에 르노트르가 개입하게 된 생제르맹 성[6]이 왕과 파리 사이에 집요하게 끼어들었다. 또한 치세 초기에 군주가 '퐁텐블로 같은 곳들'에 오랫동안 체류한 것은 주지의 사실이다.[7]

루브르는 사실상 거의 실용성이 없었다. 복잡하게 뒤엉킨 미로인 루브르는 지나치게 협소한 동시에 거대했고,[8] 끊임없는 공사로 인해 계속 미완성 상태였다. 동쪽 출입구를 놓고 원칙과 이론적 공방이 끊이지 않은 데다 1662년 왕실 거처 측면에서 난 대화재로 루브르는 손상되었다. 하지만 튈르리가 있었다. 튈르리는 루이 13세에 의해 파리 성벽 안에 포함되었다. 1659년부터 르보와 르노르트, 비가라니, 르브룅이 불필요한 부분을 제거하는 공사에 착수함으로써 튈르리는 구색을

---

3) 안 도트리슈가 루브르에서 사망한 이해에 왕은 베르사유로 피신했다. 그러고 나서 정사각형 안뜰의 센 강 정면에서 페로의 토목공사가 시작되자 왕실 거처는 거주할 수 없는 곳이 되어 버렸다(1668).

4) 팔레루아얄은 리슐리외가 왕실에 양도한 것으로 대공의 결혼 당시 대공에게 할당되었으며 1692년에 완전히 그의 소유가 되었다.

5) 1653~1660년에 르보는 뱅센 성에 왕과 모후 각각의 거처로 작은 건물 두 채를 지었으며 두 개의 주랑현관을 복원시켰다.

6) 르노트르는 1668~1673년에 센 강을 향한 테라스와 대 화단을 새로 만들었다.

7) 퐁텐블로에서 왕의 체류기간은 1661년 봄에서 가을까지 이어졌다.

8) 화재로 인해 앙리 4세의 프티트 갈르리가 불타자 르보와 르브룅은 대신 서쪽 면을 넓혀 아폴론 회랑을 만들었다. 왕의 거처는 프티트 갈르리 동쪽에 있었다.

갖추고 완전히 근대적인 모습으로 화려하게 치장되었다. 베르사유에 앞서 공사가 이루어진 튈르리의 실내장식과 공간배치, 그리고 공사관리기구와 작업장 운영방식의 발상은 그 진가를 인정받지 못해왔지만 최근 그 중요성이 밝혀졌다.[9] 그러나 루브르의 전면적인 사용을 가로막았던 객관적인 이유들과는 아무 상관없이, 튈르리의 공사 역시 중단되었으며 1671년에는 완전히 포기되었다. 왕실의 튈르리 체류는 점점 뜸해지더니 아예 중단되었다. 이는 베르사유를 위해서였을까? 대답은 긍정적인 동시에 부정적이다.

루이 13세의 작은 성에 대한 간단한 보수작업과, 1660년대 초반 이후 착수된 베르사유 조경사업에 이어 1668년부터 대규모 재건축사업이 훨씬 더 광범위하게 전개된 점에서 보면, 그 답변은 '그렇다'이다. 르보의 '외곽 감싸기 공사'로 시작된 이 재건축사업은 이미 별관 건축과 증축 단계로 발전했다. 예컨대 벽돌로 지은 온실, 테티스 동굴, 성 밖의 제 1마사, 훗날 놓인 운하의 남쪽 지류에 세워진 동물원, 북쪽 지류에 세워진 도자기로 지은 트리아농 성 등 말이다.[10] 이러한 건축물의 증가와 더불어 1664년에 미래의 베르사유 도시 건설을 위해 착수된 초기 도시개발사업 또한 빼놓을 수 없다. 이미 엄청난 흡입력을 발휘하며 모든 관심과 비용을 독차지한 그 작업장들이 루브르와 튈르리 작업장의 장인들과 숙련공들을 빼내갔음은 두말할 필요도 없다.

그러나 다른 각도에서 보면 그 답변은 '아니다'이다. 왜냐하면 1668~1677년에 베르사유는 결코 군주정의 거처가 아니었기 때문이다. 베르

9) Nicolas Sainte-Fare-Garnot, "Des Tuileries à Versailles (1666-1678): rupture ou continuité", colloque *Versailles*, Versailles, 1985.

10) 1662~1664년에 작은 언덕 남쪽 측면에 세워진 온실은 1678~1685년에 건축된 망사르의 건축물로 대체되었다. 1662~1664년에 세워진 동물원은 사방으로 동물들의 산책로로 둘러싸인 8각형 건물인데 19~20세기에 자취를 감추었다. 1664년에 만들어진 테티스 동굴은 1684년에 파괴되었다. 1670년에 지어진 도자기로 된 트리아농 성은 1684년에 허물어졌다. 1672년에 지어진 마사들은 1685년에 아름 광장에 건축된 망사르의 마사들로 대체되었다. 카르노 로 5번지에 있던 이 마사들은 세자비들과 왕비들에게 넘겨졌다.

사유는 척박한 공간에 취미 삼아 제멋대로 만들어진 순전히 개인적인 창조물이다. 도시화되지도 택지조성이 이루어지지도 않은 그곳은 사실상 좋은 계절에나 거주할 만했다. 예를 들어 왕과 왕비의 공식처소와 그 안에 있는 부속실들은 분수와 오렌지나무를 심은 화분들이 놓인 테라스를 향해 있다.[11] 그렇기 때문에 궁정신하들이 왕과 왕비의 한 쪽 대기실에서 다른 쪽 대기실로 가려면 반드시 바깥을 통과해야 했다. 또한 그 테라스를 지탱해주고 있는 아래층 회랑에 있는 지붕 달린 주랑 현관에는 맨돌로 된 벽과 돌바닥, 서풍이 통하는 아치형 통로가 있었는데 그곳은 궁전의 통로가 아니라 정원의 쉼터로 마련되었음이 분명했다.[12] 더 확실한 증거는 첫 번째 트리아농이다. 생시몽의 표현을 빌리면 "도자기로 지어진 그 집은 기분전환용" 건물이었음이 확실하다. 건물 안쪽과 바깥쪽 벽 모두 푸른색, 흰색, 금색으로 장식된 루앙과 리지외 타일로 발라졌으며, 침실에는 굴뚝이 없어 더운 날에 잠깐 낮잠을 잘 수 있을 뿐이었다. 정원 안에 여기저기 흩어져 있는 작은 건물들은 만개한 꽃들처럼 보이도록 구상된 듯하다. 실제로 수선화와 황수선화, 히야신스가 어우러진 정원은 도자기로 된 벽의 화려한 색들을 그대로 재현하고 있었다.[13] 따라서 왕이 1668~1670년 이후 파리를 버린 것은 베르사유 때문이 아니었다. 그곳에 쏟아 부은 엄청

---

11) 정원을 향해 있는 왕의 처소 바깥의 테라스는 그것 대신 만들어진 거울의 방보다 훨씬 짧았다. 북쪽에 있는 왕의 공식처소와 남쪽에 있는 왕비의 공식처소는 직각방향에 있는 두 정사각형 방에서 끝난다. 대리석 안뜰을 향해 있는 두 처소는 테라스가 달려 있었으며 그 한가운데서 서로 만났다.

12) 테라스를 떠받치고 있는 아래층 회랑은 테라스와 길이가 같았다. 아래층 회랑은 루이 13세의 작은 성 아래편에 있는 작은 언덕을 향해 뻗어 있으며 장식용 연못 위에 있는 철세공으로 장식된 아치형 통로로 연결되었다. 그곳의 낮은 면과 둥근 모양의 천장은 1980~1985년의 복구계획에 따라 복구되었다.

13) 도자기로 된 트리아농 성에 관해서는 Robert Danis, *La Première Maison royale de Trianon, 1670-1687*, Morancé, s. d. (1926년경)과 Alfred Maire, "Trianon de Porcelaine et Grand Trianon", *Bulletin de la Société d'histoire de l'art français*, 1945~1946 참조. 도자기로 된 트리아농은 대 트리아농과 회랑의 길이가 거의 같다.

난 공사량에도 불구하고 베르사유는 한동안 사냥과 축제와 휴가를 위한 공간으로 남았다. 사람들의 짐작대로 왕이 파리를 버린 것은 생제르맹 때문이었다. 생시몽이 간파했듯이, 계속 체류시기를 연장하며 생제르맹에 머물던 그 시기가 바로 왕이 "궁정을 아예 시골로" 정착시킨 운명의 순간이었던 것이다. 루이 15세 치세 한중간에 생시몽이 루이 14세를 비난한 사실은 이미 잘 알려져 있다. 그런데 그가 반감을 표한 것은 왕이 파리를 포기해서가 아니라 생제르맹을 포기한 것 때문이었다. 생제르맹은 카페 왕조 이후 역사에 의해 갈고 닦인 곳이며 자연조건의 측면에서도 유리한 입지를 갖춘 곳이다. 수세기 동안 왕실 주거지 역할을 해온 생제르맹이야말로 군주정의 영속성과 다양성을 상징하는 동시에 왕권과 자연경관의 조화를 상징했다. 반면 무에서 창조된 베르사유는 개인의 변덕과 대지에 가해진 폭력의 산물에 다름 아니었다.[14] 사냥터와 휴식처를 찾아 생제르맹 궁전을 탈출한 루이 13세를 위해 마련된 수수한 스파르타식 작은 건축물이 베르사유의 모태이다. 이렇게 해서 베르사유는 생제르맹의 아들이 되었다. 뿐만 아니라 왕이 수백 년 동안 파리를 주근거지로 삼아 끊임없이 이동생활을 하던 시대에서, 교외에 위치한 행정수도에 정부가 정착하게 되는 전환기에 베르사유는 생제르맹의 역할을 대신하게 되었던 것이다.

그렇다면 이주가 완성된 바로 그 시점에 루이 14세의 계획은 과연 확고한 것이었을까? 1680~1685년에 베르사유는 모든 공사현장에서 권력기구와 거주를 위한 모든 요소들을 수용할 태세로 성급하고 거대한 모습을 드러내고 있었다. 하지만 놀라운 사실은 바로 그 순간 아르두앵 망사르가 생제르맹의 옛 성을 보수하고 새롭게 단장하고 있었다

14) Saint-Simon, *Mémoires*, 1715 (rédigé en 1746), éd., Boislisle (Paris, Hachette, 1879~1929), vol. 126-131 et 156-168. 《회고록》 중 이 부분은 널리 알려졌지만 미묘한 해석상의 문제가 있다. 이에 관해서는 Hélène Himelfarb, "Signes de la damnation: le réquisitoire de Saint-Simon contre Versailles", in *Parcours parisiens*, Paris, Publications de l'université de Paris, III, 1986 참조.

는 점이다.[15] 생제르맹은 이미 베르사유에게 거주지로서의 기능을 빼앗기고, 같은 기간 동안 역시 망사르에 의해 공사가 진행되고 있던 마를리에 휴양지로서의 기능마저 다 빼앗겨 버렸는데도 말이다. 만약 스튜어트 왕가가 1688년 12월에 일어난 명예혁명을 피해 생제르맹에 도착하지 않았다면 프랑스 궁정이 생제르맹으로 다시 돌아왔을까? 비교적 새 건축물임에도 불구하고 옛 성보다 더 빨리 파손된 발루아 왕조와 앙리 4세의 새 성이 복원되었을지 누가 알겠는가?[16] 모두 쓸데없는 추측에 불과하다. 하지만 그런 의문이 제기되었다는 사실 자체가 그 당시 사람들에게는 1682년이 우리의 짐작처럼 결정적인 순간이 아니었으며, 파리와 왕의 결별은 아무튼 그 이전부터 계속되어온 일임을 보여주기에 충분하다.

이제 상식적으로 제기되고 역사에 의해 검증된 또 다른 독특한 의미를 살펴보기로 하자. 사람들은 저마다 왕실의 이동생활에 대해 언급한다. 하지만 그 전통이 얼마나 깊숙이 뿌리내렸으며 또 얼마나 복잡한 것인지는 잘 알려져 있지 않다. 그런 왕의 이동생활이 단 10년 만에 완전히 종식되었으리라고 보기는 어렵다. 실제로 1682년에 궁정과 정부는 베르사유를 차지하고 '주요 거처'로 삼았지만 그렇다고 해서 그곳에 완전히 정착한 것은 아니다. 루이 14세는 1693년까지 매년 봄이면 귀부인들과 대신들을 덜컹거리는 사륜마차에 태워 전쟁터로 끌고 갔

15) 루이 6세에서 프랑수아 1세 치세에 걸쳐 세심하게 건축된 생제르맹의 옛 성은 길쭉하고 불규칙한 5각형 모양이었다. 성의 내부장식과 조경작업 후 망사르는 각 모서리마다 테라스 지붕과 난간을 갖춘 정사각형의 작은 건물을 덧붙였으며 모서리 부분들을 보수했다. 나폴레옹 3세는 이 성을 국립고대박물관으로 만들면서 덧붙여진 작은 건축물들을 없애 버렸다.

16) 앙리 2세 치세 동안 필리베르 들로름은 테라스 끝에 망루를 설치하기 시작했으나 1563년까지 미완성상태로 남았다. 메트조와 뒤세르소의 작품인 그 거대한 벽돌과 돌 성에서 앙리 4세는 센 강에 이르는 산책로와 화단, 그리고 동굴과 함께 그 망루를 가장 핵심적인 부분으로 만들었다. 하지만 아르투아 백작은 1777년에 그 망루를 허물어 버렸다.

다. 마차들의 수는 무척 많았고 그 안에 사람들이 너무 많이 탔기 때문에 마차는 아주 천천히 움직일 수밖에 없었다. 1684년에 콩테쉬르에스코까지 가는 데 8일이 걸렸으며 돌아오는 데 5일 걸렸다. 그 마차 여행은 귀부인들의 기질에 따라 저마다 다른 기억을 남겼다. 팔츠 대공비는 만족하고 아찔할 정도로 흥분했으며 맹트농 부인은 녹초가 된 반면 대공녀는 복잡한 감정에 사로잡혔다. 왕은 전쟁터로 가지 않으면 점령지를 시찰하거나 대규모 군사 작전을 지휘하러 갔다.[17] 군 주둔지라고 해서 국무비서들이나 시종들, 왕실여인들이 제외되는 법도 없었다. 항상 왕실여인들을 수행하는 명예시녀들, 치장 담당 시녀들, 궁정시녀들, 들러리 소녀들, 침실하녀들도 마찬가지였다. 또한 각 가문에 딸린 부속사제들, 어린 왕손들의 사부들과 시강학사들도 따라갔으며 어린 왕손들은 무기조작법과 여행에서 인내심을 키우는 법까지 교육받았다. 여행길이 그토록 위험하고 느린 만큼 유일하게 맞아줄 수 있는 주교들이나 지사들에게 모든 것을 의지할 수가 없었다. 그러니 필요한 것이면 무엇이건 다 가져가야 했다. 임시숙소를 왕실처소처럼 꾸미기 위한 용도로 준비한 둥글게 말린 양탄자에서부터 우아한 귀금속 식기류까지, 비오는 날이나 대기하는 날들을 위한 책 보따리에서 조립식 침대류까지, 도중에 도시들이 베풀어 주는 연회에서 사용할 보석류에서 정구채, 심지어 저녁이나 즉흥 무도회를 위한 접이식 클라브생까지 가져갔다. 그때 가져갔던 클라브생들의 일부는 오늘날 경첩마저 고스란히 보존되어 있으며 심지어 고장 난 채를 갈아 끼우기 위해 준비되었던 많은 양의 까마귀 털도 남아 있다.[18]

군대나 군대를 본뜬 대규모 기마여행은 거의 궁정 전체를 길바닥 위

17) 부르고뉴 공작의 완벽한 교육을 위해 1698년 9월에 "콩피에뉴 주둔지"로 떠난 것이 왕의 마지막 여행이었다. 그 여행의 호사스러움은 경악을 금치 못할 정도였다.

18) 18세기의 여행용 접이식 클라브생은 국립고등음악학교의 악기박물관에 샹뷔르 소장품으로 보관되어 있으며 깃털은 상자 안에 담겨 있다.

19. 파리 대로에서 본 베르사유 성과 정원 풍경, 피에르 파텔, 1668.

에 옮겨놓은 것이나 다름없었다. 그것은 모든 도청소재지와 프랑스 전국의 130개 도에 산재한 모든 황제궁에 머물렀던 나폴레옹 시대의 조직적인 여정과는 거리가 멀었다.[19] 하지만 그런 여행과는 별도로, 베르사유에 정착한 뒤에도 사냥과 휴가를 위한 왕의 이동은 멈추지 않았다. 앙시앵 레짐 하에서 점진적으로 조성된 베르사유의 사냥공원은 오늘날의 10개 코뮌에 해당되며[20] 마를리 사냥터까지 곧바로 연결되었다. 그 어마어마한 규모와 체계적인 운영에도 불구하고 왕과 대귀족들이 어찌나 사냥에 집착했던지 베르사유로는 부족했다. 그들은 거의 매일 쉬지 않고 총과 사냥개, 매, 그물 등을 동원해가며 사냥을 했다. 또한 장소를 바꾸어가며 다양한 사냥의 즐거움을 누리는 것은 수세기 동안 유지되어온 그들의 뿌리 깊은 관습이었다.

루이 15세 시대에 시작되어 나폴레옹 시대에 완성된 훌륭한 《사냥지도》에서 드러나듯이, 오늘날의 이블린, 오드센, 발드마른, 에손 도에서 행해진 왕실의 정기 벌목은 우리에게 퐁텐블로와 샹보르의 관례적인 사냥철을 연상시킨다. 파리 남서부 지역에서 행해진 늑대 박멸도 마찬가지이다. 늑대 박멸은 늑대 사냥광이던 루이 14세의 아들인 세자가 사망한 1711년에 거의 완성된 듯하다. 퐁텐블로는 9~11월이 가장 빈번한 사냥철이었고 샹보르는 루이 14세가 1686년까지 꾸준히 찾았던 곳이다. 샹보르에는 루이 14세에 얽힌 이야기가 있지만 발루아 왕조의 절정기와 스타니슬라스, 삭스 시대[21] 사이에 끼여 연구가 전무한 실정

---

19) 스트라스부르의 로앙 궁, 보르도의 대주교관처럼 황제는 브뤼셀의 라켄 궁, 피렌체의 피치 궁, 로마의 키리날 궁을 차지한 뒤 새롭게 단장시켰다.

20) 베르사유 외에 생시르레콜, 퐁트네르플뢰리, 부아다르시, 누아지르루아, 바이, 로캉쿠르, 르셰네, 기앙쿠르, 뷔크 등이다. 그 경계와 흔적에 관해서는 Chantal Waltisperger, "La clôture du grand parc de Versaille", *Revue de l'art*, n° 65, 1984 참조.

21) 〔역주〕 루아르 강변에 위치한 샹보르 성은 프랑수아 1세의 사냥을 위해 건축된 화려하고 독특한 르네상스 양식의 건축물이다. 한때 왕궁으로 사용되었으나 오랫동안 방치되거나 왕족의 거처로 사용되었다. 루이 15세는 폴란드 왕위를 박탈당한 장인 스타니슬라스를 이 성에서 살게 했으며(1725~1733) 1745년에는

이다. 루이 15세의 경우에는 슈아지와 콩피에뉴에서 사냥을 했다.[22)]

그 밖에 도리 때문이기는 했지만 궁극적으로는 사냥을 하기 위해 왕이 샹티에 사는 콩데 가나 빌레르코트레에 사는 오를레앙 가의 저택에 간헐적으로 체류한 사실도 빼놓을 수 없다.[23)] 그런 이동은 전적으로 가정방문의 범주에 포함될 것이다. 전형적인 자기중심주의자였던 루이 14세조차도 그런 관례를 완전히 피할 수는 없었던 것이다. 루이 14세는 질투심으로 마음을 졸이고 투덜거리면서도 동생이 감히 자신에게 대적하듯 호사스런 공사를 벌이고 있던 생클루나 팔레루아얄의 공사장을 보러 가야 했다.[24)] 또한 뫼동에 있는 아들이나[25)] 소와 랑부예에 있는 서자들에게 가서도 며칠씩 머물러야 했다.[26)] 아주 드물고 기간도 짧았던

작센 선제후의 아들로 프랑스에 귀화한 삭스 원수에게 이 성을 하사했다. 샹보르 성에 살면서 방탕과 폭력을 일삼은 이 두 독일 귀족은 숱한 일화를 남겼다.

22) 루이 15세는 1739년에 대공녀를 위해 자크 가브리엘의 작품인 슈아지 성을 구입해서 자크 앙주 가브리엘에게 왕실 거주지로 증축하도록 명령했다. 루이 16세는 슈아지 성의 가구를 치워 버렸으며 그 성은 19~20세기에 점차 파괴되었다.

23) 루이 14세는 전쟁터로 가는 도중에 종종 대 콩데나 그의 아들이 살던 샹티에 들렀다. 부르봉 공작은 1722년과 1724년, 1725년에 축성을 마치고 돌아오는 루이 15세를 그곳에서 맞이했다. 루이 14세 치세 말기에 대공은 빌레르코트레를 방치했다. 그러나 루이 15세의 섭정이 된 그의 아들은 랭스에서 대관식을 마치고 돌아온 루이 15세를 위해 그곳에서 연회를 베풀었다.

24) 대공은 1655년에 재정가 에르바르에게서 생클루를 구입한 뒤 앙투안 르포트르, 망사르, 노크레, 루소, 미냐르 등에게 보수를 맡겼다. 그의 후손인 필리프 도를레앙(필리프 에갈리테)은 1785년에 생클루를 왕실에 팔았다. 생클루 성은 1871년에 프로이센군에 의해 방화된 뒤 1891년에 허물어졌다.

25) 세자는 1695년 루부아 부인에게서 뫼동을 사들였다. 기즈 가와 루부아가 건축한 옛 성 외에 그는 망사르로 하여금 새 성을 짓도록 했으며 미술품으로 가득 채웠다. 1804년에 나폴레옹은 옛 성을 허물었으며 새 성은 프로이센군에 의해 방화되었다가 1878년에 관측소로 개조되었다.

26) 루이 14세와 몽테스팡 부인 사이에서 태어난 서출들 중 장남인 멘 공작(duc de Maine)은 1699년에 콜베르 가로부터 소 성을 구입했다. 루이 14세는 퐁텐블로로 가는 도중에 종종 그곳에서 머물렀다. 오늘날에는 오로라 관과 식물원만 남아 있을 뿐이다. 차남인 툴루즈 백작(comte de Toulouse)은 1706년에 아르마농빌(Armenonville)로부터 랑부예 성을 구입했으며 말년의 루이 14세는 종종 그곳을 방문했다. 툴루즈 백작과 그의 아들인 팡티에브르 공작(duc

그런 휴가행렬에 궁정과 정부 전체가 따라 나서지는 않았지만, 저녁에 왕과 단둘이 국사를 보던 대신들뿐만 아니라 오전의 참사회에 참석한 대신들도 동참해야 했다. 또한 맹트농 부인과 친한 귀부인들 중 몇몇 '측근', 왕자와 공주들, 왕의 서출들 및 그들의 배우자들과 핵심 가족 구성원들, 친한 친구들도 빠지지 않았다. 게다가 짧고 이례적인 체류 동안 그곳의 주인이 왕의 일행에게 연회와 다양한 여흥을 베풀 가능성이 컸던 만큼, 악단과 배우들, 혹은 수렵 담당관들이 합류하지 않는 법이 없었다. 종종 실내장식과 건축공사가 방문 구실이 되었으며 동시에 다른 건축물의 공사현장들을 돌아보고 명령을 내리기 위한 경우도 있었기 때문에, 망사르와 르노트르 및 건축가들도 거의 대부분 왕의 부름을 받았다. 마지막으로 왕이 어디를 가건 부속성당 사제단과 왕의 병을 돌보는 의사들, 수석내과의와 수석외과의, 수석약제사도 왕을 수행했다. 형제나 자식을 만나러 가는 3~4일 일정의 간단한 여행조차 이렇게 많은 인원들과 도구들을 이동시켰으니, 그보다 훨씬 긴 여행이나 의무 때문이 아니라 스스로 원해서 떠난 여행의 경우에는 어떠했을지 상상할만하다. 참으로 기이하게도 루이 14세는 베르사유 주변을 오가는 그런 장기여행을 죽기 며칠 전까지 계속 했다.

정확하게 말하자면 베르사유 주변은 베르사유 '공원' 지역으로 불려야 마땅하다. 왜냐하면 트리아농과 마를리는 그 지역 안에 포함되거나 연결되어 있기 때문이다. 베르사유 자체가 휴식처에 지나지 않았던 시절에 생긴 도자기로 된 트리아농은 사실상 거주할만한 곳이 아니었다. 그곳은 정원 끝에 단순한 산책용으로 간식을 먹고 낮잠을 자기 위한 작은 건물에 지나지 않았다. 또한 왕이 몽테스팡 부인과 사랑을 나누던 향수 제조소도 있었다.[27] 우리가 아는 바에 의하면 그곳에서 루이

de Penthièvre)은 그 영지를 개조했다. 1783년에 루이 16세는 랑부예 영지를 사들였다.

27) 화단 끝에 있는 향수관은 자스민 꽃밭을 지나 성으로 연결되었다. 1687년에 대리석 트리아농 성이 지어지자 그 성에 포함되었다. 그곳이 바로 회랑 끝에

14세가 참여한 유일한 육체노동은 향수 제조와 주목 다듬기였다. 그는 큰 가위를 손에 들고 정원사들에게 자신이 원하는 바를 몸소 시범해 보이기를 즐겼다. 이 점에서 그는 목공 일에 애착을 보였던 그의 아버지나 후손들과 사뭇 대조적이었다. 루이 16세는 대장간 일 외에도 직접 목공 일과 선반 깎기를 했다. 그림 그리기를 좋아하던 루이 15세는 나중에 상아, 은, 나무 조각에 열중해서 평생 뛰어난 솜씨를 보였다. 또한 그는 요리와 증류수 제조에도 특별한 재주를 지녔다.[28] 하지만 생시몽에 의하면 1682년의 정착과 더불어 정원의 작은 건물들은 더 이상 '궁정의 화려함과 군중으로부터의' 도피처 역할을 하지 못했다.

1679년에 창조된 마를리는 다목적적인 공간이었다.[29] 풍성한 시냇물과 숲이 우거지고 사냥감이 많은 산비탈의 작은 골짜기 끝에 위치한 마를리는 휴식을 위한 '은신처'로는 안성맞춤이었다. 왜냐하면 지형상 더 뻗어나갈 수가 없어 보였고 성 자체도 이탈리아 풍의 대응접실을 중심으로 해서 방사선 모양으로 펼쳐진 4개의 주요거처가 전부였기 때문이다. 추가로 지붕 밑층에 천장이 낮은 거처들이 만들어졌지만 마를리에는 오직 왕실 가족만이 따라갈 수 있었다. 시중드는 사람들과 사제단조차 외부의 가까운 거리에 있는 곳으로 내쫓겼다. 하지만 주지하다시피 마를리 역시 정부나 아니면 적어도 돈거래의 중심지였다. 우리 역사에서는 최초로 왕이 사는 지붕 아래서 1년 내내 극도로 활기가 넘쳐흘렀다. 그곳에서 왕은 대귀족에 대한 유례없는 감시망을 동원하지 않았으며 과감하게 '구별 짓기'의 수법마저 포기했다. 따라서 '요청'의 절차를 거쳐 작성된 그 유명한 마를리행 '명단'은 왕의 총애와 긴밀한 관계를 가늠하는 수단 중 하나로 작용했다. 왜냐하면 그 목록이야말로 생시몽의 표현대로 베르

있는 자르댕 응접실이며 회랑은 트렐라주 광장으로 연결되었다.

28) 대장간과 목공소, 그리고 루이 16세가 깎은 선반은 여전히 베르사유에 남아 있다. 그러나 루이 15세의 작업장은 자취를 감추었다.

29) 왕은 1676년에 마를리 영지를 구입했으며 1679~1680년부터 성과 작은 건물들이 세워지기 시작했다. 왕이 마를리에서 처음으로 장기체류를 한 것은 1686년이다.

사유에서 아주 가까운 계곡 안에서 꿈같은 사생활을 즐기는 '궁정생활의 정수'를 보장했기 때문이다. 선별의 원칙에 따라 모인 사람들은 그곳에서 여전히 의례적이기는 하지만 사뭇 느슨해진 예법에 따라 우정을 나누기도 했다. 마를리에 온 사람들은 왕의 '친구'로 간주되었기 때문에 왕이나 왕실가족과 같은 식탁에서 식사를 했다. 사람들은 부부끼리 그곳에 왔다. 초대는 부인의 이름으로 이루어졌으며 남편은 그녀들을 따라왔다. 그곳에서 사람들은 모자를 쓴 채 왕실가족의 산책에 동반되었다. 이는 상석권이 정지되었다는 표시였다. 마를리의 응접실이나 정원에서의 여흥들은 베르사유에서보다 더 기발하고 다양했다. 그곳에서는 정식 무도회보다 요정이나 익살꾼 모습으로 등장하는 가면무도회가 더 자주 열렸다. 이른바 '가장행렬'인 그 무도회는 프랑스 극단(Théâtre-Français)[30] 이나 왕립음악원(Académie royale de Musique)[31] 보다는 이탈리아 극단이나 장터의 민중극단에 더 가까운 파리의 심미주의적인 젊은이들에게서 비롯되었다. 그 외에서도 회전목마, 그네, 러시아식 오르내리기 등 새로운 놀이가 도입되었다.[32] 종종 새로운 형식의 실내악이 응접실을 지배하기도 했다. 연회와 오페라-발레, 세속 칸타타, 소나타, 페트 갈랑트화(*la peinture de fêtes galantes*)[33] 의 발달과정에서 마를리가 차지한 의미심장한 역할은 앞으로 좀더 구체적으로 연구되어야 할 과제이다. 반면 마를리에서 시도되고 널리 파급된 실내장식과 정원조각 양식은 상대적으로 잘 알려져 있으며 이는 17세기 마지막 10년 이후 나타난 프랑스 로카유 양식(*la Rocaille française*)[34] 의 모체들 중 하나이다.[35]

---

30) 〔역주〕 일명 코메디 프랑세즈로 1680년 루이 14세의 명령으로 창설되었다.

31) 〔역주〕 오늘날의 파리 오페라의 전신으로 1669년에 창설되었다.

32) 루이 14세는 귀부인들을 위해 마를리 정원에 돌아가는 둥근 고리와 그네, 공굴리기 대, 썰매, 두 바퀴 수레 등을 설치했다.

33) 〔역주〕 전원에서 여흥을 즐기는 궁정 남녀들을 주제로 한 그림의 유형으로 18세기에 유행했으며 와토가 그 선구자이다.

34) 〔역주〕 바위를 뜻하는 'roc'에서 유래한 미술양식으로 17세기 말 정원의 인공동굴이나 분수의 수반을 장식한 돌, 산호 조가비 등을 뜻한다. 그러나 18세기에

그러나 이미 언급되었듯이 마를리의 경우 심미주의와 주변환경에 의해 부분적으로 조성된 내밀성은 상징에 불과했다. 초대목록은 왕실 가족 외에 매번 50명 정도의 초대손님을 포함했다. 따라서 놀랄 만큼 기발하게 설계된 입방체 모양의 작은 건물 열두 동[36]이 들어섰다. 그 건물들은 작은 골짜기를 마주하며 계단식으로 이루어진 장식용 연못들을 따라 길게 늘어서 있었으며 인동덩굴과 재스민이 가득한 격자세공 무늬의 아케이드로 연결되었다. 주지하다시피 왕실가족의 수가 불어난 데다 왕자들마다 동반하고 싶은 손님들이 있었기 때문에 숙소를 만들기 위해 결과적으로 전망대 건물 같은 아름다운 외관을 포기하지 않을 수 없었다.[37] 그와 동시에 1696~1704년 동안 부속건물들이 여러 채 지어졌다.

왕의 일행이 마를리에 처음으로 체류한 것은 1686년부터이다. 일단 거주지로서의 마를리의 기능이 확실해지자, 자연스럽게 진정한 의미의 내밀한 공간에 대한 필요성이 제기되었다. 그렇게 해서 생긴 것이 1687~1688년 대담한 발상에 따라 들판에 전격적으로 세워진 트리아농, 다시 말해 대리석 트리아농이다. 1689년 북쪽 익랑건물이 완성됨으로써 베르사유가 트리아농의 가장 끝자락과 연결되었다. 이 상징적인 만남으로 트리아농은 그 순간 거주 가능한 공간이 되었다. 트리아

는 조가비 모양의 장식 모티프로 바뀌어 고전주의 양식과 대조적인 비대칭의 자유로운 예술양식을 발전시켰다.

35) Fiske Kimball, *Le Style Louis XV. Origine et évolution du rococo*, trad. franç. Jeanne Marie, Paris, Picard, 1949 ; François Souchal, *Les Frères Coustou*, Paris, De boccard, 1980, xvii-xviii ; Michèle Beaulieu, *Les Sculptures du parc de Marly au... Louvre aux Tuileries*, Paris, Réunion des Musées nationaux, 1980, "Petits guides des grands musées".

36) 각 건물마다 3~4개의 방에 부엌이 없는 2개의 거처가 있었다. A. et J. Marie, *Marly*, Paris, Tel, 1947, fig. 41, 42, 46.

37) 전망대는 4각형 모양의 관리실 건물이다. 창문이 없는 성 쪽의 벽에는 고대식 광장 위에 주랑현관이 서 있는 눈속임화가 루소에 의해 그려졌다(1684). 1706년에 숙소를 만들기 위해 그곳에 다섯 개의 창문을 뚫으면서 전망대는 사라졌다(Marie, *op. cit.*, 49).

농에서는 수많은 건축상의 신기술이 선보였다. 마를리에서는 분산구도가 채택되었다. 고대식 원형경기장을 따라 늘어선 두 줄의 작은 건물들은 왕의 거처와 직각으로 배치되었으며 가운데 빈 곳에는 장식용 연못이 만들어졌다.[38] 반면 트리아농의 구도는 팔꿈치 모양이었다. 익랑건물들은 직각으로 세 번 꺾임으로써 다행히 노출면이 많아져 세 면이 남향이었으며 안뜰 외에도 각각 다른 정원이 세 개가 만들어졌다.[39] 서로 다른 층으로 인정되었건 아니건 마를리는 2층인 데 반해 트리아농은 단층이었다. 트리아농의 모든 창문들은 거의 문이나 다름없어서 화단과 숲으로의 접근이 언제나 용이했다. 마를리에서는 주요 건물이 중앙에 자리 잡고 있는 것과는 대조적으로, 트리아농은 특이한 '주랑'만 있을 뿐 중앙이 뻥 뚫려 있는 기발한 형태였다. 주랑이라는 용어는 적절치 않지만 루이 14세 자신이 그 단어를 사용했기 때문에 그대로 유지되었다. 오늘날 남아 있는 것은 사실상 주랑현관이며 당시의 본래 모습은 로지아(*logia*)[40] 형태로 아치형 통로에는 유리가 끼워져 있었다.[41] 잘 알려져 있듯이 트리아농은 그 착상에서부터 왕이 직접 개입했다. 또한 왕이 안절부절못하고 극성맞게 공사현장을 쫓아다닌 덕분에[42] 트리아농은 사적인 공간으로서의 성격을 보존하는 데 성공했다. 또한 오직 왕의 직계가족만이 그곳에 머물렀으며 왕손들에게 국한된 처소에는 방계왕족들조차 머물지 못했다. 귀족들의 '시중들기'도 꼭 필요한 경우로 국한되었다.

---

38) Karl Moseneder, "Sur les origines de Marly", colloque *Versailles*, *op. cit.*

39) 건물 받침대와, 주랑, 회랑 사이에는 화단이 있었고, 회랑과 트리아농수부아 사이에는 수르스 정원이 있었다. 또한 안뜰과 북쪽 익랑건물 사이에 있는 왕의 정원은 밀폐되어 루이 14세와 맹트농 부인에게만 출입이 허용되었다.

40) 〔역주〕 한쪽만 트인 주랑.

41) Daniel Meyer, "A Propos du péristyle du Grand Trianon", *Revue de l'art*, n° 15, 1972.

42) Bertrand Jesraz, "Le Trianon de Marbre, ou Louis XIV architecte", *Gazette des beaux-arts*, n° 1210, 1969 ; A et J. Marie, *Versailles au temps de Louis XIV*, Paris, Imprimerie nationale, 1976, pp. 20~26.

하지만 왕이 마를리와 마찬가지로 트리아농에 빈번히 체류한 이유를 단순히 선택된 측근이나 가족끼리 지내려는 욕망만으로 설명할 수는 없다. 베르사유를 피할 도피처를 제공한 별궁들의 존재는 부정적으로 설명될 수도 있지만 동시에 긍정적으로 설명되기도 한다. 피에르 구베르가 적절하게 지적한 바를 상기해 보기로 하자.[43] 청소하는 사람들을 위해 베르사유는 몇 주 동안 완전히 비워져야 했다. 베르사유의 불결함은 19~20세기에 엄청나게 부풀려지고 과장되었음이 확실하다. 19세기에는 때마침 주거공간을 박물관으로 변경하기 위해 옷방과 욕실, 변소, 다용도실 등을 거의 다 없애는 대대적인 공간개조작업이 이루어졌다. 그로 인해 베르사유 성에는 일련의 과시적인 공간밖에 없었으며 사람들은 문 뒤나 계단 모퉁이에서 용변을 보았을 것이라는 믿음이 확고해졌음을 생각하면 어처구니가 없을 정도이다. 옛 평면도를 잠시 흘낏 살펴보기만 해도 우리는 옷방과 용변실이 체계적으로 갖추어져 있었음을 충분히 확인할 수 있다. 욕조가 옷방 안에 놓여 있던 루이 14세 치세에는 욕실이 아직 독립된 공간이 아니었다. 그러나 루이 15세 치세에 욕실은 극도로 세련된 공간으로 바뀌었다. 침대간(*alcôve*)[44] 안의 침대와 더불어 '목욕하며 쉬는 곳'인 동시에 중이층에서 흐르는 물이 저장되고 뜨겁게 데워진 '욕탕'인 그곳은 이른바 욕조를 포함한 일련의 공간의 핵심이 되었다.[45] 절대군주의 극악무도함을 증명하고 부르주아의 성장을

43) Pierre Goubert, *Louis et vingt millions de Français*, Paris, Fayard, 1966, p. 132.

44) 〔역주〕 침실 안에 침대를 놓기 위해 움푹 파인 곳.

45) 1층에 위치했으며 루이 14세의 부속실과 비밀계단으로 연결되어 있던 화려한 욕실은 위생학적인 차원에서보다는 휴식과 쾌락을 위한 공간으로 간주되었는데 1684년에 제거되었다. 하지만 주지하다시피 그의 치세 끝까지 목욕용 면제품에 관한 명령들이 계속되었으며 부르고뉴 공작부인을 위한 욕실 치장 작업이 이루어졌다(Marie, *op. cit.*, pp. 121와 271~272). 18세기에 욕실은 면제품을 넣는 벽장과 2개의 욕조(비누칠하기와 헹구기), 더운물과 찬물, 하수관 등을 갖추고 있었으며 대리석 바닥은 고인 물을 흘려보내기 위해 지하배수로 쪽으로 기울어져 있었다. 바닥 밑에는 방수를 위해 납판이 깔렸고 벽난로는 도자기로

강조하기 위해서는 베르사유의 불결함과 무더위를 확실히 강조할 필요가 있었던 것이다. 오늘날에는 그런 저의가 사라지고 다른 편견들로 대체되었다. 오늘날에 비해 상대적으로 덜 유난스럽기는 했지만 17~18세기 궁정사람들도 거의 우리와 마찬가지로 몸을 씻고 배설물을 처리했음이 널리 알려지면서 바로크풍에 대한 우리의 망상이 무참하게 무너졌다. 오늘날 궁전의 '웅장함'을 감상하는 사람들은 그 궁전이 마치 벌레가 우글거리며 땀과 오줌 냄새가 진동했던 곳이었던 것처럼 여기는데, 이제 착각은 버리기로 하자.46)

베르사유에서 인구압박이 심각했음은 사실이다. 성 자체에만 5천 명이 거주한 것으로 추산된다.47) 하지만 마사, 개 사육장, 부속건물, 대상서청, 온실, 정구장, 부엌 화덕, 동물원, 소 베네치아, 트리아농, 총감 관사, 대신들 관사, 집사장 관사, 창고 등 수많은 '성 밖 건물들'에 살던 사람들 숫자를 합하면 아마도 두 배가 될 것이다. 그들은 낮에는 거의 성 안이나 정원에서 일했다. 만여 명이면 대체로 지방 소도시의 인구에 달하는데 그들 중 궁정신하들은 틀림없이 천 명을 넘지 않았을 것이다. 그러니 건물의 관리와 시중, 보수, 안전에 관련된 인원이 압도적으로 많았던 셈이다. 그러나 베르사유의 불결함은 거주자들보다는 방문자들 때문이었다. 관례상 베르사유의 공식 처소들과 부속성당, 회랑들, 주요 계단들, 난간들, 안뜰, 그리고 정원들이 하루 종일 누구에게나 개방되었다는 사실을 우리는 지나치게 간과하는 경향이 있다.

된 난로로 대체되었다. 또한 용변실은 도자기로 된 변기와 물 내리기, 탱크로 연결된 분사장치를 갖춘 '영국식 변기'로 바뀌었고 베르사유에는 그런 장치가 여럿 설치되었다.

46) 베르사유에 대한 바로크적 환상에 관한 최근의 대표적인 연구로는 H. Himelfarb, "Versailles en notre temps", *Destins et enjeux du XVIIe siècle*, Paris, PUF, 1985 참조.

47) 이것은 루이 14세 시대 이후 번호를 매긴 거처들의 수를 토대로 박물관 연구원들이 계산해낸 수치이다.

20. 정원 쪽에서 본 베르사유 성의 모습, 프랑스 화파, 1675.

국가에서의 핵심적인 역할과 의무를 지닌 프랑스 군주는 모든 정의의 근원이므로 가시적이고 수시로 접근가능한 존재여야 했다. 전통적으로 그의 일상생활 중 특정한 순간들은 공개되었다. 이 점에서 베르사유는 발루아나 부르봉의 루브르와 전혀 차이가 없다. 그러나 물론 그 이상의 새로운 점이 있다. 루이 14세는 정부의 모든 기구들을 1년 내내 자신의 주변에 집중시킴으로써 베르사유를 단순히 인구가 집중된 거대한 거주지 이상의 존재로 만들었다. 여기에서 베르사유 박물관의 연구원 피에르 르무안의 유익하고 생생한 비유를 상기해볼 필요가 있다. 그는 궁정인들의 베르사유를 1900년경의 대운하 도시에 비유했던 것이다.[48] 베르사유는 실제로 거대한 행정도시였다. 베르사유에 있는 사무실과 부서에는 하루 종일 갖은 수단을 동원해서 행정부서에 영향력을 행사하려는 청탁자들이나 평범한 신민들의 무리가 물밀듯이 밀려들었다. 납품업자들의 무리들도 말단관리들과 탐욕스런 소비자들에게 자신들의 서비스와 제품들을 제공하기 위해 몰려들었다. 마지막으로 또 한 가지 새로운 사실은 베르사유가 이미 루이 14세 치세 때부터 전 유럽의 관광객들을 끌어들였다는 점이다. 구경꾼들, 호기심 많은 사람들, 여행객들, 이방인들, 빈둥빈둥 기웃거리는 사람들, 공중들 등. 그들의 엄청난 숫자와 끈질긴 모습은 다양한 사료들을 통해 입증되었다. 예컨대 가정교사나 '보모'의 손에 끌려 온 어린이들, 여행용 외투와 장화를 신은 외국인들, 낮은 층계에 앉아 무릎 위에서 스케치를 하는 화가들, 어떤 물체나 풍경을 가리키기 위해 지팡이를 치켜든 안내원을 선두로 한 작은 무리들이 묘사된 판화들이나 회화들 말이다. 뿐만 아니라 입장객에 관한 규제 기록들도 있다. 캉팡 부인에 의하면 입장객들은 "말끔히 차려입어야" 했고, 남자의 경우 검을 착용해야 했다. 하지만 스위스 근위병들이 철문에서 몇 수(*sou*)를 받고 검을 빌려주었다. 특히 베르사유의 탄생 이후 계속해서 크고 작은 안내서와 설명서들이 때로는 삽화와 함께 양산되었다. 회화작품들과 조각들을 열거하며 그 숨겨진 뜻을 설명하며 예

48) Pierre Lemoine, "Les logements de Saint-Simon au château de Versaille", *Cahiers Saint-Simon*, n° 12, 1984.

술가들에게 찬사를 보내는 동시에 왕실의 일상생활의 리듬을 묘사한 그런 책들에서 베르사유는 이미 박물관의 모습을 띠었던 것이다. 또한 거의 전문가들 수준급인 강연자들도 있었다. 부유한 여행객들에게 고용된 그들은 이따금 그런 종류의 안내서들을 직접 출판하기도 했다.[49]

회고록 작가들은 그런 광경에다 주기적으로 드나들던 인파들에 대한 묘사를 덧붙였다. 도시에서 온 '극단들'의 '가면 쓴 사람들'은 사육제 동안 열리는 밤 무도회에 고정적으로 참석했다. 그로 인해 놀랄 만큼 많은 '군중'이 몰렸으며 심지어 사고나 주먹질이 벌어지기도 했다. 그럼에도 불구하고 그들의 존재는 익명으로 남아 있을 뿐이다. 회고록들에는 왕실 결혼식 날이면 파리에서부터 몰려들어 거울의 방이나 공식처소 바깥쪽 공간에 마련된 계단식 단상을 차지한 여인들의 모습도 등장한다. 궁전 안에는 더 이상 공간이 남아 있지 않았으며 아무도 감히 그녀들을 내쫓을 엄두를 내지 못했다. 베르사유의 작은 숲은 군중에 의해 파손되었다. 정기적으로 군중의 출입이 봉쇄되었지만 항의를 받고 다시 허용되었다. 외국의 특사들을 접견하는 날이면 지붕에까지 군중들이 몰려들었다. 왕이 영성체를 하고 전 유럽에서 온 환자들을 쓰다듬어주는 '성스런 연회'의 날에 인근의 여인숙은 만원이었다. 또한 사망한 왕자나 공주의 시체가 회랑 안에 놓이는 날에는 '민중'이 끝없이 밀려들었다. 마지막으로 18세기에는 일요일에 거행된 군주나 왕자들의 공개적인 '공적만찬'(*Grand Couvert*)[50]이 매주 군중을 끌어 모았다. 궁정 사람들 사이에서는 이 의례에 호기심을 보이는 부르주아를 조롱하는 것이 유행하기도 했다.[51]

---

49) 베르사유 안내서에 관한 참고문헌은 없다. 대신 1934년에 아데르(Ader)와 메니알(Meynial)에 의해 작성된 548 항목의 그로쇠브르(Grosseuvre) 소장품 목록을 참조하라. 역사나 이데올로기 측면에 관한 기본적인 연구는 거의 이루어지지 않은 상태이다. Gérard Sabatier, "Versailles, ou le sens perdu. Manières de monter la galerie des Glaces aux XVIIe et XVIIIe siècles", colloque *Versailles*, *op. cit.*는 베르사유 안내서 안에 풍부한 주제가 함축되어 있음을 보여준다.

50) 〔역주〕 왕이 궁정사람들 전체가 서서 지켜보는 가운데 하는 식사로 주로 저녁 식사의 경우가 이에 해당되었다.

이렇듯 전통적인 요소와 새로운 요소의 결합은 거대한 수의 무리를 베르사유로 끌어들였다. 그들은 다양하고 끈질기며 참을성이 많았다. 비록 제한된 인원에 불과했지만 왕과 왕실가족이 트리아농과 마를리처럼 가까운 곳에 머물기 위해 자주 베르사유를 비웠음에도 불구하고 베르사유에서 한 번도 번잡스러움이 가셨던 적은 없었다. 그래도 왕실가족의 부재 덕분에 통풍도 되고 방문객의 물결도 사뭇 줄었다. 대부분의 궁정인들은 자신들의 저택이나 성으로 가고 하인들과 군인들, 성직자들 중 일부도 빠져나가 사무실의 열기도 가라앉았다. 그렇게 텅 빈 공간은 '마루 초 칠하는 사람들'이나 오물수거인들 차지였다. 매년 가을 퐁텐블로부터에서 베르사유로 되돌아오는 왕실의 귀환은 근대적인 일면을 보여주는 듯하다. 방학 동안 깨끗이 청소되고 인간의 체취가 제거된 학교로 학생들이 돌아오는 것처럼 말이다.

동시에 베르사유는 노동자들을 위한 공간이기도 했다. 건축물 고문서에 익숙한 사람들은 거주구역에서의 공사는 왕이 없을 때에만 진행되었음을 간파할 수 있을 것이다. 실제로 사소한 보수나 수선작업은 왕이 마를리나 트리아농에 머물 때, 대규모 개조작업은 왕이 퐁텐블로에 체류할 때 이루어졌다. 왕의 부재는 고문서를 양산하기도 했다. 왜냐하면 왕과 수석건축가인 망사르 사이에 수많은 계획서와 보고서, 그리고 명령서들이 오갔기 때문이다. 이때 망사르가 종이의 왼쪽 절반에 보고내용을 적어 보내면 왕이 오른쪽 '여백에' 조목조목 답변하는 방식이 사용되었다. 루이 14세는 이런 방식을 무척 좋아했다.

이제 이 글의 처음 부분에서 제기된 문제들로 되돌아가 보자. 1682년 5월의 이주는 최종적인 것이었을까? 아마도 그런 것 같다. 그러나 주지하다시피 최소한 5~6년 동안 준비해 왔음에도 불구하고 이주는 대규모 공사 도중에 이루어졌다. 공사가 어찌나 끔찍했던지 임신 중이

51) *Mémoires de Mme Campan*, Paris, Ramsay, 1979, pp. 19, 58~59.

던 바이에른 세자비는 자신의 거처인 남쪽 익랑건물 주변에서 나는 소음과 먼지를 도저히 참을 수가 없었다. 부르고뉴 공작을 출산하기 위해 그녀는 8월 6일에 총감 관사에 있던 콜베르의 숙소로 옮겨야 했다. 게다가 일시적인 소강상태나 규모상의 차이가 있기는 했지만 공사가 한 세기 이상 지속되었다는 점이 강조되어야 할 것이다. 혁명이 일어나자 베르사유는 여전히 미완성상태인 채로 국유화되었다. 혁명기 동안 새로운 대규모 공사가 착수되었다가 다시 중지되었다. 나폴레옹에 이어 루이 18세 시대에 나머지 부분을 완성하고 베르사유에 활기를 불어넣으려는 시도가 이루어졌으나 유산되었다. 그 후 루이필리프 시대에 근본적인 개조공사가 단행되었다. 그것은 베르사유를 완벽하다고 여겨질 만한 상태로 만들기 위한 대규모 공사였다. 그 공사는 1871년까지 계속되었고 바로 그때 의회는 베르사유에 전격적으로 새로운 역할을 부여했다. 임시정부는 사라졌지만 베르사유에 지울 수 없는 흔적을 남겼다. 피에르 드놀라크에서 피에르 르무안까지, 로베르 다니스에서 장 뒤몽까지 역사와 미술품 복원, 건축 보수의 전문지식을 갖춘 탁월한 박물관 연구원들의 시대가 개막되었던 것이다. 복구작업의 진행속도는 고르지 못했다. 평화와 전쟁 때문이기도 했지만 대규모 긴급 복구작업에서 의회의 법령에 따른 정밀한 재설비작업까지 다양한 공사가 진행되었기 때문이다. 복원 시도는 계속 거창해져 갔다. 혁명 이후 베르사유를 앙시앵 레짐 마지막 상태로 복구시키려는 작업이 시도되었으나 모든 것을 완벽하게 돌이킬 수는 없었다. 따라서 본래의 의도는 부득이 완화되지 않을 수 없었다. 우리에게 가장 잘 알려졌으며 최초의 모습이 가장 많이 보존된 그 상태는 18세기 후반, 특히 1789년 여름의 모습이다.[52] 그 공사는 목적과 성격상 이전 3세기 동안의 작업

---

52) 대규모 거주지의 실내장식에 관한 언급에서 여름철은 부활절에서 만성절까지를 가리킨다. 이 시기에는 벨벳으로 감싼 벽과 의자, 침대, 커튼, 휘장, 병풍, 가리개 등이 시원한 견직물로 바뀐다. 여름철 직물이 겨울철 직물보다 더 잘 알려져 있기 때문에 베르사유는 일관성 있게 사방을 여름철 상태로 장식했다.

21. 몽테스팡 부인, 맹트농 부인 품에 안긴 멘 공작과 함께 테티스 동굴 앞에 선 루이 14세와 세자, 프랑스 화파, 1673년경.

과 확실히 달랐지만 규모는 그에 못지않았다. 참고로 1981년에 동시에 80개 부분에서 공사가 시작되었으며 90개 방에 진행된 복원사업은 1986년에 완성되었다.

이제 끊임없이 변화한, 혼란스런 역사로 되돌아가보자. 대번에 역사적 맥락을 다시 끄집어낸 것은 베르사유를 결코 루이 14세의 성으로 간주할 수 없음을 강조하기 위해서이다. 심지어 루이 14세의 베르사유가 존재했었는지 의심하는 것도 무리가 아니다.

그 이유는 무엇보다 먼저 다수의 베르사유가 존재했다는 점이다. 둘째, 아마 루이 14세 스스로도 자신의 궁극적인 목적이 무엇인지 잘 몰랐을 것이기 때문이다. 루이 13세의 작은 성은 그의 시대에 이미 두 배로 증축되었다. 1624년에 건축된 이 성은 1631~1634년에 재건축이나 다름없을 정도의 개수와 증축, 재배치작업을 거쳤다.[53] 따라서 1634년의 작은 성은 초기에는 원상태가 보존되었으나 곧 금도금된 발코니로 둘러싸이고 빛들이창으로 장식되었으며, 유리창살은 금색으로 도금되고 콘솔 위에는 흉상이 놓였다. 또한 아치형 주랑현관으로 우아하게 장식되고 계단 난간의 둥글게 휜 부분은 오벨리스크와 파수막으로 장식되었다. 1668년에 피에르 파텔이 그린 그 유명한 조감도에서 묘사되었듯이 마사와 수라간(*Bouche*)[54]은 벽돌과 돌, 슬레이트로 된 별도의 공간으로 분리되었다.[55] 이미 남쪽에 최초의 온실이 들어섰거나 아니면 들어서는 중이었으며 북쪽의 동굴과 연못, 남서쪽의 동물원도 마찬가지였다. 북서쪽에는 곧이어 도자기로 된 트리아농 성이 지어졌다. 그와 동시에 운하가 파이고[56] 화단들과, 오늘날에도 남아 있는

---

53) Jean-Claude Le Guillou, "Les château du roi Louis XIII à Versailles (1623-1634)", revue *Versailles* (Nyon), nos. 65 & 66, 1979는 우리에게 루이 13세의 작은 성에 관한 새로운 지식을 제공했다.

54) 〔역주〕 부엌, 식기실, 식품저장실 등으로 이용되던 다용도 건물.

55) 베르사유 국립박물관, MV 765(공사를 예상하고 그린 그림이다).

56) 흉상들은 그대로 남아 있다(1665~1670). 주랑현관은 이미 루이 13세 시대에 만들어졌는데 르보가 다시 장식했거나 아니면 수리했다. 계단 난간들과 마사,

주요 간선도로를 따라 첫 번째 작은 숲들이 모습을 드러내기 시작했다. 그러고 나서 1670년대에 성이라기보다는 성의 윤곽이 나타났다. 1670년대는 아마도 격렬하고 거센 반대와 급격한 구도변화, 영향력 다툼, 까다로운 합의, 시도와 포기로 점철된 시기였음에 틀림없다.[57] 그 시기는 무척 혼란스럽고 파란만장했다. 그 역사를 조금이라도 아는 사람은, 해설자나 안내서의 저자, 아니면 통탄스럽게도 교육자가 그 시기를 '절대주의의 승리' 시기이자 '프랑스 고전주의'의 '차분한' 도래기로 간주하며 우길 때 실소를 금할 수 없을 것이다. 물론 그 시기에 르보의 외곽 감싸기 공사가 이루어진 것은 사실이다. 그는 정원 안에 있는 루이 13세의 작은 성의 세 면을 돌로 포장했다. 건물의 하부인 1층은 화려하게, 주요 층인 2층은 이오니아식으로 지붕 밑층은 코린트식으로 장식했다. 건물 꼭대기 장식의 난간 뒤의 지붕은 보이지 않게 약간 경사진 납으로 감싸였다. 그러나 당시의 정면 외관은 지금보다 훨씬 더 파란만장했다. 테라스 중간은 심하게 갈라졌으며 직사각형 모양의 돌출부분 위에는 같은 직사각형 창이 있었는데 그 모서리가 날카로웠고[58] 연극무대처럼 장식된 작은 성의 안쪽은 테라스의 배경을 이

다용도 건물은 1662~1663년에 건축되었다(마사는 살아남아 옛 익랑건물을 통해 성과 연결되었다. 다용도 건물은 가브리엘의 익랑건물을 짓기 위해 허물어졌다). 온실과 동굴, 동물원, 트리아농 등에 관해서는 주 10을 참조. 운하건설을 위한 땅파기 공사는 1667년에 시작되었다.

57) 이 시기는 하도 복잡해서 역사가들의 견해도 다양하며 모두 팽팽하다. 최근의 연구 성과로는 Guy Walton, "L'enveloppe de Versailles : réflxions nouvelles et dessins inédits", *Bulletin de la Société d'Histoire de l'art français*, 1977 ; J.-C. Le Guillou, "Remarques sur le corps central...", *Gazette des beaux-arts*, n° 1285, 1977, "Apreçu sur un projet insolite...", *ibid.*, n° 1333, 1980, 또한 "Le Château Neuf ou enveloppe...", *ibid.*, n° 1379, 1983 ; R.W. Berger, "The chronology of the *enveloppe*...", *Archtectura* (Munich), n° 2, 1980 참조. 이 주제에 관한 고전적인 연구인 다음의 두 연구는 이미 진부하다 (Pierre Verlet, *Versailles*, Paris, Fayard, 1960, rééd. 1985 ; Marie, *Naissance de Versailles*, Paris, Fayard, 1968).

58) 망사르는 왕이 사용하던 2층 전체에 르보가 만든 직사각형 창문 대신 돌출부분

루었다. 또한 그 시기는 특히 작은 성을 유지하느냐 아니면 제거하느냐에 관한 아슬아슬한 망설임의 시기였다. 그 시기에는 세 개의 부속성당이 연이어 건축되었다.[59] 또한 별자리 이름을 본뜬 호사스런 방들의 기능이 실내장식 도중 바뀌어 버린 시기였다.[60] 장식용 연못을 만들기 위해 수많은 계획안들이 마련되었던 것도 이 시기이다. 그런데 연못에 놓이기로 예정되었던 조각상들이 완성된 1674년에는 정작 그것들을 놓을 자리가 없는 상태로 변해 버렸다.

10년간이나 그토록 불안정한 상황이 계속되던 와중에 어떻게 영구 이주의 생각이 떠올랐을까? 성에 대한 근본적인 발상의 전환이 이루어짐으로써 이전의 공사들을 미완성상태로 내버려둔 채 성격도 규모도 전혀 다른 공사를 착수케 한 이유는 과연 무엇일까? 그것은 아주 중요한 문제이다. 그러나 우리는 단지 공사의 주요 단계들을 통해 어렴풋이 원인을 짐작할 뿐이다. 우선 1671~1672년의 포고문과 1676년의 명령서로 이루어진 베르사유 도시 설립 문서에는 도시계획안과, 건축양식, 규모, 건축자재에 관한 조항이 담겨 있다.[61] 왕은 1674년 여름

이 제거된 아치형 퇴창을 만들었다. 18세기 비평가들은 두 개 층 모두의 아치형 장식은 단조로우며 르보가 엄격한 비율로 구상한 이오니아식 창문과 어울리지 않는다고 망사르를 비판했다.

59) 1663~1682년 부속성당은 대리석 안뜰 북쪽(오늘날에는 황금색 부속실이 있는 곳)에서 남쪽으로 옮겨졌다(왕비의 보초실과 세자비의 대기실에 이어 오늘날 축성의 방과 섭정의 방으로).

60) 왕과 왕비의 처소에서 건물 바깥쪽에 있는 방들은 각각 태양계의 행성과 그 이름의 시조신을 기념하는 의미에서 저마다 다른 행성의 이름이 붙여졌다. 왕의 처소에서 본래 거주공간으로 예정되었던 곳은 접견실이 되고 보초실로 예정되었던 마르스의 방은 무도회장, 침실로 예정되었던 아폴론의 방은 옥좌의 방으로, 침대는 메르쿠리우스의 방으로 옮겨졌으나 사용되지 않았다.

61) 베르사유 시에 관한 가장 적합한 역사 연구로는 Emile et Madeleine Houth, *Versailles aux trois visages*, Versailles, Lefebvre, 1980을 참고할 만하다. 이 책에서는 장 랑지(Jean Langy)와 마르셀 들라포스(Marcel Delafosse)의 전문적 연구들이 활용되었다.

내내 베르사유에 머물면서 연회를 벌였다. 클라니(Clagny)는 처음에는 몽테스팡 부인을 위해 그 후 1674~1687년에는 '왕손들'을 위해 실내가 사치스럽게 장식되었다.[62] 1676년에 마를리 영지가 구입되고 1677년 베르사유로의 이주가 공포되었다. 1678년부터 어마어마하게 확대된 대규모 공사가 시작되었는데 이번에는 정부와 궁정을 위한 공사임이 노골적으로 드러났다.

이렇게 해서 1670년대를 거치며 다양하면서도 임시적인 공간이었던 베르사유 성과 도시에서 루이 14세의 새로운 베르사유 공사가 계속되었다. 르보의 테라스는 1678~1684년에 대회랑으로 바뀌었는데 훗날 부적절하게도 거울의 방으로 불리는 곳이다.[63] 부속성당과 오페라 하우스는 북쪽으로 옮겨졌다. 1678~1685년에는 벽돌로 지어진 작은 온실 대신 로마식으로 양쪽에 난간이 있는 상마르슈 계단과 주랑현관양식을 갖춘 거대한 돌 건물이 세워졌다. 기존에 있던 루이 13세의 성은 남쪽(1678~1682)과 북쪽(1685~1689)의 거대한 두 익랑건물들 가운데 위치한 중앙의 돌출부로 축소되었다. 즉흥적인 합의에 따라 1682~1683년에 앞뜰의 가장자리에 대신들을 위한 별도의 익랑건물이 서둘러 지어졌다. 터무니없이 커다란 마사는 1679~1682년에 아름 광장 끝으로 옮겨졌고 수라간은 1682~1684년에 촌락을 허문 자리에 4각형 모양의 3층짜리 '대부속건물'로 확대되었다. 거대한 거울처럼 반짝이는 스위스 연못과 미래의 넵투누스 연못은 남북으로 난 긴 간선도로 끝으로 밀려났다. 왕비의 사망과 몽테스팡 부인의 몰락을 기회로 왕과 맹트농 부인은 대리석 안뜰을 둘러싼 공간 전체와 그 동쪽 방향으로 분리되어 있는 작은 익랑건물들을 독차지했다. 1679~1680년에는 마를리가 성급하게 지

62) A. 르포르트(A. Le Pautre)가 착수하고 망사르가 개수한 클라니의 성은 생클루 대로 북쪽으로 뻗어 있었다. 마리 레슈친스카는 그 자리에 여학생 교육을 위한 오귀스탱 수녀원을 세웠다. 그것이 바로 오늘날의 오슈 고등학교이다.

63) 거울의 방이라는 용어가 유래한 것은 19세기이다. 앙시앵 레짐 하에서는 베르사유 회랑으로 불렸다.

어졌다. 왕의 새 배우자는 왕의 후원을 얻어 1685~1686년에 여성을 위한 생루이 학교인 생시르(Saint-Cyr)를 세웠다. 그 후 1687~1688년에 도자기로 된 트리아농이 허물어지고 그 자리에 대리석으로 된 트리아농이 들어섰다. 1683년에 만들어진 새 장식용 연못 가장자리에는 1687~1690년에 프랑스의 강과 하천을 상징하는 청동 조각상들이 놓였다. 또한 수많은 작은 숲들이 승리를 상징하는 모습으로 조성되었다. 1676~1679년에 페메 여신(Phêmê),[64] 1677~1683년에 개선문, 1678~1682년에 무도회장, 1684~1686년에 돔, 1685년에 주랑 모양의 숲 등 말이다. 1675~1685년 동안에는 마를리에 있는 특별한 기계를 이용해서 센 강의 물을 베르사유로 끌어들였다. 그리하여 베르사유 시와 인근 지역은 수로와 저수지들로 뒤덮였다. 본래는 퀸 강과 루아르 강의 물을 베르사유로 끌어들일 계획이었으나 실패한 뒤 1686~1688에 외르 강의 물을 끌어들였다. 1678~1683년에는 최첨단 채소밭이 마련됨으로써 1년 내내 최상품의 신선한 채소를 공급할 수 있게 되었다. 이따금 전설에 나오는 것처럼 거대한 이런 대규모 공사의 폭주를 목격하면서 베르사유를 최후의 종착지로 여기지 않을 사람이 과연 누가 있겠는가? 게다가 베르사유 도시와 성의 부속건물들이 들어서고 체계적인 작업과정과 세심한 규정들이 신중하게 제공되었으니 말이다.

하지만 실제는 그런 판단과 거리가 멀었다. 대규모 공사는 불확실한 가운데 정지되고 한참 만에 재개되곤 했다. 따라서 왕실은 1682년 5월에 절름발이 궁정에 입주하기로 각오해야 했다. 남쪽 익랑건물만이 유일하게 완공되어 거주할 만했다. 왕족들과 궁정신하들이 그 안에 빽빽하게 들어찼다. 그로 인해 오페라 하우스는 계획 자체가 연기되었다가 훗날 북쪽 익랑건물로 밀려나지 않을 수 없었다.[65] 1683년 왕비가 사

---

64) 〔역주〕 여론의 신. 그리스신화에 등장하는 눈, 귀, 입이 각각 100개씩 달린 괴물로 신과 인간의 비밀을 전하는 제우스의 사자이다.

65) 남쪽 앞면에 있는 조상들, 뮤즈들과 식탁에 앉은 신들은 남쪽 익랑건물에 '무도회와 향연을 위한 방'을 만들려고 했음을 말해준다. 돌로 된 대규모 조상의

망하자 왕은 그녀의 내실처소를 자신의 처소에 통합시켰다. 이로써 루이 14세는 장차 모든 왕비들의 처소를 모두 장악하고 여성의 공간인 남쪽과 남성의 공간인 북쪽 사이의 상징적인 구분과 평등을 파괴해 버린 셈이다. 에스파냐 왕위계승 문제[66]가 제기되었음에도 불구하고 '왕비의 권리들'은 거의 중요하게 여겨지지 않았다.[67] 부속성당은 서둘러 북쪽으로 옮겨져 공식처소와 테티스 동굴 사이의 이상한 곳에 처박혀야 했다. 본래 몇 달 동안만 그곳에 머물기로 예정된 부속성당은 협소하고 불편하기 짝이 없던 그곳에 1710년까지 눌러 있었다. 그러는 동안 부속성당의 최종 위치를 놓고 서로 상반된 계획들이 무수히 제기되어 논쟁을 벌였다.[68] 북쪽 익랑건물의 끝에 세워지기로 예정되었던 오페라 하우스는 자금부족으로 건축되지 않았다. 루이 15세에 의해 공사가 이루어질 때까지 그 거대한 공간은 텅 비어 있었다. 넵투누스 연못의 장식 역시 다양한 모델이 제시되었음에도 불구하고 루이 15세 치세까지 완성되지 않았다. 테티스 동굴의 파괴로 빈 공간이 생기자 아폴론 연못은 난처하게도 돔 나무숲에서 마레 나무숲으로 옮겨졌다. 그곳은 훗날 루이 16세 시대에 완벽하게 재정비되었다. 1674년에 주문된 수많은 조각품들은 화단과 계단 난간 여기저기에 무질서하게 흩어져 있었다. 그중 〈납치〉라는 제목의 네 작품은 미완성상태로 남았다.

제작 명령에 관해서는 Fr. Souchal, "Les statues aux façades du château de Versailles", *Gazette des beaux-arts*, n° 1237, 1972 참조.

66) 〔역주〕 에스파냐 왕 카를로스 2세에게 후손이 없자 자연히 그와 이복남매 간인 루이 14세의 왕비 마리테레즈의 후손이 에스파냐 왕위계승 후보로 거론되었으며 실제로 1701년 루이 14세의 손자 앙주 공작이 펠리페 5세로 에스파냐 왕위에 올랐다.

67) 왕비 처소의 통합과 루이 14세의 계승권 주장 사이의 관련성에 대해서는 Keven O. Johnson, "*Il n'y a plus de Pyrénées* : the iconography of the first Versailles of Louis XIV", *ibid.*, n° 1352, 1981 참조.

68) 1682년의 부속성당(오늘날의 헤라클레스의 방과 토스카나 복도)와 1699~1710년에 만들어진 현재의 부속성당에 관해서는 H. Himelfarb, "Lieux éminents du Grand Motet : décor symbolique et occupation de l'espace dans les deux dernières chapelles...", colloque *Le Grand Motet*, 1984 참조.

루이 14세 치세가 끝날 때까지 마를리와 베르사유, 트리아농 사이에서는 조상들과 군상들, 항아리들이 부정기적으로 오가며 교환되었다.

그러나 루이 14세도 그의 후계자들도 해결하지 못한 중요한 문제가 있었다. 그것은 출입구 쪽의 외관과 건축자재, 양식, 규모에 관한 문제였다. 주지하다시피 루이 13세 시대의 옹색한 처소가 남겨진 것은 자식으로서의 도리 때문이 아니라 여러 가지 우연한 계기 때문이었다. 루이 14세는 당시의 건축이론에 무지했던 만큼이나 부모 자식 간의 감정에 무딘 사람이었다. 루이 13세 시대의 거처가 남게 된 이유는 첫째 자금부족 때문이었다. 그 건물의 철거는 상당한 재건축공사를 요했다. 루이 13세의 작은 성을 허물면 그 영향을 받아 주변의 모든 벽돌과 돌 건축물들을, 심지어 대신들의 건물마저도 바꾸어야 할 것이기 때문이었다. 둘째, 망사르에서 가브리엘까지 여러 건축책임자들이 무수히 제시한 궁극적인 성 건축안들 중에서 확실한 선택이 이루어지지 않았기 때문이다. 셋째, 집중적인 공사기간 동안 왕이 몇 달, 나아가 반년씩 베르사유를 떠나 있을 엄두를 내지 못했기 때문이다. 루이 14세는 베르사유를 '완성시키지' 못한 것을 무척 유감스럽게 여기며 죽었다. 오페라 하우스, 헤라클레스의 방, 부속성당의 제 2제대, 넵투누스 연못 등 그는 자신이 창조한 공간을 다 채우는 데 실패했다. 더구나 그는 베르사유에서 계속 임시상태로 살았으며 보수와 증축, 부속건물이나 가로지르는 연결통로 만들기, 층수 올리기 때문에 그 상태는 점점 악화되었다. 그로 인해 점차 안뜰에 면한 거처들의 배치구도가 흐트러지고 채광과 자연스런 왕래도 방해를 받았다. 금도금 칠한 유리창살, 거짓으로 꾸며놓은 다락방과 그 정면의 돌출부, 꼭대기의 장식난간, 추녀 밑 돌림띠와 화려한 발코니에 자리 잡은 정치적 상징 조상들 등으로 재단장한 환상적인 대리석 안뜰은 우아하기 짝이 없었으나 가면처럼 보일 뿐이었다. 왕의 안뜰의 후미진 곳에 있는 도리아식 발코니와, 옛 익랑건물[69]과 정부건물로 가는 길에 있는 조상들로 장식된 주랑들도 마찬가지였다.[70]

이렇듯 계획안을 놓고 연구와 논쟁이 벌어졌는가 하면, 치세 말기의 마지막 두 전쟁으로 악화된 재정곤란과 급박한 상황을 타개하기 위한 기발한 대책 때문에 계획안이 혼선을 빚기도 했다. 그 와중에서 이른바 태양의 상징체계는 어떻게 되었을까?

태양의 상징체계는 1680년대부터 베르사유에서 사라졌다. 이상하게도 이 사실을 명확히 인식하게 된 것은 1930년에 프랑카스텔의 논문이 발표되고 난 뒤이다.[71] 그는 태양의 상징체계가 때로는 노골적인 정치적 비유, 그럴듯하게 말하자면 '실제적인 비유'로 바뀌고, 때로는 우화주제들의 무분별한 나열로 대체되었음을 보여주었다. 그런 선택과 방식은 륄리와 그 후세대가 만든 오페라의 영향력이 증대되었기 때문인 것 같다. 실제로 륄리의 오페라는 17~18 두 세기의 전환기에 프랑스 문화의 가장 지배적인 양식이었으며[72] 마를리 같은 역동적인 창조물들의 탄생을 부추기기도 했다.

부적절하게도 일명 외교사절의 계단이라 불리는[73] 왕의 대 계단은 르브룅과 반데르묄랑에 의해 장식되었는데 1670년대 말 이후, 그 거대한 장식에서 태양은 왕의 문장들 중 극히 일부로 축소되었다. 왕의 군사적 공적과 외국인들에게 미친 영향력과 역사적 의미를 과시하기 위해 왕의 문장들은 더 이상 신화적 후광에 의존하지 않게 되었던 것이다. 더욱 놀라운 점은 거울의 방과 그 옆 두 방의 주요 장식을 위해

---

69) 〔역주〕 북쪽 익랑건물보다 먼저 세워진 남쪽 익랑건물을 가리킨다.

70) 가브리엘과 뒤푸르가 공사하기 전에 망사르는 벽돌과 돌, 슬레이트 지붕으로 된 두 익랑건물들을 장식했다. 그는 코린트식 기둥을 세우고 난간 위에는 조각상들을 놓았으며 유리창살을 금도금칠하고 시계에 채광창을 달았다.

71) Pierre Francastel, *La Sculpture de Versailles. Essai sur les origines et la formation du goût français classique*, Paris, Morancé, 1930, chap. V.

72) H. Himelfarb, "Source méconnue ou analogie culturelle? Des livrets d'opéras lullystes au décor sculpté des jardins...", colloque *Versailles*, *op. cit.*

73) 앙시앵 레짐 하에서는 거울의 방처럼 외교사절의 계단이라는 용어도 존재하지 않았다. 르보가 구상하고 1671년부터 도르베가 건축했으며 1674~1679년에 르브룅이 장식한 이 계단은 1752년 루이 15세에 의해 파괴되었다.

〈헤라클레스의 역사〉와 〈아폴론의 역사〉라는 제목의 상투적인 계획안을 제시했던 르브룅조차 곧이어 두 신의 존재를 빼버렸다는 사실이다. 대신 루이 14세의 친정에서부터 네이메헨 평화조약(la paix de Nijmegen)[74] 까지의 왕의 역사가 채택되었다. 새로운 장식을 시도한 망사르도 테라스의 모서리에서 그 두 신의 이미지를 제거했다.[75] 왕과 왕비 처소에서 별자리를 상징하는 신들이 아폴론 둘레를 맴도는 모습도 사라졌다. 없애버린 부속실들의 그 장식들은 신들의 그림들로 장식된 연속물 첫 부분에 덧붙여짐으로써 재활용되었다. 하지만 그로 인해 그 장식은 일관성을 잃어버렸다.[76]

주지하다시피 장식용 연못을 위해 1674년에 주문한 조상들도 그와 마찬가지로 제자리를 차지하지 못했다. 본래는 4개의 조상들을 한 조로 묶어 〈계절들〉, 〈한낮의 시간들〉, 〈세계의 여러 지역들〉, 〈자연계의 기본요소들〉, 〈인간의 체질들〉, 〈시들〉이라는 제목의 6시리즈를 통해 우주생성과정을 백과사전식으로 펼쳐 보일 계획이었다. 여기에 다시 〈납치〉라는 제목으로 올림포스의 신들과 자연세계가 등장하는 네 개 조상으로 된 두 시리즈를 보충하려고 했었다. 거울의 방 창문을 통해 왕국의 강들과 주요 지류들을 형상화한 한 쌍의 조상들과, 그 계곡들에서 나는 풍성한 산물들이 왕의 발밑에 놓인 조상들이 보였다. 동심원을 이루고 있는 연못들의 꼭대기 위에 피라미드 모양으로 우뚝 서서 서쪽을 향해 돌아선 모습을 하고 있는 〈라토나〉는 동굴이 파괴되고 그곳으로 옮겨지면서 그 의미가 상당히 반감되었다. 아폴론 연못의 조각군상들도 마찬가지이다. 그 조상들에서는 더 이상 베르사유에서

---

74) 〔역주〕 루이 14세가 플랑드르와 프랑슈콩테를 정복한 후 1678년에 네덜란드, 에스파냐, 신성로마제국와 체결한 평화조약으로 프랑스의 패권을 전 유럽에 과시한 조약.

75) 주 10 참조.

76) 본래 참사회의실에 있던 〈주피터〉는 왕비 처소의 보초실에서 다시 사용되었다. 미완성상태였던 〈사투르누스〉는 자취를 감추었다. 테라스 위의 작은 침실에 있던 〈비너스〉는 대 계단의 출구로 옮겨졌다. 왕비 부속실들도 사라졌다.

연회를 즐기는 왕을 대양에서 휴식을 취하고 있는 신과 동일시하려는 의도가 엿보이지 않았다. 출입구 쪽에 있는 대리석 안뜰의 추녀 밑 돌림띠에는 정치적 조상들이 장식되어 있었다. 앞마당의 쇠창살문 양편에 있는 망루에는 각각 〈에스파냐에 대한 승리〉와 〈제국에 대한 승리〉라는 제목의 조상이 놓였으며, 왕의 안뜰의 쇠창살문 양편에 있는 망루에는 〈평화〉와 〈풍요〉가 놓여 있었다.[77] 마지막으로, 1683~1684년과 1701년에 호화스럽게 개조된 왕의 처소에서도 태양은 더 이상 눈에 띌만한 위치를 차지하지 못했다. 예컨대 군주의 두 대기실과 그 옆에 붙은 침실들처럼 처소의 핵심공간이나 참사회의실, 소회랑에서도 태양의 상징은 사라졌는데 이는 상대적으로 사람들의 주목을 덜 받았다.

그런 급격한 변화는 여러 가지 원인들로 설명될 수 있을 것이다. 첫째, 왕의 신임을 받던 르브룅과 콜베르의 뒤를 이은 아르두앵 망사르와 그의 후원자였던 루부아의 경우 철학적 사고가 결여되어 있었다. 둘째 신앙심을 회복하면서 왕이 점차 지나치게 노골적인 이교문화를 멀리하게 되었다. 셋째 이른바 문화논쟁에서 근대주의가 승리했다. 근대주의의 승리와 베르사유의 관련성은 거울의 방에 새겨진 문구를 둘러싼 연구에서 증명되었지만 아직 충분하지는 않다.[78] 넷째 17세기 말에 계몽사상의 서광이 비치면서 르네상스의 유산인 인문주의적이고 유비주의적인 낡은 사고가 서서히 몰락했다. 이런 설명들 외에도 서로 관련지어 대조시켜 설명하는 방법이 있다. 지금까지 명확하게 다루어

---

77) '루브르의 영광'으로 알려진 두 번째 쇠창살문은 19세기에 왕의 기마상으로 대치되고 〈평화〉와 〈풍요〉의 조상들은 앞마당의 계단 난간으로 밀려났다. 평화의 조상과 승리의 조상들의 관련성은 자연히 잊혀졌다. 의미심장하기 짝이 없는 그 조상들에 관한 연구로는 Thomas Hedin, *The Sculpture of Gaspard and Balthazar Marsy*, University of Missouri Press, 1983, pp. 215~216 참조. 대리석 안뜰에 있는 조각상들에 관해서는 Fr. Souchal, *op. cit.*

78) 고대와 근대의 논쟁에 관해서는 Josèphe Jacquiot, "Remarques critiques sur les inscription de la galerie de Versailles par Boileau-Despréaux", colloque *Versailles*, *op. cit.*

지지 않은 이 방식이야말로 다양한 의미를 밝혀 줄지도 모른다.

태양과 태양의 상징체계는 베르사유에서 사라지기 시작한 그 순간 마를리에서 나타나기 시작했다. 둑 위에 세워져 사방이 탁 트인 완벽한 입방체 모양인 마를리 궁은 사방이 테라스로 둘러싸인 단층건물이었다. 내부는 팔각형 모양의 응접실을 중심으로 똑같은 거처들이 방사형으로 배치되었다. 응접실과 악대를 위한 반이층석을 덮고 있는 반구형 돔은 건물 꼭대기의 박공과 난간으로 가려졌다. 응접실 안에 있는 네 개의 벽난로는 4계절을 묘사한 커다란 그림들로 장식되었다. 초대 손님을 위한 작은 건축물들 역시 입방체 모양이었지만 지붕의 경사가 완만하고 돔 형식이 아니었다. 그 건물들의 숫자는 1년의 달 수와 똑같이 12개로 고정되었다. 따라서 마를리는 일종의 황도십이궁을 이루고 있었고 왕의 건축물은 태양을 상징했다. 마지막 작은 건축물 두 동의 내부개조 역시 그런 상징체계와 연결시키는 것이 타당할 것이다. 1703년에 코로넬리의 거대한 지구와 태양을 설치하기 위해 개조공사가 이루어졌기 때문이다. 본래 그 두 천체는 에트레 추기경이 베르사유에 설치할 목적으로 왕에게 요청했으나 그곳에 놓이지 못했다.[79] 마지막으로 칼 뫼제네데어는 마를리에서 채택된, 길쭉한 고대 원형경기장의 형태와 태양 숭배의 관련성을 강조했던 르네상스와 바로크 인문주의자들의 주장을 소개한 바 있다.[80] 하지만 작은 건축물들의 장식에서는 특별히 우주와 관련된 것들이 전혀 없었으며 코로넬리의 천체도 1712년에 제거되었다. 응접실은 페메 여신과 독수리, 그리고 〈계절들〉을 주제로 한 그림들로 장식되었다. 게다가 3계단식 저수지를 따라 늘어선 작은 건축물들의 구도는 굳이 로마의 타원형경기장을 모방해서 만들어진 것이라는 확증이 없으며 16세기 학자들의 해석대로 태양의 상징체계를 암시하지도 않았다. 결국 솔직히 말하자면 루이

---

79) Monique Pelletier, "Les globes de Marly : des globes pour Versailles", *ibid.* 는 코로넬리의 걸작품의 용도를 설명하고 있다.

80) 주 38 참조.

22. 대 마사, 대신들의 익랑건물, 남쪽 익랑건물의 건축과 공사 현장을 방문 중인 콜베르, 아담프랑 반데르묄랑의 작품으로 추정, 1680~1682년경.

14세의 치세 마지막 35년간 변신을 거듭한 마를리의 정원에서는 구체적으로 우주체계의 구도를 실현하려는 시도가 이루어진 적이 없었던 듯하다. 사실상 마를리에서 태양의 상징체계는 확실히 베르사유에서보다 덜 두드러진다. 이제 주제를 궁전에서 별궁으로 옮길 차례이다.

마를리와 대리석 트리아농 사이의 기능적 연관성은 이미 앞서 언급되었다. 1687~1688년에 대리석 트리아농을 위해 정교하게 가다듬어진 장식들은 비교적 일관성을 보였다. 아치형 통로들은 극도로 우아한 조각품들로 장식되고 꽃 화환 조각들로 연결되었다. 사냥, 악기, 항아리 등의 기념 조각품들은 번갈아 가며 배치되었다. 추녀 밑 돌림띠는 작은 요정들로 둘러싸인 여인들, 짝을 지어 놀고 있는 어린이들, 흐드러진 꽃다발 조각들로 장식되었다.[81] 따라서 트리아농은 외관상 '꽃의 궁정'처럼 보였다. 이러한 특성은 트리아농에서 개최되거나 아니면 트리아농을 기념하기 위한 무도극뿐만 아니라 트리아농에 관한 당시의 묘사에서도 확인된다.[82] 1688년 이후 트리아농의 실내 벽을 장식하게 위해 주문된 화려한 그림들에 관해서는 앙투안 슈나페의 연구가 탁월하다.[83] 그 그림들은 상당 부분 꽃과 강의 근원을 묘사하거나 아니면 자연 신을 주제로 한 오비디우스의 《변신》에서 착안되었다. 또한 〈한낮의 시간들〉, 〈계절들〉의 네 조상들 및 꽃들과 금은세공품들의 정물화, 아폴론과 미네르바, 헤라클레스의 완벽한 연작들과 조화를 이루었다. 마지막으로 베르사유의 정원과 안뜰을 묘사한 두 시리즈의 작품들이 있다. 그 그림들은 때로는 당시의 정확한 사실주의 기법으로, 때로는 작은 숲들을 신화의 무대처럼 생동감 있게 묘사했다. 주지하다시

---

81) 그 이후 꼭대기 장식에서 조상과 바구니, 항아리들이 사라졌으나 복구시킬 엄두를 내지 못했다. 그 장식들 덕분에 트리아농은 외관상 오늘날보다 더 활기 있어 보였다.

82) *Zéphire et Flore* (륄리의 후손들, 1688), *Le Palais de Flore* (Delalande, 1689)

83) Antoine Schnapper, *Tableau pour le Trianon de Marbre, 1688-1714*, Paris, La Haye, Mouton, 1967. 1966년에 159개의 작품 중 114개가 바뀌었다.

피 트리아농의 모든 도상을 태양의 상징체계와 결부 짓는 것은 바람직하지 않다. 그러나 트리아농에서 자연과 생장주기에 관련된 주제가 주를 이루었음은 부정할 수 없는 사실이다. 아마도 베르사유가 포기한 상징들이 트리아농으로 옮겨져 굴절과정을 겪은 것처럼 보인다.

이러한 측면은 이미 잘 알려진 사실이다. 그런데 여기에서 사람들이 간과하는 점이 있는 것 같다. 그것은 군주문명의 극단적 표현으로서 시종일관 주교좌성당이나 고대 파라오 건축과 결합된 것으로 해석되는 고차원적인 우주의 상징체계가 실제로는 모두 왕궁이 아닌 곳에서 나타났다는 사실이다. 마치 그런 상징체계는 단순히 여름 피서지나 여흥, 휴식, 쾌락을 위한 안식처로만 쓰이며 우연히 들르는 곳에나 어울리는 것처럼 말이다. 그런 곳에서 우주의 상징체계들은 과연 모든 것을 아우르는 동시에 지배적인 주제로 표현된 것일까? 아마도 그런 것 같다. 하지만 기분전환용이자 유용한 허구와 같은 주제였을 것이다. 궁전장식의 프로그램을 담당한 '시인들'은 그런 허구를 통해 마음껏 독창성을 발휘할 수 있었을 것이다. 아마도 오직 그들만이 허구에 관심을 기울이며 그 의미를 파악하면서 말이다. 우주의 상징은 '연애사건'으로 얼룩진 거대한 성을 장식하기 위한 뜻밖의 영역이었을까? 왕이 심각한 일에 몰두하고 궁전이 휴식처가 아니라 통치와 거주의 공간인 경우, 철학적 표현과 수백 가지 다른 종류로 표현된 복잡한 은유와 교훈적인 우화가 필요했다. 오늘날까지도 베르사유에서 모두가 주목하고 군중을 집중시키는 점들 중 가장 중요한 것은 확고하고 직접적인 정치적 메시지이다. 왕의 안뜰, 대리석 안뜰, 대 계단, 거울의 방, 장식용 연못 등은 이 점에서 추호도 모호함을 보이지 않는다. 반면 거주와 일, 휴식, 운동 등 구체적인 일상생활을 위한 공간인 처소들이나 작은 숲의 경우에는, 문화수준과 사용자의 취향에 따른 안락함과 즐거움이 유일한 기준으로 작용했다. 루이 14세의 이주에서 마침내 박물관으로 개조될 때까지 베르사유의 역사는 그 기능과 점유자의 역사에 다름 아니다. 거기에서 심미주의적인 이론은 거의 고려되지 않았다. 베르사유의 변화는 흔히 언급되어 온 것처럼 루이 15세 치세의 특징인 퇴폐적인 무분별함의 결과가 아니며, 계몽사상의 발전과 군주정의 몰락 때문은 더더욱 아니다. 그 변화는 전적으로 루이 14세 시대의 것이며 아마도 17세기가 끝나기 전 상황에서 왕의 역할 그 자체에 내재된 문제이다. 따라서 프랑수아 1세 치세에 퐁텐블로가 화려하게 장식된 것 역시 별궁으로서의 성격이 반영된 역설적인 결과로 짐작될 수 있다. 이런 맥락에서 지나칠 만큼 사치스런 퐁텐블로의 모호한 성격은 발루아 왕조 말기와 부르봉 왕조 초기 루브르에서 선택된 선명함과 비교될 만하다. 게다가 이런 이분법적 구도는 18세기에도 계속 유지된 듯하다. 루이 15세가 루이 14세의 트리아농 성 북동쪽에 세운 새 트리아농, 즉 '소 트리아농'의 장식을 위해 화가들에게 부여한 주제는 여전히 〈변신〉, 꽃들의 기원, 풍요로운 자연이었다. 그러나 얼마 후 가브리엘이 베르사유에 대계단을 설치했을 때 그 조각장식의 계획에서는 힘을 상징하는 사자, 전쟁 트로피, 풍요의 뿔,[84] 승리와 평화의 상징물들이 되살아났다.[85]

게다가, 루이 14세가 태양 상징체계의 적합성을 토로한 《회고록》의 그 유명한 구절은 젊은 시절에 채택한 좌우명에 불과할 뿐 궁전의 장식에 관련된 것이 아니었다. 또한 왕이 텍스트의 확인절차를 거친 것은 사실이지만 회고록 집필이 필사가들에게 떠넘겨졌음은 잘 알려진 사실이다.[86] 루이 14세가 남긴 저작 중 전적으로 그 자신의 작품이자 베르사유에 관한 유일한 저작은 《베르사유 정원을 구경시키는 방법》

---

84) 〔역주〕 그리스신화에 등장하는 염소의 뿔인 코르누코피아를 가리킨다. 제우스에게 젖을 먹인 이 염소의 뿔에서는 원하는 대로 먹을 것과 음료, 과일과 꽃이 나왔다고 하며 물질의 풍요로움을 상징한다.

85) Christian Baulez, in *Les Gabriel*, Paris, Picard, 1982, pp. 179, 189. 가브리엘이 완성시키지 못한 대 계단은 1985년에 장 뒤몽에 의해 완성되었으나 2세기 후 그는 가브리엘의 본래 조각품을 제외시켰다.

86) 펠리송과 르피카르 드페리니가 1666~1678년 동안 필사가로 활약했음에 역사가들은 의견의 일치를 보았다(rééd. de l'éd. Longnon, Paris, Talandier, 1983).

(*Manière de montrer les jardins de Versailles*)[87]이다. 그는 한창때부터 늙어서까지 기나긴 세월 동안 그 책을 직접 쓰고 고치고 다시 손질했다. 그 책 덕분에 그는 1689년에서 죽을 때까지 중요한 방문객들을 통제할 수 있었다. 그 안내서는 오늘날에도 분수들이 켜지는 날의 추천 코스로 활용되고 있다. 하지만 상세하고도 귀중한 그 책은 태양신화를 한 번도 언급하지 않았으며 정원의 계획과정에서 태양의 상징체계가 어떤 역할을 했는지 짐작해볼 여지조차 남기지 않았다. 베르사유에 살았고 베르사유의 모든 것을 구석구석 알던 궁정신하들과 왕실가족들의 회고록과 일기, 편지들 중 우리에게 남겨진 수십 권에서도 태양의 상징체계와 관련된 기록은 전혀 등장하지 않는다. 안내서들과 기록들은 수십 년이 흐르는 동안 태양신화에 관해 점점 덜 언급하다가 마침내 아주 잊어버리게 되었던 것이다. 그러니 '태양-왕'이란 용어는 '짐이 곧 국가다'라는 문구나 마찬가지로 전거가 의심스러운 것이라는 주장이 제기될 수도 있다. 또한 역사적 사실에 밝은 독자들과 특히 진지한 역사가들이라면 그런 용어를 연대기와 평범한 일기 속에서나 존재하다가 조용히 사라지도록 내버려 두어야 한다고 주장할 수도 있다.

19세기와 20세기가 왜 그토록 태양신화에 사로잡혔는지 우리는 아직도 그 이유를 잘 모른다. 우선 거추장스러운 '고전주의' 신화가 '고대'의 모방과 긴밀하게 결합되었기 때문일 것이다. 둘째, 낭만주의의 '혼란스러움', 게르만 문화의 '몽롱함', '상징주의의 모호함'과는 대조적인 '프랑스문화의 명료함'이 순진하고도 과장되게 찬사를 받은 것도 그 이유 중 하나이다. 셋째, 19세기의 승리자인 중앙집권화를 위해 우아한 준거를 찾으려는 잠재의식도 작용했다. 넷째, 프랑스에서는 오랫동안 고문서 기록이나 당대사보다는 문학작품의 원전을 무의식적이고 배타적으로 신뢰하는 풍토가 인정되어 왔기 때문이기도 하다. 다섯째, 베르사유에

87) Simone Hoog, Paris, Réunion des Musées nationaux, 1982가 가장 대표적인 판본이다.

관한 학문적 연구의 지연을 들 수 있다. 20세기 초 이후 선구적인 연구 업적들과 사료출간에도 불구하고 베르사유 연구는 최근에야 비로소 시작되었다. 하지만 그것은 원인이라기보다는 차라리 결과이다. 군주정의 영역에 관한 한 19세기 최고의 지성들은 인식의 장막에 갇힌 듯 아무 저항 없이 지어낸 거짓 역사의 모순, 특히 연대기적인 혼돈에 빠져버렸으며 그로 인해 베르사유 연구가 늦어졌던 것이다.

사샤 기트리의 영화에는 베르사유에서 벌어진 다양한 일화들과 위대한 인물들에 관한 별의별 이야기들이 다 나온다.[88] 그레뱅 박물관(Musée Grévin)[89]의 베르사유 전시물들에서 착안된 그 영화는 우리에게 루이 14세에 대한 고정관념을 단단히 뿌리박히게 했을 것이다. 코르네유, 라신, 몰리에르, 부알로, 라퐁텐, 보쉬에, 페늘롱, 세비녜 부인, 퓌제, 륄리 등에 둘러싸여 베르사유에서 산책하는 루이 14세의 모습 말이다. 그것은 루이 14세를 옹호하는 신화이다. 정반대로 끔찍한 신화도 있다. 베르사유에서 몽테스팡 부인은 악랄한 역할을 한다. 용맹스럽고 거만한 왕은 바이올린 소리를 들으며 금으로 만든 그릇에서 팡타그뤼엘[90]처럼 엄청난 양의 음식을 먹어 치운다. 개신교도들을 갤리선으로 보내고 한겨울에 굶주린 백성들에게 쇠창살문을 잠근 채 말이다.

그러나 그런 신화는 뒤마의 소설에 의해 뒤늦게 이야기로 꾸며졌다. 예컨대 뒤마의 소설에는 코르네유와 데카르트, 밀턴이 다 함께 랑부예 저택(hôtel de Rambouillet)[91]에서 젊은 보쉬에가 행한 첫 설교에 박수

---

88) *Si Versailles m'était conté*는 근래에는 거의 상영되지 않지만 1953~1954년에 이 영화에 관한 화보 출판물들이 출간되었다.

89) 〔역주〕 1882년 메예가 파리에 세운 밀납인형 박물관으로 그레뱅은 이 박물관 최초의 예술감독이었다. 카롤루스 대제에서 나폴레옹 3세까지 300여 인물의 밀납인형이 전시되어 있다.

90) 〔역주〕 16세기 프랑스 사회를 풍자한 라블레의 동명소설에 등장하는 거인.

91) 〔역주〕 파리의 생토마스뒤루브르 로에 위치한 랑부예 후작의 거처. 당대의 문인들과 귀족들이 드나들며 문학적 유희를 즐긴 장소로 18세기 살롱의 효시

를 보내는 장면이 나온다.[92] 그와 유사한 장면은 발자크의 소설에서 탄복할 만한 오류를 통해서도 등장한다. 저명한 감정사인 퐁스가 사촌인 퐁파두르 부인에게 와토의 그림이 그려진 부채를 전하기 위해 카뮈조 부인에게 건네주는 장면 말이다.[93] 무척이나 파리를 사랑한 위대한 문인 위고는 파리의 역사에 해박한 지식을 지녔으며 그것을 훌륭하게 복원시켰다. 그는 소설에서 캉피스트롱이 위그노들에게 갤리선 노예형을 내린 선고문을 불에 던져버린 방돔 저택(hôtel de Vendôme)[94]의 대리석 벽난로를 어두운 분위기로 묘사했다.[95] 이는 루브르에 있는 안 도트리슈의 발코니를 연상시킨다. 샤를 9세가 생바르텔르미의 날[96] 무고한 사람들을 총으로 쏘아 죽인 장소로서 오랫동안 분노의 표적으로 지목되었던 그곳 말이다. 피에르 드놀라크는 짓궂게도 베르사유를 방문한 오말 공작이 참사회의실 끝에 있는 '고해실'이라고 불리던 방을 열도록 요구했던 일화를 폭로했다. 오말 공작의 설명에 의하면, 그 방은 선조인 루이 14세가 라셰즈 신부 발밑에서 무릎을 꿇었던 곳으로서 유리를 끼운 칸막이가 있었고 그 뒤에는 예수회 신부가 고해를 이용해서 단검으로 왕을 찌르지나 않나 감시하는 임무를 맡은 근위병이 보초를 서고 있었다. 지체 높은 방문객이 보여준 이 예는 정말 충격적이다. 왕족이자 출중한 안목을 지닌 그는 자신의 시대를 대변한 것이나 마찬가지이다. 미슐레 시대의 광적인 반(反)예수회 감정과,

---

이다.

92) *Le Comte de Moret*, 1865, 하지만 저자 추정은 의문의 여지가 있다.

93) 발자크의 소설 《사촌 퐁스》(*Cousin Pons*)는 1847에 발표되었다. 퐁파두르 부인은 와토가 사망한 해에 태어났다.

94) 〔역주〕 앙리 4세와 가브리엘 데스트레의 아들인 방돔 공작의 저택.

95) *Les Misérables* (1862). 캉피스트롱은 실제로 갤리선의 사무관이었고 그의 상관인 방돔은 갤리선 선장이었다. 그러나 방돔 저택은 허물어지고 그 자리에 방돔 광장이 만들어졌다.

96) 〔역주〕 1572년 8월 24일, 종교전쟁의 와중에서 샤를 9세가 가톨릭의 압력에 못 이겨 앙리 드나바르와 여동생 마르그리트의 결혼식 피로연에 참석하러 파리에 온 위그노 약 5천 명을 학살한 날.

오를레앙 가문에서 대대로 내려오는 볼테르주의의 혼합 말이다. 하지만 이 모두는 어의상의 착각이며 아마도 정신분석학적인 오해에서 비롯된 듯하다. 문제의 방은 루이 14세의 용변실(*cabinet de la chaise*)이었으며 오를레앙 가 사람들도 어렴풋이 그 사실을 기억하고 있었다.97) 약 2년 전에 나는 한 훌륭한 예수회 신부를 실망시키지 않을 수 없었다. 구식학교에서 교육받은 듯한 그 신부가 베르사유에서 소위 루이 14세가 "독약사건에서 라신이 유죄임을 증명하는" 문서들을 직접 불에 태웠다는 난로를 보고 싶어 했기 때문이다. 그보다 더 순박한 관람객들은 매일 '비밀통로'와 '지하감옥'에 대해 묻는다. 더구나 미국인들은 그보다 훨씬 더 단순하게 "그들이 사람들을 살해한 곳이 어디인가요?"라고 묻는 경우가 적지 않다.

이러한 예들은 태양의 상징과 그 가공의 영향력에 관한 우리의 논의와 거리가 먼 것처럼 보인다. 그러나 그러한 소설들의 궁극적인 의도는 '절대' 왕권에 직면한 역사적 상상의 변화과정을 보여주려는 데 있다. 그런 하찮은 망상들에 놀라는 것 역시 지나치게 순진무구한 태도가 아닐 수 없다. 베르사유와 별궁 연구의 준거가 된 고문서들에 대한 적극적인 연구를 통해 그와는 사뭇 대조적인 역사현실의 풍성함이 밝혀졌으니 말이다.

고문서 연구를 통해 베르사유에 대한 편리한 이분법적 구분은 무너졌다. 모든 개인적 욕망을 압도하는 강력한 권력의지에 의해 지배된 루이 14세 시대의 더럽고 웅장한 베르사유와, 오직 일련의 웅장한 공간들만을 원했던 '대왕'의 처소를 '비공식 처소'들로 세분화시킴으로써 사생활을 위해 화려함을 희생시킨 루이 15세의 베르사유 사이의 이분법 말이다. 루이 15세나 루이 16세 시대처럼, 루이 14세 시대에도 왕궁은 위계에 따라 명확하게 구분되었다.

앞서 언급되었듯이 접견을 위해 항상 누구에게나 공개되었던 공식

---

97) Pierre De Nolhac, *La Résurrection de Versailles. Souvenirs d'un Conservateur, 1887-1920*, Paris, Plon, 1937, pp. 80~81.

23. 대로 쪽에서 본 대 트리아농의 모습, 피에르드니 마르탱, 1723.

24. 마를리 성과 빌라들의 전경, 피에르드니 마르탱, 1723.

처소가 있다. 그곳의 면적은 엄청났으며 집기류는 벽 쪽에 드문드문 붙어 있었고 문들이 일렬로 정렬되어 있었으며 장식들은 신화와 정치적 의미를 띠었다. 이 모두가 관례에 따라 이루어진 것이기 때문에 후대의 왕들은 접견실에 근본적인 변화를 시도하지 않은 채 후손들에게 넘겨주었다. 다만 간단하게 장식을 바꾸고 가구들을 재배치하는 것으로 만족했다. 또한 베네치아와 볼로냐, 프랑스의 대작들과 공식 초상화, 고대의 조각상 등을 루브르보다 먼저 교대로 전시했으며[98] 매우 서서히 가구와 조명기구들을 교체하는 데 그쳤다. 하지만 근엄하고 상징적 의미를 지닌 이 방에 왕들이 들른 것은 고작 부속성당으로 가는 도중에 지나치거나 '아파르트망'(*appartement*)[99] 이라는 저녁모임이 열릴 때 잠시 모습을 비춘 게 전부이다. 물론 결혼무도회와 특사접견 등 아주 예외적인 경우에는 여러 시간 동안 그곳에 머물러야 했다. 이 점은 거울의 방의 경우에도 마찬가지였다. 근대국가의 부르주아적 발상 덕분에 그곳은 번갈아가며 성대한 공식행사장으로 활용될 수 있었다. 1871년 독일제국의 선포와 1919년 베르사유 조약의 서명의 경우처럼 그곳에서 유럽의 세력균형이 전복되기도 했다. 1805년 교황 피우스 7세의 축성식과 1896년 니콜라이 2세와 황제비의 방문 때처럼 위대한 인물들의 찬사를 받으며 프랑스인의 자부심이 고조되기도 했다. 아니면 1938년 영국 군주의 방문과 1982년 선진국 정상회담처럼 지나치게 성대한 연회로 엉뚱한 혼란이 빚어지기도 했다. 앙시앵 레짐 하에서 거울의 방이 단순한 통로이자 대기장소에 지나지 않았음은 엄연한 사실이다. 거울의 방은 위치상 축제를 열기에는 불편하고 심지어 위험한 곳이었다. 따라서 그곳에서 열린 축제는 1697년의 부르고뉴 공작 결

98) 박물관으로서의 베르사유 처소에 관한 연구로는 Claire Constans et S. Hoog, "Les Tablesux"와 "Les sculptures du grand appartement du Roi", *Revue du Louvre*, 1976, n° 3 참조. 고대 조각품의 대부분(루브르 소장)과 다수의 왕실 초상화, 몇몇 대가들의 그림들은 베르사유로 되돌아왔다.

99) 〔역주〕 루이 14세가 궁정인들에게 일주일에 세 번씩 자신의 '처소'를 공개하며 음악회와 도박을 즐기는 저녁모임을 가진 데서 유래한 단어.

혼식과 1745년과 1747년의 세자 결혼식 등 몇몇 왕실 결혼식과 1685년 제노아 총독의 특사, 1686년 샴 특사, 1715년 페르시아 특사처럼 공식적이건 이례적이건 외교사절의 접견에 국한되었다. 주지하다시피 성장을 한 공식무도회는 마르스 방이나 헤라클레스 방에서 열렸다.[100] 저녁식사는 공적만찬을 위해 마련된 대기실에서 이루어졌다.[101] 1770년에 가브리엘에 의해 이동식 무대가 딸린 오페라 하우스가 완공된 뒤에야 비로소 베르사유는 무도회와 왕실연회를 위해 특별히 마련된 공간을 갖추게 되었다.[102] 마리앙투아네트와 세자의 결혼 피로연은 바로 그곳에서 거행되었다.

그 외에 군주와 왕자들의 거처가 있었다. 거처의 입구에서 내실 쪽으로 갈수록 사적인 측면은 점차 커지고 규모는 작아졌다. 입구, 서열상 권리가 보장된 경우에는 보초실, 평민용 제1대기실, 귀족용 대기실, 침실, 대집무실, 내실 등 일련의 주요공간들은 거의 일정했다. 그러나 그 공간들의 배치와 밝기, 크기, 장식은 서로 달랐다. 왕의 처소는 뒤편에 미로 같은 옷방, 욕실, 서가, 기도실, 실험실, 규방, 비밀계단, 복도, 시중드는 방 등 때문에 크기가 배로 늘었다. 앞서 언급되었듯이 그런 공간들은 최근까지 거의 알려지지 않았기 때문에 그 존재 자체가 부정될 정도였다. 루이 14세와 마리테레즈도 예외가 아니었으며 오늘날 '왕의 부속실들'은 우리에게 잘 알려져 있다. 커다란 안뜰과 안쪽의 안뜰을 둘러싸고 또 서로 연결시켜 주는 그 부속실들은 '작은

---

100) 공식무도회는 참석자들에 의해 만들어진 장방형의 공간 안에서 오직 한 쌍만이 움직이며 춤을 춘다. 거울의 방은 아무래도 이런 공식무도회 장소로는 적절치 못했다. 그곳은 수십 쌍이 한꺼번에 낭만적인 왈츠를 추기에 부적합했다. 왕실결혼식처럼 수많은 인파가 몰리는 날에 거울의 방에서 무도회가 열리면 마르스나 헤라클레스의 방에 긴 의자들로 장방형의 공간이 만들어졌다.

101) 식당은 17세기의 대기실에서 유래한 것으로 18세기에야 비로소 독자적인 공간으로서의 면모를 갖추었다. 베르사유에서 왕실가족의 공적만찬은 왕과 왕비 혹은 세자의 제1대기실에서 이루어졌으며 단순한 사각탁자에 불과한 식탁은 식사 후 곧바로 치워졌다.

102) 애석하게도 이 방은 루이필리프에 의해 없어졌다.

계단'으로 통하며 '작은 보초실'에 의해 호위되었다. 루이 대왕은 협소하지만 소중한 그런 부속실들을 수없이 만들었다. 그 방들은 종종 그의 후손들이 무수히 만든 방들보다 더 작았으며 일부러 정사각형이나 타원형 모양으로 만들어졌다. 루이 14세는 그곳에 클라브생과 개, 가발, 당구대를 숨겨 놓았을 뿐 아니라 옛날 화폐, 진귀한 보석, 금박 필사본, 작은 청동상, 이국적인 조개껍데기, 특히 〈모나리자〉, 라파엘로의 〈위대한 성가족〉이나 티치아노의 〈토끼를 안고 있는 성모 마리아〉 같은 수집품들을 보관해 놓았다.[103]

이 처소들은 사생활을 위해서는 더할 나위 없는 공간인 동시에 일터였다. 이를테면 그곳은 접견의 장소이자 정부 청사였다. 왕의 침실은 신성하기는커녕 점심식사, 사적 만찬(*petit couvert*)[104]이 이루어지고 기상과 취침 '의례'가 거행되는 곳이었다. 무지와 낯선 것에 대한 호기심 때문에 사람들은 그런 의례의 절차상의 까다로움을 지나치게 과장하는 경향이 있다. 결국 침실의 기능은 대집무실에 비해 부수적이었다. 왕의 처소에서 대집무실은 매일매일 참사회의와 접견, 알현, 수도회 기사단 회의, 결혼계약, 온갖 새로운 '포고', 계획 또는 임명이 이루어지는 곳이었다. 그러니 19세기 이래 왕의 침실에 관한 전통적인 해석은 순전히 환상에 지나지 않는다. 침실은 왕의 처소에서 핵심적인 공간이었던 적이 한 번도 없었다. 뿐만 아니라 루이 14세의 치세 거의 대부분의 기간 동안 왕의 침실들은 측면에 위치해 있었다. 처음에 왕비가 살아 있는 동안에는 북쪽에 있다가 왕비의 사망 후 1684년부터 남쪽으로 옮겨져 오늘날의 황소눈 창이 있는 방(salon de l'Oeil-de-

103) Verlet, *op. cit.*, pp. 225~234 참조. 도면과 설계도는 Marie(*Mansart à Versailles*, Paris, Fréal, 1972 ; *Versailles au temps de Louis XIV*, *op. cit.*) 참조. 그 이전 시기에 관해서는 Béatrix Saule, "Trois aspects du premier ameublement... sous Louis XIV", colloque *Versailles*, *op. cit.* 에서는 목록을 토대로 젊은 왕의 눈부시게 아름다운 처소가 재현되었다.

104) 〔역주〕 침실 안에서 선별된 궁정인들 앞에서 하는 식사로 주로 점심식사에 해당되나 말년에는 저녁에도 사적 만찬이 이루어졌다.

boeuf)의 절반을 차지했다. 왕은 63세가 된 1701년에야 비로소 성의 중심에 자리를 잡게 되었다. 그나마도 귀족용 대기실(황소눈 창이 있는 방 - 옮긴이)을 더 크게 만들고 자신도 더 넓은 침실을 하나 더 얻으려다 우연히 그렇게 되었다. 그때까지는 관례대로 공식적인 집무실인 대집무실이 성의 중심을 차지했었다. 그 방은 세 개의 이중문을 통해 거울의 방으로 연결되었다. 그러다 보니 침실의 천장은 어마어마하게 높아졌다. 이렇게 높은 천장은 밀폐된 침실에 어울리지 않았다. 그러니 성과 안뜰들이 침실을 중심으로 배치되었다고 황홀해하거나 격분하는 일은 없어야겠다. 루이 13세의 성은 완전히 사라졌으며 그 후 수많은 재건축 설계도에서 그 자리에 예정되었던 것은 중심축을 이루는 큰 방이나 돔 천장 밑의 명예로운 계단이었지 침실이 아니었던 만큼 더욱더 그런 생각들을 버려야 할 것이다. 게다가 루이 15세와 루이 16세는 1683년 이전처럼 침실을 북쪽으로 다시 옮기고는 중앙의 집무실의 용도를 부활시켰다. 루이 14세가 마지막으로 사용한 침실은 형식적이고 공개적인 기상과 취침 의례와 접견용으로만 사용되었다.[105]

베르사유의 내실들이 전적으로 18세기에 만들어진 것이라는 오해는 쉽게 해명될 수 있다. 루이필리프가 베르사유를 거대한 전시장으로 개조하면서 오직 왕과 왕비, 세자, 세자비의 거처를 제외한 모든 은신처와 시중드는 방, 변소 같은 작은 방들을 없애 버렸던 것이다. 자연히 베르사유의 내실들은 군주정 최후인 18세기 말의 상태, 심지어 일부의 경우에는 루이 18세 시대의 상태로 우리에게 전해질 수밖에 없었다.[106] 1736년 헤라클레스의 방이 완성된 이후 공식처소의 구조는 더

---

105) 왕의 침실에 관한 탁월한 역사적 연구로는 D. Meyer, "La restitution de la chambre de Louis XIV à Versailles", *Revue du Louvre*, 1980, n° 4. 그 외에 여름철에 화려한 비단으로 궁정을 장식한 시기를 연구한 Jean Coural, "Fabrique lyonnaise au XVIIe siècle", *Revue de l'art*, n° 62, 1983, n. 10-11 참조.

106) 세자와 세자비의 작은 뒷방들은 샤를 10세의 아들인 앙굴렘 공작과 '성전의 고아'라 불리던 공작부인을 위해 개조되었으나 정작 그들은 그 방들을 사용하

이상 변화하지 않았다. 그와는 달리 사적인 공간인 내실들은 방주인의 기호와 취향, 나이, 필요에 따라 끊임없이 바뀌기 십상이었다. 그 방들의 장식은 정치적이지 않았으며 형태와 구도도 상징적인 의미를 띠지 않았기 때문에 아무런 방해 없이 극도의 융통성이 발휘되었다. 루이 15세는 1735년까지 증조할아버지가 물려준 처소를 마음껏 고치고 치장했다.[107] 그때쯤이면 35~50년이나 지난 모든 장식들이 얼마나 구식이고 부자연스럽게 보였을지 짐작할 만하다. 1738년에는 왕의 처소에서 보수와 재배치공사가 한창 진행 중이었다. 1755년에는 선조의 것은 침실 외에 아무것도 남지 않았다.[108] 그 과정에서 루이 14세의 대 계단(외교사절의 계단 - 옮긴이)은 붕괴의 위기에 직면했을 뿐 아니라 신고전주의의 태동기인 당시에 바로크 양식의 계단은 몰상식해 보였다. 그때 이미 재건축의 '위대한 설계도'가 구상 중이었고 거기에서 좀더 근대적이고 위엄 있는 계단에 대한 계획이 빠지는 법이 없었다. 따라서 사람들은 아무 망설임 없이 대 계단을 순식간에 없애 버렸다. 왕비의 처소에서도 똑같은 변화가 나타났다. 이미 오래전 루이 15세의 어머니인 부르고뉴 공작부인의 시대(1696~1712년)에 젊은 세자 부부를 위해 고인이 된 마리테레즈의 부속실들이 개조되고 방들의 수도 늘어났다. 마리 레슈친스카 왕비도 자신의 차례가 되자 학구적이고 경건한 자신의 생활에 알맞도록 부속실들을 수없이 뜯어고쳤으며 종종 세련된 안목을 선보이기도 했다. 처음에는 세자비로, 나중에는 왕비로 베르사유에 살았던 마리앙투아네트가 다른 취향을 지녔음은 충분히 짐

지 못했다. 그 방들은 1986년에 복원되었다.

107) J. Cl. Le Guillou, "La création des cabinets et des petits appartements de Louis XV...", *Gazette des beaux-arts*, n° 1395, 1985에 의하면 지금까지 부속실들의 개조가 시작된 것은 1738년으로 알려졌으나 실제로는 1735년까지 거슬러 올라가야 한다.

108) 오늘날에는 루이 14세 때부터 보존된 것들이나 1755년에 가브리엘이 다시 만들어 참사회의실에 놓은 것들, 1684년에 만들어져 1738년에 사냥개 대기실로 옮겨진 당구대의 화려한 장식만이 남아 있다.

작할 만한 일이다. 또한 장식과 가구 문제에서 그녀를 사로잡은 변화에 대한 갈망도 이미 잘 알려진 사실이다. 그녀는 전임자들의 것을 거의 전부 없애 버렸다.[109] 그 기간 동안 궁전의 다른 쪽에서는 왕이 된 그녀의 남편 루이 16세가 자신의 처소에서 보수작업을 시작했다. 그는 아내보다는 덜 요란하면서도 신중하게 공사를 진행시켰다. 그러나 1789년 10월 6일의 사건이 그를 베르사유에서 내몰지 않았더라면 장담하건대 오늘날 우리가 감탄해 마지않는 루이 15세의 장식품들은 하나도 남아나지 않았을 것이다. 루이 15세가 애호하던 로카유 양식은 1755년 이후 한결 차분해졌음에도 불구하고 엄격한 '그리스 양식'(우아하고 섬세한 로카유 양식은 혁명기를 거치며 통일과 조화, 선명함을 강조한 신고전주의로 완전히 대체되었다 - 옮긴이)이 유행하던 18세기의 마지막 10년 동안 도저히 살아남지 못했을 것이다. 왕과 왕비 처소에서의 두 사례를 통해 우리는 루이 15세 치세에는 사생활이 존재하지 않았으며 사생활이 발견된 것은 루이 16세 시대라고 추론할 수 있을 것이다. 이미 오래전에 마치 존재하지도 않았던 것처럼 완전히 사라져 버린 루이 14세의 내실들에 관해 경솔하게 내려졌던 결론도 바로 그런 것이었다.

그런 역사적 착오가 가능했던 것은 루이 14세와 그의 후계자들을 극단적으로 대조시키면서 그들에 관한 일종의 판에 박힌 형상을 완성시킨 술리에와 놀라크의 연구업적 탓이 크다. 왕 처소의 내실에 관한 일반적인 역사서술은 주로 제 2제국 이후 간결하고 오류투성이지만 당시로서는 높이 평가받을 만한 저작들을 발표한 술리에[110]와, 1889년부터 엄밀한 연구성과를 제시한 놀라크[111]에 의해 이루어졌던 것이다.

---

109) 마리테레즈와 바이에른 세자비의 부속실들은 하나도 남아 있지 않다. 부르고뉴 공작부인의 방에서 유래한 섭정기 양식의 아름다운 부속실이 최근 복원되었다. 마리 레슈친스카 왕비의 부속실들 중에서는 욕실과 휴식실의 일부가 남아 있다.

110) Eudore Soulié, *Notice du Musée impérial de Versailles*, 1852~1861.

111) P. De Nolhac, *Histoire du château de Versailles*, Paris, Calmann-Lévy, 1911~1918에 수록된 일련의 연구 업적들은 1889년부터 낱권들로 출판되었다.

나는 주로 베르사유에 관한 상식을 통해 드러난 루이 14세 시대의 준-역사적인 이미지에 초점을 맞추었다. 하지만 루이 15세와 루이 16세에 관한 착각 또한 그에 못지않게 기발하며 베르사유에 대한 해석을 왜곡시켰다.

문제를 최대한 단순화시켜 보기로 하자. 만약 루이 14세의 베르사유가 복잡하고 내밀한 공간이었음을 인정한다면, 루이 15세와 루이 16세의 베르사유에도 정부들의 규방이나 사치스런 초가집뿐만 아니라 다른 공간들도 존재했었을 것이다.

우선 루이 14세보다는 루이 15세가 훨씬 더 많은 시간을 혼자서 혹은 가까운 친구들과 보낸 것은 확실하다. 루이 14세는 부자연스러울 정도로 홀로 동떨어져 지낼 필요성을 느끼지 못했다. 비록 제한된 수일지라도 루이 14세는 끊임없이 함께 있을 사람을 찾고 단둘만의 즉흥적인 대화를 혐오했으며 평생을 집무실에서 보냈다. 흔히 어린 시절 그의 초상화들 중 일부를 보며 사람들이 그렇게 해석하고 싶어 하듯이, 그런 태도는 아주 오랜 불안감에서 비롯되었을지 모른다. 또한 '공인된 정부(情婦)'의 역할에 대해 루이 15세는 루이 14세와 생각이 약간 달랐음이 분명하다. 적어도 아녜스 소렐 이후 '공인된 정부'는 프랑스 궁정에서 사실상 문화적 창구 역할을 했다. 마지막으로 루이 15세는 왕으로서의 직분을 천직이라기보다는 차라리 진지하고 엄중하며 일관되게 수행되어야 할 하나의 직업으로 여겼다. 따라서 그는 국사를 돌보는 고된 시간 외에는 사생활을 즐기는 것을 당연하게 생각했다. 그는 아주 자연스럽게 사냥과 연애, 건축설계, 장식품 제작, 요리, 트리아농에서의 식물학과 농학 체험 등으로 소일했다. 이처럼 시간을 다르게 쓴다는 사실은 베르사유의 개조에서도 차이를 초래하지 않을 수 없었다. 루이 15세는 2층 왕의 처소를 완전히 뜯어 고쳤다. 루이 14세가 엄청나게 많은 개인적 수집품을 모아 두었던 곳에 욕실을 중심으로 한 일련의 작은 방들, 사적인 식당, 개인 사무실[112] 등이 만들어졌다. 거기에서 그치지 않고 그는 중이층과 다락방까지 차지했다. 그러고는 그곳에 더 많은 방을 만들었으며 이따금 5층에까지 작업실, 서가, 새장, 부엌, 실험실, 식당, 설계도면실, 교제 중인 정부와 요리선생의 숙소 등을 만들었다.[113] 낭만주의자들은 이런 사적인 방들의 존재를 의도적으로 모른 체하거나 사슴공원의 짐승들이 그 안에 갇혀 울부짖는 함정처럼 어두운 색깔로 얼버무렸을 뿐이다. 또한 후기 낭만주의자들은 부셰의 그림에서 묘사된 주인공들의 규방들처럼 그곳에 장밋빛 칠을 했다.[114] 과연 루이 15세의 내실들은 앙리 라시네가 1950년에 출간한 책에서 《미지의 베르사유》라는 제목을 붙일 만했다. 그 책은 엄밀한 의미에서 최초의 베르사유 지도이자 역사서였다.[115] 최초의 전체 복원작업이 끝나고 1957년에 공중에게 선을 보이고 나서 거의 30년이 지난 오늘날까지 무수한 연구와 연대기와 지도상의 수정작업, 장식과 가구 복원에 관한 엄격한 조사가 이루어졌음에도 불구하고 베르사유의 복잡한 구조는 역사가들에게 여전히 수수께끼로 남아 있다. 계몽주의 시대의 놀랄 만큼 다양한 열망과 생활양식을 반영하는 미로들은 방문객들의 경탄을 자아내게 하는 동시에 케케묵은 고정관념을 재검토할 것을 요구한다.

하지만 우리는 18세기 왕의 사생활에서 진지하거나 인간적인 면모가 발견될 수도 있다는 점을 상기시킴으로써 단순히 파렴치한 경박성

---

112) 1층에 있던 욕실 3개 중 2개가 남아 있다. 식당 2개도 보존되어 있으며 찬장방과 도박실, 커피 마시는 방 등 일련의 방들도 함께 딸려 있다. 그의 모퉁이 방에는 혼자 일하거나 비밀스런 만남을 위한 뒷방과 비밀계단, 옷방과 용변실도 있었다.

113) 퐁파두르 부인(북쪽 다락방, 1745~1750)과 뒤바리 부인(대리석 안뜰에 면한 다락방, 1769~1774)의 거처가 남아 있다. 마이 부인과 샤토루 부인의 거처, 그리고 요리사 라쥐르의 숙소는 개조되었다.

114) 뒤마와 공쿠르가 재현시킨 분위기를 비교하라. Dumas(*Joseph Balsamo*, 1846~1848 ; *La Comtesse de Charny*, 1852~1855), Goncourt(*Les Maîtresse de Louis XV*, 1860 ; *La Femme au XVIIIe siècle*, 1862).

115) Henri Racinais, *Versailles inconnu. Les petits appartements des rois Louis XV et Louis XVI*, Versailles, Lefebvre, 1950.

으로 일관된 그의 옛 이미지를 수정하는 데 그칠 수는 없다. 루이 14세의 시대 못지않게 루이 15세의 베르사유도 위엄 있고 국가적 제도를 갖추었음을 강조해야 할 것이다.

루이 15세 시대 동안 이루어진 베르사유의 개조공사가 단지 매혹적인 '비공식 처소들'을 만들고 유례없는 가구들을 들여놓거나, 그 시기에 늘어나고 왕래도 잦았던 왕실가족의 숙소를 끊임없이 이동하고 바꾸는 데 국한된 것은 아니다. 루이 14세 시대에 중단된 상태로 남아 있던 궁전 공사가 종종 그의 후손에 의해 재개되고 드디어 마무리되기도 했다. 부속성당의 보수와 그 위의 접견실 장식 공사를 끝낸 것은 루이 15세였다. 공식처소에서 가장 크고 사치스런 접견실, 이른바 헤라클레스의 방을 만든 것도 그였다. 넵투누스 연못의 거대한 조각장식을 완성시킨 것도 그였다.[116] 개인적으로 음악도 대형 연극작품도 거의 좋아하지 않으면서도 평화가 도래할 때마다 오페라 하우스 공사를 재개해서 1770년에 화려한 낙성식을 거행할 때까지 공사를 강행한 것도 바로 그였다. 육군, 해군, 외교 국무비서의 집무실을 포함한 핵심 국가기구들을 성과 비좁은 대신들의 익랑건물에서 편리하고 위엄 있는 건물로 이전시킴으로써 편의를 도모한 것도 그였다.[117] 군주정의 품격에 어울리는 가구보관소〔Garde-meuble, 오늘날의 국립 비품 박물관(Mobilier national)〕를 만들어 그곳을 진귀한 장식미술 박물관으로 개장한 것도 그였다.[118] 또한 그는 축제와 연극공연, 모든 의례에 필요

---

116) 부속성당의 측면제대 공사는 1737년에 완성되었다. 부속성당 위층의 접견실에 〈자비〉, 〈영광〉의 조상들이 놓인 것은 1730년이다. 헤라클레스의 방은 1736년에, 넵투누스 연못은 1741년에 완성되었다.

117) 육군, 외교, 해군 부서(앵데팡당스-아메리켄 로 3번지와 5번지에 있으며 오늘날에는 고등영재학교와 시립도서관이 되었다)는 1759년과 1762년에 베르티에에 의해 세워졌다.

118) 가브리엘은 1765년 궁전 안에 있던 가구보관소를 파리의 루이 15세 광장에 설치했다. 1789년에는 해군본부가 그곳으로 합류해서 지금까지 그곳에 남아 있다. 베르사유의 가구보관소는 우선 아름 광장에 있는 콩티 저택으로 옮겨졌다가 1783년에 다르노댕 저택(레제르부아르 로 11-13번지)으로 옮겨졌다.

한 장식을 독점한 국왕 여흥국(Menus Plaisirs du roi)[119]의 중요한 업무를 위해 거대한 공간을 할당해서 작업장과 창고, 연습실 등을 마련해주었다.[120] 주지하다시피 이런 주도적인 업적들을 이룩한 루이 15세의 노력을 더 이상 루이 14세의 작품을 완성시킨 데 불과한 것이라고 폄하해서는 안 된다. 거기에는 비단 계몽주의의 기술적·정치적 합리주의만이 아니라 백과전서식 탐구와 역사학을 향한 열정이 반영되어 있음이 분명하다. 왜냐하면 파리의 가구보관소가 가구들과 동시에 역사적 예술품들을 전시하고 있는 것과 마찬가지로 육군과 외교부서가 위치한 베르사유의 건물들은 단순한 집무실만이 아니라 금속골조 건축물에 내화성을 갖춘 체계적인 고문서 보관실로 계획되었기 때문이다. 가구보관소의 공개는 군주정이 수집한 회화작품과 조각품들을 유럽인들에게 과시하기 위해 착수된 루브르의 '미술관' 개조공사와 동시에 이루어졌다.

이런 비교를 통해 우리는 겉으로는 아무 관련성이 없어 보이는 루이 15세의 베르사유의 다른 특성들을 이해할 수 있다.

한편으로 이미 언급되었듯이 루이 15세는 트리아농의 용도를 증조부가 원했던 대로 가족 휴식처로 변경시켰다. 그러고는 기꺼이 아내에게 재량권을 맡기는 동시에 동쪽과 북쪽으로 계속 면적을 확장시킨 뒤 추가로 일종의 농업시험장을 조성했다. 그곳에서는 교배를 통해 가금류와 젖소, 양모용 양들이 감별되고 가축전염병과 곡물의 질병이 연구되었으며 사철용 딸기와 바나나, 커피나무 등의 품종개량이나 토질순화가 시도되었다. 또한 린네의 원칙에 따라 분류된 식물원을 만듦으로

119) 〔역주〕 앙시앵 레짐 하에서 왕의 의례, 축제, 사냥, 무도회 등을 주관할 뿐 아니라 궁전의 실내장식도 담당하던 궁부 소속의 부서로 왕의 수석 침전시랑(premier gentilhomme de chambre)이 책임자였다.

120) 1748년에 파리 대로와 삼신분회 로가 삼각형을 그리며 만나는 지점에 세워진 '국왕 여흥국'이 역사 속에 등장했다. 그 건물 남쪽 테라스에는 파리스(Pâris)가 구상한 거대한 조립식 무대가 세워졌는데 1787년에 그곳이 비어 있자 루이 16세가 명사회, 그다음에 삼신분회를 그곳에 소집했던 것이다.

써 농업시험장이 완성되었다. 루이 15세는 린네와 직접 편지를 주고받으며 표본을 교환하기도 했다. 식물원의 책임자는 리샤르 형제였고 쥐시외와 뒤아멜 뒤몽소가 감독관으로 일했다. 루이 15세가 대리석 트리아농에서 몇 백 미터 떨어진 곳에 무엇보다 먼저 작은 새 동물원을 지은 것은 아마도 그의 가장 열렬한 관심사인 온실과 식물의 리듬에 맞추어 살기 위해서였을 것이다. 그곳에서 그는 몸을 따뜻하게 보하거나 쉴 새 없이 움직이며 음식조각으로 식사를 하고 식물표본을 손질했다. 그 후 루이 15세는 식물원 끝에 소 트리아농이라고 불리는 그 유명한 작은 입방체 모양의 성을 지었다. 그곳에서 왕 자신은 다락방에 기거하는 것으로 만족했고 1층은 식물학 도서관과 식물원이 차지했다.[121] 소 트리아농은 여가를 위해 지어졌음이 확실하다. 하지만 거기에는 '공익'에 대한 신념, 아니 그보다는 차라리 계몽주의 시대에 깊이 뿌리 내린, 사적인 쾌락과 행복은 공익의 추구에 있다는 신념이 반영되어 있다. 19세의 무분별한 나이에 트리아농을 차지하게 된 마리앙투아네트가 선왕의 가축들과 식물들을 무자비하게 제거해 버렸음은 이미 잘 알려진 사실이다. 그중 식물들은 상당수 손실되고 나머지는 파리의 식물원으로 옮겨져 훗날 자연사 박물관(Muséum d'Historie naturelle)의 초석이 되었다.

다른 한편, 루이 15세는 루이 14세에 의해 계획되고 수차례 초안이 마련되었던 오페라 하우스를 드디어 완성시켰다. 그 일을 끝내자마자 그는 선조와 그 건축가들의 '원대한 구상'을 실현시키기 위한 공사에 착수했다.[122] 1771년에는 세 곳의 안뜰에 면해 있던 건물들이 재건축

121) 오늘날에는 프랑스식 작은 건물로 알려진 새 동물원 건물은 1750년 가브리엘에 의해 건축되었다. 그는 1762년에 소 트리아농을 착공했고 1769년에 완공시켰다. 다락방을 경멸한 마리앙투아네트는 식물원이 있던 1층에 거처를 마련했다.

122) 왕립 오페라 하우스의 복원 이후 그에 관련된 참고문헌은 풍부하다. 1722년부터의 역사에 관해서는 Thierry Boucher, in *Les Gabriel*, *op. cit.*, pp. 194~213 참조. 복원문서에 관해서는 André Japy, *Monuments historiques de la France*, n° spécial, 1957 참조. 1771년의 재건축에 관해서는 Chr. Baulez in *Les Gabriel*, *op. cit.*, pp. 182~193 참조.

25. 베르사유 궁의 대신들과 고위관리들의 거처용으로 1811년에 주문제작된 노란색과 보라색 사틴 바탕의 모자이크와 아라베스크 돋을무늬.

되었다. 그것은 건축학적으로 성을 통일시키는 작업이었다. 건물 정면의 외관과 주요 익랑건물들의 규모가 일치되고 벽돌이 아니라 돌로 덮어씌워졌으며 당시 서양건축에서 유행하던 기하학적이고 추상적인 양식이 엄격하게 준수되었다. 그로 인해 대신들의 익랑건물들, 즉 정부건물과 옛 익랑건물뿐만 아니라 완전히 새롭게 개조된 왕의 처소마저 희생되었다. 웅장하고 대담한 그 공사의 운명은 이미 알려진 대로이다. 가장 시급하게 공사가 필요해 보였던 정부건물에 대한 공사부터 착수되었다. 그러나 1774년 왕의 사망과 더불어 가브리엘의 공사는 중단되고 뒤이어 담당자가 바뀌었다. 새로 조영국장이 된 앙지빌레는 대규모 공사 계획을 공모에 붙였으나 공사는 기획과 여러 가지 추가사항을 논의하는 단계에서 그쳐 버렸다. 왜냐하면 여러 안들을 놓고 결정을 하지 못했으며 아메리카의 전쟁비용 때문에 루이 16세가 공사를 재개할 수 없었기 때문이다. 다양한 취향의 낭만주의자들이 온갖 비판을 퍼부었던 것처럼, 오늘날 익랑건물의 '무미건조함'을 가브리엘에게 모두 뒤집어씌우는 것은 쓸데없는 일이다. 또한 가브리엘로 하여금 재건축 공사를 완성하도록 하지 않았다고 앙지빌레를 비방할 필요도 없다. 가브리엘은 천재였지만 이미 76세였다. 또한 그의 신고전주의 양식은 새로운 세대에게 소심하고 밋밋해 보였다. 여기에서 루이 15세가 60대에 펼쳐 보인 야망과 진지한 자세를 다시 한 번 언급하지 않을 수 없다. 그의 세계는 뒤바리 부인의 품 안에 갇혀 있지 않았던 것이다. 베르사유 돌 공사와 함께 군주정은 콩피에뉴 공사를 완성하고 루브르 공사를 재개했다. 이런 때늦은 군주정의 시도가 바로 백과전서파 사상가들의 주장처럼 위엄 있고 합리적인 궁전건설을 위한 것임도 지적되어야 할 것이다.

주지하다시피 계몽주의 말기에 신고전주의와 전(前)낭만주의적 감수성은 떼려야 뗄 수 없는 두 얼굴이다. 1774년에서 1789년까지 베르사유를 지배한 젊은 부부에 의해 도입된 이런 두 사조들은 베르사유를 놀랍게 변화시켰다. 고상하고 세련된 개조는 루이 16세 덕분이다. 서가,[123] 모형선박과 전기나 증기기관 수집품들,[124] 위대한 인물들의 조상들,[125] 동양철학자들과 경제활동에 대한 헌정품들,[126] 수제품 작업장들[127] 등. 다른 한편 그리스풍인 동시에 양탄자 일색으로 꾸미기 위해 계속 보수된 내실들은 왕비의 취향이다.[128] 또한 희가극, 풍자극, 최루희극, 속담 소재의 소희극, 글루크의 비극 오페라 등이 연이어 상연되고[129] 일드프랑스의 작은 마을이 베르사유에 옮겨져 재조성된 것도 그녀의 취향에서 비롯된 것이다. 그 작은 마을은 사람들의 말

---

123) 루이 16세는 1층에 있던 루이 15세의 도박실을 화려한 금박 서가로 바꾸었다. 1774년에 완성된 금박 서가는 가브리엘의 최후의 걸작이다. 또한 두 배로 커진 다락방의 서가와 두 부속실까지 모두 지금도 남아 있다. 루이 16세의 건축 공사와 장식 양식에 관해서는 H. Himelfarb, "Rhétorique et poétique visuelles : ornement, emblème et allégorie dans le décor Louis XVI à Versailles", *Cahiers Roucher-Chénier*, n° 4, 1984 참조.

124) 뒤바리 부인의 옷방에 있는 통로는 선박과 실험기구모형의 전시실로 바뀌었다. 오늘날 이 수집품들은 국립해군박물관과 국립기술박물관에 나누어 전시되고 있다.

125) 1776년에 루이 16세와 앙지빌레는 왕실박물관을 위해 프랑스 역사상 위대한 인물 27명의 조상을 본래의 옷차림 상태로 제작해 달라고 주문했다. 왕은 세브르의 설구운 도자기로 그 축소형들을 만들어 자신의 처소에 놓았다. 1894년에 그 축소형 인물상들은 본래의 자리로 되돌아갔다. 계몽주의 시대 말기를 이해하는 데 필수적인 작품들에 관해서는 Fr. Souchal, "Situation de la sculpture en France en 1778", *Dix-huitième siècle*, n° 11, 1979 참조.

126) 루이 16세가 금박 서가를 위해 선택한 중국 사상가들로 장식된 비단 천 페킹을 보라. 또한 1789년에 루이 16세의 옷방에는 루소 등이 만든 백과사전이 질서정연하게 놓여 있었다.

127) 주 28 참조.

128) 2층에 있는 왕비의 내실들과 1층의 마리앙투아네트의 작은 처소에 관해서는 Marg. Jallut, *Gazette des beaux-arts*, LXIII, 1964 ; J. Cl. Le Guillou, *ibid.*, n° 1348-1349, 1981, Chr. Baulez, *Revue du Louvre*, 1978, n° 5-6.

129) 세자비의 거처(1773~1774), 거울의 방(1775), 트리아농의 온실(1776), 평화의 방(1779~1781)에서 상연된 무대작품들. 트리아농에 있는 미크 극장(1778~1780), 가브리엘 익랑건물에 있는 파리스와 외르티에의 대극장(1785~1786), 베르사유의 온실에 나무로 지어진 파리스의 극장(1780~1786), 남쪽 익랑 건물의 테라스(1787) 등에서 상연된 작품들.

처럼 리본으로 장식된 가짜 초가집이 아니었다. 그곳은 시골영주의 저택에 딸린 실제 촌락에서 일하면서 명사들과 더불어 소일거리를 즐기는 생활을 재현하기 위해 만들어졌다. 농가와 젖 짜는 곳, 낚시터, 물레방아, 비둘기장 등과 함께 실제로 농경이 이루어지고 별도의 바이이(*bailli*)[130]와 순찰대가 다스렸다. 또한 사람들은 헛간에서 무도회를 열고 공굴리기를 즐겼다. 그러나 하필 교회는 없었다.[131] 정원이 눈에 띄게 몽상적이고 심지어 낭만적인 자연 풍경으로 바뀐 것은 왕비뿐만 아니라 왕의 취향 때문이었다. 1775년부터 시작된 베르사유 정원 재조성작업은 나무들의 종류와 손질하기, 그리고 조각상들의 위치 등을 전부 바꾸어 버림으로써 정원의 외관을 급격하게 변모시켰다.[132] 루이 14세의 작은 숲들도 새로운 취향으로 바뀌었다. 아폴론 연못과 미로도 왕비의 숲이 되었다. 트리아농은 인위적으로 조성된 구불거리는 잔디밭과 동굴, 시내[133]로 둘러싸여 영국의 큰 저택들처럼 문도 울타리도 없이 촌락의 경작지들과 그대로 연결되었다.

이런 이중적 추세는 왕의 형제자매들의 주문에 의해 더욱 확고해졌다. 엘리자베트 부인은 몽트뢰유 구역에 있는 자신의 저택을 자선사업과 여인들 간의 우정의 안식처로 꾸몄다. 프로방스 백작은 샬그랭에게 사토리 근처에 사는 자신의 정부 발비 부인의 저택을 짓도록 하고 자큅에게는 실내장식을 맡겼다. 그 집 주변에는 공원이 있었는데 그곳의 작은 폭포 앞에 있는 동굴에서는 악단들이 눈에 띄지 않게 숨어서 음악을 연주했다. 프로방스 백작부인은 몽트뢰유에 순전히 샬그랭 스타일로 지어진 그녀만의 트리아농을 소유했다. 그곳에는 작은

130) 〔역주〕 앙시앵 레짐 하의 지방법원의 우두머리.

131) 1783~1787년에 촌락을 조성한 것은 미크였다.

132) 낭만적인 정원 재조성작업이 조각상들에 끼친 치명적인 결과에 관해서는 S. Hoog, "Sur la restauration de quelques statues du parc de Versailles", *Monuments historiques*, n° 138, 1985 참조.

133) 소 트리아농의 영국식 정원은 미크에 의해 1774년부터 구상되고 조성되었다. 사랑의 전당은 1778년, 전망대는 1781년에 완성되었다.

성과 촌락, 극장, 음악당, 다양한 장식물이 조성된 공원 등이 갖추어져 있었다.[134] 마지막으로 비교적 덜 감상적인 아르투아 백작은 성안의 처소에 관능적인 '터키식 규방들'을 갖추었다. 우아한 그의 규방들은 새로운 유행을 불러일으켜 왕비와 엘리자베트 부인에게도 영향을 미쳤다.[135]

18세기의 군주들은 사실상 사생활에 몰두하는 경향을 보였으며 군주정은 그 나름대로 독특하게 발전한 행정체계를 왕국의 실제 모습으로 착각하고 관료와 행정기구에 의존했다. 반면 주지하다시피 계몽정부들이 이론과 실제를 조화시키는 수준에 도달한 영역이 있는데, 그것은 도시화와 도시들의 '치안' 분야였다. 앞서 수백 번 언급했듯이 '프랑스 취향의 유럽' 군주들에 의해 크고 작은 베르사유의 모사품들이 무수히 양산되었다.[136] 그런 모사품들은 종종 관저보다는 교외의 놀이공간을 위한 경우가 더 많았고 그 양식과 규모가 지역마다 다양했기 때문에 베르사유나 트리아농, 마를리의 모방이라기보다는 차라리 암시나 차용으로 간주되어야 할 것이다. 그에 비해 베르사유는 상트페테

---

134) 1783년에 몽트뢰유를 소유하게 된 엘리자베트 부인은 위베를 불러 수리를 맡겼다. 이후 훼손되고 무너질 위험에 처한 몽트뢰유 영지는 1983년에 이블린도에 의해 구입되었다. 샬그랭은 1786년에 프로방스 백작의 저택을 짓고 정원을 꾸몄다. 그중 정원만이 1914년에 국립원예학교에 의해 구입됨으로써 보존되었고 자콥의 가구는 장식미술관으로 옮겨졌다. 프로방스 백작은 1781년에 몽트뢰유 영지를 구입했다. 지금은 예수회 중학교가 성을 차지하고 있으며 음악당은 사유재산으로 남아 있다.

135) 아르투아의 처소는 전투 갤러리로 바뀌었다. J. J. Gautier (mémoire, École du Louvre, 1985~1986; colloque *Versailles*, *op. cit.*)의 연구 참조. 베르사유에 있던 터키식 규방들(1774~1775, 1781)과 나무장식들은 메트로폴리탄 박물관과 장식미술관에 보존되어 있다. 터키 취향에 관해서는 Chr. Baulez, "François Rémond et le goût truc dans la famille royale sous Louis XVI", colloque *Versailles*, *ibid.* 참조.

136) Louis Réau, *L'Europe française au siècle des Lumières*, Paris, Albin Michel, 1938, 1. III, chap. III.

르부르크, 폼발[137]의 리스본, 워싱턴 등 18세기에 건설되거나 재건축된 수도들에 결정적인 영향을 끼쳤음에도 불구하고 거의 주목을 받지 못했다. 루이 14세에 의해 구상되었으나 완성되지 못한 베르사유 시는 19세기에 우아하고 합리적인 도시계획과 근대적인 기능성으로 전 세계인들에게 진정한 의미의 수도로 각인되었다.

베르사유의 도시계획은 실제로 매우 참신하다. 중세의 성곽도시나 이상적으로 건설된 옛 도시들은 주로 로마의 진지와 헬레니즘 시대의 알렉산드리아의 유산인 직각구도의 구태의연한 정사각형 모양을 유지하고 있었는데, 베르사유는 여기서 탈피했다. 베르사유의 도시계획은 루이 14세 치세에 구상되었고 그 발상과 의도는 좀더 체계적으로 연구되어야 할 과제이다.[138] 하지만 베르사유가 진정한 도시의 형태로 탈바꿈한 것은 루이 15세 치세에서였다. 그제야 베르사유는 동질적인 건축구조와 '밝은' 도시로서의 기본시설을 갖추게 되었던 것이다. 도로포장이 거의 다 이루어지고 도시 전체에 일제히 조명기구가 설치된 것은 바로 그 시기였다. 그것은 대부분 왕의 추진력이나 후원 덕분이었다. 마를리의 기계가 마실 수 있는 물을 도시로 끌어들이고, 베르사유와 파리 사이에만 연결되던 공공교통이 이제 전국으로 뻗어나가게 되었다. 근위연대나 중대, 스위스 근위대, 헌병대, 국왕 근위경기병 등을 위한 병영이 마련되었다. 베르사유를 위한 것과 별도로 도시경찰이 창설되었으며 소방시설과 하수도망이 갖추어졌다. 물이 말라버린 낡은 클라니 연못은 도시 북쪽에 조성된 신 주거구역으로 편입되었다. 반면 도시 남쪽에서는 루이 14세 시대에는 개발되지 않았던 생루이와

137) 〔역주〕 1699~1782. 포르투갈 귀족 출신의 뛰어난 정치가로 정치와 경제에서 뛰어난 역량을 발휘했다. 특히 1755년 발생한 리스본 대지진 후 처리과정에서 신속한 대처능력을 보이며 리스본을 재건축하는 데 성공했다.

138) 베르사유의 도시계획에 관한 근본적인 연구는 이제 막 시작되었다. J. Castex, P. Céleste et P. Panerai, *Versailles, lecture d'une ville*, Paris, Éd. du Moniteur, 1980 ; B. Lepetit, "Une Création urbaine, Versailles de 1661 à 1722", *Revue d'histoire moderne et contemporaine*, 1978, n° 4.

26. 1877년 6월 16일 베르사유의 하원에서 '국토 해방자' 자격으로 예우를 받는 티에르, 뱅자맹 윌만, 1878년경.

파르코세르프 구역에 새 본당(오늘날의 주교좌 성당)과 시장(생루이 광장)을 중심으로 건물들이 들어섰다. 그 밖에 오를레앙 공작의 보조금으로 운영되던 콜레주, 루이 15세에 이어 루이 16세에 의해 재건축된 구빈원, 마리 레슈친스카 왕비가 창설한 여성교육기관, 도시화의 명백한 증거인 왕족들과 대귀족들 소유의 수많은 별장과 공원들, 왕립 도량형 검사소, 소금창고 및 18세기에는 도시마다 없는 곳이 없던 포도주창고와 통관세 납부소 등도 생겼다.[139] 또한 23개 직종의 동업조합이 점진적으로 결성되었으며, 행정수도에서 나타나는 일반적인 현상으로 숙박업소와 사치품, 서점들이 군집하고 건축물이 번성했다. 반면 환경을 오염시키거나 덩치가 큰 공장은 거의 존재하지 않았으며 묘지는 교외로 이전되었다. 계몽주의 시대의 도시에서 빼놓을 수 없는 요소인 프리메이슨 집합소와 극장은 각각 1744년과 1751년에 나타났다. 자치시로서의 법규를 갖지 못했던 베르사유 시가 1787년 명사회에 대표를 파견하지 못하자, 루이 16세는 뒤늦게나마 그것을 허용함으로써 베르사유가 성년이 되는 변화를 받아들였다.[140]

따라서 현대 베르사유 시의 보수주의를 전적으로 성의 존재와 결부짓는 것은 다소 무리이다. 성에서 태어난 베르사유 시는 성으로부터 자율성도 물려받았던 것이다. 시는 자율성을 십분 활용해서 혁명의 각 단계들과 유연하게 결합했으며 다른 경쟁 시들을 제치고 신설된 센에우아즈 도의 도청소재지가 되었다. 19세기에 베르사유 시는 항상 온건한 편이기는 하지만 자유주의에 이어 공화주의로 기울었고 그로 인해 종종 성과 무언의 갈등이 빚어지기도 했다. 옳건 그르건 베르사유 박물관의 연구원들은 앙시앵 레짐에 대한 향수에 젖어 있는 것으로 여겨

139) 이런 기구들의 설립 날짜와 설립자에 관해서는 E et M. Mouth, *op. cit.*

140) 매우 독창적인 베르사유 시의 초기 자치 기구의 역사에 관해서는 André Damien et Jean Lagny, *Versailles deux Revue de l'histoire de Versailles*, 1984 참조. 19세기 베르사유 시 상류층의 자유주의에 관한 정보는 다음 전시회의 목록을 참조하라. *L'Académie de Versailles a cent cinquante ans*, *Revue de l'histoire de Versailles*, 1984.

졌다. 성보다 더 높은 건축물을 금지한 규정은 도시의 종속성을 의미하는 것으로 군주정 시대의 유산인 동시에 여전히 유효했다. 그럼에도 이를 무시하고 1897~1900년에 신-루이 18세 양식으로 건축된 시 청사 건물 꼭대기에 굳이 신-르네상스식 탑을 얹은 것은 둘 간의 경쟁을 상징적으로 보여준다. 그 탑은 1946년에야 비로소 허물어졌다. 궁정과 정부가 떠난 뒤 시의 경제활동, 특히 3차산업은 사실상 쇠락했다. 도청과 주교관이 새로 들어서고 유명한 부테 무기공장이 생기고 루이 필리프의 박물관이 개장되었음에도 불구하고 그 공백이 메워지지 않았다. 지나치게 넓고 거대해서 반쯤 조는 것처럼 무기력한 베르사유 시는 19세기에 수많은 우아한 휴양소들과 종교기구들을 받아들였다. 또한 생제르맹 외곽지역에 살 정도로 여유 있지는 못하지만 태생적으로 부유한 가정들도 베르사유로 찾아들었다. 더구나 군주정이 건축한 무수한 대규모 행정건물이나 궁정건물들이 더 이상 박물관과 국립공원으로 전용되지 않았기 때문에, 그 위압적이고 퇴락한 공공건물군의 용도가 새롭게 강구되어야 했다. 혁명과 제국 이후 역사적 굴곡에 따라 건물들의 일부는 국가에, 다른 일부는 시에, 나머지는 도에 귀속되었으며 필요와 영향력에 따라 용도가 결정되었다. 주지하다시피 오랫동안 군대가 주로 그 특혜를 누렸다. 베르사유의 이미지는 군 주둔지이자 군장교 가족들에게 인기 있는 거주지로 각인되었다. 또한 잘 알려진 바와 같이 도시 남쪽과 북쪽 사이의 뚜렷한 양분 현상이 오랫동안 지속되었다. 남쪽(비외베르사유와 생루이)은 자발적인 정통왕당파들의 잠재적인 도피처로 군인들과 성직자들, 빈곤해진 귀족들이 주로 살았다. 활기찬 상업 중심지이자 공공업무와 학교 지역인 북쪽(노트르담과 클라니)에는 주로 기회주의자나 공화주의자들이 살았다. 지난 수십 년간 도시 남쪽의 18세기 건물들에 살던 시골귀족들과 대령들, 교회참사원들이 서서히 빠져나가면서, 그곳은 종종 빈민굴이나 다름없어지고 이주노동자들로 가득 차게 되었다. 그 뒤 생루이 구역 방향으로 투기 바람과 '재개발' 붐이 일면서 멋진 들보가 있는 스튜디오와 빵가게들이

들어서자 이민자들은 점차 그곳에서 사라졌다.

보다시피 베르사유는 오랫동안 고유한 특성을 유지해 왔으며 그것은 지금도 완전히 가시지 않았다. 그러한 특성은 물론 궁정도시로서의 성격에서 기인한 것이다. 하지만 그것은 간접적인 이유이다. 혁명과 제국 시대 동안 베르사유에는 올빼미당[141]이 존재하지 않았다. 사회적으로 위축된 소심한 보수주의자들을 베르사유로 끌어들인 것은 그보다는 차라리 왕실기구가 그곳을 떠남으로써 우아한 빈껍데기가 되어버린 거주지들이 텅 비어 싼 값으로도 입주가능하게 되었기 때문이다.

그러나 우리 모두 잘 알다시피 '베르사유'라는 용어에는 완전히 다른 의미들도 함축되어 있다. 1871년의 비극은 결코 지울 수 없는 흔적으로 남아 우리의 기억을 되살아나게 한다. 파리를 탈환하기 위해 파견된 군부대들, 육군참사회가 위치한 대 마사(Grande Ecurie)에서 성급하게 진행된 재판절차, 온실에서 임종을 맞이한 코뮌파 국민군들, 사토리에서의 총살 등. 이 사건들은 모두 베르사유의 프로방스 로와 루아 대로에서 이루어진 티에르와 쥘 파브르, 그리고 비스마르크 세 사람의 회동과 불가분의 관계에 있다. 또한 그 사건들은 틀림없이 2월 26일에 서둘러 조인된 평화조약의 사전 절충안, 그리고 1월 18일 거울의 방에서 이루어진 독일제국의 선포와도 관련이 있다. 뿐만 아니라 훗날 '공작들의 공화국'(*la république des ducs*)[142]과, 왕정복고를 꾀하던 샹보르 백작이 생루이 구역에 사는 한 지지자의 집에 은거한 사실도 그와 무관하지 않다. 같은 해 바젠 재판[143]이 열리고 트리아농이 재판장소로 선택되었다. 또한 그로부터 한동안 시간이 흐른 뒤인 1898

141) 〔역주〕 1793년 북프랑스에서 형성되기 시작한 반혁명 왕당파 세력.

142) 〔역주〕 1937년에 발표된 다니엘 알레비(Daniel Halévy)의 저작의 제목에서 유래한 것으로 의회제가 뿌리내리지 못했던 1871~1879년 당시의 제3공화국을 가리킨다.

143) 〔역주〕 나폴레옹 3세의 신임을 받던 바젠 원수는 1870년 독일과의 전쟁에서 군부의 명령을 어기고 비스마르크와 협상을 시도한 죄로 1871년 재판에 회부되었다.

년에는 졸라의 소송[144]이 베르사유 법정으로 옮겨졌다. 이 두 사건이 상처를 더 깊게 하고 기존의 베르사유와 반역, 베르사유와 격렬한 반동 사이의 관계를 더 고착시키지 않았을지 과연 누가 알겠는가? 그로부터 한 세기가 지난 오늘날 돌이켜 보면 베르사유 시와 성은 1871년에 그곳에서 일어났던 사건에 그리 커다란 영향을 미치지 않았다. 결정적인 역할을 한 것은 임시정부와 군대, 그리고 그 후에는 의회와 법정들이었지 베르사유 그 자체는 아니었다. 베르사유 시의 역사를 연구하는 최근의 역사가들은 오히려 공산주의자들이 일부 시민들로부터 도움을 받았음을 강조하는 경향이 있다.[145] 예컨대 육군참사회에서 그들의 변론을 맡은 변호사 알베르 졸리부터 복역자들을 돌본 지혜 수녀회 수녀들과 처형 순간까지 로셀을 지켜준 파사 목사까지 말이다. 그러나 한번 양산에 눈을 찔린 기억을 간직한 패배자들은 그런 짓을 한 여인들이 베르사유 거주자인지 아니면 베르사유로 피신해 온 우아한 파리인인지 알려고 하지 않은 채 모두 똑같이 베르사유인으로 낙인찍어 버리고 말았던 것이다. 이렇게 해서 시는 왕에게 연루되었던 것에 대한 몸값을 치른 셈이다. 만약 군주정이 수도에서 쫓겨난 정부를 정착시킬 정도로 수많은 건축들을 남기지 않았더라면, 베르사유 시의 이름은 그토록 패배와 불안의 기억에 결부되지는 않았을 것이다. 역으로 그런 패배와 불안에 의해 생긴 앙심은 틀림없이 역대 왕들이 베르사유에서 벌였던 행각들에 대한 기억에 의해 더욱 악화되었을 것이다.

이러한 기억의 변증법을 통해 보면 끊임없이 베르사유에 결부되어 온 모순된 격한 비난은 이해될 만한 여지가 있다. 또한 궁전의 용도를 놓고 모든 체제가 동원했던 용의주도함과 술책, 그리고 실제 역사를 어쩔 수 없이 집단표상에 기반한 가공의 역사로 대체해 버린 역사가들

144) 〔역주〕 졸라가 요구한 드레퓌스 사건의 재심을 가리킨다.

145) E. et M. Houth, *op. cit.*, pp. 598~601; A. Damien et J. Lagny, *op. cit.*, p. 115.

의 입장도 이해가능하다.

이 책에 기고한 토마스 게트겐스의 글은 전투 갤러리(galerie des Batailles)[146]를 중심으로 루이필리프가 박물관 설립과정에서 극복해야 했던 난관을 보여준다. 루이 14세의 전시실에서는 전쟁의 방에서 시작해서 평화의 방으로 가면서 관람하는 것이 바람직하듯이, 루이필리프의 전시실에서는 1792년[147]의 방에서 1830년[148]의 방으로 옮겨 가야 한다. 이는 루이필리프에게 어려운 문제를 제기했다. 그것은 7월혁명 직후 프랑스의 다양한 여론세력들을 화해시켜 입헌군주정으로 결집시키는 일이었다. 루이필리프는 클로도베우스의 후손이며 제마프 전투(Jemmapes)[149] 참전자인 동시에 시역죄인[150]의 아들이다. 그러나 동시에 그는 망명자[151]이며, 바리케이드에 덕분에 그리고 바리케이드 반대파 덕분에 왕위에 올랐던 것이다. 토마스 게트겐스는 그로 인해 얼마나 많은 요소들이 누락되었는지 보여준다. 정확하게 말하자면 일부 전쟁들이 생략되거나, 아니면 성스럽고 카리스마 넘치는 군주들이 군 참모나 전형적인 관료처럼 지극히 평범한 역할을 한 인물로 전락하기도 했다. 박물관의 나머지는 수천 점의 유화작품과 흉상들을 통해 화해라기보다는 조정하는 임무를 수행했다. 다시 말해 작품들을 병렬적으로 나열함으로써 균형을 맞추는 비교적 덜 까다로운 작업 말이다. 고의로 기둥과 천장에까지 십자군 병사들의 문장들을 그려 넣은 5개의

146) 〔역주〕 루이 14세 시대에는 오를레앙 대공의 거처였으며 그 후 아르투아 백작과 엘리자베트 공주의 거처로 사용되다가 루이필리프에 의해 전시실로 변경되었다.

147) 〔역주〕 혁명을 지지한 루이필리프가 자코뱅 클럽에 가입하고 발미 전투에 출전한 해.

148) 〔역주〕 루이필리프가 7월혁명으로 왕위에 오른 해.

149) 〔역주〕 에스파냐령 네덜란드 영토로 1792년 프랑스 혁명군 사령관인 샤르트르 공작, 훗날의 루이필리프가 오스트리아 군대를 격파한 전투.

150) 〔역주〕 루이 16세의 처형에 찬성한 필리프 도를레앙을 가리킨다.

151) 〔역주〕 루이필리프는 1793년 패전 후 그를 옹립하여 왕정복고를 꾀하던 뒤무리에의 음모에 가담했으나 실패한 뒤 오스트리아로 망명했다.

십자군 전시실에 특별전시되어 있는 작품들이 누구를 상대로 한 것인지 우리는 쉽게 짐작할 수 있다.[152] '십자군에 참전한 조상'을 두었다는 유서 깊은 가문들의 신화에 기초한 그 방들은 정통왕당파를 결집시키기 위해 만들어졌던 것이다. 또한 제국을 주제로 한 일련의 무수한 유화작품들과 조각품들이 누구를 겨냥해서 전시되었는지도 알 수 있다. 그와 더불어 전투 갤러리 1층에 남쪽 익랑건물에 일렬로 늘어선 거대한 12개 전시실의 특별한 공간 역시 모두 나폴레옹 시대의 기념비적인 회화작품들에 할애되었다.[153] 십자군전쟁을 극적으로 복원시킨 전시실과 거창한 규모로 제국을 과시하고 있는 전시실에 비해, 혁명에 관련된 일련의 전시실은 어이없게도 초라하기 짝이 없다.[154] 박물관의 그림들 중에 가장 빈번하게 등장한 인물이 나폴레옹이며 루이필리프가 그에 버금가고 루이 14세는 한참 뒤처진다는 사실은 의미심장하지 않을 수 없다.

시민-왕의 전략은 단순히 주문하거나 복원시킨 유화들이나 조각품들을 배분하는 데 그치지 않았다. 그의 본심이 가장 두드러지게 나타난 것은 아마도 성 자체에 대한 태도에서였을 것이다. 누구나 다 아는

---

152) 이 방들이 최종적인 형태를 갖춘 것은 1842년이다. Cl. Constans, "Le style néo-gothique sous Louis-Philiphe : deux commandes officielles", *L'Information d'histoire de l'art*, 1974, n° 2. 박물관에 관해서는 Th. Gaethgens et Cl. Constants, "1837 : l'inaugration par Louis-Philiphe du musée dédié *A toutes les gloires de la France*", colloque *Versailles*, *op. cit.*의 참고문헌 참조.

153) 그 전시실들을 루이필리프 시대의 상태로 복원시키는 작업에 관해서는 Cl. Constant (*Revue du Louvre*, 1978, n° 1 ; *Château de Versailles, salles de l'Empire*, Réunion des Musées nationaux, 1979, "Petits guides des grands musées") 참조. 제국에 관한 다른 연구업적들로는 Charels-Otto Zieseniss, *Versailles, musée de l'Histoire de France, 1796-1815*, Éd. des Musées nationaux, 1970 "Guides du visiteur".

154) 전시실 하나는 삼신분회에 할애되었다(1835, 가브리엘의 익랑건물). 그러나 그곳에서 1789년의 삼신분회는 메로베우스 시대 이래 계속되어 온 남작들과 여러 특권신분들의 회의의 결정판으로 묘사되었다.

사실이지만 그는 베르사유에 다시 정착하지나 않나 하는 의심을 피하기 위해 무척 세심하게 신경을 썼다. 그것은 나폴레옹과 루이 18세가 차례로 베르사유로의 이주를 시도했다가 포기한 사례를 보고 내린 결론이었다. 그럼에도 불구하고 박물관 계획에 몰두한 루이필리프는 1833~1847년 동안 베르사유를 400번 정도 방문해서 그 진척과정을 감독했다. 낮에 그는 루이 15세와 루이 16세의 내실들을 사용했다. 그 방들은 거주용이 아니라 집무실용으로 꾸며졌다. 그동안 마리아멜리 왕비는 마리앙투아네트 처소에서 그를 기다렸다. 저녁이 되면 그들은 파리나 생클루, 트리아농으로 돌아갔다. 공식처소와 왕의 처소 중에서도 가장 군주다운 방들, 예컨대 황소눈 창이 있는 방과 침실, 참사회의실은 확실하게 박물관에 속하게 되었다.[155] 반면 대리석 트리아농 성은 루이 14세가 본래 의도했던 대로 정치적인 역할과는 정반대로 가족휴양지가 되었다. 대식구인 왕의 가족들은 나폴레옹이 사적인 용도로 그곳에 가져다 놓은 우아한 가구에 살짝 손을 댔을 뿐 거의 그대로 사용했다.[156] 소 트리아농은 더욱 사적인 공간으로 활용되었다. 제국 시대에 젊고 눈부시게 아름다운 폴린 보르게세가 그랬듯이, 소 트리아농은 루이필리프의 아들인 오를레앙 공작의 가족별장으로 사용되었다. 이렇듯 트리아농의 사적인 성격은 대체로 의견의 일치를 보았으며 그다지 논란을 일으키지 않았다. 1세기 이상이 지난 뒤 드골 대통령이 그곳을 사용하게 된 것도 그런 의견일치 덕분이었다. 그럼에도

155) 그러나 루이 14세의 침실은 국왕 침실의 이상적인 예를 상기시킨다(침대, 상상을 통해 모방된 의자들, 혼합양식으로 장식된 의자 등받이의 버팀대, 침실과는 무관한 루이 14세의 물건들, 베르사유와는 아무 상관이 없는 언행록, 대가들의 그림 대신 가족 초상화 등). 그 방의 내부장식 중에는 제2제국 시대에 루브르의 주랑에 만들어진 〈군주들의 박물관〉의 밑그림도 보인다.

156) 거의라고 표현한 것은 루이필리프가 트리아농에 제국 시대의 웅장한 황금색과 자주색 가구들을 가져다 놓았기 때문이다. 그것은 나폴레옹이 기피했던 가구들이다. 또한 루이필리프는 가족응접실, 부속성당, 벨기에 양식의 왕비 처소 등의 가구 일체를 새로 주문했다. 이 가구들은 실내 분위기와 양식을 일신시켰다.

여론은 종종 그의 군주주의적 기질을 의심했다. 그는 정부자금으로 대트리아농을 대대적으로 수리하는 한편 그곳에서 프랑스 정부의 공식 손님을 맞아들였던 것이다. 더욱 의심스런 것은 그가 익랑건물 전체를 대통령 자신의 사적인 거주지로 만들어 버렸다는 점이다.157)

그와는 대조적으로 베르사유의 거처들은 체계적으로 그림 전시장으로 변경되었다. 이렇게 해서 베르사유는 박물관에 대한 시대적 요청에 부응했다. 이를테면 전시실은 같은 층에 일렬로 늘어서고 그림들은 받침대 상단선에서 추녀 밑 돌림띠까지 각각 액자에 끼어져 전시되었다. 작은 그림들은 눈높이에 큰 그림들은 벽 꼭대기에 걸렸다. 이렇게 해서 거주의 흔적은 완전히 사라졌다. 앞서 언급되었듯이 시중드는 방이나 사적인 용도의 방들이 제거되었을 뿐 아니라 같은 층에서 높고 낮은 차이가 없어지고 문짝과 장식거울, 벽난로, 서가, 벽걸이 천, 장식 판자들이 모두 사라졌다. 일부 방들의 경우 당초무늬와 왕실의 문장, 연대(年代)로 장식되거나 아니면 단순히 쇠시리로 장식된 새 판자들에 그림들이 끼워졌다. 이렇게 해서 외관상 영구적인 것처럼 보이는 박물관의 벽면들이 새로 만들어졌다. 마지막으로 방들의 수도 늘었다. 그러기 위해 2층과 다락방 사이의 천장을 없앰으로써 두 공간을 합하고, 창문들을 막았으며, 과거의 박물관들이 선호하던 대로 천장의 강렬한 빛을 직접 받을 수 있도록 지붕에 구멍을 낸 뒤 유리로 덮었다. 전투 갤러리와 거대한 라스말라 전시실, 콩스탕틴 전시실, 또는 생시몽과 빌라르가 사용하던 옛 거처들의 조명방식이 바로 그런 식이었다. 이제 베르사유를 과거의 거처로 되돌리는 것은 헤라클레스의 숙제처럼 어려운 일이 되어 버렸다. 지금도 35년 이상 궁전의 본관건물 공사가 체계

157) 트리아농수부아로 알려진 대리석 트리아농의 익랑건물의 끝부분은 북쪽으로 뻗어 숲과 샘물들 사이에 있었다. 그곳은 항상 대통령에게 할당되었고 가구는 국립 비품 박물관에 의해 공급되었다. 국가수뇌 급 방문객들에게는 안뜰에 면해 있는 남쪽 익랑건물과 사무실들이 배당되었는데 그곳들 역시 대통령 관저와 국립 비품 박물관 소관이었다.

적으로 진행되고 있지만 아직도 완성되지 않았다. 거대한 익랑건물들의 경우 원상태로의 복원은 가망이 없어 보인다. 주지하다시피 루이필리프는 바로 그 점에 대비했었던 것이다.

그 점에서 19세기 프랑스 정부는 정치체제의 변화에도 불구하고 한결같이 신중한 입장을 견지했다. 제 2제국은 1855년에 빅토리아 여왕을 성대하게 맞이했지만 그녀를 위해 베르사유 성에 침실을 마련하는 일만은 자제했다. 대신 정부가 그녀를 위해 준비한 곳은 금박을 입힌 새 가구들로 단장된 대 트리아농 성의 침실이었다. 그 방은 루이필리프가 벨기에 왕비가 된 딸을 위해 이미 지나치게 사치스러울 정도로 장식해 놓았던 곳이다. 1867년에 세계박람회가 열렸을 때 황제비 외제니가 마리앙투아네트를 추모하기 위해 기획한 위인전시회가 열린 곳도 소 트리아농이었다.[158] 1871~1879년 동안의 풍파 속에서 베르사유의 위상이 바뀌면서 제 3공화국은 더욱 신중해졌다. 우선 제 3공화국은 베르사유에서 공적인 손님을 맞이할 엄두도 내지 못했으며 다만 관례적인 방문을 위해 연구원들에게 베르사유 관리를 일임했을 뿐이다. 제 3공화국이 베르사유에서 분수를 모두 다 틀어놓고 공식 리셉션과 음악회, 만찬을 베풀 용기를 낸 것은 1900년경에 이르러서였다. 그렇지만 아직도 거울의 방에서 만찬을 할 엄두를 내지는 못했다. 그렇게 꺼리게 된 것은 회랑의 역사적인 용도 때문이 아니었다. 전투 갤러리에서는 이미 만찬이 열린 적이 있었던 것이다.[159] 주지하다시피 겨우 제 5공화국에 가서야 베르사유는 방문객들을 숙박시킬 수 있었다. 그나마도 트리아농 성에서였지만 말이다.

---

158) 이 전시회에서는 특이한 물건 몇 점이 공개되었으며 베르사유로 옮겨졌다. 전시회가 남긴 놀라운 목록은 자유주의적 보나파르트주의자들에게서 나타나던 왕비에 대한 맹목적인 숭배를 증명해 주는 의미심장한 증거이다(M. De Lescure, *Les Palais de Trianon. Histoire, description, catalogue des objets exposés*, Paris, Plon, 1867).

159) 이 시기에 관해 P. 드놀라크(P. de Nolhac)는 자신의 기억을 토대로 유례없을 만큼 자세한 설명을 해준다(*op. cit.*, 8~9장).

그러나 이렇게 여론이나 정치적 반대파의 입맛을 맞춘 것으로 문제가 다 끝난 것은 아니다. 우선 군주정의 외관에 대한 불신이 팽배했다고 해서 그 반대의 욕망이 송두리째 제거된 것은 아니기 때문이다. 예컨대 군주정이 남긴 기념물의 권위를 이용하려는 욕심 말이다. 1919년 독일과의 평화조약 서명 장소로 거울의 방이 선택된 것은 무엇보다도 잊혀야 할 과거인 1871년 빌헬름 1세의 황제 즉위 선언에 대한 복수심에서였다. 동시에 그것은 연합국이 최대한 성대하게 승리를 선언하기 위해서였다. 그 증거로 국립 비품 박물관에서 가져온 사보느리(Savonnerie)[160]의 양탄자 수십 세트와, 조약문서 서명을 위해 마련된 크레상의 작품인 최고급 책상이 사진촬영의 대상이 되었다.[161] 반세기 전에 빌헬름 황제와 비스마르크가 베르사유와 거울의 방을 선택한 것은 결코 우연이 아니었다. 혁명전쟁과 나폴레옹 시대의 전쟁에서 빚어진 분쟁 이전에 두 나라 사이에는 팔츠 약탈[162]로 상징되는 뿌리 깊은 원한이 존재했던 것이다. 잘 알려져 있듯이 히틀러는 1940년 예술작품들의 유출로 텅 빈 상태가 된 거울의 방으로 뚜벅뚜벅 걸어 들어갔다. 나무장식과 청동 조각상은 껍질이 벗겨졌으며 아치형 통로의 거울들을 지탱하고 있던 조각장식의 금박 까치발들 역시 똑같은 상태였다. 확실히 그는 예술품 관람을 위해 그곳에 갔던 것이 아니다. 전쟁의 와중에서도 군 장교들을 위시한 점령군들은 으레 황량하고 불기 없는 궁전을 방문했다. 일방적이었던 베르사유 조약은 이런 식으로 복수를 당한 것이다.[163] 집단적 긴장상태가 절정에 달하고 매사가 상징적

---

160) 〔역주〕 1604년 앙리 4세가 세운 최초의 양탄자 제조 공장으로 1826년 고블랭에 합병되었다.

161) 조르주 슈발리에가 20세기 초 프랑스의 백만장자이자 자선가인 알베르-칸 자료집을 위해 촬영한 총천연색 사진 참조. *Versailles, palais d'images, 1852-1982*라는 제목의 전시회 목록 113번(Direction du Patrimoine, 1982), 책상은 베르사유에 남아 있지만 18세기에는 그곳에 있었던 것 같지는 않다.

162) 〔역주〕 1689년 아우구스부르크 동맹전쟁 중 팔츠에서 프랑스군이 자행한 대규모 방화와 약탈 사건.

의미를 띠는 그런 순간들에만 베르사유 방문이 이루어진 것은 아니다. 우리가 아는 바로는 권력자치고 베르사유를 성대하고 치밀하게 활용함으로써 얻을 수 있는 이점을 놓친 사람은 거의 없었다. 인도차이나 전쟁과 알제리 전쟁으로 인한 어려움에 처한 순간에는 베르사유를 구하자는 민족적 캠페인이 벌어졌다. 그들의 주장은 의심의 여지없이 건전했으며 주동자들과 기부자들도 진솔했다. 그러나 오늘날 우리가 보기에 그런 캠페인은 민족주의적 보상, 심지어 국수주의적 과대선전의 측면들을 내포하고 있음이 분명하다. 예컨대 기트리의 영화, 〈프랑스의 모든 영광을 위하여〉라는 제목으로 치러진 모루아와 콕토의 소리와 빛의 무대, 넵투누스 연못에서 거행된 역사적이고 화려한 밤의 축제들, 1957년 영국 여왕 엘리자베스 2세가 참석한 오페라 하우스 낙성식 등 말이다. 특히 오페라 하우스 낙성식에서는 〈친절한 인도제국〉 중 한 막이 모리스 르만의 대담한 연출로 상연되기도 했다.[164] 드골 장군은 인기가 떨어지자 1966년에 화려하게 복원된 대 트리아농 성의 개막식을 직접 주관했다. 그 후 정부의 장기적인 계획에 따라 추진되는 공사들마다 각각 단계별로 치러진 행사의 개막식은 모두 대통령에 의해 주도되고 텔레비전으로 방영되었다. 예컨대 1970년 왕비 침실의 복원, 1978년 제국 시대 방들의 복원, 1980년 왕의 침실과 거울의 방 복원, 1986년 세자들과 대공비들의 거처 복원 등의 경우가 모두 그랬다. 그 도중인 1982년에는 베르사유에서 개최된 서방 7개국 정상회담의 일부

---

163) 베르사유 박물관의 유출과 독일군 점령에 관해서는 박물관 연구원 피에르 라두에의 회고 참조(*Et Versailles fut sauvegardé*, Versailles, Lefebvre, 1960). 또한 남편인 앙드레 샹송과 함께 루브르의 유출과정을 목격한 뤼시 마조릭의 글 참조(*Le Louvre en voyage, 1939-1945*, rééd., Paris, Plon, 1978).

164) 1954년 6월에 초등학교와 중고등학교에 배포된 공식 팸플릿 참조(*Pour sauver Versailles*, Documentation française, n° 90, juin, 1950). 여기에는 재정보고와 기부자 목록, 캠페인 상황 등에 관한 구체적인 보고와 함께 기부자들의 감동적인 편지들이 실려 있다. 그 편지들은 모두 해외 영토의 학생들이나 인도차이나 전쟁 참전군인들에 의해 선택된 것들이다.

27. 카르노 대통령이 참석한 가운데 넵투누스 연못에서 거행된 삼신분회 100주년 기념축제, 알프레드 롤, 1889~1893.

가 방송되었고 전 유럽의 텔레비전을 통해 재방되었다.

당시 프랑스 정부가 세심한 연구 끝에 '선진' 국가의 수뇌들에게, 나아가 그 나라들의 텔레비전 시청자들에게[165] 제공한 오락거리들은 분석해볼 만한 가치가 있다. 대통령의 참모진들은 일정이 간단한 날의 저녁시간을 위해 베르사유의 역사와 전통에 진솔함을 조화시킨 인상적인 공연을 계획했다. 전통적 형식주의를 거부하고 수백만의 세계 시청자들에게 접근할 수 있는 가능성을 모색한 그 공연은[166] 예상대로 프랑스의 문화적 귀족주의를 유지했다는 점에서 놀라웠다. 같은 시간에 왕립 오페라 하우스에서도 샤르팡티에의 〈예술의 절정〉이 공연되었다. 하지만 그 작품은 얼마 전 젊은 예술가들에 의해 같은 제목으로 유행에 맞게 각색되고 연출자인 조르주 라벨리에 의해 오만하고 난해하게 해석된 것이었다. 또한 정원에서의 산책도 일정에 포함되었다. 분수들이 조명을 받으며 솟구치는 정원에서 산책하는 것은 전통적인 것이었다. 그러나 멀리서 공화국 근위기병들이 18세기 복장을 한 채 말을 타고 어슴푸레한 빛 속에서 잔걸음으로 다가오는 발상은 산책을 참신하게 만들었다. 빠질 수 없는 행사인 만찬은 별자리들의 이름이 붙은 방들과 거울의 방에서 개최되었다. 마지막으로 부속성당에서 대담한 행사가 열렸다. 왕의 특별석에 자리 잡은 각국 지도자들은 여러 가지 색이 배합된 대리석 바닥 한가운데 놓인 벨벳 타부레[167] 위에 앉았다. 아래쪽에서 에스테 라망디에가 유대계-프로방스와 유대계-에스파냐의 단선율 가곡들을 불렀다. 소규모의 악단 구성원들은 레이건 대통령이 잠깐 조는 것을 놓치지 않았고 카메라맨들은 셔터를 누르느라 정신이 없었다. 물론 조는 것과는 정반대의 반응을 보인 관객도 있었

---

165) 1982년 6월 6일 저녁 위성중계를 통해 방영된 "Mondiovision".

166) 결국 말이 없는 음악축제이자 시각적 축제로 일련의 짧은 연속물로 구성되었다. 예컨대 오페라의 한 막, 30분짜리 음악회 등.

167) 〔역주〕 등받이와 팔걸이가 없는 의자로 앙시앵 레짐 하에서 왕 앞에서 앉을 권리를 지닌 공작부인에게 특별히 허용되던 의자.

다. 일부는 깜짝 놀라며 감탄해 마지않았고 또 다른 일부는 분개하기도 했다. 나는 우연히 한 베르사유 시민이 "루이 14세의 부속성당에서 낮게 울려 퍼진 콧소리"를 불평하는 소리를 들었다. 각자의 감수성과 사회적 지위에 따라 이런 프로그램은 얼마든지 선동적인 속물주의나 부르주아적 순응주의, 전통에 충실하면서도 근대성을 모방한 호사로 비칠 수도 있다.

애매모호한 성격으로 말미암아 풍성한 이미지를 지닌 베르사유는 얼마든지 이와 유사한 방식으로 이용될 수 있다. 그러나 무엇보다도 간과하지 말아야 할 것은 베르사유가 국립박물관이면서도 항상 국민의 궁전이자 정부의 중심지로서의 위치를 견지해 왔다는 점이다.

놀랍게도 베르사유를 "국가의 비용으로 유지되고 보존될" 왕실 거주지의 목록에 올려 놓도록 발의함으로써 베르사유의 미래를 결정지은 것은 1794년 6월 국민공회이다. 이때가 공포정치의 절정기임을 상기할 필요가 있다. 그때부터 이미 베르사유는 국민의 궁전으로 불렸다. 성의 용도와 존속을 둘러싼 논란은 단지 2년을 끌었을 뿐이다. 그것은 비교적 짧은 기간이다. 1793~1794년의 경매를 통해 애석하게도 가구들은 모두 팔려나갔지만 모든 그림들과 조각품, 그리고 예술작품들은 공화국 박물관인 루브르에 남겨졌다. 책들은 베르사유의 공공도서관과 국립도서관에, 화폐수집품들이나 소규모의 고대예술품들도 국립도서관에, 광물과 식물 표본들, 그리고 동물원의 동물들은 자연사박물관에, 축소모형들은 공예학교에 보관되었다. 은그릇을 녹이고 화려한 비단이나 금실로 짜인 양탄자를 불태우는 것은 말할 것도 없고 폐기처분된 가구를 양도하는 일은 군주정 하에서 흔히 벌어졌던 풍경이다. 14개월에 걸쳐 17,000개 이상에 달하는 엄청난 양의 물건들이 경매되었다. 하지만 경매물들은 대부분 가구들과 시중들기에 사용되거나 아니면 부수적인 도구들이었다. 고급 목제 세공인들의 걸작품들은 전혀 없었고 개폐식 뚜껑이 달린 왕의 책상 및 모랑과 파스망에 의해 고안

된 추시계 등 일부 귀중한 물건들은 아예 경매에서 제외되었다.

아무튼 혁명기에 수없는 망설임과 논란을 거친 후 베르사유를 박물관으로 이용하는 동시에 국가 건설 업무 공간으로 활용하려는 이중과정이 추진되었다. 1794년 최초로 공식처소에 프랑스 학교 특별 박물관이 개막되고 1797년에 외형을 갖추었다.[168] 북쪽 익랑건물에 자연사박물관이 생긴 데 이어 대신들의 익랑건물과 프로방스 관에는 센에우아즈 에콜 상트랄이, 남쪽 익랑건물에 공공도서관[169]이 나란히 들어섰다. 통령정부는 도서관을 이전의 외무성 건물로 옮겼는데 그 도서관은 지금도 영광스런 모습으로 남아 있다. 그리고 도서관이 있던 남쪽 익랑건물 자리는 상이군인 병원 지부로 바뀌었다. 하지만 나폴레옹은 서슴지 않고 베르사유를 곧바로 제국의 궁전들 목록에 포함시켰다. 그는 어머니와 자신, 그리고 여동생인 폴린을 위해 트리아농 성들을 수리하고 새로 가구를 들여놓았다(1805). 베르사유 성의 공사가 재개되면서[170] 성을 차지했던 기구들은 차례로 그곳을 떠났다. 오스트리아 여인과의 결혼 및 로마 왕의 탄생 후 황제는 베르사유 성으로 이주하기로 결심했다. 리옹 견직물업자들은 1811~1812년에 화려한 비단과 벨벳, 다마스카스 직물, 새틴 등을 수 킬로미터나 주문받았다. 그것은 크고 작은 왕의 처소들과, '대귀족', '고관', '대신', '장교'의 거처 등 각각의 위계에 따라 적절하고 정확하게 계산된 수치였다. 이는 베르사유 이주가 정부 차원에서 이루어진 것이며 거대한 공간은 이미 앙

---

168) 중요하지만 거의 알려지지 않은 이 박물관의 안내서는 1802년에 발간되었다. *Notice des tableaux, statues, vases, bustes composant le Musée spécial de l'École française, dont l'ouverture a lieu les quintidi et décadi*, Versailles, an X.

169) 그 외에도 식물학, 승마, 음악, 데생 학교 등이 있었다. 그 학교들은 무료였으며 식물학학교의 리샤르처럼 종종 충분한 자격을 갖춘 옛 왕실관리들에게 맡겨졌다. 베르사유 부속성당의 악단에 속했던 블레슈는 음악학교를 맡았다. 이 학교는 오늘날 베르사유 국립음악원의 전신이다.

170) 안뜰을 가브리엘의 익랑건물과 조화시키는 공사 외에 대귀족들의 통로와 부속성당의 난간, 남쪽 익랑건물의 도리아식 현관, 라토나의 계단, 아폴론 연못, 운하 등의 보수가 포함되었다.

시앵 레짐의 예를 좇아 재분배되고 할당되었음을 의미한다.[171]

시간이 흐르면서 이 직물들이 베르사유에 걸리지 않게 된 이유를 우리는 잘 알고 있다. 하지만 루이 18세 역시 곧바로 공사를 재개하고 거처를 재분배했으며 직물들을 '마련하고' 수십 장의 그림들과 문들을 주문했다.[172] 신중론이 제기되어 공사가 지연되면서 1820년경 그 공사계획이 흐지부지되었다. 그럼에도 성의 외관에는 일반인들로서는 거의 감지할 수 없는 중요한 흔적이 남아 있다.[173] 샤를 10세는 신중한 편이었다. 그는 일단 형을 능가하려는 생각을 품지 않고 공사를 중지된 상태로 내버려두었다. 앞서 살펴보았듯이 루이필리프의 작품은 완전한 방향전환을 의미한다. 그는 베르사유에서 절대주의의 낌새를 제거하는 데 주력했고 이 점에서 나폴레옹 3세는 그를 흉내 내었다. 그러니 우리로서는 1837년에 성대한 개막식이 치러진 이후 베르사유는 확실히 궁전으로서의 역사를 마감하고 박물관으로서의 역사를 시작하게 되었다고 믿을 수밖에 없었다.

베르사유의 이중적 위상이 전면에 부각된 것은 전적으로 1871년의 격변 때문이다. 그렇다고 해서 빌헬름 1세, 황태자, 몰트케, 그리고 독일 대귀족들이 베르사유에 머물렀던 것은 아니다. 베르사유는 부상자들의 '이동야전병원'으로 사용되었다. 대신 그들은 성 안의 공공건물

---

171) 베르사유 성을 위해 나폴레옹이 주문한 직물들의 양과 정확성, 아름다움 등에 관해서는 J. et Chantal Coural et Muriel Müntz de Raïssac, *Paris, Mobilier national, Soieries Empire*, Réunion des Musées nationaux, 1980 참조.

172) 이 공사는 거의 알려지지 않았다. Guy Kuraszewki, "Travaux et commandes... de Louis XVIII pour Versailles", colloque *Versailles*, *op. cit*. 참조. 왕이 베르사유로 돌아온 뒤인 1814년 7월부터 6백만 프랑에 달하는 공사자금이 책정되었고 공사는 건축가인 뒤푸르에게 맡겨졌다.

173) 화려한 쇠창살문과 안뜰 포장 보수공사 외에도 옛 익랑건물 끝에 뒤푸르 건물, 부속성당의 감실과 조명기구, 앙굴렘 처소의 뒷부속실들, 릴 루아얄 광장에 있는 왕의 정원, 다락방 바깥쪽 정면의 조각상들의 복원, 철세공품들, 거울의 방의 비문들, 왕비 침실의 천장, 왕의 모퉁이 방, 전쟁의 방 등이 복원되었다.

들과 도시에 있는 아름다운 저택들을 차지했다. '국토해방자'[174] 티에르가 공작들의 공화국을 루이 14세의 처소에 자리 잡게 하려고 생각한 것은 1월 18일 거울의 방에서 벌어진 치욕스런 의식에 맞서려는 것이었을까? 베르사유에서 적과 협상을 끝낸 티에르는 보르도에 후퇴해 있던 의회로 돌아오자마자 베르사유로 돌아갈 것을 제안했던 것이다. 또한 그는 이전의 왕립 오페라 하우스를 보르도에 있는 빅토르 루이 대극장의 후계자로 만들자고 제안했다.[175] 포위공격에서 코뮌까지 파리가 진통을 겪는 동안 베르사유 시에는 부유한 파리 시민들이 넘쳐흘렀다. 그와 더불어 파리와 센 도의 모든 공공업무, 국가의 주요기구, 대사관과 내각, 위원회들도 베르사유로 왔다. 도시가 소화하지 못한 이 엄청난 인파를 성이 떠맡았음은 충분히 이해할만한 일이다. 마로크 안뜰에서 발간된 〈주르날 오피시엘〉(*jouranl officiel*)부터 마랑고 방에 자리 잡은 저축은행까지 임시숙소를 차지한 구체적인 사례는 수없이 많다.[176] 남쪽 익랑건물에서 문을 연 슈베 식당도 빼놓을 수 없다. 그곳에서 두 걸음 거리에 있는 온실에는 생포된 코뮌주의자들이 빽빽하게 갇혀 있었다. 그 상황은 정신없이 돌아가는 일련의 사태로 인해 빚어진 것이 분명한 만큼 깊은 이유를 찾을 필요도 없다.

더욱 놀라운 점은 피로 물든 1주일을 경험한 후에도 그런 상황이 몇 년간 지속되었다는 사실이다. 이제 다시 프랑스는 두 개의 수도를 갖게 된 것이다. 대통령 집무실과 재판소 등 핵심기구들이 베르사유에 남아 있는 동안 내각과 주요부서, 대사관 등은 점차 파리로 돌아갔다.

---

174) 티에르는 1877년 3월 16일에 이 호칭을 얻었다. 이 장면을 형상화한 월만의 그림(1878)은 1884년부터 박물관에 전시되었다(MV 4380).

175) 1871년 3월 10일 보르도에서 의회가 열렸던 곳. 베르사유를 정부의 중심지로 선택한다는 소문이 돌기 시작하자 졸라는 빈정거리며 "베르사유는 소음에서 멀리 떨어져 있고 소란, 혁명, 선동정치와도 거리가 멀다"고 말했다(*La Cloche*, 3월 1일).

176) 터무니없는 광경을 구체적으로 묘사한 그림을 보려면 Houth, *op. cit.*, pp. 594~596 참조.

1874년에는 대통령 집무실도 돌아갔다. 1871년 5월의 방화로 파리가 상당히 파괴된 것은 사실이지만 그렇다고 모든 문제가 설명되는 것은 아니다. 물론 센 도청의 경우 시청건물이 파괴되어 마침 상원의 부재로 비어 있던 뤽상부르 궁으로 옮기기는 했지만 말이다. 그 옛날 루이 14세의 베르사유 이주가 메아리가 되어 사람들에게 파리에 대한 불신을 불러일으켰음을 상기해야 한다. 같은 해 5월 30일에 채택된 발롱 수정안[177]이 채택되면서, 1875년의 헌법은 베르사유를 공화국의 요람으로 선언했다. 이 헌법으로 양원체제가 제도화되자 상원은 왕립 오페라 하우스에 계속 머무르게 되었다. 이미 루이필리프 마음대로 뒤바뀌었던 왕립 오페라 하우스는 1871년 상원이 이주하면서 또다시 수난을 겪었었다.[178] 상원은 아주 자연스럽게 북쪽 익랑건물의 뒷면까지 사무실을 확장했으며 박물관의 상당한 면적을 공공금지구역으로 정했다.[179] 그러자 하원도 상원 옆에 자리를 잡으려 했다. 하원은 남쪽 익랑건물 뒷면을 차지했으며 8개월 만에 그곳에 독자적인 거대한 의사당을 지었다.[180] 두 의회가 함께 모이는 양원합동회의가 열리면 상원의원들도 그곳으로 왔으며 두 의회는 그곳에서 7년마다 공화국 대통령을 선출했다.

정기의회가 여론의 압력을 받아 의회를 파리로 귀환시키기로 결의한

---

177) 〔역주〕 군주정과 공화국 사이에서 우왕좌왕하던 정국에서 발롱이 제시한 공화국의 대통령 선출안이 한 표 차로 통과됨으로써 제 3공화국이 탄생하는 계기가 되었다.

178) 루이필리프의 명령으로 오페라 하우스에서는 이동식 바닥이 사라지고 사방이 온통 붉은색과 금색으로 칠해졌으며 의자와 조명이 바뀌었다. 또한 로열박스가 제거되고 무도회장의 장식이 사라졌다. 휴게실 밑에는 새로 대사들의 방이 만들어졌다. 의회가 들어서자 오케스트라박스가 없어지고 뒤라모의 천장은 유리지붕으로 교체되었다.

179) 상원의 도서관은 콩스탕틴 전시실을 차지했다. 파리에서 온 상원 도서관장 르콩트 드릴은 그다지 열의가 없었다.

180) 오페라 하우스의 개조(1871년 3월)와 의사당 건축(1875년 5~11월)은 에드몽 드졸리에 의해 이루어졌다. 그는 망명 중인 의회를 위해 보르도 대극장의 보수를 맡았던 인물이다.

시점이 바로 진정한 의미의 공화국이 탄생한 1879년이라는 사실은 매우 의미심장하다.[181] 기나긴 제 3공화국과 제 4공화국 시절 베르사유에서 대통령 선거를 치르면서 상류층이 벌인 정치적 사건들은 우리에게 잘 알려져 있다.[182] 반면 그 이상한 8년이 성에 남긴 지울 수 없는 흔적은 잘 알려져 있지 않다. 그것은 비단 성의 건축과 장식에 가한 전면적인 수정에 국한된 문제만이 아니라 성의 거대한 영역의 위상에 관련된 문제이다. 오늘날까지도 의회는 남쪽 익랑건물의 뒷면에 대한 재량권을 지니고 있다. 그곳에는 의회의 공무원들과 부서들이 상주해 있으며 헌법수정을 논의하는 장소로 이용한다는 명분하에 지금도 의사당이 유지되고 있다. 1957년에 웅장하게 복원된 이후 오페라 하우스는 박물관에 귀속되고 공연을 상연하기도 했으며 불행하게도 드물기는 했지만 파리 오페라가 그곳에서 공연을 하기도 했다. 그러나 오페라 하우스는 공연 때마다 매번 의회의 공식적인 허가를 받아야 했다. 1879~1939년에 비하면 오늘날의 상황은 아무것도 아니다. 놀라크의 회고에 따르면 당시 상원은 침묵을 통해 오페라의 사용을 완전히 금지시킬 수 있었고 단 하루도 허용하지 않았을 뿐 아니라 복원 시도를 철저하게 방해했다. 그런데 1952~1957년의 복원계획에 대해 상원은 정반대의 반응을 보였다. 가스통 모네르빌의 주도하에 상원은 앙드레 자피를 책임건축가로 한 그 계획안을 지지해 주었던 것이다. 남쪽 익랑건물을 둘러싼 박물관과 의회의 관계도 호전되었다. 1958년 헌법으로 대통령 선거 방식이 바뀌자 새 대통령의 선서장소로 보존되어 왔던 마랑고 전시실도 1979년 제국의 방들을 복원시키는 계획 속에 포함되었다.

이제 베르사유에서 끊임없이 되풀이되는 다양한 정치권력 관계가 좀더 잘 이해될 것이다. 베르사유는 지금은 잊혔지만 언제건 의회가

181) 1879년 6월 19일에 투표가 이루어지고 7월 22일에 법으로 공포되었다. 베르사유에서의 마지막 회의는 8월 2일에 열렸다.

182) 다른 기록에 관한 설명은 P. De Nolac, *op. cit.*, chap. 7, 또는 *Les Beaux Quartiers*에 아라공(Aragon)이 제공한 생생한 그림 참조.

28. 1982년 6월 4일, 선진국 수뇌들의 회담인 베르사유 정상회의 당시 거울의 방에서 개최된 만찬.

자리를 차지할 수 있는 곳이다. 또한 베르사유는 공화국 의전행사를 위한 최고의 장소인 동시에 정치적 축제 공간으로도 안성맞춤이다. 예를 들어 1889년 5월 5일 삼신분회 소집 100주년 기념행사가 베르사유에서 개최되었을 때[183] 정원에서 카르노 대통령을 에워싼 군중은 환희에 가득 찼으며, 1982년에는 서방 7개국 정상회담이 개최되고 대통령이 개막연설을 했다. 국민의 궁전인 베르사유는 협상가들을 투숙시키기 위해 언제건 공중의 출입을 금지시킬 수 있다. 1969년 트리아농에서 열린 드골 대통령과 존슨 대통령의 회담 때나 1982년 3일간의 회의가 바로 그런 예이다. 또는 정중하게 맞이해야 할 외국손님을 위해 축제를 열 때, 나아가 파리에서의 회담 전에 그들을 화려하고 화기애애한 분위기 속에서 머물게 하기 위한 경우에도 마찬가지였다. 더구나 그런 방문객들 역시 베르사유의 의미를 잘 알고 있다. 외국의 국가대표나 정부수뇌, 전문적인 대표단들이 프랑스를 방문할 경우 아무리 짧은 기간이라고 하더라도 그의 방문 프로그램에서 베르사유 관람이 빠지는 법은 거의 없다. 그들은 박물관 연구원이나 단순한 안내원을 따라 눈에 띄지 않게 산책하는 것에서부터 경호원들이 수행하는 국가휘장을 단 차량행렬에 이르기까지 다양한 방식으로 베르사유를 방문한다. 베르사유를 방문한 전 세계의 방문객들은 개인적인 차원에서건 전문가적인 차원에서건 기쁨과 관심을 표명하고, 자신들을 맞이한 프랑스인들의 기대에 부응하기 위해 세심한 배려를 아끼지 않는다. 하지만 그러한 기쁨과 관심, 배려를 초월해서 베르사유가 군주정과 함께 소멸하지 않았다는 일종의 암묵적인 인식이 존재한다. 베르사유는 군주정을 거부하며 기념하고 군주정을 기념하며 거부하기를 되풀이하며 세계

183) 이 기념행사는 진정한 의미의 공화국을 축하하는 행사에 관련된 의미를 지녔으며, 1871년 공작들의 공화국에 대한 기억을 지우려는 노력을 보여준다. 이를 기념하기 위해 알프레드 롤에게 거대한 규모의 그림이 주문되었다(MV 5278). 롤의 화려한 그림은 다비드의 〈나폴레옹의 대관식〉을 대신해서 1948년까지 전시되었다. 다비드의 그림은 루브르로 돌아가 〈독수리 부대의 배치〉와 그로의 〈아부키르 전투〉 옆에 나란히 전시되었다.

적 상황에 따라 권력의 속성과 실행, 그리고 이미지에 관해 영원히 무슨 말이건 할 말을 간직하고 있다는 인식 말이다.

병사 쇼뱅

나는 프랑스인이고, 나는 쇼뱅이다,
나는 이 베두인인을 때린다!
〈삼색휘장〉, 1831

"그는 쇼비니스트다!" "우리 모두는 조금씩은 쇼비니스트적이다", … 이런 표현은 일상적 용법이다. 쇼비니스트적이라는 부가형용사는 "쇼비니즘"이라는 명사도 만들어냈고, 그것은 1840년에 처음으로 등장했다.[1] 어떤 단어의 운명이 주목할 만하다면 이 단어야말로 바로 그런 단어다. 아주 잘 알려진 신조어인 이 단어는 프랑스어에서 아직도 사용되고 있으며 하나의 새로운 태도를 분명하게 표현하고 있기 때문에 주요 서양언어에 받아들여졌다. 예를 들자면, 독일어로는 Chauvinismus, 영어로는 chauvinism, 스페인어로는 chauvinismo, 이탈리아어로는 sciovinismo, 러시아어로는 chauvinismus, 폴란드어로는 szowinism, 체코어로는 šovismus이다. 레닌은 그가 부인하는 극단적이거나 우스꽝스러운 어떤 태도를 비난하는 데 이 단어를 사용했던 반면, 앵글로 색슨 페미니스트들이 만들어낸 "남자 쇼비니스트 돼지새끼"(*Male Chauvinist Pig, M.C.P.*)라는 슬로건은 전 세계인의 마음을 사로잡았다.[2]

---

1) Jean-François Bayard et Philippe Dumanoir, *Les Guêpes*(가벼운 풍자가요들이 뒤섞여 있는 풍자극으로서 1840년 11월 30일 파리의 팔레-루아얄 극장에서 최초로 상연됨), Paris, Henriot, 1841, 9장 p. 11.

2) "남자 쇼비니스트"라는 표현은 1970년 저메인 그리어(Germaine Greer)에 의해 만들어진 것 같다. "찢어진 생식기 부분에서 피가 흘러나오는 모든 피조물

백과사전이나 사전에서 "쇼비니즘"과 "쇼뱅"의 어원을 찾아보면, 우리는 호전적이고 극단적인 애국심(*patriotisme*),[3] 광신적 민족주의(*nationalisme fanatique*)를 의미하는 이 단어가 로슈포르에서 태어난 프랑스혁명과 제1제국 군대의 한 병사인 니콜라 쇼뱅의 이름으로부터 유래되었다는 것을 알게 된다. 나폴레옹 시대의 영웅적 근위병이었던 그는 나폴레옹에 대한 그의 열정과 애국적인 히스테리로 유명해졌던 것 같고 그래서 그 후에는 여러 극작가와 풍자화가에 의해 웃음거리가 되었던 것 같다.

국제관계사, 심성사, 정치사상사를 연구하는 역사가들의 흥미를 불러일으키는 아주 특이한 이 인물에 관해서는 깊이 있는 책도 논문도 없다. 프랑스 제1공화국과 제국 군대에 관한 주요저서들에는 그에 관한 언급이 없다. 민족주의 현상에 관해 프랑스어나 외국어로 쓰인 수많은 연구들은, 쇼비니즘이라는 단어를 무척 좋아하지만, 그것에 관해서는 사전에 나와 있는 설명과 그것을 서둘러 베낀 것 이상의 것을 우리에게 알려주지 않는다. 그런데 특정 시점에 등장하여 그렇게 전격적인 성공을 거둔 새로운 단어는 반드시 특이한 현상을 가리키는 법이고 그 단어에 자신의 이름을 준 사람의 전기(傳記)는 그 현상을 풀 수 있는 열쇠이기 마련이다.

니콜라 쇼뱅의 애국심이나 황제에 대한 열정은, 군대 전체가 공유하고 있었던 것이기 때문에, 엄청나게 많은 그의 군대동료들 가운데서 그를 그렇게까지 유명하게 만들기에는 충분치 않다. 어떤 특별하지만

은 성적 편집광(*maniac*)임에 틀림없다고 생각하는 것이 남자 쇼비니스트적 태도이다." *The Female Eunuch*, London, Paladin, 1971, p. 85 ; 불역본 Laure Casteau, *La Femme eunuque*, Paris, Robert Laffont, 1971. 이런 의미로 이 용어를 사용한 것에 관해서는 또한 Edgar Beerman, *The Compleat Chauvinist. A Survival Guide for the Bedeviled Male*, New York, Macmillan, 1982와 Marcella Markham, Dominic Poelsma, *A Chauvinist is... An Irreverent Book of Cartoons for Oppressors and Oppressed Alike*, Watford, Herts., Exley Publication Ltd., 1979를 보라.

3) 〔역주〕 제1권 《공화국》, 〈라마르세예즈〉 장의 주 2 참조.

망각된 모험을 했기에, 얼마나 기억할 만한 선전 캠페인이었기에, 이 하찮은 인물이 보이콧이나 푸벨(Poubelle)[4]처럼 자신이 실현시켰던 것의 성공 배후에 숨어서 더할 나위 없는 명성을 획득하는 데 성공했던 것일까?

상황증거

니콜라 쇼뱅은 그가 살았던 시대에 이미 망각되었던 것 같다. 탐험가이자 보드빌(vaudeville)[5] 작가였던 자크 아라고가 1845년《대화(對話) 사전》부록에 "쇼비니즘"이란 항목—이것이 이 단어가 사전에 처음으로 등장한 경우이다—을 집필했을 때, 그는 아주 놀라운 폭로를 하는 것처럼 이 근위병의 정체를 독자들에게 이렇게 알렸다.

> 우리가 이 짧은 연구를 막 끝냈을 때 하나의 정확한 정보가 육군성 기록보관소에서 우리에게 도달했다. 니콜라 쇼뱅, 이 항목의 모두(冒頭)에 쓰인 단어를 프랑스어로 만든 바로 그 장본인은 로슈포르에서 태어났다. 18세에 병사가 된 그는 온갖 전투에 참가했다. 전면에 모두 17군데의 상처, 잘려 나간 세 개의 손가락, 골절된 어깨 하나, 심하게 부상을 당한 이마, 명예롭게 군도를 하사받았고, 레종도뇌르 훈장, 200프랑의 연금을 받은, 이 늙은 근위병은 나무 십자가가 자기 무덤을 지켜줄 날을 기다리면서 자기 고장에서 쉬고 있다. …

---

4) 〔역주〕 1883~1896년 센 도지사. 엄격한 쓰레기 처리규정으로 자기 이름을 쓰레기통과 동의어로 만든 인물. 보이콧(Charles Cunningham Boycott, 1832~1897)은 아일랜드의 에른 백작의 영지 관리자로, 지나치게 엄격한 토지관리로 인해 1880년 농민들이 그를 멀리했고, 여기서 '집단거부'를 뜻하는 '보이콧'이라는 단어가 생겨나게 되었다.

5) 〔역주〕 15~19세기 프랑스에서 불린 풍자의 노래, 합창 또는 이런 노래가 삽입된 가벼운 희극이나 풍자극. 1792년 파리 카퓌신 가에 세워진 극장의 이름이기도 한데, 이 극장은 여러 차례 이사했고 20세기 초에 전성기를 맞았다.

REGRETS.

Le bon Chauvin regrette la soupe au lard paternelle : il se dit :

A quand donc que je serai délibéré de mon congé ?

29, 30. 병사… 그리고 농부.

'쇼비니즘'이란 단어가 이보다 더 고귀한 주인을 가질 수는 없을 것이다.[6]

아라고를 베껴 쓴 피에르 라루스는 1867년에 이 인물묘사를 완성하였다. "이 나이 든 근위병은 그의 동료들이 끝내 그를 웃음거리로 여길 정도의 고지식함과 과장된 감정 때문에 언제나 병영에서 주목을 끌었다. 쇼뱅의 평판은 군대로부터 민간인에게 퍼졌고, 즉각 '쇼비니즘'이란 단어는 나폴레옹 숭배와 일반적으로는 주로 정치적인 모든 종류의 과장을 가리키는 데 사용되었다."[7] 《대백과사전》(*Grand Encyclopédie*)에 이번에는 쇼비니스트라는 형용사가 아니라 "니콜라 쇼뱅"이라는 항목에 글을 쓴 드비두르(Debidour)도 라루스를 되풀이하였다. "쇼뱅(니콜라), 로슈포르에서 태어난 프랑스 병사, 프랑스혁명과 제국전쟁 동안 17번 부상당함. 그의 애국심과 황제에 대한 숭배의 고지식한 열정은 그의 용기 못지않게 전군(全軍)에서 그를 유명하게 만듦."

"쇼비니즘"이란 제목의 1854년 10월 12일자 〈르시에클르〉(세기)의 기사에서, 루이 주르당은 "언어에 뒤처져서 질질 끌려 다니는 아카데미는 아직 자기 사전에서 이 재미있는 단어를 인정하지 않고 있지만 이 단어는 우리 현대사의 모든 시기를 요약하고 있기 때문에 살아남을 것이다"라고 썼다. 실제로 "'쇼비니즘', 남성 명사(名詞), 프랑스 군대의 영광에 대한 열광적 감정을 웃음거리로 만들려고 하는 데 사용되는 아주 일상적인 용어"가 1879년에 사전에 수록된 것을 보기 위해서는 《아카데미 사전》의 7판을 기다려야 했다. 니콜라 쇼뱅에 관해서, 아카데미는 1871년 1월 5일에서 12일 사이에 그 단어를 검토했지만, 아무런 언급도 하지 않았다.

---

6) Jacque Arago, "Chauvinisme", *Dictionnaire de la conversation et de la lecture*, dir., M. W. Duckett, Supplément, lettre C. Paris, 1845, p. 455.

7) Pierre Larousse, "Chauvinisme", *Grand Dictionnaire universel du XIXe siècle* (1866~1879), Genève, Slatkin Reprints, 1982, 34 vol., vol. III (1867), p. 1111.

니콜라 쇼뱅의 영광에 대한 1913년 1월 3일자 〈르탕〉(시대)의 기사에서 쥘 클라르티는 이름을 대지 않고 아라고를 인용하면서 새로운 상세한 전기(傳記)적 사항을 제공하였다.

> 제대한 쇼뱅은 로슈포르로 돌아와 해군청(préfecture maritime) 수위가 되었다. 나폴레옹 1세가 세인트헬레나로 출발하기 전에 잠깐 엑스(Aix) 섬에 머물 때, 쇼뱅은 주인이 자는 방의 출입문을 떠나려고 하지 않았다. 황제의 출발과 백색기의 복귀는 그를 극단적 흥분상태에 놓이게 하였다. 그는 낡은 삼색기를 집에 가지고 왔고 그것으로 두 벌의 침대시트를 만들었다. 그 어느 때보다도 더 근위병다웠던 그는 중얼거렸다, "나는 이 안에서 죽을 것이다"라고. 그는 약속을 지켰다.

보다 최근에, 역사가 장 레스토쿠아는 그의 《프랑스 애국심의 역사》 서문에서 그를 감격스럽게 회상하였다. "나는 프랑스혁명과 제국전쟁을 수행한 이 망각된 로슈포르 출신의 병사, 니콜라 쇼뱅에 관해 종종 생각한다." 그러고는 아라고가 제시했던 사항들을 그 나름대로 다시 열거한다.[8] 1983년에 로슈포르에 관한 한 역사책은 한 장(章)을 "로슈포르, 쇼비니즘의 요람"에 할애하였다. "이 시대에 로슈포르에는 프랑스혁명과 제국의 병사였던 니콜라 쇼뱅이 살았다. 그는 그의 애국적 감정의 고양(高揚)으로 유명해졌다"[9] 등등.

끝으로, 미국 역사가인 고든 라이트는 복고왕국 시기의 1815년 조약개정운동에서 쇼뱅이 행한 역할을 거론하였다. "니콜라 쇼뱅과 같은 나폴레옹 장기복무자(*vétéran*)[10] 운동의 결과, 이 캠페인에 쇼비니스트적 색채(그리고 언어에 한 단어)가 첨가되었다."[11] 이 운동의 성격에

8) Jean Lestoquoy, *Histoire du patriotisme en France des origines à nos jours*, Paris, Albin Michel, 1968, pp. 13~14.

9) Centre d'animation lyrique et culturel de Rochefort, *Rochefort. Trois siècle en images, de Napoléon à nos jours*, Rochefort, Maury, 1983, p. 36.

10) 〔역주〕 수십 년간 군복무를 한 나폴레옹군대의 노병들을 가리킨다.

관해 고든 라이트는 불행하게도 아무런 세부사항도 우리에게 알려주지 않았고 그래서 우리는 그 명성의 토대가 될 수 있는 이 특기할 만한 시사적 사실을 알지 못하고 있다. 실제로, 이것이야말로 '쇼비니즘'이라는 단어가 아니라 쇼비니즘이라고 불리는 사태가 어디에서 나왔는지 그리고 그것의 본래의 의미가 무엇이었는지 이해하고자 하는 사람에게 제기되는 결정적 질문이다. 그러므로 기록보관소에서 니콜라 쇼뱅의 흔적을 찾아내는 것이 필요해진다. 그러나 이 모험에 뛰어듦으로써 연구자는 기묘하게도 역사의 부재와 기억의 상실 사이의 '무인도'(*no man's land*) 즉 모든 것이 우리가 길을 잃어버리게끔 예정되어 있는 것처럼 보이는 곳에 들어가게 된다.

쇼뱅에 대한 탐구

쇼뱅이란 성(姓)은 프랑스에서 가장 흔한 성의 하나고, 주로 서부지방에서 발견된다. 그것은 로슈포르에서 그리고 샤랑트마리팀(Charente-Maritime)[12] 도에서 아주 흔하다. 북부지방에 많은 니콜라라는 이름은 여기서는 반대로 아주 드물다. 샤랑트마리팀의 기록보관소에서는 이 시기에 로슈포르 지역에서 태어난 니콜라 쇼뱅이라는 사람은 단 한 명도 찾을 수 없었고, 찾을 수 있었던 여러 쇼뱅 가운데 그 누구도 아라고가 말한 사람과 일치하는 것 같은 사람은 없었다.

반면, 육군성 기록보관소에는 니콜라 쇼뱅의 관계서류가 분명히 있다. 그리고 거기엔 이 영광스러운 병사에 관한 정보를 요구하는 미국인의 편지 두 통과 그 질문에 대한 육군성의 답변, 즉 《라루스 백과사전》 항목의 복사본이 포함되어 있다. 아라고에게 제공된 정보의 흔적

11) Gordon Wright, *France in Modern Times, 1760 to the Present*, Chicago, Rand MacNally and Co., Londre, John Murray, 1962, p. 242.

12) 〔역주〕 보르도 북쪽에 위치한 푸아투샤랑트 지방의 도명.

은 없어진 것일까? 인물 관계서류에는 12명의 쇼뱅이 기록에 나타나지만 니콜라라는 이름을 가진 쇼뱅은 없다. 평범한 관계서류 안에서 찾을 수 있는 유일한 사람은 1744년 6월 9일 팔레즈(Falaise)[13]에서 태어나, 1761년부터 병사였고, 공화력 4년에 대위였으며, 자기 부하들이 봉기를 일으키는 것을 막음으로써 파리소요사태 때 두각을 나타낸 앙리 기욤(Henri-Guillaume)이라는 사람이다. 나중에 나폴레옹이 그에게 군도를 하사하였다. 늙고 병든 그는 황제에게 앵발리드(Invalides)[14]에 들어가게 해달라고 요청했으나 성공하지 못했다. 경찰 기록보관소 관계서류에 의하면, 그는 자살했고, 자기의 군도를 황제에게 남겼으나 신문이나 그 어느 누구도 그의 운명에 관심을 갖지 않았다.

1814년 레종도뇌르 수여자 명단에는 10명의 쇼뱅이 포함되어 있으나 니콜라라는 이름을 가진 자는 없다. 그중 한 명이 우리의 관심을 끈다. 즉 크뤼아스(Cruas)[15]에서 출생했기 때문에 그리고 그가 쓴 문서의 생생함 때문에 그의 서약서가 레종도뇌르 박물관에 전시된 샤를 프랑수아 레지스 쇼뱅이다. "쇼뱅, 황제 친위대에서 제대한 레종도뇌르를 수여받은 정예병은 글을 쓸 줄 모른다고 말하며 서명 대신에 십자표시를 했다." 육군성 기록보관소에서 이 레지스 쇼뱅에 관한 보충자료를 찾을 수 있다.[16] 거기에 들어 있는 정보와 아라고와 그 후계자들이 제공한 니콜라에 대한 묘사를 비교해 보면, 혼란스러운 유사성을 발견하게 된다.

---

13) 〔역주〕 프랑스 북동부에 위치한 칼바도스(Calvados) 도에 있는 캉(Caen) 군청소재지.

14) 〔역주〕 파리 제 7구에 있는 상이군인 병원, 건축가인 리베랄 브뤼앙(Libéral Bruant)에 의해 설계되어 1670~1676년에 지어졌으며, 지금은 수많은 위대한 병사의 묘소와 군사박물관을 가지고 있다.

15) 〔역주〕 프랑스 남부에 위치한 아르데슈(Ardéch) 도에 있는 한 코뮌.

16) Archives de la Guerre, Garde Impériale, premier régiment de grenadiers à pied (20-Yc 4).

레지스	니콜라
크뤼아스(아르데슈) 태생	로슈포르(샤랑트마리팀) 태생
18년간 복무	18년간 복무
17번의 전투	17번의 부상
1792년 6월 2일 하사가 됨	이따금씩 하사로 등장
상이군인	상이군인
연금 수혜자	연금 수혜자
	군도를 하사받음
레종도뇌르	레종도뇌르

가장 수상쩍은 부분은 명백히 17이라는 숫자, 즉 레지스의 17번의 전투와 니콜라의 17번의 부상으로, 니콜라는 단순한 우연이라고 보기에는 너무 지나칠 정도로 레지스를 닮은 것 같다. 당시 눈이 멀었던 아라고는 몸소 조사를 할 수 없었다. "하나의 정확한 정보가 육군성 기록보관소에서 '우리에게 도달했다'라고 그는 썼다. 조사책임을 맡은 장난을 잘 치는 정통왕당파 학생 하나가 국수주의적 애국심으로 유명했던 아라고를 속여먹기 위해 레지스를 근거로 하고, 앙리-기욤과 그의 군도, 그리고 다른 자료들을 동원해서 하나의 이상적 쇼뱅, 가족농장으로 되돌아간 시골영웅을 만들어낸 것이 아닐까? 이것은 불가능한 일이 아니다. 민중문학에서 마을에서 제일가는 사나이에게 흔히 붙이는, 그리고 복고왕국 시기의 과격왕당파의 선전에 의해 로슈포르에서 유배지인 세인트헬레나로 떠날 때 괴상한 옷차림을 한 나폴레옹에게 붙여진 니콜라라는 이름을 그에게 부여한 것은, 이 가설에 따르면, 적절한 영감이었을 것임에 틀림없다.

어쨌든 우리는 기록보관소 자료에 입각하여 니콜라 쇼뱅의 정체를 밝히는 희망을 포기하지 않을 수 없다. 그렇다면 우리에게는 이 영웅의 기억을 보존하고 있는 판화와 연극만이 남아 있는 셈이다.

쇼뱅의 정체성 확인과 죽이기

사전들은 니콜라 쇼뱅을 희화화(戱畵化)한 두 편의 보드빌과 샤를레의 판화를 언급한다. 가장 흔히 인용되는 보드빌 〈농부-병사〉는 스크리브의 작품으로 잘못 알려져 있지만 1821년 흥행에 성공한 프랑시스, 브라지에, 뒤메르상의 합작희곡이다. 이 희곡의 등장인물 가운데는 쇼뱅이란 이름을 가진 인물이 없고, 이 희곡에서는 프랑쾨르(Francoeur)[17]라는 이름의 농부-병사를 비웃기는커녕, 터무니없을 정도로 그를 찬미한다. 두 번째 보드빌인 쿠아니아르 형제의 〈삼색휘장〉은 (1830년 7월 27~29일에 일어난 - 옮긴이) 7월혁명에 의해 빛이 바랜 알제 점령[18]에 바쳐진 1831년의 유일한 희곡이다. 이것 역시 큰 인기를 얻었고, 출연인물 가운데는 정말로 쇼뱅이 있었으나 그의 이름은 니콜라가 아니라 장(Jean)이었다. 이 인물은 농민으로서, 팔레즈(Falaise) 태생이고, 농민이자 병사(희곡 〈농부-병사〉라는 잘못된 준거는 그러므로 우연이 아니다)이지만 나이 든 근위병은 아니었다. 그는 왕정복고기의 젊은 신병으로서 여러 영웅적인 모험과 연애사건을 거친 후, 다음과 같이 외치면서 알제 태수를 보기 좋게 매질한 다음 체포하였다.

> 나는 프랑스인이다, 나는 쇼뱅이다,
> 나는 이 베두인인을 때린다…

그는 태수의 처첩을 붙잡아 프랑스공사 뒤발이 당했던 모욕을 되갚아 주었다. 그 대가로 그는 하사가 되었고 이 진급은 그를 자부심으로 채웠다. "하사라! 얼마나 명예로운가! 기뻐서 숨이 막힐 정도다. …

---

17) 〔역주〕 '프랑스의 심장'이란 의미.

18) 〔역주〕 1830년 7월 5일 프랑스군이 알제리의 수도인 알제를 점령, 알제가 프랑스의 식민지가 되었다.

오 소피! 너는 네 애인을 자랑하게 될 거야." 장기복무자인 라코카르드(La Cocarde)[19]의 이야기를 통해 전해들은 프랑스군의 영광의 예찬자인 쇼뱅은 특히 시골이라는 자신의 출신배경을 자랑한다. 낙타고기를 먹고 식중독에 걸렸을 때 그는 "나는 우리 마을을 두 번 다시 못 볼 거야"라고 울면서 이렇게 애원한다.

오 나의 고향 팔레즈, 나의 아버지, 나의 어머니!

맹장(猛將)이기는커녕, 이 희곡의 주인공은 아주 젊고 겁 많은 모습을 보인다. 그는 자기 농장을 갓 졸업한 즉 시골에서 살다 처음으로 외지에 나간 신병이기 때문이다. 첫 번째 사격에서 공포에 떨던 그는 두 번째 사격에서는 그래도 용기를 보여줄 줄 안다.

첫 번째 사격에서 내가 겁먹은 건 사실이야
그러나 내가 옛날에 다루던 것은 삽뿐이긴 해도,
나는 곧 기운을 차렸어, 그러니 쇼뱅을 놓고, 제기랄!
더 이상 웃지 마, 왜냐 나는 임전태세를 갖췄거든
두 번째 사격에서는 말이야.[20]

샤를레가 그린 쇼뱅의 초상화는 어땠을까? 목록이 아주 잘 작성되어

---

19) 〔역주〕 프랑스를 뜻하는 '삼색휘장'이라는 의미를 지닌다.

20) Théodore et Hippolyte Coigniard, *La Cocard tricolore* (알제 전쟁 에피소드로 3막으로 구성된 보드빌, 1831년 3월 10일 파리의 폴리드라마티크(Folies-Dramatiques) 극장에서 최초로 상연됨), Paris, Bezou, Barba, Quoy, 4e éd., 1834, act II, sc. viii(2막 8장), p. 17과 9장 p. 18과 1막 5장, 2막 2장, p. 20. 쇼뱅은 이 보드빌에서 자기가 팔레즈 출신이라고 말한다. 팔레즈에는 그런 성(姓)을 가진 가문들이 있기는 하지만 그 가문의 대표 어느 누구도 심지어는 우리가 이야기한 앙리기욤도 우리가 찾고 있는 쇼뱅과 일치하는 흔적을 남기고 있지 않다. 반면, 팔레즈의 농민은 19세기 초에 인기 있는 상송테마였다.

있는 그의 판화[21]에 쇼뱅이란 이름은 없다. 샤를레는 수백 명의 가공의 근위병과 신병들을 그렸지만, 초상화는 거의 그리지 않았다. 그렇지만, 1835년의 《아동용 읽기 입문서》에서 우리는 R자와 S자("Regret"와 "Souvenir") 관련내용으로 "쇼뱅, 61연대 소속의 병사"라는 기록을 찾을 수 있다. 그는 병영에서는 자기 농장을 그리워하고 일단 집에 가서는 좋았던 과거의 군복무시절을 회상하는 젊은 농민이다. 그는 또 복고왕국의 신병이었지 나이 든 근위병이 아니었다. 또한 그가 어떤 애국심도 드러내지 않는다는 것과 그의 초가집 앞을 지나가는 병사들을 바라다보면서 향수를 느낄 때 그것은 그가 국경선에서 돌진하는 꿈을 꾸어서가 아니라 그의 군복무시절 때문이었다는 것도 주목하자, "그때가 나의 전성기였어. 〔…〕 내가 생각할 수 있는 것이라곤 부역, 사열, 열병, 보초서기, 훈련뿐이었지만… 나는 자유롭고 행복했어." 우리는 샤를레의 다른 판화에서도 그를 알아볼 수 있다. 즉 어떤 때는 〈무엇도 나의 즐거운 고향 팔레즈만은 못해〉(1834)와 같이 〈삼색휘장〉으로부터 영감을 받은 것도 있는데, 여기서 쇼뱅은 프랑스군이 진입하던 알제리 평야를 큰 제스처를 써서 가리키면서 이렇게 외친다, "이 불길한 나라에서는 사과나무 하나도 볼 수 없구먼." 또 어떤 때는 그 희곡(〈삼색휘장〉)보다 앞서 그린 판화에 나타나는데, 즉 1824년에 그린 〈첫 번째 사격〉과 〈두 번째 사격〉처럼, 알제리라는 이국적 배경 속에다 그 테마들을 집어넣기 위해 그 테마들을 자기 나름으로 재활용하였다. 마르티네와 여타 사람들에 의해 취급되기도 한 이 주제는 자신의 초기의 망설임에 대해 과잉보상작용을 하는 젊은 신병에게 두려움이 영웅적 행위로 바뀌는 과정을 상징적으로 보여준다. 끝으로, 〈나는 그 고향여자를 너무 조심하지 않았어〉는 가벼운 성병에 감염된 쇼뱅이 군대병원에서 그것을 치료하는 장면을 연출한다(1824). 이 마

21) Colonel de la Combe, *Charlet, sa vie, ses lettres*(이 책 뒤에는 샤를레의 석판화 작품의 체계적인 목록이 붙어 있다), Paris, Paulin et Chevalier, 1861, 2 vol.

지막 석판화는 장난을 잘 치는 한 작가가 쇼뱅을 그 저자로 지목한 샹송을 참조해서 그린 것인데, 어떤 필명(筆名) 사전도 그 저자를 언급하지 않으며 그래서 그의 익명은 불가침상태로 남아 있다(〈삼색휘장〉에서 쇼뱅은 투덜거리면서 이 샹송에 관해 언급한다. "나는 그 아프리카 고기를 너무 조심하지 않았어"라고).[22] 본래 낱장으로 된 종이에 출판된 그리고 그 모음곡 일부가 아직도 남아 있는[23] 이 샹송에서, 쇼뱅은 〈삼색휘장〉에서와 똑같이 농부-병사라는 특징을 갖는다. 그 어조는 비슷하다. 즉 포도주와 여자와 전쟁을 노래하는 진한 음담패설의 어조이다. 그 영웅은 거기서 스스로를 이렇게 묘사한다.

> 나로 말하자면 … 나의 이름은 쇼뱅이라네
> 내 이름은 포도주(뱅)와 운(韻)이 맞는다네 …[24]

그리고 군대식으로 자신의 여성편력을 노래한다.

> 나로 말하자면, 나는 언제나 정복자였다네,
> 연애에서나 전쟁에서나

〈삼색휘장〉의 출연인물에서 언제나 볼 수 있는, 마을에서 제일가는 사나이다운 이런 방식은 원초적인 성본능을 표현한다. "군복무에 안성맞춤"인 쇼뱅은 "여자에게도 안성맞춤"이다. 그에게는 성적흥분과 그것의 애국심으로의 승화 사이의 뒤얽힘이 분명히 존재한다. 그 결과가

---

22) Théodore et Hippolyte Coigiard, *La Cocard tricolore*, *op. cit*,, 1막, 5장, p. 5.

23) *Œuvres poétiques de Chauvin* (3편의 군대 로망스), Paris, Gaultier-Laguionie, 1825. *Guirlande poétique et militaire de Chauvin*, 2e éd. 개정 증보판, Paris, Firmin-Didot, 1833.

24) "쇼뱅과 아름다운 자느통의 사랑", *Œuvres poétiques de Chauvin*, *op. cit.*, p. 8.

치명적일지라도 말이다.

나는 추억투성이라네
연애와 승리의[25]

그러나 집단적 영광을 추구하는 사랑스러운 탕아인 그는 전혀 후회하지 않는다.

나는 애꾸이지만… 나는 중사라네
눈 하나만으로도 아주 충분하다네 …[26]

실제로 자신의 선행에 대한 보상을 그는, 그리 높지 않은 그의 계급 이외에도, 본능적인 쾌락이라는 보너스로 받았다. 〈삼색휘장〉에서 소피는 하사로 진급한 "그녀의 애인을 자랑하게" 될 것이고, 여기서는 애꾸눈에 외다리에 팔 병신이지만 만족해하는 "사랑에 약한 중사"가 당연히 받을 것을 요구한다.

내 마음을 가져간 그녀는 어디에 있나
내가 그녀를 행복하게 해줄 수 있을까?[27]

그러므로 보다 그럴듯한 구실 이면의 동기인 섹스가 쇼뱅의 궁극적인 행동 동인(動因)인이 드러난다. 광적인 애국자가 아니라 그는 우리에게 '남자 쇼비니스트 돼지새끼'—이 표현을 만들어낸 사람이 자기도 모르게 그에 관해 가장 적절한 선택을 한 바로 그 표현—처럼 보인다.

익명의 저자도 1833년의 자료모음집 서론의 "일러두기"에서 그 등장

---

25) "쇼뱅의 사랑 계속", *Guirlande poétique et militaire de Chauvin*, *op. cit.*, p. 21.

26) "사랑에 빠진 중사", *Œuvres poétiques de Chauvin*, *op. cit.*, p. 11.

27) *Ibid.*

31. 신비의 드러남 : 신성하고, 침범할 수 없는 프랑스 땅은 영웅들의 시신으로 이루어져 있다.

인물의 젊음을 강조한다. “쇼뱅과 같은 사람은(그러므로 여기서 중요한 것은 분명히 인간 유형이다) 아직도 신병일 뿐이고 〔…〕 그는 아직도 농민의 억양을 아주 많이 간직하고 있으며 〔…〕 아직도 큰 발을 갖고 있고 어리석게 수다를 떨기 마련이다.”

그렇지만 이 동일한 책자에서 쇼뱅은 이따금씩 스스로를 늙은 병사로 표현한다. 〈쇼뱅의 연애는 계속된다〉라는 샹송에서 그는 자기 아들 장-장 앞에서 옛 추억을 회상하면서 “홀아비이자 늙은이”로 자칭한다.[28] 그러므로 애초부터 우리의 주인공의 나이에 관해서는 애매한 점이 있다. 기본적으로 젊은 신병이지만 쇼뱅은 시골세계와 군대세계의 종합이며, 늙은 군인으로 쉽게 바뀐다. 시간이 흐르면서 점점 더 잦아지는 이 변화는 그의 나이가 결정적으로 정해져 있는 당대나 후대의 희극적 병사(뒤마네, 파코 … 그리고 더 나중에는 롱쇼노 또는 카망베르)와 쇼뱅을 구분 짓는 특별한 점의 하나가 될 것이었다.

정반대 방향으로의 완전한 변신이 1840년의 보드빌인 〈말벌〉에서 일어나고, 거기에서 ‘쇼비니즘’이란 신조어가 처음으로 등장한다. 이 희곡에서 쇼뱅은, 사회의 웃음거리가 되는 사람들을 그들이 입은 상처를 통해 징벌하는 알퐁스 카(Alphonse Karr)라는 ‘말벌’의 침과 대결하는데, 쇼뱅은 무대에 등장할 때 다음과 같은 노래를 부르는 늙은 근위병의 모습으로 나타난다.

> 이름 없는 농부로 태어난 프랑스 병사 …

그는 비웃음을 받는다. “늙은 화석! 〔…〕 쇼비니즘은 폐물이 되었지.”[29] 사람들은 그를 웃음거리로 만들기 위해서 익살스럽게 변형시

---

28) “쇼뱅의 사랑 계속”, *Guirlande poétique et militaire de Chauvin*, *op. cit.*, p. 21.

29) Jean-François Bayard et Philippe Dumanoir, *Les Guêpes*, *op. cit.*, 9장, p. 11.

킨 〈농부-병사〉의 유명한 아리아를 부른다(두 희곡의 연관관계는 다시 한 번 주목할 만하다).

나는 이 군인을 알고 있었다네
나는 그를 전쟁터에서 본 적이 없다네.[30]

그러나 이 완고한 늙은 군인은 즉시 우위를 회복한다. "… 여러분은 쇼뱅을 놀려댄다 〔…〕 그러나 위험이 닥치면 〔…〕 나와 같은 30만 마리의 토끼가 바로 내가 여러분에게 바라는 것이다.[31]" 그때 대포소리가 들린다. 나폴레옹의 유해가 되돌아오지만 모든 사람은 적이 공격해 오고 있다고 생각한다. 지금까지 웃었던 사람들이 공황상태에 빠지지만 그때 쇼뱅은 팔팔한 젊은 신병으로 돌변한다. "언제나 똑같은 사람이라네! 언제나 쇼뱅이라네 … 프랑스에서 쇼뱅은 죽지 않는다네!"라고 그는 외친다.

적을 공격해야 할 때가 오면
쇼뱅은 거기에 있다네, 거기서 당신을 보호하기 위해!

무사안일에 빠진 조국의 영원하고 변함없는 방패인 쇼뱅은 이제 모두로부터 충성과 존경을 받는다. 아주 격렬했던 말벌은 자신의 침을 잃고 이 영웅을 사랑하는 종군(從軍) 밥(을 해서 병사들에게 나누어 주

---

30) ID., *ibid.* 이것은 프랑시스(Francis)〔마리 프랑수아 달라르드(Marie François D'Allarde)의 가명〕의 보드빌의 패러디였다. Nicolas Brazier, Théophile Marion Dumersan, *Les Moissonneur de la Beauce ou le Soldat-laboureur*〔가벼운 풍자가요들이 뒤섞여 있는 시골마을의 연극, 1821년 9월 1일 바리에테(Variétés) 극장에서 최초로 공연됨〕, Paris, Tresse, Delloye, 1840, 14장, p. 7. "나는 이 군인을 알고 있었다네/나는 그를 전쟁터에서 보았다네."

31) Jean-François Bayard et Philippe Dumanoir, *Les Guêpes*, *op. cit.*, 9장, pp. 11과 12.

는-옮긴이) 엄마로 바뀐다. 쇼뱅 덕택에 다시 호전적이 된 프랑스는 외국군대에 맞서 하나가 되고 서로 화해한다.

되찾았으나 덧없이 끝난 젊음. 제2제국의 샹송 속에서, 즉 그를 찬미한 나도(Nadaud)와 그에게 노골적으로 적대감을 보인 최초의 인물인 아브넬(Avenel)의 샹송 속에서, 쇼뱅은 장기복무자의 모습으로 나타난다. 나도가 그린 쇼뱅은 알코올중독자이자 아내에게 두들겨 맞는 늙은 근위병이고, 고향으로 돌아가 마을 카페의 테라스에서 영웅적 무훈을 들려줌으로써 자기 마을의 젊은이들이 애국심을 갖도록 훈련시킨다.

> 쇼뱅이 마시기 시작하면
> 그는 자신의 수훈에 관해 이야기한다
> 그리고 그가 영광에 대해 말할 때
> 마시는 일을 그는 중단하는 법이 없다네.[32]

그의 청중인 젊은 농민들은 애국심에 불타는 만취상태 속에서 그와 정신적 연대감을 갖는다. 술에 취해 쓰러져서 모두가 테이블 밑에 굴러 떨어지고, 토지, 즉 그 위에 누워 있는 그들을 보호해 주는 따뜻한 어머니로 상징되는 조국에 대한 사랑의 똑같은 열정 속에서 서로 얼싸 안는다.

> 쇼뱅, 땅에 계속 누워 있읍시다.
> 우리 모두 손을 잡고 하나가 되어서.

바댕게(Badinguet)[33]에게 완강하게 반대했던 폴 아브넬은 이 노망난 늙은이에게서 그가 증오하는 정권의 음모를 본다. 인민은 굶주리고

---

32) Gustave Nadaud, "Chauvin", *Chansons de Gustave Nadaud*, 8e éd. (39개의 새로운 샹송이 첨가된 증보판), Paris, Henri Plon, pp. 82~84.

33) 〔역주〕 루이나폴레옹 보나파르트가 암(Ham) 감옥에서 도망치기 위해 옷을 빌려 입은 석공의 이름. 그의 정적들이 나폴레옹 3세가 된 그를 폄하하기 위해 이 이름을 별명으로 불렀다.

쇼뱅은, 자신의 수다를 통해, 인민은 그 쟁점에 관심도 두지 않는 먼 곳에서의 전쟁 이야기로 인민을 즐겁게 한다.

인민이 자기가 진 짐에 대해 항의를 해봐야 헛일이다
그러나 나귀를 모는 사람들은 여전히 그들의 외침을 듣지 못한다.
인민의 마음을 사로잡기 위해 쇼뱅은 인민을 중국으로 데리고 간다
인민에게 자기의 옛날 군복을 입혀서
그러면 포풀루스(*Populus*, 인민)는 어리석게도 이렇게 상상한다
우리는 깃발의 보호 하에 영광을 먹고 살았다고.

제2제국은 쇼뱅보다 더 나은 홍보자(弘報者)를 찾을 수 없었다. 어리석으면서도 진지하고 남을 속이기 좋아하면서 동시에 속는 그는 거기다 또 군대와 조국 모두를 가장 사심 없이 사랑하는, 모든 의심을 넘어서 있는 이상적 프랑스인이었다. 그는 성(聖) 쇼뱅, 즉 하늘나라의 완전한 행복의 몹시 우스꽝스러운 전형이었다.

성(聖) 쇼뱅은 제2제국이
프랑스인에게 가장 좋은 파라다이스라고 믿는다.[34]"

그러나 정권의 대변인으로서 그는 또한 최초의 희생자이기도 하다.

가난한 늙은이, 당신은 아주 무식한 사람일 뿐이다
옛날 군복을 입은
....
당신은 당신의 가난 속에서 자기도취에 빠진다.
전쟁이란 얼마나 아름다운 것인지!
울려라 트럼펫을, 두드려라 북을!

---

34) Paul Avenel, *Nouvelles Chansons politiques*, Paris, Armand Le Chevalier, 1878, pp. 26과 25.

....

아아! 프랑스의 쇼비니즘은
모든 덕(*virtu*)[35]을 대신한다네.[36]

우리는 쇼뱅이 늙는 것을 보았다. 그의 죽음을 드라마화한 것은 알퐁스 도데였다. 1870년의 패배 직후 아브넬식의 비난은 더 이상 용인될 수 없었다. 확실히 쇼뱅은 바보지만 다시 한 번 그는 자신의 어리석음을 극복하고 존경을 받는다. 여기서 우리가 보는 것은 더 이상 늙은이도 젊은 신병도 아닌 중년의 남자다. 그에게 분명하게 농민이라는 특징을 부여하지 않으면서 도데는 여러 번 그가 r 발음을 굴린다는 사실, 즉 토지에 뿌리를 박고 있음을 시사하는 행위를 강조한다.

〈말벌〉에서처럼 처음에는 우스꽝스럽던 쇼뱅은 점차 프랑스가 겪은 일련의 불행을 통해 파리코뮌의 예기치 못한 전투에서 우연히 그리고 비극적으로 죽을 때까지 성장한다.

등장할 때 그는 아브넬에게서 받은 것보다도 더 큰 홀대를 받는데, 아브넬은 그래도 그에 대해 연민의 감정을 갖고 있었다. "화나게 만들고 어리석은 성격", "언제나 화를 내는", "낮고 좁고 완고한 이마"를 지닌, "어떤 희생을 치르더라도 전쟁"을 고집하는, "참을 수 없는 사고방식". 그러나 8월의 첫 번째 패배 이후, "쇼뱅은 이미 내게 더 이상 그렇게 우스꽝스럽게 보이지 않았다". 파리가 점령되자, 언제나 웃음거리밖에 안 되고 비웃음을 받는 쇼뱅은 과거보다 더 고상한 면모를 보인다. "이 영웅적 얼간이의 영혼은 끝내 우리를 사로잡았다 〔…〕 모든 파리 사람은 이렇게 말할 것이다. '쇼뱅이 없었으면 파리는 8일도 버티지 못했을 겁니다'라고". 항복 이후 평화와 함께 사회적 분열과 긴장이 생기고, 쇼뱅은 즉각 복수를 권장하였지만 "아무도 그의 말을 더 이상

---

35) 〔역주〕 '힘'이라는 뜻도 있다.

36) ID., "Chauvin", *La Chansons française du XVe au XXe siècle*(음악부록이 붙어 있음), Anonym, Paris, La Renaissance du livre, 1912, pp. 278~279.

듣지 않았다". 파리코뮌이 일어나고 "파리는 흑인노예의 지배하에 놓이고", 프로이센인들의 비웃음 아래서 나폴레옹의 조각상이 굴러 떨어지고, "아! 아! 아! 쇼팽 님(Mossié Chaufin)". 그러고 나서 5월 22~28일의 "피의 일주일"에, 수도인 파리에 군대가 진입한다. 군대와 '프랑스 만세'를 외치는 바리케이드 사이에서 두 진영을 중재하던 쇼뱅은 쓰러진다, "시민전쟁의 희생자"로. 그리고 도데는 결론을 내린다. "그는 마지막 프랑스인이었다"고.[37]

그러므로 쇼뱅이 유발시키는 것은 언제나 아주 특별한 웃음, 즉 상대방을 경멸하면서도 상대방에 대해 호의적이고 계면쩍어하는 웃음이다. 우리는 웃지만 옳은 것은 그이고 틀린 것은 우리이다. 쇼뱅이 우습다면, 그것은 "우리가 만들어 놓은 그 사회가 자신의 손가락이나 입술로 건드린 것을 더럽히려고 애쓰는 것 같기" 때문이며, "〔…〕 그러므로 쇼비니즘은 오직 그의 희생을 이해하지 못한 자들의 잘못 때문에 웃음거리가 된 것이다"[38] 라고 아라고는 쓰고 있다. 이렇게 된 사정은 "우리로 하여금 사물을 신속하게 포착하게 하고 모든 사물의 저속한 측면을 돋보이게 만드는 이러한 아주 프랑스적인 기질" 때문이라고 주르당은 〈르시에클〉에서 쓰고 있다. 그가 편집자인 이 신문의 쇼비니즘을 다음과 같이 공공연하게 주장하면서 말이다. "그렇다, 〈르시에클〉은 쇼비니스트적이었고, 내일도 여전히 그럴 것이다. 〔…〕 쇼비니스트적이라는 것을 두려워할 필요는 없다. 〔…〕 근대 쇼비니즘은 당위적인 것, 정의의 승리가 절대주의에 대해 엄격하고 결정적인 교훈을 주어야 한다고 열렬히 바라는 데에 있다."[39] 그리고 피에르 라루스는 "약간 어리석고 약간 바보 같은 외모를 지닌" 쇼뱅이 "코앞의 프로이센과 오

---

37) Alphonse Daudet, "La mort de Chauvin", *Les Contes du lundi* (1873), Genève, Édito-service, 1968, pp. 108~112.

38) Jacque Arago, "Chauvinisme", *Dictionnaire de la conversation et de la lecture*, *op. cit.*, p. 452.

39) Louis Jourdan, "Le chauvinisme", *Le Siècle*, 12 octobre 1854.

스트리아의 면전에서 퐁투아즈 사투리이긴 하지만 영웅적인 프랑스어로 〔…〕 이말 저말 마구 주절거리면서 그리고 대포를 쏘면서 조국을 영광스럽게 만들었다"고 분명하게 말했다. 정말이지, 그가 외치고 선언한 것은 "애국적 신념의 도그마"라고 피에르 라루스도 결론지었다. "비웃지 말자, 목도(木刀)와 양철로 만든 소총을 가지고 놀면서 컸고, 어려서부터 북소리에 민감한 우리는, '짐승 같은 놈들'이 우리 일에 개입하러 오는 엄숙한 상황이 되면, 우리 안에서 쇼비니즘이라는 오래된 유산을 재발견하는데, 그 쇼비니즘을 우리는 세계평화를 꿈꾸는 반골들과 함께 마구 비웃지만 그것이 감소되기를 진지하게 바라지는 않는다."[40] 그리고 그것은 쇼뱅이 이 "세계평화를 꿈꾸는 반골들"이나 루이 주르당이 비난하는 "코스모폴리트(*cosmopilite*)[41]"의 창조물이 아니라 기본적으로 샤를레와 호전적·군국주의적·애국주의적인 보드빌 작가의 창조물이기 때문에 더욱더 그렇다. 그리고 도데가 그를 처음으로 조롱한 것도 그만큼 더 이 "마지막 프랑스인"을 영광스럽게 만드는 결과를 낳았다. "쇼비니즘은 우스운 면을 가지고 있지만 그것은 또한 위대함도 가지고 있다. 그것에 너무 많은 조롱이 가해졌고 이런 반응은 천 배나 더 나쁘지만 중용(*juste milieu*)[42]의 지혜는 프랑스인의 특성이 아니다"라고 로레당 라르쉬는 쓰고 있다.[43]

진짜 쇼뱅에 대한 탐구는 이 정당화에 대한 욕구 안에 포함된다. 원한다면 그를 비웃어라, 하지만 쇼뱅은 존재한다, 혹은 존재했다, 그는 늙은이, 자신의 살 속에 영웅적 전투의 혼을 지닌 서사시에 나오는 무명의 영웅이다, 그에게 경의를 표하라!

---

40) Pierre Larousse, "Chauvinisme", *Grand Dictionnaire universel du XIXe siècle*, *op. cit*.

41) 〔역주〕 세계주의자. 민족주의자(*nationaliste*)의 반대말.

42) 〔역주〕 도덕적으로 옳고 극단이 아닌 가운데라는 뜻으로 7월왕국(1830~1848)의 모토였다.

43) Lorédan Larchey, "Chauvinisme", *Dictionnaire historique d'argot*, Paris, Dentu, 1888, p. 97.

32, 33. 혁명과 질서(1795~1847).

1820년경 출현하여 1840년까지 드문 예외를 제외하고는 복고왕국의 젊은 농민 신병이었고, 그 후에는 점차 늙은 근위병이었던(1840년의 〈말벌〉, 1845년의 아라고, 1860년의 나도) 쇼뱅은, 그러므로, 실존했던 장기복무자를 준거로 삼았기 때문이 아니라 그의 행위의 정당화의 과정 그 자체 때문에 나이를 먹은 것이다. 민족주의 시대의 이상적 프랑스인이었던 그는 나이를 먹지 않는데 왜냐하면 "프랑스에서 그는 죽지 않거나" 또는 나이를 먹더라도 그가 원하는 나이가 될 수 있기 때문이다.

샹송, 석판화, 연극에 등장했을 때, 쇼뱅은 기억과 역사로 가득 찬 늙은 영웅이 아니라 교훈적인 모험에 자신을 바친 젊은 '풋내기'임이 밝혀졌고, 그래서 전기적 연구는 쓸데없는 일이 된다. 그가 정말로 존재했는지의 여부를 아는 문제조차도 더 이상 의미를 갖지 못한다. 실제로 어떤 면에서 이 "병사를 상징하기 위해 인민이 택한 인간유형"44) 은 실존인물을 모델로 삼았겠지만, 그 모델은 입대시켜서 몇 년간 병영에서 훈련을 받게 하고 대개는 전쟁터로 보내기 위해 농장에서 차출한 이 젊은 신병들에게서 수십만 번 복제되었다. 마르탱이나 뒤퐁이란 이름처럼 흔한 쇼뱅이란 이름은 우연히 또는 《화환》의 저자나 샤를레의 한 친구(혹은 적)를 야유하기 위해 선택되었을 것이다. 그렇지만, 만약 쇼뱅이 그 이름 이외에 살아 있는 실존모델을 가지고 있다면, 그것은 오직 이 작가들 중 한 사람에게 알려진 그리고 순진함과 요령부득으로 그 작가를 놀라게 한, 그러나 그의 사생활은 너무나도 진부해서 우리의 관심대상이 되지 않는, 군복무 중의 젊은 농민 신병일 가능성이 높다.

반면, 우리의 관심을 끄는 것 그리고 아주 억압되어 있는 것 같은 상태로 프랑스인의 집단기억에 깊이 묻혀 있는 것은 바로 쇼뱅이 '이야기하는'(*raconte*) 것과 쇼뱅이 '구현하고 있는'(*incarne*) 것이다.

---

44) Pierre Larousse, "Chauvinisme", *Grand Dictionnaire universel du XIXe siècle, op. cit.*

프랑스 병사, 이름 없는 농부로 태어난…

그가 이야기하는 것은 농민이 조국과 전쟁에 입문한 이야기이다. 그가 구현하고 있는 것은 성서에 나오는 고대 특히 로마 시대에 만들어지고 계몽주의의 진보주의적 정신 속에서 재발견되고 현대화한 "농부-병사"라는 아주 오래된 신화인데, 쇼뱅은 그 신화의 가장 근대적이고 가장 민중적이고 라블레의 (명랑하고 분방한) '골 기질'(*gauloiserie*)을 지닌 가장 '프랑스인다운' 마지막 버전이다.

도처에 존재하는데도 불구하고 연구자들에 의해 지금까지 무시되어 온 농부-병사(*Soldat-laboureur*, S는 대문자, l은 소문자)는 '근대성'이 낳은 평민 출신의, 집단적인, 첫 번째 대(大)영웅이다. 그리고 이런 의미에서 그는 다소간에 프롤레타리아트의 조상이고(예를 들어 드브로, 베랑제 그 후엔 피에르 뒤퐁의 상송을 통해 그리고 특히 미슐레의 '인민'을 통해 프롤레타리아트로 연결되는) 또한 전체주의적인 파시스트와 나치 체제 정치군인의 조상이다. 노동계급으로 정해지기 전에 '인민대중'(*masses populaires*)이란 개념은 프랑스에서는 사실 농민집단 주변에서 태어나고 발전하였다.

"최초의 로마인들은 모두 농민이었고 또 농민은 모두 병사였다"라고 1719년에 베르토(Vertot)가 썼던 것처럼,[45] 농부-병사는 행복한 시대의 모델이 되는 공동체의 창설자였다. 그리고 이 공민(公民) 사회의 황금기를 혁명기 프랑스는 스스로와 동일시했고, 농부-병사는 아주 깊은 상징의 서민적 전달매체였다. 그는 특히 병사의 검(에페)이 경작도구(쟁기의 보습)로 바뀌고 경작도구가 다시 병사의 검으로 바뀌는 순환적 변화의 이미지를 영속(永續)시키는데, 베르길리우스의 《농경시》(*Géorgiques*)[46]와

---

45) Abbé de Vertot, *Histoire de révolutions arrivées dans la gouvernement de la République romaine* (1719), Avignon, 1810, 2 vol., vol. I, p. 5.

46) Virgile, *Géorgiques*, I, 508.
〔역주〕 기원전 38~29년에 베르길리우스가 헤시오도스를 모방하여 지은 4편으

그 이전의 성서[47]에서 그 흔적을 찾을 수 있다. 중세와 앙시앵 레짐 말까지 완전히 망각되었던 그는 '계몽철학자'의 붓 아래 뒤늦게 궁정과 도시와 군주적 전제주의의 베르길리우스적 안티테제로 재출현하였다. 그는 프랑스혁명 전쟁에서 마침내 영광에 싸이고, 나폴레옹의 근위병에서 완숙에 이르렀다. 그리고 라스 카즈, 앙토마르쉬 박사, 그 후의 석판화가들에 의해 세인트헬레나에 유배 중인 황제 자신도 삽을 들고 있거나 쟁기를 든 모습으로 그려졌다.[48] 끝으로 다양한 연극적·문학적 각색을 거친 후(프랑쾨르,[49] 라 프랑스, 라 발뢰르,[50] 피에르 지베른[51]…), 1840년에 〈말벌〉에서 자기 스스로 규정한 것처럼, 그는 "이름 없는 농부로 태어난 프랑스 병사" 쇼뱅의 모습으로 고정된다.

열심히 일하고, 생산적이고, 애국적인 소토지 소유자인 그는 구체제의 목가적 양치기, 중세의 농노, 농업임금노동자와 정반대이다. '고대적'(그리스·로마)이지만 진보주의적이고 그래서 결단코 근대적인 그는 켈트나 게르만 '민족'(*Volk*)의 낭만적·인종적 영웅의 중세적 향수라는 배경을 전혀 가지고 있지 않다. 따라서 그는 완전히 오리지널하며, 그를 순수한 프랑스인으로 만드는 것은 바로 진보주의와 고대 라틴문화의 이러한 혼합이다. 쇼뱅으로 의인화되든 아니든 간에 이 농부-병사는 평민 출신의 영웅, 규율을 준수하고 부패를 모르는(*vertueuex*),[52] 무기

로 구성된 서사시, 전조(前兆), 나무와 포도재배, 가축사육, 양봉 순으로 노래한다.

47) Isaïe, II, 4 ; Joel, III, 10.

48) 예컨대, Frey, *Le Jardinier de Sainte-Hélène*, 1829, Bibliothèque nationale, Estampes, Ef 217, Collection de Vinck, n° 9785와 흥미로운 논평이 들어 있는 Anne-Marie Rosset, *Inventaire de la collection de Vinck*, vol. V, "La Restauration et les Cent-Jours", p. 272를 보라.

49) 〔역주〕 Francoeur, '프랑스의 심장'이란 의미.

50) 〔역주〕 La Valeur, '유능한 사람'이란 의미.

51) 〔역주〕 Pierre Giberne, Giberne은 '허리에 차는 탄약주머니'라는 의미.

52) 〔역주〕 vertu는 '도덕적 힘'이고 그래서 vertueuex에는 '용감한'이라는 의미도 있다.

를 든 민주주의의 기본 톱니바퀴였다. 농학·중농주의 운동에 의해 키워지고 "병사의 실질적 교육은 농부가 되는 것이다"라고 생각하는 루소 사상에 의해[53] 구체화된 역사적·문학적·도덕적 준거(準據)였던 그는 18세기 말에 자신의 첫 번째 이론가들을 발견한다. 그리고 엄청난 반향을 불러일으킨 이론적 구상인 1772년 기베르의 《전술론》과 1780년 세르방(Servan)의 《시민-병사》(볼테르는 기베르의 《전술론》을 '천재의 작품'이라고 평가했고, 세르방은 1792년 육군장관이 된다) 이론을 실천에 옮기려는 다양한 시도가 급속도로 행해졌다. 나폴레옹에 의해 소규모로 그리고 큰 성공 없이 1803년부터 피에몬테(Piémont)[54]와 라인란트(Rhénanie)[55]의 장기복무자(가 이주한 - 옮긴이) 식민지에서[56] 일부가 실현된 국민공회의 병사 이주계획은 나중에 뷔고가 알제리아에서 정착시키려고 했던 이주계획의 조상이었다.

그러나 '농부-병사'는 1820년대부터 정통왕조파 선전에 의해 회복된다. 그리하여 '농부-병사'를 둘러싸고 자코뱅 극좌파로부터 제왕적인 보나파르티스트 좌파와 유토피아적 사회주의자를 거쳐 과격왕당파에 이르기까지 놀라운 '합의'(*consensus*)가 실현된다. '농부-병사'를 토대로 단결이 이루어지고, 이 존재는 프랑스의 아주 농촌적이고 호전적인 본질을 구현하기에 이른다. 그리고 보들레르처럼 사회에 의해 거부된 주변적 선동자를 제외하고는 그 누구의 비난도 받지 않는다.

복고왕국과 7월왕국기에 농부-병사라는 테마는 판화, 샹송, 연극에서의 성공과 나란히 단지 문학이나 예술에 국한되지 않은 여러 표현들을 경험한다. 즉 그 신화는 군대와 농사 의례(儀禮) 속에서 '체험'되는

---

53) Jean-Jacques Rousseau, *Projet de constitution pour la Corse*, *Œuvres complé tes*, Paris, Gallimard, Bibliothèque de la Pléiade, 1975, p. 905.

54) 〔역주〕 이탈리아 북서부 지방.

55) 〔역주〕 라인 강 양쪽에 위치한 독일의 유서 깊은 지역.

56) 농부-병사들의 보나파르트주의적 식민지에 관해서는 Isser Woloch, *The French Veteran from the Revolution to the Restauration*, Chapel Hill, The University of North Carlolina Press, 1979를 보라.

데, 가장 전형적인 것이 1820년 이후에 설립된 농사공진회(*comices agricoles*)[57]였고 그것은 점차 전 국토를 정복하였다. 고대 로마의 comitia(민회)에서 유래된 '공진회'(*comices*)는, 그 이름이 보여주듯, 공민적·애국적·민족적 성격을 지닌다. 《마담 보바리》에서 플로베르에 의해 불후의 명성을 갖게 된 이 축제[58]는 실기교육이자 도덕강의이자 진탕 먹고 마시는 연회였다. 그리고 뷔고는 그것의 핵심적 주창자였다. 찬미된 것은 농민 프랑스 못지않게 군인 프랑스였고, 양성된 것은 계몽된 농민 못지않게 병사였다. 공을 세운 가축사육자와 농장고용인에게 주는 메달 수여와 쟁기질 시합은 군악대 소리에 맞춰 군기와 군복이 그려진 무대장치 안에서 열렸다. 이때 행해지는 명사들의 연설도 전적으로 쇼비니스트적인 주전론(主戰論)적 선전에 속했다. 예를 들어 하원의장이었던 자유주의자 하원의원 뒤팽이 1835년 6월 7일 세네와즈 농사공진회에서 루소를 모방하여 농민대중을 교화하려고 한 연설을 들어보자. "토지를 가장 잘 경작하는 사람은 또한 그것을 가장 잘 방어하는 사람입니다. '훌륭한 농부는 또한 최고의 병사입니다' 〔…〕 아주 젊어서부터 맨바닥에 누워 가축을 보살폈던 사람은 야영을 두려워하지 않습니다. 적을 물리치면서 그는 자기 마을과 그가 경작했던 들판을 생각합니다. 그리고 군복무를 마친 후에 그는 자신의 피를 바친 토지를 이제는 자기의 땀으로 적시기 위해 고향에 돌아옵니다. 농부-병사에게 경의를 표합니다!"[59]

---

57) 〔역주〕 19세기 후반 농업생산 강화정책을 주장했던 사설단체. 농촌의 명사층이 시합, 보조금, 농업지식 보급, 공동구입, 재배시험 등 다양한 행사를 주관했다.

58) 〔역주〕 김화영이 번역한 《마담 보바리》(민음사) 192~224쪽을 참조하라. 농사공진회에 관한 서술은 플로베르가 6번이나 개고한 것으로도 유명하다.

59) André Marie Jean-Jacques Dupin, Discours au Comice agricole de Seine-et-Oise, tenu à Grignon le 7 juin 1835. M. Dupin, *Des Comices agricole et en général des institutions d'agriculture*, Videcoq fils aîne, 1849, p. 101에 재수록.

34. 군복바지 차림의 전원시.

정치판의 반대편 극에 있던 미슐레의 우렁찬 목소리도 이 보수적인 대(大)부르주아의 목소리를 복창한다. 투스넬(Toussenel)과 함께 세계주의적(*cosmopolite*)·유대인적·앵글로 색슨적 "금융봉건제"(*féodalité financière*)[60]를 비난하면서 이 민족적 역사가는 1846년에 출판된《인민》에서 "로마제국 이후 어떤 민족도 갖지 못한" 그리고 그가 보기에는 "인민"을 구성하는 "가장 강력한 기반인 토지소유 농민병사의 이 거대하고 대단한 군단"을 찬미하면서 "2,500만 명의 농업적이고 군사적인 대 프랑스"를 노래한다. 알제리 병사가 농장으로 돌아온 일, 즉 쇼뱅의 귀환을 거론하면서 미슐레는 뒤팽과 똑같은 용어로 토지소유 문제를 제기한다. "우리의 농민을 평가하시고 싶습니까? 군복무를 마치고 귀환하는 그들을 보십시오! 〔…〕 여러분은 아프리카에서 막 돌아온 〔…〕 그들이 불평도 폭력도 없이 프랑스의 힘을 기르는 성스러운 작업을 가장 명예로운 방식으로 수행하려고 애쓰는 것을 보십니다. 말하자면 인간과 토지의 결혼입니다.[61]"

이러한 지배적 담론으로부터 장기복무자뿐만 아니라 고아, 프롤레타리아, 범죄인(을 이주시켜 건설하자는 - 옮긴이) 농업식민지 계획의 대다수에서 암암리에 농부-병사를 재발견하는 것은 놀라운 일이 아니다. 이러한 계획은 당시의 사회적 성찰, 예컨대 카베, 콩시데랑, 앙팡탱 같은 유토피아 사회주의자 또는 투스넬 같은 푸리에주의자들의 사회적 성찰의 핵심부분을 구성하였다. 자신의 팸플릿인《유대인, 시대의 왕》에서 투스넬은 훗날에 그의 찬미자인 드뤼몽이 그랬던 것처럼, 유대인, 공업가, 상인과 같은 사회적 "기생충"을 "유용한 노동자, 그 가치가 알려져 있는 담보 잡힌 토지의 소유자인 노동자"와 대비시킨다. 그는 미래세계의 도덕적 힘의 기반인 병영의 훈련을 받은 "생산적 군대"를 꿈꾼다.[62]

---

60) 〔역주〕 금융자본의 지배세력을 말함.

61) Jules Michelet, *Le Peuole* (1846), Paris, Flammarion/Champs, 1974, pp. 118, 89, 132, 90.

꿈이건 실천되었건 이 식민지들은 일반적으로 그것들 가운데 가장 명성이 높은 이미지 즉 메트레(Mettray)[63]의 이미지에 따라 군대식으로 조직된다.[64] 가난하고 체제전복적인 주민의 배수구 역할을 할 수 있는 알제리의 식민화는 가장 보수적인 것으로부터 가장 혁명적인 것에 이르기까지 똑같은 이상을 실현코자 했던 이 계획들에 새로운 지평을 제공하였다. 이러한 운동 속에서 알제리 총독 뷔고의 농부-병사의 공동체마을의 실험이 배태되었고 그래서 그의 군대·농본(農本)주의적 식민화 시도는 푸리에주의자와 콩시데랑의 표를 얻었다. 게다가 뷔고 원수는 스스로 그 신화의 살아 있는 구현이고자 했다. "나는 일개 농부-병사일 뿐이다"라고 그는 1832년 4월 21일 하원에 편지를 썼다. 이슬리(Isly)[65] 공작이 된 그는 가문의 문장으로 검과 쟁기의 보습을, 가문의 명구(銘句)로 '검과 쟁기'(*Ense et arato*)를 선택하였다.

이 모든 계획, 이 모든 군대·농본주의적 식민지는 공공연한 목표를 가지고 있었다. 즉 항구적 빈곤상태와 범죄의 소멸 그리고 사회적 평

62) Alphonse Toussenel, *Les Juifs, rois de l'époque*, Histoire de la féodalité financière, Paris, Librairie de l'École sociétaire, 1845. pp. 105, 276.

63) 〔역주〕 투르(Tours) 북쪽에 위치한 코뮌.

64) 농업 식민지화에 관한 가장 완벽한 연구는 농업부장관 다구 백작의 요청에 따라 L. F. Huern de Pommeuse가 수행한 *Des colonies agricoles et de leurs avantages*, Paris, Imprimerie de Mme Huzard, 1832와 그다음에 나온 *Questions et réponses relatives aux moyens d'établir en France des colonies agricoles de divers genres*, Paris, Imprimerie de veuve Huzard, 1836. 또한 알제리의 뷔고와 랑드망 신부(l'abbé Landemann)의 군사적 식민지화 계획과 Jules de Lamarque et Gustave Ducat, *Des colonies agricoles établies en France en faveur des jeunes détenus, enfants trouvés, pauvres, orphelins et abandonnés*, précis historique et statistique, Paris, Imprimerie et Fonderie de Rignoux, 1850. F. Martin-Ginouvier, *Mise en valeur de notre empire colonial par le Soldat-laboureur marié faisant souche*, Paris, A. Challamel, 1898. 그리고 Paul Jaillet, *Essai historique et critique sur la colonisation militaire*, Paris, V. Girard, É. Brière, 1903을 보라.

65) 〔역주〕 모로코의 강 이름. 1844년 뷔고가 모로코 군대를 격파한 전투가 벌어짐.

화의 수립 — 진보주의자들은 그것을 유토피아를 연상시키는 완벽한 조화가 지상에서 실현된 것으로 보았다.

박애주의적 식민화계획 가운데서 가장 유명한, 루이 나폴레옹 보나파르트의 식민화계획이 기반으로 삼은 것도 역시 이러한 프랑스의 유난히 농업적인 성격이었다. 《항구적 빈곤상태의 소멸》, 《설탕문제》, 《나폴레옹 사상》 등의 시론에서,[66] 미래의 황제는 나폴레옹 자신에게 농업은 "제국의 영혼이자 토대"[67] 였음을 상기시키면서, 프롤레타리아트가 토지에 뿌리를 내리는 사회구조를 제안했다. 군대식으로 조직된 농업식민지체계 덕분에 군대식 복종을 요구하는 조직체에 가입되어 있고 부패를 모르는, 그리고 근대성을 특징짓는 대중전쟁을 각오한 민족은 투스넬, 미슐레와 함께, 루이 나폴레옹이 비난한 "화폐의 봉건제"[68] 에 연합전선으로 대항할 것이었다.

1848년 농부-병사는 극좌의 신임을 얻는다. 셰르(Cher)[69] 의 사회주의자 국회의원 펠릭스 피야는, 농민을 위한 축배 — 외젠 쉬의 루아레(Loiret)[70] 선거용 잡지인 〈농촌의 공화파〉에 여러 번 재편집되고 출판된 — 에서 "조국과 자유의 종교"를 몸에 심고 "왕에 대한 증오"와 "나라에 대한 사랑"을 결합시킨 "경작지의 남자", "토지의 참된 아들"을 찬미하였다. 피야는, 농민을 정의하는 교독문(交讀文) — 이 교독문은 그것을 지겹게 반복할 페탱주의(*pétainisme*) 에까지 이어진다 — 을 창시함으로써, 농민이라는 낱말 자체를 찬양한다. "이것은 뛰어난 애국자의 이름이다, 농민(*paysan*) 은 나라(*pays*) 의 사람, 나라를 경작하는 사람, 나라를 방어하는 사람을 의미한다." 그리고 결론으로, 정확히 그

66) ID., *Œuvres, op. cit.*.

67) Louis Napolèon Bonaparte, *Des idées napoléoniennes* (1839), *Œuvres*, publiées par M. Charles Edmond Temblaire, Paris, Librairie napoléonienne, 1848, 3 vol. vol. I, p. 240.

68) ID., *Extinction du paupérisme* (1844), *Œuvres, op. cit.*, vol. II, p. 266.

69) 〔역주〕 파리 분지, 상트르 지방에 있는 도. 부르주가 중심도시.

70) 〔역주〕 파리 분지 중앙에 위치한 도. 오를레앙이 중심도시.

의 정적인 뒤팽처럼, 농부와 병사의 혼합을 말한다. "병사에게 경의를 표합니다! 농부에게 경의를 표합니다! 농민에게 두 배로 경의를 표합니다!"[71] 같은 순간에 1848년과 1849년에 코트도르의 노동자 국회의원이자 〈마을 신문〉(1849~1851년)의 창설자인 피에르 주아노는 "민주적이고 사회적인 농민공화국"의 도래를 설교하면서 자신의 "농촌형제들"에게 연설하였고,[72] 이것은 1870년 강베타의 연설에 다시 나타난다. 1848년 당시 피에르 뒤퐁은 그를 유명하게 만든 〈농민의 노래〉와 〈병사의 노래〉를 작곡하는데, 나중에 데룰레드는 이것을 자신의 두 주요 작품집의 제목으로 택했다. 거기서 농민과 병사는 1793년의 정신을 부활시킨 한 농부-병사가 쟁취한 공화국의 재생 속에서 서로 구분할 수 없게 하나가 된다.

> 병사들이여, 도시인들이여, 자리를 내주어라
> 당신의 깃발 아래서 싸우는 농민들에게,
> 우리는 모두 총궐기하리라
> 우리의 쇠스랑과 큰 낫을 들고.[73]

1848년의 많은 핵심 공화파가 (루이 나폴레옹의 쿠데타가 일어난-옮긴이) 1851년 12월 2일 이후 유배당하고 1870년이 되어서야 되돌아오

71) Félix Pyat, *Aux paysans de la France*〔제2공화국 선포 기념일인 1849년 2월 24일 연회에서 펠릭스 피야(Félix Pyat)가 행한 연설〕, Le Mans, Imprimerie de J. Tousch, V. Labbé L. Beaudoire et Cie, 1849와 Paris, Bureau de la Propagande, 1849. Eugène Sue, Félix Pyat, Pierre Joigneaux, Victor Schoelcher, Pierre Dupont, *Le Républicain des campagnes*, nouvelle édition, Paris, Librairie de la Propagande démocratique et sociale, 1851, pp. 61~64에 재수록.

72) Pierre Joigneaux, "À mes fréres des des campagnes", *Le Républicain des campagnes*, *op. cit.*, p. 85.

73) Pierre Dupong, *Le Chant des paysans*, Paris, l'auteur, 1949. *Le Républicain des campagnes*, *op. cit.* p. 85에 재수록.

지만, 이 운명을 피한 피에르 뒤퐁은 전적으로 농부-병사의 영광을 기리는 《시골 병사 장 게스트레의 연력》을 출판하는데, 거기서 "프랑스 농민"은 페탱주의 담론에서처럼 "자신의 판단에서는 냉혹하고, 자신의 품행에서는 순수하고 단순하며, 자신의 황소처럼 근면한", "선량한 남편, 가족의 선량한 아버지"로 등장한다. 토지 자체에서 태어난 최초의 프랑스인, "토지의 자식인 그는 자신의 세금을 내고, 조국을 지키고, 모든 사람을 먹여 살린다."[74]

로마인의 도덕적 힘이라는 고대의 상징을 부활시킨 혁명담론의 이러한 농본주의의 폭발 앞에서 보수주의는 이 농민을 비난하는 것이 아니라 복고왕국에서처럼 농민을 회유하는 것으로써 즉각 응수한다. 공화국 만세! 황제 만세! 국왕 만세!라고 외쳤던 농부-병사가 드부알 신부의 저술 속에서 이제 그리스도의 병사가 된 것이다. 성공한 인기소설의 저자인 드부알은 자기 작품에서 농민에게 중요한 자리를 부여한다. 그는 제2제국 초기에 병사-농부 마티외 샤뤼(Mathieu Charrue)[75]의 회고록이라고 묘사된 일련의 작품들 즉 《늙은 농민의 회고록》(1851), 《형제 농부들에게 보내는 늙은 농민의 편지》(1852), 《농민-병사》(1853)를 출판한다. 끝으로 그는 공업문명을 비난하는 최초의 농촌탈출소설의 하나인 《쟁기와 카운터 또는 도시와 농촌》(1854)을 르네 바쟁의 《죽어가는 토지》가 나오기 수십 년 전에 쓴 저자이다.

드부알은 1848년의 사회주의자들에게서 찾을 수 있는 것과 같은 농부-병사의 모든 테마를 답습하고, 거기에 종교라는 테마를 첨가한다. 드부알의 농부-병사가 토지에서 끌어낸 도덕적이고 군사적인 힘을 발전시킬 수 있었던 것은 그가 기독교인이었기 때문이다. 《늙은 농민의

---

74) ID., *Jean Guètré, Almanach des paysans, des meuniers et des boulangers, pour 1854*, Paris, J. Bry aîné, 1853, pp. 15~16. 이 연력의 1860년도 판인 *Almanch de Jean Guestré, Rustique et guerrier* (1859)에는 뷔고의 모토인 "Ense et aratro"(검과 쟁기)라는 명구가 들어 있다.

75) 〔역주〕 Charrue는 '쟁기'라는 의미의 단어이다.

35. 쟁기의 날의 변화 : 농업과 전쟁의 프랑스가 무명의 병사의 장례행렬을 따라간다.

편지》의 되풀이되는 주제, 즉 "농업계급이 프랑스를 구원하리라"는 것은 그 계급이 신앙심이 두텁고 마을 주임사제에게 복종하기 때문이다. 마티외 샤뤼는 자기 형제인 농부들에게 경고한다. 2월에 당신들을 속였던 사회주의자들을 믿지 마라, 그들의 목표는 소유권의 폐지이다, 차라리 여러분의 사제를 따르라! 그리고 시골사람들에게 내부의 적에 대항하는 동원을 호소한다. "여러분은 말하자면 적의 대대가 맞부딪혀 봐야 아무 소용없는 병사들의 '방진'(方陣)과 비슷한, 뚫고 들어갈 수 없는 덩어리이다. 〔…〕 농부들이여! 농부들이여! 자신을 방어하라![76]" 그러나 가톨릭 농민의 이 병사로서의 도덕적 힘은 외국군에 대해 또한 훌륭한 효과를 발휘한다. "기독교 병사보다 더 아름다운 것은 없다"고 드부알은 자기의 영웅에 관해 썼는데, 《농민-병사》에서 그 영웅은 쇼뱅과 비슷한 일련의 입문단계를 겪는다. 즉 첫 번째 사격에서는 공포에 떨고, 두 번째 사격에서는 용기를 보여주고, 계급은 하사이고… "내 모든 삶의 야심"을 재발견하기 전에는 "농부의 평온한 생활"을 한다.[77]

언제나 제2제국기의 농부-병사는 시에서 중요한 자리를 차지한다. 1868년에 아카데미 프랑세즈 회원이 된 조제프 오트랑은 오늘날 완전히 망각된 존재이지만, 그는 자기 시대에는 서적판매로 엄청난 성공을 거둔 사람이었다. 1869년 비평가 퐁마르탱에 의하면, "지난 15년 이래, 빅토르 위고를 제외하고는, 어떤 시인도 그렇게 많은 책을 판매한 사람은 없다." 그의 가장 유명한 시집 《농부와 병사》는 "8일 만에 다 팔렸다".[78] 그다음 시집이 《시골 생활》(퐁마르탱에 의하면 15일 만에 매진됨)과

76) Augustin Devoille, *Lettres d'un vieux paysan aux laboureurs ses frères* (1852), *Mémoires d'un vieux paysans suivis des lettres d'un vieux paysan aux laboureurs ses frères*, Paris, J. Vermot, 1859, pp. 212~215.

77) Mathieu Charrue, *Le Paysan-soldat*, épisode de la Révolution et du Consult, publié par A. Devoille, Besançon, Cornu, 1853, p. 382.

78) Armand de Pontmaritn, *Nouveaux Samedis*, Paris, Michel Lévy frères, 1870, vol. VII, p. 93.

《시골 편지》였다.

오트랑은 피에르 뒤퐁에 필적하는 보수주의자로 볼 수 있다. 그의 어조는 더 귀족적이고 덜 가요적이지만 그 어조는, 로망 다마에 의하면, 그가 "서민의 시인 〔…〕 자라나고 있는 민중시인"이라는 사실을 빼앗지 않았다. 그리고 그는 자신의 무덤에 'Exaltavit humiles'(비천한 자들을 높이셨네)라는 비명을 새겨 넣었다. 그의 시들은 그보다는 더 전투적이지만 신조에서는 일치하는 드부알의 그것과 비슷한, 도시와 공업으로 인한 부패에 대한 격렬한 거부 속에서 농부-병사를 격찬한다. 유난히 쇼비니스트적인 그의 시에서 농민은 본디 병사이고, 그 시는 크림 원정과 군대식으로 편성된 민족의 애국적 결속을 찬양하는 데 쓰인다.

> 프랑스를 사랑하라! 우리가 사는 이 토지를 사랑하라,
> 생기, 열렬한 자부심이 언제나 너무나도 풍부해서,
> 세계가 언제까지나 그 위대함을 경탄하는 나라.
> 검 또는 쟁기를 다루는 사람은 복이 있도다,
> 그의 영광은 확대되고 그의 재산은 증가하리니!
> 하나님 덕택으로, 나는 이 이중의 위임을 맡는 영광을 가졌으니,
> 병사로서 내가 행군했던 이 땅의 농부인 나![79]

1870년의 재앙 이후 "농민공화국"이라는 테마가 다시 나타났을 때, 농부-병사는 자신의 이력을 계속해 나간다. 1868년부터 소책자로 출판되었던 한 공화파 농부-병사의 가상전기인 에르크만-샤트리앙의 《한 농민의 역사, 1789~1815년》이 재출판되었다. 그러고 나서 데룰레드가 1848년의 피에르 뒤퐁처럼 《농민의 노래》와 《병사의 노래》를 똑같은 메시지에 연결시켰다. 이상적 병사인 농민은

---

79) Joseph Autran, *Laboureurs et soldats* (1854), Paris, Michel Lévy frères, 2e èd., 1854, p. 28.

오 전투에 딱 맞는 인종
굳센 몸, 숭고한 영혼을 지닌,

으로, 포화의 세례로부터 다시 한 번 쇼비니스트적인 감동을 경험한다.

그가 무턱대고 발사한 것은
첫 번째 교전에서였지
두 번째에서는, 빌어먹을!
그는 기다리고, 그는 조준하고, 그는 명중시키지.

끝으로, 타협하지 않는 애국자, 영웅적 병사, 나라를 먹여 살리는 사람인 무장한 농민은 또한 계급과 정당을 화해시키는 가장 좋은 주체이다.

모든 것이 갈라져 있는 프랑스에서,
프랑스인이 모토로 삼았던 것은 무엇인가,
각자는 모두를 위해, 모두는 국가를 위해,
병사.[80]

획일화하는 화해는 (독일에 대한 - 옮긴이) 복수(復讎)전쟁에서뿐만 아니라 국내에서 다시 한 번 벌어진 "금융봉건제에 대한 토지와 종족의 투쟁"에서도 실현되는 '토지와 죽은 자'로 인해 운명을 함께하는 "숲의 종족, 농업의 종족, 포도재배의 종족"으로서 프랑스인의 연합을 주장하는 바레스에게서도 나타난다.[81]

제1차 세계대전 직전에, 쥘 페리 내각의 전 농업부장관이자 그의

80) Paul Déroulède, "En route", *Chants du paysan* (1894), Paris, Fayard, 1908, p. 111.

81) Maurice Barrès, *Scènes et doctrines du nationalisme*, édition définitive, Paris, Plon, 1925, 2 vol., vol. I, p. 97과 vol. II, p. 180.

이름을 딴 보호관세의 아버지이며, 1885년에 레종도뇌르라는 군대조직을 모델로 한 농업공로훈장의 창설자인 쥘 멜린이 《토지로의 귀환》을 출판하였다. 루소와 미슐레의 제자인 멜린은 드부알, 오트랑과 마찬가지로, 도시와 상공업으로 인한 프랑스의 부패에 대한 그의 강한 거부감을 표현하였다. 사회와 종족의 도덕적·신체적 퇴화에 직면한 상황에서 구원은 토지로의 귀환에 있다. 긴급히 "프랑스를 위해 고갈되지 않는 힘의 저장소이고 사회적·정치적 형평의 비할 바 없는 담보인 소토지소유자의 군대를" 구성할 필요가 있다고 멜린은 썼다.[82]

얼마 후(즉 제1차 세계대전 시 - 옮긴이) 농부-병사의 이 이상적 프랑스가 그것이 달성할 수 있는 기적의 개략적 모습을 참호 안에서 보여주었을 때, 멜린은 그것을 자신의 시스템의 탁월성의 증거로 보았다. 그가 꿈꾸는 시골의, 자급자족의, 강력한, 애국적인, 병사의 민족국가를 건설하려면 그 어느 때보다도 토지로의 귀환을 일반화하는 것이 중요하다. 토지로의 귀환은 실질적 십자군의 목적 즉 1919년에 그가 출판한 저서의 제목 《토지를 통한 구원》의 목표가 되었다. 이 책에서 그는 이 "군대"가 개시할 그리고 그것이 그들을 물론 "승리"로 이끌 "새로운 전투"를 위한 "농민병사"의 "동원", "농업용사"의 "신성한 군대"를 통한 "농업군대" 징병계획을 상술하였다.[83] 멜린 혼자서 이 십자군에 뛰어든 것은 아니었다. 다수의 농본주의적 애국적 저자들,[84]

---

82) Jules Méline, *La Retour à la Terre et à la surproduction industrielle* (1905), Paris, Hachette, 3e é., 1905, p. 218.

83) ID., *Le Salut par la Terre et le programme économique de l'avenir*, Paris, Hachette, 1919, pp. 77, 218, 190, 81, 83, 226.

84) 예를 들자면, Paul Harel, *Voix de la glèbe*, Paris, A. Lemerre, 1895. Maurice Rollinat, *Paysages et paysans*, Paris, É. Fasquelle, 1899. Emmanuel Labat, *L'Âme paysanne. La terre, la race, l'école*, Paris, Delagrave, 1919. Pierre Caziot, *La Terre à la famille paysanne*, Paris, Librairie agricole de la Maison rustique, 1919. Joseph de Prequidoux, *Sur la glèbe*, Paris, Plon-Nourrit, 1922. Michel Augé-Laribé, *Le paysan français après la guerre*, Paris, Garnier, 1923.

즉 멜린이 《죽어가는 토지》(1899) 라는 소설로 포르노그래피에 의해 타락한 문학을 쇄신한 사람으로 본 르네 바쟁의 모방자들이 그를 뒤따랐다. 르네 바쟁 자신도 1916년 농부-병사의 영광을 기리는 다른 두 작품 — 토지로의 귀환을 감동적으로 호소하는 《오늘과 내일》, 《프랑스 농촌과 전쟁》 — 을 발표하였다.

이상과 같은 것이 제 3공화국 50주년 기념축제 및 강베타 유해의 팡테옹 이장과 일체가 된 1920년 11월 11일의 무명용사 매장의식을 주재한 정신이었다. 식이 거행되기 전주에 공화파 역사가 가브리엘 아노토가 〈릴뤼스트라시옹〉(*L'Illustration*, 삽화) 지에 "1870~1920년"이라는 제목의 글, 즉 제 3공화국 50년의 절정인 '신성한 단결'(*l'union sacrée*)[85] 을 찬양하는 글을 발표하였다. 1870년 전쟁에서 패배한 프랑스가 1918년에 승리했다면 그것은 프랑스가 마침내 "단지 군대로서가 아니라 민족국가로" 싸웠기 때문이라고 아노토는 썼다. 그리고 단결(*l'union*) 이 열매를 맺었다면 그것은 "제 3공화국이 나라의 깊은 층에 근거를 두고 있기" 때문인데, 왜냐하면 제 3공화국의 창설자인 티에르와 강베타가 보았듯이, "이 폭넓은 민주공화국은 무엇보다도 농민공화국이었기" 때문이다. 사실상 "육체적 힘, 인내, 못이 박인 손, 이 땅의 소금"으로 요약되는 것이 농민이다. 이 밭의 건장한 남자는 그 영혼의 깊은 곳에서는 병사이다. 그래서 "첫 번째 북소리에 이 늙은 군대식 인민이 깨어났던 거다". 그 결과 사태에 딱 들어맞는 농부-병사라는 프랑스인의 바람직한 종합이 이루어졌는데, "왜냐하면 이 전쟁은 '도시민이 아니라 토지에 매달려 사는 사람들'(*terriens*) 의 일이었고, 이 전쟁은 스스로 참호 속으로 숨었고, 프랑스가 스스로를 지킨 것은 토지의 사람들에 의해서 그리고 토지를 통해서였기 때문이다." 멜린의 사상을 답습하면서 아노토는 당시 토지로의 귀환과 토지를 통한 구원을 호소하였다. 왜냐하면 "이 농민, 이 전쟁의 프랑스인은 하루아침에 전형적 프

85) 〔역주〕 1914년 푸앵카레가 전 프랑스인에게 이념적 대결을 초월해 단결하자고 선언한 말.

랑스인, 평화의 낮은 프랑스인이 되고 〔…〕 이 힘차고 온건하고 근엄한 프랑스는 전쟁에서 승리했던 프랑스이고, 승리 후에 그 프랑스는 자신의 밭고랑으로 되돌아갔기" 때문이다.

11월 11일 밤에 이 무명용사가 자신의 마지막 안식처로 가는 것을 동행했던 횃불을 든 거대한 시위대의 결성은 이 (농부-병사 - 옮긴이) 신화의 사실상의 연출이었다. 기병, 사이클주자, 갈리예니의 택시를 앞세우고 뒤로는 프랑스 식민지의 장식마차를 둔 프랑스는 일련의 농촌적 상징들로 표상되었는데, 그 한가운데에 알자스의 장식마차가 모습을 보였다. 월계수, 떡갈나무, 접시꽃의 뒤로 '농업용 트랙터로 변조된 탱크' 한 대(검을 쟁기의 보습으로 바꾸는 것의 공업시대 판 버전), 프랑스의 수탉과 꽃들, 수확과 포도 따기가 뒤따랐다. 장미, 밀, 포도주와 월계수, 쟁기로 전환된 검 등, 샹송, 보드빌, 복고왕국 시기의 판화에 나오는 것과 같은 모든 쇼비니즘의 상징들이 그 함의를 논할 필요가 없는 하나의 행진 속에 집중되고 구현되어 있었다.[86]

노동, 가족, 조국, 군사훈련과 지도자에 대한 숭배, 농부-병사에 대한 멜린과 그의 추종자들의 쇼비니스트적 찬미가 직접적으로 페탱주의에 이르는 길을 열었다. 새로운 국가적 재난을 맞이하여, 이 페탱 원수의 프로그램의 본질은 사실상 멜린의 계획을 실현하고 "민족혁명"(*Révolution nationale*)을 통해 진정한 프랑스, 즉 농부-병사의 프랑스를 건설하려는 시도에 있었다. 그 프로그램의 최고의 표현은 아리에주(Ariège)[87]에 있는 카풀레쥐니야의 "농민위령탑" 제막식 때인 1935년 11월 17일에 그가 행한 연설문 안에 들어 있다. 토지의 영광에 관한 그 이후의 페탱의 모든 선언은 축자적(逐字的)으로 이 연설을 본뜬 것이고, 문단 전체를 반복하기도 했다. 페탱에게도 — 왜냐하면, 우리가 보았듯이, 그는 단지 정당의 한계를 초월한 민족국가 담론의 긴 전통

86) *L'Illustration*, n° 4054, 13 novembre 1920, p. 360에 재수록된 그림.
87) 〔역주〕 피레네 산악지역에 있는 도.

을 연장했을 뿐이기 때문이다 — 농민의 도덕적 힘(자기 토지에 대한 뱃속에서부터 나오는 뿌리 깊은 사랑, 인내, 울 때의 집요함, 노력할 때의 끈질김…)은 "또한 진정한 병사를 만드는 도덕적 힘이다". 그는 건장하고, "그는 농민으로서의 자신의 의무와 마찬가지로 조용한 확신을 가지고 자신의 군사적 의무를 완수한다". 작전에 끊임없이 동원되고, "무슨 일이 일어나도, 그는 맞서고, 그는 버틴다". 그가 바로 프랑스다. "그의 영웅적 인내로 프랑스를 만들어 내고, 프랑스의 경제적·정신적 형평을 확보해 주는 사람"이 바로 농부-병사이며, 그는 "도덕적 힘의 원천이다". 왜냐하면 "그는 그 힘을 바로 조국의 땅으로부터 끌어내기" 때문이다.[88] 이상과 같은 전제에 입각하여 페탱은 1940년에 이렇게 외칠 수 있었다. "토지는 거짓말을 하지 않는다. 그것은 여러분의 영원한 의지처이다. 그것은 조국 그 자체이다."[89]

쉴리와 (페탱의 - 옮긴이) 카풀레쥐니아의 연설문을 서론 격으로 첨부하여 재출판된 《농업 극장》의 올리비에 드세르와 더불어, 페탱주의 문학은 뛰어난 농부-병사이자, 검과 쟁기를 하나로 만든 원수인 뷔고를 상찬한다. 뷔고의 이 서민적 이미지의 찬미는 "또 한 사람의 원수"를 떠올리게 하는 완벽한 기회였다. 자신이 시골 출신임을 자랑하는 늙은 병사인 페탱, 즉 농민-원수는 그리하여 그 나름으로 농부-병사를 구현하였고, 그는 불명예로 인하여 그것의 마지막 화신이 될 것이었다. 이 건국신화는 치욕으로 무너졌고, 그래서 민족국가 의식에 의해 격퇴되었다. 망각되고, 무시되고, 감춰진 이 농부-병사는 기억과 수집품과 박물관에서 쫓겨났으며, 한때 시골 초가집의 깊숙한 곳에까지 존재했던 페탱 원수의 이 초상화처럼 사라졌다.

---

88) 필리프 페탱(Philippe Pétain) 원수가 1935년 11월 17일 카풀레쥐니아(Capoulet-Juniac)의 사망한 농민 기념비 제막식에서 행한 연설. 이 연설은 José Germain, *Notre chef Pétain*, Paris, La technique du livre, 1942, pp. 181~182에 고스란히 재수록되어 있다.

89) ID., 1940년 6월 25일 연설, *La Doctrine du Maréchal classée par thèmes*, Paris, 1943, p. 94.

LE SOLDAT LABOUREUR

SOLDATS de l'Armée d'Alsace, nous servons en combattant, mais chacun de nous demeure ce qu'il était hier encore : artisan ou laboureur et, quand le combat s'apaise, nous reprenons la charrue et nous retrouvons l'outil. Derrière les avant-postes, dans les terres désertées, artilleurs ou fantassins, nous traçons notre sillon là même où l'aurait tracé le paysan alsacien. Paysans des Pyrénées, du Cantal ou de Savoie, nous labourons cette terre comme celle de chez nous. Nous préparons les semailles, nous préparons les moissons. Nous en ferons la récolte, avec les filles d'Alsace, aux Fêtes de la Victoire.

36. 밀 전선의 전투, 공유된 노력 속의 민족적 단결.

쇼뱅의 유언

쇼뱅에 의해 완벽하게 의인화된 농부-병사를 "건국신화"로 특징지으면서, 우리는 이 개념을 가장 강한 의미로, 즉 드니 드루즈몽, 미르세아 엘리아드, 레비스트로스의 유명한 정의들을 요약하자면, 저자를 알 수 없으나 일상생활을 총체적으로 구동(驅動)하는 이미지를 지닌 (또는 전달하는 - 옮긴이) 교훈적 이야기로 해석하였다. 아주 강한 정서를 담고 있는 이 이미지는 종교적 신비(*mystères sacrés*)를 계시해 주는 존재이다. 바로 이런 방법으로 이 신화는 하나의 기능을 수행한다. 즉 그것은 집단의 결속을 확보해 주는 행동과 태도를 강요한다.

쇼뱅의 반복적이고 호환가능한 모험들은, 늙은이의 이야기이건 아니면 젊은 병사의 체험이건, 그 어릿광대짓을 통해, 일상의 부침으로부터 벗어나게 해주고 (한 개인이나 집단의 - 옮긴이) 시초(始初)의 위대한 시간의 신(*le Grand Temps*)과 다시 이어지게 해준다. 공화파와 보나파르트파에게 시초의 그 시절은 가깝기 때문에 더욱더 그들을 열광케 한다. 그 시절이란 프랑스혁명과 제국전쟁의 영광이라는 후광에 둘러싸인, 1789년의 수치스러운 역사적 과거와의 혁명적 결별을 말한다. 스페인, 그리스, 알제리, 크림에서 삽화적으로 체험한 이 영광은 1815년 이후 그리고 "복수"라는 사상 속에서 제1차 세계대전 때까지 메시아를 기다리는 것과 같은 마음으로 소중히 간직된다. 반동파에게 농부-병사와 비슷한 역할은, 승리한 조정자이자 화해자이고, 쉴리를 매개로 한 농본주의적 프랑스의 챔피언이며, 복고왕국의 선전으로 나폴레옹의 압도적 이미지에 맞서 내세워진 앙리 4세의 치세에 주어진다. 좌파에서와 같이 우파에서도, 농부-병사라는 이 신비스러운 인물은 정치적 분열을 넘어선 구원의 전달자인 것이다.

위대한 시간의 신과 다시 이어지기 위해서는 특정한 행동규범을 따르고 이러저러한 주문의 힘을 빌릴 필요가 있다. 그래서 농부-병사의 신화는 특정한 태도를 강요하고, 그 신화를 구현한 쇼뱅은, 풍자적 인물이기는커녕, 미크로스 몰나르에 의해 창안된 '행동방식의 문화적 모델'(*modèles culturels de comportement*)이라는 범주에 들어간다. 예술적·문화적 생산물인 이 행동방식의 문화적 모델은 현실의 반영이 아니라 권력이나 정당 그리고 더 막연하게는 공중(公衆) 스스로가 그랬으면 하고 원하는 것의 완벽한 표상이다.90) 현실적 또는 이상적, 정해진 또는 정해지지 않은 사회규칙에 순응하면서, 이 문화적 모델은 자신의 직업을 "잘 해내고" 그 직업으로 적절한 보상을 받는다. 영웅이나 광신적 애국자가 아니라 절대적 순응주의자임을 드러낸 쇼뱅이 바로 그 경우이다. 군대의 위계서열 구조에 완벽하게 적응한(그에게 행복과 자유는 질서에 순종하는 것으로 요약된다) 그는 또한 대중전쟁의 희생 요구에도 적응한다.

샤토브리앙과 샤를레가 우리에게 말해주듯91) 제1제국 시기에 등장한 이미지인 "총알받이"의 완벽한 표현인 그는, 쟁기로 돌아오자, 부르주아 사회가 자신의 도그마로 삼은 생산성의 요구에 놀랍게 적응한다. 그의 보잘것없는 재능은 허영심과 그가 만족해하고 심지어는 자랑스러워했던 하사 또는 중사계급장에 의해 초라하게 보상을 받는다. 모든 사람 중의, 그 자신이 바보여서 심지어는 바보 중의 바보도 될 수 있는

---

90) Miklós Molnár, "Le modèle culturel stalinien", *Cahiers Vilfredo Pareto*, Genève, Droz, vol. XIX, 1981, pp. 101~113.

91) "인간의 삶과 프랑스에 대한 경멸은 신병(징집병)들을 '원료'(*matière première*) '총알받이'라고 명명할 정도에 이르렀다"고 나폴레옹 군대에 대해서 샤토브리앙은 썼다. 그리고 "성년에 도달하기도 전에 그들의 초가집으로부터 끌려나온 이 불쌍한 사람들은 〔…〕 적의 포탄을 고갈시키기 위해 아주 위험한 장소에서 '총알받이'로 사용되었다." "De Buonaparte et des Boubons"(1814년 3월 30일), *Mélanges politiques et littéraires*, Paris, Firmin-Didot, 1857, pp. 179, 186. 1838년, 극단적 군군주의자이자 보나파르트주의자인 샤를레(Charlet)는 그가 쓴 *Vie civile politique et militaire du caporal Valentin*의 미완의 서문에서 자신의 영웅에 대해 이렇게 썼다. "이런 종류의 인간은 전쟁터의 쇠고기 덩어리라고 불린다. 왜냐하면 그는 포탄의 좋은 먹이가 되기 때문이다." 대령인 de la Combe, *Charlet, sa vie ses lettres*, *op. cit.*, p. 119에서 인용.

서민적 모델인 그(쇼뱅)는 복고왕국과 7월왕정기에 이미지, 샹송, 그리고 점차적으로 유행하던 독본을 통해 전통적인 도덕담론 속에 침투한다. 학생들과 병사들을 훈련시킨 쥐시외의 《낭뛰아의 시몽》(1818), 《피에르 기베른》(1825) 같은 교훈적 이야기는 그 쇼비니스트적 함의를 통해 벤저민 프랭클린의 좌우명에는 없던 군대-농본주의적 특성을 부여하고, 그럼으로써 프랭클린의 메시지를 프랑스 사회에 맞게 각색한다.

끝으로, 쇼뱅 담론의 깊고 궁극적인 '기능'은 무엇인가? 오라스 베르네의 그림을 포함한 여러 유명한 그림의 테마를 답습해 온 판화나 시나 샹송을 통해,[92] 농부-병사의 역사는, 신화의 방법 즉 베일에 가린 비유적 방법에 의해, 농부-병사가 저도 모르게 드러내는 말로 표현할 수 없는 어떤 신비로운 것을 인식하게 만든다. 그 신비로운 것이란 조국의 영토의 종교적 성격인데, 그 영토의 부식토는 영웅들의 시체로 이루어져 있으며 농부-병사가 그 시체를 자신의 쟁기의 보습으로 파내는 일도 있다. 베르길리우스의 《농경시》[93]에 나오는 시 구절에 영감

---

92) 1818년 피에르 로슈 비녜롱(Pierre Roch Vigneron)은 〈병사-노동자〉(*Soldat-laboureur*)라는 그림을 그렸고, 1820년에 오라스 베르녜(Horace Vernet)도 한 그림에서 이 주제를 다루었는데, 그 주제는 오늘날 망각되었지만 1857년 11월 22일자 *L'Artiste*에 ("Horace Vernet"라는 제목의) 글을 쓴 비평가인 폴 망츠(Paul Mantz)에 의하면, "그로(Gros)가 그린 어떤 그림보다도 더 큰 성공을 거두었다". 일군의 석판화, 목판화, 리쾨르 술병의 상표가 이 작품에서 착상을 얻었다.

93) Virgile, *Géorgiques*, I, "Le labourage". 18세기의 가장 유명한 고전파 시인인 드릴(Delille) 신부는 농부-병사를 그린 석판화의 전설로 흔히 인용되는 구절에 대해 다음과 같은 프랑스어 번역을 제시하였다.

언젠가 이 동일한 고랑에서 일하던 농부는
수많은 대대의 유물이 잠자고 있는 그곳에서,
보습의 날로 그들의 오래된 유해를 파내고
그의 발밑에서 녹슨 군도를 발견할 것이다;
영웅들의 철모 부딪히는 소리를 들을 것이고
괴로워하는 눈으로 그들의 뼈를 응시할 것이다.

을 받아 노래와 그림과 판화와 조각에 묘사된 이 장면은, 새로운 맥락 속에서, 태어난 영토의 육체적, 신성불가침적, 범접할 수 없는, '타부'적 성격을 지닌 최초의 가장 강력한 이미지가 된다. 농부-병사는 그가 자신의 땀과 피로 풍요롭게 만든 이 엄숙하고 신성한 토지와 특별한 관계를 맺으며, 오직 그만이 그런 관계를 맺는다. 1937년 5월 27일 아카데미 프랑세즈 입회 연설 시의 페스키두의 공식에 따르면, 실제로 프랑스의 토지는 "프랑스 농민 속에 '구현'(*incarnée*)"되어 있고, 프랑스의 토지는 농부의 살 그 자체요 그 역도 마찬가지이다. 1820년경에 나타난 원초적이면서 동시에 아주 강력한 이런 이미지들은, 상상력을 자극하고 존경심과 경탄을 불러일으키는 특별한 성질을 통해, 기억 속에서 근자의 역사—즉 워털루와 프랑스의 원정이라는 외상성(外傷性) 사건[94]—를 불멸의 존재로 만드는 고대적 원천으로 우리를 되돌아가게 만든다. 그리고 기억 속에서 그 역사는 고대적 원천을 통해 신화의 구조와 결합된다. 우리는 거기서 더 이상 지역적이 아니라 민족적인 민속의 토대가 형성되는 것을 본다. 그 민속은 거칠고 종족적이고, "영도(零度)" 즉 출발점의 미가공 자료의 성격을 지니며, 바레스와 모라스의 담론처럼 더 일관되고 정교한 담론들이 그것을 나중에 토지 및 사자(死者)와 함께 신화적·생물학적 유대로 연결되는 민족주의 이데올로기로 합리화하고 변형시킨다.

끝으로, 그 신화는 또한 집단의 기원과 집단의 깊은 성격을 명백히 보여주고 나서 그 집단의 결속을 확보하는 기능을 한다. 그것은 사회에 토대를 놓고 사회의 규정과 의례를 통해 사회의 단합을 유지시킨다. 쇼뱅은, 계급 간 당파 간의 적대감을 넘어, 토지에 대한 예찬, 군

Abbé Jacque Delille, *Les Géorgiques de Virgile* (1769), *Œuvres complètes*, Paris, Firmin-Didot, 1865, p. 320.

94) "외상성 사건"(*événement traumatique*)의 개념과 심적태도(*mentalité*)에 미친 그것의 영향에 대한 깊은 분석에 관해서는 Saul Fridländer, *Mémoire collective et événements traumatiques : Le cas du nazisme* (근간)을 참고할 수 있을 것이다.

37. “땅은 거짓말을 하지 않는다.” 노동, 가족, 조국 : 농부–병사의 프랑스.

사적 가치, 외국인에 대한 증오 속에서 민족적 화해의 꿈을 운반하는 사람이다. 쇼뱅의 이야기가 말하는 것 그리고 막 결투를 벌이려고 하는 두 젊은 병사를 떼어놓는 고참을 그린 샤를레의 판화가 완벽하게 표현하고 있는 것이 바로 이것이다. "우리는 모두 프랑스인이야 쇼뱅, 사태는 해결될 수 있어"라고 늙은 근위병은 그들 중 하나에게 말해준다. 이 말은 보드빌을 통해 되풀이되고 그 말의 기원은 망각되었음에도 불구하고 유명해지며, 19세기 내내 대개는 격정적으로 반복되지만 어떤 경우엔 신랄한 야유조로 말해지기도 한다. 예컨대 루이 레보는 보호주의와 "프르르르앙스 양모"(*laines frrrrançaises*)에 대해 잘 알지도 못하면서 찬양을 하는 자신의 (소설의 주인공인 - 옮긴이) 우스꽝스러운 양품업자 제롬 파튀로의 입으로 이 말을 하게 만든다.[95]

'형성 중에 있는'(*en formation*) 민족국가의 고정된 이미지와 특징을 분명하게 보여주는 행동과 태도의 모델이면서 동시에 조국의 본질에 대한 기억인 쇼뱅은 자신의 몸을 훨씬 뛰어넘는 하나의 신화를 구현한다. 어떤 야유로도 지울 수 없는 페탱 사건으로 인해 퇴색해 버린, 문화적 · 도덕적 퇴보와 종족주의적 · 잠재적 성차별주의적 · 외국인 혐오적 폭력의 운반자인 그 신화는 그가 우스꽝스러우면서 동시에 영광스러운 그것의 소산물이었던 프랑스인의 선별적인 민족국가의 기억에서 지워졌다. 그러나 그 신화가 아무런 흔적도 남기지 않은 채 사라진 것은 아니다. 쇼뱅과 같은 태도, 쇼뱅과 같은 반응이나 아주 불합리한 정치 슬로건, 또는 억압된 것의 정상으로의 기묘한 회복 등등은 때때로 우리로 하여금 우리도 모르는 사이에 농부-병사의 떠들썩한 메아리, 즉 때로는 프랑스의 목소리이기도 한 보잘것없는 목소리를 떠올리게 만든다.

---

95) Louis Reybaud, *Mémoires de Jérôme Paturot, patenté, électeur et éligible*, Bruxelles, Méline, Cans et Cie, 1834, 2 t. en 1 vol., t. I, p. 234.

베르됭

유명한 전투들, 특히 침략자를 멈추게 하려는 의지를 통해 국가정체성을 입증하는 전투들은 국민의 기억 속에 남아 있다. 이 유명한 전투들 가운데 가장 대표적인 예가 고대 그리스의 테르모필레 전투와 제2차 세계대전 때의 스탈린그라드 전투다. 베르됭 전투의 경우도 예외가 아니다. 한 사건이 어떻게 상징으로 변모했는지, 국민적 기억의 결정체가 어떻게 역사적 장소에서 구체화되었는지를 이해하기 위해 연구하는 것은 흥미롭다.

1916년 베르됭 전투와 그 결과

우선 전쟁사 차원에서 베르됭 전투는 아주 잘 알려져 있다. 이 전투에서 지형은 아주 중요한 역할을 했다. 뫼즈(Meuse) 강[1]의 북동쪽은 뫼즈 고지로 알려진 고원 방향으로 완만하게 비탈져 있으며, 그곳으로부터 베브르의 평원 쪽으로 가파른 내리막으로 경사져 있다. 뫼즈 강은 남쪽에서 평원을 수십 킬로미터 가로질러 북북서쪽으로 흐르고 있다. 베르됭은 꾸불꾸불한 뫼즈 강을 따라 건설되었다. 1916년 초에 전선은 베르됭 주변으로 넓은 호를 그리고 있었다. 아르곤과 보쿠아에서

1) 〔역주〕 프랑스 북동부, 랑그르 고원에서 시작해 벨기에, 네덜란드를 거쳐 북해로 흘러 들어가는 강. 길이는 950km.

시작된 전선은 서쪽에서 동쪽까지 도시의 북쪽으로 이어졌고, 뫼즈 강을 가로질러 코르 숲의 뫼즈 고지에까지 미쳤다. 이어 그것은 남동쪽으로 구부러져 있는 베브르 평원으로 흘러가고, 이어 독일군이 점령하고 있던 에파르즈의 남쪽 뫼즈 고지와 생미이엘의 뫼즈 강을 다시 한 번 가로질러 남서쪽으로 선회했다.

독일의 공격은 2월 21일 베르됭 방향의 코르 숲과 오몽 숲 구역에 있는 뫼즈 강의 오른쪽에서 시작되었다. 독일군의 공격은 매우 빨리 성공을 거뒀다. 2월 24일 프랑스군은 베브르 평원을 포기하고, 뫼즈 고지로 후퇴했다. 25일 두오몽 요새가 전투도 없이 무너졌다. 페탱은 저녁 때 지휘권을 장악하고, 전선을 재조직했다. 그가 가장 염려했던 것은 독일군이 베르됭 북서쪽의 뫼즈 강 좌안을 공격하지 않을까 하는 것이었다. 독일군이 이 구역의 전선을 돌파하게 되면 우안에 투입되었던 병력의 배후를 공격당할지도 모르기 때문이었다. 그래서 페탱은 304구릉에서 '죽은 자'(*Mort-Homme*) 고지에 이르는 봉쇄선을 급히 설치했다. 우려했던 공격은 3월 5일에 벌어졌다. 7일 독일군은 동시에 보(Vaux) 요새의 우안을 공격했다. 8일 좌안에서 프랑스군의 반격이 이루어지면서 전선을 회복했다. 그렇다고 해서 모든 위험이 사라진 것은 아니었다. 독일군의 추가공격은 페탱이 병사들에게 "용기를… 용기를 가집시다!"라는 유명한 명령을 내린 날인 4월 10일과 6월 초(6월 7일 보 요새 함락)에 저지되었다. 7월 초에 독일군의 진격은 최후전선에까지 이르렀다. 6월 23일에 시작된 공격은 적의 포화 앞에 직접 노출될 위험에 처해 있던 베르됭 전방의 마지막 능선들을 위협했다. 그러나 7월 1일 영국·프랑스 연합군의 공격으로 꼼짝달싹 못하게 되었던 독일군은 7월 12일 마침내 수빌(Souville) 요새 앞에서 완전히 궤멸되었다. 그때부터 주도권은 연합군으로 넘어갔다. 10월 24일에 시작된 프랑스군의 첫 공격으로 두오몽과 보 요새가 탈환되었다. 12월 중순에 시작된 두 번째 공격으로 요새들로 둘러싸여 있던 방어선까지 전선을 회복했다.

이러한 사실 그대로의 연대기는 많은 질문을 불러일으킨다. 첫째, 왜

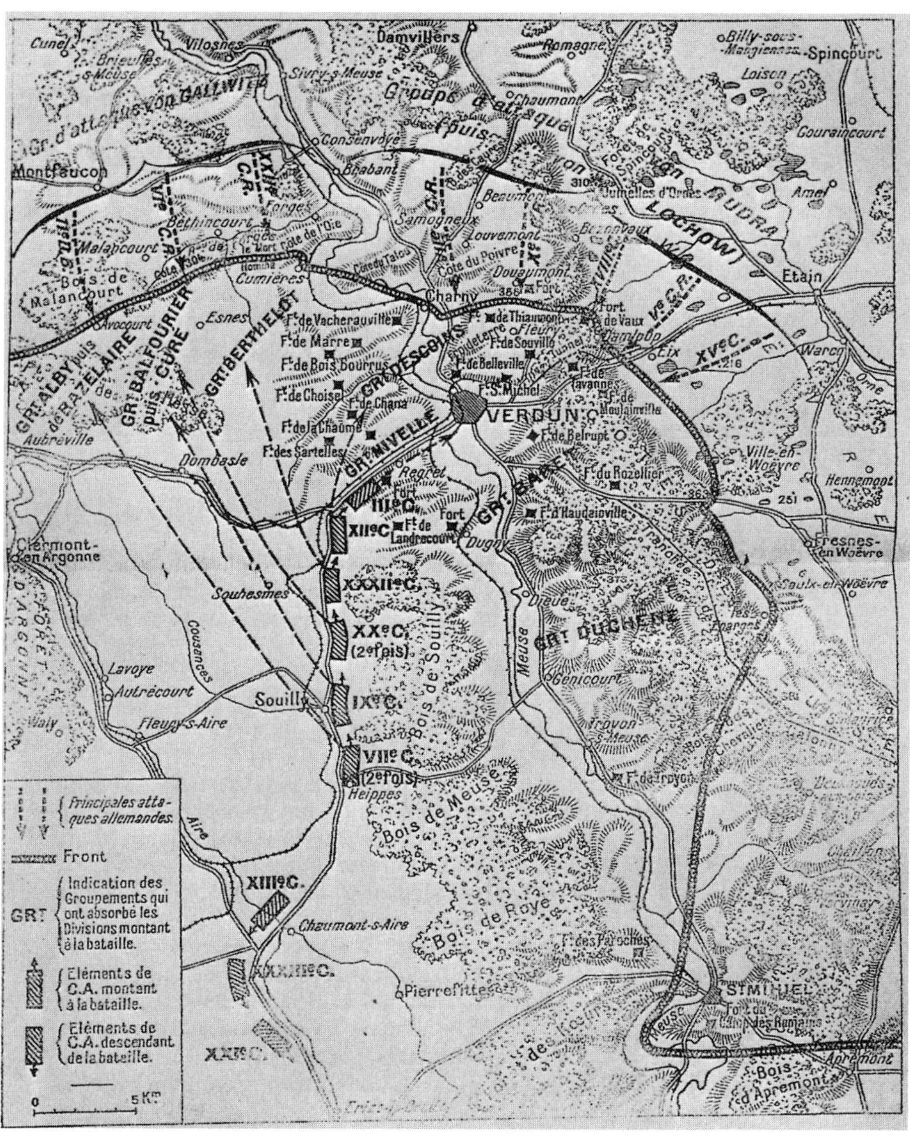

38. 1916년 4월 베르됭 전투.

독일군은 베르됭 공격을 선택했을까? 군사적 이유는 명백했다. 포병대가 중요한 역할을 하는 전투에서 프랑스군은 병사와 군수품들을 보내기 위해 협궤철도나 지방국도를 이용했기 때문이다. 목표 지점을 방어하기 힘들었다. 다른 한편 독일군의 입장에서 전선 전체를 조사한다면 베르됭의 돌출부〔凸角〕는 언제든지 공격받을 수 있는 영속적 위협을 안고 있었다. 따라서 그 돌출부를 점령하는 것이 온당했다. 하지만 왜 뫼즈 강의 좌안에 이중공격을 해 요각보(凹角堡)를 포위하는 길을 찾지 않고, 돌출부를 공격했을까? 이러한 전술적 선택은 먼저 적을 저지하려는 관심사와 일치하는 것이다. 그러나 다른 이유들도 생각해볼 수 있다. 독일군은 목표물을 공격하면서 전군을 끌어들이는 소모전을 펼쳐 프랑스 군대[2]를 옴짝달싹하지 못하게 하는 계획을 세웠다. 베르됭과 벨포르 가운데 독일군은 전략적 이유를 내세워 베르됭을 선택했으나, 베르됭은 훨씬 중심부에 위치하고 있었고, 공격하기에 더 넓은 전선을 제공했다. 그러나 무엇보다 독일군이 원했던 것은 "프랑스의 정신적 주전선(主戰線)"[3]을 공격하는 것이었다.

이러한 주장에 대한 의문은 바로 전투 후에 공식화되었다. 그 의문은 베르됭이 1916년 이전에 이미 국민의 기억 속에서 중심부를 차지하고 있었다고 추정하고 있다. 하지만 그것도 명확하지 않다. 프랑스 왕들이 축성했던 랭스와 같은 도시는 분명 훨씬 더 유력한 상징을 지녔었다. 확실히 베르됭은 카롤루스 제국을 분할했던 843년 베르됭 조약 때문에 1914년 이전의 거의 모든 프랑스 역사책에 등장했다. 이미 골

2) Kronprinz, *Souvenirs de guerre*, trad. franç., Paris, Payot, 1923, p. 205. 팔켄하인(Falkenhayn)의 다음과 같은 말은 독일 황태자를 불안하게 만들었다. "프랑스 군대가 커다란 희생을 치르게 된 것은 여러 번 얘기했듯이 참모총장의 생각이었습니다."

3) 페탱 원수의 표현이다. Pétain, *La Bataille de Verdun*, Paris, Payot, 1929, p. 9. 페탱은 이러한 해석을 받아들이지 않았고, 독일인들이 전선의 파괴를 원한다고 생각했다. 독일의 황태자가 대안으로 언급했던 곳이 벨포르나 베르됭이었다.

시대에 요새화된 베르됭은 12세기에 이어 17세기에 보방(Vauban)에 의해 다시 요새화되었다. 19세기에 베르됭은 뫼즈 고원에까지 펼쳐진 세 겹으로 강화된 요새들을 갖추고 있었다. 그렇게 해서 베르됭은 진정으로 '요새화 지역'의 중심이 되었다. 이 요새들 중 가장 늦게 만들어진 두오몽은 견고하면서도 가공할 요새가 되었다. 그럼에도 과거 베르됭의 군사적 중요성이 갖는 자취는 1915년에 충분히 가치를 인정받지 못했다. 베르됭의 요새들은 무장해제당했고, 프랑스군에 부족한 중포를 증강하기 위해 요새의 대포들을 이동시켰다. 1919년에 뒤바이(Dubail) 장군이 말했던 것처럼 만약 베르됭이 프랑스와 전 세계의 '상징'이었다면 왜 1915년에 주둔지역의 군대에 명령을 내렸던 그가 베르됭의 방어에 관여하지 않았을까라는 의문이 든다.[4] 다른 한편 제1차 세계대전 이전의 프랑스 역사책들은 1552년에 프랑스에 병합된 "툴(Toul)·메스(Metz)·베르됭(Verdun) 세 교구" 중 마지막이었던 베르됭에 특별한 의미를 부여하지 않았다. 19세기 말 좋은 시절(*Belle Époque*)의 교육자들에게 베르됭은 다른 도시들과 별반 다를 바 없었다.

따라서 독일군이 상징적 가치 때문에 베르됭을 공격했다고 말하는 것은 원인과 결과를 혼동하는 것이다. 프랑스의 국민의식 속에 한 도시가 자리 잡고 있다는 것은 베르됭 전투의 결과 때문이었다. 시대착오적이기조차 한 그러한 동기는 베르됭 전투의 가장 확실한 결과 중 하나를 알려준다. 베르됭이 프랑스 국민의 기억 속에서 중심을 차지한 것은 1916년 이전이 아니라 이후였다. 따라서 질문은 '언제 이러한 변화가 일어났는가?'로 바뀌어야 한다.

의심할 여지 없이 독일군의 공격 초기는 베르됭이 군사적 목표물 이

---

4) *Le Temps*(24 février 1919). 트로카데로에서 열린 전투 기념일에서 뒤바이 장군이 행한 연설이다. 베르됭의 방어미비는 잘 알려져 있다. 베르됭 요새지역의 지휘관이었던 에르 장군은 12월 전투 초기에 코르 숲에서 죽을 처지에 놓여 있었던 하원의원 드리앙 대령과 교대하면서 여러 차례 경고했다. 1915년 12월 16일 갈리에니는 조프르 장군에게 베르됭의 방어결함을 알렸다.

상의 국가적 상징이 되었던 순간이었다. 독일군의 맹격, 프랑스군의 후퇴, 전선의 무질서, 그것에 따른 두려움은 2월 21일에서 3월 9일에 이르는 주간에 극적인 긴장을 더했다. 푸앵카레(Raymond Poincaré) 대통령의 회고록은 이 점을 증언하고 있다. 그는 전투가 벌어지자마자 베르됭으로 가길 원했으나 출발 날짜를 2월 26일로, 그리고 다시 29일로 미뤄야 했다. 실제로 그는 3월 1일까지 베르됭으로 떠나지 못했다.[5] 세리니(Serrigny)는 자신과 페탱과의 만남에 대해 말했다. 뫼즈강 좌안(304구릉과 '죽은 자'의 고지)의 전선은 여전히 독일군이 쇄도 중이었고, 페탱은 이 구역에서의 독일군의 성공이 우안에 있는 자신의 군대의 후방을 위태롭게 할까 봐 염려했다. 그런 까닭에 그는 좌안에서 프랑스 병력을 철수할 수도 있다는 계획을 가지고 있었다. 그리고 그는 대통령에게 필요하다면 베르됭을 포기할 수도 있다고 말했다. "그렇게 생각하면 안 됩니다, 장군. 그렇게 되면 의회에게 재앙이 될 것입니다"라고 푸앵카레가 즉답했다.[6]

세리니는 푸앵카레와 같은 변호사에게 의회와 국가는 하나이고 동일한 것이었다는 것을 받아들이지 않고 푸앵카레를 비난했다. 이 일화는 당시 위태로웠던 한 주 동안의 중요한 논쟁을 잘 보여준다. 어떠한 희생을 치르더라도 베르됭의 우안을 방어해야만 했나? 참모본부의 지도(8만분의 1 지도)를 검토한 군인들은 도시방어에 대해 독단적이지 않았다. 페탱도, 총사령부[7]의 젊은 장교들도 선험적으로 우안에서의 자연스러운 후퇴를 배제하지 않았다. 그러나 정치가들은 베르됭의 함락이 여론에 엄청난 반향을 불러올 것이라는 것을 깨닫고 있었다. 군의 사기를 이유로 그들은 우안에 대한 필사적 방어를 원했다. 앞서 봤던

---

5) Raymond Poincaré, *Au service de la France*, t. VIII : *Verdun 1916*, Paris, Plon, 1931, p. 87 sq.

6) Général Serrigny, *Trente Ans avec Pétain*, Paris, Plon, 1959, p. 64. 페탱은 푸앵카레와 자신 사이에 놓여 있는 관점의 차이를 암시했다. *op. cit.*, p. 68.

7) Jean de Pierrefeu, *G.Q.G. secteur 1*, Paris, Éd. G. Grès, 1922, t. I, p. 127 et Pétain, *loc. cit.*

것처럼 그것이 대통령의 입장이었다. 그것은 2월 22일부터 총사령관 조프르 장군에게 분명하게 자신의 견해를 밝혔던 브리앙(Aristide Briand) 수상의 입장이기도 했다. 그의 비방자들은 좌안에서의 후퇴를 비난했다. 반면 조프르 장군은 군의 사기를 위해 또는 지형에 대한 군대의 미신 때문에 베르됭 우안을 방어하라는 명령을 내렸다. 여러 차례 그는 잃어버린 영토를 탈환하기 위해 페탱에게 반격하라는 명령을 내렸다. 격노한 페탱은 4월 9일 다음과 같이 응답했다. "나는 여러분이 나를 믿어주고, 계획적으로 이루어진 일부 철수에 대해 동요하지 말 것을 요구합니다."[8] 그러나 이러한 은밀한 방어 개념은 이해되거나 용인되지 않았다. 페탱은 무기력한 비관론자로 비쳤다. 게다가 5월 1일 그는 중부와 니벨의 사단장으로 진급했다. 공격을 꿈꿨던 '호전가'는 2사단의 지휘권을 쥐었다. 페탱은 여전히 베르됭에서 지휘권을 행사했으나, 멀리 떨어져서였다. 그는 눈물을 훔치는 모습을 보여주었다.

6월에 독일군의 직격포화 아래서 베르됭이 함락될 위기에 처했을 때 논쟁이 재연되었다. 페탱의 참모가 뫼즈 강에서의 후퇴선에 대해 연구했는데, 그것은 돌발사건이 벌어졌을 때 베르됭이 함락되지 않았다고 말할 수 있는 일부 지역을 포함했다. 이런 작은 위선행위는 여론의 중요성을 잘 나타내 주었다. 베르됭은 바로 상징이 되었다.

하지만 그때부터 분열이 점점 뚜렷해졌다. 후위부대와 퇴역군인들에게 상징은 완전히 같은 것이 아니었다. 후위부대 역시 베르됭 전투를 영웅화했다. 베르됭의 방어는 순전히 프랑스군의 전투였지, 연합군의 전투가 아니었기 때문이었다. 그 순간부터 베르됭 전투는 늘 공명을 함께 느꼈다. 예를 들어 〈릴뤼스트라시옹〉(*L'Illustration*, 삽화)지는 베르됭에 특별한 위치를 부여했고, 괄목할 만한 기록자료로서 가치를 가지고 있는 수많은 데생과 사진을 게재했다. 이 주간지는 포탄구멍으로 완전히 뒤덮인 달 표면 같은 광경을 담은 전쟁터를 그렸다. 그

8) Pétain, *op. cit.*, p. 71.

러나 기사의 내용은 참호진지에 대해 장황하게 논평했다. 사실주의적 이미지들은 논평과 반대되었다. 실제로 왜곡표현하는 과정이 시작되었다. 이 주간지는 속임수로 과실 없는 영웅인 베르됭의 병사로 둘러싸인 민족을 묘사했다. 부상군인들은 꿋꿋하게 웃었고, 〈릴뤼스트라시옹〉지는 중상을 입은 군인들의 모습은 보여주지 않았다. 〈릴뤼스트라시옹〉지의 기사들에서 베르됭의 병사는 죽지 않았다. 우리에게 이러한 분석을 하도록 만들었던 카니니(Gérard Canini)는 〈릴뤼스트라시옹〉지가 독자들의 판단을 오도했다고 보았다. 예를 들어 베르됭에서 포탄이 부족했을 때에 이 주간지는 인상적인 대형 포탄들이 비축되어 있는 모습을 사진으로 찍었다.[9] 그리고 5월 13일 이 주간지는 베르됭에 도착한 교대병을 휴가를 가는 병사들처럼 꾸며 신화화했다. 이렇게 베르됭 전투의 이상화는 솔직히 군령에 의한 표창에나 걸맞은 단어들로 기술되었다. 예를 들어 1916년 7월 11일 아카데미 프랑세즈는 2사단에 "감탄, 감사, 존경"의 메시지를 전했다. 공화국 대통령은 1916년에 베르됭에 여섯 차례나 다녀갔다. 9월 13일의 마지막 방문은 상징으로 여겨졌던 베르됭 시에 7개의 훈장을 수여하기 위해서였다. "베르됭의 이름에 상징적 의미를 부여한 것은 강렬한 꿈을 가진 독일입니다. … 이후 이 이름은 프랑스의 영혼 속에서 가장 아름답고, 순수하며, 훌륭한 무언가를 나타냅니다. 그것은 애국심, 용맹함 그리고 관대함을 종합하는 동의어가 되었습니다."[10]

전투의 결과를 염려하는 모든 국민의 관심과 연대는 확신에 차고 본심에서 우러나온 찬미를 불러왔으며, 때로 덜 고상한 감정으로 나타났다. 5개월간 집단적 관심의 중심에 있었던 베르됭은 기억의 장소와 국

9) Gérard Canini, "L'Illustration et la bataille de Verdun", in *Verdun 1916, Actes du colloque international sur la bataille de Verdun*, Verdun, Association nationale du souvenir de la bataille de Verdun, Université de Nancy II, 1976, pp. 175~185.

10) Raymond Poincaré, *op. cit.*, p. 350.

가적 상징이 되었을 뿐 아니라 잠시 — 베르됭에 대해 묘사하는 — 유행을 선도하는 장소가 되었다. 5개월 동안 꼭 가야 할 곳이 베르됭이었다. 페탱이 수이(Souilly)의 사령부에 초대했던 귀빈들, 아카데미 회원들에 대한 세리니의 이야기는 여전히 약간 충격적이다. 그것은 사교계의 생활을 추구하는 장소와 순간이었을까? 베르됭의 후방에서 많은 훈장이 수여되었다. 그리고 병사들은 이 의식들을 철지난 것으로 생각했다.

예를 들어 반(反)군국주의자였던 바르타스(Louis Barthas)가 1916년 5월 3일 베르됭 방향으로 군대를 돌렸다는 것은 사실이다. 조프르 사령관이 페텡에게 레종도뇌르 십자훈장을 수여하기 위해 그의 사단은 대초원에 정렬하고 있었다. 조프르는 부대들을 사열하고, 훈장을 수여했으며, 이어 부대들은 분열식을 거행했다. "분열식이 끝나고 조프르, 페탱과 수행장교들은 수천 명의 청귀(青鬼)부대[11] 병사들의 피로 획득한 십자훈장을 축하하는 푸짐한 식탁으로 가기 위해 바르뒤크(Bar-le-Duc)로 향하는 자동차들로 몰려들었다."[12] 한 달 후의 가르니에(Garnier) 대위에 대한 기사를 보자. 조프르 사령관은 그의 사단을 보러 와 시계와 여송연을 배급하면서 "친절하고 너그러운" 모습을 보여주었다. "이 담배는 사형수에게 너그럽게 바치는 럼 한 잔을 생각나게 했다."[13]

사실 퇴역군인들에게 베르됭은 상징들로 가득한 장소이다. 그러나 제일 먼저 죽음과 희생을 상기시키는 곳이기도 하다. 그들은 베르됭 전투에 참가했던 부대들이 참패를 당했다는 것을 알고 있다. 그들은 베르됭의 현황을 알게 되었을 때 그들 중 대다수가 살아 돌아오지 못

11) 〔역주〕 제 1차 세계대전 중 푸른 군복을 입고 싸운 프랑스의 알프스 엽기병을 독일군이 부르던 말.

12) Louis Barthas, *Les Cahiers de guerre de Louis Barthas, tonnelier (1914-1919)*, Paris, François Maspero, 1978, pp. 280~281.

13) Capitaine Albert Garnier, du 52e R. I., cité par Jacques Péricard, *Verdun*, Paris, Librairie de France, 1933, p. 278.

하리라는 것을 알았다. "식욕을 떨어뜨리는 이 소식이 퍼졌을 때인 저녁 6시에 우리는 수프를 먹고 있었다. 연대 및 사단 모두가 자동차로 저녁 7시에 떠나야 한다는 명령이 막 전달되었다."[14] 얼마 후 가을에 교대병들을 베르됭으로 데려가던 트럭 안에서 그들은 노래를 불렀다.

삶이여, 사랑이여, 여자들이여 안녕
그것이 끝이 아냐, 가증스럽기 짝이 없는 이 전쟁에게는
우리가 목숨을 내놓을 곳은 베르됭, 두오몽 혹은 보에서라네
우리 모두 죽음을 면할 수 없기에
희생자들은 우리라네.[15]

그렇게 해서 베르됭의 명성은 끝없는 희생이라는 내기를 통해 퍼져갔다. 이러한 표상은 초기 몇 주의 집단적 기우 탓이었다. 민간인들이 베르됭으로 향할 때[16] 병사들을 쳐다보면서 그들의 상황이 갖는 심각성을 의심하지 않을 수 없었다. 저 멀리서 계속 들리는 포격소리는 그들을 기다리는 것에 대한 어떠한 환상도 남겨주지 않았다. 그러나 베르됭에 대한 평판은 병사들 사이의 대화와 전투를 치르면서 대규모 이동 중에 만났던 서로 다른 단위부대들이 접촉하면서 나눈 대화에서 나온 것이었다.

여기서 중요한 점을 접하게 된다. 베르됭은 여러 다른 전투들 중의 하나가 아니라, 제1차 세계대전을 요약하는 유일한 전투였다. 그 이유는 거의 모든 프랑스 군대가 그 전투에 참여했기 때문이었다. 독일

14) Louis Barthas, *op. cit.*, p. 282.

15) 이 노래는 잘 알려져 있다. 제107전투대대 2중대의 병사였던 뱅상(Elie Vincent)이 당시 그 노래의 가사를 증명했다. Antoine Prost, *Les Anciens Combattants et la société française, 1914-1939*, t. III, *Mentalités et idéologies*, Paris, Presses de la F. N. S. P., 1977, p. 10 참조.

16) Sur ce "renouveau de l'émotion publique", voir le chapitre XII du *Verdun* de Jules Romains, Paris, Flammarion, 1938.

군 쪽에서 베르됭에 참여한 사단들은 교대하지 않았고, 제일선 군대의 교대를 통해 자신들만의 선회제를 확보했던 반면, 페탱은 베르됭에서 대대별로 돌아가면서 한 번씩만 그곳에 배치되도록 조치했다. 그가 '교대제'(*noria*)라 불렀던 것은 대부분의 프랑스 사단들이 베르됭에서 계속 보여주었던 것이다. 7월 15일 95개 사단들 중 70개 사단이 아보쿠르 숲에서 306고도의 서쪽, 라로페의 서쪽, 보 요새의 동남쪽의 30킬로미터에 이르는 전선의 베르됭 전투에 참가했다. 23개 사단만이 1916년에 그 구역에서 한 번 이상 전선으로 출동했다. 그 이유는 7월 1일부터 교대제가 훨씬 힘들어졌던 솜(Somme) 전투 때문이었다.

페탱에게 교대제는 군사적 효율성에 대한 관심과 일치하는 것이었다. 장성들 가운데서 그는 베르됭에서 8일간 전투에 참가하면서 맛본 고난에 대해 가장 잘 알고 있었다. 그는 수이에에서 자주 교대병들이 지나는 것을 지켜봤다. 10년 후 그는 적절하고도 감동적인 표현으로 병사들의 운명을 상기시켰다. 교대병들이 뫼즈 강 넘어 멀리서 출발해 도착했으나, 기습포격을 당했다. 페탱은 그들이 정지해 있는 동안 추위로 덜덜 떨며, 그들에게 전방 길을 안내해 주어야 할 안내인들을 헛되이 찾으면서, 무작위로 자신들의 위치를 정하고, 갑자기 적과 교전하면서 식량보급과 후송이 늦어 행군을 방해받은 모습을 묘사했다. "우리 병사들은 상상할 수 없을 만큼 고통받았고, 애를 먹었다"라고 그는 적었다.[17] 그는 이미 이 지옥 같은 상황을 잘 알고 있던 병사들을 전선으로 되돌려 보내기 위해서는 확실한 공격으로 적들의 용기를 꺾고, 적들의 죽음을 원하도록 병사들을 설득해야 한다고 믿었다. 어떠한 희생을 치르더라도 이겨 내려면 전선에서 사기가 떨어진 군대들이 없어

17) Pétain, *op. cit.*, p. 39. 얼마 후 페탱은 다시 그 주제에 대해 말하면서 상상과 실제를 비교했다. 그는 "조국은 그들을 대단한 위업을 달성하기 위해 늘 준비되어 있는 진짜 초인들처럼 상상했다. 신비한 힘이 개입할 것을 믿으면서 우리 병사들의 진짜 고통과 그들의 가능성에 부여된 한계를 잘 몰랐던 여론의 고양된 이미지들 속에 과장이 있었다…"고 적었다(p. 86).

야 했다.

군사적 가치를 고무시킨 교대제는 군의 사기에 엄청난 결과를 가져왔다. 그것이 베르됭 전투를 프랑스 군대의 전투로 만들었다. 그 결과 목적이 본질을 변화시켰다. 전선에 도착한 병사들은 생소하기는 하나 전혀 모르지는 않았던 지역을 통과해 행군했다. 그들은 그들보다 먼저 경험했던 병사들로부터 베르됭 전투에 대해 전해 들었다. 그들은 전투를 경험하기도 전에 전투를 상상하면서 집단상상을 키워갔다. 그렇게 해서 베르됭은 희생과 헌신의 장소인 성소(聖所)가 되었다. 베르됭에 간다는 것은 기대되고, 막연하게 알고 있고, 두려움에 떨게 하고, 피할 수 없는 일종의 입문식이었다. 순교의 언덕길에 늘어서 있는 푯말의 이름들은 익숙한 것이 되었고, 병사들의 기억 속에서 파베 지구, 생트 핀 예배당, 프루아테르의 계곡, 캬트르슈미네 참호가 늘 언급되었다. 호됐지만 결국 승리한 시련에 대한 공유된 기억은 모든 사람이 인정한 장소의 이름들에 새겨졌다.

그렇게 해서 1916년부터 베르됭에 대한 두 가지 기억이 한꺼번에 구체화되었다. 첫 번째는 이중적 의미의 국민적 기억이었다. 그것은 언론, 공공당국, 지역명사, 일상적 대화에 의해 구축된 전 국민적 기억이었다. 그리고 그것은 역시 애국적 긍지에서 우러나온 기억이기도 했다. 이러한 기억 곁에, 전선에서 온 편지들이나 휴가를 얻은 군인들의 불완전하고 조심스런 이야기들과 연관된 감정, 고통, 슬픔으로 가득 찬 훨씬 더 긴밀하고, 압축되고, 생생하고, 긍지가 훨씬 깊은 전투병들의 기억이 있었다. 1916년에 중요한 사건이 이 두 기억을 접합하였다. 그러나 전투가 끝나고 1917년에 유일하게 남아 있던 연결고리는 비범한 영향력을 가지고 있었던 페탱과, 영웅적 행동이나 희생이 나타났던 장소들이었다. 그래서 이 장소들은 상징적 쟁점이 되었다. 어떻게 이 장소들이 기념되었고, 결과적으로 이 장소들에 부여되었던 영속적인 상징성은 무엇이었을까?

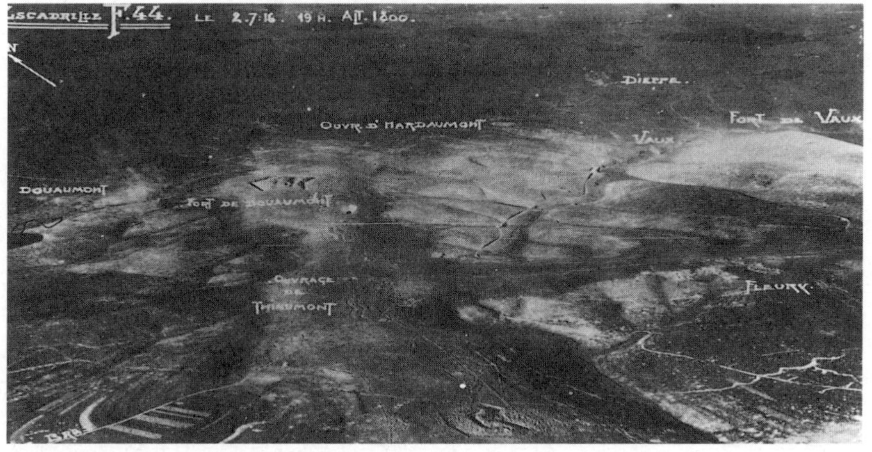

39. 1916년 5월 19일 두오몽 요새.
40. 1916년 7월 2일 항공사진으로 본 전장의 일부.

기억에 대한 숭배

처음에 멀리서 감사와 찬탄을 보내며 전투를 목격했던 사람들의 기억은 직접 전투에 참여했던 사람들의 기억보다 더 생생했다. 후방에 있던 사람들은 베르됭의 병사들보다 더 수가 많았다. 특히 후방에 있던 사람들은 베르됭의 병사들처럼 전쟁을 계속 치르지 않았다. 1917~1918년에 기념사업을 벌일 수 있었던 사람들은 비(非)전투병들뿐이었다. 가장 감동적이면서 널리 보급된 기념형태는 광장, 대로, 길거리에 베르됭이라는 이름을 붙이는 것이었다. 여기서 어렵사리 얻은 승리의 결과로 일어났던 이러한 명명식의 정확한 연표를 부여하기 위해서는 체계적 조사가 필수적이다. 그것이 널리 보급되었다는 것은 의심의 여지가 없다. 프랑스의 도시에서 베르됭 거리가 없는 곳이 없을 정도다.

이러한 기념형태는 중립적이다. 이 기념형태는 그것에 특별한 해석을 부과하지 않으면서도 사건을 연상시킨다. 마찬가지로 베르됭 전투는 초·중등학교에서 교육되었으나,[18] 역사책들은 사건을 전설로 바꾸지 않았다. 베르됭은 마른(Marne) 전투와 마찬가지로 다루어졌다. 페탱의 초상화가 항상 모습을 보였다 해도 제1차 세계대전의 다른 두 원수인 조프르와 포슈의 초상화도 자주 옆에 세워져 있다. 베르됭 같은 공간에 전투에 대한 기억을 새기려는 첫 시도들은 전혀 다른 문제였다.[19] 이러한 노력들에 담긴 진심은 불가피하게 애국심과 영웅적 행위의 하나인 전투에 대한 설명을 반영한다. 그러한 설명이 베르됭의

---

18) Roland Andreani et Jules Maurin, "La bataille de Verdun enseignée aux jeunes Français à travers les manuels d'histoire des classes terminales", in *Verdun 1916, Actes du colloque international..., op. cit.*, pp. 199~218. 작가들은 초등교육교본의 발달은 심화된 분석을 하기에 너무 간결하다는 것에 주목했다. 우리가 확인했던 이 간결함은 영웅화의 부재를 나타낸다.

19) 여기서 우리는 역사교사인 클레르 앙드리외(Claire Andrieu) 부인에게 진심으로 감사드린다. 그녀는 우리에게 베르됭에 대해 조사할 것과 우리가 작업할 문건의 중요한 부분에 해당하는 그 지역 정보를 꼭 얻기를 바랐다.

수많은 퇴역군인들에게 공허하게 들렸다 해도 그들은 자신들의 가치에 대한 전통적인 존경을 거부하는 것에 주저했다.

처음으로 시도된 기념식은 베르됭 시의 몫이 되었다. 파리로 도피해 있던 시위원회는 1917년 7월에 전투기념비를 세울 것을 결정했다. 1919년 8월에 제안이 받아들여졌고, 1920년 6월 23일 초석이 놓였으며, 1921년 3월에 최종계획이 승인되었다. 기념비의 제작은 몇 년이 걸렸으며, 1929년 6월 23일 공화국 대통령이 참석한 자리에서 기념비의 제막식이 열렸다. 12세기의 성벽 근처에 세워졌고, 저항을 상징하는 도시에 통합된 이 기념비는 전투의 기념비가 아니라, 승리의 기념비였다. 그것은 또한 도시의 기념비이기도 했다. 민족의 기억은 그곳에서 구현되지 않았다.

얼마 후인 1919년에 착수되었으나 아주 빨리 제작되어 1920년 12월 8일에 공화국 대통령이 참석한 자리에서 제막식이 열렸던 두 번째 기념비는 후방의 사람들이 상상했던 것과 같은 상투적인 영웅적 행위에 얽매여 있는 전투에 대한 기억을 보여주었다. 그것은 총검참호 기념비에 관한 것이다. 이 기념비의 배후에는 실제 사건이 있었다. 1916년 6월 10~12일에 엄청난 포격이 퍼부어지면서 대부분의 민간인이 목숨을 잃었던 137연대 소속 두 소대의 항전이 그것이다. 불행하게도 다른 전쟁터에서 벌어졌던 것과 마찬가지로 특별할 것이 없었다. 포격에 파헤쳐진 땅에도 불구하고 어렴풋이 남아 있던 참호의 가장자리에 놓여 있던 전사자들의 무기 때문이든, 아니면 당시의 관행처럼 다른 병사들이 공동묘지를 표시한 땅에 소총을 꽂아 두었기 때문이든 이 참호는 지금은 총검참호로 불리지만 원래는 소총참호로 불렸다.

이렇게 명명백백한 사실은 재빨리 윤색되어 전설이 되었다. 두 소대의 병사들은 적의 공격을 기다리면서 고정된 총검을 똑바로 세우고 서 있는 동안에 산 채로 매장당했다. 그래서 총검참호가 된 것이었다. 소총에서 총검으로의 변화는 사소한 것처럼 보인다. 그러나 사실은 아주 중요한 의미를 가진다. 총검은 후방의 애국심을 선호하는 에피날의 이미지를 연상시킨다. 이 이미지들에 대해 데생화가 스콧(Georges Scott)은 훗날 다음과 같이 적었다. "여러분이 〈릴뤼스트라시옹〉지에서 본 것은 상상에 불과합니다. 나 자신을 위해 내가 한 것은 나중에 여러분이 보게 되겠지만 아주 다른 것입니다."[20] 총검은 애국심을 가지고 기쁘게 죽어가면서 공격하기를 열망하는 병사들의 조악한 영웅적 행위, 용기와 숭고함에 대한 잘못된 생각을 만들어 냈다. 현실은 훨씬 더 음울했다. 페탱은 병사들이 허세를 부리지 않고 단순하게 그들의 의무를 완수했다는 것을 아주 당연하게 적었다. 한 일화가 그들의 정신상태를 잘 보여주고 있다. 그 사건은 1916년에 일어났다. 처음 전투에 참가했던 한 젊은 소위후보생은 참호 안의 병사들에게 '애국적 연설'을 하고자 노력했다. 마른 전투에서 싸웠던 한 고참병이 "시시한 소리, 어이 풋내기, 입 닥치고 명령을 내려"[21]라며 그를 가로막았다. 마크 오를랑(Pierre Mac Orlan)이 비판했던 것처럼 "애국적 죽음은 전쟁 신참병의 죽음이었다."[22]

총검참호에 관한 전설은 경건한 거짓말이었으나, 어쨌든 거짓말이었다. 비전투병들이 참호를 채우는 데 포함되었다 해도 곡사포 포탄이 참호를 채우는 것은 역부족이었다. 그들은 채울 수 있을 만큼 팠다.[23] 참호가 포격당했을 때 병사들은 선 채 초연하게 죽음을 기다리지 않았다. 그들은 포격에 의해 파인 구덩이 안에 흩어졌다. 총검들은 아주 드물게 이용되었는데, 방어보다는 공격을 위해서였다. 1916년 6월 12일 137연대는 공격을 받았다. 왜 병사들은 총검들을 고정시켜 놓

---

20) 이 편지는 국립도서관의 바르뷔스 문고에 보존되어 있다. 데생화가는 자신의 데생들을 보러 오라고 《포화》(*Feu*)의 저자를 초대했다.

21) 크뤼사르 씨의 증언(Témoignage de M. Abel Cruchard), Antoine Prost, *op. cit.*, p. 81 참조.

22) Pierre Mac Orlan, *Verdun*, Paris, Nouvelles Éditons latines, 1935, p. 31. 이 책은 기행문학전집에 추가되었다.

23) 유명한 참호를 방문하는 관광객들은 포석이 땅을 보호하는 바람에 포격으로부터 벗어났다는 것에 놀랄 수밖에 없다.

았을까? 공격을 물리치기 위해서? 그러나 적은 포격을 퍼부을망정 공격하지는 않았다. 적은 포격을 퍼부으며 병사들을 보내지는 않았다. 총검참호에 관한 전설이 전투에 대해 가졌던 첫 번째 여행객들의 터무니없는 관념들과 부합한다고 판단했던 크뤼(Norton Cru)가 옳았다.[24]

그럼에도 불구하고 아무도 이 이야기의 정확성을 믿지 않는다. 뒤카스(Ducasse), 메이어(Meyer), 페뢰(Perreux)는 병사들이 선 채로 매장당했었을 수 있다는 별로 있을 법하지 않은 주장을 했다. 그들에게 총검은 "아마도 포격 후에나 딱 들어맞는 것이었다". 그것은 국민들이 "거짓말 같은 일을 인정하지 않았던" 전설이었다. 그러나 이 이야기가 탈신화화하고 나서 그들은 자신들의 비평을 거둬들였고, 이 신화가 믿을 만하다고 선언했다. 교훈적인 애국적 심상과 현실 사이의 차이는 사라져 버렸다. "여기서 신화와 역사가 합쳐졌다."[25] 르페브르(Jacques-Henri Lefebvre)의 저서에서도 마찬가지의 방식의 화해를 발견하게 된다.[26] 그리고 관광객들에게 그것에 대한 진실을 말하면서도 오늘날의 공식 안내책자들은 기만을 정당화하고 있다.

총검참호에서 역사와 신화는 완전히 구분되지 않았다. 〔…〕 아마

---

24) Jean Norton Cru, *Témoins. Essai d'analyse et de critique des souvenirs de combattants édités en français de 1915 à 1928*, Paris, Les Étincelles, 1929, pp. 33~36. 이 퇴역군인은 일부 사람들, 특히 페리카르(Jacques Péricard, *op. cit.*, pp. 272~275)에 의해 너무 비판적이라고 평가되었다. 그러나 그의 논거는 어렵게 반박되었다. 결국 페리카르는 반박할 수 없는 그의 논거를 버리고 두 번째 논거를 갖다 댔다. 예를 들어 풀어야 할 문제는 참호를 'fusils' 또는 'baïonnettes'로 불러야만 하는지, 그리고 포격 후이건 아니건 총검을 추가해야 하는지였다. 그리고 총검참호가 "베르됭의 다른 참호와 다를 바 없지만 적어도 프랑스의 완강함을 상징한다고 결론지었다. 도중에 크뤼를 헐뜯었던 오를랑은 다른 전쟁터 기념비들을 소개했던 반면 참호에 대해서는 철저히 침묵했다.

25) André Ducasse, Jacques Meyer, Gabriel Perreux, *Vie et mort des Français, 1914-1918*, Paris, Hachette, 1959, pp. 166~167.

26) Jacques-Henri Lefebvre, *Verdun, la plus grande bataille de l'histoire racontée par les survivants*, Paris, G. Durassié, 1960.

> 137연대의 일부 병사들은 불행하게도 자주 일어났던 것처럼 산 채로 묻혔을 것이다. 학살당하거나 질식사한 다른 병사들은 소총들에 의지해 주변의 참호에 쓰러져 있었다. 〔…〕 독일군은 이 묘를 채우는 일을 끝냈다.[27]

오늘날에는 역사와 신화 사이에서 선택하지 않아도 된다. 이제 더 이상 논쟁의 초점이 무엇인지 알 수가 없다. 그러나 전쟁 직후에 사정은 달라졌다. 이 같은 전설에 대한 기념과 함께 후방의 기억은 전투병들의 기억을 억눌렀다. 퇴역군인들은 뿔뿔이 흩어져 있었고, 민간인으로서의 생활로 돌아온 것을 너무 기뻐한 탓에 영향력을 갖지 못했다. 베르됭은 국가정체성을 나타내는 중요한 장소가 되었지만 과연 그것은 어떤 국가를 위한 것인가? 애국적 영웅들 또는 양심적인 시민들의 국가인 프랑스? 니벨(Nivelle)과 페탱같이 전투에 대한 두 가지 이미지만이 아니라 군사적 가치에 대한 두 가지 개념이 문제가 되었다. 전투방식은 왜 프랑스가 싸우는지, 그리고 무엇을 위해 싸우는지를 이해할 수 있게 해준다.

하지만 결국 전투병들의 기억이 승리했다. 사실 전쟁 직후 전쟁터의 상태는 국민으로 하여금 전투병들의 해석을 받아들이도록 강요했다. 그들은 자신들의 해석이 우세하도록 하기 위해 있는 힘을 다 동원하지 않았다.

1919년에 두오몽, 보, '죽은 자' 고지에는 포격으로 생긴 구덩이, 고철, 그리고 시신들뿐이었다. 관광객들은 뼈와 두개골을 가져갔다. 구리와 강철로 된 차량을 신속하게 처리했던 고철장수들은 프랑스군과 독일군의 유해들을 발굴했다. 사물은 원래대로 남아 있을 수 없었다. 시체들은 주워 모아졌고, 호기심 많은 수색자들이 시체들을 보호했고, 그들이 누구였건 죽은 자들에 걸맞은 명예를 부여했다. 공동묘지의 필

---

27) *Voir et comprendre Verdun. Champs de bataille*. Environs, Drancy, Éditions Mage, 5e éd., 1985, pp. 79~80.

요성이 대두되었다.

그렇게 해서 베르됭에 '납골당'을 세우자는 견해가 나타났다. 단어 자체는 신중히 고려할만한 가치를 지녔다. 그것은 상징들의 변화를 가리키는 것이기 때문이었다. 사실 처음에 베르됭에 추모비를 세우자고 희망했던 사람들은 훨씬 더 문학적이고 영예로운 '영묘'(靈廟) 라는 용어를 사용했다. 건축상의 장대함이 영묘의 장례적 의미를 약화시켰다. 반면 '납골당'은 솔직히 익명의 공동묘지의 기능을 환기시켰다. 그런 중에 1917년부터 영묘의 대한 견해가 널리 퍼졌다. 베르됭 도서관은 1916년에 국립미술협회의 책임자가 입안한 "전장에서 죽은 프랑스와 연합군의 영웅들을 위한 국립영묘" 계획을 소장하고 있다. 1918년 2월 23일자 〈릴뤼스트라시옹〉지가 "베르됭의 전사자들을 위한 가장 아름다운 영묘 : 두오몽 요새의 파괴된 높은 벽"이라는 표제가 달린 데생을 게재한 것은 분명 그러한 계획에 대한 반작용이었을 것이다.

두오몽에 납골당을 세우자는 의견을 처음 제안한 사람은 베르됭의 주교 기니스티(Ginisty) 였다. 그는 1918년 11월 22일 플레뤼, 보, 두오몽 작전지역들을 두루 돌아다니다 베르됭에 귀환했을 때에 그러한 해결책을 갑자기 구상하게 되었다. 어쨌든 그는 1919년 2월 16일 트로카데로 집회에서 그 구상을 공표했다. 그해부터 목재로 된 가건물을 납골당으로 사용했다. 전장에서 새로 발견된 유해들은 작전지역별로 임시납골당에 안치되었고, 초대된 방문객들은 "우리의 영광스런 수호자들의 유골에 경의를" 표하러 왔다.

그렇게 해서 두오몽 납골당은 곧 전쟁기념 과업으로 선언되면서 베르됭의 주교가 주재하던 민간단체의 사업이 되었다. 베르됭을 기억의 장소로 바꾸는 데 중요한 역할을 담당한 것은 흥미롭게도 종교였다. 베르됭을 죽은 자를 위한 평화로운 숭배의 장소를 만든 것은 종교였으며, 퇴역군인들은 그 장소에 대한 종교적 해석을 받아들였다. 과거에 종교는 애국심과 승리를 칭송했다. 그러나 공화국의 대통령이 승리의 〈테데움〉(*Te Deum*)[28] 에 개인 자격으로 참가할 수 없고, 영부인이 대신 참가할 수도 없다고 생각했던 정·교 분리 체제 아래에서 종교는 죽은 자에게 경의를 표하는 경우 외에는 공식적으로 인정된 장소가 아니었다. 추모시설은 세속적이어야 했으며, 장례용 시설들만이 종교적인 것으로 공인받을 수 있었다. 그런 까닭에 납골당은 모든 종교에 개방적인 장례용·종교용 성격을 가진 무덤으로 이해되었다. 그런 이유 때문에 건축가들에게 맡겨졌던 기술설계는 가톨릭 성소와 나란히 개신교, 유대교, 이슬람교 숭배를 위한 시설들을 마련해야 할 필요성을 명시했다. 다수의 가톨릭교도들이 적에게 죽임을 당했기 때문에 가톨릭 성소가 그 중요도나 부지규모에 있어서 훨씬 우위에 있어야 한다는 점만은 명확하게 규정되었다.

납골당 공사는 12년이나 걸렸다. 1920년 8월 20일에 초석이 놓였고, 1923년 3월 25일에 최종설계 승인을 받았다. 1927년 8월 18~21일에 공화국 대통령은 일부 납골당의 낙성식에 참석했고, 이어 그의 후임자가 1932년 8월 6~8일로 예정되었던 최종 낙성식을 위해 두오몽으로 다시 왔다.

사실 이 사업은 발기인들보다 더 많은 사람들의 후원을 이끌어냈다. 폭넓은 대중적 후원이 없었다면 이들 발기인들이 사업을 완수하지 못했을 것이라고 말하는 것이 더 정확하다. 납골당 공사비는 1,500만 프랑이 들었는데, 건축물이 거의 완성되었을 때 정부가 백만 프랑을 기부했다. 납골당건립위원회는 나머지 1,400만 프랑을 모으기 위해 광범위한 공공캠페인을 벌였다. 많은 지역공동체들이 후원해 주었다. 122개의 프랑스 도시와 18개의 외국 도시들이 기부에 참여했다. 특히 지방위원회들은 전국적 차원의 기금을 조성하기 위해 세속축제나 자선바자 같은 오랜 전통을 부활시키면서 "베르됭의 죽음에 경의를 표하는 날", "애국의 밤", "장엄한 연주회"를 조직했다. 전국위원회 의장은 시장과, 두 명의 장군의 보좌를 받고 있던 베르됭의 주교였다. 가장 활

---

28) 〔역주〕 감사와 찬송의 노래.

41. 두오몽의 첫 납골당.

42. 1927년 9월 18일 (탑과 중앙부분만 완성된) 두오몽 납골당의 제막식.

43. 완공된 두오몽 납골당.

동적인 선전가는 기니스티 예하와 롬바르 주교좌 성당의 참사회원이었다. 두오몽의 전속신부는 무조건적으로 헌신했다. 그리고 투자자로서 기민한 능력을 발휘했던 회계담당자 역시 성직자인 무통 신부(Abbé Mouton)였다. 납골당 건립사업은 신성한 동맹을 영속시켰고, 지방위원회들은 매우 다양한 스펙트럼에 속해 있던 저명인사들을 규합했다. 예를 들어 아비뇽 지방위원회의 의장은 초등교육 명예장학사가 맡았고, 위원에는 중학교 여교장, 상이퇴역군인단체의 부회장, 초등학교 교장, 시청의 속기사, 회계부 직원 등이 포함되었다. 여기서 세속적 중산층이 열성적으로 활동했다. 다른 경우에, 예를 들어 투르쿠앵(Tourcoing) 위원회의 위원들은 더 부르주아적이었는데, 전문경영인, 2명의 도매상인, 기업주, 다른 퇴역군인연맹 사무총장, 그리고 전쟁미망인이 포함되었다. 이 무수한 독지가들의 노력 덕분에 수십만 명에 이르는 익명의 기부자들이 수십만 명의 무명의 병사들의 무덤을 위한 기금을 내놓았다.

기금조성에 있어서 진정 국가적 기념물이었던 두오몽 납골당의 건축구조는 제1차 세계대전에서 죽은 병사들을 위한 다른 묘비들보다 더 돋보여야 했다. 그것은 노트르담드로레트나 도르망의 교회들과는 달랐다. 하지만 그것이 아름답다고 말할 수는 없다. 사실 1923년에 아제마(Léon Azéma)의 계획을 선택한 심사관은 그것의 기능성에 강한 인상을 받았다. 그것의 내부는 주요의식들을 수용할 만큼 충분히 넓었다. 건물의 종교적 부분은 죽은 자의 유해를 맞이하는 부분과 방문객들을 환영하는 부분을 분리시켰다. 그리고 기금을 이용할 수 있게 되면서 여러 단계의 건축에 적합한 단위 구조가 산출되었고, 기부금이 줄어들었을 때 원래 설계도의 대략 1/3을 없애 버렸다.

50년이 지난 지금에도 여전히 존재하고 있는 두오몽 납골당은 성격상 종교적, 공민적, 군사적이라고 분류하기 어려운 기념비이다. 납골당의 낮고 폭이 넓은 구조는 베르됭의 수호자들이 침략자 독일군에 대항해 세우기를 희망하던 방벽을 연상시켰다. 그러나 그것은 오히려 토치카처럼 보인다. 고원 위로 46미터나 올라가 있던 탑에 대해 말하자면 그것은 봉화대도 종탑도 아니었다. 그것의 네 모서리는 장례의 목적으로 된 십자형의 구조를 가지고 있었다. 사실 탑은 거대한 공동묘지의 중심주와 같았다. 납골당은 엄청나게 큰 위령비였던 셈이다.

여러 다양한 종류의 종교의식이 베르됭에서 거행되었다. 오래전에 민간의식들도 거행되었다. 비탄에 젖은 미망인과 부모들이 남편과 자식들의 잔혹한 죽음에 경의를 표하기 위해 왔다. 양차대전 중에 백발이 성성한 퇴역군인들 역시 그들이 묻혀 있는 장소를 방문하러 왔다. 마크 오를랑은 처음 전장을 방문할 때 퇴역군인들은 데려왔던 가족들이 곧 지루해한다는 것을 깨닫고 혼자 개인적 회상을 하러 그곳을 다시 찾아왔다고 묘사했다. 퇴역군인들은 자신이 가장 잘 아는 구역을 걸어 탐사했고, 격전 이후에 일어난 변화에 주목했다. 1930년에 전쟁터에 다시 나무를 심어야 하는지 그렇지 않는지를 둘러싼 문제는 실제로 커다란 논쟁을 불러일으켰다.[29)]

곧이어 훨씬 더 집단적 숭배가 체계화되었고, 숙연한 납골당 방문으로 그 의식은 완수되었다. 오랫동안 가장 흔했던 것은 퇴역군인들의 순례였다. 1927~1928년부터 지역별 퇴역군인협회들이 강력해지면서 자주 장거리 버스로 대규모 순례단이 조직되었다. 그것은 친교의 필요성에 따른 것이면서도 퇴역군인협회들이 회원들을 결집시키는 방법이었다. 이 여행의 목적지는 당연히 전쟁터였고, 제일 먼저 방문해야 할 곳도 베르됭의 전쟁터들이었다. 납골당이 종착지였던 퇴역군인들의 순례는 침묵행진으로 특징지어졌다. 침묵은 처음부터 관례였다. 임시 납골당 앞에 서 있는 인고상(忍苦像)은 침묵하라는 듯 손가락 하나를 입술에 대고 있다. 퇴역군인들은 죽음 앞에서 침묵했고, 죽은 자들은 도처에 존재했다. 함께 행진했던 퇴역군인들은 홀로 주요장소를 방문

29) 이 논쟁은 주간지였던 〈상이 및 퇴역군인〉(*Journal des mutilés et réformés*)에서 큰 반향을 불러일으켰다. 관련 내용은 1930년 9월 7일자, 28일자, 10월 19일자와 11월 2일자를 참조.

하던 사람들에 비해 훨씬 수월하게 기억들을 공유할 수 있었다. 1916년 병력이 전선에 도착했을 때 그들은 삼삼오오 출발했고, 전선으로 흩어졌다. 반대로 납골당은 전쟁터에서 거둬들인 유해들을 한 장소에 모아둔, 모두를 위한 공유물이었다. 때로 철야 형태를 띠는 묵상 속에서 순례여행의 수행이 정점에 이르렀던 것은 그 은둔처 안에서였다.

가장 조직적이었던 퇴역군인들의 순례여행은 1927년 2월 파리 지역 대중교통부문의 퇴역군인들에 의해 조직된 '전투축제'였다. 이 의식은 납골당 회랑에서의 철야기도를 포함했다. 새벽에 행렬이 회랑을 돌았고, 각자 유해를 보관하고 있는 지하납골당을 화환으로 장식하였다. 1936년 7월 12일 국경일(애도일)은 조금 달랐다. 독일과 이탈리아의 대표단도 섞여 있었던 2만 명의 퇴역군인들은 저녁 8시에 생트핀 예배당에서 두오몽 묘지까지 행진했다. 그곳에서 각자 묘 앞에 자리를 잡은 뒤, 모두 함께 평화를 지키자는 맹세를 했다. 그러고 난 후 납골당의 계단에 헌화했다. 어쨌든 퇴역군인들의 의식은 성격상 평화를 기원하는 민간인들의 추도의식이었다. 그곳에서는 〈라마르세예즈〉나 열병식, 종대행진, 공식연설 등도 없었다. 각자 비켜나 침묵하고 명상했다. 추모된 존재의 희생이 갖는 무한함 앞에서 평화가 개인적·국가적 자존심을 넘어서는 최고의 가치로 인정되었다.

1920년 이래 베르됭 시에 의해 조직된 승리의 축제들은 아주 다른 분위기를 풍겼고, 퇴역군인들의 기억보다도 국민적 기억을 더 잘 유지했다. 선택된 날짜인 6월 23일은 어느 정도 임의적이었다. 6월 23일에 시작된 독일군의 최종공격이 절정에 달했던 것은 1916년 7월 12일이었다. 그러나 7월 12일은 7월 14일에 너무 근접해 있었다. 2일 동안 진행되었던 이 축제들은 깃발을 시내로 들여오고, 종교의식·군대열병·납골당에서의 추모 철야기도를 마무리하기 위한 공식연설과 종대행진을 포함했다. 1927년과 특히 훨씬 더 장관인 1932년의 개막식은 승리의 축제와 같은 전통에 속했다. 죽은 자들은 잊히지 않았지만 중요한 것은 조국과 조국의 승리를 기념하는 것이었다.

축제를 주재할 인물을 선택하는 것이나 승리축제의 성격을 나타내는 것도 매한가지였다. 1952년까지 축제의 2/3를 장군이나 원수가 주재했다. 전간기 중에 페탱 원수는 이 축제들을 주재하기 위해 베르됭에 네 차례나 다녀갔고, 푸앵카레 대통령도 두 차례나 다녀갔다. 그것은 공식적이고 애국적인 추모식이었다.

그러나 제 2차 세계대전 이후 분위기가 달라졌다. 1954년에 독일이 북대서양조약기구(NATO)에 가입했다. 1956년 처음으로 베르됭 시 당국은 독일인들의 전지방문을 공식적으로 허용했다. 프랑스-독일의 화해와 유럽의 건설이 당시 추세였다. 그때부터 민간인들이 승리축제들을 주재했다. 공식적 추모식과 퇴역군인들의 의식 사이에 놓여 있던 차이가 크게 줄어들었다. 1984년 9월 22일 프랑스 대통령과 독일 수상은 두오몽 묘지에 갔고, 침묵의 순간에 손을 맞잡고 서 있었다.

순례여행의 성격 역시 점차 달라졌다. 베르됭의 퇴역군인들도 나이를 먹어감에 따라 전쟁터를 답사하는 것이 점점 어려워졌다. 세월이 흐르면서 퇴역군인들은 더 이상 그곳에 오지 못하게 되었다. 풀이 다시 자라났고, 폭격당한 구덩이는 숲으로 뒤덮였다. 1919년부터 베르됭에 오고가는 관광객의 수가 바캉스와 자동차의 대중화로 점점 더 늘어났다. 매년 50만 명의 관광객들이 베르됭을 방문했다. 많은 사람들이 기억할 만한 전투가 그곳에서 벌어졌다고 알고 있다. 하지만 그들은 전투의 추이, 일정, 지형 등에 대해서는 잘 모른다. 그들에게는 설명, 안내, 표시판이 필요하다. 생존자들의 감동적인 기억이 점점 희미해져 가면 갈수록 기념을 체계화할 필요성이 제기되었다. 역사가 열정의 뒤를 이었다.

1939년 뫼즈 퇴역군인연맹은 다른 단체들이 아브르, 오를레앙 등지에 했던 것과 마찬가지로 베르됭에 '퇴역군인회관'을 세우기로 결정했다. 대형도서관과 '투시화'가 그 계획에 포함되었으나, 제 2차 세계대전의 발발로 중단되었다. 1926년부터 활동해 왔던 베르됭 전국기념위원회는 1951년에 재건되었다. 주느부아(Maurice Genevoix)가 이끌던

이 위원회는 1959년 전쟁터에 기념관을 짓기로 결정했고, 1967년에 마침내 개관했다.

기념관 방문객들은 전투와 관련된 지도, 사진, 다양한 문서들을 접할 수 있다. 기념관 안의 박물관은 1916년에 사용되었던 장비들과 전쟁터가 어땠는지 쉽게 상상할 수 있도록 만들어 주는 역사적 복원물을 전시해놓았다. 빛이 반짝거리는 지도는 전투의 추이를 빨리 이해할 수 있도록 해준다. 소장품들을 진열하고, 역사연구를 장려하고, 학술행사들을 주관하는 데 관심을 많이 가지고 있는 베르됭 기념관은 종교적 장소가 아니라 교육적 장소이다. 현재 퇴역군인들은 사라지고 있지만 1916년 전투가 어땠는지를 설명하고 교육하는 것은 그것을 영속적으로 기념하는 유일한 방법이다.

기억에서 상징으로

베르됭에서 행해진 기념식은 전투에 관해 서로 상반되면서도 보완되는 세 가지 기억을 제공해 준다. 바로 공식적인 애국의식에 대한 기억, 퇴역군인들의 추모묵념에 대한 기억, 그리고 관광객들이 전해 주었던 역사적 기억이 그것이다. 그러나 이러한 지역 차원의 기념식만 가지고는 베르됭이 국가적 상징이 되기에 충분치 않다. 의심할 여지 없이 수많은 전투병들을 베르됭 지옥을 건너게 만들었던 '교대제'와 마찬가지로 양차대전 중에 매해 이루어졌던 전쟁터로의 순례여행은 수만 명의 프랑스인들을 끌어들였다. 베르됭의 기념식은 큰 반향을 불러왔다. 그러나 다른 담론들이 프랑스인들의 집단기억을 구체화했다. 베르됭은 1916년 이래 끊임없이 사람들의 화젯거리가 되었다. 사람들이 베르됭에 대해 말했던 것은 무엇이었을까?

이 질문에 대한 답은 하나가 아니다. 그 이유는 담론들은 세월을 거쳐 변하기 때문이다. 간략하게 말하자면 베르됭에 관한 계속적인 출판의 물결을 구분해 볼 수 있다.[30] 첫 번째 출판 물결은 전투 중에 시작되었고, 1922~1923년에 정점에 달했다. 그때까지 전쟁터는 집중포격을 당했고, 베르됭 전투 10주년을 기억할 만한 새로운 저작은 나오지 않았다. 이 첫 번째 물결이 일어났을 때 이미 잘 알려진 두 가지 담론이 나란히 등장했다. 공식적·애국적 담론은 일반 병사보다 장성과 장교들이 더 두드러진 역할을 담당했다는 참모의 입장을 부각시킨 보르도(Henri Bordeaux)와 같은 전쟁사가들에 의해 조장되었다.[31] 자연히 이런 종류의 책들은 영웅적 행위를 강조했고, 공식발표와 무훈 사이에 놓인 이야기 공간으로 쉽게 들어왔다. 퇴역군인들의 담론은 이 공식적 역사에 대해 정확히 정반대의 입장을 취했다. 그것은 무엇이 일어났는지에 대한 전체상이 아니라 전형적인 병사의 경험에 대해 구체적인 이야기를 들려주었던 개개인의 증언을 강조했다. 이 시기에 델베르, 고디, 쥐베르, 모르네가 저술한 최고의 전쟁회고록들이 출판되었다.[32] 진창, 두려움, 고통, 그리고 죽음에 대한 기억에서 고급장교들의 자리는 없었다.

1920년대 말에 전쟁에 대한, 특히 마치 베르됭이 전체 전쟁을 대표

---

30) 결본이 있지만 균질적인 〈현대 국제관계 자료 도서관〉의 색인표는 베르됭 관련 저작물을 다수 포함하고 있다. 예를 들어 1916~1922년에 출판된 저작물의 수는 46개, 1923~1928년의 9개, 1929~1939년의 42개, 1945~1958년의 2개, 1959~1969년의 27개다. Antoine Prost, *op. cit.*, t. I, *Histoire*, p. 133 참조.

31) Henry Bordeaux, *La Victoire de Verdun*, Paris, 1916 ; *La Chanson de Vaux-Douaumont*, Paris, 1916 et 1917, 2 vol. ; *La Bataille devant Souville*, Paris, 1920.

32) Capitaine Charles Delvert, *Histoire d'une compagnie. Main de Massiges, Verdun, novembre 1915-juin 1916*, Paris, Berger-Levrault, 1918〔1935년 저자인 델베르가 알뱅 미셀출판사에 발행한 《보병수첩》(*Carnets d'unfantassin*)의 제1장〕; Georges Gaudy, *Les Trous d'obus de Verdun*, Paris, Plon-Nourrit, 1922 ; Raymond Jubert, *Verdun, mars, avril, mai 1916*, Paris, Payot, 1918 ; Daniel Mornet, *Tranchées de Verdun, juillet 1916-mai 1917*, Paris, Berger-Levrault, 1918(저자는 잘 알려진 프랑스문학 전공 교수이다).

하는 것처럼 베르됭에 관한 책들에 다시 새로운 관심이 쏟아졌다. 이때 시작된 두 번째 출판 물결은 1939년까지 계속되었다. 초기에 등장한 두 가지 담론은 남아 있었지만 그 후 그것은 서로 융합되었다. 전투의 공포를 무시하거나 애국적 훈계를 얼버무리는 것은 있을 수 없었다. 납골당에 묻힌 시체들이 너무나 많았다. 그리고 〈베르됭, 역사적 회상〉(1928), 〈나무십자가〉(1931)와 같은 많은 영화들이 일상적으로 이루어졌던 포격에 대한 아주 인상적인 이미지를 보여주었다.[33] 역시 그 시기를 담은 두 권의 책, 즉 병사들의 처지를 묘사하면서 정확한 상황을 그려냈던 페탱의 《베르됭 전투》(1929)와 다양한 관점을 놀랍도록 종합하려는 노력이 돋보였던 로맹(Jules Romain)의 《베르됭》(1938)에서 상징적 가치가 잘 드러나고 있다.

하지만 이 시기의 가장 독특한 특징은 다른 데에 있다. 퇴역군인들이 자신들의 이야기를 되찾기 위한 시도 중 하나는 바로 전쟁이야기를 하는 것이다. 교전이 끝난 지 10년이 흘렀다. 기억은 흐릿해지고 악몽은 뜸해졌다. 퇴역군인들은 국민생활에서 자신의 존재를 뚜렷이 드러냈다. 퇴역군인들의 연금을 승인함으로써 국가의 때늦은 감사를 표현했던 타르디외(André Tardieu)가 그들 중 처음으로 전후에 내각과 하원을 이끄는 인물이 되었다. 전쟁이야기를 쓰는 것은 전쟁에서 싸우지 않았던 사람들이나 단지 후방에서 복무했던 사람들에게 남겨질 수 있는 일이 아니었다. 퇴역군인들의 역사를 위한 순간이 왔다.

뒤카스(André Ducasse)는 1932년 플라마리옹(Flammarion) 출판사가 발행한 전쟁이야기 중 최고의 선집인 《퇴역군인들이 말하는 제1차 세계대전》을 세상에 내놓으면서 솔선수범했다. 그러나 베르됭은 이 작

---

33) 위에서 인용한 두 영화 외에 *La Grande Parade*(1928), *À l'ouest, rien de nouveau*(1930), *La Patrouille de l'aube*와 *Les Anges de l'enfer*(1931), *No man's land*(1932)를 언급할 수 있다. 우리에게 이 영화작품의 목록을 친절하게 알려준 《레옹 무시낙(Léon Moussinac)에 대한 지배》의 저자인 이브 블라비에(Yves Blavier) 씨에게 감사드린다.

품의 유일한 주제가 아니었다. 1933년에 페리카르(Jacques Péricard)는 534페이지에 달하는 큰 판형의 책에 당시의 사진들을 담고 있는 기념비적인 작품 《베르됭》을 출판했다. 이 책은 날개 돋친 듯이 팔렸고, 전투에 관한 중요한 사료로 깊은 영향을 미쳤다. 페리카르는 6천 명 이상의 퇴역군인들에게 증언을 간청하여 자신의 질문에 답하게 했다. 그의 책은 대단히 세부적인 연대순의 이야기로 그때까지 공개되지 않았던 퇴역군인들의 증언을 책 전체의 절반에 걸쳐 담고 있었다. 이 책에는 전투에 관한 이야기가 작전지구별로, 날짜별로, 때로는 시간별로 적혀 있다. 게다가 각 장은 교대병, 의료서비스 등과 같이 일반적인 문제에 대해 다루면서 가장 중요한 증언들을 모았고, 이야기의 지루함을 덜어낸 부록이 달려 있었다.

페리카르의 《베르됭》은 풍부한 참고자료 이상으로 중요한 책이었다. 사실 이 책은 공식적인 애국의 역사와 퇴역군인들의 증언을 결합시켰다. 이 책은 풍부하게 인용된 장성・대령・소령의 관점에서 본, 위로부터의 전투사와 일반병사들의 관점에서 본 아래로부터의 전투사를 결합시켰다. 그럼에도 이 두 역사의 관점은 매우 달랐을 뿐 아니라 각각에게 서로 완전히 다른 전투였다. 페리카르의 《베르됭》은 종합이라기보다는 절충이었다.

실제로 이 책은 페리카르 자신을 포함해 수많은 퇴역군인들이 겪었던 모순을 구체적으로 묘사했다. 페리카르는 베르됭에서 중위로 싸웠고, 1918년에 논쟁거리가 된 책 《죽은 자들이여, 일어서라!》를 출판했다. 애국심이 우러나오는 이 이야기의 에피소드는 적에 괴멸될 상황에 처했던 페리카르가 "죽은 자들이여, 일어서라!"라고 외치면서 병사들의 활기를 북돋웠을 때에 관한 것이다. 다시 말해 애국심에 관한 전형적인 이야기다. 하지만 이 책은 크뤼의 비판보다 더 신랄한 비판을 받을 정도는 아니다. 그것은 어떻게 퇴역군인들의 기억이 후방의 기억에 의해 변형되었는지를 잘 보여주는 흥미로운 예이다. 사실 페리카르는 자신이 "죽은 자들이여, 일어서라"라고 외쳤다고 적지 않았다. 페리카르의 이야기를 언급하면서 그 표현을 사용한 것은 바레스(Maurice Barrès)가 쓴 책의 서문에서였다. 분명 페리카르는 자신의 책제목으로 그 표현을 사용함으로써 그 말을 한 것이 진짜임을 입증했다. 그는 영광과 애국심을 믿었다. 《베르됭》에서 그는 크뤼가 총검참호의 신빙성에 의문을 품었다고 격분했다. 마치 비판은 두오몽의 산등성이에서 벌어진 엄청난 희생에 대한 부정인 것처럼 보였다. 그러나 페리카르는 전투와 그것에 따른 진짜 참상이 어땠는지를 알았던 일반병사였다. 그는 병사생활의 일상적 사건들에서 용기를 관찰했고, 후방에서 사람들을 감동시키기 위해 의도되었던 저속한 애국적 허세나 자랑을 싫어했다. 그는 베르됭의 병사들의 말을 들으려고 애쓰면서 전설을 조장했다.

전투에 대한 집단 이미지가 확립된 것은 바로 그때였다. 국민적 상상에서 베르됭은 전쟁들 중에서도 6개월이라는 기간과 포격의 격렬함을 고려할 때 무엇보다도 가장 가공할 만한 포격을 의미했다. 독일군은 전선의 25미터마다 대포 1문을 배치해 1,200문 이상의 대포를 모았다. 7월 15일 독일군은 120mm 구경보다 크면 컸지 작지 않은 곡사포로 2,100만 개의 포탄을 쏘았다. 전쟁터 평방미터당 거의 1개의 대형포탄이 투척되었다. 그래서 대량의 포격이 이루어지던 그곳에 달 표면처럼 땅이 움푹 파인 광경을 만들어 냈다. 베르됭은 무엇보다 폭탄구멍과 같았다.[34] 전투에 관한 또 다른 인상적인 특징은 대량포격의 결과였다. 교대병들의 고통은 엄청났다. 페탱이 말하기를 "매일 밤 우리는 고원 위의 전장의 연기가 피어오르는 쪽으로 비탈져 솟아오르는 작은 행렬들을 보았다. 그것은 자신들에게 닥쳐오고 있는 운명을 잘 알고 있던 진지하고 조용한 사람들의 행렬이었다."[35] 모든 교통로가 뫼즈강을 건널 수 있었던 몇몇 지점으로 집중되었다. 교통호는 선발대 군

34) 조르주 고디(Georges Gaudy)의 증언제목에서 따왔다. Georges Gaudy, *op. cit.*

35) 첫 개막식에서 행해진 두오몽 납골당에서의 연설(1927년 9월 19일자 〈르탕〉지). 이 명문을 알려준 앙드리외 부인에게 감사드린다.

수품과 보충병들과 철수했던 부상자들로 가득 차 있었다. 정확한 위치를 알고 있었던 적에 의해 이 노정은 자주 폭격당했다. 그곳에서 많은 부상자와 사상자가 나왔다. 기진맥진한 병사들이 전진함에 따라 교통호는 얕아졌다. 얼마 후 포탄구멍 옆에 얕은 구렁밖에 안 남게 되었다. "우리는 사상자들을 가로질러 갔다. 숲의 나무가 본래대로인 것이 없었다. 여기저기에 원통의 줄기부분만이 서 있었다. 돌투성이 땅은 수류탄, 탄약, 무기, 군용외투, 시신들이 나뒹굴고 있었다."[36] 밤에 교대병들은 교대할 부대의 안내원들을 찾았다. 흔히 보충병들이 안내원들을 찾지 못하게 되면 첨병들이 갑자기 독일군과 조우할 수 있었다. "폭격과 조명탄이 터질 때의 섬광 때문에 교대병들은 포탄구덩이 깊숙한 곳에서 생존해 있던 부대원들을 발견할 수 있었다."[37]

당시 4~6일간의 드라마가 시작되었다. 그 이유는 교대병들이 더 이상 전열에 참가하지 않고 어떤 희생을 치르더라도 그 땅을 지키라는 명령을 받아 "애매하게 설계된 포탄구덩이에"[38] 자리 잡았기 때문이었다. 탄환과 수류탄이 빗발치기는 했으나 전투는 불규칙적이었다. 베르됭의 지옥에 대한 집단기억은 끔찍한 특징들을 잊지 않고 있다. 체계적이고 집요하고 쉬지 않고 끈질기게 가해지는 포격, 으스러지고 찢겨지고 파묻힌 시신들, 포탄구덩이 아주 가까이에 있는 동료들에게 떨어지는 포탄. 배급품들이 제때 도착하지 않았기 때문에 교대병들은 배고픔에 시달렸다. 전투 초기 몇 달 동안 교대병들은 피신처도 없고 불을 피우기도 어려워 비와 추위로 고통받아야 했다. 그리고 교대병들은 온갖 종류의 파편들이 썩고 있던 포탄구덩이의 더러운 물을 마셔야 할 정도로 엄청난 갈증에 시달렸다.

제 2차 세계대전 때의 아우슈비츠처럼 제 1차 세계대전 때의 베르됭

---

36) Henri Nicolle, 408e R.I., cité par Jacques Péricard, *op. cit.*, p. 276.

37) 페탱의 연설문 인용.

38) 페리카르의 책 273페이지(Jacques Péricard, *op. cit.*, p. 273)에서 총검참호에 대한 폴리만(Polimann) 참사회원의 이야기가 시작된다.

은 사실 인간조건의 극한이 어떻게 깨졌는지를 잘 보여준다. 병사들은 비참하고, 황폐화되고, 비인간적인 지상의 포탄에 무방비상태로 놓여 있었다. 가장 기본적인 욕구를 만족시키지 못한 채 인간사회로부터 고립되고, 비 · 눈 · 바람 · 추위 같은 자연의 힘 앞에 내버려진 병사들은 문명 이하의 상태로 되돌아갔다. 물론 그들은 맨바닥에 누워 자고, 지칠 때까지 일하고, 혹한을 견디며 살고, 매일 간소한 수프를 먹는 데 익숙해져 버린 거칠고 고된 인간들이었다. 19세기 말에는 아직 근대적 안락함이나 대중적 여가가 도래하지 않았다. 그럼에도 베르됭에서의 일주일은 우리가 도저히 상상할 수 없는 인간조건의 밑바닥으로의 여행이었다.

그런데 페탱은 병사들이 기진맥진 상태였음에도 불구하고 "전혀 믿을 수 없을 정도의 지옥상태에서 우리 병사들은 버텨냈다"고 적었다. 베르됭에서 귀환한 일부 연대가 중대 규모로 줄어 있을 만큼 손실이 막대했다. 적어도 병사들의 반이 전사하거나 부상당했다. 교대가 해방처럼 기다려졌다. 동트기 전에 전선에서 돌아온 병사들은 폭발소리 때문에 머리가 울리고 잔뜩 피곤에 절어 있는, 말 그대로 '유령'의 몰골을 하고 있었다.

> 그들은 붉은 흙으로 더럽혀진 소총을 어깨에 메고 무거운 장비에 짓눌려 머리를 숙이고 침울한 눈길을 한 채 걸었다. 그들의 얼굴색은 외투색깔과 거의 같았다. 여기저기 묻어 말라버린 진흙에 다시 진흙이 묻었다. 그들의 옷과 피부가 진흙으로 범벅이 되었다. 〔…〕 그들은 불평할 힘이 없었다. 전쟁수용소에 풀려난 죄수들이 마을의 지붕 쪽으로 머리를 들어 올렸을 때 그들의 눈에서는 형언할 수 없는 엄청난 고통의 심연이 보였다. 그리고 그들이 얼굴을 들어 올렸을 때 그들의 용모는 먼지가 묻은 채 고통으로 일그러졌다. 이 무언의 얼굴들은 그들의 납골당에 대해 엄청나게 끔찍한 공포로 소리치는 것처럼 보였다.[39)]

1929~1939년에 지배적이었던 집단 이미지는 일종의 균형을 이루어냈다. 병사의 삶과 죽음에 관한 사실적이고 구체적인 이미지는 병사의 용기를 무지함이나 위험에 대한 무시와 동일시하지 않았다. 베르됭의 병사가 자연스럽게 영웅적 행위를 가지게 했던 특별한 은총을 접했는지 어떤지 물으면서 페탱은 병사들이 영웅적 행위를 할 작정은 아니었다는 군대의 공식담론을 무시하면서 다음과 같이 대답했다. "우리는 그를 알았었고, 그가 미덕과 약점을 지니고 있는 단순한 사람, 그가 성장했던 가족·작업장·사무실·마을·농장에 애착심을 갖는 사고와 감정을 가진 우리 인민의 사람이었음을 알고 있다." 성실하게 직업활동을 하면서 "그는 열정은 없었지만 용감하게 전선으로 갔다."[40] 베르됭에 대한 틀에 박힌 태도는 영웅적 행위, 공격, 총검, 조국애나 독일인에 대한 증오가 아니었다. 영토를 지킨 것은 진흙투성이의 얼빠진 이 유령들이었다. 프랑스가 베르됭에 대해 기억하는 것은 병사들이 비인간적이고 고통스럽고 살인적인 시련을 감수하기로 작정했기 때문에 국가가 살아남았다는 것이다.

제2차 세계대전은 베르됭에 대한 기억을 다시 묻었고, 훨씬 더 참혹한 잔학행위들에 대한 기억을 심어 주었다. 베르됭은 더 이상 서점 진열대에서 성공을 거두지 못했다. 베르됭 전투에 관한 새로운 책들은 1950년대 말과 특히 베르됭 전투 50주년이 되는 해인 1966년에 출판되었다.[41] 제2차 세계대전 이전에 출판된 책들보다는 더 짧고, 더 객관적으로 바라보는 이 책들은 점점 줄어들고 있던 베르됭의 퇴역군인들을 잘 알지 못하는 대중에게 호소했다. 문제는 전투에 대한 해석보다는 전투에 대한 읽기였다. 따라서 이야기는 더 교훈적이고 일반적이었다. 중요한 것은 전투에 대해 전혀 모르는 독자들에게 전투에 관한

39) Georges Gaudy, *op. cit.*

40) 페탱의 연설문 인용.

41) 뒤카스 책의 성공은 전쟁에 대해 새로운 관심을 불러일으켰다는 점에서 상징적이다(Meyer et Perreux, *op. cit.*, en 1959).

44. 1984년 9월 22일. 프랑스의 미테랑 대통령과 독일의 콜 수상이 세계대전 전몰자들을 추모하는 자리에서 서로 손을 잡고 있다.

전체상을 제시하는 것이지 전투에 참여했던 사람들에 대해 세세한 설명을 하려는 것이 아니다. 1960년 뒤라시에(Durassié) 출판사에서 발행된, 아주 풍부하게 사실만을 기록하고 있는 르페브르(Jacque-Henri Lefebvre)의 책은 페리카르와 관계가 멀다. 그것은 베르됭 전투병들의 기억을 알렸던 경건한 기념물이 아니었다. 두오몽 납골당이 퇴역군인들의 기념비와 기념관을 대신했던 것처럼 역사가 전우들을 위한 연대 기념제를 대신했다.

"베르됭에서 싸우지 않은 사람은 전쟁을 하지 않은 것이나 다름없다." 전투 중에도 떠돌았던 이 말은 영속적인 귀속의식을 암시한다.[42] 현대인들에게 베르됭은 제1차 세계대전 전체를 요약해 준다. 베르됭은 전쟁의 절정이자 핵심이었다. 그것은 갈등의 결말에 영향을 미친 결정적 에피소드였을 뿐 아니라 제1차 세계대전의 가장 두드러진 특징들을 잘 드러낸 전투였다.

베르됭은 또한 "평화적" 전투였다. 베르됭은 굴욕적이거나 공격적인 전투로 기억되지 않았다. 프랑스 국민들은 패배를 기억했으나 그들 무의식 깊숙이 그 기억들을 묻어버렸다. 1870년의 패배 또는 1940년 6월의 패주에 대한 기념제는 어디에 있는가? 반대로 국민들은 그들의 승리에 대한 기억을 영속화하는 데 주저한다. 그렇게 하는 것은 과거의 적들에게 그들의 굴욕을 상기시키고 자신들이 약탈국가였음을 증명하는 것일 수 있다. 베르됭은 패배당하지 않고 독일군이 통과하는 것을 저지하려던 방어적 승리였다. 여기서 독일군의 공격으로 시작된 제1차 세계대전에 대한 기억과 좀더 총체적으로 맞닥뜨리게 된다. 조국의 영토를 수호하기 위해 서로 싸우는 것은 전적으로 정당한 것이었다.

---

42) "4월 17일 — 자정 무렵에 우리는 내가 번개협곡이라 부르게 될 깊은 골짜기에 도착했다. 그곳을 지나가던 짧은 순간에도 폭발이 멈추지 않고 계속 이어졌다. 이 협곡의 소란은 조명만큼이나 경이로웠다. 꼼짝도 못하고 서 있던 내 옆에서 폭발을 무시하던 한 장교가 어둠 속에서 담소했다. 그가 말하길 '베르됭에서 싸우지 않은 사람은 전쟁을 하지 않은 것이나 다름없다.'" Jacques d'Arnoux, 62e R. I., in Péricard, *op. cit.*, p. 276.

전쟁에서 이기는 것은 적으로부터 뭔가를 빼앗는 것이 아니라 단지 프랑스 자체로 남는 것이었다. 베르됭에서 프랑스는 스스로 승리의, 그리고 동시에 평화적인 이미지를 발견했다. 그곳에서 국가는 다른 사람을 희생시키지 않으면서도 자신의 존재를 뚜렷이 나타냈다. 국가적 자부심과 국제적 도덕성을 결부시켜 생각하는 곳에서 그것은 이상화된 이미지였다. 프랑스는 정의와 자유를 위해 싸우는 패배를 모르는 전사로 비칠 수 있었다. 그것은 1789년의 혁명원리들과 함께 나폴레옹의 깃발이 나부낄 수 있게 했다. 요컨대 그것은 '프랑스에 대한 어떤 관념'이라고 불렀던 것을 생겨나게 했다.

결국 베르됭은 끔찍하고 살인마적인, 그리고 참혹한 시련에 대한 기억이었다. 오늘날 프랑스인들은 베르됭 전투병들의 순교를 실감하지 못해도 끔찍한 조건 속에서 수십만 명(27만 명)이 그곳에서 전사했다는 것을 막연하게나마 알고 있다. 이 엄청난 희생에 관한 세부사항은 기억으로부터 희미해졌다. 그러나 교훈은 경건하게 보존되었다. 신성한 것은 죽음이 아니라 삶이었고, 전쟁들은 정당하고 필수적이었다. 평화는 한층 더 가치를 지녔다. 프랑스 국민의 집단기억 속에서 베르됭의 병사들은 분명 본보기가 되는 영웅들로서 고요하고 근엄한 존경 속에서 살아 있을 뿐 아니라, 무고한 희생자들도 마찬가지로 소중하게 다루어지고 있다. 국민적 기억의 명소 중 하나인 베르됭을 만든 것은 가장 위대한 승리들이 방어적이었다는 것뿐 아니라, 승리를 위해 치른 대가가 이루 헤아릴 수 없다는 것을 말하려는 것이었다.

그러나 상징이 되면서 사건은 점점 지워졌다. 그것은 우리에게서 가차 없이 멀어져갔고 집단기억 속에서 희미해졌다. 우리 현대인들에게 베르됭은 더 이상 열정적이고 선명한 기억이 아니라 막연한 개념이다. 우리는 그것이 끔찍했지만 결국은 승리했다는 것을 알고 있다. 그러나 그것은 더 이상 오늘의 세계에 속하지 않는다. 베르됭에서 고통당하면서 죽어갔던 평범한 사람들은 매일 다른 우주로, 영원히 지나간 과거 속으로 사라졌다.

따라서 베르됭은 두 세계의 경계를 상징적으로 나타낸다. 오늘날 우리가 상상할 수 없는 조건을 참아내고, 의무를 위해 희생할 수 있었던 구세계는 베르됭에서 절정을 경험했다. 신세계는 애국심의 성격과 의미가 변했던 곳에서 시작되었다. 전쟁의 망령은 남아 있고, 대량학살도 여전히 피하지 못한 채 인류 전체가 위협받고 있지만 프랑스는 그 정도는 아니다. 탱크, 미사일, 핵무기와 더불어 전쟁은 더 이상 오랜 시련을 겪으면서 한 사람 한 사람이 차례차례 죽어 쌓이는 원시적 형태를 의미하지 않는다. 세계는 희생자들의 내밀한 동의를 요구하지 않는, 이전보다 훨씬 더 잔인하고 빠른 대량의 다른 형태로 다시 새로운 공포를 경험하게 되었다.

이런 사실 때문에 베르됭은 국민의 기억 속에서 각별한 위치를 차지하고 있다. 그것은 여러 에피소드 중 하나가 아니라 초인적임과 동시에 비인간적이었던 엄청난 희생 속에서 그것의 절정과 한계를 발견하게 되는 19세기 애국심의 최고점이었다. 마찬가지로 집단상상은 그것을 잊어버리게도, 제대로 이해할 수 없게도 한다. 베르됭에 관한 기억 속에는 그 기억을 전설로 만드는 신성하고도 불가사의한 부분이 포함되어 있다.

루브르

왕들의 거처, 예술의 전당

위대한 왕이여 내게 문을 열어주오,
카이사르의 호사도 따를 수 없는 예술의 극치여.
경이로운 그 접견실에서는 그대의 영광이
전지전능한 빛을 발하게 하도다.
바로 곁에서 그대의 눈길을 받는다면
내 그대에게 언약한 것 그 이상을 이루리라.

1663년 피에르 코르네유는 이렇듯 다소 부담스럽게 간청하며[1] 루브르의 거처 하나를 요구하고 있다. 《시드》의 저자인 그는 당시에 기즈 공작의 환대를 누리고 있었고 기즈 공작은 1662년 카루젤(Carrousel)[2]의 조직자라는 화려한 자리에 있었다. 하지만 코르네유는 그 이상을 바랐다. 그는 왕의 후원을 얻고 싶었던 것이다. 루이 14세는 아직 루브르에서 살고 있지만 머지않아 베르사유가 그를 독차지할 것이다. 그러면 작위가 있건 없건 모든 사람들은 왕이 내팽개친 궁전의 침실과 부속실, 복도들을 차지하기 위해 앞을 다투며 왕에게 매달릴 것이다. 이 늙은 극작가의 시는 루브르의 복잡한 현실을 절묘하게 묘사한 셈이다. 루브르의 위대한 명성은 역대 프랑스 왕들이 계속 그곳에 거주했다는 사실에서 기인한 것이 아니다. 물론 루브르는 피에르 레스코에

1) Pierre Corneille, "Remerciment présenté au Roi", 1663년 9월 25일, *Œuvres*, Paris, éd., Grand Ecivains, t. X, pp. 175~181.

2) 〔역주〕 세자 탄생을 축하하기 위해 6월 5일과 6일에 카루젤 안뜰에서 개최된 루이 14세 친정 최초의 대축제.

의해 건축된 그 르네상스 궁전에 왕들이 처음 입주하면서 명성을 얻기 시작했지만, 그 명성이 더욱 높아진 것은 거대한 궁전건축물을 활용하려는 다양한 시도를 통해서이다. 코르네유의 시에서 처음으로 울려 퍼진 문화적 의미는 왕의 최종적인 출발 이후 더욱 확연히 드러났다. 루브르를 예술의 루브르, 이른바 5개 대륙에서 날마다 방문객의 무리들이 몰려드는 곳으로 집단기억 속에 각인시킨 것은 궁극적으로 아카데미들과 살롱들이다.

두 이미지들은 나란히 존재하는 것처럼 보인다. 하지만 루브르를 올바로 이해하기 위해서는 그 둘이 마치 입체경 속의 장면처럼 서로 중첩되어야 한다. 게다가 발루아 왕조의 루브르는 처음부터 '예술의 극치'로 간주되었고, 궁전건축양식, 다시 말해 왕궁의 '웅장한 양식'에 박물관으로서의 기능적인 공간들을 설치하기 위한 시도가 매 시대마다 건축가들에 의해 끊임없이 계속되었다. 그런 시도가 지속되면서 개념의 변화도 뚜렷한 일관성을 보였다. 그 개념의 핵심은 원하건 아니건 국가권력과 예술작품 사이에 존재하는 특별한 관계를 강조한다. 모든 것은 군주 소장품의 범주, 그리고 정확하게 표현하자면 거의 가족적인 성격의 후원에서 비롯되었다. 뒤이어 익명의 문화정책이 시도되고 국가유산이 모든 시민들에게 공개되었던 것이다.

르네상스 시대에 유럽 군주들이 저마다 의미심장한 궁전들을 건축하게 된 것은 우아한 이탈리아 궁전들을 모방하기 시작하면서 부터이다. 왕궁은 교황, 황제, 프랑스 왕과 영국 왕 등 유럽의 위대한 군주들 사이에 경쟁심을 부추겼다.3) 그들은 일군의 인문주의자들의 자문을 받아 각자의 야망에 걸맞은 건축형태를 찾느라 고심했으며 때로는 그 기간이 상당히 오래 걸리기도 했다. 사실상 군주의 거처는 아무리 정교하게 꾸며졌을지라도 단순한 건축공간 그 이상이었다. 찬송가가

3) André Chastel, "La demeure royale au XVIe siècle et le nouveau Louvre", 1967, *Fables, formes, figures*, Paris, Flammarion, 1978, t. I, pp. 441~453에 재수록.

45. 샤를 5세에 의해 수정되고 보수된 필리프 존엄왕의 루브르. 폴 드랭부르, 《베리 공작의 매우 풍요로운 시절들》, 15세기 초.

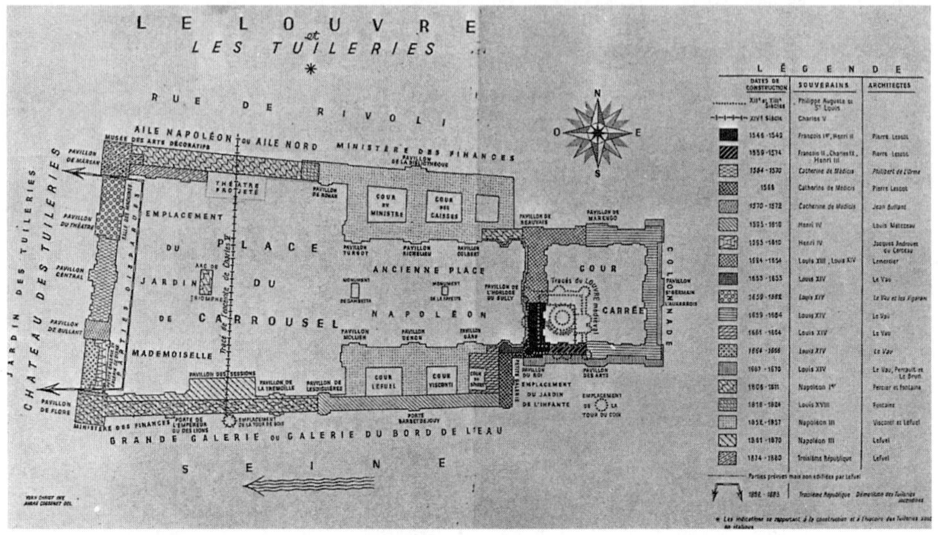

46. 루브르와 튈르리, 이반 크리스트의 설계도.

신을 칭송하듯이 군주의 거처는 그의 영광이 깃든 곳이다. 또한 왕궁은 신분사회 특유의 신화, 이를테면 신으로부터 통치권을 부여받은 군주정의 상징이 구현된 곳이다. 동시에 그곳에서 왕의 모든 행위 및 왕과 측근들의 관계는 점점 더 엄격해지는 의전절차에 의해 지배되었다. 왕궁을 설계하고 건축하고 장식하기 위해 선택된 화가들은 의례와 군주의 정치이데올로기를 최고수준의 예술로 표현하라는 주문을 받았다. 그로 인해 종종 거주적합성이라는 단순한 기준이 희생되는 경우도 있었다. 종교건축에서는 처음부터 그래 왔듯이, 왕궁에서는 이런 과시적인 건축양식이 지배적이었고 루이 14세가 죽을 때까지 점점 더 강압적인 성격을 띠어갔다. 다른 한편 한 세기 이상 지속된 인간과 개인적 욕구를 향한 변화의 산물인 루이 15세는 어느 날 문득 자신이 냉혹한 공간 속에서 홀로 떨고 있음을 깨달았다. 그곳은 삶과 죽음을 공중에게 그대로 노출시키는 반신반인을 위해 창조된 공간이었던 것이다.

안락함이 무시되면 상징적 표현의 비중이 커지기 쉬운 법이다. 새로 보수된 이후 루브르는 상징으로 가득 찼다. 최근 루브르 정면의 조각들이 두 차례에 걸쳐 '제국적' 도상학의 영향을 받아 시도된 것임이 밝혀졌다. 앙리 2세 시대에 처음으로 서쪽 건물의 외관 조각 공사가,[4)]앙리 4세 시대에 두 번째로 프티트 갈르리의 외관 조각 공사가 이루어졌다.[5)] 프랑수아 1세가 꿈꾸었듯이 두 군주들은 실제로 신성로마제국의 황제 관을 쓰고 싶어 했다. 또한 합스부르크 가를 자극하기 위해 독일영방 군주들이 그들에게 마구 쏟아낸 허황된 맹세들을 그들은 곧이곧대로 믿었다. 따라서 궁전의 정면은 주교좌성당의 으리으리한 정문처럼 그것을 읽을 줄 아는 사람들을 위해 돌 위에 쓰인 책에 다름 아니다. 루브르의 경우 아마도 그것을 읽을 줄 아는 사람들은 한 줌의

4) Verner Hoffmann, "Le Louvre d'Henri II : un palais impérial", *Bulletin de la Société de l'histoire de l'art français*, 1982, pp. 7~15.

5) Jean-Pierre Babelon, "Les travaux d'Henri IV au Louvre et aux Tuileries", in *Paris et Ile-de-France, Mémoires*, t. XXIX, 1978, pp. 55~130.

학자들에 불과했을 것이다. 프랑수아 1세가 퐁텐블로 회랑의 심오한 비밀을 해독하는 임무를 맡겼던 사람들이 바로 그들이다. 오늘날 우리는 그 어휘와 문법체계에 무지하기 때문에 그 의미를 해독하기가 어렵다. 하지만 고전건축양식에서 그런 측면을 경시하는 것은 근시안경을 쓰고 수평선을 바라보는 것이나 다름없다. 게다가 상징적인 건축양식은 제 2차 세계대전까지 상당히 오랜 기간 동안 존속되어 왔다. 법원, 도청, 시청, 아케이드식 시장, 공장 등의 건물들은 그 규모와 장식에서 상징적 의미를 띠고 있기 때문에 행인들은 한눈에 그 건축물을 간파할 수 있다. 우리는 언젠가 그 방식을 다시 배워야 할 것이다.

모든 왕궁건축가들은 이탈리아 건축양식의 영향을 받았을지라도 그 나라의 관행과 전통을 채택하지 않을 수 없었다. 프랑스 왕은 다음의 상이한 두 전통을 따랐다. 우선 프랑스 왕은 도시 안에 있는 성을 선택할 수 있었다. 요새화된 성벽으로 둘러싸인 그런 성은 확장이 어렵고 녹지공간이 없는 곳이다. 카페 왕조 초기의 왕들이 선택한 곳이 바로 파리이다. 그들은 시테 섬에 있는 전형적인 궁전에서 살았다. 발루아 왕조는 블루아와 동시에 앙부아즈를 선택했다. 평원에 성을 건축하는 것은 그보다 혁신적인 선택이었다. 그 경우 성은 잘 정비된 자연환경 속에 건립되고 마음껏 뻗어나갔다. 샹보르가 그 완벽한 예이다. 좀더 전격적으로 차별화할 수 있는 또 다른 방법은 아예 시골을 선택하는 것이었다. 이것은 전적으로 정치적인 문제에 달렸다. 군주가 총신들의 패거리와 함께 멀리 떨어진 곳에서도 통치하기에 충분할 만큼 왕국을 장악하고 있다면, 일상생활의 독립성을 존중받을 수 있었던 것이다. 그는 마음껏 사냥의 즐거움을 누리고, 굳이 시대착오적인 표현을 빌리자면 '휴가'를 즐기며 시간을 보낼 수 있었다. 그곳은 수도에서 멀리 떨어진 농촌의 거주지였다. 그러나 역경의 시기가 닥치면, 납세자를 복종시키기 위해 그들과 직접적인 유대관계를 과시할 필요가 있으면, 소요를 일으킨 자들을 진정시키고 멀리서 쾌락에 빠져 있는 군주라는 이미지를 불식시키려면 파리의 궁전이 필요했다. 군중에게 모습을 드러내는 것이 절실히 요구되었기 때문이다. 그로 인해 오래전부터 호화스런 대규모 국왕 입성식(*entrées royales*)이 거행되어 왔다. 그런 면에서 보면 왕은 신민들에게 자신의 모습을 보여주어야 하는 존재였다.

프랑수아 1세의 치세는 이렇듯 상이한 두 가지 선택 사이의 망설임으로 점철되었다. 그런 망설임은 자연히 당시의 정치권력에 관련된 변화과정과 동시에 진행되었으며 근대군주의 탄생으로 귀결되었다. 프랑수아의 궤적은 변덕스럽기 짝이 없다. 그는 우선 블루아에서 샹보르로 이동했으며 로모랑탱 시에 성 건축 계획을 세우기도 했다. 그러고 나서 그는 퐁텐블로와 '마드리드'(Madrid),[6] 생제르맹앙레를 거쳐 루브르로 갔다. 이러한 여정은 적어도 발드루아르를 포기하라는 거역할 수 없는 압력에 굴복한 것이었다. 발드루아르 지방은 오일어와 오크어 지역의 중간인 프랑스의 핵심에 위치했다는 장점을 지닌다. 그러나 그곳에서의 왕의 체류는 백년전쟁에 관련된 일화에 지나지 않는다. 마치 아비뇽의 교황청이 오랫동안 로마 영토 바깥에 머물렀듯이 말이다. 역사는 여론의 압력에 밀려 파리 분지를 탈출했던 프랑스 군주정을 원래의 자리로 되돌려 보냈다. 훗날 투르와 보르도, 비시로 비극적 탈출을 감행한 공화국 망명정부에 대해서도 그와 동일한 여론의 압력이 가해진다. 이런 점들을 고려하면 우리는 오늘날의 루브르에서 나타나는 몇몇 모순된 성격을 이해할 수 있다. 우선 두 개의 궁전으로 사용되는 이중성이 폐지되었다는 점이다. 또한 이미 오래전에 군주가 왕궁으로 사용하기를 포기했음에도 불구하고 궁전구조는 바뀌지 않은 채 점진적으로 '공중'에게 공개되었다는 점이다. 마지막으로 르퓌엘의 작품인 그랑 루브르가 거짓말 같은 획일성을 보인다는 점이다.

---

6) 〔역주〕 프랑수아 1세 시대에 건축된 불로뉴 성(château de Boulogne)의 별명. 불로뉴 숲에 위치한 이 성은 화려하고 독창적이었으나 프랑스혁명기에 파괴되었다.

이중 궁정

지금은 사라진 튈르리의 존재를 고려하지 않는다면 우리는 도저히 루브르의 이상한 배치를 이해할 수 없을 것이다. 굳이 비교하자면, 베르사유의 경우에는 그 개념적 명료함이 너무나 강렬해서 미리 설명할 필요가 없을 정도이다. 반면 항상 뒤쪽에서부터 관람하게 되는 퐁텐블로는 대다수의 관람객들에게 여전히 불가사의한 수수께끼로 남아 있다.

중요한 역사적 사실들을 대충 간추려 보기로 하자.[7] 초기에 필리프 존엄왕은 파리의 방어시설을 확충하기를 원했다. 첫 번째 적은 가까운 노르망디 지방을 지배하던 플랜태저넷 가였다. 수도 주변에 새 성벽을 구축한 것 외에 이 카페 가의 군주는 서쪽에 보조요새를 구축하기로 결심했다. 그는 강의 범람으로 접근불가능한 생제르맹록세루아 언덕 끝에 높이 30미터의 둥근 모양의 견고한 망루인 동종을 세우고 주변에 고리 모양의 외호를 파도록 했다. 그 동종의 '가리개'용으로 정사각형 모양의 성이 세워지고 그 측면에 반원 모양의 탑들이 붙여졌다. 건축물 전체가 도시의 성벽 바깥으로 돌출된 형상이었다. 이로써 센 강 하류의 안전이 확보되었다. 그것이 바로 파리의 축 혹은 성채이다. 국가재정, 무기, 죄수, 그리고 경우에 따라서는 왕 자신 등 중요한 모든 것이 그 안에서 안전하게 보호되었다. 견고한 외벽으로 에워싸인 그 성채의 주요통로는 남쪽에 있는 센 강변이었다. 따라서 왕은 도시를 경유하지 않고 성에 들어갈 수 있었다. 그러나 '가짜 문'인 두 번째 문이 있었다. 동쪽을 향한 그 문은 도시의 성문으로 직접 연결되었다.[8]

---

7) Louis Hautecoeur, *Histoire du Louvre. Le château. Le Palais. Le musée des origines à nos jours. 1200-1928*, Paris, L'Illustration, 1928 : 루브르에 관한 가장 완벽한 역사를 제시한 책으로 본 논문에서 여러 차례 인용된다. 그 밖에 매우 유익한 내용들을 총괄한 다음들의 저술들도 특기할 만하다. Yvan Christ, *Le Louvre et les Tuileries*, Paris, Tel, 1949와 Charistiane Aulanier, *Histoire du palais et du musée du Louvre*, Ed. des Musées nationaux, 1950~1964, 9 vol.

루이 성왕과 필리프 미남왕은 루브르를 방문하면서 공사를 추진시켰다. 그러나 성은 여전히 요새로서의 본래 기능을 유지하고 있었다. 샤를 5세와 더불어 모든 것이 바뀌었다. 그의 치세 동안에는 파리 인구의 증가로 말미암아 강 오른편의 새 주거구역 주변에 새로 성벽을 쌓을 필요성이 생겼다. 새 성벽은 이전의 것보다 서쪽으로 350미터나 확장되었다. 그 결과 루브르는 도시 안에 감싸였다. 루브르는 이제 외부로부터 공격을 받지 않게 되었다. 그러자 왕은 루브르의 구조를 임시거처용으로 바꾸었다. 북쪽과 동쪽의 건물 정면에 두 개의 거처가 새로 세워졌다. 남쪽과 서쪽에 있는 기존거처들의 경우 건물 꼭대기에 두 층을 더 올리고 그 위에 탑을 쌓았기 때문에 건물의 윤곽선이 들쑥날쑥해졌다. 어떤 면에서는 두 번째 성이 첫 번째 성 위에 걸쳐진 셈이었다. 이러한 루브르의 모습은《베리 공작의 매우 풍요로운 시절들》(*Très Riches Heures du duc de Berry*)[9]의 세밀화들 중 하나에 잘 나타나 있다. 안뜰의 경우 건축가 레몽 뒤탕플은 북쪽 거처 한가운데 불룩 튀어나온 탑 안에 기념비적인 계단을 만들었는데, 그 탑은 동종에서 외호 위로 불안정하게 돌출된 모습이었다. 또한 북쪽 성벽 바깥에 정원을 조성하고, 성을 에워싸고 있는 사각형 모양의 외호 위에 다리를 놓아 정원에 접근할 수 있도록 했다.[10]

프랑수아 1세가 선왕으로부터 물려받은 유산 속에서 발견한 것은 이러한 므욍쉬르예브르 양식(*style 'Mehun-sur-Yèvre'*)[11]의 루브르였다.

---

8) 이런 보는 배지는 1984년 미셸 플뢰리(Michel Fleury)에 의해 시도된 발굴작업에 의해 확인되고 구체적으로 밝혀졌다. 그는 1867년 아돌프 베르티(Adolphe Berty)의 발굴 결과를 답습하고 수정했다. 아돌프 베르티의 발굴작업은 다음 2권의 책으로 발표되었다. *Topographie historique du Vieux Paris, Le Louvre et les Tuileries*, Paris, Imprimerie nationale, Collection de l'Histoire générale de Paris, 1866~1885, 2 vol.

9) 〔역주〕 카페 왕조 장 2세의 아들인 베리 공작이 랭부르 형제에게 주문한 필사본으로 책 안에 수록된 아름다운 세밀화로 당대 최고의 서적으로 손꼽힌다.

10) 발굴작업에 의해 그 다리의 존재가 입증되었다.

11) 〔역주〕 14세기에 유행한 둥근 천장에 급경사진 사다리꼴 모양의 꼭대기가 씌

파비아에서의 참담한 패배,[12] 마드리드에서의 포로생활, 재정위기와 온갖 역경 등 일련의 사태를 겪은 후, 그로서는 불만에 가득 찬 백성들에게 새로운 계획을 과시할 필요가 있었다. 1528년 3월 15일 국왕 포고령의 목적은 바로 그 점에 있었다. "친애하는 백성들이여, 짐은 이제부터 왕국 내 다른 곳보다는 훌륭한 파리 시와 그 인근에서 더 많이 지내고 체류하려 한다. 따라서 우리 루브르 성이 다른 어떤 곳보다 더 편리하고 거주하기에 적절한 곳임을 잘 알기에 그 성을 보수하고 정비하기로 결정했도다."

파리에서 프랑수아는 고등법원과 회계법원, 파리 시청 근처에 머물렀다. 따라서 관료집단들은 필요하다고 판단될 때마다 왕에게 간주서를 제출할 수 있었다. 프랑수아 자신이 토로했듯이 그의 본심은 평생 도시 안의 거처에 갇혀 지내는 것이 아니라 퐁텐블로, 불로뉴 숲에 있는 마드리드 성, 생제르맹앙레, 빌레르코트레에서 번갈아 지내며 파리를 빈번하게 방문하려는 데 있었다. 시테 섬의 궁전도 왕의 세습재산 중 하나였다. 하지만 그 궁전은 사법재판소와 재무재판소에 의해 독차지되었다. 또한 프랑수아는 생폴 저택과 카페 가의 대영지에 속한 수많은 옛 성들도 소유하고 있었다. 하지만 모두 쓰러질 지경이고 거주하기 어려운 상태였기 때문에 프랑수아는 그것들을 곧바로 나누어 주면서 양도해 버렸다. 또한 그는 투르넬 저택(Hôtel des Tounelles)[13]을 소유하고 있었다. 그곳에는 쾌적한 거처와 커다란 공원이 있었지만 보안시설이 없고 건축구조가 나빴으며 오늘날의 튀렌 로를 따라 길게 뻗어 있던 하수구에서 악취가스가 풍겨났다. 그 모든 이유로 인해 대규모 건축설계가 불가능했다. 따라서 비록 고딕양식이기는 하지만 오

워진 간결한 기하학적 구도의 성으로 알자스 지방 특유의 중세건축양식.

12) 〔역주〕 1525년 신성로마제국 황제인 카를 5세와의 전투에서 패배한 프랑수아 1세는 포로가 되어 마드리드로 이송되었다.

13) 〔역주〕 오늘날의 파리 보주 광장에 인접한 왕실거처. 1559년 앙리 2세가 바로 이곳에서 사고를 당해 사망한 이후 폐허가 되어 1565년에 허물어졌다.

47. 루브르 궁 정사각형 안뜰에서 거행된 왕비 루이즈 드로렌의 행렬. 《웰의 모음집》.

48. 벨빌 산에서 본 파리의 풍경. 1615. 오른쪽에 루브르와 튈르리가 보인다.

E DESSVS LA MONTAIGNE DE BELLEVILLE
Les bons Hommes
Challiot
Chapelle
S. Eustache
Les gallleries du louure
Les Tuilleries
Les Capuchins
Les Recolles
La Royne de France

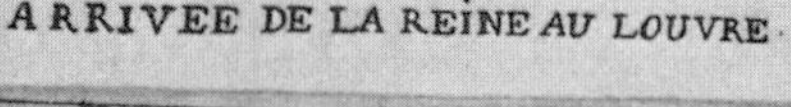

La Reine estant attendüe a paris auec toute L'impatience possible, ne causa pas peu de Joye Lors quon apprit quapres un heureux voyage, elle estoit enfin aux approches de La ville. marie de Medicis alla au deuant delle Luy faire compliment, estant accompagnée ~~de La Reine Marguerite~~, de La duchesse de Sauoye seconde fille de france, de madame soeur du Roy promise au prince de galles, de La princesse de Conty, de La comtesse de soissons, de mademoiselle de montpensier, de madame de Longueuille, de md.[e] Delbeuf doüairiere, de md.[e] La duchesse Delbeuf, de md.[e] La duchesse de Monmorency, de md.[e] La marquise de Guercheuille, et de plusieurs autres qui estoient toutes a cheual auec des habits fort magnifiques. La Reine estoit vestüe a La françoise dune robe de toile dargent a fond bleu toute parsemée detoiles de diamans, et auoit une Juppe de drap dor frisé a fond de mesme couleur, couuerte de croissans en broderie dargent Lustré. elle portoit une chaisne de pierres precieuses, et auoit au col un rang de perles inestimable, et sur La teste une couronne tres Riche. quatre officiers des plus considerables Luy portoient un dais sous Le quel elle marchoit, et Laccompagnerent Jusquau Louure. sitost quelle y fut descendüe elle entendit un tres beau concert quon Luy auoit preparé, composé de voix, et de toutes sortes dinstrumens. elle monta ensuite aux appartemens pour sy reposer, et fut suiuie de toutes Les dames de La cour qui auoient esté au deuant delle pour La receuoir.

49. 루브르에 도착해서 마리 드메디치의 마중을 받고 있는 왕비 안 도트리슈, 1616. 루브르 궁은 순전히 판에 박힌 모습으로 묘사되었다.

직 루브르 요새만이 국왕의 성으로 적절했던 것이다.

이렇게 해서 루브르가 선택되었다. 서둘러 성을 단장하고 좀더 안락하고 쾌적한 거처로 만들기 위한 공사가 곧바로 진행되었다. 동종은 왕국의 모든 봉토를 지배한다는 상징적인 의미를 지닌 것임에도 불구하고 제거되었다. 외호도 메워졌다. 그럼으로써 엄청난 군중을 가로막고 있던 정사각형 안뜰이 공개되고 산뜻하게 단장되었다. 남쪽에 있던 입구는 거처에서 가장 좋은 위치의 사용을 방해한다는 이유로 폐쇄되고 대신 동쪽에 입구가 만들어졌다. 그 밖에도 프랑수아는 센 강의 제방을 보수케 했다. 이전에 외벽으로 가로막혔던 예선 뱃길에 세워진 돌로 포장된 강둑은 퐁토상주에서 샤를 5세의 성벽까지 길게 이어지고, 바로 그 자리에 '새 성문'이 세워졌다. 이렇게 해서 왕이 루브르에서 불로뉴 숲이나 생제르맹의 성으로 직접 갈 수 있는 길이 생겼다. 몇 년 만에 궁전의 모든 거주체제가 갖추어졌다. 성 내부의 몇몇 보수공사와 부수적인 실내장식은 짧은 시간 내에 충분히 마칠 수 있었다. 카를 5세는 이렇듯 저렴한 비용으로 보수를 끝낸 루브르에서 환대를 받았다.

프랑수아 1세에게 이 첫 번째 공사는 본격적인 재건축공사의 예고편에 불과했다. 왕은 이탈리아 건축가들, 아마도 세를리오와 비놀라에게 새 궁전의 설계를 위한 자문을 구했다.[14] 그럼에도 불구하고 시간이 흐르면서 왕은 자신이 좋아하는 다른 거처, 이를테면 마음대로 왕래할 수 있는 곳들과 물리도록 사냥할 수 있는 곳에다 돈을 쏟아 부었다. 결국 왕이 공사를 결심한 것은 1546년 사망하기 불과 몇 달 전이었다. 그 공사를 위해 그는 건축가가 아니라 학자를 선택했다. 피에르 레스코는 서쪽의 거처들을 재건축하기 위한 설계도를 제시했다. 그는 서쪽 익랑건물이 동쪽 익랑건물 한가운데에 위치한 성 입구와 정반대에 자리 잡고 있다는 이유로 서쪽 건물을 본관건물로 삼았다. 중세의 건축물이 있

14) André Chastel, "La demeure royale au XVIe siècle et le nouveau Louvre", *op. cit.*

던 바로 그 자리에 대신 레스코가 계획한 새 건축물이 들어섰다. 새 건축물에는 공식적인 계단과 화려한 접견실마저 갖추어졌다. 군주정으로서는 수치스런 일이지만 왕이 파리에 머물 당시 성에는 그런 것들이 결여되어 있었던 것이다. 그런 공간배치는 남쪽 익랑건물이 왕의 거처로 마련되었음을 시사한다. 하지만 프랑수아 1세의 살아생전에는 남쪽 익랑건물의 재건축 계획은 아직 고려되지 않았던 것 같다.

왕의 사망 당시 새 건물의 벽은 1층 정도 올라갔다. 그의 후계자인 앙리 2세는 루브르에 대해 다른 생각을 품었다. 그는 1549년에 레스코에게 다른 설계도를 요구했다. 그것은 훨씬 더 야심찬 계획이었다. 무엇보다도 위층과 아래층의 접견실의 규모가 상당히 커졌으며 2층의 면적도 훨씬 넓어지고 프랑스 최초로 이중으로 경사진 지붕이 시도되었다.[15] 건물의 정면도 다시 설계되었다. 수년 후 건축물 전체가 완성되고, 장 구종과 그의 조수들에 의해 앞서 언급되었던 상징적인 의미를 지닌 훌륭한 조각장식이 마무리되었다. 새 루브르는 걸작이라는 찬사를 받았다. 훌륭한 학자이자 독창적인 건축가인 레스코는 이탈리아 장인들의 솜씨와 프랑스의 최신 발명품(필리베르 들로름), 그리고 세를리오가 제안한 혼합양식을 독창적으로 종합함으로써 새로운 왕궁건축양식의 지평을 여는 데 성공했던 것이다. 자유로운 동시에 엄격한 원칙이 새로운 '건축양식들의 원칙'이 되었다. 그것은 프랑스 고전주의의 첫 시도라는 평가를 받았다. 하지만 오늘날의 기준으로 보면 그런 평가는 미켈란젤로와 줄리오 로마노의 작품에서 파생되어 새 궁전 건축에 영향을 미치고 자극제 역할을 한 이탈리아 마니에리스모 양식(*Manierismo*)[16]의 경향을 과소평가한 것이다.

---

15) Jean-Marie Pérouse de Montclos, "Du toit brisé et de quelques autres gallicanismes de l'aile Lescot du Louvre", *Bulletin de la Société de l'histoire de l'art français*, 1980, pp. 44~51 ; Catherine Grodecki, "Les marchés de construction pour l'aile Henri II du Louvre, 1546-1558", *Archives de l'art français*, 1984, pp. 19~38.

16) 〔역주〕 르네상스에서 바로크로 이행하는 과도기에 이탈리아 미술과 건축에서

레스코는 그 여세를 몰아 곧 모퉁이의 탑들 중 하나 대신 센 강으로 돌출된 국왕관(le pavillon du Roi) 건축공사에 착수했다. 여기서 그는 성 내부 건물의 정면을 장식하기로 예정되었던 고대 건축양식을 단호히 거부하고 더욱 노골적으로 마니에리스모 양식을 채택했다. 그럼에도 불구하고 그는 불후의 기념비적인 작품을 완성시켰다. 계속해서 남쪽 건물을 서쪽 건물에 걸맞게 재건축하라는 결정이 내려졌다. 또한 건축물 전체를 재건축하는 포괄적인 계획이 결정된 것도 아마 그 시기일 것이다. 그때 안뜰에 동일한 형태의 세 익랑건물을 세우고 동쪽에 필시 다른 형태의 현관건물을 세우는, 일명 에쿠앙 방식(*systéme d'Ecouen*)[17]이 채택된 듯하다. 그렇지만 오늘날 앙리 2세가 궁전규모를 4배로 부풀리는 건축계획을 구상했었다고 믿을 만한 증거는 남아 있지 않다. 만약 그랬다면 막 완성된 서쪽 건물과 이제 공사에 착수할 남쪽 건물의 확장공사뿐 아니라 주변의 모든 거주구역의 파괴작업이 이어졌을 것이다. 재정부담 능력을 초월한 그런 어마어마한 계획은 16세기 중엽의 건축관행과는 매우 상반되는 것이었다. 더구나 그 계획은 레스코가 구상한 건물의 정면구조와는 전혀 조화를 이루지 못했기 때문에 당시로서는 완전히 시대착오적인 것으로 여겨졌을 것이다.

그러나 사고방식과 취향이 바뀌고 프랑스 궁정이 파리에 정착하게 되면서 그 계획은 1560년대 이후 서서히 실현되기 시작했다. 자신의 운명과 왕국을 지배하게 된 미망인 카트린 드메디치는 루브르의 거주 여건을 개선하는 공사를 시도했다. 피렌체 출신인 그녀에게는 외호로 둘러싸인 중간규모의 그 성이 숨 막힐 정도로 답답했을 것이다. 레스코에게 경직된 4각형 건축구도를 탈피하기 위한 첫 공사계획안을 제시하라는 주문이 내려졌다. 센 강을 따라 길게 쌓은 필리프 존엄왕 시대

나타난 양식으로 독창성을 추구하기보다는 기존의 양식을 답습하면서도 부자연스럽고 과장되게 표현한다.

17) 〔역주〕 파리에서 북쪽으로 20킬로미터 지점에 위치한 몽모랑시 가의 성으로 르네상스 건축양식의 전형을 보여준다.

의 외벽으로 가로막혀 있던 공간에 아름다운 정원이 조성되어 남쪽 익랑건물의 거처를 사용하는 사람들에게 아름다운 전망을 제공했다. 그 정원에 가려면 국왕관으로 연결된 좁은 다리를 통해 외호를 건너야 했다. 그 다리는 화단의 서쪽 부분과 직각구도로 놓여 있었다. 일종의 정원건축양식인 그 화단은 7개의 아치형 통로로 연결되고 천장이 뚫린 주랑으로 이루어져 있었다. 그 주랑은 모후의 거처인 1층 거처로 통해 있었으며 샤를 9세의 2층 거처로 통하는 테라스로 덮여 있었다. 이렇게 해서 프티트 갈르리의 원형이 완성되었다.[18]

그럼에도 불구하고 아들이 일단 성년에 도달하자 카트린은 루브르에 있는 자신의 거처에 만족하지 않았다. 메디치 가 출신인 그녀는 건축에 대한 열망과 위대한 업적을 남기고 싶은 욕심에 사로잡힌 인물이었다. 그녀는 '들판'에, 하지만 루브르와 가장 가까운 곳에 자신의 전용거처를 건축하기로 결심했다. 그렇게 해서 그녀는 루이즈 드사부아의 전철을 밟게 되었다. 루이즈 드사부아의 아들 프랑수아 1세가 이미 어머니를 샤를 5세의 성벽 바로 바깥쪽에 있는 튈르리로 불리는 곳에 살게 했던 것이다. 카트린은 그곳에 센 강을 따라 길게 이어지는 아름다운 공원을 만들게 했다. 또한 튈리르 성 건축은 당시 인생의 막바지에 도달한 독창적인 건축가 필리베르 들로름에게 맡겨졌다. 모후를 만족시키기 위해 그는 화려하고 장식이 많은 양식, 일명 '황후' 양식을 채택했다. 《프랑스의 탁월한 건축물들》에서 미래의 궁전을 선보인 앙드루에 뒤세르소의 설계도는 들로름의 구상을 따른 것인지 아니면 거대한 것을 선호하는 뒤세르소 자신의 구상과 취향을 반영한 것인지 우리로서는 알 길이 없다.[19]

뒤세르소가 구상한 샤를 9세의 샤르발(Charlesval)[20]의 존재는 당시

---

18) Jean-Pierre Babelon, "Les traveaux d'Henri IV au Louvre et aux Tuileries", *op. cit.*, pp. 86~87.

19) 이런 의문이 최초로 제기된 것은 다음의 연구에서이다. Antony Blunt, *Philibert de L'Orme*, Londres, Zwemmer, 1958.

건축가들과 고객인 군주 모두가 반복적 성격을 띠는 기상천외한 심미관에 사로잡혀 있었음을 증명해 준다. 다른 한편 그 설계도를 보면 모후의 튈르리 성이 루브르와 아무 상관없는 독립적인 거주지로 계획되었음을 알 수 있다. 아마도 두 성을 오갈 수 있는 회랑에 대한 생각을 아무도 하지 못했던 것 같다. 더구나 변덕스런 모후가 튈르리 공사를 포기하게 되면 장차 그런 회랑의 필요성조차 느끼지 못하게 될 것이었다.

그런 상황을 돌변시킨 것은 앙리 4세의 결단이다. 부르봉 가의 첫 군주인 그는 왕관을 차지하게 되면서 획득한 세습재산의 '훌륭한 재산관리자'였다. 그는 선왕들의 성을 원상태로 복원시키거나 완성시키는 작업에 착수했다. 구 루브르와 튈르리의 공사가 재개되었다. 이제 왕은 그 두 왕궁을 더 이상 별개로 여기지 않았다. 앙리 4세 자신의 견해인지 아니면 누군가 그에게 마지막 발루아 왕들에게서 전래된 관념을 전해준 것인지 모르지만, 그는 두 궁전을 유례없이 거대한 규모의 단일 궁전단지로 통합하려는 야심을 품었다. 그 계획은 거창한 건축양식을 선호하는 새 군주의 취향에 부합하는 것이었다. 뒤세르소의 조각작품들에서 착안한 그런 취향은 선왕들을 능가하고 기적적으로 복구된 백합 왕국의 존재를 모두에게 과시하고픈 욕망에 의해 더욱 강화되었다.[21)]

루브르-튈르리 계획은 다음의 세 가지 목표를 추구했다. ① 본래 있던 정사각형 안뜰의 규모를 능가하는 거대한 왕궁구역 조성하기. 왕과 수많은 왕의 가족들뿐 아니라 왕의 모든 측근들을 거주시키기 위해서는 공간을 4배로 늘려야 했다. ② 루브르와 튈르리의 결합. 이는 한편으로는 4배로 확대된 대 루브르에 비례해서 튈르리를 확장하는 것을 의미하며, 다른 한편으로는 북쪽과 남쪽에 대칭되는 거대한 연결회랑을 만들어 튈르리의 양 끝을 남쪽의 프티트 갈르리와 북쪽에 똑같은

---

20) 〔역주〕 사냥을 즐기던 샤를 9세가 리옹 숲에 매혹되어 그 인근인 샤르발에 건축한 르네상스 양식의 성.

21) Jean-Pierre Babelon, "Les traveaux d'Henri IV au Louvre et aux Tuileries", *op. cit.* 와 *Henri IV*, Paris, Fayard, 1982, pp. 814~817.

50. 센 강의 풍경. 루브르 그랑드 갈르리와 카트르나시옹 콜레주. 18세기 프랑스 화파.

51. 〈열주의 건축〉: 루브르 입구의 박공 위를 덮는 두 개의 거대한 돌을 들어 올리는 데 사용된 기계의 모습, 1677.

모양으로 세워질 회랑으로 연결시키는 것을 의미한다. ③중세 이래 루브르 서쪽에 자리 잡아온 주택구역들을 헐어 버리고 그곳에 일련의 거대한 궁전안뜰을 조성하기. 앙리 4세의 치세 말기에는 퐁텐블로에도 그와 유사한 안뜰이 조성될 것이었다. 그 궁전안뜰은 그쪽 방향으로 옮겨진 궁전입구를 화려하게 장식하려는 목적과 동시에, 마사(馬舍)들과 시종들을 위한 공간뿐 아니라 아마도 기사들과 군대의 동작시범에 적절한 공간을 확보하기 위해 필요했다.

이 모든 계획들은 양피지 위에 그려진 두 설계도를 통해 알려졌다. 그 설계도는 장차 3세기가 걸려 완성될 모든 공사를 예고한 셈이다. 두 개의 회랑으로 연결된 루브르-튈르리의 결합은 당시로서는 비교적 최신식인 이탈리아 건축물들에서 착상을 얻은 것이 확실하다. 이탈리아의 브라만테는 로마에서 바티칸 궁전과 벨베데레 별궁을 연결시켰고, 피렌체에서는 팔라초 베키오 별궁을 우피치 궁과 아르노 강 위에 바사리가 건축한 다리를 이용해서 피티 궁과 연결시켰다. 앙리 4세는 사실상 자신의 '원대한 구상'의 일부만을 실현시켰을 뿐이다. 그는 튈르리를 남쪽으로 확장시키고 프티트 갈르리를 한 층 더 올렸으며 센강을 따라 450미터가 넘는 그랑드 갈르리를 건축했다. 그럼에도 불구하고 일단 원칙이 정해진 이상 아무도, 심지어 나폴레옹 3세조차도 이의를 제기하지 못했다.

앙리 4세의 후계자들은 여러 가지 문제에 직면했다. 앙리 4세가 더 오래 살았더라면 그도 어김없이 똑같은 문제에 부딪혔을 것이다. 루이 13세는 정사각형 안뜰을 4배로 확장하는 공사에 착수했다. 건축가 르메르시에는 레스코의 익랑건물을 2배로 확장하는 문제를 해결했다. 레스코의 작품인 국왕관의 비율을 2배로 늘린 돔 형식의 정자건물을 중간에 삽입시키는 것을 골자로 하는 공사를 통해 문제가 해결되었던 것이다. 그럼으로써 정자건물들과 익랑건물들이 서로 뒤엉킨 형태가 나타났다. 그 후 루이 14세 치세 초기에 궁전을 완성시키기 위한 노력의 일환으로 르보가 다시 채택한 이 형태는 루브르 특유의 외적인 구도로 남아 제2제국 시대에 비스콘티와 르퓌엘에 의해 철저하게 답습되었다.

정사각형 안뜰이 완성되면서 성 바깥쪽의 외관 문제, 다시 말해 궁전을 어떻게 도시 속에 편입시키는가 하는 까다로운 문제가 제기되었다. 레스코의 소박한 외부설계방식은 더 이상 충분치 않았다. 르보는 남쪽 익랑건물의 한가운데 원주들로 장식된 정자건물을 세우고 그 꼭대기는 돔을 얹었다. 그 돔은 같은 시기에 르보가 센 강 맞은편에 세운 콜레주 데 카트르나시옹의 돔과 쌍을 이루었다. 1659년경 르보는 궁정안뜰을 새로 단장하기 위해 서쪽 주택가 전체를 수용하려는 계획을 세웠지만 포기하지 않을 수 없었다. 따라서 궁전입구는 생제르맹록세루아 교회 맞은편인 동쪽 방면에 그대로 유지되었다. 자연히 그 쪽 건물의 외관공사가 이례적으로 중요해졌다. 여러 의견들이 경쟁적으로 제시되었다. 왜냐하면 그곳에는 군주정의 신성한 '성문'이 세워져야 하고 위풍당당한 외관건축의 진수를 보여주어야 했기 때문이다. 그러면서도 보안시설(외호와 창문들의 문제)을 필요로 하는 냉혹한 현실에 순응해야 했고, 실내 벽의 높이 및 넓이와도 조화를 이루어야 했으며 너무 불편하지 않을 정도로 커다란 로비를 갖추어야 했다. 잘 아는 바와 같이 토론이 시작되고 프랑스 건축가들은 설계도를 제출했다. 특히 프랑수아 망사르는 일련의 눈부신 설계도를 제시했는데 그 설계도 덕분에 그의 경력은 절정에 도달했다.[22] 이탈리아의 베르니니가 초빙되었으나 상호 간의 이해부족으로 결국 그 임무는 콜베르가 임명한 위원회에 맡겨졌다. 이렇게 해서 레스코의 선례처럼 건축가라기보다는 높은 안목을 지닌 인물의 대표적 '당선작'인 '페로의 주랑'이 탄생했다.[23]

---

22) Allan Braham et Peter Smith, *François Mansart*, Londres, Zwemmer, 1973, pp. 120~149.

23) 이 주제에 관한 참고문헌이 매우 풍부하지만 다음의 두 논문만 인용하기로 하자. Alain Erlande-Brandenburg, "Les fouilles du Louvre et les projets de Le Vau", *La Vie urbaine*, 1964, 1, pp. 12~22와 1964, 4, pp. 241~263 ; Mary Whiteley et Allan Braham, "Louis Le Vau's projects for the Louvre and the colonnade", *Gazette des beaux-arts*, novembre 1964, pp. 285~296.

52. 1699년 루브르 그랑드 갈르리 안에서 열린 첫 번째 회화전시회를 묘사한 1700년 달력의 삽화.

프티트 갈르리 주변 안 도트리슈 거처의 보수공사, 1661년 화재발생 후의 프티트 갈르리 재건축, 앙리 4세가 바라던 대로 튈르리의 궁전면적뿐 아니라(260미터) 규모를 확장시킨 르보의 대공사 등은 결과적으로 지엽적인 공사에 불과할 뿐이다. 앙시앵 레짐은 그런 공사들을 완성시켰으나 그 이상은 아니었다. 루브르 서쪽과 정사각형 안뜰 한복판에는 수많은 주택들이 남아 있었고 그중 일부는 다 쓰러져갈 지경이었지만 오랫동안 그대로 유지되었다. 볼테르를 필두로 여론은 그런 무관심에 격분했다. 어떤 면에서 보면 루브르는 이미 국민에게 속해 있었던 것이다.

나폴레옹은 새로운 수단과 더욱 확고한 의지로 베아른 출신 왕(앙리 4세 - 옮긴이)의 원대한 구상을 다시 밀어붙였다. 페르시에와 퐁텐이 그 임무를 맡았다. 그들은 북쪽 회랑과 카루젤 개선문 등 몇몇 새 건축물을 세웠을 뿐 아니라 정사각형 안뜰의 모습을 바꾸고 완성시켰으며 궁전 주변의 모든 방면을 깨끗이 정비하는 작업에 착수했다. 구 궁전 사이의 공간을 정비하기 위한 계획도 마련되었으나 그러기에는 제국이 너무 빨리 몰락했다. 그 뒤를 이은 두 군주정 동안에도 생토마뒤루브르 로의 옛 거주구역은 고스란히 유지되었다. 발자크가 《사촌 베트》(*La Cousine Bette*)에서 묘사한 곳이 바로 그곳이다.

1848년 5월 24일, 제 2공화국 정부는 국민의 궁전이 되어버린 루브르를 완성시키기로 결정했다. 나폴레옹 3세가 권력을 장악하자 공사가 시작되었다. 그는 곧 작업을 진척시켰으며 전임자들이 감히 시도하지 못했던 대담한 명령을 내려 구역 일대를 헐어 버렸다. 그런 기적이 가능했던 것은 새로운 강제수용절차와 재정적 여유 덕분이었다. 비스콘티에 이어 르퓌엘은 앙리 4세와 페르시에, 퐁텐의 구상을 채택하고 거기에 적절한 변화를 주면서 그 자리에 새로운 루브르를 세웠다. 그들은 하나로 연결된 안뜰의 거대한 공간을 조각내기보다는 차라리 전체를 탁 터놓았다. 대신 지나치게 긴 직선의 단조로움을 피하고 원근법의 효과를 내면서 비대칭을 감추기 위해 북쪽과 남쪽의 길이를 줄였다. 1867년, 완성된 새 궁전은 새 동전처럼 빛을 발하며 만국박람회의 관람객들을 감탄시켰다. 베아른 출신 왕의 계획이 모두 실현되었던 것이다. 이 궁전에서 저 궁전까지 아무 방해물 없이 이어진 전망은 마치 하나의 거대한 궁전 내부 같았다. 거대한 규모의 카루젤 안뜰은 정사각형 안뜰과 쌍을 이루듯 복잡한 모습을 띠었다.[24] 두 안뜰 모두 아치형 통로에 달린 쪽문을 통해 파리의 도로들로 연결되었다. 그중 카루젤 안뜰에만 마차가 들어갈 수 있었다. 또한 둘 다 철책으로 둘러싸인 작은 공원들과 벤치, 가로등을 갖춤으로써 도시의 공공영역의 일부가 되었다. 그와 동시에 카루젤은 나폴레옹 안뜰을 통해 들어가는 박물관 입구의 안뜰로 이용되었으며 튈르리에 있는 황제궁의 현관안뜰 역할을 했다.

그토록 오랫동안 추구해 온 목적이 수세대에 걸친 노력의 결과 실현되었으나 얄궂은 운명의 비극으로 말미암아 카드로 지은 성처럼 허술함이 드러나고야 말았다. 고작 3년 동안 존재하기 위해 수세기 동안 공을 들이다니! 파리에 더 이상 왕관을 쓴 자가 존재하지 않게 되자 군주의 거처는 1871년 5월 아난케(Anangké)[25]의 공격을 받은 것처럼 파괴되었다. 앙리 4세가 꿈꾸던 군주정의 원대한 계획이 무너진 바로 그 순간 역사는 마지막 왕의 궁전을 없애기로 결정했던 것이다. 루브르와 튈르리 양쪽 어디에도 더 이상 왕이 살지 않는데 그 두 궁전을 결합시킨들 무슨 소용이 있겠는가?

혁명의 격변 속에서 일단 전체적인 구도가 와해되자 모든 경관이 바뀌었다. 튈르리 궁전이 포화 속에서 자취를 감추자 궁전 뒤에 갑작스럽게 정원이 조성되고 잎이 무성한 나무들과 오솔길, 연못들도 생겼

---

24) Jean-Pierre Babelon, "La cour Carré du Louvre. Les tentatives des siècles pour maîtriser un espace urbain mal défini" *Bulletin monumental*, 1984, 1, pp. 41~81.

25) 〔역주〕 그리스 신화와 문학에 등장하는 손에 횃불을 든 날개 달린 여인의 형상으로 승리의 여신 니케를 상징한다. 여기서는 파리코뮌 당시 마지막 진압기간 동안 튈르리를 파괴한 코뮈나르를 가리킨다.

다. 북쪽과 남쪽의 회랑들은 연결통로로서의 제 기능을 상실한 채 다만 그 자체로서 가치를 유지했다. 빈 공간을 품에 안으려고 루브르에서부터 두 팔을 쭉 뻗은 것 같은 그 모습은 안뜰에서 정원까지 사람들의 시선을 집중시키려는 것 같았다. 이렇듯 전체적인 구조의 성격이 완전히 뒤바뀌었다. 본래 의도했던 것은 폐쇄적인 궁전이었으며 밀폐된 구조로 건축되었는데 뜻밖에도 역사적 사건으로 말미암아 궁전은 개방적 공간의 성격을 띠게 된 것이다. 1871년의 화재는 본의 아니게 그때까지 서로 이질적인 상태를 유지해온 루브르 단지와 파리 서쪽의 중심축을 통합시키는 결과를 초래했다. 그 결과 카루젤이 튈르리 정원을 거쳐, 또 다른 성격의 열린 공간인 콩코르드 광장과 샹젤리제 대로를 지나 라데팡스까지 중간에 전혀 단절되지 않고 그대로 자연스럽게 연결되는 모습을 하게 되었다. 여기서 우리는 똑같이 제국의 영광을 기리기 위해 세워진 두 기념물들 역시 이러한 운명의 법칙에 부합하는 것을 목격할 수 있다. 튈르리 궁전의 현관에 불과했던 카루젤의 작은 개선문이 에투알 광장에 있는 대형 개선문과 일직선으로 연결되었으니 말이다. 앵발리드, 방돔 광장, 퐁텐블로에서 그랬듯이 짧은 머리의 코르시카인은 다시 한 번 민중의 '기념물'에서 옛 군주정을 몰아냈던 것이다.

튈르리, 왕들의 궁전
루브르, 국민의 궁전

만약 건축 전문가들에게 "이 왕궁 루브르에서 왕의 침실로 인도해 주시오"라고 요청한다면 그들 중 몇 명이나 응답을 할 수 있을까? 영리한 사람이라면 그런 질문은 무의미하다고 답변할 것이다. 그러고는 왕은 수세기 전부터 루브르에서 거주하지 않았기 때문에 그의 존재가 완전히 제거되었다고 덧붙일 것이다. 실제로 규모가 큰 '7개의 벽난로

53. 비외 루브르 안뜰 정면 건축물의 완성과 성곽 쪽 건축물들의 파괴, 1755년경.

54. 루브르 아치형 통로 밑에 있는 판화 가게들, 드마쉬.

방'의 1/4에 별도의 공간을 구상해서 샤를 9세 시대 이래 주랑 홀에 방치되어온 장식용 벽장식판과 천장으로 장식하려고 했을 때 사람들은 엄청난 상상력을 발휘해야 했다.

오늘날 파리에 남아 있는 왕의 침실은 법원 청사(palais de Justice)[26]의 '제1침실' 단 하나뿐이다. 루이 14세가 루브르를 떠나기 오래전에 샤를 5세는 그곳을 떠났다. 그는 그곳을 자신의 재판자문관들에게 물려주었고 그들은 고정된 재판소가 된 그곳에서 왕실법정의 신화를 존중하려고 애썼다. 반면 루이 14세는 루브르를 그곳을 요청하는 무리들, 특히 장차 박물관의 역할을 떠맡을 각종 아카데미들에게 넘겨주었다.

잠시 왕들의 체류를 일별해 보는 것도 유익한 일이다. 카페 가의 직계 왕들은 루브르를 임시거처로 사용했다. 루브르는 샤를 5세가 좋아하던 거처들 중 하나였다. 샤를 6세와 이자보 드바이에른은 종종 루브르에 머물렀으나 그 이후 왕의 방문은 사실상 끊겼다. 상당히 오랜 기간 동안 비어 있던 끝에 프랑수아 1세는 루브르를 드문드문 찾았다. 앙리 2세의 방문은 그보다 더 빈번했고 샤를 9세는 더욱더 오래 루브르에 머물렀으며 앙리 3세는 역사상 최초로 루브르를 정규거처로 삼았다. 앙리 4세는 자주 여행을 다니고 퐁텐블로를 무척 좋아했음에도 불구하고 매년 정규적으로, 종종 겨울 동안 루브르에 머물렀다. 루이 13세도 선왕을 따라했다. 섭정인 안 도트리슈는 아들인 루이 14세와 함께 좀더 쾌적한 추기경 궁에서 살기를 원했다. 리슐리외가 왕실에 남긴 유산인 그 궁전은 그때부터 '팔레루아얄'로 불렸다. 그곳은 민중의 소요가 일어날 경우 수비가 어려웠다. 주현절 밤의 도피[27]와 프롱드 난의 불행을 겪은 후 궁정은 좀더 안전한 루브르로 되돌아오기를 원했

---

26) 〔역주〕 시테 섬에 위치한 곳으로 과거 왕궁으로 사용다가 앙시앵 레짐기에는 최고법원들의 건물로 사용되었다.

27) 〔역주〕 프롱드 난이 일어나자 마자랭은 주현절인 1649년 1월 5일 밤 아직 10세가 채 못 된 루이 14세와 모후를 변장시킨 뒤 함께 파리를 탈출했다.

다(1652).

루브르와 튈르리 양쪽에서 공사가 신속하게 진행되었다. 카트린 궁의 보수공사는 1666년에, 주랑은 1670년에 완성되었다. 왕은 두 궁전에서 절반씩 머물렀다. 콜베르는 이 두 궁전을 루이 14세의 정규거처로 새롭게 단장하기 위해 필사적인 노력을 기울였다. 어린 시절의 경험으로 충격을 입은 루이 14세가 수도에 대해 깊은 원한과 혐오감을 느끼고 있음을 그도 모르지 않았다. 1666년부터 왕은 더 이상 루브르에 머무르지 않았고 베르사유에 대한 그의 애착은 더욱 커졌다. 점차 베르사유에 머무는 기간이 길어지면서 왕은 1671년에 신도시계획을 세우고 1678년에 확정지었다. 1682년에는 공식적으로 베르사유가 정부소재지가 되었다. 베르사유에 '대신들의 익랑건물'이 있다는 사실은 군주가 의도적으로 파리를 포기했다는 증거이다. 그 이후 단지 허울뿐인 궁전에 불과해진 루브르는 왕이 친림법정(*lits de justice*)[28]을 위해 방문하는 시테 섬의 궁보다도 못한 처지가 되었다.

그로써 왕궁으로서의 루브르의 역할은 끝났다. 하지만 튈르리의 경우는 달랐다. 튈르리는 최소한 별궁 역할을 했다. 루이 14세의 사망 후 튈르리는 처음으로 궁전으로 사용되었다. 어리고 허약한 루이 15세는 신선한 공기를 필요로 했지만 동시에 증조부가 사망한 곳에서 멀리 떨어진 곳에서 자라야 했다. 그를 위해 튈르리가 개조되고 정원에는 마를리 공원에서 가져온 조각품들이 진열되었다. 루이 15세의 약혼녀였던 에스파냐 공주는 옛 루브르에서 살았다. 그런 우여곡절로 인해 붙여진 '공주의 정원'이라는 명칭은 오늘날까지도 남아 있다. 1722년 이후 어린 왕은 다시 베르사유에서 살았다. 쫓겨난 공주는 마드리드로 돌아갔다.[29] 다시 베르사유의 우위가 인정되고 또 향후 오랫동안 베

28) 〔역주〕 칙령의 등기를 강요하기 위해 왕이 친히 고등법원을 방문하여 개최하는 법정.

29) 〔역주〕 1715년 5세에 왕위에 오른 루이 15세는 1721년 3세에 불과한 에스파냐 펠리페 5세의 딸과 약혼했다. 그러나 1723년 이 약혼을 성사시킨 섭정이 사망

르사유는 우위를 누렸다. 루이 15세에 이어 루이 16세는 그럴듯한 보호막처럼 그들을 감싸고 있는 베르사유 성과 도시에서 통치했다. 그 상태는 대파국의 시기까지 유지되었다.

바스티유의 함락으로 군주정은 파비아 직후의 현실, 아니 그보다 더 나쁜 상황에 처하게 되었다. 파리 시민들은 베르사유로 몰려와 강제로 왕을 체포했다. 왕을 강제로 수도로 데려간 그들은 그곳에서 민중의 지속적인 감시 하에서 통치하도록 했다. 자연히 튈르리가 거부권 각하(*Monsieur le Veto*)[30]와 그의 가족의 거처로 사용되었다. 이때부터 카트린 궁은 오랫동안, 한 세기 동안 거의 계속해서 사용되었다. 루이 16세는 1789년 10월에서 1792년 8월까지 치세의 마지막 순간을 그곳에 보냈다. 그 뒤를 이어 혁명정부와 의회, 그리고 공안위원회가 그곳을 차지했다. 그러고 나서 원로원(Conseil des Anciens)[31]이 그곳에 들어서고 1799년부터는 제1통령의 거처로 사용되었다. 나폴레옹 1세의 즉위와 더불어 튈르리는 황제궁으로서의 위엄을 갖추었다. 1814~1815년에는 운명이 엇갈린 나폴레옹과 루이 18세의 퇴진과 입성이 튈르리 계단을 장식했다. 튈르리는 프랑스를 혼란에 빠뜨린 대격변의 첫 번째 증인이었던 것이다. 루이 18세와 샤를 10세는 계속해서 그곳에서 통치하고 그곳을 주 거처로 삼았다. 샤를 10세가 왕위를 박탈당하자 그 자리를 차지한 사촌 루이필리프는 무덤덤하게 '오를레앙 궁전'(오늘날의 팔레루아얄)에서 스스로 불길하게 여기던 튈르리로 거처를 옮겼다. 1848년 결국 그는 그곳에서 쫓겨나고 말았다. 아주 잠시 궁전은 정치적 기능을 상실했다. 황실 출신 대통령이 엘리제에 머물렀기 때문이다. 하지만 무시무시한 야망을 지닌 그는 왕들과 첫 번째 황제가 거주하던 궁전을 차지하는 것을 자신의 운명을 결정짓는 징표로 여

하자 왕실은 후손을 얻기 위해 루이 15세를 21세의 폴란드 공주와 결혼시켰다.

30) 〔역주〕 프랑스혁명기에 의회가 제출한 안건에 대한 거부권 행사만이 가능했던 무기력한 루이 16세를 빗대어 부른 별명

31) 〔역주〕 1794년 테르미도르 반동에 의해 탄생한 상원.

겼다. 그는 1852년 2월에 튈르리에 정착했다. 동부전선으로 출발할 때까지[32] 그는 그곳에서 프랑스의 마지막 궁정을 유지했다. 이렇듯 튈르리가 루브르의 역할을 대신했다. 그런 상황은 이미 앙리 4세 시대부터 예상되었고 1660년대 동안 암암리에 드러났다. 1715년에 일시적으로 튈르리에게 맡겨졌던 그 역할은 1789년에 확정적인 것이 되었고 1870년까지 지속되었다.

그 결과, 1789년에 베르사유를 향해 타올랐던 민중의 분노가 그다음부터는 튈르리를 향하게 되었다. 혁명의 시대에 권력의 본산인 궁전은 '혁명적인 날들'이면 역사적인 장소가 되었다. 민중의 물결은 튈르리에 자리 잡고 있던 체제를 무너뜨리기 위해 5차례나 궁전으로 돌진했다. 1792년 6월 20일, 1792년 8월 10일, 1793년 6월 2일, 루브르 주랑까지 한꺼번에 공격했던 1830년 7월 29일, 1848년 2월 24일 등. 그와 동시에 튈르리는 황급한 출발장소이기도 했다. 앙리 3세는 가톨릭동맹을 피해 도망쳤고 루이 16세는 바렌으로 탈출을 기도했으며 폭동을 피해 입법의회의 보호를 받으러 가기 위해 그곳을 빠져나갔다. 황제비 마리루이즈와 로마 왕은 동맹군을 피해 달아났다. 나폴레옹도 그랬고 루이 18세는 백일천하 동안[33] 피해 있었다. 샤를 10세는 영불해협의 항구를 향해 느릿느릿 떠났는가 하면 똑같은 길을 밟는 루이필리프의 여정은 그보다는 약간 빨랐다. 1870년에 폭력을 수반하지 않고 제국체제가 무너졌다. 황제비 외제니는 9월 4일 박물관을 통해 도피했다. 일단 파리가 프로이센 군대에 의해 포위되고 혁명 코뮌에 의해 장악되자 붕괴된 제국에 대한 노동계급의 복수심이 절망감과 함께 불타올랐다. 혁명가들은 가증스럽지만 이미 지나가 버린 과거를 공격

---

32) 〔역주〕 1870년 7월 19일 북독일연방에 대한 선전포고와 함께 나폴레옹 3세는 전선에 합류했다.

33) 〔역주〕 동맹군에 패해 엘바 섬에 유폐되었던 나폴레옹이 1815년 3월 26일 파리 재입성에 성공한 때부터 6월 22일 영국군에 패해 다시 폐위당할 때까지를 가리킨다.

하는 동시에 미래를 결정지으려고 했던 것이다. 그들의 미래이자 민주공화국인 프랑스의 미래를 말이다. 그런 목적 때문에 그들은 증오하던 체제의 상징적인 건축물을 파괴하는 돌이킬 수 없는 행위를 저질렀다. 베르사유에 있던 군대의 진군 소식이 전해지자 방화자들은 1871년 5월 23~24일 밤 튈르리 궁전에 석유를 뿌리면서 '다시는 돌이킬 수 없도록'이라는 구호를 외쳤을 것이다. 그들이야말로 운명을 지배하고자 했던 사람들이다. 그 안에서 자리 잡고 있던 권력과 동일시되던 궁전은 완전히 사라져 버렸다. 그리하여 그곳은 기억의 장소로 각인되었다. 비극적인 밤이 지난 뒤 그곳은 비록 빈 공간이지만 계속 국민들의 기억 속에 남았다. 미슐레가 프랑스혁명이 우리에게 남긴 주요기념물이라고 일컬은 샹드마르스(Champs de Mars)[34] 처럼 말이다. 혁명의 궁전이자 도망친 왕들의 궁전이었던 튈르리는 넬 탑(tour de Nesles)[35] 처럼 불길한 운명을 지닌 건축물로 기억되었다. 불탄 성벽은 복구가능성이 있었음에도 불구하고 1882년 공화국의 투표에 의해 그나마 다시 한 번 파괴되었다. 그 이후 오늘날 지나가는 통행인들은 거의 다 튈르리의 위치를 정확히 말하지 못할 것이다. 그 역사적 기념물은 집단기억 속에서 유령궁전으로 바뀌었다.[36]

---

34) 〔역주〕 파리 센 강 좌안의 서쪽 지역에 위치한 군사학교 연병장으로 종종 민중시위 및 혁명축제가 벌어졌다.

35) 〔역주〕 필리프 존엄왕 시대에 파리 서쪽을 방어하기 위해 루브르 맞은편 센 강변에 건축된 성벽. 이 성벽 안에서 난잡한 연회와 살인을 일삼은 루이 10세의 왕비 마르그리트 부르고뉴의 비극적 운명을 그린 뒤마의 희곡 〈넬 탑〉으로 유명하다.

36) 최근의 전시회(*Le Château des Tuilerie, 1564-1883*, Paris, 1983)는 궁전의 예전 사진들을 한자리에 모을 수 있는 기회를 제공했다. 그 전시회는 루브르의 첫 전시회(*Le Louvre et son quartier. Huit cents ans d'histoire architecturale*, Paris, Mairie du Ier arrondissement, 1982)에 뒤이어 개최되었다. 루브르 전시회의 목록에는 설계도와 건축물이 편리하게 종합되어 있다.

박물관

루브르는 그런 불운을 피했다. 왜냐하면 오래전부터 루브르는 군주정과 거리를 유지했기 때문이다. 본래의 건축용도와는 전혀 다르게 재활용된 역사적 기념물들로는 루브르가 가장 대표적인 예들 중 하나이다. 교회, 기차역, 공장 등 모든 것들이 박물관으로 바뀌는 추세인 오늘날 그런 이야기는 진부할 따름이다. 여기서는 왕실거처가 박물관으로 활용되었다는 점보다는 그 변화과정이 매우 점진적이어서 살롱, 갤러리, 카비네 등 왕실거처의 용어 자체가 박물관 용어로 굳어졌다는 사실이 중요하다.

루브르가 예술품 저장소로 기능을 하게 된 것은 아주 오래전, 왕실소장품이 형성되던 시점으로 거슬러 올라간다. 샤를 5세는 '리브레리'(*librairie*)라는 이름을 지닌 탑 안에 유명한 '서고'를 소유했다. 발루아 왕조의 마지막 왕들과 앙리 4세는 회화작품들과 공예품들, 그리고 무기들의 방들을 지녔다. 부르봉 왕가의 첫 왕은 그 이상을 원했다. 그는 궁전에 예술가들의 거처를 마련했다. 이렇게 해서 그랑드 갈르리의 낮은 층에는 건축 당시부터 왕에게서 재주를 인정받고 왕에게 작품을 제공하는 화가, 실내장식가, 목재가구 세공인, 무기제조업자 등에게 개방된 거처들이 포함되었다. 루이 13세 시대에는 거기에 화폐와 메달 주조소와 인쇄소가 추가로 설치되었다. 당대 프랑스 최고의 화가인 니콜라 푸생이 그랑드 갈르리 장식을 위해 초빙되었다. 루이 14세에는 가장 아름다운 그림들이 왕의 부속실들에 걸려 있었다. 반면 고대예술품들과 석고상들은 카리아티드 방(*Salle de Cariatides*)과 그 근처에 놓여졌다. 요새화된 프랑스 도시들의 모형도들이 그랑드 갈르리에 진열된 것도 바로 그 시기이다. 프랑스 회화 조각 아카데미(Académie royale de peintre et de sculpture)는 이미 그 자리에 들어섰고 프랑스 학술원(Académie française)은 1672년에 왕비의 보초실에서 회합을 개최했다가 르메르시에 익랑건물로 옮겼는데 그곳은 비명문학 아카데미(Académie française des Inscription et belles-lettres) 옆방이다. 과학 아카데미(Académie des sciences)와 건축 아카데미(Académie d'architecture)도 역시 루브르에 자리를 잡았다.

그럼에도 불구하고 왕실소장품들은 여전히 사적인 성격을 띠었기 때문에 관람을 요청하는 교양층 애호가들에게만 접근이 허용되었다. 회화작품, 조각품, 공예품, 필사본, 메달, 보석 등은 군주의 일상적인 생활공간에 미와 지식, 부의 환경을 조성하는 데 기여했다. 베르사유와 루브르는 루이 14세의 '체류' 문제에서와 마찬가지로 바로 이런 측면에서도 경쟁적인 위치에 있었던 것 같다. 이미 루브르는 퐁텐블로의 뒤를 이은 것에 지나지 않았다. 오늘날 국립박물관에서 볼 수 있는 주요 왕실소장품들이 프랑수아 1세에 의해 수집된 것은 누구나 다 아는 바와 같이 바로 퐁텐블로에서였기 때문이다. 그는 당대 이탈리아 명인들의 걸작들을 구입해서 욕실에 진열했는데 그곳의 습도는 틀림없이 미술품의 보존에 적절치 않았을 것이다. 예컨대 1642년에 당 신부가 레오나르도 다빈치의 작품을 열거한 바에 의하면, "안락한 풍경을 배경으로 천사의 보호를 받으며 아기 예수와 함께 있는 성모 마리아, 사막에 있는 세례자 요한, 모나리자의 초상화 등"[37] 이 소장품에 포함되어 있었다. 또한 프랑수아 1세는 고대예술품을 원했다. 그는 프리마티초에게 이탈리아에서 고대예술품을 구해 오는 임무를 맡겼으며 구입할 수 없는 조상들의 경우 모조품을 주조해 오도록 했다.

하지만 대부분의 작품들을 구입한 것은 발루아 왕가의 마지막 왕들도 부르봉 왕가의 초기 왕들도 아니다. 루이 14세의 즉위 시 프랑스 국왕부속실에 보관된 그림은 2백 개에 못 미쳤지만 그의 사망 당시에는 2천 개가 넘었다. 당시 콜베르는 왕에게 예술품들의 구입을 제안하는 역할을 맡았으며 화가인 샤를 르브룅은 그것들을 보관하는 임무를 맡았다.[38] 영국 왕 찰스 1세의 전시실에 있던 유명한 작품들이 포함된 마

37) Le père Pierre Dan, *Le Trésor des merveilles de la maison royale de Fontainebleau*, Paris, Séb. Cramoisy, 1642.

자랭과 은행가 자바크(Jabach)의 소장품들을 구입한 데 이어 또 리슐리외 공작으로부터 푸생의 작품들을 사들임으로써, 국왕 거처 앞쪽에 붙어 있던 루브르의 방들은 걸작들로 가득 찼다. 하지만 그러는 동안 루이 14세는 베르사유에 정착했다. 수집된 진귀한 작품들은 그의 영광에 이바지해야 했다. 1681년 12월 5일에 루이 14세가 루브르를 방문한 것은 바로 그런 의도에서였다. 《메르퀴르 갈랑》(*Mercure Galant*)[39]은 왕의 방문을 다음과 같이 묘사했다. "왕은 자신의 회화전시실을 관람하러 오셨다. 회화전시실은 아폴론 회랑이라 불리는 아름다운 회랑과 나란히 있는 새 거처 안에 있다. [⋯] 옛 루브르 안에 전하의 회화 전시실이라고 불리는 곳은 천장이 아주 높은 7개의 방으로 이루어졌다. 그중 일부는 길이가 50피트를 넘는다. 그 밖에 루브르에 인접한 옛 그라몽 저택에도 전시실이 4개 있다." 그 그림들은 추녀 밑 돌림띠에 걸려 있었으며 일부는 이동식 화판 위에 놓여 있었다. 왕은 그림들의 전시 순서에 감탄했으며 베르사유에 있는 자신의 거처를 장식하기 위해 베로네세, 기도, 푸생, 르브룅 등의 그림 15점을 떼어 갔다.

왕실이 근대화가들로 하여금 위대한 이탈리아 예술가들의 작품을 직접 대면케 한 것은 예술을 후원하려는 신성한 의도에서였다. 비록 일부가 잘려 나가기는 했지만 왕의 전시실과 회화 아카데미가 궁전 안에 위치해 있다는 점이 확실히 그런 대면을 촉진시켰을 것이다. 이렇게 해서 살롱이 탄생했다. 아카데미는 1699년부터 그 구성원들의 작품들을 공개적으로 전시하기로 결정했다. 1725년 이후에는 카레 살롱(salon Carré)에서 파리 관람객들의 극찬을 받은 전시들이 개최되었다. 그곳은 르보가 그랑드 갈르리의 1층 연단에 창문이 달린 층을 하

---

38) Frederic Villot, *Notice des tableaux exposés dan les galeries du musée national du Louvre*, Paris, Ch. de Mourgues, éd. de 1876.

39) [역주] 1672년에 창간되어 1724년까지 파리 상류계층을 대상으로 발행된 신문. '신의 메신저'를 뜻하는 신문 제목과는 달리 궁정 안의 사교생활과 문학에 관한 논쟁이 주 내용을 이루었다.

나 더 올림으로써 새로 만든 대형 전시실이다. 위에서 비추는 간접조명은 회화전시에 적합했다. 그 후 그런 종류의 그림전시에는 살롱이라는 이름이 붙여지게 되었는데 그것은 무엇보다 먼저 그런 종류의 행사를 자세하게 묘사한 팸플릿 덕분일 뿐 아니라 나아가 곧 전시회에 영향력을 행사하게 된 미술비평의 공이기도 하다.[40]

잠시 전시회 관람 기회를 누린 관객은 곧이어 왕실소장품들이 영구적으로 공개되기를 바라게 되었다. 계몽주의 사상가들은 예술 걸작품들이 모든 시민을 위해 공개되어야 한다고 주장했다. 교황이 먼저 본보기를 보였다. 클레멘티누스 12세와 베네딕투스 14세는 엄청난 비용을 들여 로마에 카피톨리노 박물관을 건립했다. 라퐁드생텐은 최초로 프랑스 박물관의 공개를 호소했던 문인들 중 하나이다. 1747~1756년 사이에 다수의 시론들을 발표한 그는 시론들 중 하나에서[41] 콜베르의 망령에게 직접 호소했다. "오 위대한 대신이여 그대가 루이 14세를 설득해서 이탈리아와 다른 나라들에서 들여온 엄청나게 많은 값비싼 회화 소장품을 그대는 틀림없이 기억할 것이다.… 프랑스인들이 감탄하고 그토록 진귀한 보물들을 소유하고 있음을 즐기도록, 아니면 외국인들의 호기심을 충족시키거나 유파의 연구와 경쟁을 촉구하도록 그런 재산들이 공개되어야 한다고 그대는 생각하지 않는가? (오! 과연 누가 그대처럼 생각하지 않겠는가!) 위대한 콜베르여 명심하시게. 그 아름다운 작품들이 오랫동안 빛을 보지 못했으며, 소유자들의 전시실 안에서 그 작품들이 차지했던 명예로운 위치에서 베르사유의 어두컴컴한 감옥

40) Denis Diderot, *Salons*, texte établi et présenté par Jean Seznec et Jean Adhémar, Oxford, Clarendon Press, 1957~1959, 4 vol.

41) 라퐁드생티엔의 저작들의 제목 자체에 그의 관심이 반영되어 있다. *Réflexions sur quelques causes de l'état présent de la peinture en France, avec un examen des principaux ouvrages exposés au Louvre le mois d'août 1746*, La Haye, 1747 ; *L'Ombre du Grand Colbert*, La Haye, 1749 ; *Remerciment des habitants de la ville de Paris à Sa majesté au sujet de l'achèvement du Louvre*, 1749 ; *Le Génie du Louvre aux Champs-Elysées, dialogue entre le Louvre, la Ville de Paris, l'Ombre de Colbert et Perrault*, 1756.

으로 옮겨져 그곳에서 50년 이상 고사하고 있다는 것을." 그러고 나서 그는 루브르에 전시실을 설치할 것을 제안했다. 그의 견해는 지지를 얻었다. 1750년 루이 15세는 베르사유의 총감 관저에 갇혀 있던 그림들을 루브르로 옮기도록 허용했다.

최초로 그런 견해를 제안했던 투른엠이 사망한 뒤 조영국장에 임명된 마리니 후작은 같은 해 10월 14일에 정규전시회를 개막했다. 전시회에 나온 작품들은 루브르에 있는 에스파냐 공주의 옛 거처에 위치한 국왕전시실의 그림들 중 선별된 것들이었다. 그림을 진열하는 역할은 국왕 회화작품들의 관리인인 바이이(Bailly)에게 맡겨졌다. 매주 수요일과 토요일에 관람객의 입장이 허용되었다. 사람들은 같은 수요일과 토요일에 뤽상부르 궁전에서 루벤스의 유명한 작품이 전시된 메디치 갈르리를 방문할 수 있었다. 루브르에서는 특히 라파엘로의 〈성가족〉과 최근에 나무판에서 캔버스로 옮겨진 안드레아 델 사르토의 〈자비〉를 감상할 수 있었다.

마리니의 후임인 앙지빌레 백작은 1776년에 더욱 야심찬 전시회를 실현시켰다. 사실상 그 전시회는 그가 이미 1768년에 루이 15세에게 제안했던 것이다. 그때까지 프랑스 도시들의 모형도로 가득 차 있던 그랑드 갈르리의 전체가 프랑스 박물관으로 바뀌어 고대와 근대 회화의 걸작들이 한꺼번에 전시되어야 했다. 그 계획은 결과적으로 예술애호가들인 바쇼몽과 라콩다민, 디드로의 요구를 따른 셈이었다. 그에 따라 필요한 보수공사를 맡게 된 건축가 수플로는 관람객들의 통로를 만들기 위해 1781년에 자신의 설계도를 토대로 계단을 설치했다. 거대한 회랑을 새로운 용도에 알맞게 변경시키는 문제가 가장 어려웠다. 이제 사람들은 채광이 나쁜 방에 그림들을 액자에 줄줄이 걸어놓는 것에 만족하지 않았다. 캬레 살롱의 경험이 높은 창문을 통해 들어오는 빛의 장점을 보여주었던 것이다. 그렇다고 해서 회랑 전체 위에 창문 달린 층을 하나 더 올린다는 것은 고려할 수도 없는 문제였다. 따라서 지붕에 커다란 유리창을 뚫고 오늘날 천장조명이라고 불리는 것을 설치하는 안이 제시되었다.

그 의견은 대담한 발상이어서 반대에 부딪혔다. 그 문제를 검토하기 위한 위원회가 구성되었다. 위베르 로베르는 그 구성원들 중 하나였다.[42] 1780년에 수플로가 사망한 뒤에도 반대가 계속되고 수천 가지 대안이 새로이 제시되었다. 그러는 동안에도 소장품들은 점점 더 풍성해지고 부수적인 보수공사가 이루어졌다. 그러나 박물관은 아직도 공개되지 않았다.

혁명이 계몽주의의 딸임은 처음부터 증명되었다. 혁명이 일어나자 박물관 문제가 최우선과제로 상정되었던 것이다.[43] 새로운 체제는 군주정이 시행할 수 없었던 문제를 가능한 한 신속하게 실천하기로 의견을 모았다. 1791년 5월 26일에 바레르의 보고가 끝난 후, 입법의회는 다음과 같이 공포했다. "서로 통합된 루브르와 튈르리는 국민의 궁전으로서 왕의 거처로 쓰이는 동시에 과학과 예술의 모든 기념물들의 집합장소이자 공공교육을 위한 주요기구로 사용될 것이다." 1년 후 혁명세력이 튈르리를 장악한 다음 날인 1792년 8월 14일에는 모든 왕실거주지에 흩어져 있던 걸작들을 모으는 임무를 맡은 위원회가 발족되었다. 이 위원회는 곧 국민의 기억에 적절한 물품을 보존하는 임무를 맡은 기념물위원회에 통합되었다. 내무부장관 롤랑을 의장으로 한 그 위원회의 목표는 루브르에 왕실소장품 및 망명자들과 교회의 재산 등 온갖 출처의 예술품들을 모아 국립박물관을 설립하는 데 있었다. 요컨대 군주정의 몰락이 인민의 문화를 향한 새 시대를 여는 출발점이 된 셈이다. 1793년 7월 27일에 법령을 통해 박물관의 공개 날짜가 1793년 8월 10일로 결정되고, 신중하게도 수십만 리브르에 달하는 풍부한 구

---

42) 전시회 목록은 *Le Louvre d'Hubert*, Paris, Louvre, Les dossiers du département des peintures, n° 18, 1979이다.

43) Yveline Cantarel-Besson, *La Naissance du musée due Louvre. La politique muséologique sous la Révolution d'après les archives des musées nationaux*, Paris, Editions de la Réunion des musées nationaux, 1981, 2 vol.

입예산이 미리 책정되었으니 말이다. 박물관의 공개는 예정보다 단지 3개월 연기되었다. 혁명력 2년 브뤼메르 18일인 1793년 11월 8일의 역사적인 그날, 캬레 살롱과 그랑드 갈르리에 시민들의 입장이 허용되고 그들은 그 안에서 이리저리 자유롭게 배회했다. 그곳에는 그림들이 유파에 따라 분류되고 공예품들이 중심축을 따라 진열되어 있었다. 중앙미술관은 혁명력 매 10일마다 첫 5일 동안 오직 예술가들에게만 공개되었다. 그 후 2일 동안은 청소와 다양한 보수를 위해 닫혔고 나머지 3일 동안만 공중에게 공개되었다. 곧이어 전시목록도 발간되었다. 그 이듬해 2월에는 규정이 수정되어 박물관이 매일 시민들에게 공개되었다. 박물관 운영은 화가 루이 다비드의 추천에 따라 임명된 10명의 예술학교 위원들에게 맡겨졌다.

공화국이 군사적 승리를 거두면서 곧 박물관 소장품의 규모가 확대되고 새로운 성격을 띠게 되었다. 그리스를 정복한 로마 장군들의 선례를 좇아, 전선에서 벗어나 있던 프랑스 개선장군들은 정복지의 예술품을 눈여겨보며 고상한 욕망의 시선을 던졌다. 그러고는 예술품을 운반하는 행렬들이 몰려들기 시작했다. 국민의 새로운 창고인 루브르는 그런 전리품들을 긁어모으기 위해 적합한 공간처럼 보였다. 그 전리품들은 다음의 두 가지 성격을 지녔다. 우선 그 전리품들은 프랑스 공화국의 소장품과 같은 고결한 소장품에 포함될만한 가치가 있는 인류의 걸작들이었다. 그와 동시에 그 전리품들은 피정복민들이 해방군들에게 양도한 영광스런 전승기념품들로 로마식의 긴 개선행진 절차에 따라 승리자의 수도로 운반되었다. 시민들은 수컷처럼 용맹한 아들이 쟁취한 공물들에 찬사를 보내는 자리에 초대받은 셈이었다. 1794년 10월, 벨기에에서 탈취한 그림들이 도착했다. 그 뒤를 이어 1796년에서 1798년까지 이탈리아의 작품들이 들어왔는데 이번에는 교황 및 이탈리아 반도의 다른 지배자들과 체결한 조약의 구체적인 조항에 따라 공식적으로 양도된 작품들이었다. 고대의 그림들과 조각품들은 1798년 7월 28일, 파리의 거리들을 돌며 장중한 승리의 행진을 벌였다.

55. 1792년 8월 10일 튈르리에서의 보나파르트, 레일리에뒤마, 1888.

56. 루브르의 그랑드 갈르리를 가로지르고 있는 나폴레옹과 마리루이즈의 결혼행렬, 뱅자맹 지스, 1810.
57. 고대 조상(彫像)들의 소장품을 감상하고 있는 관람객들 사이의 터키 방문객들, 뱅자맹 지스.

새 작품들을 위한 장소를 확보하기 위해 모든 프랑스 유파의 작품들은 베르사유 성으로 옮겨졌다. 베르사유 시 정부는 1792년부터 그곳을 대규모 박물관으로 공개하자고 주장해왔다. 끔찍한 방치상태에 놓인 왕의 도시로서는 그것만이 유일한 탈피책이었다. 루브르에서 이탈리아의 대작들은 캬레 살롱에 전시되었다가 1802년에 그랑드 갈르리로 옮겨졌다. 그 후 안 도트리슈의 여름거처였던 곳에 고대의 예술품들을 위한 섹션이 만들어졌다. 이때 로마 조각품들에 할당된 전시실을 로마의 교황박물관처럼 주제가 적절하게 반영된 동시에 왕궁으로서의 고상한 품위에 알맞은 도상으로 장식하자는 의견이 제기되었다. 천장과 박공의 삼각면, 출입구의 아치형 통로 등이 적절한 주제에 따라 그림과 조각으로 장식되었다. 〈예술의 수호신〉, 〈회화, 조각, 건축의 결합〉, 〈프로메테우스가 빚고 미네르바가 숨을 불어넣은 인간〉, 〈마르크스 아우렐리우스에게 평화를 간청하는 게르만족들〉, 〈트라이아니우스 황제의 수로건설〉, 〈프랑스의 헤라클레스〉 등이 그 예이다.[44] 고대조각품 중 만장일치로 걸작으로 꼽힌 두 대표작, 벨베데레 궁의 〈라오콘 상〉과 〈아폴론 상〉은 관람객의 섬세한 영혼을 감동시키기에 알맞게 정교한 방식으로 전시되었다.

또 하나의 잊지 못할 사건의 기념일인 혁명력 9년 브뤼메르 18일에 이처럼 눈부시게 풍성해진 박물관이 공개되었으며 그 자체가 하나의 주요사건이었다. 보나파르트와 조세핀이 이탈리아 원정군의 영전에 바치는 그 성전의 개막식을 거행했다. 제1통령은 자신의 사상과 문화를 과시하기 위해 이례적인 기회를 이용했던 것이다. 1803년부터는 박물관에 '나폴레옹 박물관'이라는 이름이 붙여지기도 했다. 박물관의 운명을 책임질 뛰어난 전문가들이 선택되었다. 이탈리아 고고학자 엔니오 키리노 비스콘티와 비방 드농이 바로 그들이다. 그와 동시에 지방박물관의 내실을 기하기 위해 예술품들이 여러 도들로 옮겨졌다.

---

44) Nicole Munich, "Les Plafonds peints du Musée du Louvre", dans *Archives de l'art français*, t. 26, 1984, pp. 107~163.

황제는 제1통령 당시의 과제를 계속 추진했다. 그는 루브르에 제국 도서관의 설치를 명령하고 독일과 오스트리아로부터 새로운 수집품들을 반입시켰다(1807년). 그러고 나서 그는 보르게세 소장품을 구입했다. 그럼에도 불구하고 황제관을 차지한 후 나폴레옹은 곧바로 공화국의 이상을 포기했으며 자연스럽게 이전의 군주들과 마찬가지로 루브르에 보관된 소장품들과 사적인 소유관계를 맺었다. 어느 날 뒤로크가 나폴레옹에게 그랑드 갈르리 뒤편에 붙어 있던 쓰러져 가는 오두막들을 보여주었을 때 그가 던진 재치 있는 응답은 그런 가로채기의 일면을 잘 드러내준다. "저것들을 완전히 쓸어내 버리시오! 그렇지 않으면 그들이 정복의 열매인 내 박물관에 불을 지를지도 모르니 말이오." 루브르는 비록 시민들의 방문을 받았지만 문자 그대로 황제궁이었다. 실제로 박물관의 전시실과 황제의 거처 사이에는 확실한 칸막이가 존재하지 않았다. 루브르의 공간배치를 위해 내린 명령에서 나폴레옹은 공중에게 공개된 방들 바로 옆에 '부속실들이 달린 두 개의 황실 거처'(1809년)에 이어 자신의 거처(1812~1813년)를 설치하도록 설계하도록 했다. 마리루이즈와의 결혼식을 거행하기 위해 그가 선택한 의식은 한층 더 노골적이다(1810년). 결혼행렬이 걸작그림들 사이를 지나 그랑드 갈르리 전체를 따라 행진했으며 축성식은 임시부속성당으로 탈바꿈한 캬레 살롱에서 거행되었다.

복고왕국의 군주들은 찬탈자의 과업을 계승하려고 애썼다. 1814년에 루이 18세는 파리 조약을 이용해서 외국의 예술품들을 외교적으로 양도받는 문제에 전력을 기울였다. 1815년에 그는 "승리를 통해 얻은 권리보다 더욱 항구적인 권리에 의해 예술 걸작품들은 이제 완전히 우리의 것이 되었도다"라고 선언했다. 동맹국들의 요구가 더욱 강경해지자 프랑스는 나폴레옹의 전리품들 중 대부분이 다시 떠나는 것을 보고도 그대로 체념해야 했다. 관객에게 공개된 박물관의 전시실들과 계단들은 계속해서 〈예술을 보호하는 프랑스〉, 〈프랑스 회화의 승리〉 등 역사화가들에게 주문된 상징적인 그림들로 장식되었다. 알렉상드르

58. 튈르리 정원('정원 예정지'의 도랑) 공사를 감독하고 있는 루이필리프와 건축가 퐁텐, 프랑수아 비아르.

59. 나폴레옹 3세와 외제니 황제비에게 루브르 완공계획을 설명하고 있는 비스콘티, 앙주 티시에.

르누아르의 프랑스 기념물 박물관이 해체된 이후 그곳에 남은 작품들과 함께 프랑스 조각가들의 작품들을 모아놓은 새 부서가 만들어졌다. 그곳은 '앙굴렘 전시실'이라는 명칭으로 불렸다. 콘스탄티노플 주재 대사인 리비에르 후작이 1821년에 〈밀로의 비너스〉를 왕에게 보냈다. 샤를 10세의 시대에는 한층 더 의미심장한 노력이 이루어졌다. 1827년에 해군박물관이 설립되었다. 남쪽 익랑건물의 2층 전체에 샤를 10세 박물관이 설치되고 여기에 새로 만들어진 이집트 부서가 집결되었다. 상형문자 해독으로 젊은 나이에 이미 유명해진 샹폴리옹이 그 부서를 책임졌다. 토숑과 뒤랑에게서 구입한 그리스 꽃병들도 그곳에 진열되었다. 그 전시실의 장식에는 교육적인 의지가 이전보다 더 확고하게 반영되었다. 천장그림과 벽의 장식은 가능한 한 앵그르의 〈신격화된 호메로스〉, 피코의 〈폼페이, 헤르쿨라네움, 스타비에 등 죽은 도시를 지키는 대지의 여신 시벨레〉처럼 그리스-로마 세계를 구체적으로 재현시키는 작품들이다. 아벨 드푸홀의 작품인 〈그리스에게 고대 이집트의 신비를 폭로하는 연구와 천재성〉은 보나파르트의 원정에 의해 유명해진 이집트 문명을 연상시켰다. 정반대로 센 강을 따라 길게 늘어선 전시실의 천장은 프랑스 미술의 가장 화려한 시기, 특히 르네상스 시대를 상기시켰다.

오를레앙 가의 전통에서 영향을 받고 팔레루아얄에서 성장한 루이필리프는 예술과 역사에 섬세한 감각을 지녔다. 그의 시대에 군주정의 '공적' 소장품과 군주의 사적 소장품 사이의 혼합은 한층 더 긴밀해졌다. 그는 거의 매일 튈르리에 있는 자신의 거처에서 회화전시실로 가는 문을 열어놓은 채 휴식을 취하기를 즐겼다. 그는 회화감정사로서 그곳을 방문하곤 했다. 노련한 구입자인 그는 개인적으로 수집한 탁월한 작품들 전체를 루브르의 전시실에서 공중이 자유롭게 관람하도록 공개했다. 그 안에는 영국 아마추어 화가 스탄디쉬의 그림들과, 특히 시민-왕(루이필리프 - 옮긴이)을 위해 특별히 텔로르 남작이 이베리아

반도에서 수집한 탁월한 에스파냐 회화작품들이 포함되었다. 파리인들이 고야 작품 11점, 벨라스케스 19점 및 리베라, 무리요, 수르바란의 작품들을 감상한 기간은 불과 10여 년에 불과하다. 루이필리프가 망명을 떠나자 불행하게도 그 작품들은 런던에서 경매 처분되어 뿔뿔이 흩어졌기 때문이다. 에두아르 마네는 그 그림들에 대한 황홀한 기억을 간직하고 있었고 그 기억은 그의 작품에 깊은 영향을 미쳤다. 부르주아 군주정(7월왕국 - 옮긴이) 하에서 루브르는 더욱 풍성해졌다. 모술의 영사 보타가 탐험에서 돌아오면서 거상들을 가져온 덕분에 아시리아 유적의 새로운 부서가 생겼던 것이다.

나폴레옹 3세의 업적은 루브르 박물관을 어마어마한 규모로 확장시켰다는 점이다. 또한 르퓌엘의 건축물들은 그 이전의 모든 것들을 능가할 정도로 풍성한 상징물들로 장식되었다. 거대한 예술품 궁전의 다양한 부서들이 그 건축물 안에 자리를 잡았고 뇌베르케르케 백작이 새 박물관장이 되었다. 전통적으로 수집되어온 모든 고대예술품들과 소바조, 라카즈, 캄파나의 소장품 덕분에 더욱 풍성해진 회화작품들, 조각품들, 고가구들 모두가 루브르에 망라되었다. 뿐만 아니라 오라스 드비엘카스텔 백작 덕분에 형태를 갖춘 국가원수들의 박물관도 그곳에 합류하게 되었다. 이 놀라운 예술품 전체는 박물관의 공예품 연구원인 바르베 드쥐의 기지 덕분에 다행히 1871년 화재의 불꽃을 간신히 피할 수 있었다.

그 이후 거대한 박물관단지는 끊임없이 확대되고 풍성해졌다. 제3공화국 동안 19세기의 예술, 동양과 이집트 유적들, 그리고 소묘화들을 위해 다시 공간을 재조정할 필요성이 생겼다. 박물관과는 무관한 행정부서가 조금씩 공간을 차지했으며 제2제국 시대의 마사처럼 특별한 용도에 할당되었던 옛 공간들이 여전히 남아 있었기 때문이다. 1900년에 마르상 관과 그 옆의 익랑건물에 장식미술관이 들어섰다. 마지막 여유공간은 국립복권사업회(Loterie Nationale)가 차지하고 있던 플로르 관이었다. 플로르 관은 1961년에 박물관에 합류했고 재무부도

1980년대에 그곳에서 떠나기로 결정했다. 그동안 루브르는 튈르리 정원의 테라스에 세워진 실용적인 건물 두 동과 죄 드 폼, 오랑주리를 별관으로 사용했다. 루브르 박물관장 앙리 베른이 1927년에 공간과 소장품들의 재배치작업에 착수한 결과 루브르는 오늘날 우리에게 알려진 전체적인 모습을 갖추게 되었다. 그의 작업에서 핵심요소는 사모트라케의 〈승리의 여신상〉(*victoire de Samothrace*)[45]를 위해 설치된 다뤼 계단(*escalier de daru*)[46]이다. 필시 제2제국 시기부터 계획되었을 그 작업은 르느뵈의 모자이크 도안을 필두로 1882년 건축가 기욤에 의해 처음으로 실현되기 시작했다. 건축가 페랑은 앙리 베른을 위해 장식을 제거한 뒤 겉에 돌로 된 웅장한 아치형 통로를 설치했다.

이렇듯 예술품들의 전격적인 왕궁점령은 오래지 않아 마무리되었다. 옛 오르세 역마저 관할하게 된 루브르 연구원들은 이제 더 이상 바랄 것이 없을 정도였다. 엄청나게 쌓이고 또 끊임없이 확충된 소장품들의 규모와 오늘날 프랑스인들과 외국인들을 사로잡은 박물관 관람 욕구를 통해 우리는 그런 어마어마한 변화를 짐작할 수 있다. 수 킬로미터에 달하는 전시회장의 받침대과 진열장에서는 날마다 개장 전부터 한꺼번에 문으로 몰려든 온갖 인종의 구경꾼들이 끝없이 이어져 오도 가도 못할 지경이다. 이러한 전 지구적인 현상은 분명히 파리의 궁전으로서의 운명을 넘어선 것으로 루브르는 이제 연구원들의 바람을 초월해서 혁명이데올로기의 염원을 완수한 셈이다. 하지만 이런 조건에서 인간이 창조한 '예술 걸작품'을 완전히 소멸시켜 버릴지도 모를 '소비'의 탐욕으로부터 보존할 수 있는 길은 무엇인가? 또한 박물관으로 인해 끊임없이 공간적으로 축소되어 가는 도시를 어떻게 보존할 것인가?

---

45) 〔역주〕 기원전 190년 헬레니즘 시대의 조각품으로 1863년 프랑스의 부영사 샹푸아조가 사모트라케 섬에서 탐험 도중 발견한 니케 여신상.

46) 〔역주〕 나폴레옹 3세의 대신 다뤼의 이름을 딴 다뤼 관 안에 설치된 계단으로 1855~1857년 르퓌엘의 작품이다.

영원한 궁전

언젠가 퐁텐블로에 관해 나폴레옹이 사용했던 표현처럼 이 '수세기에 걸친 궁전들'은 건축가들에게 세대마다 계속 똑같은 문제를 던졌다. 증축을 담당한 새 건축가는 늘 최초의 설계와 배치, 양식, 옛 건축물의 규모를 존중할 것인가 아니면 자신의 새로운 시각과 미적기준, 시대적 요구와 새로운 필요성을 반영할 것인가의 고민에 직면했다. 1984년 이후 여론을 뒤흔든 대논쟁에 이르기까지 루브르는 언뜻 보기에 놀라운 통일성을 보인다. 하지만 한마디 덧붙이자면 그 통일성은 기만적인 것에 지나지 않다. 요컨대 르퓌엘의 엄청난 공사규모와 나폴레옹 3세의 제국주의적 의지는 궁전 전체를 제 2제국의 전형적인 혼합양식에 부합하도록 만들었다. 따라서 루브르는 마치 19세기 전환기에 단 한 번의 시도에 의해 불쑥 솟아난 것처럼 보인다. 루브르의 원주들과 박공면들, 무수한 영웅들과 통통한 요정들, 증기기관차처럼 산업시대의 경이로운 업적들마저 포함된 부담스런 일련의 상징물들, 그리고 무엇보다도 랄루에 의해 오르세 역에도 똑같이 모방된 납 장식으로 높이 부풀린 지붕들을 보면 그렇다.

이제 마지막으로 다시 한 번 지난날을 돌이켜 보기로 하자. 우리가 믿는 바와 같이, 레스코는 프랑수아 1세와 앙리 2세의 명령에 따라 중세의 요새를 허물었다. 그가 건축하기 시작한 루브르는 당대인들의 찬사를 받았을 뿐 아니라 장차 고전주의 시대에도 감탄의 대상이 되었다. 앙리 4세는 레스코의 구상을 존중했으며 그대로 따랐다. 앙리 4세 시대의 건축가인 루이 메트조와 자크 2세 앙드루에 뒤세르소는 강변에 거대한 회랑을 건축하는 문제에 직면하자 새로운 양식을 채택하지 않을 수 없었다. 그 결과 루브르의 양식은 레스코의 것보다는 들로름과 특히 장 뷜랑의 튈르리와 유사해졌다. 회랑의 절반은 3층으로 이루어졌으며 수많은 고리를 끼운 장식기둥들, 조각이 새겨진 원기둥 꼭대기

60. 풍성한 알레고리로 장식된 르퓌엘의 건축 작품. 그 안에는 기술의 승리도 빠지지 않고 담겨 있다. 리슐리외 관의 박공 왼편에 기관차가 보인다.

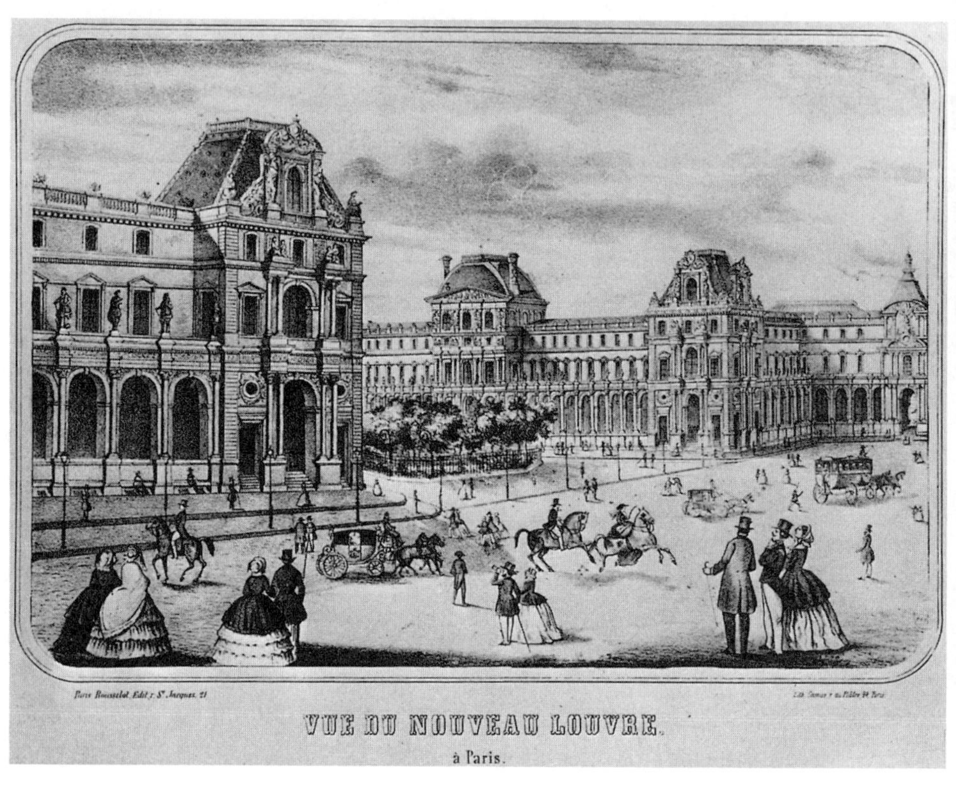

61. 제 2제국 시절의 루브르의 모습.

의 장식띠들, 벽감들, 박공면들로 장식되었다. 나머지 절반은 훨씬 남성적인 거대한 양식으로 이루어졌다. 루이 13세 시대에 르메르시에는 정사각형 안뜰을 4배로 확장시키는 공사를 시작했다. 그는 레스코의 익랑건물을 철저하게 모방했지만 비율을 변형시켰다. 시계관을 건립하면서 그는 재량껏 16세기 양식을 도입했다. 하지만 높이 치솟은 지붕 꼭대기를 특징으로 하는 전형적 옛 프랑스풍은 그대로 보존되었다.

루이 르보는 우선 튈르리에서와 마찬가지로 루브르에서도 동일한 경향을 계속 추진했다. 하지만 열주들의 난립으로 조망이 완전히 바뀌었다. 앙리 2세 시대의 소규모 장식들은 진부해 보였고 높은 지붕들도 마찬가지였다. 이탈리아의 영향으로 거대한 사다리 같은 모양이 되었다. 군사시설처럼 견고한 토대가 마련되고 그 위에 쌍을 이루는 원기둥들로 이루어진 고대풍의 거대한 주랑이 솟아 있다. 그 위로 난간이 만들어내는 똑바른 수평선이 지나간다. 그리고 그 위로 하늘이 보인다. 레스코의 양식과 이보다 더 대조적인 것은 없을 것이다. 역설적이게도 건축물 외부의 높이가 높아지면서 내부의 높이를 수정하는 공사가 뒤따랐다. 그로 인해 레스코가 설계한 3층이 피해를 입었다. 가짜 채광창으로 인해 튀어나온 박공면의 돌출부들은 음악적 리듬감을 주었다. 17~18세기에는 그곳 역시 부분적으로 원주들 위에 난간이 놓인 정사각형 모양의 층으로 바뀌었다.

앙시앵 레짐 하에서 포기되었던 정사각형 안뜰의 건물정면이 19세기에 완성되자 나폴레옹과 그의 건축가들 사이에 충돌이 빚어졌다. 페르시에와 퐁텐은 르보와 가브리엘의 작품인 두 번째 건물의 전면부를 기준으로 안뜰을 통일시키기를 원했다. 정반대로 예민한 역사적 감각을 지닌 황제는 16세기 루브르의 특성을 사라지게 할지도 모를 그 작업에 반대했다. 나폴레옹은 1805년 2월 6일에 샹파니에게 쓴 편지에서 다음과 같이 언급하고 있다. "건축가들은 하나의 건축양식을 채택하면 모든 것을 바꾸고 싶어 한다. 경제학과 상식, 취향은 제각기 다른 견해에서 비롯된다. 그 시대의 특성을 지니고 있는 부분들은 그대로 남겨두어야 하며 새로운 공사를 위해서는 가장 경제적인 양식이 채택되어야 한다." 결국 타협이 이루어졌다. 서쪽 익랑건물 전체는 레스코의 양식대로 남겨졌고 나머지는 수정되었다. 남쪽 익랑건물에서 없어진 박공면의 조각품들이 오늘날 국립미술학교 정원에 놓여 있는 것은 바로 그 때문이다. 황제는 다른 부분에 대해서도 그와 같이 신중한 태도를 보였다. 그의 치세 동안 북쪽에 연결통로를 건축하는 공사가 시작되자 건축가들은 신중하게 그 맞은편에 있는 뒤세르소의 익랑건물 양식을 모방했으며 그의 거대한 장식기둥과 박공면들을 그대로 채택했다. 또한 리볼리 로를 향해 있는 북쪽에도 벽감 안에 장군들의 동상을 놓는 '최신' 건축양식이 서슴지 않고 채택되었다. 카루젤 개선문보다 얼마나 더 아름다운 제국건축양식의 예인가!

주지하다시피 제 2제국 시기 동안 논쟁이 재개되었다. 뒤방은 제 2공화국 시절에 이미 급선무인 '비외 루브르'의 복원공사에 착수했다. 그는 눈에 띌 정도로 신중하게 그 공사를 진행했다. 오늘날 고문서 속에 남아 있는 장식조각품에 관한 공사일지는 그의 신중함을 증명해준다.[47] 그를 계승한 비스콘티는 '누보 루브르' 건립을 책임졌다. 그는 뒤방처럼 과거의 건축양식을 존중하는 마음을 지녔다. "새 건축물의 특징이라면 비외 루브르를 성실하게 모방한다는 데 있을 것이다. 세부적인 모든 부분들은 이미 비외 루브르를 고스란히 본떠 만들어졌다. 선임자들이 이 건축물에서 시도한 특성을 그대로 간직하기 위해 건축가인 자신은 완전히 자존심을 포기할 것이다"라고 그는 공언했다. 또한 그는 카루젤 안뜰에 일련의 주랑식 현관을 설치하고 그 안에 '고대의 광장'을 모방해서 위인들의 조상들을 배치하려는 계획을 세웠다. 그러

47) Jacques de Caso, "Duban et l'achèvement de la Galerie due Bord- de-l'Eau : la frise des frères Lheureux", *Bulletin de la Société de l'histoire de l'art français*, 1973, pp. 333~343 ; Jean-Pierre Babelon, "Les Photographies des estampages pris sur les façades de la Grande Galerie...", *Revue de l'art*, 1982~1983, pp. 41~52.

나 레스코-르메르시에 외관양식을 존중하기 위해서는 그 앞에서 주랑현관이 멈추어야 했다. 심사숙고 끝에 그는 통일성을 유지하려는 마음에서 주랑현관을 계속 연장시키기로 결심했다.

1853년 12월, 과거의 양식을 존중하던 비스콘티가 사망한 이후 루브르 복원공사는 신참자인 엑토르 르퓌엘의 재량에 맡겨졌다. 그는 비스콘티의 계획을 원용했지만 외관공사와 규모 면에서는 상당 정도 수정을 가했다.[48] 비스콘티는 정사각형 안뜰의 외면을 그대로 보존하기를 원했으나 르퓌엘은 그곳에 통로를 내고 장식하고 높이를 높임으로써 완전히 바꾸어 버렸다. 아마도 이러한 변형과정을 거친 시계관이 다른 정자 건물들의 모델 역할을 했음에 틀림없다. 번갈아 가며 불룩 튀어나온 원뿔 모양의 그 지붕 꼭대기는 카루젤 안뜰을 따라 길게 세워진 주랑 현관건물들과 조화를 이루었다. 곧이어 건축에 대한 열정에 사로잡힌 이 건축가는 과거의 건축을 파괴하기 시작했는데 이는 아마도 황제의 명령에서 연유한 듯하다. 그랑드 갈르리의 뒤세르소 건축물 절반이 가차 없이 파괴되었다. 과거에 플로르 관이 허물어졌듯이 말이다. 그리고는 그 자리에 메트조의 양식을 모방한 건축물이 새로 들어섰다. 도시 북쪽과 남쪽 간의 통행이 절실히 요구되자 옛 익랑건물과 새 익랑건물의 연결접합 지점에 문이 달린 거대한 현관이 세워졌다. 르퓌엘은 나폴레옹 1세의 북쪽 회랑마저 두꺼운 벽으로 은폐했다. 튈르리 궁전에도 동일한 유형의 변화가 시도되었음을 고려해 보면, 우리는 카루젤 안뜰 어느 면에서건 오직 르퓌엘의 작품을 목격할 수 있을 뿐이다. 결국 나폴레옹 3세의 양식이 다른 모든 것을 압도해 버렸던 것이다.

오직 12월 2일[49]의 인물을 찬양하기 위해 이루어진 이 단순화된 시

48) Ludovic Vitet, *Le Nouveau Louvre et les nouvelles Tuileries*, Paris, 1853, 1866 et 1882 ; A. Normand, *H.-M. Lefuel, sa vie, ses oeuvres*, Paris, 1881 ; Carl de Vinck, *La Place du Carrousel*, Paris, Société d'iconographie parisienne, 1931.

49) 〔역주〕 나폴레옹 3세가 1851년에 쿠데타, 1852년에 황제즉위식을 거행한 날.

62. 사모트라케의 〈승리〉를 감상하고 있는 방문객들, 1937년 10월 9일자 〈릴뤼스트라시옹〉지에 삽입된 시몽의 데생.

63. 관광객들과 마주하고 있는 〈모나리자〉.

64. 피라미드의 축소모형, 건축가 페이의 설계.

도는 그 후 건축물의 사용을 통해 완벽하게 인정되었다. 새로 파인 외호들과 대형 광장들에도 불구하고 페로의 주랑에는 군중들이 몰려들지 않았으며 정사각형 안뜰은 박물관 관람객들 대부분이 들어갈 엄두를 내지 못하는 거의 폐쇄된 비밀스런 공간이 되었다. 결과적으로 오늘날 대부분의 사람들에게 루브르는 바로 카루젤 안뜰이다. 우리는 자동차를 타고 카루젤 안뜰을 통과할 수 있으며 그곳에서부터 박물관 입구에 접근한다. 따라서 루브르는 나폴레옹 3세의 궁전이다. 루브르에서 모든 통시성은 사라진 것처럼 보인다. 루브르는 불변의 존재이자 완벽한 통일성으로 인해 영구적인 공간이 되었다.

그 이후 우리 모두 알다시피 중국계 미국인 건축가 페이에 의해 설계되고 제5공화국 정부에 의해 채택된 그 유명한 피라미드는 수많은 반대에 부딪혔다.[50] 완성되었다고 여겨지던 박물관단지 한가운데에서, 우리 시대 특유의 박물관의 대형화 추세로 인해 그 필요성이 제기된 피라미드가 이제 위풍당당하고 화려한 양식으로 모든 마무리 작업을 끝내고 솟아오를 것이다.[51] 나폴레옹 3세 이전에는 끊임없이 변화해왔음에도 불구하고 우리는 결국 루브르에 대한 그의 시도를 받아들였던 모양이다. 나폴레옹 3세의 의도는 정통성을 지니기는 했지만 역사를 고려한 것은 아니다. 이제 피라미드로 말할 것 같으면, 대담성과 전통의 존중이 혼합된 르보, 르메르시에, 페르시에, 퐁텐의 작품들에 비해 여러 가지 뜻을 지닌 변화무쌍한 이미지를 지닌다. 피라미드의 기하학적인 형태는 이론의 여지 없이 영속적이다. 피라미드는 아마도 건축분야에서는 가장 유구한 인류의 창조물일 것이다. 그것은 확실히 루브르의 설계에 영향을 미친 고대유적의 원기둥들과 박공면들보다도 오래 역사를 지닌다. 그러나 지나친 장식으로 가득 찬 장소에 돌연 단순한 입체를 우뚝 세우는 것은 일종의 모험이다. 그것은 근대주의자의

---

50) X. X. X., "La grande illusion du Grande Louvre", *Commentaire*, été 1984, vol. 7, 26, pp. 323~332.

51) 〔역주〕 피라미드는 1999년에 완성되었다.

대담한 발상에 다름 아니다. 그럼에도 불구하고 피라미드는 유리로 만들어져 르퓌엘의 복잡한 구도를 비추는 거울 구실을 할 것이다. 인적이 들끓는 지하의 거대한 로비 위에 놓일 피라미드는 그곳에서부터 나폴레옹 궁전의 새롭고 극적인 모습을 제공할 것이다.

각자 피라미드를 어떻게 판단하건 간에 광범위한 논쟁을 통해 적어도 한 가지 사실은 분명히 확인된 셈이다. 루브르는 21세기를 목전에 둔 오늘날에도 여전히 집단기억의 일부라는 점 말이다.

파리의 기념상들

> 루이 15세 광장으로 말하자면, 그곳은 헐벗었다. 광장은 황폐했고, 옛 원형경기장처럼 음울하게 방치되어 있었다. 사람들은 서둘러 그곳을 지나쳤다.
>
> 샤토브리앙[1])

유명인물을 기리는 기념물의 황금기인 19세기의 막이 올랐을 때, 무대는 사실상 비어 있었다. 대혁명은 사람들의 심성(망탈리테) 뿐 아니라 사물들도 뒤엎어 버렸다. 1792년 8월 10일 국왕의 상(像)들의 파괴는

---

* 자크 랑프랑쉬(Jacques Lanfranchi)의 논문("Les Statues de Paris", thèse multigraphiée, Paris I, 1979, 250 p.)과 사진목록은 이 글을 쓰는 데 특히 소중한 도움을 주었다. 19세기 프랑스의 공공 기념물에 관한 여러 다른 연구들, 특히 아래의 연구들로부터도 도움을 얻었다.
Maurice Agulhon, "La 'statuomanie' et l'histoire," *Ethnologie française*, t. VIII, 1978, pp. 145~172.
H. W. Janson, *The Rise and Fall of the Public Monument*, Tulane University, 1976.
Ruth Butler-Mirolli, *Nineteenth-Century French Sculpture: Monuments for the Middle Class*, Louisville, Kentucky, J. B. Speed Art Museum, 1971.
Mechthild Schneider, *Künstlerdenkmäler in Frankreich* (J. W. Goethe Universität, Frankfurt am Main, 1975), Friedberg, 1977.
관대하게 소장품을 개방해 준 로산 드뷔송 부인과 중요한 문서를 제공해 준 오르세 미술관 조각부에 이 자리를 빌려 감사드린다.
또 이 분야의 파리 문화재를 보호하는 데 중요한 역할을 담당한 프티 팔레(Petit Palais)의 수석 관리자 테레즈 뷔로예와 오르세 미술관 조각부 관리자 안 팽조에게도 나의 원고를 읽고 조언을 준 데 대해 감사를 드린다.

1) François René de Chateaubriand, *Mémoires d'outre-tombe*, Paris, Gallimard, Bibliothèque de la Pléiade, 1951, t. I, p. 438.

루이 16세가 자신의 기마상이 세워져 있던 바로 그 장소에서 처형되기 겨우 다섯 달 전에 일어났다. 군주의 덕을 표현하는 4개의 우의(寓意)적 표상들로 장식된 기마상의 받침대는 그 유명한 경구를 탄생시켰다. "덕(德)은 걸어서 오고, 악덕은 말을 타고 온다." 상들이 사라지고 남은 공간은 그 상처에 대한 은유의 구실을 할 수 있을 텐데, 프랑스인들은 그 상처의 영향으로 자신들의 민족적 미래를 재정의하게 될 것이다. 왜냐하면 19세기에 기념상 제작의 비약적 증가는 새로운 평등주의적 이상의 확산을 입증하기 때문이다. 그리고 제1차 세계대전과 시간적으로 거의 일치하는 그것의 쇠퇴는 20세기 집단정신의 변화를 표현한다. 유명인사들의 기념상 제작이 쇠퇴한 것은 기념상에 대한 싫증 외에도 어느 정도는 그 자체의 성공에 기인한 것이었다.[2)]

앙시앵 레짐 말까지 공공의 상(像)을 세울 권리는 군주의 확고부동한 특권이었다. 앙리 4세, 루이 13세, 루이 14세, 루이 15세의 거대한 청동 기마상은 수도에서 왕을 대신하는 존재였다. 그런 목적으로 도안된 화려한 광장의 한가운데에 세워진 기마상들은 신권(神權)적 절대왕정의 왕조 숭배의 상징들로서 신민들의 손이 미치지 않는 제단 모양의 받침대 위에 서 있었다.

저명한 프랑스인들에게 바치고자 했던 예우조차 군주의 영광에 헌정되고 그것에 종속되었다. 티통 뒤티예는 1708~1718년 루이 14세 치세(1643~1715)에 대한 찬사로서 〈프랑스의 파르나소스 산〉[3)]을 구상하면서 파르나소스 산의 정상에 태양왕이 그 이름을 따온 아폴론을 세우고, 주위에 '9명의 뮤즈'—프랑스의 위대한 작가들—와 '미의 세 여신'—여성시인들—을 배치했다. 작품의 높이는 거의 20미터에 달했고, 청동 인물상들은 돌로 만든 언덕 위에 세워졌다.

인간은 완전해질 수 있고, 그것은 교육에 의해 가능하다고 전제하는

---

2) 〔역주〕 저자는 이 글의 후반부에서 기념상들이 증가하여 더 이상 특별한 것이 아니게 됨으로써 상 제작의 열기가 수그러들었음을 설명할 것이다.

3) 〔역주〕 아폴론과 뮤즈들이 살았다는 그리스 신화 속의 산.

65. 1718년경 티통 뒤티예가 구상하고 루이 가르니에가 제작한 〈프랑스의 파르나소스 산〉. 코르네유, 몰리에르, 라신, 라캉, 륄리, 키노, 스그레, 라퐁텐, 데프레오, 샤펠, 라쉬즈 부인, 울리에르 부인, 스퀴데리 부인, 그리고 아폴론으로 분장한 루이 14세의 모습이 보인다.

계몽주의 철학은 작가와 과학자들을 성인들을 대신할 '미덕의 모범', 곧 새로운 약속의 땅의 예언자들로 만들고, 조각상 제작의 발전에 새로운 계기를 가져왔다. 예술은 교육적 사명을 획득했는데, 디드로의 정의에 따르면 그 사명이란 "덕을 친밀하게, 악덕을 추악하게 만들[4]" 의무였다. 인물조각상은 단지 위인에 대한 경의에 그치는 것이 아니라, 동시에 따라야 할 모범을 지시하는 것이기도 했다.

볼테르는 이러한 변화의 화신이었다. 그에 대한 당대인들의 찬사는 1770년 작가협회가 그의 살아생전에 공공장소에 전시할 전신상을 주문할 정도에 이르렀다. 피갈은 볼테르의 재능을 영구히 기리기 위해 그를 고대 로마의 작가 세네카에 빗대 나신으로 조각했다. 나신의 형상에서 볼테르의 그 유명한 얼굴과 결합된 노인의 탄력 없는 육신은 우스꽝스럽지는 않다 해도 기이한 인상을 주었다. 볼테르는 피갈이 자신을 "비너스의 모습으로" 조각했다고 빈정거렸다. 작가협회는 피갈의 작품을 거부하고 우동의 작품을 채택했는데, 그는 볼테르를 토가풍의 주름 잡힌 실내복을 입고 안락의자에 앉아 매혹적인 미소를 띠고 있는 모습으로 조각했다.

그러나 궁정 자신이 개인의 재능이 혈통보다 우월할 수 있다는 생각을 받아들이게 되었다. 마르세유 시가 국왕의 상을 세우려 했을 때 루이 16세는 다음과 같이 말하며 허락하지 않았다. "짐은 그러한 명예를 누릴 만한 아무런 일도 하지 않았다.[5]" 1775년 조형예술 감독관(*intendant des Beaux-Arts*) 앙지빌레 백작은 당시 미술관으로 전환할 예정이던 루브르 궁의 대전시실에 세울 프랑스 위인들의 상을 제작하게 했다.

4) Denis Diderot, "Essai sur la peinture," in *Œuvres esthétiques*, Paris, Garnier, 1959, p. 718.

5) Chevalier de Mopinot, *Observations et propositions sur l'emplacement des Statues exécutées à la mémoire des Français qui se sont illustrés par leurs actions*, Paris, 1792, p. 4.

66. 소란을 불러일으킨 피갈의 〈볼테르 상〉, 1770~1776.

엔지니어였던 모피노가 이 상들 중 16개를 1787년 페로네가 건설한, 장차 콩코르드 다리가 될 그 다리 위에 세우자고 제안한 것은 대혁명으로 루이 16세가 베르사유에서 파리로 끌려온 뒤였다. "그곳에서 외국인들은 그 인물상의 주인공이 누구인지를 배워 알게 될 것이다. 또 그곳에서 시민들은 자신이 어떤 존재가 되어야 하는지를 배우게 될 것이다.[6)]" 공공장소로의 이동이 시작되고 있었다.

계몽사상의 감각론적 정신 속에서 성장한 혁명지도자들은 조각의 선전효과를 이해하고 있었다. 국왕 인물상의 폐기는 왕정폐지의 선결조건이었다. 왕정폐지의 기억은 "전제정과 미신의 우상들이 파괴되고 남은 두꺼운 잔해 위에 세워진[7)]" "프랑스 민중의 기념물"에 의해 영원히 전해져야 했다. 그리고 1789년 프랑스인들은 위대한 모범의 담지자인 위대한 인물들을 기리는 상들을 세우고자 했다. 국왕의 광장을 혁명적 공간으로 바꾸고 싶어 했던 국민공회는 조각을 공민적 개혁의 도구로 이용하고자 했지만, 그 계획은 대부분 사문서로 남았다. 축제를 장식한 기념물들은 그것을 주문한 권력만큼이나 덧없었고, 그보다는 생명이 길었던 그 권력의 계획들은 시대의 불가피한 사정들로 인해 포기되었다.

제1통령에 이어 황제가 된 나폴레옹은 파리를 고대제국도시의 영화를 능가하는 새로운 로마로 만들고 싶어 했다. 그러나 권좌에 오르기에 앞서 너무도 많은 상들이 무너지는 것을 보았던 나폴레옹은 자신의 상을 세운다는 생각 앞에서 주저할 수밖에 없었다. 그는 카루젤 개선문[8)] 꼭대기의 "전차 위에 자신의 상을 세우는 데 공식적으로 반대했다".[9)] 그가 아우스터리츠의 승리 직후 '대군대'의 기념주 꼭대기에 자

---

6) ID., *ibid.*, pp. 5 et 11.

7) *Décrets de la Convention nationale*, 27 brumaire an II, n° 1892. 기념물은 노트르담에서 나온 왕들의 상을 파괴하고 그 위에 세운 갈리아족의 헤라클레스상이었다.

8) 〔역주〕 나폴레옹이 1805년에 거둔 승리를 기념해 1806~1808년 파리에 세운 개선문.

신의 상을 세우기로 마음먹기 전까지는 새로운 황제를 명시적으로 빗댄 〈카롤루스 마그누스(샤를마뉴) 상〉이 방돔 광장을 장식하고 있었다. 그럼에도 불구하고 그는 그 시대의 인물로서 관제예술의 교육적 힘을 인식하고 있었다. 그는 다음과 같은 말로 파리 중앙시장 설립계획을 거부했다. "배추와 당근을 파리 부두에 늘어놓는 것은 이 위대한 길들을 모욕하는 일이 될 것이다. 나는 이 부두를 유럽의 이름 높은 인물들의 상이 두 줄로 늘어선 찬란한 거리로 만들고 싶다.[10]"

공공도로를 따라 시각적으로 애국심을 교육하고자 하는 황제의 공공연한 취향은 그에 따라 1810년 1월, 전쟁터에서 전사한 장군들의 상을 콩코르드 광장에 세울 것을 명한 법령으로 표현되었다. 틀림없이 모피노의 계획에서 영향을 받았을 나폴레옹은 작가들의 자리에 군사적 영웅들을 세우고자 했지만, 단 하나의 상도 완성되어 세워지지 못한 채 제국은 무너졌다. 그럼에도 불구하고 이후 제국군대에 대한 숭배가 기념할 주제의 선정을 지배했으므로 이 상들을 살펴보는 것은 여전히 흥미롭다. 사실상 조국을 지키다 죽은 장군들을 위해 세운 기념물은 연상작용에 의해 나폴레옹을 찬양하는 것이었다. 제1통령은 같은 날 사망한 드제와 클레베르를 한 그룹으로 묶어 빅투아르 광장에 있는 8월 10일 봉기 희생자들의 기념물을 대체하는 복잡한 계획을 구상했다. 그러나 나폴레옹이 황제에 즉위한 후 자코뱅 클레베르의 영광은 기울었고, 드제는 이집트의 동료(나폴레옹 - 옮긴이)를 잃었다. 이시스[11]의 머리와 진짜 오벨리스크의 상형문자만이 남아 원정의 기억을 후대에 전해 주었다.[12]

---

9) Marie-Louise Biver, *Paris de Napoléon*, Paris, Plon, 1963, p. 181. 저자는 루브르 문서고의 자료들을 사용했다.

10) Robert Hénard, *Les Jardins et les squares*, Paris, H. Laurens, 1911, p. 5.

11) 〔역주〕 고대 이집트의 여신.

12) *Description de la Colonne de la Grande Armée et de la statue du général Desaix*, Paris, 1810, p. 4.

클로드 드주는 드제 장군을 이상화된 나체로 형상화했는데, 이는 신체의 아름다움은 영혼의 위대함을 반영한다는 '강한 운동선수'(*athleta virtutis*)의 영웅적 전통을 빗댄 것이었다. 새로운 로마에 걸맞은 양식인 신고전주의는 고대를 모방한 조각을 요구했고, 같은 해 카노바가 제작한 〈마르스[13] 차림의 나폴레옹〉이 드주의 나체상 제작을 고무했을 것이다. 1810년 8월 15일 거대한 청동상이 모습을 드러냈을 때, 그것이 받은 평은 피갈의 〈볼테르 상〉이 받은 평보다 별로 나을 것이 없었다. "정숙한 그 구역 부르주아들의 눈앞에서 벌거벗은 몸을 가리기 위해 천으로 덮여 무대 뒤로 숨겨진" 장군의 상은 폐기되었다가 왕정복고기에 용해되어 앙리 4세의 청동상을 제작하는 데 사용되었다.[14]

백일천하 뒤, 수도로 돌아온 루이 18세를 맞이한 것은 퐁뇌프에 세워진 앙리 4세의 유령 같은 석고상이었다.[15] 비극적이리만큼 혁명 후의 프랑스를 몰랐던 이 때늦은 왕위계승자(루이 18세 - 옮긴이)는 왕권의 영상을 되살리는 것만큼이나 손쉽게 왕의 권위를 회복할 수 있으리라 생각했다. 부르봉 가의 왕은 모두 받침대를 되찾아야 했다. 왕조의 선조로서 루이 13세와 루이 14세는 본래의 자리로 돌아갔다. 그러나 루이 15세와 루이 16세는 똑같은 운명의 장소인 콩코르드 광장을 요구했고, 두 지원자 사이의 주저는 양자의 상에 있어서도 운명적이었다.

1816년 7월의 왕령은 왕의 특권을 재확립했다. "공적 보답은 왕권 고유의 권리 중 하나이다." 따라서 이 시기, 어쨌든 국왕정부가 면밀히 감시하고 있던 파리에서 기념물 제작 계획은 수적으로 많지 않았다.[16] 그럼에도 불구하고 개인의 공로에 경의를 표하고자 하는 갈망

---

13) 〔역주〕 로마 신화의 군신(軍神).

14) Ch. J. Lafolié, *Mémoires historiques relatifs à la fonte et à l'élévation de la statue équestre de Henri IV*, Paris, Lenormant, 1819, p. 91. 석고상은 건축가 벨랑제(Bellanger)의 도안에 따라 로기에(Roguier)가 제작했다.

15) ID., *ibid*.

16) *Bulletin des lois*, 2e semestre 1816, Ordonnance n° 898, pp. 43~44.

67. 〈드제 장군의 기념상〉. 클로드 드주가 제작한 청동상으로 1810년 빅투아르 광장에 설치되었으나 1814년 전에 철거되어 1819년에 용해되었다.

은 사람들의 정신 속에 뿌리내리고 있었다. 그것은 루이 16세의 보호자로 존경받았던 말제르브 기념상 계획에서 감지할 수 있다.[17] 콩코르드 다리의 정비에서도 그 점을 느낄 수 있다. 루이 18세는 콩코르드 다리에 대해 선왕들과 같은 생각을 가지고 있었다. 애초에 이 루이 16세 다리에는 앙지빌레의 주문으로 조각된 '위인들'의 상을 세우기로 계획되었지만 결국 난간을 장식하기 위해 주문한 것은 12개의 새로운 상이었다. 국왕이 주문한 조각상들은 단호하게 제국 시기의 신고전주의에서 벗어나 회고적인 예술을 지향했다. 그에 따라 그 조각상들은 19세기의 수많은 기념조각상을 특징짓는 절충주의를 확립했다.

주지하다시피 왕정복고기의 부르봉 왕들은 시계바늘을 구체제로 되돌리고자 함으로써 자신들의 시대로부터 단절되었고 따라서 그들을 축출하는 데에는 사흘로 충분했다. 부르봉 가가 혁명 후의 프랑스를 받아들이지 못했음을 알고 있던 루이필리프는 7월왕국의 안위를 위해서는 미학의 영역에서도 타협책을 선택해야 한다고 믿었다. 따라서 우상파괴는 더 이상 일어나지 않았다. 파괴하는 것보다는 우회로를 택하는 것이 나았다. 이미 존재하는 왕들의 상을 치우지는 않되 계획되어 있던 것은 모두 중단되었다. 눈에 띄지 않는 나폴레옹 — 꼬마 하사 — 의 상은 방돔 기념주로 되돌아갔다. 에투알 광장의 개선문이 마침내 완성되어 1836년 제막식을 가졌을 때, 그것을 장식한 조각품들 중에는 뤼드의 열정적인 〈라마르세예즈〉도 있었다.

파리의 분수 세 곳은 위인들에게 헌정되었다. 퀴비에 분수에는 이 동물학자의 이름만이 남아 있다. 반면 생쉴피스 분수에는 〈보쉬에 상〉, 〈페늘롱 상〉, 〈마시용 상〉, 그리고 〈플레쉬에 상〉이 있다. 몰리에르 분수는 건축가 비스콘티에 의해 완성되었는데, 쇠르와 프라디에가 그의 작업에 참여했다. 쇠르는 몰리에르의 인물상을, 프라디에는 분수의 아래쪽에 위치한 여인들의 상인 〈희극〉과 〈비극〉을 제작했다.

---

17) Archives nationales, F^{21}4859, dossier Malesherbes.

공개모금으로 재원을 조달한 몰리에르 분수 전체는 1844년에 완공되었다.

'프랑스인의 왕'(7월왕국의 왕 루이필리프-옮긴이)이 팡테옹을 재건했을 때, 다비드 당제는 건물 합각을 장식할 부조 〈위인들에게 감사하는 조국〉을 조각할 책임을 맡았다. 다비드 당제는 같은 시대의 어느 예술가보다도 더 당대 유명인들의 인물상에 사로잡혀 있었다. 그러나 콩코르드 다리에 임시로 세워진 〈대(大) 콩데 상〉을 제외하면 19세기 중반까지 파리에서는 그가 제작한 실물 크기 인물상을 볼 수 없었다. 1840년대에 그가 제작한 스트라스부르의 〈구텐베르크 상〉 복제품을 국립인쇄소 안뜰에 세우려는 계획이 있었으나 그 계획은 1851년에야 실현되었다. 다음 세대의 예술가들은 구텐베르크의 인쇄기나 "그리고 빛이 있었다"는 문장이 인쇄된 첫 인쇄지처럼 그 인물을 확인할 수 있게 해주는 사실적 상징들을 활용하는 다비드 당제의 방식을 모방했다.

19세기 전반에는 파리에 세워진 유명인물의 상이 매우 드물어서 지방에서 인물상이 급속히 증가했다는 사실에 놀라게 된다. 계속된 반대도 그러한 현상을 막지는 못했다. 모리스 아귈롱에 따르면 1842년 루이 뵈이요는 "상에 대한 열광이 전염병처럼 퍼지고 있다"고 비난했다.

제2공화국은 인물상들이 햇빛을 볼 시간을 주기에는 명이 너무 짧았다. 제2공화국의 영웅들이 월계관을 얻으려면 더 평온한 때를 기다려야 했다. 1848년의 임시정부가 공포한 네(Ney) 원수에 대한 때늦은 추도는 백일천하의 재범지에게 사면을 거부했던 부르봉 왕가를 모욕하기 위한 것이었으나, 루이 나폴레옹이 그 계획을 탈취하면서 기념물은 확고한 충성의 교훈이 되었다. 새로운 황제는 불멸의 길을 개척하는 더 정력적인 원수의 상을 선호했다.[18]

---

18) *Ibid.*, F[21]583. 정치와 조각상의 관계를 정리한 글로는 루스 버틀러(Ruth Butler)의 다음 글을 보라. "Long Live the Revolution, the Republic, and Especially the Emperor! The Political Sculpture of Rude," in *Art and Architecture in the Service of Politics*, Henry Millon, éd., Cambridge,

나폴레옹 3세는 쿠데타뿐 아니라 수도에 대한 계획에서도 "그 삼촌의 그 조카"임을 입증했다. 그는 오스만이 즉각 대규모 도시정비에 착수하는 것을 허락했다. 황제는 이 실제적인 공사 외에도 두 개의 대형 건축사업에 착수했다. 그것은 루브르와 오페라극장의 완성으로서 유명인물들의 상을 적절한 위치에 세우는 중요한 조각 프로그램을 수반했다. '새로운 루브르'의 외부장식은 앙지빌레가 시작한 것에서 영감을 얻은 일련의 위인들을 포함했다. 황제는 인물상의 배치를 외부로 옮기기는 했지만, 사상가들과 활동가들을 동시에 보여준다는 본래의 의도를 고수했다. 군인들이 리볼리 로(路) 방면의 정면을 대거 차지했지만 문화계의 인물들 또한 황제의 의지에 따라 전체적으로 적절한 자리를 얻었다. "제2제국은 미술관일 뿐 아니라 〔…〕 정권의 상징들 중 하나이기도 한 궁전의 정면에 교양 있고, 학식 있고, 평화적인 프랑스를 확고히 드러내고 민족의 역사에 자신의 위신이 공고히 뿌리내리기를 원했다."[19] 마찬가지로 적절히 선택된 천재 음악가들이 화려한 가르니에(Garnier) 오페라극장[20]을 장식했다.

그러나 독자적인 기념행위는 여전히 많지 않았다. 내무대신은 지역마다 공동체에 대한 봉사로 존경받는 인물들에게 황후의 이름으로 상징적으로 보답할 것을 권고했다.[21] 그러나 파리에서 모든 찬사는 신성한 제1제국 시기 명사들의 몫이었다. 심지어 조세핀은 황후의 관을 되찾고 자신의 이름을 단 대로에서 행인들을 맞았다. 마티외 뫼니에가 제작한 독수리와 함께 있는 나신의 나폴레옹 대형 석고상은 1850년 뱅티밀(Vintimille) 광장에 세워져 그 대담한 기법으로 세인들을 놀라게 했다.

Mass., M.I.T. Press, 1978, pp. 92~107.

19) Marie-France Lemoine-Molimard, "Le décor extérieur du Nouveau Louvre sous Napoléon III : la série des Hommes illustres," dans *Revue du Louvre*, t. XXVIII, 1978, p. 375.

20) 〔역주〕 가르니에는 오페라극장의 설계자이다.

21) Archives nationales, F^{1c}I 196, dossier général.

68. 인물상들로 장식된 콩코르드 다리, 1829년경. 인물상들은 1836년경 베르사유로 옮겨졌다.

69. 프로메테우스 나폴레옹. 뱅티밀 광장. 1850년. 마티외 뫼니에가 제작한 석고상으로 같은 해 파괴되었다.

분명히 카노바의 유명한 대리석상에서 영감을 얻었을 이 〈나폴레옹 상〉은 〈드제 상〉이 이미 겪었던 몰이해에 직면했다. "용기를 내 근처까지 왔던 '숙녀들'은 걸음을 재촉했고, '충격'으로 비탄에 빠져 고개를 돌렸다." "사육제 기간에 불손한 구경꾼들은 황제의 상에 조잡한 채색 삽화를 그려 넣었다. 불행한 조각가는 얼룩덜룩해진 황제의 상을 아무 말 없이 철거했다. 작업실로 돌아온 조각가는 분노에 차 자신의 작품을 산산조각 냈다."[22] 바리(Barye)가 국왕 기마 부조상의 오랜 전통을 받아들여 카루젤 개선문에서 루브르 궁으로 들어가는 새로운 문 위의 아치에 조각한 것은 더 점잖은 나폴레옹 3세의 상이었다.

네 원수 이후 제국의 또 한 명의 장군이 영웅적 행위에 대한 사후 보상을 얻었다. 1863년 파리 시 콩쿠르에 출품된 〈몽세 원수의 클리쉬 방책 방어[23]〉가 마치 예언인 듯 1869년에 완성되었다. 두블마르는 1814년의 전장을 표현하기 위해 세 인물로 이루어진 청동 군상(群像)을 구상했다. 이 군상에서 몽세는 파리를 상징하는 여인을 보호하고 있고, 여인의 발치에는 의용군인 에콜폴리테크니크의 학생이 부상을 입고 쓰러져 있다. 이 작품은 이후 프랑스-프로이센 전쟁(1870)의 전사자들을 기리는 수많은 기념상들, 특히 바리아스의 〈파리 방어〉의 모델이 되었다. 이런 예외들을 제외하면 명사들의 상, 예를 들어 〈라레 상〉, 〈비샤 상〉, 〈파르망티에 상〉, 〈보클랭 상〉은 그들의 후견기관[24]의 철책 뒤에 주저하듯 세워졌다.

기념예술이 전성기에 이른 것은 제 3공화국에 들어와서였다. 비종교

---

22) L. Greder, "Le 'Nu héroïque' à Montmartre. La sculpture de Napoléon du square de Vintimille," in *Le Vieux Montmartre*, 3e sér., t. III, 1901~1905, p. 234. 뱅티밀 광장은 베를리오즈 광장으로 개명되었다.

23) 〔역주〕 제 1제국 붕괴 직전인 1814년 3월 몽세 원수는 전투경험이 없는 파리 시민들을 이끌고 러시아군에 맞서 싸워 파리 북부 클리쉬 방책을 방어했다.

24) 〔역주〕 이 조각상들이 세워진 기관을 의미한다. 앞의 두 상은 발드그라스(Val-de-Grâce) 군병원과 의과대학, 뒤의 두 상은 약학대학에 세워졌다.

적이고 부르주아적인 공화국의 도래는 이미 완숙의 단계에 이른 생각을 이상적으로 실현할 장을 부여했다. 한 세기간의 찬사 후 사회는 위인들에게 경의를 바쳐야 할 필요성을 이해했다. 그럼에도 불구하고 "기념상 열풍"이 온전히 표면화되려면 20년은 더 흘러야 했다. 그것은 1789년 이후 수립된 어느 체제의 지속기간보다도 더 오랜 시간이었다.

제 3공화국은 제 2제국의 몰락, 군사적 패배, 파리코뮌의 폭력사태라는 소용돌이 속에서 탄생했다. 탄생한 지 얼마 되지 않은 정부는 대립하는 당파들에 맞서 투쟁해야 했고, 따라서 무엇보다 생존이 일차적 과제였다. 10년간 파리에서는 전투의 흔적을 지우는 일이 중요했다. 나폴레옹 3세 치세의 가장 눈에 띄는 흔적들은 제거되었지만, 소중한 유산인 방돔 기념탑은 재건되었다.

공화국은 앞선 두 체제가 정해놓은 '무대연출'(*mise en scène*)을 물려받았다. 랑뷔토가 구상하고 오스만이 시행한 도시개발(*urbanisation*)은 실제적이기는 했지만, 도시가 살기에 쾌적한 장소라는 비현실적 사고에 기반하고 있었다. 부유하고, 국제적이고, 화려한 도시인 파리는 빠른 속도로 성장하고 있었다. 도로가 포장되자마자 그 위로 사람들이 넘쳐났다. 다음의 우수 어린 문장으로 요약되듯이 그것은 두드러진 현상이었다. "우리 모두는 도시의 어느 구석엔가 각자 청춘의 묘지를 가지고 있다. 우리의 조상들은 팔레루아얄(Palais-Royal)[25]을 숭배했고, 우리의 아버지들은 대로(大路)를 숭배했다.[26]"

수도의 지적 활력과 창조적 에너지를 입증하는 옥외생활의 무대는 화려하게 과시되었다. 아무런 장식물이 없던 광장, 공원, 정원은 조각품을 필요로 했다. 이미 정비된 공간의 필요에 따라 조각품을 설치하는 것은 기념물에 따라 구상된 장소에서의 배치방식과는 전혀 다른 것이었다. 전자는 게다가 크게 유행하고 있던 영국식 정원에서 영감을

25) 〔역주〕 17세기에 파리 루브르 궁전 옆에 세워진 궁전으로 프랑스혁명기에 혁명가들의 집결지이자 소요의 온상으로 여겨졌다.

26) Albert Mousset, *Petite histoire des grands monuments*, Paris, 1950, p. 15.

얻은 것으로 영국식 정원에서는 감상품들이 잔디 위에 자연스럽고 생동감 있게 흩어져 있었다.

시청건물의 장식은 교육용 장식에 대한 당대의 열정을 잘 보여준다. 파리 명사들의 인물상으로 뒤덮인 정면은 세속 대성당, 더 정확히 야외 만신전을 연상시킨다. 1870년대에 야외에 설치된 몇몇 상들은 역사적 인물들을 재현한 것이었다. 당시와 같은 긴박한 정치적 분위기 속에서는 동시대 인물의 청동상을 야외에 설치하는 데 주저할 수밖에 없었다. 성녀이자 왕당파이며 동시에 애국파이자 순교자인 잔다르크에 대한 열정은 이 로렌의 처녀가 대립하는 두 당파를 동시에 상징할 수 있다는 사실에 기인했다. 따라서 기념물의 새로운 시대를 연 잔다르크 상이 거둔 성공은 결코 놀라운 일이 아니다. 프레미에의 작품인 피라미드 광장의 〈잔다르크 상〉은 1874년 제막식을 가졌다.

반면 〈롤랑, 올리비에와 함께 있는 카롤루스 마그누스(샤를마뉴) 상〉이 노트르담 대성당 광장에 슬며시 들어선 것은 전반적인 의심 속에서였다. 프랑스 군주정의 시조이자 교회의 수호자인 카롤루스는 더 나아가 불쾌하게도 나폴레옹 제국을 암시했다. 1867년과 1878년 만국박람회에서 걸작품으로 찬사를 받은 이 청동군상은 작고한 조각가 루이 로셰의 이름으로 파리 시에 기증되었다. 조건은 파리 시가 청동군상 주조를 담당한 티에보에게 비용을 지불한다는 것이었다. 소란스러운 토론 끝에 1879년 시의회는 청동군상을 노트르담 대성당 광장에 임시로 설치하는 것을 허락했지만 계산을 치르지는 않았다. 시간이 흐르면서 결국 청동상은 경관의 일부가 되었다. 그에 따라 파리 시는 1896년에 비용을 지불하고 1908년에는 청동상에 걸맞은 받침돌을 마련했다.

공민정신의 웅장한 선언인 두 작품 〈공화국〉과 〈파리 방어〉는 1877년의 중대한 선거를 거쳐 마침내 공고한 정부가 수립된 것을 찬양했다. 공화국이 일반적으로 인정받게 되었다고 해서 프랑스와 파리 사이의 긴장이 해소된 것은 아니었으며, 1888년 이틀 간격으로 제막식을 가진 이 중요한 두 기념물은 그 점을 보여주는 것이었다.

1882년 시의회는 시청에 세울 에티엔 마르셀의 기마상을 콩쿠르 주제로 제시했다. 민중의 자유에 토대를 둔 정부의 옹호자로 여겨졌던 이 파리 상인조합장(*prévôt des marchands*)은 1358년 수도에서 봉기가 일어났을 때 살해되었다. 따라서 그의 기마상이 도시의 자율성을 암시하고 있음은 명백했다.

강베타의 기념상은 국가의 공식주문을 받은 것은 아니지만, 친(親)정부적 성향이 분명히 드러나던 단체인 '강베타를 기리는 기념물 설립을 위한 알자스로렌인들의 위원회[27]'의 후원을 받았다. 이 단체의 명예회장은 상원의장인 르루아이예였고 회장은 쇠레 르케스트네르였다. 살아생전에 강베타는 보수적 공화주의자들이 권좌에 오르는 것을 지원하기는 했지만 그들의 전폭적인 동맹자는 아니었다. 나이 마흔넷에 쓰러진 그의 때 이른 죽음은 국가의 방위와 공화국의 현상유지를 찬양할 구실을 제공했다. 그의 기념상을 통해 사람들은 암암리에 코뮌들과 파리코뮌에 대한 국가의 권위를 주장했다.

건축가 부알로가 조각가 오베와 협력하여 제출한 계획안은 1884년의 콩쿠르에서 당선되었다. 그것은 육중한 기념탑(오벨리스크)을 중심으로 한 청동과 대리석의 집적물로서 기념탑의 꼭대기에는 승리를 거둔 자유의 여신이 날개 돋친 사자 위에 앉아 있었다. 강베타는 뤼드의 〈라마르세예즈〉로부터 영감을 얻은 중심부조 위에 재현되었다. 이 작품이 조상의 땅의 수호를 암시하고 있음은 그 위치가 에투알 광장 개선문 맞은편에 있는 카루젤 정원이라는 점에 의해 더욱 강조되었다.

공적인 감사의 표현을 방해했던 장애물들은 1870년대 말에 이르러 대부분 소멸되었는데, 이를 가장 잘 보여주는 것은 베랑제 기념상을 위한 모금 회람장이다. "우파정부의 뒤에 숨은 음흉한 실질적 권력이 모든 민주주의적 표현을 가로막던 때가 있었다. 우리는 진정한 자유의 시대로 가는 길을 준비하는 것으로 만족해야 했다. 이제 그 시대가 왔

---

27) Archives nationales, F^{1c}I 169, dossier Gambetta.

70. 강베타 기념상. 장폴 오베와 루이 부알로의 작품으로 카루젤 광장에 설치되었다.
청동은 1943년에 파괴되었고, 석조 부분은 1954년에 해체되었다.

다. 공화국이 궁극적 승리를 거둔 지금, 정의가 지배하는 사회를 이룩한 위대한 인물들을 찬양하는 것은 적절하고 필요한 일이 되었다. 그러므로 이제 베랑제의 상을 세우고자 한다.[28)]"

독자적인 후원회를 조직하는 관례는 1880년대에 확립되었다. 폴 마르모탕은 "파리의 진정한 감정을 〔…〕 더욱더 감동적으로 표현하는[29)]" 이러한 "민간주도" 방식을 마음에 들어 했다. 이제 후원회들은 팸플릿과 회람장을 발행하고, 공개모금으로 기금을 모으고, 예술가들을 참여시키고, 마지막에 기념상 제막식을 주재하기 위한 관료제적 비법에도 정통하게 되었다. 정치가들은 당연히 자신들의 이름이 갖는 위신을 그 기획에 빌려주는 인물들 중 각별한 지위를 차지하게 되었고, 그들의 지원은 필수불가결한 것이었다. 행정관리들은 일반적으로 수동적인 역할을 맡았을 뿐이고, 흔히 기념상 설립을 허가하는 것으로 만족했다. 그럼에도 불구하고 기념상 계획에는 대부분 정치적 분파들이 관여했고, 그에 따라 그 계획은 우파와 좌파, 기독교 신자와 자유사상가, 민족주의자와 사회주의자를 나누는 투쟁에 연루되었으며, 일련의 장애물을 극복해야 했다.[30)]

일단 수문이 열리자 기념상들은 모든 공공장소로 퍼져나갔다. 《파리의 기념상 열풍. 기념상 남용에 대한 비판적 연구》에서 프사르는 다음과 같이 썼다. "신화에서 따오거나 〔…〕 기타 다양한 주제의 상들

---

28) *Ibid.*, F[21]4855, dossier Béranger.

29) Paul Marmottan, *Statues de Paris*, Paris, 1886, p. 192. 마르모탕은 자신이 의미하는 것은 '엘리트'의 감정이지만 파리 사회의 모든 계층이 그 감정을 공유했음에 틀림없다고 말한다.

30) 대통령령으로 '공공의 경의'의 권리를 인정받기 위해서는 파리 시장의 호의적인 의견에 따른 내무장관의 허가가 있어야 했다. 시의회가 표결로 조각상 부지를 허가하면 그때부터 파리 시는 후원회에 대해 공식적으로 책임을 갖게 된다. 제3위원회(도로)와 제4위원회(교육과 조형예술)가 참고인 자격으로 장소선택에 책임을 지고, 계획의 예술적 가치를 보증했다. 튈르리 공원과 뤽상부르 공원의 조각상 위치는 국가와 협의해 정해야 했다. 세워진 기념상은 토지 소유자의 소유가 되었다.

335점, 〔…〕 파리 시청건물의 정면을 장식하고 있는 '저명한 파리 남녀'의 인물상 328점, 〔…〕 그에 더해 개인들을 기리는 180점의 다른 기념물들, 〔…〕 그리고 현재 '계획' 중인 72점만을 헤아려 봐도 우리는 대략 900여 점의 조각상이라는 놀라운 수치에 직면하게 된다.[31)]" 그의 주장은 확신에 차 있다. 그러나 프사르는 논지를 강화하기 위해 부정확한 수치를 사용했다. 자크 랑프랑쉬가 논문에서 제시한 바에 따르면 1815년에서 1870년까지 파리에 겨우 26점의 상이 세워진 데 비해 1870년에서 1914년 사이에는 150점이 세워졌다.[32)]

이미 일상적으로 쓰이던 "기념상 열풍"이라는 말은 상상할 수 있는 모든 장소에 기념조각상을 설치하던 유행현상을 정확히 묘사한 것이었다. 이렇게 증가하던 기념상에는 명사들의 인물상 외에도 사상, 사건, 집단을 기리는 작품들과 순수한 장식품들도 포함되어 있었다. 파리는 프랑스의 다른 도시뿐 아니라 서구의 모든 나라들에 영향을 미치는 놀라운 도시였다.

작품이 증가하는 것과 동시에 다루는 주제도 확대되었다. 랑프랑쉬는 조각상들을 주제별로 분류했는데 그에 따르면 작가상이 67점, "진보의 인물들(*hommes de progrès*)"의 상 65점, 정치인의 상 56점, 그리고 예술가의 상이 45점이었다.[33)] 1870년까지 프랑스에 설치된 상 중 군주의 인물상을 제외하고 가장 각광받은 범주는 군사적 영웅들의 인물상이었다. 1870년 이후 1918년까지 군사적 영웅들의 인물상은 파리에서 사실상 사라졌다. 1870~1871년의 사건들로 인한 환멸, 그리고

31) Gustave Pessard, *Statuomanie parisienne. Étude critique sur l'abus des statues*, Paris, Daragon, 1912, pp. 12~13.

32) J. Lanfranchi, *op. cit.*, p. 9, 저자는 1870년대에 단 두 점의 조각상, 즉 〈카롤루스 마그누스(샤를마뉴) 상〉과 〈잔다르크 상〉이 제작되었다면 다음 30년 동안에는 148점의 조각상이 제작되었음을 지적한다. 이 조각상들은 모두 *L'Illustration*, n° 3692, 29 novembre 1913, pp. 414~418에 기재되어 있다.

33) J. Lanfranchi, *op. cit.*, p. 11. 저자는 "진보의 인물들"이라는 범주에 여기 제시된 것보다 더 정확한 의미를 제시하고 있다.

불랑제 사건으로 되살아난 쿠데타에 대한 두려움이 이러한 변화를 일부 설명해 주지만, 예술가, 작가, 그리고 과학자의 지배적인 지위는 또한 사회의 태도가 변화했음을 보여준다.

문화적 영웅들의 승리는 18세기의 이상이 민중의 습속으로 확산되었음을 입증한다. 식자층이 진보에 부여한 인도주의적 색채는 같은 논리로 인류의 조건을 개선하고자 노력했던 사람들에 대한 존경을 자극했다. 경쟁이 완벽을 낳는다고 믿는 사회는 자연히 동시대 "진보의 인물들" 중에서 자신의 모델을 찾아낸다.

민주사회의 주춧돌로서 교육에 높은 가치가 부여되면서 예술가들과 학자들의 지위 역시 상승했다. 중요한 사실은 조형예술이 공공교육부 장관의 관할 하에 있었다는 것이다. 민족적 결속감은 프랑스인들이 자신들의 문명의 광채를 특별히 의식하고 있던 시기에 집단적 유산에 대해 지니고 있던 자부심을 강화시켰다. 위인들에 대한 찬양은 은연중에 프랑스 민족을 찬양하는 것이었다.

물론 랑프랑쉬가 했던 것처럼 정치적 영웅과 '문화적' 영웅을 명료하게 구분할 수는 없다. 아라고, 라스파이, 라마르틴은 어느 범주에 넣어야 할까? 우리가 오늘날 참여지식인이라고 부르는 이들의 존재는 프랑스의 특수성에 속한다. 디드로의 경우가 그러하다. 폴 데룰레드는 디드로의 기념상 설립에 동의하지 않는다는 것을 보이기 위해 제막식에 참여하지 않았다.[34] 왜냐하면 기념상은 사상을 구현하고 제막식의 연설은 한 인물에 대한 찬사를 통해 신념을 선포할 수 있게 해주기 때문이다. 그에 따라 수많은 행사가 공공의 연단으로 변화했다.

통계적 분석에 그칠 경우 결정적 요인들을 간과할 위험이 있는 것은 바로 그러한 이유에서이다. 보복파[35]가 1870년의 숯불에 부채질을 하고 있던 시기에 메소니에, 라페, 샤를레, 뇌빌 등 전쟁화가들의 기념

34) Léon Marot, *Le Parti de la guerre et la Ligue des patriotes*, Paris, Guérin, p. 113.

35) 〔역주〕 프로이센에 대한 설욕전을 주장하던 사람들.

상이 정치적 암시를 지니지 않을 수 있었을까? 뇌빌의 기념상을 위해 모금한 기금은 "대부분 군대와 애국적 퇴역군인들이 낸" 것이었다.[36] 프랑스 군대의 영광을 드높인 화가들을 기리는 제막식은 전투적 민족주의자들에게 좋은 구실이 되었다. 메소니에 상의 제막식은 다음과 같은 에카르(Aicard)의 시로 끝이 났다.

> 그리고 그 노력은 우리의 낙담한 영혼 속에서 다시 태어나리라.
> 바로 그러한 이유로, 이 승리자 예술가 앞에
> 프랑스는 그의 영광과 그의 상을 바치며
> 세 번 칼을 들어 마음에서 우러나온 경의를 표하노라.[37]

반대로 자유주의적 인문주의자 에티엔 돌레에게 맡겨진 순교자의 역할은 1546년 그의 화형선고 이유가 된 "금지되고 저주받은" 책들의 실제 영향력을 넘어서는 것이었다.[38] 이례적으로 파리 시는 이 철학자의 상에 대해 비용을 지불했다.[39] "종교적 불관용과 왕정의 희생자"라는 비문은 보수주의자들에 대한 의도적 도발이었다.[40] 기념상은 혁명 100주년인 1889년에 완성되었고, 자유사상가협회가 앞자리를 차지했던 제막식은 같은 해 공화국을 위태롭게 했던 왕당파와 교권주의자들의 동맹에 대한 일격으로 느껴졌다.

논란의 대상이 되는 인물상의 공개전시가 유발하는 긴장은 여러 우여곡절을 겪은 마라의 상을 통해 생생하게 드러난다. 파리 시는 바피에로부터 마라의 석고상을 구입한 후 그 청동 복제품을 "센 강 좌안 끝

---

36) Archives nationales, F^{1C}I 169, dossier de Neuville.

37) *Ibid.*, F^{21}4853, dossier Meissonier.

38) Édouard Drumont, *Vieux Paris*, Paris, 1893, p. 122.

39) Archives nationales, F^{1C}I 169, dossier Dolet.

40) F. G. Dumas, *Paris. Ses rues, places, monuments, théâtres...*, Paris, 1889, p. 76.

71. 1883년 장 바피에가 자신의 작업장에서 찍은 마라 석고상 사진. 청동상은 1891년까지 몽수리 공원에 설치되어 있다가 철거되어 보관소로 보내졌다. 이후 1906년 뷔트쇼몽에 설치되었다가 1943년경 용해되었다.

의 몽소[41)]"라 불린 몽수리 공원[42)]에 설치했다.[43)] 청동상은 1891년 상원의원 프레노가 산책 중에 우연히 발견할 때까지 사람들의 무관심 속에 4년간 그곳에 방치되어 있었다. 맹렬한 논쟁이 이어졌다. 사람들은 문제의 청동상을 창고 안으로 치워 버렸다. 크게 당황한 시의회는 이 문제에 대해 해명하면서 청동상은 예술작품이며 따라서 개인에 대한 지지의 선언으로서가 아니라 예술작품으로서 감상해야 한다고 선언했다. 또한 분노한 예술가는 자신은 독재를 옹호한 것이 아니라 "기개 있는 인간"을 조각한 것이라고 덧붙였다(그럼에도 불구하고 그는 생쥐스트 상을 조각하면서 그 주인공의 사상을 옹호했고 센 도의 의원인 배신자 "카스"에게 위해를 가하려 했다).

"공원용 석고상"과 "공공의 경의의 대상" 사이의 미묘한 차이를 파리 시민들은 이해하지 못했다. 마라의 옹호자들은 누구도 다비드[44)]의 걸작이 베르사유 궁에 있다는 사실에 반대하지 않는다고 맞섰으나 아무 소용이 없었다. 공원은 미술관이 아니었고, 맥락의 중요성을 부인할 수는 없었다. 외부에 전시된 인물상은 덕의 귀감이어야 한다는 생각은 사람들 사이에 너무도 뿌리 깊은 것이어서 그러한 실수는 용인될 수 없었다. 16년 동안 논쟁이 주기적으로 되살아났다. 결국 1906년 "민중의 벗"(마라의 별명 - 옮긴이)은 은신처를 벗어나 뷔트쇼몽[45)]의 공기를

---

41) 〔역주〕파리 8구와 17구에 걸쳐 있는 공원의 이름.

42) 〔역주〕 파리 남쪽 14구에 위치한 공원.

43) 파리 역사도서관에 보관된 출처 미확인의 오려낸 기사에서 인용. 바피에는 이 이야기에 대해 국립문서고에 보관된 공식보고서(F[1C]I 169, dossier Marat)를 보완하는 나름의 설명을 남겼다. 이 사건이 야기한 폭풍우가 정점에 도달했을 때 4개 코뮌에서 거리에 마라 이름을 붙이는 것을 금지했다(Archives nationales F[1C]I 196). 뷔트쇼몽에 바피에의 〈마라 상〉을 세우고 얼마 지나지 않아 〈연단에 선 마라〉 기념상을 세우자는 제안이 있었다. 또 제2차 세계대전 직후 강베타 광장에 〈마라 상〉을 설치하자는 제안이 나오기도 했다(*Bulletin municipal officiel*, 24 juillet 1946, p. 440).

44) 〔역주〕 프랑스혁명기 화가이자 정치가로서 루이 16세의 처형에 찬성투표했다.

45) 〔역주〕 파리 북동부 제19구에 위치한 공원의 이름.

호흡할 수 있었다.

장소도 문제가 되었다. 때로는 지리적 일치라는 단순한 요인이 선택을 좌우했다. 그에 따라 〈피넬 상〉은 피넬이 정신병자들에 대한 더 인간적인 대우를 확립했던 파리 종합병원(Salpêtrière) 맞은편에 세워졌다. 생자크 탑[46]은 그곳에서 중력의 법칙을 실험했던 〈파스칼 상〉을 맞이했다. 〈아들 뒤마 상〉은 〈아버지 뒤마 상〉 옆에 설치되었고, 〈뒤마 장군 상〉은 그 유명한 자손들이 아니었다면 결코 세워지지 않았을 것이다. 말제르브가 잊혔더라면 그곳은 "세 뒤마의 광장"으로 불렸을지 모른다.[47]

그러나 장소는 그 장소만으로도 기념상의 존재이유가 될 수 있었다. "종교행렬에 경의를 표하지 않았다는 이유로 1766년에 처형된" 슈발리에 드라바르의 상을 "몽마르트르의 사크레쾨르(Sacré-Coeur) 대성당 바로 앞에" 세우기 위해 시작된 모금은 정교분리에 이를 때까지 풀릴 길 없었던 원한으로 시작된 단순한 도발이었다.[48] 반대로 장소는 기념상 설치를 단념하게 만들 수도 있었다. 1907년에 허가가 난 졸라의 상은 "오직 정치적인 성격의" 이유로 17년간 이 받침대에서 저 받침대로 거의 뛰어다니다시피 했다. "모든 사람이 졸라의 상을 요구하지만, 어느 누구도 자신의 동네에 세워지는 것은 원치 않는다." 결국 〈졸라 상〉은 자신의 이름을 딴 거리에서 안식처를 찾았다.[49]

파리의 사회적 지형학을 알고 있는 사람이라면 정치적 '분류'에 따른 기념상의 분포를 예상할 수 있었을 것이다—즉 동부에는 급진적인 인물의 기념상, 서부에는 보수적인 인물의 기념상. 〈보댕[50] 상〉이 파시

46) 〔역주〕 파리 제4구의 같은 이름의 공원 안에 있는 탑.

47) 〔역주〕 세 명의 뒤마 조각상들은 말제르브 광장에 있다.

48) Archives nationales, F^{21}4855, dossier Barre.

49) Archives de Paris, VM 92 (3). 두 인용문은 *Bulletin municipal officiel*, séance du 19 juillet 1907, p. 3200.

50) 〔역주〕 제2공화국의 국회의원 장바티스트 알퐁스 보댕(Jean-Baptist Alphonse Baudin, 1811~1851)으로 1851년 12월 3일 루이 보나파르트의 쿠데타에 반대

(Passy)[51]에 있다면, 또는 〈라마르틴 상〉이 생탕투안 포부르에 있다면, 두 조각상은 모두 편치 않았을 것이다. 〈마라 상〉을 "공원의 장식물"로 불로뉴 숲 속에 둔다는 것은 오늘날 생각해도 여전히 터무니없다. 〈라부아지에 상〉이 쉴 곳을 찾은 것은 생드니 대성당이 아니라 라 마들렌 교회[52]의 그늘 아래서이다. 인류의 은인들, 곧 세속의 성자들은 어디든 그들에게 익숙한 곳에 있다. 자신이 고용한 건축도장공들의 운명을 개선했던 〈장 에듬 르클레르 상〉은 '인간의 권리'[53]의 창설자인 〈마리아 드레슴 상〉과 함께 에피네트 공원[54]에 자리 잡은 반면, 〈부시코 부인과 이르쉬 부인〉은 봉마르셰 백화점 앞에서 자선을 베풀 권리가 있었다.

기념상 설치에 적합한 일급의 장소에 대한 후원회들의 쇄도는 그 장소의 가치를 상승시켰다. 〈라투르 도베르뉴 기념상〉 후원회는 빅토르 위고 광장, 팔레루아얄 광장, 그리고 카루젤 광장에 이미 다른 기념상들이 들어서기로 되어 있고, 렌 광장 역시 확보하기가 매우 어려우리라는 것을 알고 절망했다.[55] 파리에서 기념상이 없는 거의 유일한 교차로였던 보방 광장은 잠재적 피배분자[56]의 지지자들 사이의 다툼으로 계속 비어 있었다.[57]

적어도 기념상이 그 장소의 의미를 드러내 주는 그만큼 장소도 기념상의 의미를 드러내 주므로 기념상들의 이동은 일종의 문명화된 성상파괴가 된다. 파리에서 가장 자주 옮겨 다녔던 작품 중 하나인 쇠르의 〈나폴레옹 1세 상〉은 방돔 기념탑에서 쿠르브부아로 옮겨졌다가 〈파

하여 시가전을 주도하다 사망했다.

51) 〔역주〕 파리 제16구로 고급주택가가 있는 지역.

52) 〔역주〕 파리 제8구에 있는 신고전주의 양식의 교회.

53) 〔역주〕 1882년 창설된 최초의 남녀혼성 프리메이슨 지부.

54) 〔역주〕 파리 제17구에 있는 공원.

55) Archives nationales, F^{21}4856, dossier La Tour d'Auvergne.

56) 〔역주〕 앞으로 설치될지 모르는 조각상의 주인공.

57) *Ibid.*, F^{1C}I 169, dossier Monument du Souvenir français.

72. 슈발리에 드라바르의 상. 아르망 블로쉬의 청동상으로 1906년 라마르크 로(路)에 설치되었다가 1943년경 용해되었다.

리 방어〉 때문에 다시 그곳에서 쫓겨났다. 보관소로 유배된 〈나폴레옹 1세 상〉은 결국 앵발리드에서 다시 모습을 드러냈다.[58] 제 9구의 구청 앞에 설치된 받침대에는 〈외젠 드보아르네 공(公)의 상〉(이 상은 이후 앵발리드에서 계부의 상과 조우한다[59]), 〈볼테르 상〉(몽주 공원으로 이전된다), 그리고 〈르드뤼롤랭 상〉이 연이어 놓였는데 〈르드뤼롤랭 상〉은 비시 체제에 의해 눈에 띄지 않는 곳으로 치워졌다. 드제 분수는 교통량 증가의 첫 희생물이었다. 반면 네 원수는 가장 큰 위신을 누렸다. 20세기 초 오퇴이(Auteuil) 보관소[60]는 대리석과 청동 거상의 잔해로 가득 차 코끼리의 묘지처럼 보였다.[61]

조각가들의 수는 전례 없이 증가했다. 석고주형이 더 비싸고 영구적인 재료들을 대신할 수 있는 적절한 대체품이라는 생각이 살롱을 통해 확산되면서 조각은 더 대중화되었고, 그에 따라 젊은 예술가들의 데뷔는 더 쉬워졌다. 산업혁명과 그에 따른 번영은 기념물 제작을 촉진했다. 주조, 재단, 취급, 운송기술의 발전은 기획의 재정적 부담과 제작의 어려움을 경감시켰다. 주문증가는 제 2제정기에 교육받은 수많은 예술가들의 생활을 보장했다.

기념상은 일차적으로 인물상이었고 신고전주의가 사실성에 부여한 도덕적 가치는 유사함을 더욱더 필요불가결한 것으로 만들었으므로 위인들의 기념상은 당시에 유행하고 있던 사실주의의 법칙에 그 어느 때보다도 더 엄격하게 따랐다. 있는 그대로의 사실로부터 벗어나려는 어

58) *La perspective de la Défense dans l'art et l'histoire*, Archives départementales des Hauts-de-Seine, Nanterre, 1983, pp. 123~129.

59) 〔역주〕 외젠 드보아르네 공은 나폴레옹의 황후 조세핀이 첫 결혼에서 낳은 아들이다.

60) 〔역주〕 철거된 조각상들은 오퇴이 보관소로 보내졌다. 오늘날에는 이브리(Ivry)에 보관소가 있다.

61) Thérèse Burollet, "Le dépôt des sculptures de la Ville de Paris ou la survie de la statuaire parisienne," *Gazette des beaux-arts*. t. XCIV, octobre 1979, pp. 113~124.

떠한 시도도 신성모독의 냄새를 풍겼다.

같은 시대의 의상을 걸친 수십 명의 인물을 충실하게 재현하면서도 단조로움에서 벗어나야 하는 조각가의 임무는 미묘한 것이었다. 예절에 대한 고려는 구속력 강한 규율을 부과했다. 인물상의 주인공이 전통적인 인물일수록 예술가의 자유는 제한된다. 역사적 주제는 어느 정도 상상력을 허용했다. 따라서 옛 의상이 다루기 더 쉽다는 것이 일반적인 생각이었다. 예술가들은 자유분방하다는 평판을 얻었으므로 형식주의에서 다소 벗어난 방식으로 표현될 수 있었다. 우동이 조각한 실내복 차림의 〈볼테르 상〉이 성공을 거둔 이래 작가들의 인물상은 흔히 실내복 차림으로 제작되었다. 그 전통은 〈아버지 뒤마 상〉을 거쳐 로댕의 〈발자크 상〉까지 이어졌다. 로댕은 실내복 차림의 걸작 조각상을 만들었지만, 세간에서 인정하는 것처럼 그러한 양식을 발명한 것은 아니다. 물론 로댕은 나체의 〈위고 상〉에 위엄과 품위를 부여할 수 있었다. 그렇다고 해도 보통선거를 은유적으로 상기시키기 위해 르드뤼롤랭을 나체상으로 조각할 수는 없었다. 예술가들과 비평가들의 들끓는 불만에도 불구하고 조각상이 엄격한 외투 착용의 의무에서 벗어날 기회는 거의 없었다.

따라서 예술가들은 주제의 근대적 성격을 표현하기 위해 새로운 조각의 언어를 발명해야 했다. 다비드 당제의 시대에는 대담한 신조어로 여겨졌던 상징들이 〈샤프 상〉의 전신기(*télégraphe*) 앞에서는 소심한 것으로 보였다. 그러나 "구체적인"(*réel*) 상징들의 언어는 함정과 수수께끼 역시 제기했다. 〈라마르틴 상〉의 발치에 누워 있는 점잖은 그레이하운드는 중세의 상징에서 차용한 것으로서 이 시인이 "놀랄 만큼 무사공평하게" 사람들을 사랑했다는 것을 의미한다는 것을 이해하는 사람은 거의 없었다. 연장들에 둘러싸여 있는 〈스덴 상〉은 이 작가가 석수로 일하며 노동자들의 세계에 잠시 머물렀다는 사실에 과도할 정도의 중요성을 부여한 것이었다. 게다가 배경을 사실주의적으로 묘사하는 것은 지속적으로 반대에 직면했다. 뒤랑은 정신이상자를 사슬에

74

73. 샤프 기념상. 에른스트 담의 청동상으로 1893년 생제르맹 바크불바르 교차로에 설치되었다가 1943년경 용해되었다.

74. 알팡 기념상. 포슈 대로. 쥘 달루의 대리석상. 1899년.

서 풀어주는 피넬을 재현한 군상(群像)에서 "어린아이의 모자를 씌운 장작을 품에 안고 있는 미치광이 여인"을 받침대에 배치하고자 했다. 의학-생리학 협회는 조각가가 "과도한 자연주의 또는 심지어 과도한 기발함"이라는 잘못을 범하고 있다고 보았고, 협회의 요구에 따라 미치광이 여인은 "고대풍의" 두 우의(寓意)적 표상으로 대체되었다.[62)]

도상학상의 가장 대담한 발명은 대략 두 범주로 나눌 수 있는 우의적 인물상들이었다. 그 인물상들에서는 동작이 인물을 지시했다. 첫 번째 범주의 예로는 〈버려진 아이의 상〉, 즉 보호자 에르네스트 루셀의 흉상 아래에 잠들어 있는 고아, 또는 도레(Doré)의 〈아버지 뒤마 상〉의 받침돌에 배치된 세 명의 독자들을 들 수 있다. 두 번째 범주로는 〈모파상 흉상〉의 받침돌 위에서 책을 살짝 펼치고 공상에 젖어 있는 《죽음처럼 강하다》[63)]의 우아한 여주인공을 들 수 있다. 게다가 기념상의 주제로 기념상의 주인공의 작품을 선택하는 것은 흥미로운 모호성을 초래한다. 에메 모로의 〈제롬 기념상〉은 제롬이 자신의 유명한 그림 〈폴리케 베르소〉(*Pollice verso*)[64)]에서 착상해 제작한 두 명의 〈로마 검투사〉를 조각하고 있는 모습을 재현한 것이었다. 그러나 모로가 그림에서 영감을 얻은 조각상의 상과 실물대로의 인물상을 병치했다 해도(모로는 제롬을 잘 알고 있었다) 세 인물상은 관객이 보기에 똑같이 사실적이었다.

도상을 더 쉽게 이해할 수 있도록 만들려는 노력은 작품의 짜임새를 강화하고, 주요인물과 보조적 구성요소, 그리고 관객 사이의 시각적 관계를 탐구하게 만들었다. 〈파스퇴르 상〉의 도상학을 이해하는 데에는 이 생물학자의 삶에 대한 간략한 지식으로 충분하다. 한 어머니가 품에 안은 딸을 고쳐주길 바라며 애타는 얼굴로 파스퇴르를 바라보고

---

62) Archives nationales, F^{21}4856, dossier Pinel.

63) 〔역주〕 모파상의 소설 중 하나.

64) 〔역주〕 검투사의 생사를 결정하기 위한 엄지손가락 표시를 뜻하는 말로 제롬이 검투사 시합을 소재로 1872년에 그린 그림의 제목.

있다. 반면 궁지에 몰린 죽음의 유령은 조각상의 받침대 주위에서 펼쳐지는 목가적인 장면을 방해하지 못한다. 〈부시코 부인과 이르쉬 부인〉은 우리를 향해 내려오는 계단 위의 높은 받침대 꼭대기에서 어린 소년에게 관대한 자선을 베푼다. 이 조각상의 효과는 받침돌 끝에 함께 배치된 어머니와 아이의 상에 의해 강조되고 암묵적으로 우리를 자선의 수혜자, 또는 궁극적으로 자선을 베푸는 사람으로 변화시킨다.

파리 시의 토목국장으로 오늘날까지도 파리 시민들이 즐겨 찾는 공원과 정원의 정비에 기여한 장샤를아돌프 알팡의 기념상은 입체상들과 공간의 특수한 처리가 특정 유형의 주제의 확산과 얼마나 밀접한 관련이 있는지를 보여준다. 이 헌신적인 관료는 모자와 우산을 손에 들고 자신의 사무실 밖에서 임무를 수행하면서 네 명의 동료와 이야기를 나누고 있다. 게다가 그들 중 한 사람은 조각가인 달루이다. 네 명의 인물상은 거의 의식적으로 루이 15세 기마상의 받침대에 배치된 네 미덕의 상을 전도시킨 이미지이다.[65] 1899년 12월 14일의 제막식에서 구스타브 라루메는 알팡이 "왕들의 파리를 〔…〕 프랑스 민주주의의 파리"로 만들었다고 칭송했다.[66] 환경개선 활동을 재현한 두 개의 저부조는 그 활동을 관객에게까지 확장한다. 관객들은 기념상을 둘러싼 반원형의 부조상 뒷면에 설치된 의자 덕분에 〈알팡 상〉의 '공간'에 참여할 수 있다. 그에 따라 조각상들은 본래의 의미에서나 비유적 의미에서나 받침대에서 내려오기 시작했다.

기념상은 그 수가 증가할수록 더 불가피한 존재가 되었다. 기념상이 없다는 것은 모욕이나 마찬가지였다. "모든 프랑스인"에게 보내는 한 소책자에는 이렇게 쓰여 있다. "라투르 도베르뉴가 태어난 도시 카르

---

65) 〔역주〕 루이 15세 기마상의 받침대에는 군주의 덕을 표현하는 네 개의 우의적 표상, 즉 힘의 여신, 정의의 여신, 신중함의 여신, 그리고 평화의 여신이 세워져 있다. 알팡 기념상 속의 네 인물은 건축가, 화가, 엔지니어, 조각가이다.

66) John Hunisak, "Images of workers...," in *Romantics to Rodin*, Los Angeles County Museum of Art, 1979, p. 57.

에(Carhaix)[67]는 자신의 의무를 다했다. 그러나 충분하지는 않았다. 〔…〕 그의 기념상이 세워져야 할 곳은 파리이다. 〔…〕 배은망덕한 자가 되지 말자. 청동 몇 근을 아끼지 말자.[68]"

도시의 기념상은 묘비의 세속적 복제물이 되었다. 프랑스 도처에 세워진 사디카르노의 수많은 상들이 그 점을 입증한다. 파리에 그의 기념상을 세우려는 계획들은 너무나 거창해서 결코 실현되지 못했다. "우리의 공원, 공공장소, 광장들은 공동묘지의 지부들이 될 운명이란 말인가?"라고 파리 시민들은 자문했다.[69]

프랑스의 모든 도시가 서둘러 그 자녀들의 공로를 인정했고, 그러고 나면 파리가 최종적으로 훈장을 부여했다. 라투르 도베르뉴의 기념상이 바로 그런 경우였다. 마찬가지로 "파르망티에의 기념상은 몇 년 전 그의 고향 몽디디에(Montdidier)에 세워졌다. 그러나 우리는 그에게 더 빛나는, 진정으로 민족적인 경의를 바치고 싶다".[70] 〈원예신문〉(*Moniteur d'horticulture*)의 편집장은 이 감자재배 주창자의 조각상이 약학대학에 이미 세워져 있다는 것을 몰랐을까?[71]

한 인물의 조각상을 여럿 세움으로써 조각상 증가는 가속화되었다. 와토의 상은 2점, 알프레드 드뮈세의 상은 3점, 볼테르의 상은 심지어 7점이었다. 이러한 현상은 기념상들이 다양한 방식으로 저마다 해택을 누린 결과였다. 볼테르 상의 경우 18세기에 제작된 두 점의 대리석상 외에 이미 언급한 청동 복제상, 시청건물의 인물상, 카이예(Caillée)가 조각하여 그 부인이 기증한 청동상, 페르네(Ferney)의 성주이기도 한 조각가가 제 9구 구청에 기부한 또 다른 청동상, 마지막으로 몽수리 공원의 신비한 인물상으로 그에 못지않게 신비한 인물인

67) 〔역주〕 프랑스 피니스테르 도의 코뮌.

68) Archives nationales, F^{21}4856.

69) *L'Éclair*, 29 février 1905.

70) Archives nationales, F^{21}4856, dossier Parmentier.

71) 〔역주〕 〈파르망티에 상〉은 제 2제국 시기에 세워졌다. 405쪽 참조.

라발레(La Vallée)의 작품이 추가되었다.72) 게다가 볼테르의 이름은 대로, 골목, 광장, 부두, 그리고 고등학교에도 붙었다.

오늘날 상들은 예전에 파리의 삶에서 맡았던 역할을 잃어버렸다. 인물상은 다양한 의식과 시위에서 집결장소의 구실을 했었다. 인물상에는 서민 관객이 있었다. 사람들은 인물상에 시, 메달, 캐리커처, 그리고 노래, 예를 들어 〈술 취한 조각상〉 같은 장난기 있는 연서를 바치곤 했다. '기념'은 인물만큼이나 — 그 이상은 아니라 해도 — 인물상에 집중되었다. 금과 상아로 만든 축소모형에서 2수짜리 우편엽서에 이르기까지 온갖 구색을 갖춘 복제품은 얼마든 다양한 가격에 팔릴 수 있었다. 공적 경의의 경이로운 민주화가 아닌가.

*

그러나 어떻게 보면 이 민주화는 제3공화국에 덫이 되었다. 기념상 건립을 통해 바치는 경의는 처음에는 그 경의를 받는 이의 태생에 의해, 나중에는 그의 예외적인 공로에 의해 결정되었지만 결국 한 세기여 만에 기념상 건립 탄원자의 끈기에 의해 측정되는 것이 되었다. 모든 승인조건들이 폐지됨으로써 점점 더 많은 수의 다소간 범용한 후보들이 자신의 운을 시험해볼 기회를 갖게 되었다. 점차 노력파 학생이 천재의 자리를 차지했다. 공감을 얻지 못하는 인물상이 도로 위에 세워지는 일이 늘어나면서 격렬한 항의가 나타났다. "19세기 말의 특징인, 범용함에 대한 칭송의 열기는 우리가 가능한 한 빨리 벗어나야 하는 해로운 현상이다.73)"

72) Gustave Pessard, *Nouveau dictionnaire historique de Paris*, Paris, E. Rey, 1904, p. 1621, 프사르(Pessard)는 다른 관점에서 이 알려지지 않은 조각상을 인용한다.

73) Archives de Paris, VM 92 (1). 이 자료는 *Procès verbal du conseil municipal*, séance du 23 mars 1900, p. 261의 복사본을 포함하고 있다.

원칙적으로는 찬양할 만한 이 평등주의적 관념은 실제로는 통제할 수 없는 상황의 힘에 선택을 맡겨 버렸다. 사실상 어떠한 일관된 결정 과정도 존재하지 않았다. 청원서를 검토하는 과정은 "자유방임"이 비공식적으로 확립되었다고 말할 수 있을 정도였다. 르코르베이에는 이러한 상황에 분노했다. "후원회들은 극도로 무분별하게 우리의 공원, 우리의 광장, 그리고 우리의 도로로 달려들었다. 그리고 관할당국은 결코 용인될 수 없는 관용을 베풀어 (그들을 - 옮긴이) 받아들였다.[74)]"

당국은 갑작스럽게 격렬한 공격에 휘말렸다. 적절한 신청은 모두 승인한다는 원칙이 채택됨으로써 신청이 과도하게 증가했고, 일단 선례가 만들어지고 난 후에는 선택적으로 제지하기가 어려웠다. 정부 내에서조차 승인은 뒷거래의 대상이었고, 후원회들의 외적압력이 뒷거래를 더욱 부추겼다. 승인을 거부하는 것은 주민들의 희망에 어긋나는 것이었고, 그 점에서 취약한 정치가들은 단호한 조치를 취하는 데 주저했다. 그러나 누구든 "마치 잉크처럼 조각상을 쏟아 붓고 있다"는 르네 바쟁의 생각에 동의했다.[75)]

이러한 상황에 대해 프랑스인들은 정확히 어떻게 생각했을까? 기념상에 대한 프랑스인들의 견해는 자료가 부족해 분석하기 어렵다. 기념상은 공교육의 본질적인 구성요소로 간주되었다. 기념상의 증가 자체는 그러한 관념이 지지를 얻고 있음을 입증하고, 그러한 현상의 지속은 기념상의 교육적 효율성에 대한 믿음을 입증한다. 그러나 그렇다 해도 폴 에스퀴디에가 한탄했던 것처럼 모든 작품이 "모호한 이미지가 되어 다른 것들과 혼동되고 행인들이 그것에 더 이상 어떤 이름도 붙일 수 없게 된" 만큼 기념상의 과잉은 "교육적 사명"과 배치되는 것이었다. 에스퀴디에는 디드로를 인용하는 것으로 결론을 맺는다. "공원에 조각상이 많아서는 안 된다. 고독을 사랑하고 고독을 추구하는 존

---

74) *Bulletin municipal officiel*, séance du 13 juillet 1910, p. 2759. 이 자료를 찾을 수 있도록 도와준 파리 시 행정도서관 직원들에게 감사를 전한다.

75) Collection Debuisson, *Le Gaulois*, 9 juillet 1911, p. 10.

재로 조각상을 바라보아야 한다.[76]" 시의회의 논쟁과 일간신문들이 그 주제에 할애하는 지면은 기념상의 증가에 대한 대중의 증대하는 우려를 입증한다.

기념상 증가에 대한 적대감과 함께 예술계의 불만이 증대했다. 수적 증가가 질적 저하를 초래했다는 것은 부인할 수 없었다. 에스퀴디에는 "아름답지 않은 조각상과 기념상이 우리의 도로와 산책로에 범람하고 있다"고 탄식했다.[77]

기념 바이러스가 이류급 인물들에게 확산되면서 예술적 야심은 현실적인 경제적 문제로 인해 희생되었다. 돈은 결코 질을 보장하지 못하지만, 돈이 없으면 창작이 제한된다는 것도 사실이다. 조각상에는 상당한 경비가 필요하고 규모가 큰 기념상 전체의 비용은 막대한 액수에 이를 수 있다. 정부나 관청의 주문을 제외하면 재정적 부담은 후원회의 몫이었고 후원회는 경비의 대부분을 기부자들에게 의존했다. 〈빅토르 위고 상〉은 위고의 명성에 힘입어 조각가 바리아스가 계획서에서 요구한 30만 프랑을 쉽게 모을 수 있었지만 그만한 행운을 누린 유명인사는 별로 없었다.

후원회들은 자신의 희망을 현실로 착각해서는 위험하다는 것을 희생을 치르고서야 배웠다. 1884년 미술전에 출품된 뒤밀라트르(Dumilâtre)의 〈라퐁텐 기념상〉 초안 소묘에 매료된 테스트라는 사람이 라늘라(Ranelagh) 공원에 그 기념상을 기증하고자 했다. 뒤밀라트르는 작업을 마무리할 때까지 아무 대가 없이 협력하면서 테스트를 고무했다. 그러나 협상이 진행되면서 여러 문제들이 드러났고, 예상치 못한 지출이 나타났으며, 모금으로는 비용을 충당할 수 없었다. 시와 국가의 지원에도 불구하고 테스트는 1891년 기념상의 완성을 보기까지 자기 돈 6만 프랑을 써야 했다.[78] 후원회의 대부분은 행정부가 제공하는 보조금

76) *Bulletin municipal officiel*, séance du 9 avril 1906, p. 1350. 폴 에스퀴디에가 제 3위원회의 위원장이었다.

77) *Ibid.*, séance du 31 décembre 1910, p. 161.

이 절실히 필요했다.

시의회가 의결하는 보조금은 200프랑에서 6만 프랑까지 다양했는데, 액수를 결정하는 유일한 기준은 기념상으로 재현하고자 하는 인물의 중요도였다. 그 절차는 조형예술위원회가 작품의 예술적 질을 관리할 수 있는 가장 좋은 수단을 박탈했다. 보조금의 액수가 갑작스럽게 아무런 설명도 없이 인상된 사례들은 은밀한 뒷거래가 있었음을 추정하게 한다. 시의회는 장 마세의 기념상에 겨우 200프랑의 지원을 의결했지만, 이후 특별기금으로 조성된 3만 프랑을 제공했다. 기념상 계획의 후원자였던 프랑스 교육동맹(la Ligue française de l'enseignement)의 유력인사 펠릭스 포르가 그 과정에서 결정적 역할을 했으리라 짐작할 수 있다.[79]

조형예술국(Direction des beaux-arts)이 지급하는 보조금은 국가의 예술지원 정책의 틀 안에 포함되어 있었다. 행정부가 일정 기간 결정을 지연하다가 때로는 대리석이나 청동을 지급한 후, 보조금은 기념상 전체 비용의 5분의 1, 10분의 1, 그리고 20분의 1 등으로 정해지는데 그 비율은 보조금 요구자들의 수에 반비례하여 결정되었다.

조형예술 검사관들은 국가가 예술적 관심에 의해 작품을 지원하도록 감시해야 할 책임을 맡았지만, 정치적 압력에 저항할 수 없다는 사실을 끊임없이 한탄했다. 그들의 항의에도 불구하고 〈펠르티에와 카방두 상〉 같은 "그러저럭 평범한" 작품들이 예술과는 아무 관련도 없는 이유로 보조금을 받았다.[80] 검사관들이 너무 늦지 않게 관여하게 되었을 때 그들은 단지 최악의 실수를 바로잡을 수 있었을 뿐이었다. 그들 중 한 사람은 〈라스파이 상〉에 대한 의견서에서 "주조소로 보내기 전에 모형이 제출된 적이 없음"을 애석해했다. 따라서 "눈감아 주었음을 인정하면서" 제작을 용인하는 것 외에 다른 선택이 없었다.[81]

---

78) Archives nationales, F[21]4856, dossier La Fontaine.

79) Archives de Paris, VR 74.

80) Archives nationales, F[21]4856, dossier Pelletier et Cavendou.

실망이 행정부의 것만은 아니었다. 후원회들은 참가자들의 열의 속에 창설되었지만 시간이 오래 걸리고, 돈이 많이 들고, 특히 예측할 수 없는 기획을 성공적으로 수행할 준비가 되어 있지 않았다. 〈발자크상〉의 완성과정은 두드러진 예이다. 1888년 작가협회는 앙리 샤퓌에게 기념상 제작을 맡겼다. 그러나 샤퓌는 미완성 도안을 남기고 3년 후 사망했다. 당시 졸라가 회장을 맡고 있던 후원회는 로댕에게 도움을 청하고 공식적으로 그에게 백지위임했다. 작업의 지연 — 예술가들은 '출퇴근을 기록'하지 않는다 — 은 1898년 완성된 석고상에 대한 미술전(살롱)의 소란스러운 반응이 불러일으킨 경악에 비하면 사소한 문제에 불과했다. 비방꾼들이 주도하는 격렬한 언론 캠페인에 직면한 작가협회는 기념상을 인수하지 않기로 결정했다. 열렬한 로댕 지지자들, 특히 당시 회장이었던 장 에카르와 아르센 알렉상드르는 사임해야 했다. 새로운 후원회가 조직되었고, 후원회는 더 보수적이지만 뛰어난 재능을 지닌 팔기에르에게 작품을 맡겼다. 팔기에르는 1900년 사망하면서 폴 뒤부아에게 대리석상 완성의 임무를 넘겼다.[82] 팔기에르의 초안이 예고했던 생동감 있는 인물상은 최종본에서는 무미건조한 모습이 되었다. 그동안 사람들은 팔레루아얄의 어느 장소에 기념상을 설치할지를 두고 격렬하게 다퉜다. 싸우다 지친 사람들은 결국 결코 최선책은 아니었지만 프리들란드(Friedland) 대로의 부지를 받아들였다.

그러한 결정과정이 초래한 가장 심각한 결과는 조각상과 배경의 부조화였다. 흔히 조각가가 계획을 완수하고 나면 후원회는 조각상의 부지를 결정했다. 따라서 "기념상이나 조각상이 그 자체로서는 완벽하게 만족스럽다 해도 그것이 들어선 주변환경과 어울리지 않는 일이 빈번했다".[83] 시의회는 "그 운동과 아무런 관계도 없고 그곳의 전망을 방해하

81) *Ibid.*, dossier Raspail.

82) Jacques De Caso, "Rodin and the Cult of Balzac," *Burlington Magazine*, juin 1964, pp. 279~284.

83) *Bulletin municipal officiel*, séance du 14 juin 1911, p. 2320.

는 부지"[84]에 대해 끊임없이 항의에 시달렸다. 그러한 문제를 해결하기 위해 시의회는 실물 크기의 모형을 그 장소에 임시로 설치하여 그곳이 '적재적소'인지를 판단할 수 있게 하는 방안을 검토하기도 했다.

파리는 매우 혼잡했다. 인구밀도가 높아지면서 행인들, 자동차, 상인들이 뒤엉켜 생활권(圈)을 확보하고자 했다. 기념상들 역시 마찬가지였다. 생제르맹 대로(大路)와 라스파이 대로의 교차로는 "가장 혼잡하고 위험한 곳들 중 하나였다. 〈샤프 기념상〉 주위를 오가는 수많은 합승마차와 전차에서 내리는 사람들은 이 대중 수송차량을 스치듯 내달리는 자동차에 치일 위험이 있었다".[85]

19세기 부르주아의 거실을 특징짓는 '여백에 대한 혐오'는 '노상(路上)시설'의 특징이기도 했다. 20세기 초 기념상의 공공장소 침투에 대항하는 투쟁은 취향의 혁명을 초래한 아방가르드의 반발에서 뜻하지 않은 원군을 발견했다. 점차 더 간결한 건축양식이 장식이 풍부한 절충주의[86] 건축을 대신했지만, 유행을 따르는 파리 시민들은 시 관리들보다 더 쉽게 장식물들을 제거할 수 있었다.

청동상이 급증하자 시의회는 더 엄격하게 대응했다. 샹젤리제 거리, 쿠르라렌 산책로(le Cours-la-Reine), 몽소 공원, 불로뉴 숲은 기념상 후원회들의 접근이 허용되지 않았다.[87] 이후 "기리고자 하는 인물이 사망한 지 10년이 지나기 전에는 어떤 경우에도 조각상, 흉상, 또는 기념상을 공공도로에 세울 수 없게[88]" 되었다. 옛 성채 터에 공원을 조성하고 그곳으로 기념상들을 모두 옮기는 방안이 진지하게 고려되었고, 그 해결책은 1937년에도 검토되었다.[89] "조각상들을 철거

---

84) *Ibid.*, séance du 9 avril 1906, p. 1350.

85) *Ibid.*, séance du 13 juillet 1910, p. 2758.

86) 〔역주〕 고전주의와 낭만주의를 절충한 건축양식.

87) *Ibid.*, séance du 9 avril 1906, p. 1351, et du 13 décembre 1909, p. 4730.

88) *Ibid.*, séance du 14 juin 1911, p. 2323.

89) *Ibid.*, séance du 13 juillet 1910, p. 2759 ; et Archives de Paris VM 92 (1), note du directeur du Plan de Paris au Service d'architecture, 2

하는 것은 불행히도 불가능한 일이므로 그렇게 하기보다는 새로운 기념상 설립을 더 어렵게 만드는" 정력적인 조치들이 채택되었다.[90]

*

결국, 기념상의 비약적 증가를 중단시킨 것은 제1차 세계대전이었다. 평화가 회복되자 기념상 건립운동이 서서히 재개되었다. 그러나 지나간 4년은 비극의 탄생의 동반자였던 '기념상 열풍'에 대한 반발을 낳았다. 기성권력은 수백만에 이르는 인명을 희생시키고서야 국제적 위기를 해결할 수 있었고 그러한 기성권력의 무능력은 전통적 가치에 대한 불신을 불러일으키고 존경받는 영웅들의 영광을 퇴색시켰다. 그것은 아마도 전쟁의 가장 중대한 결과일 것이다. 전후의 냉소적인 사람들이 보기에 유명인물들의 기념상은 시대착오적인 것이었다.

1914년에서 1940년 사이에 64점의 조각상이 세워졌지만 그 수치는 제3공화국의 앞 시기에 비하면 3분의 1에 불과한 것이었다.[91] 게다가 많은 수는 적대감에 직면해 중단되었던 계획을 마무리한 것이었고, 다른 것들은 그 덕에 제작된 것들이었다. 그러나 지원요청의 감소에도 불구하고 기념상 건립 문제는 여전히 시의회를 괴롭혔다. 1937년 '고도(古都) 파리 위원회'가 제출한 긴 보고서는 "기념상 제작의 횡포가 안목 있는 관리들과 재능 있는 예술가들이 작성할 정책과 계획들을 무겁게 짓누르고 있다"[92]는 우려를 담고 있었다. 그러한 우려에 따라 위원회는 "더 엄격한 조치들"을 요구했지만, 그러한 기대는 독일의 점령

---

novembre 1937.

90) *Bulletin municipal officiel*, séance du 17 mars 1913, p. 1588. 당시 30개의 계획이 보류상태였다.

91) J. Lanfranchi, *op. cit.*, p. 9.

92) *Bulletin municipal officiel*, 1938, 1 *bis*, Commission du Vieux Paris, 13 mars 1937, p. 19.

으로 쓸모없는 것이 되었다.

비시정부는 '프랑스 군사령관'(Militärbefehlshaber in Frankreich)의 사주에 따라 1941년 10월 11일 다음과 같이 공포했다. "공공장소와 관청에 설치된 청동상과 청동 기념물을 철거하여 그 재료가 된 금속을 다시 산업생산에 사용하도록 할 것이다."[93] 용해할 청동상의 목록 작성을 책임진 위원회는 11월 8일 첫 회의에서 위원회의 행동원칙을 다음과 같이 정의했다. "위원회는 역사적으로 또는 예술적으로 명백한 의의를 갖는 작품들의 목록을 작성하고, 그 작품들만을 보존할 것이다. 누가 봐도 하잘것없고, 안목 있는 사람들이 오래전부터 추방을 요구해온 작품들은 제일 먼저 사라질 것이다. 미(美)와 생산(*production*)이 승리할 것이다."[94] 위원회는 기념상만이 아니라 파리의 공공장소에 설치된 상 전체의 목록을 구(區)별로 작성한 후 그에 기초하여 조각상의 등급을 매겼다. 반드시 보존해야 할 작품들은 따로 분류되었다. 나머지는 네 개의 군(群)으로 분류되었는데 아마도 주조소로 보낼 순서를 정한 것이었다. 첫 번째 단계의 시행은 1942년 10월 1일 전으로 예정되었다.[95] 두 번째 단계는 1943년 여름에 시행되었다. 행정부는 처음부터 "철거된 금속 기념상을 장차 석조 기념상으로 대체하기로" 계획했고, 사람들은 당장 그 작업에 착수할 수 있기를 바랐다.[96] 전쟁이 계속되면서 상황이 악화되자 '필수품의 절박성'을 고려하여 더 엄격한 방향으로 목록이 수정되었다. 죽음을 선고받은 이러저러한 조각상에 사면을 베푸는 것으로는 "자신들에게 소중한 유명한 기념상이 사라지는 것을 본 주민들의 정당하고도 애처로운 동요를 결코 진정시킬 수 없었다".[97]

---

93) *Journal officiel*, 15 octobre 1941, p. 4440.

94) *Bulletin municipal officiel*, séance du 8 novembre 1941, p. 1018.

95) Archives nationales, 68 AJ 312, circulaire du Secrétaire d'État, 3 novembre 1941.

96) *Ibid.*, circulaire interministérielle, 19 novembre 1941.

97) *Ibid.*, Note du Secrétaire d'État de l'Éducation nationale du 11 février 1944.

75. 빅토르 위고 기념상. 빅토르 위고 광장. 에른스트 바리아스의 청동상으로 1902년 빅토르 위고 광장에 세워졌다가 1943년경 용해되었다.

76

77

76. 베랑제 기념상, 탕플 광장, 아메데 두블마르의 청동상, 1885년. 1942년에 용해되었다.
77. 베랑제 기념상, 탕플 광장, 앙리 라그리풀의 석조상, 1953년. 1942년 독일군이 파괴한 옛 청동상을 대신해 세워졌다.

예술적 또는 역사적 가치를 고려하여 몇몇 받침대는 보존하기로 결정되었다. 다른 것들은 석조 복제본으로 보존되었다. 행정부는 "이 조각상 없는 받침돌들을 통해, 전쟁에 따른 희생이 모든 사람들에게 돌아갔음을 상기하는 것이 무익한 일은 아니"라고 선언했다. 바로 그 지점에서 그 받침돌들이 갖는 본래의 교육적 의미는 고통스러운 방향전환을 경험했다.[98] 받침돌 대부분은 사실상 인력부족 덕에 살아남을 수 있었다.

파리에서 기념상 철거는 지방 당국들이 직면해야 했던 것과 같은 적대감을 불러일으켰던 것 같지는 않다.[99] 지방주민들이 더 보수적이어서 전통의 상징에 대해 더 애착을 가졌음을 인정한다 해도 파리의 경우에는 다른 요인을 고려해야 한다. 기념상 과잉이 야기한 도로혼잡을 파리 시의회가 그렇게 근본적인 방식으로 해결하고자 한 적은 없지만 아마도 그 문제가 시의회의 반발을 완화시켰을 것이다.

불가피한 상황에 직면한 시 책임자들은 행동에 나서야 했다. 로댕의 〈발자크 상〉처럼 누구나 인정하는 뛰어난 기념상들은 살아남았지만, 〈펠르티에와 카방두 상〉처럼 이론의 여지가 있는 작품의 운명은 신속히 결정되었다. 〈라스파이 상〉의 저부조 같은 청동상의 일부 구성요소들이 보존되었고, 〈강베타 상〉 같은 석조상은 온전히 유지되었다. 정치가 선택에 강력한 영향을 미쳤다. 랑프랑쉬가 결론지었듯이 "가장 가깝게는 인민전선을 통해 모습을 드러낸 '좌파의' 프랑스에 앙갚음하지 않고 넘이가기에는 기회가 너무 좋았다".[100] 따라서 왜 제3공화국의 거인들 중 아무도 살아남지 못했는지를 이해할 수 있다. 회오리가 휩쓸고 지나간 후 75개의 '공공의 경의'가 파리의 거리에서 자취를 감췄다.[101]

---

98) *Ibid.*, Note du Secrétaire d'État, 23 février 1943.

99) J. Lanfranchi, *op. cit.*, p. 170, et n. 1.

100) *Ibid.*, p. 166.

101) *Ibid.*, p. 168. 이 수는 1940년 이전에 제작된 기념상 전체의 31.25%를 차지

종전 후에도 기념상 철거는 중단되지 않았다. 〈강베타 상〉의 우의적인 청동 인물상들이 주조소로 보내졌다. 본체를 이루는 군상과 받침대는 1954년에야 철거되었다.[102] 1964년에 앙드레 말로(당시의 문화장관 - 옮긴이)는 카루젤 공원의 수많은 조각상들을 철거했고, 다음 2년간 앵팡트 공원에 남아 있던 조각상들을 모두 철거했다.[103] 1947년 생제르맹데프레 교차로의 혼잡을 덜기 위해 〈디드로 상〉이 몇 미터 옮겨졌다. 1964년에는 메르시에의 〈알프레드 드뮈세 상〉이 교통량 증가로 인해 테아트르 프랑세 극장[104] 모퉁이에서 사라졌다.[105]

기념상들의 상실은 여전히 전쟁에 대한 생생한 기억으로 남아 있다. 이 성가신 유산을 덜어낸 파리 시민들은 귀중한 것을 빼앗겼다고 느꼈다. 전(前) 갈리에라 박물관 관장 이봉 비자르델은 그 점을 잘 인식하고 있었다. “점령군이 우리의 청동상 중 그 가치가 가장 불분명한 것에 손을 댔을 때, 그 행위는 우리에게 그 청동상을 소중한 것으로 느끼게 하기에 충분했다.[106]” 여론의 바람은 바뀌었다. 조각상들은 역사의 유서 깊은 고색(古色)을 입게 되었다. 조각상들은 도시의 불가결한

하며 그중 절반은 1914년 이전에 제작된 것이었다.

102) 파리 시 역사 도서관, Actualités, 36, Place du Carrousel : 결정은 1953년 10월 27일에 이루어졌다. 오르세 미술관 조각부 관리자 안 팽조는 그 기념상의 일부가 1982년 에두아르 바이양 광장에 설치되었다고 알려주었다.

103) 튈르리 궁의 조각상들의 역사는 다음의 책으로 출간될 것이다. Geneviève Bresc, Anne Pingeot et Antoinette Lenormand-Romain, *Catalogue raisonné des sculptures des Jardins du Carrousel et des Tuileries*, Paris, Réunion des musées nationaux. 이 주제에 대해 정보를 제공해준 안 팽조에게 깊은 감사를 전한다.

104) 〔역주〕 1680년에 창립된 고전극 전문 극장.

105) 파리 시 기념물 사무국장인 게라 씨는 〈디드로 상〉을 옮긴 날짜를 내게 알려주었다. 그에 따르면 〈디드로 상〉의 이전은 1936년에 계획되었다. 〈뮈세 상〉의 이전에 대해서는 파리 시 역사도서관, Actualités, 30 : Musset를 보라.

106) Yvon Bizardel, “Les statues parisiennes fondues sous l'occupation 1940-1944”, *Gazette des beaux-arts*, t. LXXXIII, 1974, p. 131.

일부가 되었고, 비어 있는 받침대는 조각상의 소멸을 고통스럽게 느끼도록 만들었다.

1945년부터 파괴된 기념상을 새로운 것으로 대신하려는 노력이 나타났지만 재정적 문제가 시와 국가를 곤경에 빠트렸다. 석조 대체물은 너무나 초라해 보였으므로 그 계획은 포기되었다.107) 시간이 흐르면서 '대체물'의 내력은 잊혔고, 사람들은 흔히 그것과 본래의 작품을 혼동했으므로 '대체물'은 옛 조각가와 후원자들에게 누를 끼쳤다. 두블마르의 〈베랑제 상〉(1885)과 라그리풀의 〈베랑제 상〉(1953)은 이 점에서 매우 의미심장하다.108) 더 최근의 예로 〈마리아 드레슴 상〉의 경우처럼 원본 석고상에 따라 제작할 수 있었던 청동상들은 만족스러운 결과를 가져다주었다. 때로는 1984년의 〈라 퐁텐 상〉처럼 현대적인 새로운 작품이 채택되었다. 그러나 여전히 수많은 받침돌이 주인 없이 비어 있었고, 그에 대한 항의는 기억될 가치가 있었다.

10여 년 전부터 기념상의 인기가 회복되고 있다. 기념상에 대한 규제는 1913년 이래 거의 변화하지 않았으므로, 제작감소는 이러한 유형의 기념물에 대한 태도의 변화를 반영할 뿐이라고 말할 수 있을 것이다.109) 오늘날 목격하는 기념상의 부활은 영웅에게 경의를 표하고자 하는 의지가 되살아나고 있음을 입증한다고 할 수 있다. "반(反)기념상"의 반발 — 그에 앞선 기념상의 유행만큼이나 과도한 — 은 아마도 새로운 균형을 이루는 데 필요한 평형추일 것이다.

1914년 이후의 정치적 사건들은 '기념상 열풍'의 쇠퇴와 결합되었다. 그 사건들은 "공적 경의의 대상인 기념상들"에 대한 사회의 존경을

107) 재정 문제에 대해서는 파리 문서고, VM 92 (1), VD6 ; *Bulletin municipal officiel*, séances des 27~28 décembre 1948, p. 775 ; et Mémoires du préfet, n° 651~652. 게라 씨는 미학적 이유로 계획이 포기되었다고 확인해 주었다.

108) 〔역주〕 전자는 청동상이었고 후자는 석조상이었다.

109) 게라 씨는 이 가설 역시 확인해 주었다.

뒤흔들어 놓은 심리적 충격을 부분적으로 설명해 준다. 세기 중엽, 위인들에 대한 숭배에 타격을 가한 분열을 이해하기 위해서는 두 경향이 분리되기 시작한 절정기로 돌아가야 한다.

쇠퇴의 근본원인은 위인 숭배를 낳은 그 철학 자체의 모순에 있다. 인간을 출생이 아니라 공로에 따라 구별하고자 하는 욕망은 극히 민주주의적이지만 그 인간을 찬양한다는 사실은 의심의 여지없이 엘리트주의적이다. '유례없다'는 개념과 '집단적'이라는 개념의 대립은 기념상에 대한 정반대되는 해석을 낳았다. 이미지의 증식은 이미지의 힘을 감소시키므로 단순한 상으로는 진정한 위인을 구별하는 데 충분치 않았다. 빅토르 위고를 불멸의 존재로 만들기 위해서는 '민족적 시인'에 걸맞은 찬사가 필요했다. 바리아스는 티통 뒤티예의 〈프랑스의 파르나소스 산〉의 뒤를 잇는 웅장한 작품을 창조하기 위해 자신이 이용할 수 있는 모든 조각적 수사학을 활용했다. 〈위고 상〉은 건지 섬[110]의 바위산을 상징하는 암석들 위에 홀로 서 있고, 파도가 그 섬에 부딪쳐 부서지면서 해파리들과 뒤섞인 온갖 다양한 물건들(특히 전리품들)을 휩쓸어가고 있다. 서정시의 여신은 비극의 여신, 풍자시의 여신, 서사시의 여신을 동반하고 동서남북으로 위고의 이름이 울려 퍼지게 하고 있다. 반면 받침대의 저부조에는 이 위대한 인물의 생애와 작품이 뒤섞여 표현되어 있다. 1902년에 완성된 이 기념상은 베를린, 로마, 뉴욕, 그리고 런던의 그 분신들과 마찬가지로 기념예술의 일종의 피날레였다. 그것은 미래와 관련을 맺지 못한 채 과거 사회의 가치들을 칭송한다. 그러한 기념상들은 터무니없이 크다는 점에서 거대한 몸집 때문에 사라진 공룡류와 닮았다고 말할 수 있으며, 그렇게 말한다 해서 바리아스의 진정한 재능에 대한 모욕이 되지는 않을 것이다.

로댕이 팡테옹에 설치할 〈위고 상〉을 위해 1889년부터 작성한 첫 도안들은 바리아스가 제작한 기념상의 바로크적 풍성함을 지니고 있었

110) 〔역주〕 프랑스 북서부 해안에 위치한 영국령 섬. 빅토르 위고는 1851년 루이 나폴레옹의 쿠데타에 반대하여 추방된 후 건지 섬에서 잠시 망명생활을 했다.

다. 그러나 20년 후 팔레루아얄 정원에 설치된 완성본은 모든 화려함을 거부한 것이었다. 그 포즈는 뒤러의 판화[111]에 의해 불멸의 것이 된 멜랑콜리아의 전통적 표상에서 영감을 얻은 것으로서 그 표상이 19세기의 창조적 재능과 결합된 것이었다.[112] 로댕은 위고를 나체로 재현함으로써 본래의 의미에서나 비유적 의미에서나 한 세기에 걸쳐 축적된 부속물들을 조각상으로부터 걷어냈다. 《여러 세기의 전설》의 작가(위고 - 옮긴이)는 지면에 가까운 바위 속에 갇혔고,[113] 그에 따라 관객은 이 위인을 얼굴을 맞대고 바라볼 수 있게 되었다.

로댕은 위고를 우리의 공간 속으로 들어오게 만들었지만, 팡테옹에 설치된 〈생각하는 사람〉은 우리의 머리 위에 세워졌다. 로댕의 숭배자들, 특히 에카르와 알렉상드르가 후원하여 공개모금으로 주문한 이 청동상은 1906년 제막식을 가졌다. 그것은 〈발자크 상〉이 초래한 소동을 능가하는 격렬한 논쟁을 불러일으켰다.

로댕의 나체상은 이 천재의 신고전주의적 이상을 환기시키면서 동시에 파괴했다. 나체의 〈드제 상〉이 시대에 맞지 않는 것이었다면, 〈생각하는 사람〉의 나신은 사회계급들이 감당할 수 없는 것이었다. 〈생각하는 사람〉은 당대인들이 볼 때 '강한 운동선수'(*athleta virtutis*)의 반명제로서 프롤레타리아에게 바치는 가치전복적 공물이었다. "삶에 절망하여 제 손을 물어뜯고, 후회와 분노로 몸을 웅크리고 있는 이 벌거벗은 경주자는 〔…〕 위인들에게 바치는 기념 건축물 앞에서 아무 할 일이 없다.[114]"

〈생각하는 사람〉은 자신의 대리석 받침돌 위에서 누군가를 "받침대 위에", 특히 팡테옹 앞에 세운다는 개념 자체를 조롱하고 있었다. 도

---

111) 〔역주〕 〈멜랑콜리아 I〉(1514)를 지칭함.

112) M. Schneider, *op. cit.*, p. 246.

113) 〔역주〕 높은 받침대 없이 정원에 설치된 위고의 석조상을 의미한다.

114) *Le Soleil*, 12 août 1905.

78. 1909년 팔레루아얄 정원에서 빅토르 위고 대리석상의 설치를 지켜보는 로댕.
79. “예술적 실험: 팡테옹 앞에 설치된 로댕의 〈생각하는 사람〉.” 1904년 팡테옹 앞에 설치된 모형 앞에서 로댕과 그의 친구들이 이 기념물의 효과에 대해 토론하고 있다. 1906년 제막식을 가진 이 기념물은 1922년 로댕 미술관에 설치되었다.

대체 "받침대 위에 올라가 있는 것은 누구란 말인가?" 파리 지사[115]에게 보낸 탄원서에서 "한 공립학교 교사"는 다음과 같이 주장했다. "팡테옹을 찾는 방문자들이 이 기념건축물 입구에 〔…〕 유령처럼 서 있는 로댕의 이른바 〈생각하는 사람〉이라는 끔찍한 청동상을 보고 느끼는 혐오감에 나는 깊은 충격을 받았습니다. 시의회는 이 끔찍한 청동상을 〔…〕 철거해야 합니다. 그것은 생각하는 지성인이라기보다는 차라리 짐승이나 주정뱅이의 모습을 보여주고 있습니다."[116] 아마도 그 장소의 의미에 대해서는 로댕을 비방하는 사람들이 로댕의 지지자들보다도 더 잘 이해하고 있었을 것이다. 즉 이름 없는 하층민이 위인들과 자리를 함께 했던 것이다. 우리의 영웅들은 팡테옹에서 나오는 것으로 만족하지 않고 이제 길모퉁이 곳곳에서 우리와 마주치게 되었다. 파리 전체가 야외 팡테옹이 되었던 것이다.[117]

---

115) 〔역주〕 1884년 4월 5일 법은 파리의 행정권을 파리 지사(*préfet*)에게 부여했다. 파리 시장(*maire*) 직은 1977년에 부활했다.

116) Archives de Paris, 10624/72/1, liasse 165.

117) 〔역주〕 팡테옹은 그리스어로 '만신전'이라는 뜻으로 볼테르, 장자크 루소, 빅토르 위고, 에밀 졸라 등 프랑스 위인들의 묘가 있는 사원이다.

거리 이름

거리 이름(*le nom des rues*)은 틀림없이 "좋은 연구주제"다. 같은 길이 일련의 다른 이름으로 바뀐 것은 어찌 흥미롭지 않겠는가? 웃음을 자아내는 거리 이름도 있다. 예컨대 중세의 푸알오퀴(Poil-au-Cue, 꼬리털-옮긴이) 가가 1792년에는 퓌르제(Purgée, 청소가 된-옮긴이) 가로, 1800년에는 바리에르데세르장(Barrière-des-Sergeants, 집사의 방책이 쳐진-옮긴이) 가로, 1806년에는 펠리컨(Pélican) 가로 바뀌었다. 또한 13세기의 브레뇌즈(Brenneuse, 배설물로 오염된-옮긴이) 가가 메르데레(Merderet, 똥을 누는-옮긴이) 가, 베르데레(Verderet, 초록빛의-옮긴이) 가, 베르들레(Verdelet, 청정한-옮긴이) 가 등으로 바뀌었다가 결국에는 (1880년에) 에티엔 마르셀 가로 정착했다. 그리고 티르비(Tire-Vit, 수탉 잡는-옮긴이) 가가 (1420년) 티르보두앵(Tire-Baudoin, 소시지 만드는-옮긴이) 가로, 훨씬 후대인 1809년에 매리스튜어트(Marie-Stuart) 가로 바뀌었다.[1]

티르비 가를 푸아콩쥐갈(Foi-Conjugal, 부부간의 신의-옮긴이) 가로 개명한 랭스의 거리 이름 개명 위원들의 기발함을 어찌 부정할 수 있겠는가?[2] 생토노레(Saint-Honoré) 가를 1905년에 오노레 드발자크

---

1) 일련의 파리 거리 이름에 관한 정보는 대부분 Jacques Hillairet, *Dictionnaire historique des rues de Paris*, éd. de Minuit, 1963, "Supplément", 1972에서 나온 것이다.

2) G. Quentin, "Les noms de rues de Reims", *Revue internationale*

(Honoré de Balzac) 가로, 곧이어 1907년에 발자크 가로 바꾼 생테티엔 시의회의 기발한 착상도 마찬가지다.[3] 혁명기 파리는 이 분야에서 단연 돋보였다. 몽마르트르(Mont-Martre, 담비의 언덕-옮긴이) 가가 몽마라(Mont-Marat, 혁명의 순교자 마라의 언덕-옮긴이) 가로, 마담(Madame, 귀부인-옮긴이) 가가 1793년에 시투아엔(Citoyennes, 여성 시민들-옮긴이) 가로 바뀌었는데, 이러한 사례는 수도 없이 많다. 얼토당토않게 이름이 바뀐 경우도 있었다. 예컨대 마리루이즈(Marie-Louise, 나폴레옹의 부인-옮긴이) 가와 마리앙투아네트(Marie-Antoinette, 루이 16세의 부인-옮긴이) 가가 파리 지주의 두 딸과 부인을 기념하기 위해 1879년에 마리에루이즈(Marie-et-Louise) 가와 마리에앙투아네트(Marie-et-Antoinette) 가로 개칭됐다. 공화국은 공화국답게 처신해야 하는 것 아닌가(*République oblige*).

거리 이름에 대해 연구해 온 사람들은 하나같이 이러한 지엽적인 측면만을 보는 경향이 있다. 그들은 거리 이름의 깊은 의미나 표상에는 전혀 관심을 두지 않은 채 "흥미로운" 사례들만을 수집해 왔다. 그러나 이러한 흥미 위주의 관심을 걷어내고 나서 우리는 공화력 2년 눈의 달(nivôse) 17일 파리 시의회에 제출된 보고서에서 "일반적으로 〔파리의 거리 이름들은〕 아무런 의미가 없으며 전체적으로 흥미를 끌지도 못한다"[4] 라고 주장한 것이 옳을지 그른지 당연히 따져봐야 한다.

저자들은 이러한 지엽적인 이야기를 피하기 위해 이와 반대되는 접근방법인 '길의 분류'에 흔히 기대어 왔다. 여기서 관심의 초점은 무엇보다도 중세에 거리 이름을 붙이는 방식이다. 역사가들은 중세의 거리 이름을 (캉탱처럼) 5개 범주로, (그레구아르, 발레와 일레레처럼) 6개 범

---

d'onomastique, t. II, septembre 1950, pp. 177~192.

3) A. Vallet, *Les noms de rues et toponymes divers de la commune de Saint-Étienne*, Lyon, 1961.

4) "Sur quelques mesures à prendre en changeant les noms de rues", *Rapport au Conseil général de la Commune de Paris* du 17 nivôse an II.

주로, (쿠쟁과 라콩브처럼) 8개나 (에드처럼) 9개 범주로 분류하는(또는 재분류하는) 방법을 즐겨 사용했다.[5] 거리 이름이 종교건물, 공공건물, 직업, 지리적 준거, 사회적·종족적 집단, 길의 표지판 등에 근거하여 붙여짐으로써 거리 이름의 범주들이 반복되거나 중첩되는 수도 있다. 저자들은 사례들을 수집하지만 그것들의 역사적 토대는 분석조차 하지 않는다. 이러한 태도는 고문서, 도시문서, 보고서 등과 같은 중세 문헌 기록의 부족에 기인하는 것으로 보인다. 그러나 근대의 거리 이름을 다룰 경우에도 이러한 접근방법을 여전히 사용한다. 건물과 간판을 그저 정치가며 장군이며 작가들의 이름으로 대체할 따름이다.[6]

본래적 의미의 역사학적 연구에서도 이와 동일한 태도가 발견된다. 저자들은 거리 이름을 수집·정리하여 분류하는 대신에 주요연대를 수집·배열한다. 1600년(쉴리), 1728년(거리 표지판 설치), 1779년(오데옹 광장 개설), 혁명, 제1제국, 1815년, 1830년, 1848년, 1853년, 1860년(오스만은 작은 길들을 큰길에 대대적으로 통합했다), 1871년 등처럼 말이다. 분명히 말하건대 이러한 일련의 연대목록은 그르지 않다. 그러나 이 목록은 전반적으로 동어반복적 성격을 띠고 있다는 사실 말고도 매우 복잡한 역사적 현실을 감추고 있고 때로는 역사적 현실과 전적으로 모순되기도 한다. 위에서 언급된 첫 번째 연대(1600년)는 이런 점에서 의미가 깊을 것이다. 사실을 말하자면 쉴리(Maximllien de Béthune

---

5) Abbé H. Grégoire, *Systême de dénominations toponymiques pour les places, rues, quais... de toutes les communes de la République*, Rapport de la Convention nationale de l'an II, Paris ; Jules Cousin, "De la nomenclature des rues de Paris", *Mémoire de la Société de l'histoire de Paris*, vol. XXVI, 1899, pp. 2~4(논문은 1877년에 발표) ; P. Lacombe, "Les noms des rues de Paris sous la Révolution", *Revue de la Révolution*, vol. VII, 1er semestre 1886, pp. 101~102 ; M. Heid, *Les noms des rues de Paris à travers l'histoire. Problèmes linguistiques et sociologiques*, Thèse, Tübingen, 1972, pp. 14~151.

6) A. Vallet, *op. cit.* ; M. Heid, *op. cit.* ; P. P. Clark, "Lire la rue : pour une sémiotique de l'espace", 1984 (수사본) 참조.

Sully)는 거리 이름을 제도화할 생각을 했던 첫 번째 사람이다. 그는 파리 지도에 왕국의 위인들의 이름을 새겨 넣음으로써 그들을 기릴 생각이었다. 그러나 쿠쟁이 적절하게 지적했듯이 "우리가 새로운 제도—옛날 중세에 거리 이름 붙이는 방식과 전혀 다른 새로운 제도—의 도입에 참여한"[7] 것은 1779년 오데옹(Odéon) 광장이 건설되고 나서부터다. 한 세기 반이 지나서야 쉴리의 생각이 실현된 것이다. 우리에게 중요한 것은 혁신이 수용된 시기다.

기존연구들을 다듬고 더 나아가서 그것들을 철저하게 혁신하는 것이 언제나 바람직하지만 그 전에 질문부터 하지 않으면 안 된다. 왜 거리 이름을 연구해야 하는가? 그것은 어떤 점에서 중요한가? 요컨대 그것은 역사가에게 "좋은 연구주제"인가?

중세의 거리 이름 관련 기록과 참고자료가 전혀 없는 것으로 보아 중세시대의 작가들은 거리 이름에 무지하고 관심을 갖지 않았던 것 같다. 앙시앵 레짐기에는 거리 이름에 이따금 관심을 가졌다. 공화력 2년의 혁명가들은 그것에 매료되었고, 나폴레옹도 이에 관심을 가졌다. 그러나 그 뒤로는 공공영역이 시의회의 독점영역이 되었다—19세기 후반에는 일부 학자들과 향토사가들의 사사로운 영역이 되었다.

거리 이름에 대한 호기심이 이렇게 간헐적이라는 것은 그것이 별로 관심거리가 아니었다는 사실을 분명히 보여준다. 거리 이름을 연구하는 것은 거리 이름 자체를 넘어 한 사회가 왜 그것을 만들어 사용했는지, 그렇지 않으면 왜 그것을 무시했는지를 질문하는 경우에만 의미가 있다. '기억의 장소' 구축에 관심이 있는 사람에게 거리 이름은 두 가지 지표로 이용될 수 있을 것이다. 하나는 거리 이름이 한 사회의 집단기억의 표현이라는 것이요, 다른 하나는 그것이 명성의 외적 표지라는 것이다. 이러한 명성은 거리 이름을 통해 영속된다.[8]

---

7) J. Cousin, *op. cit.*, p. 4.

8) 여기서 간단히 다루어진 문제에 대한 광범위한 해설에 대해서는 D. Millo, *Aspects de la survie cuturelle*, Thèse, École des hatues études en sciences

거리 이름이 집단기억을 반영하고 보존한다는 생각은 중세의 거리 이름을 옹호하는 사람들에게 매우 소중하다. 쿠쟁은 이렇게 썼다. "이것〔중세의 거리 이름〕은 거리 이름을 붙인 최초의 제도다. 정말로 참되고 논리적이고 의미 있는 제도 말이다. 그것은 사물 자체의 본성에 관계되고 아주 단순하게 사실의 확증을 나타내기 때문이다. 또한 나중에 사실 자체가 사라진 경우에도 사실에 대해 이렇게 보존된 기억은 여전히 그것의 중요성과 관심을 보존해 주기 때문이다."[9]

그러나 학문의 도움을 받아야만 '간혹' 복원되는 이러한 기억 — 그러나 본래의 의미가 영원히 잊히는 경우가 더 많은 기억 — 의 가치는 무엇인가? 오늘날에는 거리 이름이 집단기억(이 경우에는 '국가적' 집단기억)을 표상해 '마땅하다'고 생각하는 학자들이 더욱 많아졌다. 그들이 보기에 거리 이름은 보존해야 할 민속의 보고가 아니라 증진시켜야 할 국가의 명예거리다. 루이세바스티앵 메르시에(Louis-Sébastien Mercier)가 《파리의 모습》(*Tableau de Paris*)에서 마리보 길(rue Marivaux) 개통식(1784년경)에 즈음하여 언급한 짧은 구절은 이러한 경향을 여실히 보여준다.

> 거리 이름이 '기억을 위해' 붙여지지 않는다면 그건 아무런 쓸모가 없다고 크리스팽(Crispin)이 지적한 것은 지당한 말입니다. 매일 땅속에서 솟아오르는 수많은 길들 가운데서 국민에게 소중한 이름을 환기하는 길은 거의 없습니다. 여러분은 〔거리 이름 가운데서〕 뒤게클랭〔1816년에 붙여짐〕, 튀렌(Turenne)〔1811년에 붙여짐〕, 앙부아즈(Amboise), 쉴리〔1807년에 붙여짐〕의 이름은 눈 씻고 찾아봐도 찾을 수 없을 것입니다. 라퐁텐(La Fontaine)〔1865년에 붙여짐〕, 마시용(Massillon)〔1804년에 붙여짐〕, 페늘롱(Fénelon)〔1804년에 붙여짐〕과 기타의 이름은 따뜻한 호응을 받지도 못하고 기억 속에 자리 잡지도

sociales, Paris, 1985 참조.

9) J. Cousin, *op. cit.*, p. 4. 또한 P. Lacombe, *op. cit.*, p. 102와 G. Quentin, *op. cit.*, p. 192.

> 못하겠지요? 여론의 호응을 받아 기억 속에 새겨진 크룰바르브(Croulbarbe)라는 이름〔13세기 한 방아지기 가문의 이름〕과는 달리 말이죠.[10]

그렇지만 거리 이름을 기억의 보존소나 명성의 진흥소로 만들고 싶은 사람들이 보여주는 낙관주의에는 확실한 근거가 없다. 스스로에게나 이웃에게 물어보면 이것은 자명해진다. 라탱 구(quartier Latin)에 사는 주민들이 보기에 루아예콜라르(Royer-Collard), 르고프(Le Goff), 파이에(Paillet), 말브랑슈(Malebranche) 등의 이름을 딴 거리 이름들이 라탱 구에 있다는 사실은 이 구역 주민들의 전국적 평판에, 아니 지방적 평판에 별로 기여를 하지 않았다. 이러한 회의주의가 새로운 것은 아니다. 이것은 20세기 초 라울 모랑(Raoul Morand)의 근심 어린 언급에서 이미 감지된다. "이 모든 이름은 당연히 이러한 재능과 업적을 기리려는 것과 관련이 있다. 그러나 이러한 명예를 인간의 너무나도 배은망덕하고 덧없는 기억 속에 영속화시키는 방법을 강구하지 않으면 안 된다." 이런 이유로 거리 이름이 명성을 드높이는 데 충분하지도 필요하지도 않다는 것이 분명해 보인다. 그러나 기억을 영속화하는 데 있어서 거리 이름이 지닌 실제적인 중요성은 무엇인가? 모랑이 쓴 팸플릿의 제목 — 《큰 쓸모가 있는 것들(거리 표지판)을 통한 대중 교육론》(*De l'instruction des masses par les choses les plus utiles : les plaques des rues*, 1906) — 은 거리 이름이 중요한 역할을 한다는 것을 암시한다. 거리 표지판은 "이 사람이 누구며 언제 살았는지" 가르쳐주기 때문이다. 모랑만이 그렇게 인식한 것은 아니다. 뒤랑빌은 1864년 루앙에 대해 언급하면서 이렇게 썼다. "거리 모퉁이에 있는 대리석 표지판이나 청동 표지판은 어린이며 지나가는 노동자며 외국인에게 일종의 전기적인 사전이 된다."[11] 파리 시의회에 제출된 수많은 보고서들의 음조도

---

10) L.-S. Mercier, "Marivaux", *Tableau de Paris*, t. XI, Amsterdam, 1789, p. 150.

이와 다르지 않다.[12]

그러나 지나친 낙관주의와 과격한 회의주의 사이에 신중한 중도적 입장이 있을 수 있다. 설사 거리 이름이 집단기억과 명성에 대해 이야기해준 것이 무엇인지 분명하지 않지만, 그것은 '정부기관'이 민족적 기억과 위인들에 대해 품고 있는 표상에 대해 그리고 이 표상을 고양시키는 수단에 대해 확실하게 말해주기 때문이다.

마지막으로 거리 이름 연구 뒤에 도사리고 있는 매우 위험한 함정 하나를 환기하도록 하자. 이것은 여태까지 그랬듯이 파리라는 한 도시만을 대상으로 하는 사례연구를 두고 하는 말이다. 고백하거니와 나 역시 같은 길을 걸어왔다. 그런데 파리는 특수한 사례에 속한다. 파리에 대한 사례연구에서 얻은 결과물을 가지고 일반화하려면 무엇보다도 먼저 프랑스 도시 전체에서 파리가 차지하는 위치가 무엇인지 따져봐야 한다. 거리 이름을 연구하는 사람들 가운데 어느 누구도 오직 수도에 대해서만 하는 연구가 갖는 문제점의 성격을 간파하지 못한 것으로 보이는데, 이건 놀라운 일이 아닐 수 없다.[13] 거리 이름 부여에 관한 정부의 태도를 파악하고자 하는 사람들에게 파리는 물론 좋은 연구대상이다. 하지만 파리는 관변의 기억이 아니라 민중의 기억을 복원하는 데 관심을 가진 역사가에게는 그렇기 때문에 최악의 사례가 된다. 또한 파리는 거리 이름이 함축하는 명성의 역사적 부침을 추적하는 데도 적합하지 않다. 이것은 정부기관이 파리의 거리 이름 부여에 영향을 끼쳤기 때문이기도 하거니와 파리의 길 자체가 너무나도 많기 때문이다(1950년에 5천여 개의 길이 있었다). 거리 이름의 명성은 무엇보다도 선택의 결과다. 파리에는 거리 이름이 지나칠 정도로 많다. 그럼에도

11) L. de Duranville, "Quelques observations sur les noms des rues et places de Rouen", *Revue de la Normandie*, juin 1869, p. 10.

12) *Rapports et documents du conseil municipal de Paris*(연감)에 수록된 Beudant(1872), Mesurier(1885)와 Fleurot(1912)의 보고서 참조.

13) 지방도시들의 거리 이름에 관해 쓴 저술가들조차 비교연구는 존재하지 않는 것처럼 자기들 도시에만 관심을 가졌다.

수도는 가장 풍요롭고 주목할 만한 사례연구대상이다. 따라서 결국 파리는 이 글에서 가장 많이 언급되는 논의대상이 될 것이다.

민간주도에서 국가독점으로

거리 이름 연구에 따르면 '장기중세'(*long Moyen Âge*)14) 동안 거리 이름 부여의 주도권은 "사용자들", 즉 주민들에게 있었다. 사회와 거리 이름의 이러한 직접적 관계 때문에 중세의 거리 이름 시스템에 경탄하는 사람들은 그것을 "자연적인" 시스템으로, 즉 민중적 기억의 이상적 보고로 간주한다. 중세에 거리 이름을 붙이는 방식은 우리가 보기에 외계에서 온 것처럼 낯설다. 우리 현대인들 가운데 누가 앙팡키피스 가(rue de l'Enfant-qui-Pisse, 어린이가 오줌을 누는 거리 - 옮긴이) (리옹에 있는 이 거리 이름은 19세기 초까지 존재했다) 나 메르데레 가(똥을 누는 거리 - 옮긴이) 에 살고 있다고 상상할 수 있겠는가? 우리에게 낯선 이러한 거리 이름의 기호학적 의미를 해독하기 위해서는 그것을 그것의 역사적 맥락에 자리매김해야 하며, 또한 그것을 같은 시대의 다른 작명방식들, 예컨대 중세에 붙여진 지명15) 이나 별명 및 성(姓) 과 관련지어야 한다.

문제는 이러한 작명방식의 낯설음에만 있지 않다. 그것의 내적 논리도 문제가 된다. 거리 이름에 대해 흔히 사용되는 설명범주들 가운데 놀랍게도 '역사적' 설명범주는 전혀 존재하지 않는다. 사실 근대의 집단기억을 이루는 두 요소, 즉 거리 이름 부여의 근거가 되는 '사건과 장본인'을 역사적으로 찾아보려 해도 허탕을 치는 경우가 많다. 따라서 거리 이름이 암시하는 중세의 집단기억은 (근대적인 의미의) '역사가 없

14) 〔역주〕 16세기 이후까지, 때로는 18세기까지를 포함시킨 중세.

15) J. 쿠쟁(J. Cousin) 은 중세의 거리 이름과 지명 사이의 친연관계를 지적했지만 그러한 생각을 진척시키지는 않았다.

는'(*a-historique*) 것과 마찬가지가 아닌가? 중세의 거리 이름에 대한 이러한 의문점은 미해결인 채로 남겨 두기로 하고, 우리의 주 연구대상이 되는 거리 이름 제도의 정착시대로 넘어가도록 하자.

"쉴리가 프랑스 도로관리소장 자격으로 시장들과 관리들의 협조를 얻어 지역과 아무런 연고가 없는 거리 이름을 붙일 생각을 하게 된 것은 17세기 초 앙리 4세 치하에 이르러서다."[16] 거리 이름을 연구하는 학자들은 모두가 1600년을 상반된 두 시기의 분기점으로, 즉 이전의 민간주도와 이후의 관 독점의 분기점으로 받아들인다. 이러한 전환의 이유를 해명하는 문제가 남아 있다. 그러나 우리의 저자들은 이 문제에 대해 침묵하고 있다.

그러나 이러한 전환은 우연도 아니요 쉴리 개인의 재능의 산물도 아니다. 거리 이름을 짓는 권리를 국가가 독점하는 과정은 엘리아스가 《문명화 과정》(*Le Processus de civilisation*)에서 밝힌 바와 같이[17] 사실은 좀더 광범위한 발전의 일부를 이룬다. 엘리아스가 주장하는 것처럼 프랑스사는 국가와 군주가 전략적 권력, 특히 폭력행사와 징세에 관한 권력을 독점하는 과정이었다. 그에 따르면 앙리 4세 치세는 이러한 독점화의 결정적 승리를 나타내며, 이는 곧 절대주의로 귀결되었다. 이와 동시에 왕권이 거리 이름을 지을 권리를 독점했다. 엘리아스의 주요한 논점은 폭력행사의 이러한 독점화가 궁정사회를 낳고 이와 더불어 '예절'(*civilité*)이 탄생했다는 것이다—이러한 새로운 창안물의 논리적 귀결은 매너와 언어가 섬세하게 다듬어진 것이다. 이로부터 파리의 거리 이름을 정비하는 기나긴 과정이 1600년에 시작되었다. 중세의 거리 이름의 기이함과 특히 음탕함이 좀더 세련된 거리 이름으로 바뀌었다. 예

16) P. Lacombe, *op. cit.*, p. 102.

17) 그리고 특히 "La sociogènese de l'État", *La Dynamique de l'Occident* (Paris, Calmann-Lévy, 1975), *Über den Prozess der Zivilisation*, Bâle, 1939의 제 2부 번역판.

컨대 퓌트이뮈즈(Pute-Y-Muse, 뮈즈가 매음을 하는 거리-옮긴이) 가가 프티뮈스(Petit-Musse, 작은 뮈스-옮긴이) 가로, 나중에는 프티뮈즈(Petit-Muse, 작은 뮈즈-옮긴이) 가로 바뀌었다. 또한 피에드비슈(Pied-de-Biche, 창녀의 다리-옮긴이) 가가 (1620년에) 포수아이에르(Fossoyeur, 묘혈을 파는 사람-옮긴이) 가로, 결국에는 (1806년에) 세르반도니(Servandoni, 건축가-옮긴이) 가로 바뀌었다. 그리고 페오디아블(Pet-au-Diable, 악마의 방귀-옮긴이) 가가 투르니케(Tourniquet) 가(바뀐 연도는 불명확)로, 그다음에는 (1810년에) 워싱턴 가로 바뀌었다.

거리 이름의 국가독점은 사실 군사와 재정의 국가독점과 같은 시대의 현상이었다. 그러나 후자의 영향은 즉각적이고 극적인 데 반하여, 전자의 영향은 거의 두 세기가 지난 뒤 나타났다. 1760년경 파리에는 약 800개의 공로(公路)가 있었는데, 이 가운데 그 당시로서는 인상적인 도로로 간주된 3개의 길만이 민족의 위인들에게 바쳐졌다. 리슐리외, 마자랭과 콜베르가 바로 이들이다(이 세 사람의 이름을 딴 거리 이름이 등장한 것은 1640년에서 1680년 사이다). 왕족과 명문귀족가문을 계산에 포함시키면 그 숫자가 더 늘어나지만 그리 많은 편은 아니다. 1636년에는 (550개의 길 가운데) 10개가, 1760년에는 60개가 이들의 이름을 따서 거리 이름이 붙여졌다.[18] 쿠쟁이 옳게 지적했듯이 "왕과 제후들이 자신들이 건설한 길에 흔적을 남기는 경우, 새로 만들어진 길의 모퉁이에 기록된 것은 그들에 대한 순수한 경의의 표시이기보다는 주변 건물을 지은 사람과의 관계를 확인하는 것에 지나지 않는다. 엄격하게 말하면 이것은 옛날 중세에 거리 이름 붙이는 방식의 범주를 벗어나지 못한 것이다".[19] 사실 위에서 언급된 위인 세 사람의 경우가 그랬다. 리슐리외 가는 팔레카르디날(Palais-Cardinal, 추기경의 관저-옮긴이) 가를 따라 붙여진 것이고, 콜베르 가는 콜베르 호텔 바로 앞에 있는 길

18) M. Heid, *op. cit.*, p. 165.

19) J. Cousin, *op. cit.*, p. 7.

에 붙여진 것이며, 마자랭 가는 추기경 자신이 세운 기숙학교 콜레주 데 카트르나시옹(Collège des Quatre-Nations)에서 유래한 거리 이름이다.

모든 것이 1765년부터 변했다. 이때 "새로운 '곡물중앙시장(Halle de blé)' 주변을 도는 순환도로가 비아름(Viarmes)의 영주이자 시장인 카뮈 드퐁카레(M. Camus de Pontcarré)를 기려 비아름 가라 불렸다. 이 순환도로 안에 있는 방사형 도로들은 각각 치안감독관인 사르틴(Sartine), 모두 행정관들인 바빌(Babile), 드바랜(Devarenne), 메르시에(Mercier), 왕과 도시의 대리인인 반(Vannes), 건축사업가인 오블랭(Oblin)의 이름을 따서 붙이게 되었다. 이러한 특권이 머지않아 원칙으로 받아들여지게 된다. 〔그리고〕 루이 16세 치하에서 그것은 규칙이 된다."[20] 일군의 관리들이 20년 동안 도시의 거리 이름에 침투했다. 이것은 소위 "지방적 명예 수여 제도"로 정착하여 탄탄한 미래를 갖게 된다. 이러한 제도의 실천이 메르시에가 거리 이름의 대표적인 역할에 대해 주장한 시스템과 구별되는 것은 무엇보다도 거리 이름을 통해 기려진 사람들이 생존해 있는 사람들이었다는 점이다. 이들은 사후에 평가를 받기도 전에 명예를 부여받았던 것이다. 메르시에는 이 제도를 비난하기에 적당한 말을 찾지 못할 정도였다. "좋다고! 이 모든 길에 이름을 붙인 사람들은 어떤 정신상태인가? 이들은 페오디아블(악마의 방귀-옮긴이) 가, 라(Rats, 들쥐-옮긴이) 가, 푸앵(Foin, 건초-옮긴이) 가, 마르무제(Marmouzets, 난쟁이-옮긴이) 가, 피에르오라르(Pierre-au-Lard, 뚱보 피에르-옮긴이) 가나 장팽몰레(Jean-Pain-Mollet, 부드러운 빵-옮긴이) 가에 이름을 붙인 사람들(중세 사람들-옮긴이)과 동일한 정신상태를 갖고 있지 않았을까?"[21]

메르시에의 주장은 옳지 않다. 이러한 거리 이름을 탄생케 한 것은 새로운 정신, 즉 18세기의 정신인 것이다. 이것은, 본(J. -Cl. Bonne)이

---

20) *Ibid.*, pp. 6~7.

21) L. -S. Mercier, "Marivaux".

밝힌 것처럼 기이한 방식으로 위인들을 숭앙하는 정신과 동일하다.[22) 거리 이름이 개체성에 대한 확인의 표지인 개인적 명예와 개인적 찬양에 대한 강박관념을 반영하고 있기 때문이다. 오데옹 광장이 건설된 해인 1779년이라는 날짜가 중요하다는 데에 이의를 다는 사람은 없다. 거리 이름이 동시대 사람들을 기리는 것이 아니라 민족의 '진짜' 영광을 기렸던 것은 이것이 처음인 것이다. 메르시에는 자주 인용되는 한 구절에서 이것을 다음과 같이 찬양했다.

> 새로 건설된 코메디 프랑세즈 극장 앞 광장에 코르네유 가, 라신 가, 몰리에르 가, 볼테르 가, 크레비용(Crébillon) 가, 레냐르(Régnard) 가 등이 있는 것을 볼 수 있다. 처음에는 이 거리 이름들이 (오직 자신들 이름만이 붙여질 것으로 기대했던) 행정관리들에게 빈축을 샀을 것이다. 이들은 길에 자신들의 저명한 이름만 붙이던 옛날의 영광스런 특권을 박탈당했다고 생각했기 때문이다. 그러나 점차 이들도 이러한 혁신에 익숙해져 코르네유, 몰리에르와 볼테르를 자신들의 영광스런 동료로 간주하게 되었다. 결국 라신 가는 바빌 가와 공존하게 될 것이다.[23) 이것은 구역 관리들(*quarteniers*),[24) 십인구 관리들(*dizaineirs*),[25) 기타 시청 관리들에게도 그리 놀라운 일이 아니게 될 것이다.[26)

그러므로 1779년은 근대적 명예 수여 제도의 탄생 날짜로 자리매김해야 한다. 앙시앵 레짐은 그런 제도를 너무 뒤늦게 발견하기도 하였거니와 그것을 별로 활용하지도 않았다. 앙시앵 레짐기에 이런 제도를

22) J.-Cl. Bonne, "Naissance du Panthéon", *Poétique*, n° 33, 1978은 특히 풍속화의 대가 토마(Thomas)의 작품을 연구했다.

23) 〔역주〕 '라신 가'는 옛 위인의 이름을 따라 거리 이름을 붙이는 방식을 뜻하고, '바빌 가'는 동시대의 행정관의 이름을 따라 거리 이름을 붙이는 방식을 의미한다.

24) 〔역주〕 앙시앵 레짐기 구역 단위 직원.

25) 〔역주〕 앙시앵 레짐기 구역 밑에 있는 10인 단위의 시민 조직을 관리하는 직원.

26) L.-S. Mercier, *Tableau de Paris*, t. II, p. 202.

시행한 것은 모두 합해 겨우 다섯 사례에 지나지 않는다. 오데옹 광장, 코메디 이탈리엔 극장—1784년 이 극장 주변에 마리보(Marivaux) 가, 그레트리(Grétry) 가와 파바르(Favart) 가가 개설되었다—, 보방(Vauban) 광장, 삭스(Saxe, 1780년) 가, 마티뇽(Matignon, 1787년) 가가 그것이다. 그렇지만 이러한 새로움의 중요성을 과대평가해서는 안 된다. 코르네유·라신·몰리에르를 제외하고 거의 모든 영광스런 명예들이 동시대인들에게 수여되었던 것이다. 마리보는 1763년에, 삭스 원수(元帥)는 1770년에 죽었고, 그레트리와 파바르는 1784년에 아직도 살아 있었다. (각각 1707년과 1729년 죽은) 보방과 마티뇽만이 정말로 옛 영광을 추서받은 것이다. 그렇지만 규칙이 있으면 예외도 있기 마련인 법. 분명히 말하건대 국가적 명예 수여 제도의 발견이 파리의 풍경을 뒤흔든 것은 아니다. 그건 어림도 없는 소리다. 제도는 존재했지만 그것을 어떻게 활용할지에 대한 인식이 부족했던 것이다.

반대 사례 : 1789년 이전의 지방

1600년 이전에는 파리와 지방도시들 사이에 근본적인 차이가 없었다. 종교건물(적어도 거리 이름 목록 가운데 3분의 1을 차지한다)이며 직업이며 표지 등을 환기시켜 주는 거리 이름 형태에서 차이가 발견되지 않는다. 여기서도 중세의 거리 이름 시스템이 "자연적", 아니 "자발적" 제도였다는 것을 다시 한 번 확인할 수 있다. 뿐만 아니라 런던과 브뤼셀에 있는 거리 이름도 이와 동일한 원칙을 따랐다.[27)]

27) 런던에 대해서는 E. Ekwall, *Street Names of the City of London*, Oxford, 1954와 H. A. Harben, *A Dictionary of London*, London, 1918 참조. 브뤼셀에 관해서 나는 *Plan routier de Bruxelles*, 1972, Département des Cartes et Plans de la Bibliothèque Nationale, Paris를 참조했다. 브뤼셀에서는 파리와 런던에서보다 '종교적인' 이름이 더 적지만 장인 이름은 훨씬 더 많았다.

1600년 이전에는 프랑스뿐만 아니라 더 나아가서 유럽 역시 여행자들에게 매우 동질적인 도시풍경을 보여주었다. 그러나 쉴리와 더불어 수도와 지방 간의 이러한 동질성은 깨졌다. 이러한 결별은 앙시앵 레짐 말기 지방의 10개 도시 지도에 대한 비교연구에 잘 드러나 있다.[28] 이 연구의 결론은 확실하다. 〈표 1〉에서 드러나듯이 국가적 명예 수여제도가 지방에서는 전혀 알려지지 않았던 것이다.

(1787년과 1790년에 제작된 지도에 나타난) 마르세유에서 거리 이름 시스템은 이보다 앞서갔다. 마르세유의 9개 해안로 이름 가운데 5개가 도팽(Dauphin, 세자-옮긴이), 무슈(Monsieur, 나리·씨 등을 의미-옮긴이), 후작(Marqatuis), 칼론(Calonne), 브르퇴유(Breteuil) 등과 같은 "근대적인" 이름을 지니고 있다. 17개 광장 가운데는 도핀(Dauphine, 세자빈-옮긴이), 노아유(Noailles) 등과 같은 광장 이름도 눈에 띈다. 이러한 "근대적인" 이름은 마르세유 전체 거리 이름 가운데 3%를 넘지 않았다. 그러나 중요한 것은 변화의 방향이다. 이러한 변화는 물론, 몰리에르 가, 코르네유 가와 라모(Rameau) 가로 둘러싸인 코메디 광장이 보여주듯, 파리의 영향에 기인한 것이다.

그러나 새로운 정신이 가장 넓게 터를 잡은 것은 낭트(Nantes)에서다. 이곳에서는 1760년부터, 특히 1780년부터 대대적인 공공 토목공사가 시작되었다. "혁명 직전 낭트는 거대한 작업장 같다. 어디서나 토목공사를 한다."[29] 물론 새로운 거리 이름은 논쟁거리였다. 논쟁은 주로 그라슬랭(Graslin) 구역을 중심으로 전개되었다. 이 구역은 그

28) 마르세유, 리옹, 보르도, 낭트, 툴루즈, 릴, 메스, 렌, 루앙과 랭스는 만족스러운 통계적 표본이 되는듯하다. 연대의 선택은 파리에서 입수한 기록에 의해 결정되었다. 여기서 참조한 모든 지도는 낭트를 제외하고 Département des cartes et plans de la Bibliothèque nationale, Paris에 수록되어 있다.

29) P. Lelièvre, *L'Urbanisme et l'architecture à Nantes au XVIIIe siècle*, thèse, Université de Paris, Nantes, 1942, p. 61. 나는 여기에 D. Rabreau, *Le Théatre et l'embellissement des villes de France au XVIIIe siècle*, thèse, Paris IV, 1977과 P. Bois, dir., *Histoire de Nantes*, Toulouse, Privat, 1977을 덧붙이고 싶다.

〈표 1〉 1770~1790년 사이 지방 도시들에서
국가적 명예 수여 제도에 따라 부여된 거리 이름

도시	지도 제작 연대	'명예로운' 이름들	비 고
툴루즈	1770년	왕가(王街), 귀족가(貴族街)	종교기관 이름을 딴 10개의 길
릴	1784년	앙주의 왕가, 세자가(世子街), 공주가(公主街)	전체 200개 길 가운데 교회 이름 14개, 수도원 이름 32개, 베네딕투스 수도원 4개 이름을 딴 거리 이름들
메스	1784년	왕교(王橋)	
렌	1787년	왕광장(王廣場)과 왕가, 세자가	
루앙	1789년	세자천(世子川)	성벽 밖에 있음
랭스	1790년	왕광장과 왕가	
리옹	1789년	루이 15세 광장과 루이르그랑 광장, 세자 광장과 세자가	230개 거리 이름 가운데 59개가 종교적인 이름
보르도	1791년	루이 16세 광장, 왕 광장, 세자 광장, 베리 광장,[30] 포르트드리숄리외 가, 베리 가	

30) F.-G. Parset, *Bordeaux au XVIIIe siècle*, Bordeaux, 1968, p. 565(C. Higounet, dir., *Histoire de Bordeaux*, t. V)는 베리 문(門)과 베리 가(街)는 왕세자의 아들의 이름을 지니고 있다고 주장했다. 한편 1754년의 이 프로젝트는 실현되지 못했고, 다른 한편 이 프로젝트를 입안했던 투르니(Tourny)는 그가 새롭게 건설한 도로에 프랑스 지방의 이름들을 붙이기를 좋아했다〔나는 이러한 정보를 알려준 크리스티앙 주오(Christian Jouhaud)의 우의에 사의를 표한다〕.

당시 프랑스에서 가장 독창적이고 매혹적인 도시계획 대상지 가운데 하나였다. 유명한 경제학자이자 1758년부터 낭트의 징세청부업자로 활동한 그라슬랭과, 불레의 제자이자 1780년 이래 낭트의 도로계획 입안자로 활동해 온 크뤼에는 파리에 있는 오데옹 광장을 모델로 삼아 새로운 거리 이름을 붙였다. 그라슬랭 극장과 광장 주변을 크레비용 가, 코르네유 가, 몰리에르 가, 라신 가, 볼테르 가, 장자크 루소 가, 그레세(Gresset) 가, 피롱(Piron) 가와 레냐르 가로 거리 이름을 붙였다. 이 계획은 수많은 난관을 극복해야 했다. 그러나 드디어 1788년에 이 구역은 도시로 통합됐다. 영국의 위대한 여행가 아서 영은 이에 대해 이렇게 지적했다. "코메디 구역은 웅장하다. 직각으로 난 모든 길들이 흰 돌로 포장되어 있다." 새로운 극장이 아서를 매료시켰음은 두말할 나위가 없다.[31]

프랑스에서 네 번째로 큰 도시이자 두 번째로 큰 항구인 낭트가 18세기에 비약적으로 발전했다는 것은 잘 알려진 사실이다. 다른 지방도시들에 비해 낭트가 "거리 이름에서 앞서간" 사실을 어떻게 설명할 것인가? 전문가들은 이 점에 대해 침묵하고 있다. 낭트는 다른 도시들에 비해 더 "근대적"이고 더 개화한 도시였는가? 이러한 가정을 확증해 주는 증거는 없다. 거리 이름의 이러한 혁신은 그라슬랭처럼 계몽사상에 영향을 받은 사람들의 업적으로 돌릴 수 있을 것이다. 극장 이름은 이에 대한 단서가 된다.[32] 파리에 있는 테아트르프랑세(Théatre-Français) 극장과 오페라코미크(Opéra-Comique) 극장, 마르세유에 있는 코메디 극장, 낭트에 있는 그라슬랭 극장 등은 모두가 '전국적인' 이름을 환기시킨다. 마치 국민의 영광과 여론이 문인집단과 그 대중적인 기관인 극장에 꼭 개입해야 하는 것처럼 말이다. 이러한 가정을 보강해 주는 것

---

31) A. Young, *Voyage en France en 1787, 1788 et 1789* (1792), trad. franç. H. Sée, Paris, 1954, p. 245 (22 septembre 1788), 극장에 대해서는 la veille, pp. 243~244 참조.

32) 이러한 암시를 해준 B. 르프티(B. Lepetit)에게 고마움을 표한다.

이 보르도에 있는 그랑좀(Grands-Hommes, 위인들-옮긴이) 구역이다. 이 구역에 있는 테아트르프랑세 극장 주변은 몽테스키외 가, 몽테뉴 가, 장자크 루소 가, 볼테르 가, 뷔퐁 가, 마블리 가와 콩디야크 가로 둘러싸여 있었다. 그러나 이 구역은 (1806년경) 제국시대에 건설된 것이고, 반면에 (1870년에 세워진) 보르도의 그랑테아트르 극장은 그 주변에 "근대적인" 거리 이름들이 없다. 낭트의 "사례"는 여전히 해명되지 않는다.

혁명기의 격변

수도원장 그레구아르는 공화력 2년 국민공회에 제출한 보고서에서 "새 정부가 세워지면 어떠한 폐습도 개혁의 칼을 피할 수 없다. 모든 것은 공화국에 맞게 개혁해야 한다. 〔…〕 애국주의는 거리 이름을 혁신하라고 명령한다"[33] 라고 말했다. 그러나 그레구아르가 자신의 의견을 표명하는 순간, 이미 "개혁의 칼"은 휘둘러졌던 터였다.[34] 사실 1790년 6월 22일부터 제헌의회는 파리의 48개 구역(*section*)에 있는 길들에 이름을 붙이는 문제에 관심을 갖기 시작했다. "위원회는 처음에는 구역 내에 유해가 잠들어 있는 명사들 이름을 따서 48개 구역의 이름을 붙이고 싶었다." 그러나 결국에는 중세적인 제도를 택했다. "위원회는 광장, 샘이나 대로 등의 이름을 따서 거리 이름을 붙이기로 결정했다."[35] 그러나 이것은 오래가지 못했다. 이러한 착상을 곧바로 폐기하고 새로운 접근을 할 필요가 있다는 의식이 형성되었다. 미라보의 장례식이

33) Abbé H. Grégoire, *op. cit.*, p. 3.

34) 혁명기 파리에 관해서 나는 P. Lacombe의 모범적 연구 "Les rues de Paris sous la Révolution", *Revue de la Révolution*, VIIe vol. 1er semestre 1996, pp. 101~111, 123~233, 280~291를 참조했다.

35) *Ibid.*, p. 103.

열리던 1791년 4월 4일 빌레트 후작은 자코뱅 클럽 회원들에게 다음과 같은 편지를 보냈다.

> 형제들과 친구들에게,
> 나는 실례를 무릅쓰고 내 집 모퉁이에 있는 비명을 '케 데 테아탱'에서 '케 드 볼테르'로 바꾸었습니다. 〔…〕 우리 곁에는 언제나 볼테르 같은 사람이 있을 것이고 테아탱[36] 은 결코 없을 것입니다. 나는 플라트리에르(Plâtrière)[37] 가에 사는 애국동지들에게 권합니다. 그들의 집 모퉁이를 장자크 루소라 이름을 붙이라고 말입니다. 예민한 감수성과 열정을 지닌 사람들은 이 길을 지나면서 루소가 이곳 4층에서 살았다고 생각하는 것이 중요합니다. 반면에 사람들이 옛날에 이 길에서 회반죽을 만들었다는 것을 아는 것은 그리 중요하지 않습니다.[38]

이러한 제안은 파리 시의회로부터 승인을 받았다. 시의회는 쇼세 당탱(Chaussée d'Antin) 가 — "미라보가 죽은 집이 자리한 거리"[39] — 를 미라보의 이름으로 대체하는 데 호의를 보였다.

혁명기 거리 이름 개명 작업에서 중요한 세 번째 단계는 1792년 10월부터 시작되었다. 이때 그루벨은 생트안(Sainte-Anne) 가를 엘베티우스(Helvetius) 가로 바꿀 것을 요구하고, "성인(聖人)들은 군주들보다 더 해롭다"[40] 하여 성인들의 이름을 딴 모든 거리 이름을 없앨 것을 제안했다. 이러한 제안은 1792~1794년간에 일어난 거리 이름 개명 운동의 큰 물결을 예고했다. 이 기간에 군주와 교회를 상기시키는 모든 거리 이름이 지도에서 말소되고 혁명적인 거리 이름으로 대체되

---

36) 〔역주〕 1524년 테아토의 주교가 수도자의 도덕성을 개혁하기 위해 창립한 '테아토 수도회의 수도자들'을 말한다.

37) 〔역주〕 '석고 세공인'을 의미한다.

38) *Ibid.*, p. 104.

39) *Ibid.*, p. 105.

40) *Le Moniteur universel*, 8 octobre 1972 ; M. Heid, *Les Noms des rues*, p. 198에서 인용.

었다. 루이 15세 광장이 혁명 광장으로, 콩티(Conti) 강변로가 통일 강변로로, 노트르담 다리가 이성의 다리로, 소르본 광장이 샬리에(Chalier, '자유의 순교자'－옮긴이) 광장으로 바뀌었다. 이러한 과정에서 거리 이름이 얼토당토않게 바뀐 경우도 있었다. 예컨대 16세기 말 한 제빵업자의 이름을 딴 오노레 슈발리에(Honoré-Chevalier) 가가 1793년에 오노레 에갈리테(Honoré Égalité, '에갈리테'는 '평등'을 뜻한다－옮긴이) 가로 바뀐 것이다. 거리 이름이 불합리하게 바뀐 이런 예들은 더 많이 제시할 수 있다. 그렇지만 바람직하게 바뀐 거리 이름도 많았다.

물론 혁명은 거리 이름의 역사에서 가장 화려한 한 페이지를 장식했다. 이러한 거리 이름의 이념적 역할, 특히 교육적 역할을 이보다 더 첨예하게 인식한 경우는 없었다. 옛날 미온적으로만 실행하던 거대한 무관심에서 이제는 호전적인 접근으로 돌변했다. 혁명가들에게 거리 이름은 선전의 수단이요, 복수의 도구요, 처벌의 무기 구실을 했다.

그러나 이러한 거리 이름 바꾸기가 실제로 얼마나 광범위하게 일어났는가? 에드는 1794년 파리에 있는 약 900개의 거리 이름 가운데 53개(6%)만이 이름이 바뀌었다고 주장한다. "이것은 쥘 쿠쟁이 주장한 바와 같은 '총체적 격변'(*bouleversement général*)과는 거리가 멀다"[41]는 것이다. 에드는 사실을 축소했다. 프랑클랭의 (매우 불완전한) 목록을 따른다 하더라도[42] 이름이 바뀐 길의 숫자는 73개다. 그러나 프랑클랭은 이유를 밝히지도 않은 채 파리의 간선도로들을 계산에 넣지 않았다. 결과적으로 26개의 광장 가운데 16개가, 30개의 강변로 가운데 9개가, 12개의 다리 가운데 5개가, 2개의 사거리와 한 개의 대로가, 즉 전체의 47%가 혁명기에 이름이 바뀌었다. 더군다나 1793년 48개 구역 가운데 32개 구역이 공화국 체제에 맞게 개명되었다(이리하여 "중세

41) M. Heid, *op. cit.*, p. 201 ; J. Cousin, *op. cit.*, p. 8.

42) A. Franklin, "Les rues", *La Vie privée d'autrefois*, Paris, 1901, t. XXV, pp. 71~80.

방식으로 이름 짓기로 한" 1790년의 결정이 철회된 것이다).

따라서 혁명기의 이러한 거리 이름 바꾸기를 두고 "총체적 격변"이라 표현한 쿠쟁의 지적은 옳다. 그러나 그가 "광기"(*manie*)라고 표현한 것은 옳지 않다 — 에드도 쿠쟁과 같은 표현을 사용한 반면, 프랑클랭은 "광풍"(*vent de folie*)이란 표현을 사용했다. 혁명기에 거리 이름 바꾸기가 비록 "지나치거나" "터무니없게" 이루어진 경우도 있지만 매우 일관된 논리를 따랐기 때문이다. 우리는 그것의 고유한 논리를 드러내기만 하면 된다. 이러한 논리의 핵심은 변화의 폭과 특히 방향에 있다. 거리 이름을 연구하는 사람들은 변화의 가속적 리듬에만 촉각을 곤두세운다. 라콩브가 그랬다. 그는 이렇게 썼다. "1792년부터 거리 이름 바꾸기의 광기와 총체적 격변이 극단으로 치닫기 시작했다."[43] 부분적 진실을 담은 이러한 지적은 더 깊은 다른 진실을 드러내 주지 못하고 있다. 혁명기의 변화는 양적이라기보다는 질적인 것이다. 이러한 변화는 "혁명은 명예 수여 시대로부터 이데올로기 시대로의 전환이다"라는 한마디 말로 요약될 수 있다. 1791~1792년간의 첫 단계에서는 미라보, 볼테르, 루소, 카시니(Cassini), 뷔퐁(Buffon), 프랭클린, 세뤼티(Cerutti), 엘베티우스, 카티나(Catinat), 마블리와 라파예트를 축성하고, 두 번째 단계에서는 인간의 권리, 화합(*Réunion*), 법, 이성, 상퀼로트를 축성했다. 1792년 말에서 1794년 사이에 혁명의 순교자들인 마라와 샬리에 두 사람만이 축성되었다. 뿐만 아니라 미라보 로(路)가 몽블랑 로로, 라파예트 로가 (1792년 12월) 사회계약 로로 바뀌었다. 이러한 방침은 "금지된 이름, 성인들의 이름〔과〕 살아 있는 사람들의 이름을 담고 있는 거리표지들"[44]을 제거하기로 결정한 1793년 초 파리코뮌의 명령으로 강화되었다. 이것은 거리 이름 붙이기의 역사에서 20세기까지 지속된 독특한 조치였다.[45] 요컨대 혁명은 이름

43) P. Lacombe, *op. cit.*, p. 105.

44) *Ibid.*, p. 229.

45) 파리 시의회는 1904년 "5년 이전에 사망한 사람의 이름을 거리 이름으로 사용

을 거부하고 이상을 택했던 것이다.

1790년 〈르모니퇴르 위니베르셀〉(*Le Moniteur universel*, 세계 신보)[46]은 여전히 이렇게 썼다. "위대한 사람들의 이름을 따서 붙여진 파리의 거리 이름들은 영광의 기념비가 될 것이며 다른 시민들이 흉내 내고 싶은 모델이 될 것이다."[47] 이때는 연속 속에서 개혁이 시도된 시대였다. 그러나 과거에 속했던 모든 것은 혁명이 과격한 양상을 띠면서 의심을 받게 되었다. 위인들과 심지어는 혁명의 선구자들까지도 불가피하게 앙시앵 레짐의 때를 지니고 있다고 여겨졌다. 이상적인 것은 '백지 상태'(*table rase*), 즉 역사의 "영점지대(*point zéro*)로서의 혁명의 표상"[48]이었다. 유일하게 중요시된 기억은 미래를 위한 기억, 달성해야 할 목표와 수행해야 할 임무에 대한 기억이었다. 이것은 혁명이 발미(Valmy) 전투와 제마프(Jemmapes) 전투 같은 자체의 혁혁한 공적을 기리지 않는 이유를 이해하는 데 도움이 된다. 나중에 이러한 일을 떠맡게 된 것은 과거에 대한 향수를 지닌 1830년 혁명이다. 그리하여 우리가 만약 1793~1794년에 파리 주변 길들을 산책했다면 역사강의가 아니라 시민강좌를 듣고 있는 느낌을 갖게 될 것이다.

할 수 없다"는 결의를 했다. 이것은 에밀 졸라의 이름을 따서 거리 이름을 붙이는 것을 막기 위한 것이었다(M. Heid, *op. cit.*, p. 220). 그러나 파리 시는 계속해서 윌슨 대통령(1918년)이나 페탱 원수(1929년)처럼 살아 있는 사람들을 기념했다. 이러한 실패를 계기로 내무장관 모리스 슈만(Maurice Schuman)은 1948년 4월 2일 다음과 같은 법령을 공표했다. "내무부는 살아 있는 외국인이나 내국인을 공개적으로 찬양할 목적으로 거리와 광장 이름을 붙이는 행위를 규제할 것이다"(*Ibid.*, p. 221).

46) 〔역주〕 프랑스혁명기 혁명정부를 대변한 기관지.

47) *Le Moniteur universel*, 27 juin 1970; P. Fleurot, "Rapport concernant la dénomination de quelques voies de Paris", *Rapports et documents du conseil municipal de Paris*, n° 50, 1912.

48) Bronislaw Baczko, *Les Imaginaires sociaux: memoires et espoirs collectifs*, Paris, Payot, 1984, p. 118.

이러한 시도가 파리에서만 일어난 것은 아니다. 이것은 당연한 사실이다. 혁명은 거의 모든 프랑스 도시들에 있는 거리 이름에 영향을 미쳤기 때문이다. 거리 이름 변화의 비율은 파리보다는 지방도시가 훨씬 더 높았다. 마르세유에서는 길의 3분의 1(600개 길 가운데 200개)이, 46개 광장 가운데 27개가, 4개 해안로 가운데 2개가 이름이 바뀌었다.[49] 루앙에서는 "1794년 초에 대부분의 길과 광장에 우스꽝스런 혁명적인 이름들이 붙여졌다"[50]고 1819년 페로는 썼다. 랭스에서는 "1789년 혁명으로 거리 이름 지도가 확 바뀌었다".[51] 툴롱 시의회는 공화력 2년 포도의 달(vendémiaire) 2일, 한 회기 만에 70개의 거리 이름을 바꾸었다.[52] 보르도는 줄잡아 90개의 거리 이름을 바꾸었다.[53] 1793년 12월 29일 생테티엔의 대부분의 길과 광장의 이름이 바뀌었다.[54] 1795년에 발간된 낭트의 지도는 철저하게 '정화된' 도시의 모습을 보여준다.[55] 이러한 단절을 가장 웅변적으로 보여주는 것은 앙시앵 레짐기에 착상된 거리 이름 관련 논고의 제목과 혁명기에 착상된 거리 이름 관련 논고의 제목 사이의 단절이다. 수도원장 테세랑은 1754년에 《파리 지도 해설 사전과 프랑스 왕국 지도》(*Géographie parisiènne en forme de dictionnaire contenant l'explication de Paris mis en carte géographique du royaume de France*)라는 제목으로 책을 출간했고, 1794년 그레구아르는 《공화국의 모든 코뮌에 있는 광장·길·강변로의 지명 부여 시스템》(*Système de dénominations topographiques pour les*

49) *Tableau des noms anciens et nouveaux des premenades ... de la ville de Marseille*, Marseille, 1820.

50) P. Peraux, *Dicionnaire indicateur des rues et places de Rouen*, Rouen, 1819(이 연도는 음조를 설명해 준다), p. X.

51) G. Quentin, *op. cit.*, p. 184.

52) 툴롱 시립고문서 D 10(fol. 136v°).

53) M. Bernadau, *Le Viographe bordelais*, Bordeaux, 1844, pp. 42~46.

54) A. Vallet, *op. cit.*, p. 146.

55) Coulon, "Plan de la ville de Nantes", an II.

places, rues, quais... de toutes les communes de la République) 이라는 책을 출판할 계획이었다.[56]

"어떠한 폐습도 개혁의 칼을 피할 수 없다"는 것이 프랑스의 3,200개 코뮌이 수도원장 그레구아르와 공유했던 감정이었던 것 같다. 이 코뮌들은 퓌게르의 《프랑스 코뮌들의 혁명적 이름들》(*Noms révolutionnaires des communes de France*)에 따라 자체의 이름을 공화국에 맞게 바꾸었던 것이다. 이 코뮌들 중 120개 코뮌이 '산악'(*Montagne*), 60개 코뮌이 '통합'(*Union*)과 '통일', 20개 코뮌이 '평등', 21개 코뮌(이 숫자는 지나치게 과소평가되었다[57]) 이 '마라'라는 새로운 이름을 택했다 — 반면에 볼테르와 루소라는 이름을 택한 코뮌은 각각 1개씩이었다. 예컨대 포르루이(Port-Louis, '루이의 문' - 옮긴이) 가 포르리베르테(Port-Liberté, '자유의 문' - 옮긴이) 로, 콩데가 노르리브르(Nord-Libre, '자유스런 북프랑스' - 옮긴이) 로, 생로랑이 맹리브르(Main-Libre, '아무런 구속이 없는 상태' - 옮긴이) 로, 생타마르(Saint-Amard) 가 리브르발(Libre-Val, '자유로운 계곡' - 옮긴이) 로, 뇌비르루아(Neuvy-le-Roi, 왕의 면소재지 뇌비 - 옮긴이) 가 뇌비르루아(Neuvy-le-Loi, 법의 면소재지 뇌비 - 옮긴이) 로 바뀌었다. 거리 이름 또한 혁명적 영웅들에게 경의를 표했다. 예컨대 몽드마르상이 몽드마라(Mont-de-Marat, '마라의 산' - 옮긴이) 로 바뀌었다.

이러한 거대한 민중적 감정의 파도를 혁명의 연대적 · 이데올로기적 맥락 속에 정확하게 자리매김할 수 있기를 바라는 사람도 있을 것이다. 불행하게도 퓌게르의 거리 이름 목록은 거리 이름을 새롭게 바꾼 날짜

---

56) 파르테네(Parthenay)의 경우는 그것이 "공화국의 모든 코뮌"과 관계가 있음을 입증해 준다. 방데 지방에 있는 이 소도시는 1794년 2월 21일 39개의 길, 광장, 문과 면의 이름을 바꾸었다. 이에 대해서는 P. Arches, "Noms de rues et vie politique à Parhenay, 1794-1941", *Bulletin de la société historique et archéologique "Les Amies des antiquité de Parthenay"*, 1980, pp. 26~27 참조.

57) Paris, 1901. 이 숫자는 과소평가되었다. 그것은 '통합', '평등'과 '볼테르'로 '시작되는' 이름들만을 고려했기 때문이다.

도 옛 이름으로 복귀시킨 날짜도 적시하지 않았기 때문에 이러한 바람을 허망하게 만든다. 이러한 파도가 1793~1794년간의 "이념"의 시대와 연관이 있다는 것을 암시하는 세 개의 지표가 있다. 먼저 코뮌들이 채택한 이름 유형은—마라를 제외하고—영웅적이기보다는 이데올로기적이었다. 다음으로 80개 코뮌이 이름을 바꾼 정확한 날짜를 우편제도의 역사가 르장드르 덕택에[58] 알 수 있게 되었다. 그의 책에 수록된 80개의 소인(消印) 가운데 3개가 1792년으로 찍혀 있는 반면 나머지 77개가 1793~1794년으로 찍혀 있었기 때문이다. 마지막으로 "자코뱅에 의해 거리 이름이 혁신되었다는 가설"은 지방도시들에서 거리 이름을 바꾼 날짜를 통해 확증되었다. 사실 1793년 이전에는 지방에서 거리 이름 바꾸기 열풍이 없었다. 1793년 이전에 붙여진 새로운 이름들을 조사해보면, 랭스에서 조사된 22개 거리 이름 가운데 하나만이 장 자크 루소라 붙여졌다. 마르세유에서는 200개 길 가운데 약 50개만이, 생테티엔에서는 18개 가운데 6개만이 이름이 있었다. 위인들이 새로운 도시풍경을 지배한 것은 낭트에서뿐이다. 10명의 화가들, 20명의 작가들, 7명의 지식인들, 1명의 음악가와 10명의 옛 영웅들 같은 위인들 말이다(이 때문에 1795년의 낭트는 프랑스 더 나아가서 세계의 모든 도시들 가운데 가장 '근대적인' 도시, 즉 오늘날의 시스템에 가장 근접한 도시가 되었다).

프랑스혁명은 근대의 위대한 발견들 가운데 하나를 가능케 했다. 즉 모든 의미론은 정치적일 수밖에 없고, 우리의 언어적 환경은 이데올로기적으로 막대한 영향을 끼치며, 더욱이 이러한 환경은 조작가능하다는 것이다. 그리하여 프랑스혁명은 근대적 형태의 매스 미디어와 선전을 위한 토대를 다져 주었다. 1792년 8월 18일 내무부에 선전을 전담하는 정신국(Bureau d'Esprit)[59]이 신설되었다.

---

58) *Les Noms révolutionnaires: histoire postale des localités débaptisée sous l'influence jacobine*, Paris, 1974. 이 연구의 제목은 웅변적이다.

59) Br. Baczko, *op. cit.*, p. 54.

거리와 광장의 이름은 언어를 통한 사상교육의 한 측면에 불과하다. 프랑클랭이 다음과 같은 짓을 조롱한 것은 잘못이다. 즉 그는 "르루아(*Leroi*, 왕-옮긴이), 르뒤크(*Leduc*, 공작-옮긴이), 르콩트(*Lecomte*, 백작-옮긴이)라 불리는 사람들이 시투아이앵 디주(*Citoyen Dix-Août*, 8월 10일 봉기의 시민-옮긴이), 시투아이앵 에갈리테(*Citoyen Égalité*, 평등한 시민-옮긴이), 시투아이앵 라몽타뉴(*Cityoyen La-Montagne*, 산악파 시민-옮긴이)와 같은 이름을 택한 것"이나, "'독실한 기독교신자들'(*bon-Chrétiens*)의 배술〔梨酒〕을 '열렬한 공화주의자들'(*bon-républicains*)의 배술로 바꾼 음식점 메뉴판"[60]을 조소했던 것이다. 잘못을 저지르긴 라콩브[61]도 마찬가지다. 그는 "아나카르시스(6세기 스키티아 출신의 철학자-옮긴이)라는 이름을 택하고 현인이라 자처했던 프로이센 사람 장밥티스트 클로츠(프로이센 출신의 혁명가-옮긴이),[62] 가이우스 그라쿠스(로마 공화정 말기의 민중파 정치가-옮긴이)라고 개명하고 자신을 위대한 정치가라 자처했던 바뵈프(프랑스혁명기 공산주의자-옮긴이), 아낙사고라스(고대 그리스의 철학자-옮긴이)라는 별명을 채택한 추잡한 쇼메트(프랑스혁명기 정치가-옮긴이), 자신의 개인 이름을 엘뢰테로필이라 바꾸면서도 자신의 지식에도 철학에도 아무런 보탬을 주지 못했던 학자 밀랭을 조롱했던 것이다. 이들 두 저자는 전혀 다른 현실에 제3공화국('조용한 혁명')의 관점을 다음과 같이 들이댔다. "혁명적 상징에서 알다가도 모를 혁명의 투명하고 순수한 장식만을 본다면 혁명적 상징의 영향력을 잘못 이해하는 것이 될 것이다. 혁명적 상징의 레퍼토리의 발견과 전파, 이러한 새로운 상징의 이식, 그리고 옛 상징에 대한 투쟁 등은 중요한 혁명적 '행위들'이다."[63]

---

60) A. Franklin, *op. cit.*, p. 65.

61) P. Lacombe, *op. cit.*, p. 291.

62) 게다가 클로츠는 이러한 그의 새로운 이름 아래 다음과 같은 충격적인 말을 했다. "공화국은 공공여론을 조성케 해주는 재료의 배타적 거래권을 보장받아야 할 것이다." Br. Baczko, *op. cit.*, p. 54에서 인용.

무관심에서 민족주의적 반혁명으로(1794~1815)

미슐레는 그의 저서 《프랑스혁명사》(*Histoire de la Révolution française*)를 테르미도르 반동으로 끝을 맺었다. 거리 이름 혁명의 역사에 관한 한 그는 정곡을 찌른 셈이다. 공화력 3년 이후에 거리 이름을 붙이는 주도자가 더는 존재하지 않게 되었으며, 각별하게는 이데올로기적 상징의 모든 비전이 사라졌다. 무관심의 소산인 우연이 다시 지배적이 되었다. 그렇지만 혁명적 유산은 끈질기게 존속했다. 이 유산을 완전히 지워 버리는 데는 3개의 연속적인 "반동들", 즉 테르미도르의 무관심, 나폴레옹의 반혁명, 복고왕국의 형식주의가 필요했다.

거리 이름을 연구하는 사람들은 프랑스혁명에 매료된다. 그것은 나름대로 이유가 있다. 그들은 총재정부에 전혀 관심이 없다—충분한 이유도 없이 말이다.[64] 이념이 지배했던 체제는 옛 이야기가 되었다. 오늘날 프랑스 도시에서 '평등' '사회계약' '이성'이나 '폭군증오'(1793년 보르도에서 사용된 거리 이름) 등을 뜻하는 거리 이름을 사용하는 경우는 극히 드물며, 있다 하더라도 혁명과 아무런 관계가 없는 맥락에서 사용되고 있다. 그 결과로 1985년에 '혁명'이라는 말은 프랑스의 95개 도청소재지(*préfecture*) 가운데 여섯 곳에서만 거리 이름으로 사용되고, 반면에 미국 대통령 케네디는 49개 도청소재지에서 거리 이름으로 사용되었다. 프랑스혁명이 거리 이름 역사에 지속적인 기여를 한 분야가 하나 있으니, 그것은 다름 아니라 1791년에 창안하여 1793~1794년에 일반화한 정치적 목적의 개명(改名)이다. 이런 식의 개명을 제외

63) *Ibid.*, p. 47. 흥미로운 것은 모든 것을 말소시키고자 하는 다른 문화혁명, 즉 이스라엘 국가가 된 유대인의 문화혁명은 계속해서 이와 비슷한 방법을 사용했다는 점이다. 수십만 명의 사람들이 히브리식으로 이름을 바꾸어 디아스포라의 영향을 과도하게 반영했던 것이다. 그것은 자발적으로 이루어지기도 하고 정부의 사주 아래 이루어지기도 했다.

64) M. 에드(M. Heid) 만이 총재정부에 10줄을 할애했다(*op. cit.*, 205).

한다면 현대는 혁명과 더불어서가 아니라 그 후의 테르미도르 반동과 더불어 시작된다.

폭풍우가 지나가자 평온과 무기력이 지배했다. 파리에서는 주도적으로 거리 이름을 바꾸려는 사람들이 거의 없었다. 1795년에는 '화합'(*Concorde*)이 '혁명'을 대신했다(사형제를 법으로 폐지했다).[65] 1796년에는 키베롱(Quiberon)과 오슈(Hoche) 같은 거리 이름들이 출현했다. 그 당시 언론들이 '길'에 대해서 언급할 때 그들이 관심을 가졌던 것은 거리 이름이 아니라 교통·안전·위생 같은 것들이었다.[66]

그러나 파리의 이러한 현상을 '무기력'이라고 말하는 것은 잘못이다. 그것은 미래를 위해 중요한 '국가주도 시스템의 붕괴'라는 현상을 드러내주지 못하기 때문이다. 자코뱅 덕택에 거리 이름 부여의 통일성을 발견했던 프랑스는 테르미도르 주동자들과 더불어 그것을 다시 상실했다. 각 코뮌은 스스로 알아서 거리 이름을 붙이는 자유를 다시 획득했다. 루앙에서는 "1795년 한 해 동안 길과 광장이 몇 개를 제외하고 전부 옛 이름으로 돌아갔다".[67] 마르세유에서 공화력 3년 꽃의 달(floréal) (1795년 5월) 26일 시의회는 "거리 이름을 옛 이름으로 환원하는 조치"를 결의했다—이것은 불완전한 조치였는데, 이 조치가 있은 후 10년 뒤에 "혁명기 동안 지어진 거리 이름과 기념비적 건물의 이름을 말소하는 위원회를 임명하기로"[68] 결정했기 때문이다. 툴롱에서는 혁명적인 거리 이름이 1795년에서 1797년 사이에 사라졌다.[69] 반면에 보르도에서는 1804년의 시 지도에 혁명적 거리 이름들이 남아 있었다—그러나 베르나도는 혁명적 거리 이름들이 1801년에 사라졌다고 주장한다.[70] 마지막으로 파리는 총재정부 시절에도 혁명적 거리 이름들

---

65) P. Lacombe, *op. cit.*, p. 288.

66) A. Aulard, *Paris pendant la réaction thermidorienne*, Paris, 1902.

67) P. Peraux, *op. cit.*, p. X.

68) 마르세유 시립고문서 série I D, fol. 125 ; série 30, fol. 54~65.

69) 툴롱 시립고문서 série D 14, fol. 215.

을 거의 그대로 보존하고 있었다. 더욱이 이러한 무정부상태에서 코뮌들이 필짱민 끼고 있었던 것은 아니다. 1796∼1797년부터 옛 이름으로 돌아가는 코뮌들도 있었고, 우리가 후에 살피겠지만 이보다 더 나중에 옛 이름으로 돌아가는 코뮌들도 있었다. 거리 이름을 붙이는 데서 앙시앵 레짐기의 특징은 일관성이 결여된 것이었는데, 이것이 부활하여 오랫동안 지속된다.

역사가들은 그다음 시대를 이렇게 즐겨 요약한다. “제국은 아우스터리츠(Austerlitz), 예나(Iéna), 울름(Ulm)[71]이라는 거리 이름으로 전승(戰勝)을 자축했다.”[72] 또한 “제국은 정치적 이름들을 전승지의 이름들과 전사한 장교들의 이름으로 대체하길 좋아했다”.[73] 사실 당시에 가장 두드러진 모습은 장교와 전투의 이름들이 파리에 침투한 것이다. 그러나 이것이 나폴레옹의 거리 이름 정책의 전부는 아니다. 결코 그렇지 않다.

1798년부터 거리 이름에 대한 관심이 부활했다. 예컨대 공화력 7년(1798년) 눈의 달 9일자 센 도의 결정은 “이탈리아 정복자의 집이 위치해 있는 샹트렌(Chantereine) 가는 이제부터 ‘뤼 드 빅투아르’(rue de victoire, 승리의 거리-옮긴이)라 불릴 것이며, 〔…〕 그리하여 ‘뤼 드 빅투아르’는 보나파르트의 주소가 될 것”[74]이라고 규정했다. 이처럼 의기양양한 공화국의 패기는 그해 새롭게 붙여진 다른 거리 이름들, 즉 망투(Mantoue, 이탈리아 북부에 있는 도시 만토바의 프랑스어 표기-옮긴이), 시잘핀(Cysalpine, 알프스 산 남쪽-옮긴이), 바타브(Batave, 저지대에 세운 프랑스의 괴뢰공화국-옮긴이), 알프스와 오슈 가 등에서

70) M. Bernadau, *op. cit.*, p. 42.

71) 〔역주〕 1805년 10월 20일 나폴레옹이 오스트리아군에 승리한 독일 지명.

72) J. Hillairet, *op. cit.*, p. 38.

73) J. Cousin, *op. cit.*, p. 9.

74) P. Lacombe, *op. cit.*, p. 289.

도 볼 수 있다. 그러나 그것이 다는 아니었다. 〈라클레 뒤 카비네〉(*La Clef du Cabinet*)는 공화력 7년 비의 달(pluviôse) 12일(1799년 1월 31일)자 기사에서 "대부분의 파리 거리 이름을 바꿀 필요"가 있다고 지적했다. 그리고 중앙사무소(Bureau central)는 1799년 6월 센 도에 "공익을 위한 조치로서 거리 이름들을 우리의 승리들을 환기하는 이름들과 공화국을 빛낸 위인들의 이름으로 대체할 것"[75]을 제안했다.

거리 이름을 바꾸는 일이 재개되었다. 그러나 그 동기('공익정신' 즉 행정효율성)와 이념적 착상(앙시앵 레짐을 말소하는 것보다는 공화국을 강화하는 것)은 혁명적 '선조들'의 그것과는 전혀 달랐다.

첫 단계에서 보나파르트가 채택한 두 개의 주요이념은 자신을 혁명의 관리인, 특히 계승자로 소개하는 것이었다. 그는 자신과 혁명적 유산과의 관계가 모호했으므로 아주 신중하게 일을 추진하지 않으면 안 되었다. 그래서 그는 그러한 제약을 인정하면서도 자신의 고유한 생각을 포기하지 않았다. 그의 전략은 단순했다. 혁명적 정책을 되살리되 그 차원만 '민족주의'로 바꾸는 것이었다. 그렇게 함으로써 그는 '인민' '민족' '통일' '애국심', 요컨대 '프랑스'를 그토록 찬양했던 선배들의 기획을 계속 이어갔던 것처럼 보였다. 그러나 그가 실제로 채택한 것은 이와는 정반대였다. 우선 1793~1794년 사람들에게 민족적인 것은 사회적인 것과 구별되지 않았기 때문이다. 특히 혁명적 민족주의는 '비역사적'이었다. 민족의 위인들과 위대한 시대들을 찬양하는 것은 그것들을 만들거나 적어도 탄생시켰던 맥락, 예컨대 앙시앵 레짐을 찬양할 위험성이 있었기 때문이다. 따라서 혁명가들이 채택한 민족주의는 '추상적' 성격이 농후했다.

나폴레옹 보나파르트에게 그러한 민족주의는 상상할 수도 없는 것이었다. 그가 보기에 민족은 그것의 역사와 분리되지 않았기 때문이다. 그는 현재, 특히 자신의 시대에 대한 예찬은 불가피하게 과거에

75) A. Aulard, *op. cit.*

대한 추념을 수반할 수밖에 없다는 것을 충분히 납득하고 있었다. 과거는 민족적 정통성을 위한 족보요 온상이었다. 물론 그는 그의 측근과 공적을 전면에 내세웠지만, 그것에 역사적 의미를 부여하기 위해 그것을 과거의 배경 속에 배치하고 싶어 했다. 따라서 통령으로서 그리고 황제로서 그의 거리 이름 정책을 오로지 그의 장군들과 승리들을 미화하기 위한 방책으로만 보는 것은 잘못일 것이다.

그렇지만 우리는 군사분야와 전투부터 다루도록 하자. 보나파르트 시대 이전, 파리에는 프랑스의 군사적 영광을 기리기 위한 목적으로 퐁트누아(Fontenoy)[76] 광장(1770년) 하나밖에 없었다. 통령정부(Consulat)와 제국은 이러한 공백을 20개에 달하는 광장·강변로·가로로 아낌없이 채웠다. 이러한 공간에는 무엇보다도 플뢰뤼스(Fleurus, 벨기에에 있는 도시－옮긴이), 헬더(Helder, 네덜란드에 있는 항구－옮긴이), 로디(Lodi, 북이탈리아에 있는 도시－옮긴이), 몬도비(Mondovi, 알프스 산 남쪽에 있는 이탈리아 도시－옮긴이)와 마렝고(Marengo, 이탈리아에 있는 지방－옮긴이)라는 지명이 붙여졌는데, 이 모든 지명은 1798년에서 1800년 사이에 치러진 나폴레옹의 승전지로 그의 승리를 추념하는 의미를 함축하고 있었다. 그러나 또한 1750년 영국군에 대한 리슐리외 공작의 승리를 기리는 포르마옹(Port-Mahon) 가도 있었다. 이와 같이 현재와 과거를 병렬시키는 경향은 전쟁영웅의 경우에 더욱 두드러졌다. 1798년 이전 파리에 의해서 추념된 전쟁영웅들—쉬프랑(Suffren), 보방, 마티뇽, 라모트피케(La Motte-Piquet)와 오슈—에다가 나폴레옹은 30명의 전쟁영웅들을 부가했다. 이 가운데 3분의 2는 그의 전우였다. 그러나 나머지 3분의 1은 슈베(Chevet), 로벤달(Lowendal), 투르빌(Tourville), 빌라르(Villars), 아사스(Assas) 등과 같은 앙시앵 레짐기 영웅들이었던 것이다!

이상에서 살펴본 것처럼, 1779년 시작되었지만 실제로는 시행되지 않다가 1791년에 잠시 채택되었던 국가적 명예 부여 제도는 결국 나폴

76) 〔역주〕 1745년 오스트리아 왕위계승전쟁에서 프랑스의 원수 삭스 장군이 영국과 네덜란드 군에 승리를 거두었던 벨기에의 한 코뮌 이름.

레옹에 의해 확고하게 정착했다. 그러나 그의 프랑스사 인식은 여전히 선별적이었다. 그가 파리의 길들에 각인시킨 역사의 증인들은 데카르트와 몽테스키외 등 작가 6명과, 특히 보쉬에, 페늘롱, 마시용과 부르달루(1805년경) 등과 같은 위대한 설교가 4명뿐이었다.

이와 같이 보나파르트의 거리 이름 정책은 놀랍게도 혁명기의 그것과 동일한 논리를 따르고 있다. 그러나 혁명가들은 옛 거리 이름을 파괴하고 새로운 거리 이름을 구축한 반면, 보나파르트는 혁명적 전통의 "계승"이라고 자처하는 자신의 독특한 체계를 정착시킬 수밖에 없었다. 그러고 나서 그는 파괴작업에 착수했다. 따라서 그는 4년(국가주의적·군사주의적 거리 이름으로 가득한 4년)을 기다린 뒤 노골적으로 반동적인 조치를 취하기 시작했다. 1801년 7월 정교협약을 체결하고 난 뒤부터 옛 거리 이름들에 '생'(*saint*) 또는 '생트'(*sainte*)라는 수식어를 부활시켰던 것이다. 그러나 이러한 부활은 아주 조용하게 수행되었다. 보나파르트는 프랑스인들이 받아들이기를 거부했던 혁명기의 혁신들 중의 하나를 복원했다. 특히 이러한 복원의 이유는 매우 현실적이었다. 예컨대 "'영혼'에 관한 책에 익숙하지 않고 라틴어 어미로 착각한 삯마차의 마부들은 흔히 생엘베티우스(Saint-Helvetius)[77]〔옛 이름은 생트안(Sainte-Anne)〕가를 운위한다고 한다."[78] 〈프랑스 신문〉(*La Gazette de France*)의 공화력 10년 씨앗의 달(germinal) 24일(1802년 4월 14일)자 기사의 풍자는 이보다 더 신랄하다.

> 파리의 길들이 앞에 '생'(*saint*)이라는 말이 붙은 옛 거리 이름으로 복귀할 예정이라고 가정해 보자. 이것은 재미있는 일화를 상기시켜 준다. 성인들(*saints*)이 추방되어 있던 시절에 '생드니'(Saint-Denis) 가에 살

77) 〔역주〕 엘베티우스(Helvetius)가 성인이 아님에도 -us라는 라틴어 남성어미가 달렸다 하여 남성 성인을 의미하는 saint이라는 말을 붙인 것을 꼬집는 말.

78) L. de Lanzac de Laborie, *Paris sous Napoléon*, Paris, 1914, M. Heid, *op. cit.*, p. 202에서 인용.

고 있던 한 주민이 한 순찰대한테 어디에 살고 있냐는 검문을 받았다. 그는 "난 생(Saint) 가에 살고 있습니다"라고 대답했다. 그 경찰은 "'생'이 아냐"라고 잘라 말했다. 그래서 나는 "무슨 '드'(De…) 가에 살고 있습니다"라고 말했다. 그러자 그는 "'드'도 아냐!"라고 쏘아붙였다. 그래서 나는 "맞아요. 나는 '니'(Nis) 가에 살고 있어요"라고 대답했다. 대화가 계속 이어졌더라면 생드니 가는 완전히 사라졌을 것이다.[79)]

지방 도시들에서 '생'(*saint*)이 삭제된 거리 이름은 이와 비슷한 반응을 빚어냈다. 그리하여 생테티엔에서는 거리 이름 앞에 '생'을 삭제한 적이 없었고,[80)] 루앙과 툴롱에서는 1795년부터 거리 이름 앞에 '생'을 부활시켰다. 이와 같이 보나파르트의 거리 이름 정책은 이념적인 도전이라기보다는 효율적인 행정조치로 보일 수 있었다.

나폴레옹은 4년 남짓 기다렸다가 결정적 타격을 가했다. 그것은 말하자면 최후의 일격이었다. 장군과 전투의 이름이 즐비한 도시에서는 혁명적 제도가 거의 시대착오처럼 비쳤다. 1806년에는 공화력과 모든 혁명적 슬로건들이 동시에 사라졌다. 서리의 달, 씨앗의 달, 자유, 평등, 인간의 권리, 상퀼로트, 보네루즈(Bonnet-Rouge)[81)]가 3월, 4월, 베튄(Béthune)(쉴리에 걸맞은 영예를 추모하여),[82)] 렌드옹그리(Reine-de-Hongrie), 루아드시실리(Roi-de-Sicile), 기사르드(Guisarde), 크루아루즈(Croix-Rouge)로 바뀌었다. 볼테르, 루소, 카티나(Catinnat) 등처럼 수용가능한 역사적인 이름들만이 이러한 대대적인 숙청의 와중에도 살아남았다(그 직후 파리의 각 지구에서 혁명 이전의 이름들이 복권되었다).[83)]

---

79) A. Aulard, *op. cit.*에서 인용. 〈프랑스 애국자〉(*La Patriote français*)지의 기사처럼 "우리의 거리 이름에서 성인의 이름을 떨쳐버릴 때가 되었다"(공화력 7년 서리의 달 8일, 즉 1798년 11월 28일자 기사)라고 선언하는 것은 너무 순진한 생각임에 틀림없다. 바람은 다른 데서 불어오고 있었다.

80) A. Vallet, *op. cit.*, p. 147.

81) 〔역주〕 급진혁명가들이 쓰던 '붉은 모자'.

82) 〔역주〕 베튄은 쉴리의 고향이다.

83) 또는 더 정확하게 말하면 네케르의 제안에 따라 1790년에 채택된 이름들.

왕이며 제후며 귀족은 이러한 수정으로 제일 먼저 혜택을 보았다. 그러나 이 혜택은 균등하게 배분되지 않았다. 나폴레옹의 선택기준은 매우 명확했다. 그는 "역사적인" 이름들, 즉 클로도베우스, 클로틸드, 클로타리우스(이 세 사람은 신설된 나폴레옹 중등학교의 이름을 장식했다), 힐페리쿠스, 렌드옹그리, 루아드시실리, 매리스튜어트, 앙주, 콩데, 오를레앙, 무슈르프랭스(*Monsieur-le-Prince*) (콩데), 도팽(미래의 루이 13세), 쉴리 등처럼 루이 13세 이전의 조상들을 선택했다. 반면에 루이르그랑, 루이 15세, 루이 16세, 부르봉, 앙갱(*Enghien*), 루아얄(*Royale*), 무슈(*Monsieur*), 도팽처럼 좀더 "정치적인" 이름들은 1815년까지 기다려야 했다.[84]

이와 같이 지방을 제외하고 우연에 맡겨진 것은 아무것도 없었다. 랭스(1810년), 리옹(1810년)과 보르도(1804년, 1808년)의 지도는 제국시대 정책의 흔적을 보이지 않는다. 랭스와 리옹에서는 "종교적인" 이름들이 부활되었다. 보르도에서는 혁명적 이름들이 그대로 남아 있었다. 툴롱에서는 1798년부터 포도의 달(Vendémiaire) 13일, 아르콜(Arcole)[85]과 빅투아르(Victoire, 승리-옮긴이)라는 이름이 붙여졌다.[86] 나폴레옹의 기획이 파리에만 한정된 것을 어떻게 설명할 것인가? 혁명기의 전국적인 정책과 제국기의 파리만을 대상으로 한 정책 사이의 괴리는 어디에서 오는 것일까? 두 가지 답이 가능할 것인데, 하나는 실제적인 것이요 다른 하나는 상징적인 것이다.

혁명기의 사람들과는 달리 나폴레옹은 거리 이름 개명의 열렬한 지

Tableau des changements à faire dans les dénominations des subdivisions de Pairs, s. d., Archives de la Seine Vd^{6} n^{3}. 이러한 변화는 J. de La Tynna, *Dictionnaire topographique, historique et étymololgique des rues de Paris*, Paris, 1812에 수록된 리스트가 암시하듯 1812년 이전에 일어났다.

84) 유일한 예외는 1812년부터 부활된 마담 가이다. 그 이유는 잘 알 수가 없다.

85) 〔역주〕 나폴레옹이 승리를 거둔 이탈리아의 아르콜레 지방의 전투 이름.

86) 툴롱 시립고문서 série D 14, fol. 215.

지자가 아니었다. 그는 공격적인 접근방법보다는 옛 이름의 복원을 더 좋아했다—아니면 새로운 길의 건설을 더 좋아했다. 거리 이름 복원에서 제외된 유일한 예외는 아직도 생생하게 남아 있는 왕국의 기억을 되살릴 위험이 있는 이름들이었다. 그런데 그러한 "위험한" 이름들은 지방도시들에 실제로는 존재하지 않았다. 지방도시들에서는 앙시앵 레짐이 종교적인 이름들에 의해 표현되었고, 이미 살폈듯이 종교적인 이름들은 황제의 비위에 거슬리지 않았다. 따라서 그는 '왕'이라는 이름이 붙은 광장과 길을 '황제'라는 이름이 붙은 광장과 길로 바꾸고, '루이' 대신에 '나폴레옹'으로 교체하는 것으로 그쳤으며, 나머지는 주민들에게 일임하였다—주민들은 이런 일에 무관심했다. 이와 동일한 논리가 코뮌 이름의 부활에도 적용되었다. 종교적인 이름들의 대부분이 1798년 이후에 부활되었다.[87] 귀에 거슬리지 않은 '귀족적인' 이름들이 그랬듯이 말이다. 그럼에도 1793년부터 1815년까지 몽도팽(Mont-Dauphin, 왕세자 산-옮긴이)이 몽리옹(Mont-Lyon, 리옹 산-옮긴이)으로, 뒹르루아(Dun-le-Roy)가 뒹생토랑(Dun-Saint-Aurun)으로 남아 있었고, 노장르루아(Nogent-le-Roi)가 1794년부터 1815년까지 노장룰부아(Nogent-Roulebois)로 남아 있었다.[88]

나폴레옹이 탁월했던 점은 거리 이름을 바꾼 것이 아니라, 자신의 이름을 빛내주고 그의 측근과 업적을 기려주는 도로·광장·강둑과 가로를 건설한 것이었다. 1810년 마르세유 지도에는 아르콜, 예나, 마렝고, 프리드란트(Friedland)[89] 등의 이름을 딴 길이 포함된 새로운 구역

87) 예컨대 생플로랑르비이에이(Saint-Florent-le-Vieil)는 1798년까지 몽글론(Mont-Glone)이라 불렸고, 리브르발(Libre-Val)은 1800년에 생타르망(Saint-Armand)으로, 포르말로는 생트말로로 되돌아갔다. 퐁트네르푀플(Fontenay-le-Peuple)은 1802년 퐁트네르콩트(Fonteany-le-comte)라는 옛 이름을 되찾았다.

88) 설명이 불가능한 유일한 예외가 있다. 즉 르장드르(Legendre)는 모스크바에서 날아온 황제의 칙령으로 1812년부터 부르에갈리테(Bourg-Égalité)가 부르라렌(Bour-la-Reine)으로 바뀌었다고 주장한다.

이 생겨났다. 1810년 리옹의 지도에 대한 전설에 따르면, 그 당시의 도시 계획에는 예나, 엘라우(Eylau),[90] 아우스터리츠, 로디(Lodi),[91] 마렝고와 쾨니히스베르크(Königsberg)[92] 등과 같은 거리 이름과 황제 산책로가 포함되어 있었다고 한다.

이러한 설명은 부분적으로만 정당하다. 제국의 도시개혁은 파리에만 한정된 것이라는 사실을 간과해서는 안 되기 때문이다. 부르봉 왕조의 왕들처럼 나폴레옹에게도, 그리고 60년이 지난 뒤 또 다른 도시 개혁가인 그의 조카에게도 파리는 권력의 상징 구실을 했다. 파리는 절대주의의 지리적 본산일 뿐만 아니라 상징적 온상이기도 했다. 행정적 측면에서 나폴레옹은 분명히 전국적 차원의 위대한 개혁가였다. 그러나 이데올로기적 상징에 관한 한 그를 사로잡은 것은 다른 어떤 곳보다도 파리였다.

복고왕국 : 수술에서 화장(化粧)으로

거리 이름 역사에서 변치 않는 상수 가운데 하나는 다수의 거리 이름이 전격적으로 바뀐 것이다. 루앙, 생테티엔과 릴의 거리 이름이 1793년 12월 한 회기 만에 공화국 체제에 맞게 개명되었다. 툴롱에서도 1794년 10월 한 회기 만에 개명되었다. 마찬가지로 1802년 "성인들의 복귀"와 1806년 혁명적 슬로건의 삭제도 단 하나의 법령으로 실행되었다. 이런 경향은 1945년 (독일 점령으로부터의) 프랑스 해방 때까지

---

89) 〔역주〕 나폴레옹이 1807년 6월 14일 러시아군에 대승을 거둔 프로이센의 도시.

90) 〔역주〕 1807년 2월 나폴레옹군과 러시아-프로이센 연합군 사이에 치열한 전투가 있었던 동프로이센의 도시.

91) 〔역주〕 나폴레옹이 1796년 5월 10일 오스트리아군에게 승리한 북부 이탈리아의 도시.

92) 〔역주〕 1807년 나폴레옹군에게 점령된 동프로이센의 도시.

계속되었다. 그때 비시 정부의 모든 흔적은 일거에 지워져 버렸다. 언제나 위기는 한순간이다. 다만 차이가 나는 것은 그 위기에 선행하는 지속과 그 폭이다.

루이 18세는 옥좌에 오르자마자 49개에 달하는 파리의 길, 강변로, 광장과 다리 이름[93]을 혁명 이전의 이름으로 복원하라고 명령했다. 워털루 전투가 끝난 지 채 한 달도 안 되는 1815년 7월에 새로운 조치가 벌써 내려졌다.

왕의 이러한 명령을 면밀하게 검토해 보면 그것은 오로지 나폴레옹의 도시 이름 개명 정책만을 표적으로 삼았음이 드러난다. 혁명적인 이름은 1806년에 벌써 사라졌기 때문이다. 제국은 혁명이 앙시앵 레짐을 말소했던 것 이상으로 혁명을 철저하게 지워 버렸던 것이다. 왕의 명령은 '황족'(皇族)을 환기시키는 이름에 치명타를 가했다. 기이한 일은 나폴레옹이 파리 거리에 붙였던 25개의 전투와 20명의 장교 이름 가운데 각각 12개와 2개만이 왕의 명령으로 제거된 것이다. 이러한 모순을 어떻게 설명할 것인가?

부르봉 가의 관대함을 환기할 필요는 없다. 이유는 아주 단순하다. 루이 18세는 나폴레옹을 지운 것이 아니라 앙시앵 레짐을 복원한 것이다. 그가 택한 무기는 그에겐 불행한 일이었지만 행정적 형식주의였다. 그는 위대한 도시계획가인 나폴레옹이 약 200개의 거리를 건설한 사실과 그것이 여전히 그의 이름과 업적을 기리고 있다는 사실을 무시한 것이나 다름없었다. 따라서 파리 시민들은 강력하게 '나폴레옹화한' 도시에서 계속 활보했을 것이다. 리볼리(Rivoli),[94] 울름, 레피라미드(les Pyramides),[95] 클레베(Kléber), 드제(Desaix)[96]와 몬테벨로(Montebello)[97] 등과 같은

---

93) 이러한 변화에 대해서는 N.-M. Maire, *Nomenclature des rues de Paris*, Paris, 1816 참조.

94) 〔역주〕 1797년 1월 14일 나폴레옹이 오스트리아군에 승리를 거둔 이탈리아 베로나 인근의 지명.

95) 〔역주〕 1798년 7월 21일 나폴레옹이 이집트에서 치른 전투에서 유래한 이름.

이름들은 여전히 그곳에 남아 제국의 영광을 상기시켜 주게 된다.

왕의 이러한 복수심은 너무나 형식주의적이어서 실효성이 없었던 데다가 복고왕국은 절충주의를 택했다. 약 100개의 새로운 거리 이름 가운데서 이 시기에는 세 부류의 '특이한 거리 이름들'이 등장했다. 한 부류는 베네딕투스 수도원을 연구한 파리 출신 역사가들이고(이 가운데 7명이 1817년에 추서되었다), 다른 한 부류는 유럽의 도시 이름들이며(1826년에 20개의 유럽 도시 이름들이 등장했다), 또 다른 부류는 행정 관리와 법률가들의 이름들이다(루이 16세와 마리앙투아네트를 변호한 3명의 변호사를 포함하여 줄잡아 15명의 이름이 기려졌다). 나머지는 아주 다양한 범주로 분포되었다. 즉 작가들(라브뤼에르, 바이런, 샤토브리앙, 파스칼), 작곡가들(달레라크, 마르솔리에, 메윌과 몽시니 등 이들은 모두 1829년에 추서되었다), 4명의 건축가들, 7명의 지식인들, 단 한 명의 정치가(말제르브), 3명의 생존한 군인들, 바야르(Bayard, 1504년 사망)와 (마지막으로!) 뒤게클랭 등이었다. 그러나 전투는 하나도 배려하지 않았다.[98] 이러한 거리 이름들이 파리 시민들의 상상력을 사로잡기에는, 그리고 앞의 두 시대(혁명과 제국시기 - 옮긴이)를 지우기에는 턱도 없는 선택이었다는 점을 지적하지 않을 수 없다.

사람들은 복고왕국의 복수 어린 형식주의와 백과사전적 절충주의를 조소하지만, 이 두 가지는 오늘날까지 거리 이름 정책의 주요한 특징으로 남아 있다. 7월왕국은 (최근의) 부르봉 종가의 흔적을 지워 버리고 자신의 방계가문을 내세웠다. 그러고는 두 작가(보마르셰, 투르의 주교 그레고리우스), 건축가 4명, 음악가 한 명, 정치가 4명(이 가운데 3명은 얼마 전에 죽었다), 혁혁한 전과를 올린 전투(알제, 콩스탕틴, 모

---

96) 〔역주〕 클레베와 드제는 나폴레옹 휘하 장군이다.

97) 〔역주〕 1800년 6월 9일 나폴레옹군이 오스트리아군에 승리를 거둔 롬바르디아의 한 지방.

98) 이러한 분석과 1830년, 1848년과 1851년에 관한 분석은 L. Lazare와 F. Lazare 형제가 지은 *Dictionnaire admininstratif et historique des rues de Paris* (1844), Paris, 1855, p. 14에 수록된 목록에 근거한 것이다.

가도르 전투…), 특히 의사와 과학자들(뉴턴에서부터 라부아지에와 쥐시외를 거처 풀턴에 이르기까지 은퇴한 의사와 과학자들)을 덧붙였다. 1848년 혁명은 '마지막' 왕국의 이름 정책을 가차 없이 버리고, 대신에 라마르틴, 2월 24일, 개혁(*Réforme*), 형제애(*Fraternité*)를 1848년 3월부터 추념했다. 거의 50개에 달하는 거리 이름이 이에 영향을 받았다.[99] 그러고 나서 1851년, 1871년, 1940년, 1944~1945년에 거리 이름의 바퀴는 계속 돌고 돌았다. 그러나 (마지막으로) 얼굴에 살짝 화장을 하는 정도로만 손을 대고 말았다.[100]

거리 이름의 이러한 누적적 증가과정은 각 단계에서 더욱 가속화했다. 거리 이름이 획일적이었던 도시에 대해 새로운 체제는 분명한 목표를 갖고 있었다. 그러나 루이필리프가 파리에서 권력을 장악했을 때 그가 파리에서 목격한 것은 '복원된' 동질적인 도시가 아니라 (혁명적 흔적이 없다는 것만 제외하고) 이념적 특징이 없는 잡동사니였다. 파리의 거리 이름 풍경을 완전히 개량하려는 모든 시도의 결정타는 물론 공공도로의 수를 1,474개에서 3,750개로 증가시킨 1860년의 대대적인 합병이 아니던가! 그리하여 많은 거리 이름들이 강구되고 또 강구되었다. 도처에서 새로운 이름들이 강구되었다. 여기서 백과사전적인 경향은 돌이킬 수 없는 것이 되었다.[101]

---

99) *Le Moniteur universel* (1849년 2월 22일자)은 35개 이름 목록을 제공한다. 또한 A. Mousset, "Paris raconté par ses rues", *La Revue de Paris*, 44 année, t. 4 (juillet-août 1937), pp. 115~136 참조. 이러한 연속적 복수의 요약에 대해서는 J. Cousin, *op. cit.*, pp. 9~11 참조.

100) 비시와 (독일 점령으로부터의) 프랑스 해방에 대해서는 M. Heid, *op. cit.*, p. 224 참조.

101) Charles Merreau, "Rapport sur la nomenclature des rues", Conseil municipal de Paris, *Rapports et documents* (1865)는 거리 이름에 대한 거대한 갈증의 이념을 보여준다. 메로(Merreau)는 거리 이름을 거론하지 않고, 범주와 수량만, 즉 23개의 승리와 조약, 78명의 장군, 40명의 정치가와 법률가, 49명의 화가와 건축가, 18명의 음악가, 35명의 문인과 100명의 과학자들만 언급한다.

파리는 왕권적·성직자적 도시였다. 그 후 혁명적·공화주의적 도시가 되었다. 그다음에는 민족주의적·군국주의적 도시가 되었다. 결국에는 공화주의적인 동시에 혁명적이요, 성직자적인 동시에 사회주의적인 도시가 되었다. 요컨대 파리는 거리 이름의 측면에서 그야말로 프랑스사의 축소판이었다. 1815년 이후부터 정부는 수도의 거리표지판에 역사를 다시 쓰는 일을 하지 않았다. 각 체제는 이미 모아진 거리 이름의 창고에 빈약한 한 장만 덧붙이는 것에 만족했다. 새로운 시대의 상징은 1889년 파리의 한 귀퉁이에 세 개의 작은 도로를 만든 것이었을 것이다. 이 도로는 각각 리베르테(자유), 에갈리테(평등), 프라테르니테(형제애)라 불렸다.

파리와 지방 : 격차

1830년 파리의 거리는 15명의 작가들, 11명의 건축가와 조각가들, 7명의 작곡가들, 14명의 과학자들, 16명의 정치가들, 50명의 장교들, 30개의 전투들, 12명의 법률가와 100여 명의 제후와 귀족과 주교의 이름을 지니고 있었다.[102] 1832년의 낭트는 거리 숫자가 적은 것에 비해 이런 현상이 파리보다 더 심했다. 17명의 작가들, 4명의 지식인들, 5명의 화가들(그 당시 파리에는 화가의 이름을 딴 거리 이름이 하나도 없었다!), 장교와 정치가들이 거리 이름으로 사용되었던 것이다. 한 가지 덧붙이자면 그 당시 낭트의 거리 이름 체계는 파리의 그것보다 더 개방적이었다. 파리가 국제적으로 유명한 이름을 5개만 사용한 것에 비해 낭트는 15개를 사용했던 것이다.[103]

---

102) 이 수치는 Lazare 형제, *op. cit.*에 수록된 목록에 근거한 것이다.

103) *Tableau des rues, places... de la ville de Nantes*, 1832. 파리에 있는 프랭클린, 워싱턴, 뉴턴, 바이런, 낭트에 있는 코페르니쿠스, 프랭클린, 뉴턴, 페트라르카, 루벤스, 베이컨, 카라치, 콜럼버스, 갈릴레오, 구텐베르크, 린나

그러나 낭트는 지방도시들 가운데 예외적인 도시였다. 르아브르(Le Havre)는 퐁트넬과 코르네유(이 두 사람은 루앙 출신의 노르망디 사람이었다), 몰리에르와 리슐리외 등 4명의 '위인'만을 기념했다.[104] 루앙에서는 이런 이름이 1819년에 6개에 불과했고(르노트르, 라신, 소크라테스, 뷔퐁, 퐁트넬과 주브네) 1869년에는 (총 400개의 길 가운데) 17개밖에 되지 않았다.[105] 릴(Lille)은 총 400개의 길 가운데 벌써 56개의 '인물과 역사적 사실'을 거리 이름으로 사용했다(베르트랑의 분류에 따르면 이것은 1880년에 이루어진 것이다. 1860년 이전에는 그런 이름을 사용하는 경우가 극히 적었다).[106] 마르세유에서는 1820년에 이런 이름은 두 개(코르네유와 몰리에르)밖에 되지 않았다. 그러나 1868년에는 이러한 지체를 부분적으로 만회했다. 리옹과 보르도의 도시풍경은 동일하게 변했다. 전국적 명성을 지닌 이름이 1830년경에는 매우 적었지만 제 2제국 말기에는 수십 개가 되었던 것이다.[107]

이와 같이 "국가적" 명예 수여 제도는 지방에서 매우 늦게 실행되었다. 더욱이 파리 모델의 확산을 방해한 것은 중세적 제도의 저항이 아니었다. 모든 증거로 판단컨대 프랑스에서는 중앙에서건 지방에서건 공권력이 18세기 이후 거리 이름 부여에서 독점권을 행사했다. 파리에서처럼 시의회가 의원들의 명예를 영속화하기 위한 수단으로 이러한 독점권을 장악했다. 그러나 '지방적' 명예 수여 제도가 파리에서는 1765년부터 1785년까지 20년 동안 지속된 것에 비해 지방에서는 줄잡아 1세기 동안 지속되었다. 발레가 치밀하게 연구한 생테티엔의 사례는 이에 대한 전형을 보여준다. 1870년 이 도시의 길들은 3명의 "저명

이우스(Linnaeus), 밀턴, 교황, 라파엘로, 렘브란트, 타소, 틴토레토와 반 아이크는 복고왕국 시기에 말소되었다.

104) *Guide du voyageur au Havre*, Le Haye, 1827.

105) 1819년에 대해서는 P. Pereau, 1869년에 대해서는 L. de Duranville 참조.

106) A. Bertrand, *Les Rues de Lille : leurs origines, transformations et dénominations*, Lille, 1880 (Marseille, 1976).

107) A. Vallet, *op. cit.*, pp. 132~150 ; 요약된 도표, p. 132 참조.

인사"(보캉송, 푸아, 프랭클린)에 비해 15명의 "지방정치인"의 이름을 지니고 있었다. 전국적 명성을 지닌 이름이 지방적 명성을 지닌 이름에 필적하려면 1885년까지 기다려야 했다. 1870년에서 1918년 사이에 90개의 새로운 이름들이 선택되었다. 결국 1918년에서 1950년 사이에는 그 비율이 역전되었다. "지방적" 이름이 120개가 사용된 것에 비해 "전국적" 이름은 129개가 사용되었던 것이다.[108)]

파리와 지방 사이의 사실상의 격차는 매우 놀랍다. 이것은 1816년부터 국가가 프랑스 전체에 대해 거리 이름 부여의 독점권을 행사했다는 사실을 감안하면 더욱더 그렇다. "앞으로는 사전에 우리의 허가 없이 시의회, 국민방위대, 다른 시민단체나 군사단체가 어떠한 선물도 경의도 보상도 공적 감사의 표시로 결의하거나 제공하거나 포고해서는 안 된다"(1816년 7월 10일 법령).[109)] 원칙이 그랬다는 것이지 실제가 그랬다는 말은 아니다. 중앙정부는 파리 밖에서 일어나고 있는 일에 대해 전혀 무관심했던 것이다. 게다가 파리 시의회는 순전히 지방정부의 관할권에 속하는 사안에 국가가 간섭하는 것에 독자적으로 저항했다. 거리 이름 부여권에 대한 이러한 분쟁을 계기로 19세기 후반에 국가는 파리의 거리 이름 부여에 관해 파리 시의회에 모두 보고를 해야 했다.[110)] 프랑스의 다른 도시들에 대해서는 이와 유사한 사례를 찾아볼 수 없다. 지방도시들에서는 국가의 개입 자체가 없었기 때문이다.

지방에서 지방적 명예 수여 제도가 장기간 잔존한 현상은 국가의 이러한 무관심에 기인한 것으로 보인다. 이러한 무관심은 물론 루앙 출신의 뒤랑빌이 보여준 것과 같은 애향심을 고취했을 것이다. 그는 1869년에 이렇게 말했다. "라신이 차지하는 자리는 그의 찬란한 업적

---

108) *Ibid.*

109) M. Heid, *op. cit.*, p. 209에서 인용.

110) 거리 이름 부여권을 두고 중앙정부와 파리 시 간에 벌어진 갈등의 요약에 대해서는 Mesurer 보고서 Conseil de Paris, *Rapports et documents*, 1885, n° 11, pp. 3~7 참조.

에도 불구하고 노르망디 사람(코르네유나 퐁트넬-옮긴이)이 차지했으면 좋겠다."[111] 그런가 하면 메나르(L. Maynard)는 자신이 연구한 도시 리옹에 장자크 루소가 존재하는 것에 대한 불편한 심기를, "리옹과 제네바의 철학자(장자크 루소-옮긴이) 사이의 관계는 매우 하찮다"[112]라는 말로 표현했다. 이러한 애향심은 보르도 시가 1842년 일련의 거리 이름을 바꿀 때 13명의 지방인물을 추가하고 3명의 저명인사(볼테르, 루소, 프랭클린)를 삭제한 것에서도 볼 수 있다.[113]

그러나 이것은 이미 승패가 갈린 싸움이었다. 중앙이 지방에 자신의 모델을 강요하는 역사의 논리는 언제나 결국에는 존중되었다. 중세적 제도에서 국왕주도 제도로, 지방주도 제도에서 국가주도 제도로 전환하는 과정에서 도시들은 수도의 모델을 순순히 따르게 되었다. 그리고 지방에서 국가주도적 시스템이 확립되던 1860년대에 파리는 중앙과 지방 사이의 격차를 유지하려는 듯이 '국제적' 시스템을 채택했다. 모차르트와 레오나르도 다빈치, 베토벤과 루벤스, 기타 저명한 외국인 이름들이 오스만의 파리 통합을 틈타 파리의 거리 이름을 탐욕스럽게 차지했다. 지방도시들에서 이러한 새로운 시스템이 채택되려면 반세기를 더 기다려야 할 것이다.[114]

---

111) L. de Duranville, *op. cit.*, p. 10.

112) L. Maynard, *Histoires, légendes et anecdotes à propos des rues de Lyon* (1922), Lyon, 1980.

113) M. Bernadau, *op. cit.*, p. 120.

114) 생테티엔에서는 외국인 이름이 1870년에서 1918년 사이에 단 한 사람(가리발디)뿐이었던 데 비해 1918년에서 1950년 사이에는 7명이나 되었다(A. Vallet, *op. cit.*, pp. 142~143).

제3공화국 : 민족적 동질성의 회복

파야르(Fayard) 출판사는 프랑스 도시 지도 160장을 1880년에서 1900년 사이에 총서로 출판했다. 이를 통해 우리는 지방에서 국가적 명예 부여 제도를 채택함으로써 비롯된 직접적 결과를 파악할 수 있게 되었다.[115] 이로부터 다음과 같은 세 가지 점이 드러난다.

1. 중세적 거리 이름 부여 시스템이 아직도 지배적이었다. 특히 도심(구시가지)에서 더 그러했다.
2. 지방도시의 중심도로들은 흔히 중성적인 이름들을 지니고 있었다. 즉 가로(街路), 대로(大路), 강변로, 광장 등은 종종 오텔드빌(Hôtel-de-Ville, 시청), 가르(Gare, 기차역), 오피탈(Hôpital, 병원), 뤼세(Lycée, 중등학교) 등의 이름에 덧붙여졌다. 역사적인 이름들은 극히 적었다.
3. 새 시대를 알려주는 네 개의 이름이 도처에 등장한다. 티에르(그의 이름이 지배적인 시기는 아주 짧았다), 강베타와 위고(이 두 사람은 얼마 전에 죽었다), 그리고 특히 레퓌블리크(République, 공화국) (프랑스 도시의 4분의 3이 갓 태어난 공화국을 기렸다)가 그것이다.

오늘날에는 어떻게 되었는가? 전국 도청의 지도와 전설이 수록된 《프랑스 지도 색인》(*Index-Atlas de France*)이 1978년에 출간되었나. 이 자료를 처리해 보면 아래 〈표 2〉에서와 같이 대략 만족할 만한, 특히 통계적으로 풍부한 결과를 얻을 수 있다.[116]

---

115) *Collection unique : Deux cent cinquante — devenus cent soixante — plans de villes françaises et étrangeres*, Paris, 1880~1900. 정확한 연대는 알 수가 없다. 지도에 연대가 적시되어 있지 않고 파야르 출판사가 고문서를 파기했기 때문이다. 또 다른 장애는 지도에 설명이 결여되었다는 점이다. 이 때문에 우리는 장인과 같은 수고를 가외로 하지 않으면 안 된다.

이 표를 대충 살펴보면 프랑스 도시들이 실행했던 거리 이름 부여의 2가지 주요한 부류가 드러난다. 하나는 "전문직업인"의 이름이고 다른 하나는 역사적인 인물의 이름이다. 랭스에 대해 캉탱은 이렇게 썼다. "'정치인들'이 상당한 비중을 차지한다. 그 밖에 다른 개인 이름의 비중은 적다. 이들의 이름을 딴 길들은 하찮은 길들이기 일쑤이다. 지식인, 〔…〕 예술가와 작가들도, (빅토르 위고, 아나톨 프랑스, 에밀 졸라처럼) 그들의 정치적 태도를 고려하는 경우를 제외하고, 무시되었다. 랭스에서 물론 라퐁텐을 발견할 수 있을 테지만 라신의 이름을 딴 거리가 없다는 것을 어떻게 인정할 수 있단 말인가?"[117]

이러한 정치화는 당연해 보인다. 그렇지만 이것은 1779년 코르네유, 라신, 몰리에르, 레냐르, 볼테르와 크레비용의 이름을 딴 거리 이름과 더불어 시작되었다. 위대한 지식인과 예술가들은 우리의 거리 이름에서 어떻게 되었는가? 안심이 되는 것은 조국이 그들을 잊지 않았다는 점이다. 그들은 도처에 존재했지만 은밀하게 존재했다. 아니 〈표 2〉에서 볼 수 있듯이 숨어 있었다고 할 수 있다.

이러한 결과는 독일역사가 포스트하우스가 최근에 연구한《프랑스 저술가와 거리 이름 : 파리, 몽트뢰유, 생테티엔, 페르피냥의 경우》[118] 에서도 대체로 확인된다. 그는 '저술가'의 범주에 역사가 · 언론인 · 과학자를 포함시켰지만 이들이 거리 이름에 사용된 비중은 파리에서는 7.6%, 페르피냥에서는 7.9%, 생테티엔에서는 8.2%, 몽트뢰유에서는 9.9%를 차지했다. 게다가 이들은 흔히 아류 급의 보잘것없는 길들의 이름으로 사용되었다. 그것은 마치 전국에 있는 지방의회들이 자신들의 '문화적' 책무를 심각한 고려도 하지 않고 저버린 것과 다름없었다. 그리하여 그들은 정말로 중대한 대상들, 즉 프랑스를 만들

---

116) 이러한 개관은 컴퓨터를 이용하지 않고 수행한 것이다.

117) G. Quentin, *op. cit.*, p. 188.

118) R. Posthaus, *Französiche Autoren in Strassenverzeichissen (Paris, Montreuil, Saint-Étienne und Perpignan)*, mémoire, Düsseldorf, 1975.

었던 사람들(당연히 정치인들), 더 정확하게 말하면 방금 프랑스를 만든 사람들에게로 관심을 이동할 수 있었다.

다음으로 역사적 선택기준을 살펴보자. 적어도 전국의 주요도로 3분의 2에서 발견되는 13명의 위인들 가운데 9명이 1882년(강베타)과 1932년(아리스티드 브리앙) 사이의 제3공화국과 관련된 인물들이다.[119] 이들의 이름은 도시 외곽에 있는 하찮은 도로가 아니라 도심에 있는 대로·광장·강변로에 붙여졌다. 이처럼 제3공화국이 도처에 존재한 것에 비해 프랑스사의 다른 시대는 하찮게 다루어졌다. 중세는

〈표 2〉

이름[120]	총계	간선도로	복수 사용
라블레	39	4	2
라신	38	2	-
몽테뉴	35	6	1
코르네유	35	3	-
몽테스키외	35	5	3
라퐁텐	32	2	2
데카르트	30	1	-
페늘롱	21	2	1
보쉬에	20	3	1
클로드모네	17	2	-
푸생	5	-	-
클로드베르나르	30	3	-

119) 마리 퀴리가 1934년에 사망했다는 사실을 잊지 말 것.

120) 〔역주〕 라블레부터 보쉬에까지는 문인, 클로드모네와 푸생은 화가, 클로드베르나르는 생화학자이다.

〈표 3〉 1978년 프랑스의 95개 도청소재지 지도에서 가장 빈번하게 사용된 이름들

이름	총계	간선 도로[a]	복수 사용[b]	시대별 기타 이름			
				이름	총계	간선 도로[a]	복수 사용[b]
				중세와 앙시앵 레짐 시기			
공화국	81	모두	다수	루이 성왕	34	16	8
1. 빅토르 위고	81	38	12	앙리 4세	18	5	1
2. 강베타	78	45	8	루이[d]	12	-	-
3. 장 조레스	78	39	11	카롤루스 대제	10	-	-
4. 파스퇴르	78	26	11	클로도베우스	8	-	-
5. 르클레르 장군	76	48	5	콜베르	28	3	2
6. 클레망소	73	43	2	쉴리	24	4	4
7. 포슈 원수	72	45	2	리슐리외	16	-	-
8. 드골 장군	68	61	-	혁명 시기			
9. 카르노	66	41	11	미라보	25	3	-
10. 잔다르크	63	15	8	당통	24	1	-
11. 피에르〔와 마리〕 퀴리[c]	63	10	2	로베스피에르	12	1	1
				혁명	6	6	-
12. 아르스티드 브리앙	60	38	5	— — — — — — —			
				오슈	37		-
13. 볼테르	60	13	3	마르소	37	16[e]	-
14. 아나톨 프랑스	56	19	2	클레베	35		-
15. 쥘 페리	55	14	7	제국 시기			
16. 에밀 졸라	55	11	5	보나파르트/ 나폴레옹	10	-	-
17. 몰리에르	52	5	2				
18. 케네디	49	28	-	예나	14[f]	-	-
19. 미슐레	49	10	1	아우스터리츠	11[f]	-	-
20. 생텍쥐페리	48	8	2	— — — — — — —			
21. 라마르틴	48	5	4	이슬리121)	12	-	-

〈표 3〉 계속

이름	총계	간선 도로[a]	복수 사용[b]	시대별 기타 이름			
				이름	총계	간선 도로[a]	복수 사용[b]
22. 장자크 루소	47	3	-	———————			
23. 라부아지에	45	5	2	티에르	39	12	2
24. 클로드 드뷔시	45	3	2	———————			
25. 발자크	43	3	2	제3공화국 말기			
26. 라파예트	42	5	5	앙리 바르뷔스[122)]	34	9	2
27. 엑토르 베를리오즈	42	1	2	레옹 블룸	27	10	1
				레지스탕스	37	26	4

a(간선도로): 대로(*avenue*, *boulevard*), 강변로, 광장을 의미함; b(복수 사용): 같은 이름이 도시 지도에서 적어도 2회 등장한 것을 의미함; c: 이 가운데 36회가 (마리 없이) 피에르만 사용; d: 루이 11세와 루이 14세(또는 루이 대왕)가 각각 3회, 루이 6세, 루이 8세, 루이 13세, 루이 16세와 루이 18세가 각각 1회씩 사용됨; e: 세 장군 가운데 적어도 한 장군은 간선도로에 사용됨; f: 이 가운데 8개 도시가 두 전투를 추모함.

잔다르크(10위)가, 계몽주의 시대는 볼테르(13위)가, 루이 14세 시대는 몰리에르(17위)가, 19세기 초는 미슐레(아무튼 1874년에 사망)가 유일하게 대표했다.

이제 프랑스는 1795~1796년경에 잃어버렸던 거리 이름 부여의 통일성을 되찾은 듯이 보였다. 그것은 제3공화국(과 독일 점령으로부터의 프랑스 해방)의 위인들 덕분이었다. 혁명의 동질성이 아니라 공화국의 동질성이 장기지속 속에 자리 잡은 듯했다. 그러나 이러한 주장은 충분하지 않다. 지방에서는 이처럼 통일성이 다시 회복되었지만 파리는 또다시 그렇지 않았기 때문이다.

물론 파리에도 포슈, 조레스, 위고, 졸라의 이름을 딴 길들이 있다. 그러나 이것은 큰 의미를 지니지 않는다. 파리에는 갖가지 이름을 딴 길

121) 〔역주〕 Isly, 1844년 8월 프랑스군이 모로코군에 승리한 모로코 동부의 지명.
122) 〔역주〕 작가.

들이 다 있기 때문이다. 약 5,400개의 길이 있는 파리에서 이런 이름을 피하기는 어려웠을 것이다. 중요한 것은 파리라는 피륙의 짜임새 속에 이러한 이름들이 존재했다는 단순한 사실이 아니라 그것들이 보여주는 가시성이다. 그런데 이러한 이름들은 파리의 변두리에만 있다. 예컨대 파스퇴르는 11구와 15구에, 강베타는 20구에, 카르노는 12구와 17구에, 장 조레스는 19구에 있다. 그러니까 이 모든 이름들은 최근에 수도에 병합된 지역에서만 발견되는 것이다. 클레망소와 포슈만이 좋은 자리를 차지하고 있다. 파리는 '제3공화국'의 도시가 아니었기 때문이다. 파리는 여전히 '제국'의 도시가 아니던가! 에투알 가에서 앵발리드 가와 외곽도로에 이르기까지 모든 거리 이름이 이것을 증언하고 있다(게다가 앙시앵 레짐조차도 제3공화국보다 도심에 더 잘 표현되어 있다).

변방인 지방이 중심인 파리보다 더 앞서갔으니 역할이 뒤바뀌지 않았는가? 이러한 가설은 매력이 있어 보이지만 이에 대한 참된 설명은 다른 데서, 즉 도시화의 측면에서 찾아야 한다. 파리의 도로 숫자는 1789년 1,070개에서 1860년에는 3,750개로, 1957년에는 5,218개로 늘어났다(이와 동시에 도시의 면적도 1789년 3,370헥타르에서 1860년 7,802헥타르로, 1959년 10,450헥타르로 늘어났다).[123] 두 제국 시기에 단행된 개혁의 폭을 고려한다면 특히 거리 이름에 관한 한 오늘날의 파리는 태반이 나폴레옹의 작품이라 해도 과언이 아니다. 대대적인 도시화 시대인 19세기에 지방도시의 성장은 파리에 훨씬 못 미쳤다. 그러나 1870년 '이후에는' 지방도시의 성장이 파리를 앞질렀다. 1870년 260개에서 1950년 700개 이상으로 도로 수가 3배 증가한 생테티엔의 사례는 좀 극단적 양상을 보이긴 했지만, (파리의 상대적 위축으로 혜택을 본 파리 근교지역의 도시를 포함한) 프랑스 대다수 도시의 일반적 추세를 반영한다.[124]

123) J. Hillairet, *op. cit.*, pp. 36~37.
124) A. Vallet, *op. cit.*, p. 132.

그리하여 도시가 눈부시게 성장하던 시기에 국가적 명예 부여 제도가 분명하게 채택되는 등 상황이 매우 유리하게 돌아간 덕택에 제3공화국의 위인들이 프랑스 도시풍경을 장악할 수 있었다. 그것은 공화국 체제가 오랫동안 지속된 것에서도 혜택을 입었다. 제3공화국은 총재정부, 제1제국, 복고왕국, 7월왕국, 제2공화국, 제2제국을 합친 것보다도 더 오랫동안 장수를 했던 것이다.

그러나 (제3공화국 시기 - 옮긴이) 70년간 지속된 '국면변화'(*conjoncture*)는 이러한 '역사의 가속화' 가 일던 시절에 일종의 '구조'로 굳어지지 않았는가? 〈역사〉(*L'Histoire*)지(1981년 4월)에 수록된 "프랑스사의 영웅들"을 살펴보면 이에 대한 재미있는 답을 얻을 수 있다(〈표 4〉 참조)[125].

〈표 4〉

이의가 없는 인물들	이의가 많은 인물들
베르생제토릭스	나폴레옹 1세
루이 성왕	루이 14세
잔다르크	리슐리외
위고	
파스퇴르	**평판이 나쁜 인물들**
조레스	루이 11세
클레망소	카트린 드메디치
블룸	라바이야크
	루이 15세
약간 이의가 있는 인물들	루이 16세
드골	당통, 마라, 로베스피에르
앙리 4세	탈레랑
카롤루스 대제	나폴레옹 3세
마리 퀴리	티에르

125) "Les Héros de l'histoire de France", *L'Histoire*, n° 33, avril 1981, pp. 101~112와 특히 "L'amour et la haine", p. 110 참조.

이 표는 양극단 사이의 확연한 대조를 보여준다. 한편에는 아득한 과거에서부터 앙리 4세까지, 제 3공화국부터 드골까지 만인이 인정하는 영웅들이 있고, 다른 한편에는 라바이야크에서부터 티에르까지 논란의 소지가 있거나 배척받는 영웅들이 있다(여기서 카트린 드 메디치와 루이 11세는 쉽게 설명될 수 있는 예외가 된다).[126] 이와 같이 고전주의, 계몽주의 시대, 혁명과 제국이 걸쳐 있는 2세기 반 동안은 언제나 프랑스인들에게 문젯거리가 된다. 흥미롭게도 이러한 구분은 나폴레옹의 거리 이름 선택 기준을 환기시켜 준다. 루이 13세(재위 1574~1589-옮긴이) 이전의 역사적 인물들은 수용한 반면, 리슐리외로부터 로베스피에르에 이르기까지 "정치인들"은 배제했던 것이다. 결국 나폴레옹은 자신의 선택기준의 부메랑에 맞아 희생되지 않았던가?

따라서 우리가 지금까지 묘사해온 "도시적 국면변화"(*conjoncture urbaine*)는 "심성의 국면변화"(*conjoncture des mentalités*)와 일치한다. 서로가 상대방의 효력을 강화해 주는 가운데 말이다. 결국 거리 이름은 "좋은 연구주제"였다는 것이 드러나지 않았는가?

우리가 지금까지 검토해온 바로 판단컨대, 거리 이름 역사는 중세의 자연적·유기적 제도로부터 역사와 민족을 강조하는 준(準)국가적 제도로 변해왔음을 알 수 있다. 이 글의 모두에서 제기한 가설에 대해 답하자면, 거리 이름은 "자연적" 기억의 시대로부터 공식적 역사의 기억 시대로 전환해 왔다고 할 수 있다. 그러나 프랑스의 길들이 "영속화시킨" 수천 개의 거리 이름들 가운데 아직도 생생한 기억 속에 있는 이름들은 얼마나 되는가?

신도시의 경우를 잠시 살펴보자. 1960년대에 몇 개의 도읍과 촌락을 합병하여 9개의 도시가 탄생했는데, 이 신도시들은 제로상태에서

126) Murray Kendal, *Louis XI*의 큰 성공으로 루이 11세의 평판이 회복되었을 가능성이 매우 높다.

출발했다고 할 수 있다. 그런데 이 도시들은 거리 이름에 어떤 이름을 붙여 주었는가? 독자들에게 새로운 통계를 제시하지 않고 간단하게 결론만 제시하자면, 이 도시들은 '중립적인' 이름들을 선택했다.[127] 빌뇌브다스크(Villeneuve-d'Ascq)에서는 '인상파 화가들', '음악가들', '고전주의 작가들'의 이름을 딴 구역들과, 클레베·샹폴리옹·조레스의 이름을 딴 길들이 발견된다. 다른 도시들은 이보다 훨씬 더 신중하다. 이 도시들은 특히 자연에서 영감을 얻어왔다. 이 도시들이 채택한 두 거리 이름 목록을 알파벳순으로 살펴보자.

첫 번째 거리 이름 목록은 다음과 같다. 아카시아, 바루아(Barrois, 지명 - 옮긴이), 캉브레지(Cambraisis, 지명 - 옮긴이), 도피네(Dauphiné, 왕세자령 - 옮긴이), 에쇼프(Echoppes, 단층집 - 옮긴이) (플레시르루아와 플레시라포레에 있다), 팔레즈(Falaise, 절벽 - 옮긴이), 가랑스(Garance, 꼭두서니 - 옮긴이), 키오스크(Kiosque, 정자 - 옮긴이), 락(Lacs, 호수 - 옮긴이) (르보드레이에 있다), 마이스(Maïs, 옥수수 - 옮긴이), 네뉘파르(Nénuphars, 수련 - 옮긴이), 오레드낭뒤(Orée-de-Nandy, 낭뒤의 가장자리 - 옮긴이), 팔롱브(Palombes, 염주비둘기 - 옮긴이), 르나르디에(여우굴 - 옮긴이), 사블롱(Sablons, 모래 - 옮긴이) (낭디에 있다), 테라스, 비외빌라주(Vieux-Village, 오래된 촌락 - 옮긴이).

두 번째 거리 이름 목록은 다음과 같다. 아브뢰부아(Abreuvoir, 물통 - 옮긴이), 벨에르브(Bell-Herbe, 약초 - 옮긴이), 카날(Canal, 운하 - 옮긴이) (봉두플에브리에 있다), 담(Dames, 귀부인 - 옮긴이), 에글랑티에(Églantier, 들장미 - 옮긴이), 페퀼르리(Féculerie, 전분 제조업 - 옮긴이), 가블레(클레르지에 있다), 오텔드빌(Hôtel-de-Ville, 시청 - 옮긴이), 라크, 말라콩브(Malacombe), 우아조(Oiseaux, 새 - 옮긴이), 페피니에(Pépinière, 묘판 - 옮긴이) (생캉탱팔라비에에 있다). 이 새로운 이

127) 아이디어는 피에르이브 모강(Pierre-Yves Mauguen)에서 나온 것이다. 정보는 언급된 도시들의 최신 지도에서 얻었다. 이에 대한 참고문헌을 '자세하게' 제시하는 것은 불필요한 듯하다.

름들에서 엿볼 수 있는 것은 후(後)역사(*après-histoire*)와 반(反)기억(*anti-mémoire*)의 출현이 아니던가?

기억과 일체화된 민족

이제 이 48번의 각광(脚光)[1] — 여기에 《공화국》(*La République*)에 관한 18번의 각광을 덧붙여야 한다 — 에 비추어 2부 전체를 재구성해 본다면, 우리는 민족적 기억이 네 가지 유형으로 나타나는 것을 쉽게 볼 수 있다.

첫 번째 유형은 봉건왕국에, 그리고 국가가 정의되고 그 존재가 확인되어가는 시기에 해당한다. 그것의 기원이 트로이인이든 프랑크족이든 아니면 골족이든 간에, 그 기나긴 창세기는 자신의 기원들에 대한 강박관념에 사로잡혔으며, 그런 탓에 정통성에 대한 주장을 아주 먼 고대의 명망에 대한 권리주장과 깊숙이 섞어 버렸다. 그것은 국왕이라는 인격에 결부된, 따라서 본래 '국왕 중심의' 기억으로, 여기서의 관건은 국왕이라는 인격의 우월성을 보증하고 그의 신성을 고착시키는 것이다. 그렇기 때문에 그 기억이 구체화되어 있는 모든 장소들은 종교적·정치적·상징적 성격과 아울러 역사 및 족보 편찬의 성격을 띠기 마련이다. 그 기억의 주요한 측면들이 '유산'(*héritage*)이라는 기호(記號) 아래 재편되어 나타나는 것은, 그런 기억이 펼쳐지는 바로 그 시대에 그것 자체가 스스로 시대를 초월한 하나의 의례처럼 표현되는 것에 관심을 쏟으며, 시간적으로 유한한 자신의 흔적을 초시간성 또는 초자연성의 낙인

---

1) 〔역주〕 48편의 논문(본 역서에서는 48편 가운데 9편을 번역함)이 프랑스 민족의 여러 모습에 대해 스포트라이트를 비추었다는 의미를 강조하기 위해 사용한 듯하다.

으로써 확증하고자 했기 때문이다. 그 기억 속에는 아직 민족은 없지만 민족적 신성성이 뿌리를 내리고 있다. 그것은 이후에 나타날 민족적 기억의 온갖 형태들에 그러한 성격을 물려줄 것이며, 또 그런 신성성이 그 기억에 영속적인 정당성을 부여한다. 훗날 세속적(=비종교적 - 옮긴이) 기억과 공화국의 기억이 이 신성성의 유산을 제 것으로 가로챘을 때 써먹은 모든 메커니즘은 왕국시대의 신학자들, 어용 역사편찬자들과 국왕 측근의 관직자들이 교회 및 그리스도의 몸에 붙어 있는 무언가 신성한 것을 군주정 제도에, 국왕의 신체에 성공적으로 고착시켰던 바로 그 메커니즘들을 차용할 것이었다. 따라서 그것은 기독교적이고 왕조적인 의미에서 《프랑스 대연대기》(*Grandes Chroniques de France*)에, 그리고 갈리아적이고 대의제적인 의미에서 에티엔 파스키에(Etienne Pasquier)의 《프랑스 탐구》(*Les Recherches de la France*)에 나타나 있는 기본기억(*mémoire fondatrice*)이다. 하지만 그것은 또한 봉건적 경계로부터 정치적 국경에 이르기까지의 영토의 형성에서, 초기 발루아 조의 국왕들로부터 루이 14세에 이르기까지의 국가상징의 체계에서, 그리고 코민(Commynes)과 몽뤽크(Monluc)로부터 레 추기경(cardinal de Retz : Jean François Paul de Gondi - 옮긴이)에 이르기까지 '국가회고록'(*Mémoires d'État*)의 초창기 전통을 이루는 '검의 회고록들'(*Mémoires d'épée*)에서도 역시 모습을 드러낸다.

두 번째 유형은 자기 자신을 표상하는 이미지에 온통 넋을 빼앗긴 기념비적이고 호화로운 '국가와 일체화된 기억'(*mémoire-État*)의 순수한 표현이다. 베르사유는 1663년 콜베르의 노골적인 의도로 설립된 금석문 아카데미의 메달들에 새겨진 것처럼 돌에 새겨진 채로 그 기억을 구현하는 가장 눈부시며 독보적인 예를 보여준다. 하지만 그것은 또한 길들여진 자연, 궁정의례, 도상(圖像)에서의 군주의 신격화, 집단사교성(*socialbilité*)의 규범이 표현하는 바이기도 하다. 그것은 자신을 기리고 찬양하며 자신의 권세와 명성의 광채 속에서 명확히 드러나는 불변하는 것에 대한 기억이다. 그것은 강제적이고 강제된 기억이 아니라 철저히 공식적인 기억이며, 보호자이자 문예후원자의 기억이요, 또한 대혁명이 왕정의 붕괴 기념일인 1794년 8월 10일에 최초의 국립미술관으로 대중에게 개방한 '국왕들의 거처이자 미술의 전당'인 루브르가 정치적이고 예술적인 그 이중의 사명 속에서 곧잘 표현하고 있는 기억이다. 따라서 그것은 대단히 단일하고 확신에 찬 기억이지만, 콜레주 드프랑스, 아카데미 프랑세즈와 더불어 국가에 의해 보장된 자유의 공간들을 그 스스로 창출하는 기억이며, 또한 18세기가 그것의 외적 형식주의를 보존하면서 그 내부로부터 와해시키게 될 기억이다. 이 경우 그런 이행은 예컨대 추도사에서 아카데믹한 기념사에 이르기까지 유명한 고인들에 대한 예우 속에서, 또는 그 생가 방문이 의례화되기 시작한 위대한 문인의 탄생 속에서 뚜렷이 나타난다. 이 급격한 선회의 최종적인 표현은 생시몽(Saint-Simon)의 《회고록》으로 나타날 것인데, 이는 군주 중심의 국가기억에 대한 진정하고 내밀한 반(反)기념물(*contre-monument*)인 것이다.

세 번째 유형은 '민족과 일체화된 기억'(*mémoire-nation*)이다. 이것은 엄밀한 의미에서 민족적 기억의 극히 중요한 시기로, 이 시기에 민족은 대혁명 동안 선언되고, 복고왕국 아래서 잉태되고, 7월왕국 시기에 확립된 민족공동체(*Nation*)로서 그 스스로를 의식하게 된다. 그것의 출현과 부상을 이해하려면, '문화재'(*patrimoine*)의 구성 외에도 '민법'(*Code civil*)과 그것의 토대 및 기본조건, 비교가능한 수량 및 균일한 단위들의 기록을 전제로 하는 '프랑스 전체 통계'(*Statistique générale de la France*)에서부터 그 의지를 집중적으로 규명한 오귀스탱 티에리(Augustin Thierry)의 《프랑스사에 관한 편지》를 거쳐 회고록들의 자본화를 보여주는 이 초기의 '국가회고록'에 이르기까지 수많은 항목들을 여기서 다룰 필요가 있을 것이다. 법률, 역사, 경제, 지리 등 자체의 모든 차원으로 확장된 기억. 그것은 곧 낭만주의적이고 자유주의적인 역사서술 전체를 통해 과거로서 그 스스로를 회복하는 민족공동체이며, 역사소설을 통해 그 깊숙한 체험 속에서 드러난 민족공동체이며,

미슐레(Michelet)의 《프랑스의 모습》(*Tableau de France*)이 예찬한 그 지리적 존재의 단일성 안에서 체험되는 민족공동체이며, 《조안의 여행안내서》(*Guides-Joanne*) 시리즈의 출간과 더불어 탐험된 민족공동체이며, 새로운 화풍의 풍경화 속에 반영된 민족공동체이다. 그것은 무엇보다도 자기 자신의 기억을 탐색하고 보존하는 수단들, 이를테면 박물관, 학회, 고문서학교(Ecole des Chartes), 역사 학술 진흥위원회(Comité des traveaux historiques), 국립기록보관소와 국립도서관을 일관된 기획으로 결연히 창설한 민족공동체이다. 또한 이와 같은 평화의 시기에도, 베르사유 미술관 역사화 전시실의 전투 장면 그림들과 더불어, 나폴레옹의 유해 송환(1840년 - 옮긴이)과 더불어, 그리고 특히 전설적인 병사 쇼뱅(Chauvin)으로 구체화된 농부-병사의 신화와 더불어 군사적 영광의 추억들에 열광하는 민족공동체이다. 이 시기로 말하자면 1830년 혁명조차도 1789년 혁명의 축소판으로 보일 정도로 민족의 생애에서 생기도 활력도 없는, 마치 민족적 모험의 강렬한 표현들 사이에, 말하자면 대 나폴레옹(Napoléon le Grand : 나폴레옹 보나파르트 - 옮긴이)과 소 나폴레옹(Napoléon le Petit : 루이 나폴레옹 보나파르트 - 옮긴이) 사이에, 계몽사상과 사회주의 사이에, 혁명의 서사시와 공화국의 서사시 사이에 끼여 붙박인 듯한 역사적 시기였다. 하지만 그것은 민족적 기억이 가장 충만한 때이기도 했으니, 그 기억의 진앙은 제도들의 관점에서 이 같은 기억의 동원에서 가장 결정적 역할을 한 인물인 기조(Guizot)에서부터 이 총서 어디에서도 별도로 다루지 않은 미슐레에 이르기까지 왔다 갔다 한다. 미슐레에게 별도의 공간을 할애하지 않은 이유는 그가 어디에나 존재하기 때문이다. 그는 이 '기억의 장소들'의 궤적이자 공통분모이자 영혼이므로 있을 수 있는 모든 기억의 장소를 초월한다.

네 번째 유형의 기억은 이미 1부인 《공화국》에서 조명한 것으로 민족과 일체화된 기억의 능동적 결과이자 그것의 사회적 · 군사적 착근(着根) 결과인 '시민과 일체화된 기억'(*mémoire-citoyen*)이다. 그것은 대중의, 자못 민주화된 기억이며, 하등 놀라울 것도 없이 대개 다 교육적인 기념물들로 표현된다. 예컨대 그것은 '그랑 라비스'(Grand Lavisse)에 의해, 그리고 비달 드라블라슈(Vidal de La Blache)의 경우처럼 풍경에 대한 직관을 인문지리의 언어로 바꾸어 놓으려는 그 애초의 노력을 통하여 과학적 역사서술로 표현된다. 그것은 알자스라는 환각지(幻覺肢)[2] 속에서 느껴진다. 그것은 수업용 지도와 엑자곤(*Hexagone*)[3]의 기하학적 형상에 의해 시선을 끈다. 그것은 파리의 조각상들로 시각화되고, 거리 이름들의 일람표 속에서 널리 확산되며, 팔레부르봉(Palais-Bourbon)[4] 의원들의 유창한 연설을 통해 언어로 표출된다. 그것은 고등사범학교 준비반(*khâgne*)과 이의 성령인 알랭(Alain), 《급진주의 이론의 기본원리》를 쓴 이 철학자에게서 매우 세련된 그 전형을 심상하게 볼 수 있는 교육용 고전들의 교양목록 속에 고착되고 응고된다. 이러한 시민과 일체화된 기억은 어떤 완충장치 같은 것으로 민족이라는 기호 아래 타협한 사회와 국가의 뛰어넘을 수 없는 종합을 이루어낸다. 이것은 비록 공고해진 민족적 기억의 이 단일한 지괴가 베르됭 이래로 세월의 침식을 겪었다 해도, 우리로 하여금 그 기억으로부터 출발하도록 떠밀었던 이유이다.

국왕에 대한 기억, 국가와 일체화된 기억, 민족과 일체화된 기억, 시민과 일체화된 기억. 요컨대 우리는 민족적 일체화의 네 고조기 — 봉건왕정 시기, 절대왕정 시기, 대혁명의 공고화 시기, 공화국으로의 종합 시기 — 와 다시 만나게 된다. 이 같은 결과는 한편으로 안심이 되기는 하나, 다른 한편으로는 실망스러운 것이기도 하다. 결과가 이런데도 이렇게 멀리 우회할 필요가 있었을까? 그 먼 길을 달려온 끝에 맞닥뜨린 것이 가장 전통적인 정치사의 고전적 시대구분에 다름 아니라면, 이 같은 보물찾기 놀이며 기억의 추적이 다 무슨 소용이란 말인가?

---

2) 〔역주〕 절단되어 없는 수족이 마치 있는 것처럼 느껴지는 현상.

3) 〔역주〕 6각형의 프랑스 땅모양을 가리키는 말.

4) 〔역주〕 프랑스 국회의사당.

그리고 희미하고 불분명한 점 — 잘해봤자 생생한 점 — 을 제외할 때, 상징에 대한 탐구 말고, 프랑스 국가의 역사의 명확하며 설득력 있는 이 아주 오래된 시대구분에 무엇을 더 보탤 수 있겠는가? 그럴 수밖에 없는 것이 이 네 가지 유형의 기억들은 그것들을 나타나게 만드는 다섯 번째 유형의 기억, '문화재로서의 기억'(*mémoire-patrimoine*) 이라는 우리의 기억을 통해서만 그 나름의 의미를 갖게 되기 때문이다.

문화재로서의 기억은, 문화재라는 개념의 지나친 확장과 민족적 과거의 모든 증거물에 문화재의 개념을 적용하는, 문제가 많은 최근의 개념 팽창으로 이해하는 데 그칠 것이 아니라 한층 더 심층적으로 기억 자체의 전통적인 쟁점들의 공동재산 및 집단유산으로의 변형으로 이해해야 한다. 이러한 신진대사는 무엇보다도 먼저, 적어도 대혁명 이래로 민족적 기억의 조직에 기반이 되었던 전통적 대립들, 즉 옛 프랑스 대 새 프랑스, 종교적 프랑스 대 세속적(=비종교적 - 옮긴이) 프랑스, 우파의 프랑스 대 좌파의 프랑스와 같은 대립들의 소진으로 표출된다. 이러한 소진으로 말미암아 당파적인 소속 및 충성이 사라진 것은 아니며, 적어도 마지막에 언급한 대립에 관한 한 그것의 소진은 민주주의 조직에 필요한 분열들을 가로막지 않고 또 그런 민주주의의 원리 자체를 문제 삼지도 않는다. 이같이 기억이 문화재로 변형된 것은 또한 민족에게 억압되어 있던 것들의 재부상으로, 그리고 알비파 이단에 대한 전쟁[5]에서부터 생바르텔르미 학살[6]과 방데 전쟁[7]을 거쳐 대독(對獨) 협력에 이르기까지 집단의식상의 가장 고통스러운 사건들에 대한 자유로운 반성으로도 표현된다. 더 나아가 그것은 공화국 같은 도피처로서의 가치(*valeurs-refuges*)에 대한 최소 가담으로도 표현된다(제 1부의 결론 〈공화국에서 민족으로〉를 보라). 무엇보다도 그것은 민족에 대한 소속의식이 점점 더 뚜렷하게 활력을

5) 〔역주〕 13세기 초반 남부의 카타리파 이단에 대한 십자군.

6) 〔역주〕 1572년 8월 24일의 개신교도 학살.

7) 〔역주〕 1793~1796년에 걸친 반혁명 반란군에 대한 전쟁.

띠는 것으로 표면화되는데, 이때의 소속의식은 더 이상 전통적 민족주의의 결연한 방식으로 체험되는 것이 아니라—설령 전통적 민족주의가 그런 의식의 성장을 북돋운다 할지라도—유럽으로의 편입, 현대적 생활방식의 일반화, 지방분권화에 대한 열망, 국가개입의 현대적 형태들, 관습적인 프랑스 문화규범으로 귀착될 수 없는 이주민 인구의 엄존, 프랑스어 사용권의 축소 등이 민족에게 요구한 새로운 조건에 필히 적응하는 것과 결합되어 있는, 민족적 특수성에 맞는 일신된 감성적 방식으로 체험된다.

이것은 결정적인 변형이다. '기억의 장소들'이라는 이 기획이 그 중심성을 축성하고자 하는 그 기억을 통하여 프랑스에 대한 역사적 접근을 시도하는 내내 도처에서 새로움을 가져다주는 것은 바로 이와 같은 변형이다.

*

오늘날 기억은 의지로서의 그리고 표상으로서의 '프랑스'에서 그것이 위대했던 오랜 세월 동안 거대한 지배력의 표현이었던 국가와 스스로를 동일시함으로써만 인식할 수 있었던 단일성과 정통성을 재발견하게 해주는 사실상 유일한 발판이다. 프랑스의 이미지 속에서 나타났던 지배력과 민족과 국가의 이 오래되고 의미심장한 동일시는 세계의 변화와 갈등관계 앞에서 점차 해체되었다. 그리고 반세기 더 전부터 학문(*science*)과 의식(*conscience*)이 공히 그에 대해 이의를 제기해 왔다.

프랑스의 쇠퇴는 제 1차 세계대전 직후에 시작되었다. 하지만 프랑스의 쇠퇴는 유럽 전체의 쇠퇴에 둘러싸인 채, 그리고 동시에 민족주의적 원한과 복고의 환상에 빠져 그 정당성을 상실했던 반동적 목소리들을 통해서만 국내에서 요란하게 울려 퍼졌다. 그러나 실인즉, 그때까지 유럽이 겪은 모든 거대한 경험들—봉건제에서 절대주의를 거쳐 공화국 체제에 이르기까지, 십자군에서 종교개혁과 계몽사상을 거쳐 식민주의에 이르기까지 —의 역사적 실험실이었음을 자랑할 수 있었던 프랑스가 그 전쟁 이래로 외부에서 온 일대 사건들, 이를테면 1917년 혁명, 파시즘, 경제위기 또는 '영광의 30년'[8] 동안의 경제팽창과 같은 사건들의 여파를 그저 받기만 하는 처지가 되었다. 1940년의 (독일에게 당한 - 옮긴이) 완패는 자유 프랑스가 참여한 연합국 측의 승리로 가려졌다. 공화국을 재수립하는 데 결정적인 역할을 했던 드골은 식민지 문제와 제도의 마비에 직면하며 공화국이 다시 파탄 나는 것이 아닌가 하는 좌절감을 불식시켰다. 경제성장의 뒷받침을 받으면서 그는 알제리에서 내린 깃발을 승리의 언어로 감쌌고, 곧이어 프랑스를 핵무기 보유국의 대열에 올림으로써 알제리에 관한 기억마저 지워버렸다. 1962년의 시점은 그럼에도 드골 시대의 종식과 경제적 위기가 널리 확산시킨 어떤 결정적인 의식화의 출발점이었다. 프랑스가 중간강국의 반열에 그리고 유럽 한가운데에 결정적으로 안착함에 따라 자기 자신과 자신의 과거를 바라보는 시선의 조정이 요청되었다. 바야흐로 문화재로서의 기억의 시간, 그리고 프랑스와 민족주의 없는 어떤 민족과의 재회의 시간이 다가온 것이다.

그런데다가 같은 시기에 역사가들이 전력을 쏟은 바는 바로 국가와의 전통적인 동일시를 민족적 현상으로 보는 것으로부터 벗어나, 일체성의 선언들로 가득 찬 천상에서 현실이라는 지표면으로 내려오는 것이었다(이 책에 수록된 〈아날학파의 시간〉을 보라[9]). 이러한 현실들은 민족적 실체에 대한 분석 수준보다 더 낮은 분석 수준, 예컨대 지방, 도(道) 또는 촌락 수준에 자리 잡고 있다. 아니면 그것들은 거시적인 경제주기, 인구동태, 문화적 행태 등과 같이 더 높은 수준에 자리 잡고 있다. 여하튼 그것들은 다른 층위에 놓여 있으며, 그것들의 특수성 또한 새롭게 규정되어야만 한다. 더구나 민족의 운명에 관건이 되는

---

8) 〔역주〕 제 2차 세계대전 종전 이후의 30년간의 경제성장.

9) 〔역주〕 이 역서에는 수록되지 않았다.

중대시점들과 프랑스 역사학의 방법론상의 전진들 사이의 병행관계는 두드러질뿐더러 어떤 심장한 의미가 있기 마련이다. 이를테면 1930년의 대불황은 〈아날〉의 창간과 일치하며, 제 2차 세계대전 이후는 인구사 및 사회·경제사의 황금기와 겹치고, 알제리 전쟁의 종식 이후의 몇 해는 심성사의 부상과 일치한다. 민족에 관한 학문(*science*)과 의식(*conscience*), 마치 이 둘이 같은 사건을 기록하되, 단 학문은 의식이 존재(*présence*)의 보편성이라는 면에서 상실한 것을 방법의 보편성이라는 면에서 회수하면서 서로 보조를 맞추어 나아가기라도 한 것 같다. 이러한 추측이 맞건 그르건 간에, 그 결과는 한결같았다. 지금껏 실행되어온 대로의 역사가의 분석에 비추어 보건대, 프랑스라는 대상은 더 이상 조작적이며 설득력 있는 연구단위가 아니다. 가령 우리가 경제적 요인, 문화적 행태, 또는 심성적 변화 따위를 조사할 경우, 이제 전체적인 소속관계는 분명하다고 할 만한 면이 조금도 없으며, '하나의 프랑스'의 존재란 모호하기 짝이 없는 문제가 되어 버렸다. 민족에 관련한 교육 지도의 내용을 둘러싼 우유부단함이 바로 이 같은 상황을 예시하고 있다. 이제 '프랑스사'라는 것은 라비스 시대에 그랬던 것만큼 그렇게 자명하지가 않다. 오늘날 씌어지고 있는 모든 프랑스사들, 지난 30년 동안의 부분적인 분석들을 종합한 그 모든 저술들이 질문을 던지는 것 이외의 다른 방식을 취할 수 있을지는 확실치가 않다.

일체라는 의미에서의 '민족공동체'가 그 나름의 타당성과 정당성을 유지하는 것은 기억, 그것도 오직 하나의 기억과의 관계 때문이다. 기억의 자본화가 일어나고, 그에 심오한 깊이가 부여되고, 국가의 연속성의 명백함 자체가 자칫 강국정책을 부추기거나 우월성의 어법을 정당화하는 자기과시의 주제로서가 아니라 하나의 사실로서 그것의 모든 의미를 간직한 채 회복되는 것도 마찬가지로 기억과의 관계 때문이다.

그럴 만도 한 것이 프랑스는 국가가 아득한 옛날부터 면면이 이어져 온 것처럼 일반에 의식될 정도로, 유럽의 모든 유구한 민족들 가운데서도 국가의 확정이 가장 빠르고 가장 항구적이며 또 가장 구성적인 민족이었던 것이다. 모든 이웃민족들과는 달리 여기서는 왕조의 연속성이 지리적·영토적 연속성의 뒷받침을 받아 자신의/일련의 뙈리와 역참들을 줄곧 찾아낼 수 있었다. 또한 여기서는 분열의 힘들이 드셀수록, 피지배집단들이 덜 동질적일수록, 파열의 위험이 더 클수록 그만큼 더 정력적으로 그리고 때론 필사적으로, 연속성을 향한 의지와 일체성에 대한 주장이 위로부터 나오고 유지되고 공언되었다. 프랑스의 힘을 이루며 그 '영화'의 수단이 되었던 역사적 기억의 권위주의적인 건설은 아마도 동시에 태생적인 취약성의 표현이기도 할 것이다. 프랑스는 '국가중심의'(*stato-centrée*) 민족이다. 프랑스는 오직 정치를 통해서만 자의식을 유지해 왔다. 중상주의적 의지주의에 물든, 그리고 산업혁명과 불꽃 튀는 자본주의의 절정기에조차도 부차적 관심사였던 경제를 통해서도 아니었고, 세계적인 명성을 얻기는 했으나 국가가 내준 수로를 통해서만이 사회조직에 물을 댈 수 있었던 문화를 통해서도 아니었으며, 보호감독 아래서 유지되어온 사회를 통해서도 아니었고, 강제적으로 사용할 수밖에 없는 언어를 통해서도 아니었다. 제각기 공동체의식과 민족의식을 구체화하기에 족했던 이 네 가지 영역에서 국가가 지도자요 보호자요 통합자요 교육자의 역할을 하게 된 것은 바로 그 때문이었다. 프랑스에서 경제에 관한 구상과 실천 — 심지어 자유주의적인 것일지라도 — 을 일정한 방향으로 이끌어 가며 가까스로 그리고 불완전하게 그것들을 스며들게 했던 것은 국가이다. 필요하다면 자율의 수단들을 허용하는 한이 있더라도 대학과 아카데미라는 거대기관들을 창설했던 것은 국가이다. 올바르다고 여겨지는 언어규범을 유포하고 사투리를 금지시켰던 것은 국가이다. 그리고 사회를 문명화시켰던 것은 국가이다. 민족국가와 그것의 경제, 그것의 문화, 그것의 언어, 그것의 사회 사이에 이토록 긴밀한 일치가 자리를 잡았던 나라는 없다. 또 국가급진주의의 실험을 두 차례에 걸쳐, 한 번은 루이 14세 시대의 절대주의를 통해, 또 한 번은 대혁명을 통해, 그렇듯 확실하게 경험했던 나라도 없다. 이 실험들은 제각기 민족의 역사적 기억에 대한 불가피하고 전면적인 재해석을 품게 되었다. 프랑스 민족사의 역설은 그것의 근본적인 연속성을 본래 연속성이 가장 덜한 정치영역에 한정시켰다는 것이다. 그리하여 프랑스의 민족적 기억은 다른 민족들보다 유난히 더 갈등적인 양상으로, 즉 배타적 급진성이나 엄청난 퇴적의 양상으로 전개되었다.

그러나 전적으로 민족-국가의 지평선 밑에서 펼쳐지는 역사[10]는 이 같은 기억의 민족적 퇴적 현상을 더는 설명할 수 없게 되었다. 그것은 우리의 온 지식이 부정하는 자연적 단일성을 전제로 내세운다. 그것은 세계가 프랑스로부터 더 이상 받아들일 교훈이 거의 없을 때에, 하나의 모범적인 역사를 제시했다. 그것은 프랑스 민족의 정복적이고 보편주의적인 비전에 부합했으나, 엑자곤으로의 자발적인 후퇴는 그런 비전을 고지식하거나 우스꽝스러운 것으로 만들어 버렸다. 그것은 그 민족 고유의 것을 모델로 제시하고 심지어 강요하면서도 그것을 은폐한다. 역사는 이 제국적이고 군사적인 모델을 쓸어가 버렸다. 민족사가 자기 자신의 연속성을 깨닫게 되는 것은 오직 기억 속에서일 뿐이다. '프랑스'는 자기 자신의 기억이거나, 또는 그러한 기억이 아니다. 민족공동체가 존재한다면, 그것은 단선적인 인과관계와 민족-국가의 역사를 관장하는 섭리주의적 합목적성의 영역에 속하는 것이 아니라, 기억체계를 지배하며 누적적인 충적과 조합(組合)들의 양립가능성의 과정을 밟으면서 나아가는 늘 현실화하는 영속성의 영역에 속하는 것이다. 우리가 도식적인 단순한 형태로 나타낼 수 있었던 기억의 네 가지 유형들의 관심사는 민족형성의 네 단계로 되돌아가는 것이 아니라, 기존의 그런 구분된 단계들을 뛰어넘어 어떤 다른 역사의 층들로써 그것들을 다시 덮는 것이다. 그것들이 똑똑히 보여주는 바는 점진적인 연속과 반대로, 기억의 이전 지층들이 한 역사 — 심지어 완전히 종료된 역사라도 — 의 연속성을 편입시킨 그런 기억의 영속성이다. 이 지층들은 바로 그 자신

10) 〔역주〕 아날학파의 역사를 의미한다.

들 위에서 절합(節合)되고 똬리를 틀며 서로 포개지고 통합되어, 어느 하나도 완전히 상실되는 법이 없다. 이것들의 탈각(*démaillotage*) 자체가 어떤 기억의 결과이다. 기억의 '토크빌주의'(*tocquevillisme*) 같은 것이 있으며, 깊게 그리고 환하게 비추는 이 48번의 스포트라이트에 무언가를 새롭게 드러내 주는 능력이라고 서슴없이 부를 만한 것을 부여하는 것도 바로 이것이다.

예의 역사는 전적으로 '연속성'의 발굴과 '특수성'의 부각과 '연표'(*chronologie*)의 출현 속에서 효력을 유지한다. 연속성은 그것을 절실히 느끼는 시민과 그것을 탐색하는 역사가에게 그 현상의 독특한 위광에 대한 마르지 않는 열정과 불가사의한 매혹을 불러일으키기에 — 특히 이 《기억의 장소》의 집필에 참여한 필자들 또한 나를 위시하여 모두 거기에 사로잡혀 있거니와 — 적절하지만, 추호도 이 잃어버린 위광에 대한 희화적인 동일시나 일말의 향수를 불러일으키기에 적절한 것은 아니다. 특수성으로 말하자면, 이미 너무 두꺼워진 이 책 세 권[11]은 결코 그것의 굴곡진 길들을 모두 답파하겠다는 것도, 또 그 굴곡들의 섬세함을 잘 살려 내겠다는 것도 아니다. 다만 이 세 권의 야심은 필요 불가결할뿐더러 유일하게 그것의 진정한 요철을 드러내줄, 민족 형성의 다른 유형들과의 비교가 가능할 정도로 충분히 엄밀하게 그것의 스타일을 규명하는 것이다. 프랑스가 민족-국가에 대한 독점권을 가진 것은 아니지만, 그것은 이러한 경험을 통해서 국가의 발달과 영토의 고착, 그리고 오랜 동안 땅도 국가도 없이 떠돈 유대인들이 '기억과 일체화된 인민'(*peuple-mémoire*)으로 역사를 살아온 것과 같은 맥락에서 프랑스를 하나의 '기억과 일체화된 민족'(*nation-mémoire*)으로 만드는 문화적 표현양식으로 나아갔다. 민족국가의 기억은 역사적 전통, 역사서술, 풍경, 제도, 기념물, 담론들로 응고된다. 적절한 선택은 이것들을 구획화하게 해주며 역사가의 해부는 이것들을 재발견하게 해

11) 프랑스어 원본의 제 2부 《민족》은 세 권으로 이루어져 있다.

주는바, 바로 이것이 이 책의 의도인 것이다.

*

그렇지만 이 책이 도달한 결과들 가운데, 우리에게 익숙한 것들과 다른 연표를 도중에 강조하는 경우는 거의 없다. 제 1부 《공화국》에 실린 많은 논문들이 1880~1890년대를 문제 삼는 것처럼 이 책의 많은 논문들은 특히 1820년에서 1840년 사이에 민족적 기억이 대량으로 출현한 것을 무척 강조한다. 이 글을 맺으면서 연표 문제를 거론하는 것은 무엇보다도 모든 새로운 역사적 접근의 필연적 귀결이 출발의 발판이자 최종성과로서 새로운 시간상의 조명을 쏘여 민족사에 줄무늬를 내는 어떤 연표의 작성에 이르는 것이기 때문이다. 프랑스의 정치사는 그 나름의 연표를 보유하는데, 이 연표는 동시대인들의 자각에 의해 가장 즉각적으로 제시되기 때문에 아주 풍부한 내용을 갖추고 있다. 한편 경제사나 인구사나 사회사도 더 넓은 영역과 더 장기적인 곡선 위에 그들 나름의 연표들을 보유하고 있다. 문화사와 심성사는 또 다른 형태의 연표를 요구한다. 본래 엄밀한 시간상의 구분을 일체 거부하는 기억에 대해 맨 처음으로 대략 설정한 경계표지가 서로 다른 대역(帶域)들에서 다른 의미 깊은 시퀀스들에 근접할 가능성이 있는 특유한 시퀀스들을 곧바로 분만하는 것은 그것의 조작적인 다산성과 '과학적인' 유효성을 입증하기 — 그럴 필요가 있다면 — 에 족할 것이다.

하지만 여기에 이러한 주장의 주된 이유가 있는 것은 아니다. 필시, 역사에 대한 욕구에 사로잡혀 있었고, 문화재의 개념을 발명하고, 고딕양식을 발견하고, '민족적인 것'에 도취되어 있었던 19세기 초와 기억에 대한 욕구에 시달리고, 유산의 개념을 일반화하고, 중세에 열광하고, 득의만만한 민족주의에 환멸을 느끼는 이 20세기 말 사이에는, 그리자유(*grisaille*)[12]의 확고한 명성이 냉담과 경멸로 뒤덮어 버린 움직임을 다시 솟아나게 한 그 움직임 — 즉 문화적으로는 낭만주의가 풍미

했으나 역사적인 광채로는 제 1제국 때만 못했고, 경제적 광채로는 제 2제국 때만 못하며, 우리가 드골주의 이후(*post-gaullisme*) 시기에 그랬던 것처럼 부르주아 왕국에 대한 정치적 매력의 완전한 결핍에 빠져 있었던 시기 — 속에서 우리의 민족적 모멘트를 특징짓는 데 기여한 심층적인 교류들과 감수성의 공통점들이 있다. 기조는 자신에 대한 후대의 평판으로 이 보수적 자유주의의 범용한 편협의 대가를 치렀다. 그런데 여기서 기조는 기억의 대 조직자라는 자신의 본모습으로 재등장한다.

이 두 시기에 공통으로 나타나는 한 가지 기본적인 특징이 있으니, 그것은 곧 전통적 과거로부터의 급격한 단절과 아울러 그것을 되찾으려는 강렬한 욕구를 경험했다는 것이다. 이 같은 과거와의 재회는 대혁명 및 제국 시기 직후에 역사를 통해서 그리고 옛 프랑스의 군주제적 과거에 대한 '민족적' 해석을 통해서 이루어졌다. 드골의 서사시와 알제리 전쟁, 그리고 프랑스가 일찍이 경험한 적이 없는 최대의 경제혁명 직후에 그런 회복 움직임은 기억을 통해서 그리고 곧 중심적(즉 프랑스 중심적 - 옮긴이)이고 제국적이며 보편주의적인, 민족에 대한 민족주의적 사고방식으로부터의 이탈을 통해서 이번에는 거꾸로 우리를 향하여 이루어졌다. 명백한 상황증거가 이 같은 근본적인 이탈의 유일한 원인이 된 것은 아니었다. 중대한 두 가지 현상이 또한 거기에 적잖이 힘을 보탰다. 하나는 우파 쪽에서 민주주의적·공화주의적 형태로서의 민족의 결정적인 수용을 뿌리내리게 하는 데 한몫을 한 드골의 세계주의(*oecuménisme*)이고, 다른 하나는 좌파 쪽에서 민족을, 대혁명이 그것을 가둬놓은 등식으로부터 떼어내고 그것의 동력을 되살리는 데 큰 몫을 한바 최근에 나타난 혁명이념의 소진이다. 지금 우리는 민족을 대면하고 있으나, 이 민족은 다원적이고 평화로워진 공간 속에 둥지를 튼 어떤 다른 민족, 그 인위적인 불변성에서 벗어나 예측할 수

---

12) 〔역주〕 회색조 또는 단색조의 그림.

없는 미래를 향해 이미 나아가고 있는 어떤 다른 민족이 되어버린 민족이다. 지금 우리는 그것의 역전된 현실을 직면하고 있으니, 그리하여 장차 그 반향과 낯설음의 깊이와 세기를 알아차리게 될 것이다. 한 세기 동안 민족주의는 우리에게 민족공동체를 은폐해 왔다. 지금은 샤토브리앙(Chateaubriand)과 더불어 "프랑스는 지성의 진보에 맞추어 자신의 연대기를 재구성해야 한다"고 다시 말해야 할 때가 아닐까? 민족 정체성이 혼란을 겪고 그 지표들이 동요하는 작금의 상황에서 그 기억의 유산을 강조하는 것은 유럽 전체의 관점에서 그것의 이미지를 조정하고 그것을 새로이 정의하는 첫 번째 조건이다.

호전적이고 제국주의적이며 메시아적인 민족은 우리 뒤로 물러가고 있다. 오늘날 외부세계로의 민족의 개방은 먼저 그의 유산에 대한 완전한 통달을 필요로 한다. 그것의 국제적 미래는 민족의 과거에 대한 확실한 관계정립을 필요로 한다. 그리고 세계로의 접근은 우리가 여기서 시도한 것, 즉 특수한 것에 대한 정확한 측량을 필요로 한다.

가브리엘, 자크 앙주(Gabriel, Jacques Ange: 1698~1782) 프랑스 건축가이자 실내장식가. 아버지(Jacques Gabriel, 1667~1742)의 뒤를 이어 국왕수석건축가이자 건축아카데미 총장을 지내며 퐁텐블로와 콩피엔, 슈아지의 개조와 베르사유 익랑 건물들의 재건축, 오페라 하우스(1753)와 프티트리아농(1762~1768) 건축을 통해 프랑스 고전주의를 구현했다.

갈리예니, 조제프 시몽(Gallieni Joseph Simon: 1849~1916) 장군, 행정가. 아프리카, 베트남, 마다가스카르 등 해외식민지 총독을 역임하고 1914년 총사령관으로 마른 전투에서 승리, 1921년 원수로 추서되었다.

강베타, 레옹(Gambetta, Léon: 1838~1882) 프랑스의 정치가. 1860년 변호사가 되어 나폴레옹 3세의 전제에 대한 반대론을 펴서 이름을 떨쳤다. 1869년 하원의원에 당선되었고, 1870년 9월 프로이센-프랑스 전쟁이 일어나자 대독 항쟁파가 되었다. 나폴레옹이 패배하자 공화국을 선언하고, 이때 성립된 국방정부의 내무장관이 되어 항쟁을 계속할 것을 주장하였다. 제 3공화국 후에는 군주정을 반대하는 티에르를 지지하고 공화주의연합을 지도하였다. 1877년 공화파의 승리로 의회에 복귀, 1879~1881년에는 하원의장이 되었다. 1881년 선거에서 공화주의연합이 승리함으로써 총리로 임명되었으나 의회의 불신을 사서 1882년 1월 사직하였다.

구종, 장(Goujon, Jean: 1510~1566) 르네상스 시대 프랑스의 대표적인 조각가이자 건축가로 고대 및 이탈리아 예술과 건축에 조예가 깊었다. 1544년부터 파리에서 레스코의 동업자로 활약했으며 특히 신화에서 작품의 영감을 얻었다.

그라쿠스, 가이우스(Gracchus, Caius: 기원전 154~121) 로마 공화정 말기호민관. 부의 양극화로 인한 혼란을 해소하기 위해 토지재분배, 이중 곡가제, 그리스식 민주주의 등 광범한 개혁을 시도했으나 반대파에게 살해된 민중파의 선구자다.

그레고리우스(Grégoire de Tours: 538~594) 투르의 주교. 중세 초 많은 성인전과 《프랑크족의 역사》를 저술하여 프랑스사의 아버지로 평가받는다.

그레구아르, 앙리바티스트(Grégoire, Henri-Baptiste: 1750~1831) 프랑스의 성직자, 정치가. 성직자 대표로 삼신분회에 참석하여 제3신분 편에 가담한 그는 특권의 폐지와 보통선거권을 주장하고, 성직자민사기본법을 제일 먼저 지지한 선서파 사제였다.

그레뱅(Grévin, Alfred: 1827~1892) 만화가이자 화가로 주로 무대의상을 소재로 삼았으며 1882년에 파리에 자신의 이름을 딴 박물관을 세웠다.

그레세, 장바티스트 루이(Gresset, Jean-Baptiste Louis: 1709~1777) 프랑스의 시인, 극작가. 유머러스한 시와 코미디 작품으로 성공하여 아카데미 프랑세즈 회원이 되었다.

그레트리, 앙드레 모데스트(Grétry, André Modeste: 1741~1813) 프랑스-벨기에의 작곡가. 로마와 볼로냐에서 음악공부를 하고 볼테르의 후원 아래 파리에서 작곡활동을 했다.

그뤼네발트, 마티아스(Grünewald, 일명 Mathias: 1475/1480~1528?) 독일의 화가, 건축가, 기술자. 이 이름은 1675년에 간행된 《독일 아카데미》의 오기(誤記) 이후의 호칭이며, 본명은 마티아스 고트하르트(Matthias Gothardt)이다. 뷔르츠부르크 출생. 마인츠 선제후 등의 궁정화가로 활약하였는데, 화풍은 고딕적인 면도 있으나 풍부한 환상과 종교적 정열에 차 있다. 뒤러와 더불어 가장 독일적인 화가로 불리며, 대표작으로는 〈이젠하임의 제단화〉(1515)와 〈성 마우리티우스와 에라스무스〉(1524~1525)가 있다.

그림 형제(Grim) 독일의 언어학자, 문헌학자 형제. 형은 야코프(Jacob Grimm: 1785~1863), 동생은 빌헬름(Wilhelm Grimm: 1786~1859)이다. 헤센 주 하나우 출생이다. 대학에서는 법률을 배웠고, 도서관에 근무한 후 1830년 괴팅겐 대학의 교수가 되었으며, 하노버 왕의 헌법 위반을 규탄하여 이른바 '괴팅겐 7교수 사건'에 들어 공국 밖으로 추방당하였다. 1841년 베를린 아카데미 회원으로 추천되었다. 이상의 경력은 연년생인 형제가 똑같다. 이 밖에 게르만 언어학의 창시자로서

형은 《독일어 문법》(1819~1837), 《독일어사》(1848), 동생은 《독일 영웅전설》의 저작이 있다. 그들의 전문분야인 언어학의 영역에서는 형 야코프가 보다 큰 업적을 남겼으나, 그림 형제의 명성을 세계적으로 높인 《그림동화》를 만드는 데는 동생 빌헬름이 더 큰 역할을 하였다. 수집한 옛이야기를 예술적으로 표현하고 다듬은 사람은 주로 동생이다. 그들이 게르만 언어학의 연구, 그리고 독일의 옛이야기와 전설의 수집으로 전환한 계기는 낭만파 문학에 의하여 촉발된 향토적·서민적인 것에 대한 깊은 애정에 기인한다.

글루크, 크리스토프 빌리발트(Gluck, Christoph Willibald: 1714~1787) 독일 작곡가로 프라하와 빈에서 음악공부를 했으며 파리에서 새로운 형식의 자연스럽고 서정적 오페라를 유행시켰다.

기도, 레니에(Guido, Renie: 1575~1642) 이탈리아 화가이자 실내장식가로 마니에리스모 양식의 영향을 받았으며 신화를 소재로 한 작품을 다수 남겼다.

기베르, 프랑수아 아폴리니(Guibert François Apollini: 1744~1790) 프랑스의 장군이자 군인작가. 신민에서 시민으로 변한 국민들이 정부를 따르고 영광을 추구하고 고생을 두려워하지 않는 나라에서는 무적의 군대가 탄생한다고 주장했다.

기트리, 사샤(Guitry, Sacha: 1885~1957) 배우이자 드라마 작가로 파리의 한량생활을 즐기며 가볍고 경쾌한 작품을 발표했다. 특히 부르주아의 혼외정사가 그의 주요주제였다.

네, 미셸(Ney, Michel: 1769~1815) 프랑스의 장군. 제 1제국 시기 여러 전투에서 공을 세웠으며 나폴레옹이 엘바에서 탈출한 후 그를 받들어 워털루 전투에 참전했다. 패한 후 반역죄로 처형되었다.

네르발(Nerval: 1808~1855) 19세기 프랑스의 시인, 소설가. 본명은 G. 라브뤼니이다. 파리 출생. 1827년 괴테의 《파우스트》를 번역하여 문단에 데뷔, 저널리스트로서도 크게 활약하는 한편, 독일 시인이나 플레이아드파(派) 시인을 소개하는 한편, 연극평·기행·괴기소설 등의 여러 장르에 걸쳐 필명을 떨쳤다. 1841년 첫 번째 정신이상 발작에 휩싸이면서 꿈이 그의 현실 속에 흘러들어와 많은 걸작을 낳게 하였다. 동방의 여러 나라와 독일, 네덜란드, 영국 등지로 여행하여 《동방기행》 등을 냈다. 1851년 이후에는 발작이 자주 일어나, 1854년에 마지막 독일여행을 시도했으나, 이듬해 스스로 목을 매어 비극적 생애를 끝마쳤다. 주요작품에는 《불의 딸》(1854), 《오렐리아, 꿈과 인생》(1855), 《환상시집》(1854) 등이 있다.

노아유, 루이 마리(Noailles. Louis Marie: 1756~1804) 프랑스 장군. 라파예트 군에 배속되어 미국독립전쟁에 참여한 그는 귀족대표로 국민의회에 참여하여 특권의 폐지(1789년 8월 4일 법안)를 지지했다.

놀라크, 피에르 드(Nolhac, Pierre de: 1859~1936) 1887년부터 1920년까지 베르사유 박물관 연구원을 지냈다.

뇌빌, 알퐁스마리아돌프 드(Neuville, Alphonse-Marie-Adolphe de: 1836~1885) 프랑스의 화가 〈프랑스-프로이센 전쟁〉, 〈크림 전쟁〉 등의 작품이 있다.

니콜라이 2세(Nicolai II: 1868~1918) 러시아 로마노프 왕조의 마지막 황제로 보수적 전제정치를 고집하다가 1917년 사회주의혁명으로 제위에서 퇴위당한 뒤 이듬해 가족들과 함께 소비에트 당국에 의해 살해되었다.

다비드, 자크 루이(David, Jacques Louis: 1748~1825) 프랑스의 화가로 혁명이 일어나자 자코뱅 당원이 되어 혁명에 참여했으며 역사적인 주제의 그림에 주력했다. 19세기 초 고전주의 예술의 대표적인 인물이다.

다비드 당제(David d'Anger, 본명 Pierre Jean David: 1788~1856) 프랑스의 조각가. 코르네유, 라신, 괴테, 시에예스 등 여러 인물의 인물상을 제작했다.

달루, 애메쥘(Dalou, Aimé-Jules: 1838~1902) 프랑스의 조각가. 제2제국 시기에 공화주의적 신념을 표현한 작품을 발표했으며 파리코뮌에 참여했다가 망명했다.

대공(Monsieur, Philippe, duc d'Orléans: 1640~1701) 왕의 동생을 지칭하는 칭호인 대공은 여기에서는 주로 루이 13세와 안 도트리슈의 둘째 아들인 필리프를 가리킨다.

대공녀(Grande Mademoiselle: 1627~1693) 대공녀는 왕제의 맏딸에 대한 경칭으로 여기에서는 루이 14세의 삼촌인 가스통 도를레앙의 딸인 몽팡시에 공작부인을 가리킨다.

데룰레드, 폴(Déroulède, Paul: 1846~1914) 프랑스-프로이센 전쟁과 파리코뮌의 진압에 참여한 후 1872년에 독일에 대한 복수심을 고취하는 《병사의 노래》를 발표, 1882년 '애국자동맹'(Ligue des patriotes)을 창설하고 불랑제 장군을 위한 캠페인을 벌인 작가이자 정치가.

델사르토, 안드레아(del Sarto, Andrea: 1486~1530) 피렌체의 화가로 미켈란젤로의 영향을 받았으며 프랑수아 1세의 초청을 받아 프랑스에서 활약하기도 했다.

도레, 귀스타브(Gustave Doré: 1832~1883) 스트라스부르 출생. 소년시절부터 석판화를 배웠고, 파리에서 루이 필리퐁이 편집한 풍자잡지에 삽화를 계속 그렸으며, 1848년 살롱에 처녀출품하였다. 1854년 라블레의 《가르강튀아 이야기》의 삽화로 인정받았다. 당시 유행하기 시작한 인상주의나 현실묘사에는 등을 돌리고, 정확한 소묘력(素描力)과 극적인 구도(構圖)로써 환상과 풍자의 세계를 그려 대중에게 인기가 있었다. 만년에는 조각도 시도했다. 작품에 《신곡》, 《실락원》, 《돈키호테》 등의 삽화가 있다.

돈 루이스 데 아로(Don Luis de Haro: 1598~1661) 스페인 펠리페 4세의 측근으로서, 1659년 프랑스와 스페인 사이의 전쟁 이후 맺어진 피레네 조약에서 중요한 활약을 했다.

돌레, 에티엔(Dolet, Étienne: 1509~1546) 프랑스의 시인이자 출판인. 신성모독과 금서 출판·판매의 죄목으로 화형당했다.

되블린, 알프레드(Alfred Döblin: 1878~1957) 독일의 유대계 소설가. 직업 의사로서 혁명적 표현주의 문학잡지인 〈폭풍〉의 편집에 참여했고, 나치스의 박해를 피하여 프랑스, 미국 등지에서 망명생활을 했다. 다양한 기법과 문체를 구사했지만, 파멸로 치닫는 문명의 공허를 폭로하려는 노력과 고통받는 인류에게 구원의 수단을 제시하려는 종교적인 노력이 그의 두 가지 관심사였다.

뒤러, 알브레히트(Dürer, Albrecht: 1471~1528) 독일의 화가, 판화가. 〈아담과 이브〉, 〈장미관의 성모〉, 〈젊은 베네치아의 여인〉 등의 작품이 있다.

뒤로크, 제로(Duroc, Géraud: 1772~1813) 나폴레옹의 신임을 받던 장군.

뒤르켐, 에밀(Durkheim, Émile: 1858~1917) 프랑스의 사회학자. 1898년에 〈사회학연보〉를 창간하여 뒤르켐학파로 불리는 거대한 사회학의 한 학파를 형성하여 세계의 사회학계를 이끌었다.

뒤마, 알렉상드르(Dumas, Alexandre, 아들: 1802~1870) 극작가이자 소설가로 오를레앙 공작의 필경사로 지내며 낭만파 희곡의 선구 격인 《앙리 3세와 그 궁정》으로 유명해졌으며 《삼총사》와 《몽테크리스토 백작》 등이 대표작이다.

뒤마, 알렉상드르(Dumas, Alexandre: 1762~1806) 프랑스혁명기의 장군. 작가 알렉상드르 뒤마의 아버지.

뒤바리 부인(Mme Barry: 1743~1793) 양장 재단사의 사생아로 태어나 루이 15세의 정부가 되었으나 퐁파두르 부인과는 달리 정치에 개입하지 않았다.

뒤바이, 오귀스트(Dubail, Auguste: 1851~1934) 프랑스의 장군. 제1차 세계대전 동안 프랑스 육군을 지휘했다.

뒤세르소, 앙드루에(Du Cerceau, Androuet: 1510~1585) 프랑스 건축가로 이탈리아 건축양식의 영향을 받아 화려한 장식과 조각, 거대한 규모의 프랑스 르네상스 궁전건축을 대표한다.

뒤아멜 뒤몽소, 앙리루이(Duhamel du Monceau, Henri-Louis: 1700~1782) 프랑스 농학자로 《나무 연구》 등 농경에 관한 수많은 저술을 발표했다.

뒤퐁, 피에르(Dupont, Pierre: 1821~1870) 7월왕정기 공화주의적·사회주의적 성향의 샹송으로 인기를 얻고 1851년 쿠데타 이후 농민의 도덕적인 힘을 예찬한 샹송작가.

드농, 비방(Denon, Vivant: 1747~1825) 프랑스 조각가이자 외교관으로 나폴레옹의 총애를 받아 이집트 원정 길에 동행했으며 박물관장이 되었다.

드레슴, 마리아(Deraisme, Maria: 1828~1894) 프랑스의 페미니스트이자 작가. 1882년 최초의 남녀혼성 프리메이슨 지부인 '인간의 권리'를 창설했다.

드망종, 알베르(Demangeon, Albert: 1872~1940) 프랑스의 인문지리학자. 그의 주요업적은 사후에 출판된 《인문지리의 문제들》(1942)에 수록되어 있다. 그중에서도 유명한 것은 촌락과 가옥의 형태에 관한 고찰이다.

드제 드베구(Desaix de Veygoux, Louis Charles Antoine des Aix: 1768~1800) 프랑스의 장군. 나폴레옹과 함께 이집트 원정에 참여했으며 마렝고 전투에서 오스트리아군과 싸우다 전사했다.

드주, 클로드(Dejoux, Claude: 1732~1816) 프랑스의 조각가. 1779년 대리석 조각상 〈생 세바스티앙〉으로 아카데미 회원이 되었다.

들로름, 필리베르(De l'Orme, Philibert: 1510~1570) 프랑스 건축이론가이자 설계사. 석공의 아들로 태어났으나 이탈리아에서 저명한 건축가들

밑에서 훈련을 쌓았으며 특히 고대건축에서 영감을 얻은 뒤 프랑스로 돌아와 왕궁건축에 참여했다.

라레, 도미니크장(Larrey, Dominique-Jean: 1766~1842) 프랑스의 의사. 나폴레옹 군대의 외과의사로서 응급의학의 선구자로 평가받는다.

라루스, 피에르(Larousse Pierre: 1817~1875) 교육자, 백과사전 편찬자. 프랑스 어학 연습방법을 혁신시킨 교육학서적들을 출판하였고, 1852년에 라루스 출판사(Librairie Larousse)를 오귀스탱 부아이예(Augustin Boyer)와 설립, 《19세기 대백과사전》 등의 대규모 사전을 펴냄.

라마르틴, 알퐁스 드(Lamartine, Alphonse de: 1790~1869) 프랑스의 시인, 작가, 정치인. 루이 18세를 지지했으나 낭만주의적 '영혼의 시인'으로 젊은이들에게 감화를 주고 1830년 7월혁명과 1848년 2월혁명에서 주도적 역할을 했다.

라모, 장 필리프(Rameau, Jean Philippe: 1683~1764) 프랑스 작곡가. 잠시 이탈리아에서 활동한 후 주로 파리에서 활동하며 많은 오페라를 작곡했다.

라모트피케, 투생 기욤(La Motte-Piquet, Toussaint Guillaume: 1720~1791) 프랑스 해군. 18개의 전투에 참가한 경력이 있는 그는 미국독립전쟁에 참전하여 많은 적을 포로로 잡은 것으로 유명하다.

라므네, 위그펠리시테로베르 드(Lamennais, Hugues-Félicité-Robert de: 1782~1854) 귀족의 아들로 출생. 신학교를 졸업하고 1816년 사제가 되었다. 《종교 무관심론》(4권, 1817~1823)의 간행으로 폭발적 명성을 얻었는데, 그는 이 작품에서 계시(啓示)를 변호하였다. 1830년 7월혁명 무렵에는 잡지 〈미래〉를 발행하여 부르주아적 왕정과 프랑스에서의 교황권의 제한을 주장하는 갈리카니슴에 반대하여 자유주의와 교황지상주의를 결합한 독자적인 이론을 주장했다. 그러나 정치와 종교를 혼동하였다고 하여 1832년 파문당했다. 그는 다시 《신자의 말》을 써서 이에 답하였는데, 그 때문에 다시 1834년 파문당하자 로마교회를 떠나 '인류의 그리스도교'를 제창, 정치활동으로 돌아서서 생시몽류(流)의 민주투사로서 활동하였다. 1848년 2월혁명 후 〈입헌민주당〉지를 창간한 후 국민의회 의원으로서 의회에 진출했으나 나폴레옹 3세의 쿠데타로 정계를 떠났다. 그의 종교적 사상은 근대정치적 가톨릭사상에 자극을 주었다.

라바이야크, 프랑수아(Ravaillac, François: 1578~1610) 광신적 가톨릭신자. 앙리 4세의 종교적 관용 정책에 반기를 드는 반대파에 영향을 받아 1610년 5월 14일 혼잡한 거리에서 앙리 4세를 시해했다.

라반트, 폴(Laband, Paul: 1838~1918) 브레슬라우의 유대계 가정에서 출생. 실증주의 국법학의 대표자인 동시에 비스마르크 시대의 독일 헌법학계의 대표자이기도 했다. 하이델베르크 대학을 졸업하고 쾨니히스베르크, 슈트라스부르크 등의 대학교수를 역임하였고, 알자스 주, 로트링겐 주 상원의원을 지냈다.

라브뤼에르, 장 드(La Bruyère, Jean de: 1645~1696) 프랑스 모럴리스트. 콩데와 부르봉 공작 가문에 가정교사로 들어가 활동하면서 이를 소재로 예리한 관찰력과 심미안을 지닌 작품을 남겼다.

라비스, 에르네스트(Lavisse, Ernest: 1842~1922) 프랑스의 역사가로 리세(lycée) 앙리 4세의 교수가 되었고 파리 대학교에서 역사강의를 맡았다. 많은 논문과 저서를 썼으며 아카데미 프랑세즈 회원으로 활동했다. 역사가로서는 전형적인 정치사가로 간결명료한 문체를 지니고 있었다. 저술로는 역사가 랑보와 공저한 《세계사》(12권, 1893~1900), 《프랑스사》(1901~1902) 및 그 속편인 《프랑스 현대사》(1919)의 편집이 유명하다. 1894년 이후에는 〈파리평론〉의 편집에도 관여하였다.

라셰즈 신부(Père de La Chaise: 1624~1709) 1675년에 페리에의 뒤를 이어 루이 14세의 고해신부가 되었다.

라스 카즈, 에마뉘엘 오귀스탱 디외도네(Las Cases, Emmanuel Augustin Dieudonné: 1766~1842) 망명귀족이었으나 통령정부 시에 귀국하여 나폴레옹의 시종으로 백작 작위를 받은 작가. 나폴레옹과 함께 세인트헬레나에 18개월 머물렀고 1823년에 그가 쓴 《세인트헬레나 기록》은 나폴레옹 전설을 확대시켰다.

라스파이, 프랑수아뱅상(Raspail, François-Vincent: 1794~1878) 프랑스의 화학자이자 정치가.

라신(Racine, Jean: 1639~1699) 어려서 부모를 잃고 조부모 밑에서 자라다가 얀센주의자들의 근거지인 포르루아얄데샹에 살면서 공부했다. 사제직의 꿈을 지녔으나 소송사건으로 환멸을 느낀 뒤 희곡에 몰두하여 성공을 거두고 궁정에도 진출했다. 그리스 고전비극의 전통을 이어받아 《페드르》, 《앙드로마크》 등의 대표작을 남겼다.

라첼, 프리드리히(Ratzel, Friedrich: 1844~1904) 독일의 지리학자. 대표적 저서인 《인류지리학》 제1권(1882)에서는 인간과 환경의 관계를 다루었고, 제2권(1891)에서는 인간의 주체성을 논술하였다. 또 《민족학》 3권에서는 문화단계설을 주장하였다.

라콩다민, 샤를 마리 드(La Condamine, Charles Marie de: 1701~1774) 프랑스 측지학자이자 자연사학자.

라투르 도베르뉴, 테오필 말로 코레 드(la Tour d'Auvergne, Théophile Malo Corret de: 1743~1800) 프랑스의 군인. 직업군인으로 에스파냐에서 복무한 후 1792년 프랑스로 돌아와 여러 전선에서 복무했으며 1799년 국회의원으로 선출된 후에도 전선으로 돌아갈 것을 자원해 나폴레옹으로부터 칭송을 들었다.

라파예트(La Fayette: 1757~1834) 프랑스의 장군, 정치가. 미국독립전쟁에 참전하고 나서 귀족으로 삼신분회에 참여하였으며, 혁명 초기에 입헌군주제를 견지하고 국민방위대 사령관을 역임했다.

라페, 드니 오귀스트 마리(Raffet, Denis Auguste Marie: 1804~1860) 프랑스의 화가. 나폴레옹 군대를 묘사한 판화들로 나폴레옹 전설이 확산되는 데 기여했다.

라퐁텐, 장 드(La Fontaine, Jean de: 1621~1695) 시인이자 우화작가로 다양한 장르의 문학작품을 시도했으며 특히 240여 편의 우화시로 이루어진 대표작 《우화집》은 독창적이며 풍자적인 작품으로 고전시대 불후의 명작으로 손꼽힌다. 오비디우스의 영향을 받은 그는 오를레앙 공작부인의 후원을 받아 활동을 했다.

랑보, 알프레 니콜라(Lambaud, Alfred Nicolas: 1842~1905) 프랑스의 역사가, 정치가. 독일에 유학하여 독일 사학의 연구방법을 배웠다. 주요저서로는 《프랑스 문명사》(2권) 등이 있다. 문교장관을 역임했다.

랑뷔토, 클로드필리베르 바르텔로 드(Rambuteau, Claude-Philibert Barthelot de: 1781~1869) 일명 랑뷔토 백작. 1833~1848년 센 도지사로 재임하면서 파리 시 정비계획을 구상했고 이 구상은 제2제국 시기 오스만에 의해 실현되었다.

레 추기경(cardinal de Retz: 1613~1679) 정치가, 문필가. 본명은 장프랑수아 폴 드공디(Jean-François Paul de Gondi). 프롱드 난을 주동하였으며 루이 14세로부터 사면받은 이후 생드니 수도원에서 말년에 《회고록》을 집필했다.

레냐르, 장프랑수아(Reganrd, Jean-François: 1655~1709) 프랑스 극작가. 몰리에르의 영향을 받고 마리보의 정신을 예고하는 희곡작품을 썼다.

레보, 마리 로슈 루이(Reybaud Marie Roch Louis: 1799~1879) 사회개혁을 주장한 프랑스 경제학자이자 정치가로 7월왕정기 프랑스의 사회도덕을 비판한 소설《제롬 파튀로》의 작가로 유명하다.

레비스트로스, 클로드(Lévi-Strauss Claude: 1908~2009) 랍비의 손자로 브뤼셀에서 태어나 파리에서 유년기를 보내고 철학을 공부한 후 1935~1938년 브라질에서 민족학을 연구한 인류학자. 상파울로와 미국에서 가르치다가 1959년 콜레주드프랑스의 사회인류학 교수가 되었다. 1964~1971년에 4권으로 된《신화학》을 집필, 상징의 기능과 더불어 신화적 사고의 구성원리를 탐구했다.

레슈친스카, 마리(Leszczynska, Maris: 1703~1768) 폴란드 왕 레슈친스카의 딸로 1725년에 루이 15세와 결혼했다.

레스코, 피에르(Lescot, Pierre: 1515~1578) 르네상스 시대 프랑스의 대표적인 건축가이자 화가. 법복귀족 가문 출신으로 건축과 수학을 공부하고 인문주의자들과 교분을 나누었으며 일찍부터 궁정의 총애를 받아 프랑수아 1세와 앙리 2세 시대 궁전건축을 책임졌다.

레오 9세(Leo IX: 교황 재위 1049~1054) 제152대 로마교황. 1002년 알자스의 에기스하임에서 태어났다. 교황을 지명하고 선출하는 권리는 추기경들만이 행사한다는 원칙을 확립하였고, 당시 만연되던 성직매매를 금지시키고 성직자의 독신제를 강화하였다. 시칠리아를 침략하여 교황령을 위협하는 노르만족을 물리치기 위하여 하인리히 3세의 도움을 받았으나 하인리히 3세가 군대를 철수시키는 바람에 크게 패하였다. 1053년 6월 18일에 교황은 포로로 잡혔다가 9개월 뒤 풀려났다. 이 일을 계기로 동방교회와 갈등을 빚게 되었다. 게다가 레오 9세가 교황의 수위권을 강조하자, 동방교회의 불만이 더욱 심해졌다. 급기야 동방교회에서는 콘스탄티노플에 있는 서방교회들을 폐쇄하고, 로마교회를 강도 높게 비판하였다. 1054년 7월 16일에 교황의 사절들은 콘스탄티노플에 교황의 파문장을 전달하였고, 이로써 동방교회와 서방교회의 분열이 시작되었다.

로마노, 줄리오(Romano, Giulio: 1499~1546) 이탈리아 화가이자 건축가로

마니에리스모 양식의 대표적 인물로 라파엘로와 미켈란젤로의 작품을 모사한 다수의 프레스코화를 남겼다.

로벤달, 울리히 프리드리히 발데마르(Lowendal, Ulrich Friedrich Waldemar: 1700~ 1755) 프랑스 원수. 덴마크 출신으로 오스트리아, 폴란드, 러시아 군에 복무한 경력이 있는 그는 결국 프랑스 장군이 되어 퐁트누아 전투에서 혁혁한 전공을 세웠다.

로셀(Rossel: 1844~1871) 프랑스 정부관리로 독일과의 전쟁에서 프랑스군이 참패하자 파리코뮌에 가담했으며 코뮌의 패배 후 베르사유인들에 의해 총살되었다.

루부아(Louvois, marquis de: 1639~1691) 아버지 르텔리에에 이어 프랑스 육군대신을 지내며 루이 14세 시대의 전쟁을 주도했다.

루소, 장자크(Rousseau Jean-Jacques: 1712~1778) 프랑스어를 사용하는 주네브 출신의 계몽철학자이자 작가. 《인간 불평등 기원론》(1755), 《에밀》(1762), 《고독한 산책자의 꿈》(1776) 등의 저서로 프랑스혁명에 지대한 영향을 미쳤다.

루아예콜라르, 피에르 폴(Royer-Collard, Pierre Paul: 1763~1845) 프랑스의 정치가, 철학자. 혁명기에는 비밀왕당파로 입헌군주정을 지지하고, 복고왕국 시기에는 이데올로그의 수장 역할을 했다.

루이 12세(Louis XII: 1462~1515) 샤를 6세의 동생인 루이 오를레앙의 손자로 1498년 후사를 두지 못한 샤를 8세의 뒤를 이어 왕이 되었다. 재위 기간 중 감행한 두 차례 이탈리아 원정은 실패로 끝났으나 이탈리아의 문물을 도입함으로써 프랑스 르네상스의 길을 열었다.

루이 13세(Louis XIII: 1601~1643, 재위 1610~1643) 앙리 4세의 아들로 9세에 왕위에 올라 재상 리슐리외와 함께 절대군주정의 토대를 굳혔다.

루이즈 드사부아(Louise de Savoie: 1476~1531) 사부아 공작의 딸이자 프랑수아 1세의 어머니로 프랑수아 1세의 부재 시 섭정직을 맡아 탁월한 정치력을 보였으며 르네상스 인문주의자들의 후견인 역할을 했다.

루이필리프(Louis Philippe: 1773~1850) 프랑스의 왕(1830~1848). 부르봉 왕가의 방계인 오를레앙 가 출신. 루이 16세의 사촌 루이필리프 조제프의 아들로 프랑스혁명에 가담했으며 1830년 7월혁명으로 왕위에 올랐다. 1848년 2월혁명으로 왕위에서 물러난 뒤 영국으로 망명했다.

루즈몽, 드니 드(Rougemont, Denis de: 1906~1985) 프랑스어를 사용하는

스위스 작가로 유럽문명의 구성요소들에 관한 깊은 분석을 가하고 1950년에는 주네브에 유럽문화센터를 설립했다. 주요저서로는 유럽문명을 심리학적·역사적·윤리적으로 분석한 《사랑과 서양》(1939), 유럽의식의 위기를 분석한 《악마의 지분》(1944), 《유럽의 28세기》(1961), 유럽의 연방주의를 주장하는 《유럽의 기회》(1962), 《유럽인에 대한 공개서한》(1970) 등이 있다.

뤼드, 프랑수아(Rude, François: 1784~1855) 프랑스의 조각가. 그의 작품 〈라마르세예즈〉(1833~1836)는 〈1792년 의용군의 출병〉이라고도 불리며 에투알 광장의 개선문을 장식하고 있다.

륄리(Lully, Jean-Baptiste: 1632~1687) 이탈리아 피렌체 출신으로 1652년 왕의 측근이 되어 프랑스 궁정에 발레와 오페라를 도입했다. 1661년에 프랑스 국적을 취득하고 음악총감독이 되었다.

르노트르, 앙드레(Le Nôtre, André: 1613~1700) 튈르리 정원사의 아들로 베르사유 및 생클루, 마를리, 뫼동의 정원을 완성했다. 기하학적 구성과 대칭을 통해 자연을 엄격한 원칙에 따라 재배치한 그의 정원은 프랑스 고전주의의 전형으로 손꼽힌다.

르드뤼롤랭, 알렉상드르오귀스트(Ledru-Rollin, Alexandre-August: 1807~1874) 프랑스의 정치가, 공화주의자. 1848년 2월혁명에 적극적으로 참여하여 임시정부의 내무장관을 지냈다.

르메르시에, 자크(Le Mercier, Jacques): 1585~1654) 프랑스 건축가이자 조각가로 1618년에 루이 13세의 수석건축가가 되었으며 1624년부터 루브르 공사에 참여했다. 정사각형 안뜰의 서쪽과 북동쪽 익랑건물 공사를 맡았다. 1635~1642년에 완성된 이탈리아 양식을 엄격한 절제미로 변형시킨 소르본 교회와 돔을 통해 프랑스 고전주의의 창시자라는 평을 얻게 되었다.

르보(Le Vau: 1612~1670) 프랑스의 건축가로 보 르 비콩트 성을 건축했으며 1667년부터 베르사유 건축에 참여했다. 온실과 도자기로 된 트리아농이 그의 작품이다.

르브룅, 샤를(Le Brun, Charles: 1619~1690) 프랑스의 화가 겸 실내장식가로 보 르 비콩트 성의 실내장식을 맡았고 이후 마자랭과 콜베르의 후원을 받아 1661년에 왕립 회화 및 조각 아카데미 창설에 주도적인 역할을 했으며 베르사유의 실내장식을 도맡았다.

르퓌엘, 엑토르(Lefuel, Hector: 1810~1881) 프랑스 건축가로 1854~1857년 동안 루브르와 튈르리 복원공사를 책임졌으며 특히 르네상스와 17세기풍의 장식을 채택했다.

르플레, 피에르 기욤 프레데릭(Le Play, Pierre Guillaume Frédéric: 1806~1882) 프랑스 사회학자. 현실의 상태를 과학적으로 파악하기 위하여 최초로 모노그래프 조사법을 사회문제에 적용하였다. 이런 연구방법으로 르플레학파로 일컬어지는 일련의 후계자들이 등장했고 유럽과 미국의 사회학계에도 큰 영향을 끼쳤다.

리슐리외 공작(duc de Richelieu, Armand-Jean: 1629~1715) 1680년에 바이에른 왕세자비의 기사.

리슐리외, 아르망 장 뒤플레시스(Richelieu, Armand Jean du Plessis: 1585~1642) 프랑스 고위성직자이자 정치가. 뤼송의 주교로 섭정 마리 드메디치의 신임을 받아 정계에 입문한 그는 루이 13세 시대를 사실상 지배했다.

리터, 카를(Ritter, Karl: 1779~1859) 독일의 지리학자. 훔볼트와 함께 근대 지리학 수립에 공헌하였다. 1817년 《지리학》을 저술하였으며, 지리학은 자연과 인류사회의 인과관계를 고찰해야 한다고 주장하였다.

린네, 카를 폰(Linné, Carl von: 1707~1778) 스웨덴의 식물학자로 의학과 생물학을 공부한 뒤 1758년에 발표한 《자연의 체계》에서 생물분류법의 기초를 확립했다.

마르셀, 에티엔(Marcel, Étienne: 1315~1358) 프랑스 정치가. 파리의 상인 조합장이자 파리 시장으로 조세저항을 위해 반란을 일으켰다가 왕세자(미래의 샤를 5세)의 하수인에 의해 암살되었다.

마르소, 프랑수아 세베랭(Marceau, François Séverin: 1769~1796) 프랑스의 장군. 메스 방어와 방데 반란 진압에 참전했으며, 1796년 알텐키르헨 전투에서 중상을 입고 전사했다.

마르톤, 에마뉘엘 드(Martone, Emmanuel de: 1873~1955) 프랑스의 지리학자. 지형학에 관한 저서·논문이 많으며, 인문지리학에 관해서는 생물지리학적 입장을 고려할 것과, 역사적 견해 도입의 중요성을 강조하였다.

마르티네, 장 루이(Martinet, Jean Louis: 1912~) 보르도와 파리의 음악학교에서 공부한 후 1971년 이후 몽레알 음악학교에서 가르치고 있는 프랑스 작곡가로서 1967~1973년에 작곡한 〈죽음의 승리〉라는 교향극으로 유명하다.

마리보, 피에르(Marivaux, Pierre: 1688~1763) 프랑스의 작가, 극작가. 코메디 프랑세즈 극장과 테아트르 이탈리앵 극장을 위해 극본을 썼다.

마리아멜리(Marie-Amélie: 1782~1866) 시칠리아의 왕 페르디난도 4세의 딸로 1809년 오를레앙 공작, 훗날의 루이필리프와 결혼했으며 7월혁명 후 왕비의 자리에 올랐다.

마리앙투아네트(Marie-Antoinette: 1755~1793) 오스트리아의 여왕 마리아 테레지아의 막내딸로 1770년에 프랑스의 세자와 결혼한 뒤 1774년에 왕비가 되었으나 프랑스혁명 세력에 의해 단두대에서 처형당했다.

마리테레즈(Marie-Thérèse: 1638~1683) 에스파냐 펠리페 4세의 딸로 1660년 프랑스와 에스파냐 사이에 평화조약이 체결되면서 루이 14세와 결혼했다.

마블리, 가브리엘 보노 드(Mably, Gabriel Bonnot de: 1709~1785) 프랑스의 철학자, 역사가. 예수회 학교에서 수학하고 외교관생활을 했으며, 앙시앵 레짐 말기에 사회정의와 평등을 수립하기 위해 개혁의 필요성을 역설했다.

마세, 장(Macé, Jean: 1815~1894) 프랑스의 교육자이자 언론인. 교육동맹을 창설하여 비종교적인 의무교육 실시를 위해 투쟁했다.

마시용, 장바티스트(Massillon, Jean-Baptiste: 1663~1742) 프랑스의 설교가. 사제이자 수사학 교수로서 그는 루이 14세의 장송 연설을 했다.

마이네케, 프리드리히(Meinecke, Friedrich: 1862~1954) 독일의 역사가. 베를린 자유대학의 초대 총장이었다. 딜타이, 트뢸치와 함께 정신사 또는 이념사의 방법을 확립하여 역사학에 큰 영향을 끼쳤다. 주요저서로는 《세계시민주의와 국민국가》(1908), 《근대사에서의 국가이성의 이념》(1924), 《역사주의의 성립》(1936) 등이 있다.

마자랭, 쥘(Mazarin, Jules: 1602~1661) 프랑스의 추기경, 정치가. 교황특사로 프랑스에 드나들면서 리슐리외를 만나 신임을 얻어 추기경이 된 그는 루이 13세로부터 재능을 인정받았지만 프롱드 난을 겪기도 했다.

마크 오를랑, 피에르(Mac Orlan, Pierre: 1882~1970) 본명은 피에르 뒤마르세(Pierre Dumarchey). 프랑스의 작가이자 작곡가. 대표작품 《안개의 부두》는 마르셀 카르네(Marcel Carné)에 의해 동명의 제목으로 영화화되었다. 전체적으로 작품 속에서 삶의 덧없음을 표방했고, (사회) 환상주의 작품들에 많은 영향을 끼쳤다.

말브랑슈, 니콜라(Malebranche, Nicolas: 1638~1715) 프랑스의 철학자, 신학자. 오라토리오회에 입회하여 사제서품을 받았으며, 데카르트의 영향을 받은 신학을 전개했다.

말제르브, 크레티앵 기욤 드라무아뇽 드(Malesherbes, Chrétien Guillaume de Lamoignon de: 1721~1794) 프랑스혁명 전 파리 고등법원 판사를 역임했고, 서적 감독관으로 계몽사상가들과 '백과전서'의 출간을 보호하여 출판의 자유를 확립하는 데 기여했다. 혁명 초에 망명했다가 국민공회에서 국왕을 변호하기 위해 돌아왔다.

망사르(Mansard, Jules Hardouin: 1646~1708) 국왕 전속 화가인 아르두앵의 아들로 르 보의 뒤를 이어 1679년부터 베르사유 증축을 책임졌다. 1682년에 귀족 작위를 받았으며 1699년에 조영총감이 되었다. 베르사유의 본관을 중심으로 좌우에 있는 왕족과 귀족의 거처와 궁정예배당 등이 그의 작품이다.

맹트농 부인(Mme de Maintenon: 1635~1710) 시인 스카롱과 결혼했으나 1660년에 남편이 사망했다. 루이 14세의 애첩인 몽테스팡 부인의 아이들의 가정교사를 하다가 루이 14세의 눈에 들어 그와 1682년 비밀결혼을 했다.

메소니에, 장루이에르네스트(Meissonier, Jean-Louis-Ernest: 1815~1891) 프랑스 화가. 〈파리함락〉, 〈1814년 프랑스 원정〉 등의 작품이 있다.

메리스튜어트(Marie-Stuart: 1542~1587) 스코틀랜드의 여왕. 스코틀랜드왕 제임스 5세와 마리 드기즈 사이에 태어난 딸로 어린 시절에 프랑스에서 교육을 받고 성장했으며 남편 프란시스 2세가 죽은 뒤 잠시 스코틀랜드를 통치했다.

모라스, 샤를(Maurras, Charles: 1868~1952) 프랑스의 시인, 사상가. 고전으로의 복귀를 지지하는 입장이었고, 그의 복고주의는 정치적인 것으로 이행하여 1899년에는 우익사상단체 악시옹 프랑세즈를 결성하고, 열렬한 왕정주의와 철저한 민족주의를 주장하였다.

모루아, 앙드레(Maurois, André: 1885~1967) 프랑스 소설가로 다방면의 문필활동을 했으며 특히 전기에 뛰어난 재능을 발휘했다.

몰리에르, 장바티스트(Molière, Jean-Baptiste: 1622~1673) 배우이자 극작

가로 법을 공부했으나 극단을 조직해서 남부 지방에서 순회공연을 벌였다. 초기에는 이탈리아 번안희극을 공연했으나 점차 17세기 상류층의 위선을 고발하는 풍자희극으로 명성과 루이 14세의 총애를 얻었다. 대표작으로는 《타르튀프》와 《수전노》 등이 있다.

몽뤼크, 블레즈 드(Monluc, Blaise de: 1502~1577) 군인, 문필가. 본명은 블레즈 드라스랑 드마스콩(Blaise de Lasseran de Massecome). 일명 몽뤼크 영주. 종교전쟁 시기에 기엔 사령관으로 재직하면서 1570년부터 연대기인 《주석》을 집필했다.

몽테스팡 부인(Mme de Montespan: 1641~1707) 1663년에 몽테스팡 후작과 결혼했으나 1667년 루이 14세의 정부가 되어 12년간 프랑스 정국에 막강한 영향력을 행사했다. 루이 14세와의 사이에서 6명의 자녀를 두었다.

무리요(Murillo, Bartolome: 1617~1682) 에스파냐의 화가로서는 최초로 전 유럽에서 명성을 얻었으며 평화로운 영성생활을 주제로 한 다수의 종교화를 남겼다.

뮈세, 알프레드 드(Alfred de Musset: 1810~1857) 프랑스의 작가. 귀족가문에서 태어나 훌륭한 교육을 받았으며, 초기에는 빅토르 위고와 샤를 노디에 등 낭만주의의 영향을 받았다. 1830년 1월 첫 시집 《에스파냐와 이탈리아 이야기》를 발간했다. 같은 해 12월에 발표한 희곡 베네치아의 밤》의 처참한 실패로 희곡을 쓰지 않기로 결심했지만 그 후에도 계속 희곡을 발표했다. 1852년 2월에는 아카데미 프랑세즈 회원으로 선출되었고, 이후 뮈세는 자신의 시를 두 권의 책 《초기시집》과 《신시집》으로 엮어냈다.

미슐레, 쥘(Michelet Jules: 1798~1874) 고등사범학교 역사교사를 거쳐 1831년 국립기록보관소의 역사담당자로 임명된 후 6권으로 된 《프랑스사》(1833~1844)와 7권의 《프랑스혁명사》(1847~1853)를 저술, 1851년 모든 공직에서 물러나 《새》(1856), 《바다》(1861) 등과 같은 애국적인 저술을 남겼다. 역사에서 지리적 환경의 영향을 중시하고 민중의 역할을 강조하며 반동세력에 맞서다가 결국 1852년 루이 나폴레옹의 쿠데타 이후 파리에서 추방당했다.

바레스, 모리스(Barrès, Maurice: 1862~1923) 프랑스의 작가, 정치가. 낭시에서 고등학교를 마친 뒤 법률을 공부하러 파리로 갔지만 문학을 택해 그 시대 역사가인 이폴리트 텐, 에르네스트 르낭을 비판하는 평론을 발표했다. 그 후 고독한 자기분석 작업을 시작했다. 27세에 정치생활을 시작했다. 낭시에서 국회의원에 출마한 그는 독일이 점령한 알자스로렌을 돌려받아 프랑스 영토를 복구하라는 정견발표로 승리했다. 이 같은 애국적 입장을 토대로 그는 점점 더 보수적인 민족주의를 채택했다. 그는 "자아란 조국 땅에 굳건히 뿌리박은 나무"이며, 따라서 그것은 가족과 고향과 조국에 대한 충성 이외에 다른 존재이유를 가질 수 없다는 개인주의를 설파했다. 이런 주장은 그의 주도로 조직된 프랑스 구국동맹의 강령이 되었다. 드레퓌스 사건 때 반 드레퓌스파의 선봉에 섰으며, 가톨릭 신앙과 민족주의의 통합을 주장했다.

바르뷔스, 앙리(Barbusse, Henri: 1873~1935) 프랑스 작가. 젊은 시절 언론계에 진출한 후 상징주의 문학계에 가담했으며, 시대의 가혹함 앞에서 감성적이고 투명한 시를 발표했다.

바르타스, 루이(Barthas, Louis: 1879~1952) 제1차 세계대전의 퇴역군인으로 전쟁 중에 베르됭 전투와 같이 가장 참혹했던 전선에서 싸웠으며, 그 경험을 엮어 출판한 책 《루이 바르타스의 전쟁일지》(1978)로 큰 반향을 불러일으켰다.

바리, 앙투안루이(Barye, Antoine-Louis: 1796~1875) 프랑스의 조각가. 동물상 조각으로 유명하며 〈앉아 있는 사자상〉(1847), 〈테세우스와 미노타우루스〉 등의 작품이 있다.

바리아스, 루이에르네스트(Barrias, Louis-Ernest: 1841~1905) 프랑스의 조각가. 〈스파르타쿠스의 맹세〉(1869), 〈파리 방어〉(1883) 등 뛰어난 신고전주의 작품들을 남겼다.

바뵈프, 프랑수아노엘(Babeuf, François-Noël: 1760~1797) 프랑스 혁명가. 토지재분배와 농지법에 관해 저술했으며 평등사회 수립을 위한 공산주의운동을 전개하다가 총재정부 시절에 체제전복 혐의로 체포되어 처형되었다.

바사리, 조르조(Vasari, Giorgio: 1511~1574) 이탈리아 화가이자 건축가로 팔차로 베키오 궁이 대표작이다.

바쇼몽(Bachaumont, Louis Petit de: 1690~1771) 프랑스 문인으로 1777년에 유작으로 출판된 비밀회고록은 18세기 프랑스 문학과 생활사 연구의 귀중한 자료이다.

바이에른 세자비(Mme la dauphine de Bayern: ?~1690) 바이에른 선제후의

딸로 루이 14세의 아들인 세자와 결혼했으나 세 아들을 남긴 채 일찍 사망했다.

바쟁, 르네(Bazin, René: 1853~1932) 앙제 가톨릭대학 법학교수로 농민의 감성과 농민과 토지와의 관계를 강조하는 《죽어가는 토지》를 1899년에 출판했다.

바젠, 프랑수아 아실(Bazaine, François Achille: 1811~1888) 알제리에서 샤를 10세에 반대하는 세력에 가담한 공적으로 제2제국 시기에 고속승진한 군인. 1870년 독일과의 전쟁 당시 로렌 지방에 주둔한 프랑스군 사령관이었으나 군부의 명령 없이 후퇴했으며 나폴레옹 3세의 퇴위를 이용하기 위해 비스마르크와 협상을 시도했으나 체포되어 사형을 선고받았다.

반데르묄랑(Van der Melun: 1632~1680) 플랑드르 출신의 화가로 르브룅의 천거를 받아 루이 14세의 궁정화가가 되었다. 특히 전쟁 그림 전문가이다.

발롱, 앙리(Wallon, Henri Alexandre: 1812~1904) 프랑스 역사가이자 정치가로 1871년 하원에서 중도우파를 주도하였다. 1875년 1월 그의 이름을 딴 수정안에서 상하원의 출석 과반수로 공화국의 대통령(임기 7년, 재임가능)을 선출하는 법안이 통과되면서 공화국체제가 선포되지는 않았으나 암묵적으로 인정되었다. '공화국의 아버지'로 불린다.

발자크, 오노레 드(Balzac, Honoré de: 1799~1850) 낭만주의 시대의 소설가로 나폴레옹을 숭배했으나 대표작인 《고리오 영감》과 《사촌 퐁스》 등에서 부르주아 사회를 상세하게 묘사함으로써 사실주의 소설의 선구자 역할을 했다.

베랑제, 피에르장 드(Béranger, Pierre-Jean de: 1780~1857) 복고왕국 시기 자유주의적·애국적 샹송으로 두 차례나 수감된 인기 샹송작가이자 시인. 인생의 기쁨을 찬양하고 정치를 비판하는 노래와 시를 써 인기를 얻었다.

베로네세, 파올로(Veronese, Paolo: 1528~1588) 이탈리아 화가로 티치아노의 영향을 받아 화려한 베네치아의 풍속화 다수를 남겼다.

베르길리우스(Virgile Publlus Vergilius Maro: 기원전 70~19) 시인이자 정치가로 에피쿠로스 철학을 가르쳤으나 시에 전념하기 위해 웅변과 철학을 그만둔 인물. 자연과 인간을 노래한 철학적 서사시집인 《농경시》로 유명하다.

베르네, 오라스(Vernet, Horace: 1789~1863) 프랑스혁명기 총재정부 시절에 캐리커처와 역사화로 유명했던 카리 베르네(Carie Vernet)의 아들. 열렬한 보나파르트주의자로서 해군과 전투장면 묘사로 큰 인기를 얻었다. 쉽고 화려한 양식으로 제1제국기의 병사들의 영웅적 행동을 찬양했다.

베르니니, 로렌초(Bernini, Lorenzo: 1598~1680) 바로크 시대 최대의 건축가로 교황 우르바누스 8세에 의해 등용되어 베드로 대성당 주임건축가가 되었다. 이후 모두 6대의 교황에게 봉직하여 수많은 건축과 조각, 분수, 광장, 다리 등을 설계했다. 로마 전체가 그의 작품으로 장식되었다고 해도 과언이 아니다.

보르게세 가(Borghese) 이탈리아 시에나의 유서 깊은 귀족가문으로 교황과의 긴밀한 관계를 맺으며 14세기 이후 예술후원자 역할을 했다.

보르게세, 폴린(Borghese, Pauline: 1780~1825) 나폴레옹의 여동생(Pauline Napoléon)으로 이탈리아 시에나 출신 귀족과 결혼했다.

보르도, 앙리(Bordeaux, Henry: 1870~1963) 프랑스의 변호사이자 작가. 20세기 가장 대중적인 소설가 중 한 명이었으나, 페탱 원수와 친분으로 인해 해방 후 문인협회에서 제명당했으며, 보수적이고 시대착오적인 사상으로 빠르게 인기를 잃었다. 대표작으로는 1902년에 출판된 《삶의 공포》가 있다.

보마르셰, 피에르 오귀스탱 카롱(Beaumarchais, Pierre Augustin Caron: 1732~1799) 프랑스의 작가, 극작가. 시계공의 아들로 태어나 사업계에 입문한 그는 독직사건을 공개적으로 고소한 것으로 필력을 떨쳤다.

보방, 세바스티앵 르프레스트르 드(Vauban, Sébastien Le Prestre de: 1633~1707) 프랑스의 건축가이자 총사령관으로 병기 제작, 도시계획, 수력기술 등에 능했으며, 훌륭한 계몽사상 저술들을 남겼다.

보쉬에, 자크베니뉴(Bossuet, Jacques-Bénigne: 1627~1704) 프랑스의 고위 성직자이자 작가. 1670년에 세자의 시강학사가 되었으며 국가교회주의와 왕권신수설 등 루이 14세의 정치이념을 대변한 다수의 저서를 남겼다. 특히 유작인 《성경 말씀에 근거한 정치사상》은 절대군주정의 대표적인 정치사상서로 손꼽힌다.

보이콧, 찰스 커닝햄(Boycott Charles Cunningham: 1832~1897) 영국 장교

로 아일랜드 메이오 카운티에 있는 언(Erne) 백작 영지의 토지관리인. 소작인들에 대한 가혹한 대우 때문에 1880년 자신의 소작인들에게 이른바 '보이콧'을 당했다.

보캉송, 자크 드(Vaucanson, Jacques de: 1709~1782) 프랑스 엔지니어. 양수기와 자동직조기와 의료기기 등을 만드는 데 크게 기여했다.

보클랭, 루이니콜라(Vauquelin, Louis-Nicolas: 1763~1829) 프랑스의 약제사이자 화학자. 크롬과 베릴륨을 발견했다.

볼테르(Voltaire: 1694~1778) 프랑스 작가. 본명은 프랑수아 마리 아루에(François Marie Arouet). 18세기 프랑스의 대표적 계몽사상가로 문화사의 선조가 되는 유명한 《풍속시론》을 남겼다.

뵈이요, 루이(Veuillot, Louis: 1813~1883) 프랑스의 작가이자 언론인.

부르고뉴 공작(duc de Bourgogne: 1682~1712): 루이 14세의 장손으로 아버지인 세자의 죽음 이후 세자가 되었다.

부르고뉴 공작부인(duc de Bourgogne: 1685~1714) 사부아 왕국의 공주로 1697년에 부르고뉴 공작과 결혼했다.

부르달루, 루이(Bourdaloue, Louis: 1632~1704) 프랑스 설교가. 예수회 학교에서 교육을 받고 파리에서 사순절 설교로 유명해졌으며, 루이 14세의 낭트 칙령 철회 뒤에는 랑그도크의 신교도를 교화하는 데 전념했다.

부셰, 프랑수아(Boucher, François: 1703~1770) 프랑스의 화가 겸 실내장식가로 와토의 그림을 모작하다가 이탈리아에 다녀온 후 우아하고 관능적인 로코코 양식의 대가가 되었으며 퐁파두르 부인의 보호를 받아 루이 15세의 수석궁정화가가 되었다.

부시코, 아리스티드(Boucicaut, Aristide: 1810~1877) 프랑스의 상인. 1852년 부인과 함께 프랑스 최초의 백화점 '봉마르셰'를 설립했다.

부알로, 니콜라(Boileau, Nicolas: 1636~1711) 시인으로 1677년에 펠리송(Pellisson)의 뒤를 이어 국왕 역사편찬가에 임명되었다.

부알로, 샤를 루이(Boileau, Charles Louis: 1837~1914) 프랑스의 건축가.

불레, 에티엔 루이(Boulée, Étienne Louis: 1728~1799) 프랑스의 건축가, 설계가. 호텔과 성채를 많이 건축했으며, 혁명이념이 담긴 아방가르드적 건축을 추구했다.

뷔고, 토마 로베르(Bugeaud, Thomas Robert: 1784~1849) 프랑스의 원수. 1836년 알제리에 첫 파견되어 1840년 알제리 총독에 임명되었다. 알제리를 군대식민지로 만들려고 했으나 프랑스 정부의 충분한 지지를 얻지 못하고 1847년 사임했다.

뷔퐁, 조루주 루이 르클레르(Buffon, Georges Louis Leclerc: 1707~1788) 프랑스의 박물학자, 작가. 자연사에 관한 저술을 하고 린네(Linné)의 종의 분류를 비판하고 '유기적 분자'에 입각한 종의 발생을 설명했다.

브라만테(Bramante, Donato: 1444~1514) 이탈리아의 화가이자 건축가로 우르비노 태생이나 밀라노와 로마에서 주로 활약했다.

브르퇴유, 루이 오귀스트(Breteuil, Louis Auguste: 1730~1807) 프랑스 정치가. 루이 15세와 루이 16세 치세에 대사와 장관직을 역임하고, 네케르 이후 권력을 장악했으나 바스티유 함락 뒤 권력을 상실하고 망명생활을 했다.

브리앙, 아리스티드(Briand, Aristide: 1862~1932) 프랑스의 정치인이자 외교관. 〈뤼마니테〉지의 편집을 맡고 프랑스 사회당 총비서를 역임했으며, 정교분리법 통과에 기여하고, 제3공화국 아래에서 열한 차례 총리를 지냈으며, 스무 차례 장관직을 역임했다. 1926년 노벨평화상을 수상했다. 푸앵카레와는 달리 독일 문제의 배상 문제에 대한 평화적 해결을 주장한 인물이다.

블룸, 레옹(Blum, Léon: 1872~1950) 프랑스의 작가, 정치가. 고등사범학교 출신으로 문예비평으로 유명해지고 사회당에 가담했으며, 〈뤼마니테〉지에서 조레스와 함께 일했다.

비가라니(Vigarani: 1637~1713) 이탈리아 출신 건축가로 루이 14세의 총애를 받아 조영총감을 지냈으며 베르사유와 생제르맹 성 건축에 모두 관여했다.

비뇰라(Vignola, Barozzi da: 1507~1573) 이탈리아의 건축가로 1541~1543년에 퐁텐블로와 파리에 머물면서 프랑스 건축에 영향을 미쳤다. 그의 건축개설서는 이후 3세기 동안 유럽건축의 교과서 역할을 했다.

비샤, 마리 프랑수아 자비에르(Bichat, Marie François Xavier: 1771~1802) 프랑스의 의사, 생리학자, 생물학자.

비스마르크(Bismarck: 1815~1898) 프로이센 융커 출신으로 태어나 수상이 된 뒤 철혈정책으로 독일 통일 과업을 이룩한 현실주의적이고 보수적인 정치가이다.

비스콘티(Visconti, Ludvico: 1791~1853) 페르시에의 제자로 앵발리드에 나폴레옹 무덤을 세웠으며 루브와 튈르리를 연결시키는 공사를 맡아 나폴레옹 3세 시대 특유의 절충주의 양식을 선보였다.

빌라르, 클로드 루이 엑토르(Villars, Claude Louis Hector, duc de: 1653~1734) 공작이자 프랑스군 원수로 루이 14세 시대에 라인 전투에서 공을 세웠다. 신교도 비밀결사인 카미사르(Camissards)를 부드럽게 진압한 것으로 유명하다.

빌헬름 1세(Wilhelm I: 1797~1888) 프로이센의 프리드리히 빌헬름 4세의 동생으로 1861년에 프로이센 왕위에 올랐으며 수상 비스마르크와 더불어 독일 통일을 이룩한 후 독일제국 황제가 되었다.

사디카르노, 니콜라 레오나르(Sadi-Carnot, Nicolas Léonard: 1796~1832) 프랑스의 물리학자. 대혁명기의 혁명가 라자르 카르노의 아들이자 제3공화국 대통령 사디카르노의 삼촌.

삭스 원수(Maréchal de Saxe: 1696~1750) 삭스(작센) 선제후의 아들로 각국에서 용맹스런 용병대장으로 명성을 날린 동시에 화려한 사생활로 유명한 인물이다. 프랑스에서도 원수직을 지냈으며 말년에 샹보르 성에 은거하며 최후를 맞이했다.

상드, 조르주(Sand, George: 1804~1876) 프랑스의 여류소설가. 《콩쉬엘로》(1842)를 비롯한 많은 소설을 썼다. 선각적인 여성해방운동의 투사로서도 재평가되고 있다.

생시몽(Saint-Simon, duc de: 1675~1755) 루이 14세 시대와 오를레앙 공작의 섭정 시대 동안 베르사유 궁에서의 체류경험을 기록한 방대한 양의 회고록을 남겼다.

샤르팡티에(Charpentier: 1634~1704) 본래 미술 지망생이었으나 이탈리아에서 수학한 뒤 프랑스에 돌아와 궁정과 교회 음악에 열중했다. 륄리만큼 왕의 총애를 얻지는 못했으나 우아한 선율과 명쾌한 화음으로 독창적인 음악세계를 구사했으며 〈비너스와 아도니스〉가 대표작이다.

샤를레, 니콜라(Charlet, Nicolas: 1792~1845) 다비드의 수제자로 나폴레옹을 따라 이탈리아 원정을 수행하고 나폴레옹의 공식화가가 된 그로(Antoine Gros: 1771~1835) 밑에서 공부하고 황제친위대(*Garde impériale*)에 관한 수많은 판화를 그려 제국의 병사들을 찬미한 화가, 데생화가, 석판화가.

샤미소, 아델베르트 폰(Chamisso, Adelbert von: 1781~1838) 프랑스 귀족

출신의 독일 시인, 식물학자. 프랑스혁명으로 재산을 몰수당하고 일가가 독일로 망명하였다. 1801년 프로이센 군인이 되었다가 곧 제대하고, 처음에는 프랑스어로 글을 쓰다가 1803년부터 독일어로 쓰기 시작하였으며, 1812~1815년에는 베를린 대학에서 의학과 식물학을 연구하였다. 1813년에 악마에게 그림자를 판 불행한 사나이의 이야기 《페터 슐레밀의 이상한 이야기》를 써서 문명을 날렸다.

샤토브리앙, 프랑수아 르네(Chateaubriand, François René: 1768~1848), 브르타뉴에서 성장한 후 군인으로 프랑스혁명을 맞고 1791년에는 미국을 여행한 후 귀국하여 군에 있다가 1793년 영국으로 망명, 1800년 귀국한 후에는 나폴레옹에 비판적인 입장을 취하고 복고왕국 시기에는 정치적으로 중요한 역할을 하면서 저술활동을 한 정통파 귀족.

샤퓌, 앙리미셸앙투안(Chapuy, Henri-Michel-Antoine: 1833~1891) 프랑스의 신고전주의 조각가.

샤프, 클로드(Chappe, Claude: 1763~1805) 프랑스의 발명가. 1792년 '샤프 텔레그라프'라는 통신기를 발명했다.

샬그랭, 장 프랑수아 테레즈(Chalgrin, Jean François Thérèse: 1739~1811) 프랑스 건축가로 신고전주의적 도리아 양식을 도입하여 우아하면서도 단순한 루이 16세 양식의 특성을 살렸다.

샬리에, 조제프(Chalier, Joseph: 1747~1793) 프랑스 정치가. 리옹의 산악파 대표로 활동했으며, 1793년 7월 17일 왕당파 소요가 승리한 후 사형선고를 받고 참수되어 마라와 함께 '자유의 순교자'가 되었다.

샹보르 백작(Chambord, comte de: 1820~1883) 7월혁명으로 왕위에서 쫓겨난 샤를 10세의 손자로 부르봉 왕가의 마지막 혈통이다. 1871년 제2제국의 몰락 후 한때 왕위계승이 거의 확실시되었으나 오를레앙파와의 협상에 실패로 물거품이 되었다.

샹폴리옹, 장 프랑수아(Champollion, Jean François: 1790~1832) 프랑스의 이집트 학자. 콜레주드프랑스에서 수학했으며, 이집트 문자를 배워 오벨리스크의 상형문자를 해독하고 나중에 루브르 박물관 이집트 부문 책임자가 되었다.

세뇨보스, 샤를(Seignobos, Charles: 1854~1942) 프랑스의 역사가. 《현대 유럽 정치사》(1897)로 아카데미상을 수상하였다. 랑글루아와의 공저인 《역사연구방법론》, 프랑스 제3공화국 정치의 교과서라는 평을 받는 《프랑스 국민사》(1933) 등의 저서가 있다.

세르, 올리비에 드(Serres, Olivier de: 1539~1619) 휴경제도를 인공목초지와 사료작물로 대체함으로써 윤작을 체계적으로 도입하고 프랑스 양잠업을 확립시킨 농학자. 1600년에 《농업의 현장》이라는 농학서를 저술했다.

세르반도니, 장 니콜라(Servandoni, Jean Nicolas: 1695~1766) 프랑스의 건축가, 장식가, 화가. 오페라극장 장식감독을 역임했으며, 생쉴피스 교회 건축에 기여했다.

세를리오, 세바스티아노(Serlio, Sebastiano: 1475~1554) 이탈리아 볼로냐의 건축이론가 및 설계사로 1540년 프랑수아 1세의 초청을 받아 프랑스에서 활약했다.

세비녜 부인(Mme de Sévignée: 1626~1696) 1644년에 세비녜 후작과 결혼했으나 1652년에 남편이 결투로 사망한 뒤 궁정 출입을 끊고 브르타뉴의 로슈에 은거하며 파리의 지인 및 딸과 편지를 주고받았다. 교양 있고 지적인 그녀는 편지에서 당시의 사건들과 인물들을 묘사했다. 그녀의 편지들은 1726년에 출판되었으며 17세기 서간문학의 대표작으로 꼽힌다.

소렐, 아녜스(Sorel, Agnes: 1422~1450) 샤를 7세의 정부로 4명의 딸을 낳았으며 왕을 통해 상당한 정치적 영향력을 행사했다.

쇼메트, 피에르 가스파르(Chaumette, Pierre Gaspard: 1763~1794) 프랑스 정치가. 코르들리에 클럽 회원으로서 9월학살과 탈기독교화 운동에 참여했으며, 에베르파에 가담한 혐의로 체포되어 처형되었다.

수플로, 제르맹(Soufflot, Germain: 1713~1780) 프랑스 건축가로 신고전주의 건축양식에 영향을 미쳤다.

쉬, 외젠(Sue, Eugène: 1804~1857) 프랑스 최초의 신문소설 《파리의 신비》(1842~1843)를 써서 《레미제라블》의 선구 역할을 한 의사이자 작가. 1850년 보궐선거에서 '데목속' 즉 사회민주주의자 의원으로 당선되었다.

쉬프랑, 피에르 앙드레(Suffren, Pierre André: 1729~1788) 프랑스 장교. 해군으로 18세기의 여러 전투에서 무공을 세웠으며 미국 독립전쟁에도 참여했다.

쉴리, 막시밀리앵 드베튄(Sully, Maximilien de Béthune: 1560~1641) 프로

테스탄트 가문에서 성장한 앙리 4세의 총신이자 재무대신으로 관직매매와 농업을 장려하여 국가재정을 안정시킨 정치인.

슈만, 모리스(Schumann, Maurice: 1911~1998) 프랑스 정치가. 파리 출생. 파리 대학교를 마치고 아바스 통신사(AFP의 전신) 기자(1932~1940)를 거쳐, 제2차 세계대전 때는 런던으로 망명하여 BBC 방송국의 대불(對佛) 방송책임자로 있었다(1940~1944). 1945년 제헌의회 의원으로 당선, 인민공화파(MRP) 위원장(1945~1949) 및 명예위원장으로서 프랑스 부흥에 힘썼다. 외무차관(1951~1954), 총리 보좌 국무장관(1962), 핵 및 우주 문제 담당 국무장관(1967~1968), 외무장관(1969~1973) 등을 역임하였으며, 1977년 상원 부의장이 되었다.

슈발리에 드라바르(Chevalier de la Barre, François Jean Lefebvre: 1746~1766년) 재산을 탕진한 귀족의 아들로 그리스도의 성상을 훼손하여 신성모독죄로 재판을 받고 처형되었다.

스덴, 미셸장(Sedaine, Michel-Jean: 1719~1797) 프랑스의 극작가.

스위프트, 조너선(Swift, Jonathan: 1667~1745) 아일랜드 더블린 출생. 풍자작가 겸 성직자이자 정치평론가. W. 템플의 비서로서의 생활은 후년의 풍자작가 스위프트의 성격형성에 크게 영향을 미쳤다. 주요저서로 《걸리버 여행기》 등이 있다.

스크리브, 외젠(Scribe Eugène: 1791~1861) 복고왕국 초에 별로 인기 없는 드라마작가로 등장하여 7월왕정기 이후 350편 이상의 작품을 연출하여 사회적 명성과 부를 쌓은 드라마 작가이자 오페라 작가.

스타니슬라스(Stanislas: 1677~1766) 팔츠 가의 후손으로 스웨덴과 러시아의 각축 속에서 꼭두각시 폴란드 왕 노릇을 했다. 루이 15세의 왕비가 된 딸 마리 레슈친스카 덕분에 1737년 로렌 공작의 지위와 연금을 얻고 프랑스에서 거주했다.

스트라보(Strabon: 기원전 58?~서기 23?) 그리스의 지리학자, 역사학자. 그의 저서 《역사적 약술》(47권)은 현존하지 않지만, 기원전 20년 이후 로마에 장기간 체재하면서 저술한 《지리지》(17권)는 대부분 남아 있다. 이것은 단순한 지리서가 아니라 유럽, 아시아, 아프리카의 전설 및 정치적 사건, 중심도시, 주요인물 등 역사적 서술도 있어서 중요한 사료로 평가받고 있다. 또 그는 지구가 구형이며 우주의 중심에 고정되어 있다고 생각했다.

시미앙, 프랑수아 조제프 샤를(Simiand, François Joseph Charles: 1873~1935) 프랑스의 경제학자, 사회학자. 뒤르켐학파 경제사회학의 대표적 존재로 활동하였다. 경제현상을 사회현상으로 파악하여 집합표상으로서 실증적으로 추구할 것을 주장하였다.

아나카르시스(Anacharsis: 6세기) 스키티아 출신의 철학자. 조국에 데메테르 숭배를 도입했다 하여 처형된 견유학파의 선구자다.

아낙사고라스(Anaxagoras: 기원전 500~428) 이오니아학파의 그리스 철학자, 지식인. 아테네에서 활동하면서 페리클레스와 소크라테스에게 영향을 미쳤으며, 유물론적·기계론적 사상을 전개했다.

아라고, 프랑수아(Arago, François: 1786~1853) 프랑스의 물리학자이자 정치가. 프랑스 과학아카데미 회원이자 열렬한 공화주의자로 1848년 2월혁명 후 육해군장관이 되었다.

아르투아 백작(comte d'Artois: 1756~1836) 루이 16세의 동생으로 1789년 혁명이 일어나자 망명했으며 왕정복고 뒤에는 극우파에 가담했다. 형인 루이 18세의 뒤를 이어 1824년 샤를 10세로 왕위에 즉위했으나 그의 반동적인 정책으로 7월혁명이 일어나자 다시 영국으로 망명했다.

아른트, 에른스트 모리츠(Arndt, Ernst Moritz: 1769~1860) 19세기 독일의 반프랑스적 애국시인, 저술가. 피히테의 《독일 국민에게 고함》과 비견되는 주저 《시대의 정신》(1806)이 문제가 되어 나폴레옹의 노여움을 산 탓으로 한때 스웨덴으로 망명하였다. 그러나 곧 프로이센으로 돌아와 나폴레옹의 압제에 저항하는 한편, 열렬한 애국시와 정치논문을 써서, 독일을 프랑스의 지배에서 해방시키기 위한 국민정신 앙양에 힘썼다. "라인은 독일의 강이지, 국경이 아니다"라고 외친 것은 유명하다. 1848년 혁명 때는 프랑크푸르트의 국민의회 의원으로 선출되어 독일의 통일을 역설하였으나, 끝내 실현을 보지 못하였다.

아사스, 루이(Assas, Louis: 1733~1760) 프랑스군 장교. 그의 군인정신은, 볼테르가 자신의 《루이 14세 시대》에 그의 영웅주의적 행동을 소개할 정도로 매우 투철했다.

안 도트리슈(Anne d'Autriche: 1601~1666) 에스파냐의 왕 펠리페 3세의 딸로 1615년 루이 13세와 결혼하여 1638년 루이 14세를 낳았다.

알팡, 장샤를아돌프(Aphand, Jean-Charles-Adolphe: 1817~1891) 프랑스의 토목기사이자 관리. 오스만이 주도한 파리 정비에 참여했다.

앙갱(Enghien, Louis Antoine Henri de Bourbon: 1772~1804) 프랑스 왕족. 부르봉 가의 방계인 루이 앙리 조제프의 외아들로 1789년 망명왕당파에 가담했다. 그 후 보나파르트에 의해 음모혐의로 체포되어 총살형을 당했다.

앙리 4세(Henri Ⅳ: 1553~1610) 방계왕족인 부르봉 가의 장남이자 나바르 여왕의 아들로 앙리 2세의 딸인 마르그리트 드발루아와 결혼했다. 앙리 3세가 후손을 두지 못하고 사망한 뒤 1589년에 왕위를 계승함으로써 부르봉 왕가를 열었다.

앙지빌레(Angiviller, Charles Claude de La Billaderie: 1730~1809) 1774년에 루이 16세의 건축물 및 정원 감독이 되었다. 왕립 회화 및 조각 아카데미 회원으로 문인과 학자, 예술가들을 후원하며 미학 발전에 공헌했다.

앙토마르쉬, 프랑세스코(Antommarchi, Francesco: 1780~1838) 세인트헬레나의 나폴레옹 주치의로 회고록을 남겼다. 1830년에 황제의 데스마스크라고 주장하는 마스크를 발표했다.

앵그르, 도미니크(Ingres, Dominique: 1780~1867) 19세기 프랑스의 고전주의를 대표하는 화가로 특히 그리스 조각을 연상시키는 탁월한 나체화를 다수 남겼다.

에르크만과 샤트리앙(Erckmann-Chatrian, 본명은 Émile Erckmann: 1822~1899; Louis-Alexandre Chatrian: 1826~1890) 두 사람은 일찍부터 함께 일하기로 작정한 뒤(이 동업관계는 1889년 명예훼손에 관한 소송사건으로 깨졌음) 거의 평생 동안 친구로 지냈다. 그들이 처음으로 공동 출판한 책은《환상적인 콩트》(1847)라는 단편소설집이었다. 그들은 별다른 문학적 주장을 내세우지 않고, 소박한 지방소설로 평판을 얻었다. 그들의 작품무대는 대개 알자스였고, 프랑스-프로이센 전쟁(1870~1871)이 일어난 뒤에는 그들의 작품에 애국적인 경향이 더 뚜렷이 나타났다.

에리오, 에두아르(Herriot, Édouard: 1872~1957) 프랑스의 정치가. 교수로 출발했으나 정치에 관심을 갖고 급진사회당에 입당, 드레퓌스 사건에 관계하여 반동파와 항쟁하였다. 1942년 페탱의 위헌행위를 탄핵했다가 독일군에 체포되기도 했다.

에메, 마르셀(Aymé, Marcel: 1902~1967) 프랑스의 소설가, 극작가. 주요

작품으로는 《나무에 오른 고양이의 이야기》(1934) 등이 있다. 소설가로서의 그는 전통적 수법을 지키고 인간생활의 모든 것에 흥미를 가지고 있었다.

에크하르트(Maître Eckhart: 1260～1327) 중세 독일의 신비주의 사상가. 도미니크파(派)의 신학자. 튀링겐 지방 호호하임에서 독일 기사(騎士)의 아들로 태어났다. 청년 시절에 도미니크 수도원에 들어갔고, 파리 대학에서 수학한 다음, 1302년 수사(修士) 학위를 받았다. 그를 마이스터 에크하르트라고 부르는 것은 여기에서 유래한 존칭이다. 1304년 도미니크파의 작센 관구장(管區長), 1307년 보헤미아의 주교 총대리가 되었다. 그후 한때 파리 대학교에서 강의도 했으나, 1313년경 귀국하여 슈트라스부르크와 프랑크푸르트 등지에서 생활하다가 쾰른에 정착, 그 시대의 가장 저명한 설교자의 한 사람으로 각광을 받았다. 만년에는 쾰른의 대주교 밑에 있으면서 이단적 설교를 했다는 이유로 재판에 회부되어 유죄선고를 받고, 교황에게 상소하였으나 결말을 보지 못한 채 죽었다. 1329년 요하네스 22세가 그의 '26가지 명제(命題)'를 이단 내지 위험한 사상이라고 단죄한 까닭에 그의 저작물 배포의 길이 막혀 오늘날 남아 있는 것은 일부에 지나지 않는다. 그의 사상에는 토마스 아퀴나스의 영향이 두드러졌으며, 가장 큰 특색은 신비적 체험을 설교하는 데 있었다.

에트레 추기경(cardinal d'Estrées: 1628～1714) 루이 14세 치세에 로마 대사를 지낸 인물.

엘리아데, 미르치아(Eliade, Mircea: 1907～1986) 부쿠레슈티와 캘커타에서 철학을 공부하고 제 2차 세계대전 후에는 프랑스, 그 후엔 미국에 거주하였고 1957년 미국 시카고 대학의 종교사학과 주임교수가 된 루마니아의 종교사가이자 소설가. 신화에 대한 분석으로 유명하다.

엘리자베트 부인(Mme Elisabeth: 1764～1794) 루이 16세의 여동생으로 루이 16세에게 헌신적이었으며 혁명군에 의해 단두대에서 처형당했다.

엘베티우스, 클로드 아드리앵(Helvetius, Claude Adrien: 1715～1771) 프랑스 철학자. '백과전서' 편찬에 참여했으며, 유물론적·감각주의적·이신론적 철학을 세우고 루소와는 반대로 개인의 형성에서 사회와 교육의 역할을 강조했다.

영, 아서(Young, Arthur: 1741～1820) 영국의 경제학자, 중농주의자. 각국

농민의 사회경제적 삶의 조건에 대한 정확한 연구로 유명하며, 그가 남긴 프랑스 여행기는 혁명 직전의 프랑스 농촌의 실상에 관한 훌륭한 자료가 되고 있다.

오를레앙 가(les Orléans) 왕가에서 파생된 오를레앙 가는 모두 4개이나 여기에서는 루이 14세의 동생인 필리프 도를레앙(1674~1723)의 가문을 가리킨다.

오말 공작(duc d'Aumale: 1822~1897) 루이필리프의 넷째 아들로 알제리 전쟁에서 참전한 뒤 총독이 되었다. 1848년 2월혁명이 일어나자 영국에 망명해서 제 2제국을 비난하는 글을 발표했다.

오비디우스(Ovidius: 기원전 43~서기 17) 로마 시대 시인으로 대표작인 장편서사시 〈변신〉은 신화와 전설을 내용으로 화려한 수사의 전형을 보여준다.

오슈, 라자르(Hoche, Lazare: 1768~1797) 프랑스혁명기의 장군. 왕실 마구간지기의 아들로 태어나 1784년에 프랑스 근위대에 입대했다. 1793년 12월 란다우를 포위한 후 오스트리아와 프로이센 동맹군을 라인 강 너머로 퇴각시키고 알자스를 빼앗았다.

오스만, 조르주외젠(Haussmann, Georges-Eugène: 1809~1891) 1853~1870년 센 도지사로 재임하면서 대규모 도시정비를 주도한 인물.

와토, 앙투안(Watteau, Antoine: 1684~1721) 프랑스의 화가로 로코코 양식의 창시자이다. 베르사유를 중심으로 화려한 궁정과 귀족사회의 우아하고 관능적인 풍속을 묘사하며 로코코 특유의 테마와 정서를 확립했으며 대표작으로는 〈전원 오락〉, 〈파리스의 심판〉 등이 있다.

우동, 장앙투안(Houdon, Jean-Antoine: 1741~1828) 프랑스의 조각가. 〈잠의 신〉(1771), 〈볼테르 좌상〉(1781), 〈워싱턴 상〉 등의 작품을 남겼다.

이자보 드바이에른(Isabeau de Bayern: 1371~1435) 바이에른 공작의 딸로 1385년에 샤를 6세와 결혼했으며 샤를 6세가 정신착란을 일으킨 후 섭정 직을 맡아 전권을 행사했다.

자콥, 조르주(Jacob, Georges: 1739~1814) 프랑스 가구제조업자로 루이 15세 시대에 유행하던 로카유 양식의 가구를 제작했으나 루이 16세 치세가 되자 묵중한 마호가니 나무를 소재로 루이 16세 양식의 가구 제작에 몰두했다.

제롬, 장레옹(Gérôme, Jean-Léon: 1824~1904) 프랑스의 화가이자 조각가.

조프르, 조제프(Joffre, Joseph: 1852~1931) 프랑스의 군인. 제1차 세계대전 동안 마른 전투를 승리로 이끈 북부전선의 지휘관이었으며, 1916년 프랑스 군대의 총사령관에 임명되었다. 베르됭 전투 등에서 많은 사상자와 참혹한 실상이 알려지며 논쟁거리가 되고 있는 인물 중 한 명이다.

졸라, 에밀(Zola, Emile: 1840~1902) 프랑스의 소설가로 이상주의적 사회주의자의 경향을 보여 주로 하층민의 세계를 묘사했다. 특히 드레퓌스 사건이 일어나자 군부의 부당성을 고발하며 대통령에게 보낸 공개장 《나는 고발한다》(1898)로 유명하다.

주브네, 장(Jouvenet, Jean: 1644~1717) 프랑스의 화가, 장식가, 도안가. 화가 집안 출신으로 베르사유 궁과 호텔 등 많은 건물을 장식했다.

쥐시외 가(Jussieu) 앙투안 드쥐시외(1686~1758)부터 프랑스의 저명한 의사 및 식물학자를 배출한 가문으로 왕의 정원과 식물원의 실험실을 맡아 외국으로부터 각종 식물을 도입하고 실험했다.

주느부아, 모리스(Genevoix, Maurice: 1890~1980) 프랑스의 작가. 1925년 공쿠르 그랑프리를 수상했다. 제1차 세계대전을 주제로 한 전쟁문학과 전원소설 작품들을 남겼으며, 발자크나 도데, 플로베르, 모파상, 스탕달 등 수많은 문인에게 영향을 끼쳤다. 대표작으로 1925년에 출판된 《라볼리오》가 있다.

지오노, 장(Giono, Jean: 1895~1970) 프랑스의 소설가. 마노스크 출생. 소위 지방주의 작가로 활약하였다. 대표작품으로는 《빵》 등이 있다.

짐멜, 게오르크(Simmel, Georg: 1858~1918) 독일 출신의 사회학자. 만일 사회학이 모든 것을 포괄한다면 그것은 연구영역을 전혀 갖지 못하는 것이라는 점을 이유로, 포괄적이고도 종합적인 과학으로서의 사회학이라는 스펜서와 콩트의 개념을 거부하였다. 따라서 하나의 포괄적인 자연과학이란 있을 수 없고, 단지 개별적이고 전문적인 과학자들만이 있을 수 있듯이 사회과학자들에 있어서도 각 분과는 그 고유영역을 가져야 한다고 제안하였다.

카, 알퐁스(Karr, Alphonse: 1808~1890) 교수였으나 저널리즘으로 전향, 1839년에 〈르피가로〉지의 사장이 되고 1839년에 풍자적 월간지인 〈말벌〉을 발간했다. 1849년까지 정치, 문학과 예술비평을 하다가 1851년 쿠데타 이후 코타쥐르로 은퇴, 원예에 몰두했다.

카노바, 안토니오(Canova, Antonio: 1757~1822) 신고전주의를 대표하는 이탈리아의 조각가. 나폴레옹 등 여러 명사의 묘비와 초상을 고대풍으로 제작했다.

카니니, 제라르(Canini, Gérard) 역사학자. 저서로는 《베르됭에서의 투쟁》, 《보이지 않는 전선》, 《제 1차 세계대전과 로렌 지방》, 《제 1차 세계대전 회상록》이 있다.

카르노, 마리 프랑수아 사디(Carnot, Marie François Sadi: 1837~1894) 프랑스의 정치가. 의원 및 장관직을 거친 후 1887년에 대통령이 되었으나 초기부터 불랑제 사건으로 곤욕을 치렀으며 1892년에는 파마나 스캔들에 휘말리다가 1894년 무정부주의자에 의해 암살당했다.

카르노, 라자르 이포크리트(Carnot, Lazare Hippocrite: 1801~1888) 프랑스 정치가. 왕 시해 혐의를 받은 아버지와 함께 망명했다가 귀국하여 7월혁명에 참가하고 2월혁명에서 공화국을 지지했으며 제 3공화국 초기 상원의원을 역임했다.

카시니, 장도미니크(Cassini, Jean-Dominique: 1625~1712) 이탈리아 출신의 프랑스 천문학자. 파리 천문대 소장을 역임하고 두 개의 위성을 발견했다.

카트린 드메디치(Catherine de Médicis: 1519~1589) 프랑스 왕비. 이탈리아 메디치 가의 딸로 미래의 앙리 2세와 결혼한 그녀는 남편이 죽자 섭정을 하고 딸 마르그리트가 나바르의 앙리(앙리 4세)와 결혼하는 날 신교도를 학살케 했다.

카티나, 니콜라(Catinat, Nicolas: 1637~1712) 프랑스 원수. 루이 14세 시대 가장 유능하고 인간애가 있는 장군 가운데 한 사람이다.

칼론, 샤를알렉상드르(Calonne, Charles-Alexandre: 1734~1802) 프랑스 정치가. 1783년 재무총감이 된 후 재정적자 해결을 위해 토지세 신설을 포함한 광범위한 개혁을 제안했으나 명사회의 반대로 1787년에 재무총감에서 해임되었다.

캉팡 부인(Mme Campan: 1752~1822) 루이 15세의 딸들의 가정교사로 마리앙투아네트의 친구이자 시녀였으며 훗날 이 경험을 살려 여성기숙학교를 설립했다. 1822년에는 마리앙투아네트에 관한 회고록을 발표했다.

코로넬리(Coronelli: 1650~1718) 이탈리아의 지도 제작자이자 우주형상지학자로 1678년 파르마 공작을 위해 두 개의 구체를 제작했다. 1681년에 파리에 온 그는 1683년 파르마 공작의 것보다 배가 넘는 지름 387센티

미터의 거대한 구체를 제작했다.

코르네유(Corneille: 1606~1684) 극작가로 주로 그리스 고전비극을 토대로 한 작품을 발표했다. 대표작인 《르 시드》는 당대 문인들 사이에 격렬한 논쟁을 낳았다. 리슐리외와 마자랭, 푸케의 후원을 받았으며 아카데미 회원이 되었다.

콕토, 장(Cocteau, Jean: 1889~1963) 프랑스의 시인이자 소설가, 극작가로 그리스 신화와 중세의 이야기를 소재로 다양한 장르의 예술세계를 섭렵했다.

콜베르, 장바티스트(Colbert, Jean-Baptiste: 1619~1683) 랭스의 모직물 상인의 아들로 마자랭의 신임을 얻어 루이 14세에게 천거되었다. 루이 14세가 친정을 시작한 1661년부터 사망할 때까지 국무대신, 재무총감 독관, 궁내부대신 등 여러 직위를 겸직하며 프랑스 정국을 주도했다.

콩데 가(les Condé) 앙리 4세의 아버지 앙투안 부르봉의 형제인 샤를 부르봉의 다섯째 아들인 루이 1세(1530~1569)부터 시작된 부르봉 왕가의 방계로 1709년까지 왕족의 대우를 받으며 장자에게는 무슈 르 프랭스(*Monsieur le Prince*)의 칭호가 부여되었다.

쿠르노, 앙투안 오귀스탱(Cournot, Antoine Augustin: 1801~1877) 프랑스의 수학자, 철학자, 경제학자. 저작은 경제학, 수학, 철학 등 각 분야에 걸쳐 있으며, 특히 《부(富) 이론의 수학적 원리에 관한 연구》, 《유물론, 생기론(生氣論), 합리론》 등의 저서를 남겼다.

쿠르티우스, 에른스트 로베르트(Curtius, Ernst Robert: 1886~1956) 프랑스(알자스) 태생의 독일 문예평론가. 로망스어 문학의 권위자로서 마르부르크 대학, 하이델베르크 대학을 거쳐 1929년부터 본 대학에서 교수를 지냈다. "새로운 프랑스의 문학 개척자" 등의 논문으로 프랑스 정신에 대한 이해의 깊이를 보였다. 1930년부터는 주로 중세문학을 연구하였다. 저서 《유럽문학과 라틴적 중세》(1948)에서는 고대부터 중세를 거쳐 근대에 이르는 유럽의 문학적 전통을 추적하였다.

퀴비에, 조르주(Cuvier, Georges Léopold Chrétien Frédéric Dagobert: 1769~1832) 프랑스의 동물학자. 비교해부학과 고생물학의 창시자이며 저서로 《동물계》(1817)가 있다.

크레비용, 클로드(Crébillon, Claude: 1707~1777) 프랑스 작가. 그의 음탕한 소설, 심리분석적 소설 등은 18세기 사회를 정확하게 묘사했다는 평을 받고 있다.

크레상(Cressent: 1685~1768) 고급가구 세공인으로 책상, 의자, 옷장 등의 제작에서 와토의 영향을 받아 루이 14세 취향을 가구를 로카유 양식으로 변화시키는 데 공헌했다.

클레베, 장바티스트(Kléber, Jean-Baptiste: 1753~1800) 프랑스 장군. 뮌헨 사관학교를 졸업하고 프랑스로 귀국하여 방데 내전과 플뢰뤼스 전투 등에서 공을 세웠으며 1792년 메스 방어에 무공을 세워 장군이 되었다. 나폴레옹 치하에서 이집트 원정에 참여했다가 한 이슬람교도에 의해 암살당했다.

클로도베우스(Clodoveus: 466?~511) 흔히 클로비스로 불리는 프랑크 왕국의 왕. 메로베우스 왕조를 개창하고 주변부족을 통합하였으며 기독교로 개종하여 왕국의 기반을 다졌다.

클로츠, 장바티스트(Cloots, Jean-Baptiste: 1755~1794) 프로이센 출신의 혁명가. 1776년 파리로 와서 1789년 혁명에 가담하고 에베르파에 가담했다가 이들과 함께 처형되었다.

클로타리우스(Clotarius: 497~561) 네우스트라시아의 왕. 클로도베우스의 아들로 튀링기아와 부르고뉴 왕국을 정복하고 프랑크 왕국의 왕이 되었다.

클로틸드(Clotilde: 475?~545) 클로도베우스의 왕비. 부르군트 왕국의 왕 힐페리쿠스의 딸로 클로도베우스와 결혼하고 그를 기독교로 개종케 했다.

타시니, 라트르 드(Tassigny, Jean-Marie-Gabriel de Lattre de: 1889-1951) 프랑스 군인. 방데 출신. 1911년 생시르 육군사관학교를 졸업하고, 제1차 세계대전에 종군하였다. 제2차 세계대전 중에는 제1선에서 독일군과 맞서 싸웠으며, 1944년 라인 방면으로부터의 독일군에 대한 공격을 지휘하였다.

타울러, 요하네스(Tauler, Johannes: 1300~1361) 독일의 수사. 1315년 도미니크회(會)의 수도사를 거쳐 1325년 쾰른 대학에서 M.J. 에크하르트를 사사하였다. 1339년에 바젤, 1347년에 슈트라스부르크, 1350년에 쾰른에서 설교가로 활약하였다. 그리스도교도로서의 내면적 형성을 강조하였고, 신앙과 교회제도의 본질을 깊이 인식한 종교개혁의 선구자로 간주되고 있다. M. 루터, J.S. 바흐, A. 쇼펜하우어 등에게 영향을 끼쳤다. 주요저서에 《설교집》(1348)이 있다.

탈레랑, 샤를 모리스(Talleyrand, Charles Maurice: 1754~1838) 프랑스 정치가. 성직자 출신으로 혁명에 참여하여 교회재산 국유화와 루이 16세 처형을 지지했으나, 외교관으로 해외에 나가 있는 동안 오를레앙 공을 지원하는 등 변신했다.

투르빌, 안 일라리옹 드콩탕탱(Tourville, Anne Hilarion de Contentin: 1642~1701) 프랑스 해군제독. 루이 14세 시대에 몰타에서 복무했으며, 영국 해군과의 전투에서 많은 전과를 올렸다.

티에르, 루이아돌프(Thiers, Louis-Adolphe: 1797~1877) 프랑스의 정치가이자 역사가로 샤를 10세의 반동정책에 대항하는 글을 발표했으며 7월 혁명에 가담한 뒤 루이필리프 정부에서 내각 수반을 지냈다. 제 2제국 후 정계에서 은퇴했다가 1871년 정계에 복귀한 뒤 대통령을 지냈다.

티에리, 오귀스탱(Thierry, Augustin: 1795~1856) 프랑스의 역사가. 왕정복고 시대의 반동화와 더불어 본격적으로 역사학을 연구하였으며, 당시 역사학계의 주류를 이루었던 문헌학파를 비판하였다.

티통 뒤 티예, 에브라르(Titon du Tillet, Évrard: 1677~1762) 프랑스의 작가이자 연대기 편자.

파르망티에, 앙투안(Parmentier, Antoine: 1737~1813) 농학자, 영양학자, 위생학자.

파바르, 샤를 시몽(Favart, Charles Simon: 1710~1792) 프랑스 극작가. 플랑드르 주둔 삭스 원수 군대의 극장 감독과 오페라 코미크 극장 감독을 역임했다.

파텔, 피에르(Patel, Pierre: 1605~1676) 바로크 시기 프랑스 화가로 특히 풍경화 전문가이다.

팔기에르, 장알렉상드르조제프(Falguière, Jean-Alexandre-Joseph: 1831~1900) 프랑스의 조각가.

팔츠 대공비(Mme Palatine: 1652~1722) 루이 14세의 동생인 오를레앙 공작의 두 번째 부인으로 자유분방한 성격을 지녔다. 엄격하고 강압적인 베르사유의 궁정생활을 묘사한 편지를 남겼다.

페늘롱, 프랑수아 드살리냐크 드라모트(Fénelon, François de Salignac de la Mothe: 1651~1715) 1689년부터 10년간 루이 14세의 왕손들의 시강학사로 궁정에 거주했다. 그러나 루이 14세의 전제를 비판하고 유토피아 사회를 묘사한 《텔레마코스의 모험》의 집필과 정적주의 논쟁에 휘말려 캉브레 대주교에 유폐되었다.

페로, 클로드(Perrault, Claude: 1613~1688) 프랑스 건축가이자 의사, 자연 사학자. 이전의 건축가들과는 달리 다방면에 높은 학식을 지닌 인물로 콜베르에게 발탁되어 루브르 보수공사에 참여했다.

페르시에, 샤를(Percier, Charles: 1764~1838) 프랑스의 건축가로 로마에 거주하면 고대그리스와 로마, 이집트풍의 영향을 받아 화려한 장식과 거대한 주랑을 이용해서 나폴레옹 제국에 걸맞은 거대한 양식을 선보였다. 카루젤 아치가 대표작이다.

페리, 쥘(Ferry, Jules: 1832~1893) 프랑스의 변호사, 정치가. 제2제국의 악폐를 비판하여 유명해진 뒤 제2제국, 제3공화국 초기 공교육장관으로 초등교육을 개혁하는 데 크게 기여했다.

페리카르, 자크(Péricard, Jacques: 1876~1944) 본명은 조제프 페리카르(Joseph Péricard). 제1차 세계대전의 퇴역군인으로 프랑스의 언론인이자 작가. 자연주의자이자 대독협력을 주장한 인물 중 한 명으로 정치인이자 언론인인 미셸 페리카르(Michel Péricard)의 아버지이다.

페탱, 필리프(Pétain, Philippe: 1856~1951) 프랑스의 군인이자 정치인. 1918년부터 프랑스 군대의 원수(총사령관)를 지냈다. 제2차 세계대전 중 독일의 프랑스 점령 이후 친독정권인 비시 정권을 수립하고, 그 수장을 지냈다. 해방 후 사형이 선고되었으나 종신형으로 감형되어 생을 마쳤다.

포르, 펠릭스(Faure, Félix: 1841~1899) 1895~1899년 프랑스 대통령.

포슈, 페르디낭(Foch, Ferdinand: 1851~1929) 프랑스군 원수. 에콜폴리테크니크 출신으로 낭시 주둔 20사단 사령관이 되었으며, 제1차 세계대전에 참전하여 로렌 지방에서 독일군의 침공을 막는 데 공을 세웠다.

폼발(Pombal: 1699~1782) 포르투갈의 정치가로 각국 대사를 지낸 뒤 1755년에 재상직에 올라 1777년까지 전권을 장악했다. 풍부한 교양과 정치적 야심을 지닌 계몽주의적 전제정치를 통해 포르투갈의 농업과 산업의 성장을 이룩했다.

퐁텐, 피에르(Fonatine, Pierre: 1762~1853) 페르시에와 함께 나폴레옹 제국 시대의 건축을 담당했으나 복고왕국 시기에도 활약했다.

퐁트넬, 베르나르 르보비에(Fontenelle, Bernard Le Bovier: 1657~1757) 프랑스의 철학자, 시인. 코르네유의 조카로 '근대파'(*modernes*)에 가담

하여 과학과 문학을 결합한 작품을 남겼다.

퐁파두르 부인(Mme de Pompadour: 1721~1764) 파리 부르주아 출신으로 미모와 재치를 겸비하여 1745년에 루이 14세의 정부가 되었다. 이후 정치에 개입하고 계몽사상가들을 후원하며 상당한 영향력을 행사했다.

푸벨, 외젠 르네(Poubelle de Eugène René: 1831~1907) 1883~1896년 센(Seine) 도지사. 엄격한 쓰레기 처리규정으로 자기 이름을 쓰레기통과 동의어로 만든 인물.

푸생, 니콜라(Poussin, Nicolas: 1594~1665): 17세기 프랑스 최대의 화가로 이탈리아에서 활동하며 특히 베네치아 유파의 영향을 받아 고대신화를 소재로 한 작품을 남겼다.

푸아, 막시밀리앵 세바스티앵(Foy, Maximilien Sébastien: 1775~1825) 프랑스의 장군, 정치가. 그는 나폴레옹 체제에 반대하면서도 제국기의 여러 전쟁에 참전했으며 복고왕국 시기에는 언론과 개인의 자유를 지지했다.

푸앵카레, 레몽(Poincaré, Raymond: 1860~1934) 프랑스의 정치인. 제 3공화국 아래에서 다섯 차례 장관직과 프랑스의 제10대 대통령을 역임하였다. 수학자인 앙리 푸앵카레의 사촌이다. 제 1차 세계대전 동안 연합군과 함께 대독전선을 구축했으며, 루르 점령 등 대독강경주의를 고수했다.

풀턴, 로버트(Fulton, Robert: 1765~1815) 미국의 기계기사. 1798년 프랑스에서 처음으로 프로펠러 잠수함을 건조하고 이를 경험으로 삼아 많은 배를 건조했다.

퓌제, 피에르(Puget, Pierre: 1620~1694) 조각가로 이탈리아에서 조각을 배운 뒤 프랑스에 돌아왔으나 후견인인 푸케의 실각 이후 루이 14세의 냉대를 받아 베르사유 장식에서 제외되었다. 대표작은 〈알렉산드로스 대왕과 디오게네스〉이다.

프랑수아 1세(François I: 1494~1547) 앙굴렘 백작의 아들로 루이 12세의 딸인 클로드 드프랑스와 결혼했다. 1515년에 후사를 두지 못한 루이 12세의 뒤를 이어 왕이 되었다. 호방하면서도 문예에 관심을 보여 그의 치세에 프랑스의 르네상스는 절정에 달했다.

프레미에, 에마뉘엘(Frémiet, Emmanuel: 1824~1910) 프랑스의 신고전주의 조각가. 특히 동물상 조각에 뛰어났으며 조각가 프랑수아 뤼드의 조카이다.

프로방스 백작(comte de Provence) → 루이 18세.

프리마티초(Primaticcio: 1504~1570) 이탈리아의 화가이자 실내장식가로 프랑수아 1세의 초빙을 받아 프랑스에서 활동하며 프랑스 미술에 결정적인 영향을 미쳤다.

플랜태저넷 가(the Plantagenet) 헨리 2세부터 리처드 3세까지(1154~1485년) 영국을 통치한 왕가.

피갈, 장바티스트(Pigalle, Jean-Baptiste: 1714~1785) 프랑스의 조각가. 〈날개를 달고 있는 메르쿠리우스〉(1744), 〈알쿠르 백작 분묘〉(1771) 등의 대표작이 있다.

피넬, 필리프(Pinel, Philippe, 1745~1826) 프랑스의 정신과 의사. 실증적 의학관과 기독교적 박애에 입각하여 현대 정신병 치료법을 확립했다.

피우스 7세(Pius VII: 1742~1823) 이탈리아 출신으로 1800년에 로마교황이 되었으며 특히 나폴레옹과 종교협약을 맺고 프랑스 교회의 부활에 힘썼다.

피우스 9세(Pius IX: 1792~1878) 이탈리아 출생. 1827년 스폴레토의 대주교가 되었고, 추기경을 거쳐 교황(재위 1846~1878)이 되었다. 제1차 이탈리아-오스트리아 전쟁이 시작되자 보편적 교회의 수장으로서의 교황과 이탈리아 민족주의는 양립불가능해졌다. 교황은 통일전쟁으로 로마를 포함한 교황령을 이탈리아 왕국에 잃었고 그들과의 타협을 거부했다. 교리에 있어서는 '성모 무원죄 회태'(聖母無原罪懷胎), '교황 무류성'(無謬性)을 선언하였다.

필리프 미남왕(Philippe le Bel: 1268~1314) 프랑스 교회령에 대한 과세 문제로 교황과 맞서기 위해 최초로 삼신분회를 소집하고 통일국가체제를 갖추려는 시도를 함으로써 왕권강화의 계기를 마련했다.

필리프 존엄왕(Philippe II Auguste: 1165~1223) 프랑스 카페 왕조의 제7대 왕. 1180년에 즉위했으며 1214년 부빈 전투에서 독일과 영국의 연합군을 격파함으로써 왕령지를 확대하고 중앙집권 정책을 추진했다.

헤켈, 에른스트 하인리히(Haeckel, Ernst Heinrich: 1834~1919): 독일의 생물학자, 철학자. 다윈의 진화론에 동조하였다. 이런 이유로 그의 자연철학 사상은 유물론적 일원론이었다. 1866년 '생물의 개체발생은 그 계통발생을 되풀이한다'는 생물발생법칙을 발표했고, 같은 해에 환경과의 관계에서의 생물학을 생태학이라고 명명하였다.

홈볼트, 알렉산더 폰(Humboldt, Alexander von: 1769~1859) 독일의 자연과학자, 지리학자. 근대 자연지리학의 시조이다. 1807년《식물지리학의 이념》을 출판하여 자연의 여러 현상이 서로 관련되면서 수직적으로 변화하는 지리적 질서를 처음으로 실증하였다.

힐페리쿠스(Hilpericus: 539~584) 네우스트라시아의 왕. 정부를 시켜 자기 아내를 살해케 하면서 유혈복수가 연이어 일어나 그의 치세기에 혼란이 극에 달했다.

찾아보기
(인지명)

ㄱ~ㄹ

ㅁ~ㅂ

ㅅ~ㅇ

ㅈ~ㅎ

찾아보기
(용어 · 작품 · 매체)

ㅇ~ㅈ

ㅋ~ㅎ

피에르 노라 (Pierre Nora, 1931~)
프랑스 사회과학연구원(EHESS) 연구주임교수, 잡지 〈르데바〉(*Le Débat*) 편집장 역임. 1970년대부터 '새로운 역사학'의 기치 아래 프랑스 역사학의 방법론을 쇄신하는 많은 작품을 남겼다. 2001년에 프랑스 한림원(Académie française) 회원으로 선임되었으며, 2006년에 레종도뇌르 훈장을 받았다. 자크 르고프(Jacques Le Goff)와 함께 《역사만들기》(1974, 3vols.)를 편집했으며, 130여 명의 역사가를 동원해 기념비적인 대작 《기억의 장소》(1984~1992, 7vols.)를 완성했다.

장이브 기오마르 (Jean-Yves Guiomar, 1940~)
1986년에 《브르타뉴주의. 19세기 브르타뉴 역사가들》로 박사학위를 받았으며, 브르타뉴의 운동과 민족주의 이데올로기의 전문가로서 현재 출판업에 종사하고 있다. 피에르 노라와 더불어 《기억의 장소》의 편집에 참여했으며, 《정치철학 사전》의 간행에도 중요한 역할을 하였다. 저서로는 《민족 이데올로기》(1974), 《역사와 이성 사이의 국가》(1990) 등이 있다.

다니엘 노르드만 (Daniel Nordman)
국립과학연구센터(CNRS) 연구원. 프랑스의 영토와 국경 및 여행이 주된 연구분야이다. 저서로는 장 부티에, 알랭 드웨르프와의 공저 《국왕의 순회여행, 샤를 9세의 여행, 1564~1566》(1984) 등이 있다.

장마리 마이외르 (Jean-Marie Mayeur, 1933~)
20세기 프랑스 정치사와 종교사를 전공하였고, 특히 세속성 문제를 깊이 연구하였다. 현재 파리4대학 명예교수이다. 《현대 프랑스 종교 세계 사전》(1985~2000)을 공동 편집했으며, 주요 저서로는 《알자스의 자치와 정치. 1911년의 헌법》(1970), 《제3공화국 시대의 정치생활》(1970), 《교회와 국가의 분리》(2005) 등이 있다.

엘렌 이멜파르 (Hélène Himelfarb)
파리3대학 전임강사이자 베르사유 성 국립박물관 강사 역임. 17~18세기 프랑스 궁정과 생시몽, 베르사유 문명, 앙시앵 레짐 하의 미술과 박물관의 관계를 주로 연구하며 특히 〈프랑스 문학사론〉, 〈생시몽 연구〉, 〈17세기〉, 〈인문과학론〉, 〈18세기〉 등의 전문학술지에 수많은 논문을 발표했다.

제라르 드퓌메주 (Gérard de Puymège, 1948~)

정치학박사, 스위스 작가 드니 드루주몽(Denis de Rougemont)의 조교, 잡지 〈카드모스〉(*Cadmos*)의 부편집장을 역임하였고 현재 카이로 주재 유네스코의 수석 프로그래머로 근무하고 있다. 사회사와 국제관계 속에서의 망탈리테 현상에 관심을 가지고 있으며, 《광신, 역사와 심리분석》(1980, 공저), 《쇼뱅, 농민-병사》(1993)를 저술하였다.

앙투안 프로 (Antoine Prost, 1933~)

파리고등사범학교 출신으로 파리1대학(팡테옹-소르본)과 파리정치학연구소 교수를 역임하였다. 20세기 프랑스 사회사가로서 명성을 쌓았으며, 현재 프랑스 교육문제 전문가로 활약중이다. 〈20세기 사회사연구소〉 소장을 거쳐 현재 〈사회운동협회〉 및 〈메트롱 친선협회〉 회장을 맡고 있다. 주요 저서로는 《인민전선기의 노동총동맹》(1964), 《1800~1967년의 프랑스 교육》(1968), 박사학위논문인 《퇴역군인들과 프랑스사회(1914~1939)》(1977, 3vol.), 《사회사로서의 레지스탕스》(1997), 《프랑스 교육에 대한 역사적 시선》(2007) 등이 있다.

장피에르 바블롱 (Jean-Pierre Babelon, 1931~)

프랑스 고문서 보관소 소장. 1983년에 파리 시로부터 역사부분 상을 수상했다. 대표작으로는 《앙리 4세와 루이 13세 시대의 파리의 궁전들》(1977), 《팔레 드 쥐스티스와 콩시에르주리, 생트샤펠》(1973), 《파리의 생로슈 교회》(1972), 《앙리 4세》(1982) 등이 있다.

준 하그로브 (June Hargrove)

미국 메릴랜드대학교 예술사 교수로 19세기 미국과 프랑스의 조각, 특히 공공기념물 연구의 전문가이다. 저서로 《카리에벨루즈의 삶과 작품》(1977), 《파리의 상(像)들》(1991) 등이 있으며 닐 맥윌리엄(Neil Mcwilliam)과 함께 《민족주의와 프랑스 시각문화, 1870~1914》(2005)를 편집했다.

다니엘 밀로 (Daniel Milo, 1953~)

프랑스에서 활동하는 이스라엘 출신의 교육자이자 작가이다. 프랑스 사회과학연구원(EHESS)에서 박사학위를 받았으며, 역사학뿐만 아니라 생물학과 철학 등에 폭넓은 관심을 갖고 2007년부터 사회과학연구원에 〈자연철학〉 세미나를 개설하여 이끌어 오고 있다. 주요 저서로 박사학위 논문인《문화적 생존의 측면들》(1985)을 비롯해《시대를 반역하다》(1991), 《다른 역사: 실험적 역사 시론》(1991, 공저) 등이 있다.

김인중

서울대학교 문리대 서양사학과를 졸업하고 동 대학원에서 문학박사 학위를 받았다. 현재 숭실대 사학과 교수로 재직중이다.《1848년 프랑스 2월혁명》(1993),《근대세계체제》(1999)《영국노동계급의 형성》(2000)등을 번역하였다.

유희수

고려대 사학과를 졸업하고 같은 과 대학원에서 석·박사 학위를 받았다. 경남대 사학과 교수를 거쳐 1996년부터 고려대 사학과 교수로 재직중이다. 지은 책으로《서양의 가족과 성》(2003, 공저),《사제와 광대: 중세 교회문화와 민중문화》(2009) 등이 있고, 옮긴 책으로《몽타이유: 중세 말 남프랑스 어느 마을 사람들의 삶》(2006),《서양 중세 문명》(2008, 개정판),《거룩한 도둑질: 중세 성유골 도둑 이야기》(2010) 등이 있다.

강일휴

고려대학교 사학과 및 동 대학원에서 박사학위를 받았으며, 현재 수원대학교 사학과 교수로 재직중이다. 저서로는《서양중세사 강의》(2003, 공저),《공간 속의 시간》(2007, 공저) 등이 있으며, 역서로는《중세 유럽의 도시》(1997),《서기 천년》(1999),《프랑스의 귀족과 기사도》(2005),《중세의 기술과 사회변화》(2005) 등이 있다.

문지영

숙명여자대학교 사학과와 동대학원을 졸업하고, 파리사회과학고등연구원(Ecole des Hautes Etudes en Sciences Sociales)에서 프랑스 현대사로 역사학 박사를 받았다. 현재 숙명여자대학교 역사문화학과 교수로 재직중이다. 주요 논문으로는 "1946년 프랑스 전력산업의 국유화", "1940~44년 비시 프랑스의 산업경제정책", "1919~1939년 프랑스 지식인과 반미주의 담론", "1794-1815년 프랑스 근대 공학교육의 요람: 에콜 폴리테크닉", 역서로는《시간의 종말》(2000),《아동의 탄생》(2003) 등이 있다.

박용진

서울대학교 서양사학과 및 동 대학원에서 석사, 박사를 마쳤다. 현재 서울대학교 인문학연구원 HK연구교수로 재직중이다. 서양중세사를 전공하고 있으며, 프랑스를 비롯한 유럽 도시의 역사를 연구하고 있다. 저서로는《유럽 바로 알기》(2006, 공저)가 있다.

양희영

서울대학교 서양사학과를 졸업하고 동 대학원에서 프랑스혁명에 관한 연구로 박사학위를 받았다. 현재 서울대학교, 한신대학교, 중앙대학교에서 강의중이고, 저서로는《프랑스 구체제의 권력구조와 사회》(2009, 공저)가 있으며, 역서로는《마르탱 게르의 귀향》(2000),《로베스피에르, 혁명의 탄생》(2005)이 있다.

이영림

이화여자대학교 영문학과 동 대학원 사학과를 졸업하고 고려대학교에서 역사학 박사학위를 받았다. 현재 수원대학교 사학과 교수로 재직중이다. 저서로는《루이 14세는 없다》(2009),《프랑스 구체제의 권력구조와 사회》(2009, 공저)가 있으며 역서로《루이 14세와 베르사유 궁정》(2009),《사생활의 역사 3》(2002) 등이 있다.